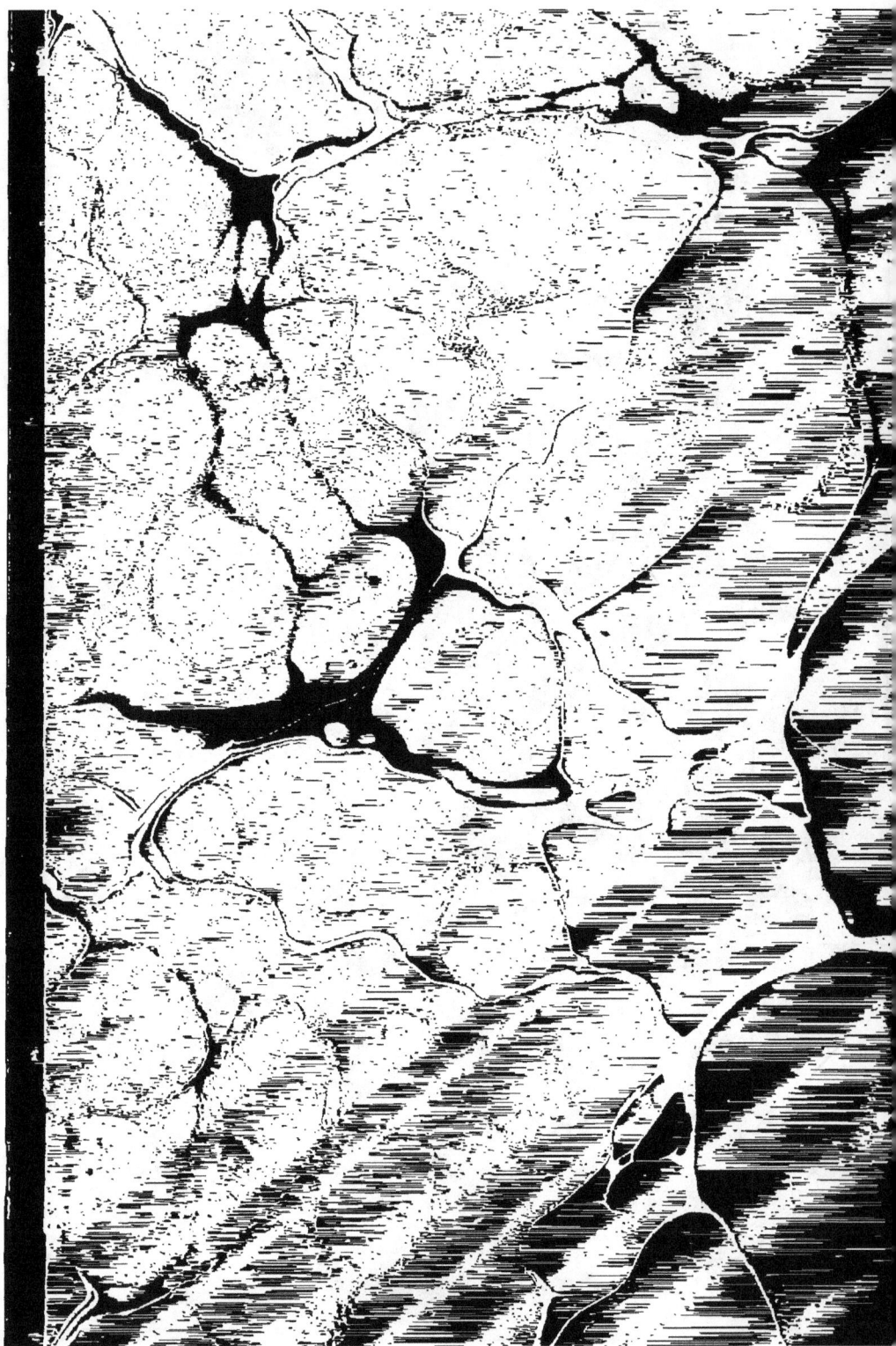

RÉPERTOIRE

DE

LÉGISLATION ET DE JURISPRUDENCE

EN MATIÈRE DE

BREVETS D'INVENTION

PARIS. — IMPRIMERIE DE DUBUISSON ET Cᵉ, 5, RUE COQ-HÉRON.

RÉPERTOIRE

DE

LÉGISLATION ET DE JURISPRUDENCE

EN MATIÈRE DE

BREVETS D'INVENTION

PAR

ADRIEN HUARD

AVOCAT A LA COUR IMPÉRIALE DE PARIS.

———— ◦◦◦ ————

PARIS

COSSE ET MARCHAL, ÉDITEURS

27, PLACE DAUPHINE, 27

—

1863

INTRODUCTION

––––––––

Il existe, pour presque toutes les matières juridiques, des recueils contenant un résumé des décisions les plus importantes rendues par les Tribunaux, les Cours d'appel et la Cour de cassation.

Un livre de cette nature, en ce qui concerne les *brevets d'invention*, les *dessins* et les *marques de fabrique*, les *œuvres des littérateurs et des artistes*, était encore à faire.

Nous avons entrepris de remplir cette lacune.

L'étude de la propriété industrielle, littéraire et artistique est, jusqu'à ce jour, complétement négligée dans nos écoles. Il faudra bien, dans un avenir qui n'est pas éloigné, tenir compte de l'importance toujours croissante de cette branche du droit, et se décider à l'admettre dans le programme de notre enseignement public ; mais, tant qu'elle en sera bannie, chacun n'aura d'autre guide à cet égard que les écrits des jurisconsultes et les monuments de la jurisprudence.

Où trouver ces derniers ? Nos feuilles judiciaires, par la variété des sujets qu'elles traitent, ne pouvaient en mentionner qu'un très petit nombre. Des publications spéciales, il est vrai, ont été créées dans le but d'enregistrer toutes les solutions capables d'offrir quelque intérêt; mais ces publications, qui ne datent que de quelques années, laissent encore subsister le besoin d'un recueil qui comprenne les décisions antérieures.

Voilà pourquoi nous avons cru utile de publier cet ouvrage.

Qu'il nous soit permis de rendre ici un public et bien doux hommage à notre confrère Étienne Blanc, notre maître en ces matières. Si nous pouvons offrir à nos lecteurs un ensemble complet de la jurisprudence, c'est grâce aux documents précieux qu'il a recueillis pendant trente ans avec une persévérance infatigable, et qu'il a mis généreusement à notre disposition.

Nous donnons aujourd'hui la partie de notre travail qui concerne les *brevets d'invention*.

La première moitié de ce volume est consacrée à la législation. Elle contient le Projet de loi avec l'Exposé des motifs, un extrait des discussions qui ont eu lieu devant la Chambre des pairs et devant la Chambre des députés; enfin, le texte de la loi. La seconde est réservée à la jurisprudence.

Ceux qui consulteront ce livre pourront donc connaître exactement et la pensée des auteurs de la loi et celle des magistrats qui l'appliquent.

Nous donnerons ensuite et successivement la législation et la jurisprudence sur les *dessins* et les *marques de fabriques*, sur les *œuvres des littérateurs et des artistes*.

ADRIEN HUARD.

PREMIÈRE PARTIE

LÉGISLATION

CHAMBRE DES PAIRS.

Séance du 10 janvier 1843.

PROJET DE LOI SUR LES BREVETS D'INVENTION

*Avec l'Exposé des motifs par le Ministre de l'agriculture
et du commerce.*

LOUIS-PHILIPPE, roi des Français, à tous présents et à venir. salut.

Nous avons ordonné et ordonnons que le projet de loi sur les brevets d'invention, dont la teneur suit, sera porté, en notre nom. à la Chambre des Pairs par notre Ministre secrétaire d'Etat au département de l'agriculture et du commerce. et par le sieur Sénac. maître des requêtes en notre conseil d'Etat, que nous chargeons d'en exposer les motifs et d'en soutenir la discussion.

TITRE PREMIER. — *Dispositions générales.*

Article premier. — Toute nouvelle découverte ou invention dans tous les genres d'industrie confère à son auteur un droit de jouissance entière et exclusive, pour le temps et sous les conditions qui seront ci-après déterminés.

Ce droit est constaté par des titres délivrés par le Gouvernement. sous le nom de Brevets d'invention.

Art. 2. — Sont susceptibles d'être brevetées :

L'invention de nouveaux produits industriels ;

L'invention de nouveaux moyens. ou l'application nouvelle de moyens connus, pour l'obtention d'un produit industriel.

Art. 3. — Ne sont pas susceptibles d'être brevetés :

Les principes, méthodes, systèmes et généralement toutes découvertes ou conceptions purement scientifiques ou théoriques ;

Les plans et combinaisons de crédits ou de finances.

Art. 4. — La durée des brevets sera de cinq. dix ou quinze années.

Chaque brevet donnera lieu au payement d'une taxe qui est fixée ainsi qu'il suit, savoir :

500 fr. pour un brevet de cinq ans :

1,000 fr. pour un brevet de dix ans ;

1,500 fr. pour un brevet de quinze ans.

TITRE II. — *Des formalités relatives à la délivrance des Brevets.*

SECTION PREMIÈRE. — *Des demandes de Brevets.*

Art. 5. — Quiconque voudra obtenir un brevet d'invention devra déposer, sous cachet, au secrétariat de la préfecture de son département, une demande contenant :

1º Sa requête :

2º Une description de la découverte, invention ou application faisant l'objet du brevet demandé ;

3º Les dessins ou échantillons qui seraient nécessaires pour l'intelligence de la description ;

Et 4º Un bordereau des pièces déposées.

Art. 6. — Aucune demande ne devra comprendre plus d'un objet distinct.

La requête ne contiendra aucune restriction, condition ou réserve.

La description, sur papier au timbre de 1 fr. 50 c., devra être entièrement écrite en français, sans altérations ni surcharges ; les mots rayés nuls, comptés ; les pages et les renvois paraphés. Elle ne devra contenir aucune dénomination de poids ou de mesures autres que celles qui sont portées au tableau annexé à la loi du 4 juillet 1837.

Les dessins seront tracés à l'encre et à l'échelle métrique.

Un duplicata de la description et des dessins sera joint à chaque demande.

Toutes les pièces seront signées par le demandeur ou son représentant, dont le pouvoir restera annexé à la demande.

Art. 7. — Aucun dépôt ne sera reçu que sur la production d'un récépissé constatant le versement d'une somme de 200 fr. à valoir sur le montant de la taxe du brevet.

Un procès-verbal, dressé sans frais par le secrétaire général de la préfecture, et signé par le demandeur, constatera chaque dépôt, en énonçant le jour et l'heure de la remise des pièces.

Une expédition dudit procès-verbal sera remise au déposant, moyennant le remboursement des frais de timbre et d'enregistrement.

Art. 8. — La date du dépôt constituera le point de départ des droits et des obligations du breveté et de la durée de son brevet.

SECTION II. — *De la délivrance des Brevets.*

Art. 9. — Aussitôt après l'enregistrement des demandes et dans les dix jours de la date du dépôt, les préfets transmettront les pièces au Ministre de l'agriculture et du commerce, sous le cachet de l'inventeur, et en y joignant le procès-verbal de dépôt, le récépissé constatant le versement de la taxe, et le pouvoir mentionné dans l'article 6.

Art. 10. — A l'arrivée des pièces au ministère de l'agriculture et du commerce, il sera procédé à l'ouverture, à l'enregistrement et à l'expédition des demandes dans l'ordre de leur réception.

Art. 11. — Les brevets dont la demande aura été régulièrement formée seront délivrés, sans examen préalable, aux risques et périls des demandeurs, et sans garantie, soit de la réalité, de la nouveauté ou du mérite de l'invention, soit de la fidélité ou de l'exactitude de la description.

Un arrêté du Ministre, constatant la régularité de la demande, sera délivré au demandeur et constituera le brevet d'invention.

A cet arrêté sera joint le duplicata certifié de la description et des dessins, mentionné dans l'article 6, après que la conformité avec l'expédition originale en aura été reconnue et établie au besoin.

La première expédition du brevet sera délivrée sans frais. Toute expédition ultérieure donnera droit au payement d'une taxe de 50 fr.

Art. 12. — Toute demande irrégulièrement formée sera considérée comme nulle et non avenue ; la somme versée restera acquise au Trésor ; mais il en sera tenu compte au demandeur s'il reproduit sa demande dans un délai de trois mois.

Art. 13. — Après la délivrance du brevet et dans les deux années qui suivront la date du procès-verbal de dépôt mentionné à l'article 7, les brevetés déclareront au secrétariat de la préfecture qui aura reçu ce dépôt la durée qu'ils entendent assigner à leur brevet dans les limites fixées par l'article 4.

Cette déclaration devra être accompagnée d'un récépissé constatant le payement du complément de la taxe du brevet, et elle sera constatée par un procès-verbal, dans la forme prescrite à l'article 7.

Les brevets à l'égard desquels cette formalité n'aura pas été remplie avant l'expiration du délai ci-dessus, seront de nul effet pour l'avenir, et l'invention qui en était l'objet sera acquise au domaine public.

Art. 14. — Une ordonnance royale, insérée au *Bulletin des Lois*, proclamera, tous les trois mois, les brevets dont la durée aura été déterminée par la déclaration qui précède. Un extrait de cette ordonnance sera délivré à chaque breveté en ce qui le concerne.

Art. 15. — La durée des brevets définitifs ne pourra être prolongée dans aucun cas.

SECTION III. — *Des certificats d'addition.*

Art. 16. — Le breveté aura, pendant toute la durée de son brevet, le droit d'apporter à son invention des changements, perfectionnements ou additions, en remplissant, pour le dépôt de sa demande, les formalités déterminées par les articles 5, 6 et 7.

Ces changements, perfectionnements ou additions, seront constatés par des certificats délivrés dans la même forme et qui auront la même durée que le brevet principal.

Chaque demande de certificat d'addition donnera lieu au payement d'une taxe de 20 fr.

Art. 17. — Nul autre que le breveté ne pourra, pendant la durée du brevet provisoire, obtenir valablement un brevet pour un changement, perfectionnement ou addition à l'objet du brevet primitif.

Art. 18. — Tout breveté qui, pour un changement, perfectionnement ou addition, voudra prendre un brevet principal de cinq, dix ou quinze années, au lieu d'un certificat d'addition expirant avec le brevet primitif, devra remplir les formalités prescrites par les articles 5, 6 et 7, et acquitter la taxe mentionnée dans l'article 4, suivant la durée qu'il assignera audit brevet.

Art. 19. — Quiconque aura obtenu un brevet pour une découverte, invention ou application, se rattachant à l'objet d'un autre brevet, n'aura aucun droit d'exploiter l'invention déjà brevetée, et réciproquement le titulaire du brevet primitif ne pourra exploiter l'invention objet du nouveau brevet.

SECTION IV. — *De l'exploitation et de la cession des Brevets.*

Art. 20. — Tout breveté sera tenu d'exploiter en France, d'une manière effective et continue, et dans un délai de deux ans à compter de la date du procès-verbal du dépôt, l'invention faisant l'objet de son brevet.

Art. 21. — Tout breveté pourra céder la totalité ou partie de la propriété de son brevet.

La cession totale ou partielle d'un brevet, soit à titre gratuit, soit à titre onéreux, ne pourra être faite que par acte passé devant notaire.

Aucune cession ne sera valable, à l'égard des tiers, qu'après avoir été enregistrée au secrétariat de la préfecture de chacun des départements du domicile des parties.

Cet enregistrement sera fait sur la production et le dépôt d'un extrait authentique de l'acte de cession et donnera lieu, pour chaque cession, au payement d'une taxe de 20 fr.

Art. 22. — Une expédition de chaque procès-verbal d'enregistrement, accompagnée de l'extrait de l'acte de cession ci-dessus mentionné, sera transmise par les préfets au Ministre de l'agriculture et du commerce, dans les dix jours de la date du procès-verbal.

Il sera tenu au ministère de l'agriculture et du commerce un registre sur lequel seront inscrites les cessions intervenues sur chaque brevet, et, tous les trois mois, une ordonnance royale proclamera, dans la forme déterminée par l'article 14, les cessions enregistrées pendant le trimestre expiré.

Art. 23. — Le cessionnaire de la totalité des droits d'un breveté, ou ses cessionnaires partiels agissant ensemble, ou un seul cessionnaire agissant au profit de tous, jouiront du bénéfice des articles 16 et 17.

Art. 24. — Les cessionnaires d'un brevet et ceux qui auront acquis du breveté une licence pour l'exploitation de sa découverte ou invention, profiteront de plein droit des certificats d'addition qui lui seront ultérieurement délivrés. Ils pourront en lever une expédition au ministère de l'agriculture et du commerce, moyennant un droit de 20 fr.

A moins de conventions contraires, les acquéreurs d'objets brevetés auront également le droit d'appliquer, ou de faire appliquer à ces objets les changements, perfectionnements ou additions garantis par les certificats ci-dessus.

SECTION V. — *De la communication et de la publication des descriptions et dessins de Brevets.*

Art. 25. — Les descriptions, dessins, échantillons et modèles des brevets délivrés, resteront déposés au ministère de l'agriculture et du commerce, où ils seront communiqués, sans frais, à toute réquisition.

Il ne pourra être pris aucun calque, croquis ou note sur ces pièces, échantillons ou modèles.

Art. 26. — Les descriptions et dessins des brevets devenus définitifs conformément à l'article 13. ainsi que les descriptions et dessins des inventions tombées dans le domaine public, aux termes du même article, seront publiés, soit textuellement, soit par extrait.

Il sera en outre publié, au commencement de chaque année, un catalogue des brevets délivrés dans le courant de l'année précédente.

Art. 27. — Le recueil des descriptions et dessins et le catalogue publiés en exécution de l'article précédent, seront déposés au ministère de l'agriculture et du commerce et au secrétariat de chaque préfecture, où ils pourront être consultés sans frais.

TITRE III. — *Des droits des étrangers.*

Art. 28. — Les étrangers résidant en France pourront y obtenir des brevets d'invention.

Art. 29. — Tout étranger qui aura obtenu, dans son pays, un brevet pour une découverte ou invention susceptible d'être brevetée, aux termes des articles 1 et 2, pourra obtenir, en France, un brevet pour la même découverte ou invention, si la réciprocité est accordée aux Français par les lois de la nation à laquelle il appartient.

La durée du brevet, dans le cas prévu ci-dessus, ne pourra ni excéder celle du brevet étranger, ni s'étendre au delà du maximum de quinze années.

La taxe à payer par le demandeur sera fixée à raison de 100 fr. pour chaque année.

Le demandeur devra joindre à sa demande, outre les pièces énoncées dans l'article 5, une expédition authentique de son brevet étranger.

Art. 30. — Les formalités et conditions déterminées par la présente loi seront applicables aux brevets demandés ou délivrés en exécution des deux articles qui précèdent.

TITRE IV. — *Des nullités et déchéances et des actions y relatives.*
SECTION Ire. — *Des nullités et déchéances.*

Art. 31. — Seront nuls et de nul effet les brevets délivrés dans les cas suivants, savoir :

1o Si la découverte, invention ou application n'est pas nouvelle ;

2o Si la découverte, invention ou application n'est pas, aux termes de l'article 3. susceptible d'être brevetée ;

3o Si la découverte, invention ou application est reconnue contraire à l'ordre ou à la sûreté publique, aux bonnes mœurs ou aux lois du Royaume ; sans préjudice des peines qui pourraient être encourues pour la fabrication ou le débit d'objets prohibés ;

4o Si la description jointe au brevet n'est pas suffisante pour l'exécution de l'invention, ou si elle n'indique pas d'une manière complète et loyale les véritables moyens de l'inventeur ;

5o Si le brevet a été obtenu contrairement aux dispositions de l'article 17.

Art. 32. — Ne sera pas pas réputée nouvelle toute découverte, invention ou application qui, en France ou à l'étranger et antérieurement à la date du dépôt de la demande, aura reçu, soit par la voie de l'impression, soit de toute autre manière, une publicité suffisante pour pouvoir être exécutée.

Art. 33. — Sera déchu de tous ses droits :

1º Le breveté qui n'aura pas mis en exploitation sa découverte ou invention, en France, dans le délai déterminé par l'article 20. ou qui aura cessé de l'exploiter pendant plus d'une année;

2º Le breveté qui aura introduit en France des objets fabriqués en pays étranger et semblables à ceux qui sont garantis par son brevet.

SECTION II. — *Des actions en nullité et en déchéance.*

Art. 34. — L'action en nullité et l'action en déchéance pourront être exercées par toute personne y ayant intérêt.

Ces actions, ainsi que toutes contestations relatives à la propriété des brevets, seront portées devant les tribunaux civils de première instance.

Art. 35. — Si la demande est dirigée contre un ou plusieurs cessionnaires partiels et contre le titulaire du brevet, elle sera portée devant le tribunal du domicile de ce dernier.

Art. 36. — L'affaire sera instruite et jugée, dans la forme prescrite pour les matières sommaires, par les articles 405 et suivants du Code de procédure civile. Elle sera communiquée au procureur du roi.

Art. 37. — Dans tous les cas où un jugement ou arrêt prononçant la nullité ou la déchéance d'un brevet aura acquis force de chose jugée, et dans le cas prévu au nº 3 de l'article 31. le ministère public pourra se pourvoir pour faire prononcer la nullité ou la déchéance absolue du brevet.

Art. 38. — Dans toute instance introduite en exécution de l'article qui précède, le ministère public devra mettre en cause tous les ayants droit au brevet, dont les titres auront été enregistrés au ministère de l'agriculture et du commerce, conformément à l'article 22.

Art. 39. — Lorsque la nullité ou la déchéance absolue d'un brevet aura été prononcée par jugement ou arrêt ayant acquis force de chose jugée, il en sera donné avis au Ministre de l'agriculture et du commerce, et la nullité ou la déchéance sera publiée dans la forme déterminée par l'article 14 pour la proclamation des brevets.

TITRE V. — *De la contrefaçon et des peines.*

Art. 40. — Toute atteinte portée aux droits du breveté, soit par la fabrication de produits, soit par l'emploi de moyens faisant l'objet de son brevet, constitue le délit de contrefaçon.

Quiconque se sera rendu coupable de ce délit sera puni d'une amende de 100 fr. à 2.000 fr.

Art. 41. — Ceux qui auront sciemment vendu ou exposé en vente ou introduit sur le territoire français, un ou plusieurs objets contrefaits, seront punis d'une amende de 25 fr. à 500 fr.

Art. 42. — Dans le cas de récidive, il sera prononcé, outre l'amende portée aux deux articles précédents, un emprisonnement d'un mois à six mois, dans le cas prévu par l'article 40, et de huit jours à deux mois dans le cas prévu par l'art. 41.

Il y a récidive lorsqu'il a été rendu contre le prévenu, dans les cinq années antérieures, une première condamnation pour un des délits prévus par la présente loi.

Art. 43. — L'article 463 du Code pénal pourra être appliqué aux délits prévus par les dispositions qui précèdent.

Art. 44. — L'action correctionnelle pour l'application des peines ci-dessus ne pourra être exercée par le ministère public que sur la plainte de la partie lésée.

Art. 45. — Si le prévenu fait valoir, pour sa défense, des moyens de nullité ou de déchéance, ou soulève des questions relatives à la propriété du brevet, le tribunal surseoira à statuer et le renverra à se pourvoir, sans préliminaire de conciliation, devant le tribunal compétent, dans un délai qui sera déterminé par le jugement.

Art. 46. — Les propriétaires de brevet pourront, en vertu d'une ordonnance du président du tribunal de première instance, faire procéder par tous huissiers à la désignation et description détaillée, avec ou sans saisie, des objets prétendus contrefaits.

L'ordonnance sera rendue sur simple requête et sur la représentation du brevet.

Lorsqu'il y aura lieu à la saisie, ladite ordonnance pourra imposer au requérant un cautionnement qu'il sera tenu de consigner avant d'y faire procéder.

Il sera laissé copie au détenteur des objets décrits ou saisis, tant de l'ordonnance que de l'acte constatant le dépôt du cautionnement, le cas échéant ; le tout à peine de nullité et de dommages-intérêts contre l'huissier.

Art. 47. — A défaut par le requérant de s'être pourvu, soit par la voie civile, soit par la voie correctionnelle, dans le délai de huitaine, outre un jour par trois myriamètres de distance entre le lieu où se trouvent les objets saisis ou décrits et le domicile du contrefacteur, introducteur ou débitant, la saisie ou description sera nulle de plein droit, sans préjudice de tous dommages-intérêts.

Art. 48. — La confiscation des objets reconnus contrefaits et, le cas échéant, celle des instruments ou ustensiles destinés spécialement à leur fabrication, seront prononcées contre le contrefacteur, l'introducteur ou le débitant.

Les objets confisqués seront remis au propriétaire du brevet, sans préjudice de plus amples dommages-intérêts, s'il y a lieu.

TITRE VI. — *Dispositions particulières.*

Art. 49. — Des ordonnances royales portant règlement d'administration publique arrêteront les dispositions nécessaires pour l'exécution de la présente loi, qui n'aura effet que six mois après sa promulgation.

Art. 50. — Sont abrogés, à compter de la même époque, les lois des 7 janvier et 25 mai 1791, celle du 20 septembre 1792, l'arrêté du 17 vendémiaire an VII, l'arrêté du 5 vendémiaire an IX, les décrets des 25 no-

vembre 1806 et 25 janvier 1807, et toutes dispositions antérieures relatives aux brevets d'invention, d'importation et de perfectionnement.

Fait à Paris, le 10 janvier 1843.

Signé LOUIS-PHILIPPE.

Par le Roi :

Le Ministre secrétaire d'Etat au département de

l'agriculture et du commerce,

Signé L. Cunin-Gridaine.

EXPOSÉ DES MOTIFS.

MESSIEURS,

La législation qui régit en France les découvertes industrielles et dont nous venons vous proposer la révision, remonte à l'année 1791. Elle appartient à cette époque féconde en grandes réformes, où, après avoir voté la suppression des priviléges et des corporations, l'Assemblée nationale inscrivait en tête du Code des arts et métiers : *Liberté de l'industrie, propriété du travail.*

Un demi-siècle a passé aujourd'hui sur cette création, et après une aussi longue épreuve, les lois des 7 janvier et 25 mai 1791 sont restées à l'abri de toute atteinte dans leurs dispositions fondamentales, lorsque, depuis longtemps déjà, elles ont cessé, dans leurs dispositions réglementaires, d'être en harmonie avec les besoins de l'industrie et avec l'état des rapports commerciaux des différents peuples.

Avant 1790, à peine est-il maintenant utile de le rappeler, les découvertes industrielles, comme les grands établissements de manufactures et les grandes entreprises de commerce, pouvaient être l'objet de priviléges exclusifs: l'histoire en fournit de nombreux exemples, et plusieurs de nos principales fondations industrielles, les glaces, les tapis, les draps fins, n'ont pas eu d'autre origine. Mais ces concessions arbitraires venaient, le plus souvent, se briser contre d'autres priviléges plus puissants encore, qui comme un mur d'airain, fermaient au génie de l'invention le domaine des arts et métiers, et l'obligeaient à aller chercher sur une terre étrangère une patrie moins ingrate.

« Combien de citoyens précieux. disait M. de Boufflers à l'Assem- » blée nationale, après avoir négligé le soin de leur fortune pendant » les plus belles années d'une vie consumée en études, en recherches, » en méditations; après avoir épuisé leur patrimoine en fabrica- » tions, en frais inutiles, en essais infructueux, et surtout en vaines » démarches, voyaient souvent leur espoir le plus cher et le mieux » fondé s'évanouir tout à coup! Combien d'entre eux, en proie à » tous les besoins. privés de ressources, accablés de regrets et d'in- » quiétudes, se sont expatriés, ou bien ont langui dans des asiles » ignorés et souvent humiliants!... »

Les noms de Nicolas Briot, inventeur du balancier à frapper les médailles, d'Argant, créateur des lampes à double courant d'air, de Réveillon, fondateur de la première manufacture de papiers peints,

1.

de Lenoir, qui a porté à un si haut degré de perfection la fabrication des instruments de précision, retentissent encore dans nos annales comme un acte d'accusation contre les règlements de cette époque, et comme une protestation éloquente contre toute idée de retour vers un pareil régime.

La durée des privilèges était alors déterminée par les actes mêmes de concession : souvent elle était illimitée, jusqu'à l'époque où la déclaration du 24 décembre 1762 fixa le terme de ces concessions à quinze années, sauf prorogation lorsqu'il y aurait lieu. Cet état de choses s'est maintenu jusqu'en 1790.

Mais déjà le mouvement des esprits appelait une réforme dont le besoin était partout, et dont les signes précurseurs se montraient déjà dans les actes du Gouvernement. Dans les premiers jours de février 1776 fut signé le mémorable édit de Turgot, enregistré le 12 mars au Parlement, et qui vint déclarer :

« Que Dieu, en donnant à l'homme des besoins, en lui rendant » nécessaire la ressource du travail, a fait, du droit de travailler, la » propriété de tout homme, et que cette propriété est la première, » la plus sacrée et la plus imprescriptible de toutes.

» Nous voulons, disait le même édit, abroger ces institutions ar- » bitraires... qui éloignent l'émulation et l'industrie, et rendent » inutiles les talents de ceux que les circonstances excluent d'une » communauté...: qui retardent les progrès des arts par les diffi- » cultés multipliées que rencontrent les inventeurs, auxquels les » différentes communautés disputent le droit d'exécuter des décou- » vertes qu'elles n'ont pas faites. »

Cet édit n'eut pas, à la vérité, une longue durée : six mois à peine s'étaient écoulés qu'il tombait avec son auteur. Ce fut en vain que le nouvel édit du mois d'août 1776, les lettres-patentes du 5 mai 1779 et celles de 1780 et 1781 tentèrent de réconforter un édifice qui s'écroulait de toutes parts : l'arrêt était porté, et bientôt une révolution tout entière devait passer là où une simple réforme n'avait pu se maintenir.

Dans la nuit du 4 au 5 août 1789, l'Assemblée nationale votait l'abolition des privilèges et la suppression des jurandes et des maîtrises ; et, le 31 décembre 1790, elle décrétait la loi qui, promulguée le 7 janvier 1791, forme encore aujourd'hui, avec celle du 25 mai suivant, le Code des brevets d'invention.

Garantir à tout inventeur, pendant un temps donné, la jouissance pleine et entière de sa découverte, à la condition que cet inventeur livrera cette découverte à la société après l'expiration de son privilège : tel est le contrat, simple en lui-même, que, sous les formes un peu solennelles de l'époque, les lois de 1791 ont substitué au régime arbitraire des privilèges.

Comment cette idée si naturelle, cette transaction si équitable entre les droits de l'inventeur et ceux de la société s'est-elle produite ?

L'exemple de ce qui se pratiquait en Angleterre depuis le règne de Jacques Ier, en 1623 (1), celui des États-Unis, dont l'acte constitutionnel

(1) Statut de Jacques Ier, 21e année, chap. III.

venait d'être arrêté le 17 septembre 1787, les observations de la Chambre du commerce de Normandie. l'avis des députés du commerce. publié au commencement de 1788, ceux des inspecteurs généraux et des intendants généraux du commerce. les vœux des bailliages, les cahiers du tiers état, et enfin les instances des inventeurs eux-mêmes, tout sollicitait l'application de ce système. dont les rapports remarquables de M. de Boufflers déterminèrent l'adoption.

Faut-il maintenant, pour apprécier cette législation. remonter à l'origine des droits des inventeurs, en rechercher le fondement, en discuter le principe, la nature. l'étendue?

Faut-il dire. avec l'Assemblée nationale, que toute idée nouvelle, dont la manifestation ou le développement peut devenir utile à la société. *appartient primitivement* à celui qui l'a conçue. et que ce serait attaquer *les droits de l'homme* dans leur essence. que de ne pas regarder une découverte industrielle *comme la propriété de son auteur?* Faut-il dire, avec Mirabeau. que les découvertes de l'industrie et des arts *étaient une propriété avant que l'Assemblée nationale l'eût déclaré?* Faut-il dire enfin. avec l'éloquent député rapporteur de la loi sur la propriété littéraire en 1841. que, si le travail est le premier titre. le titre le plus légitime, le plus inviolable de toute propriété, on ne peut contester les titres et les droits du travail à ce produit magnifique et saint des plus hautes facultés que la nature ait données à l'homme, à l'exercice des facultés du génie humain ?

Ou doit-on admettre, au contraire. que la pensée n'est la propriété de celui qui l'a conçue que tant qu'elle ne s'est pas produite au dehors ? qu'une fois mise au jour et livrée au monde. elle appartient au monde ? que la matière seule peut être saisie. occupée, retenue ? que l'invention, produit de la fermentation générale des idées, fruit du travail des générations successives, n'est jamais l'œuvre d'un seul homme et ne peut devenir sa propriété exclusive que par le consentement de la société dans le sein de laquelle il a trouvé le germe que son génie a fécondé ?

Heureusement. Messieurs. nous n'avions pas à vous déférer une question de pure métaphysique. et nous ne pouvions oublier que les sociétés. qui s'éclairent et s'améliorent par les discussions philosophiques, ne se gouvernent pas par des principes absolus, et vivent de la réalité des faits.

Bornons-nous donc à constater ce qui existe. et ce qui existe sans contestation depuis 1791. L'inventeur ne peut exploiter sa découverte sans la société ; la société ne peut en jouir sans la volonté de l'inventeur ; la loi. arbitre souverain. est intervenue : elle a garanti. à l'un une jouissance exclusive, temporaire ; à l'autre. une jouissance différée. mais perpétuelle. Cette solution. transaction nécessaire entre les principes et les intérêts. constitue le droit actuel des inventeurs, et droit naturel ou droit concédé, propriété ou privilège. indemnité ou rémunération. ce résultat a été regardé universellement comme le règlement le plus équitable des droits respectifs : la raison publique l'a accepté. et il est devenu, dans cette matière, la base de la législation chez tous les peuples.

La loi de 1791 a fixé au maximum de quinze années la durée de la jouissance des inventeurs. Cette fixation était arbitraire, mais elle avait pour elle, en France, l'autorité d'un fait accompli, et, dans un pays voisin, l'expérience de plus d'un siècle.

Dans notre ancienne monarchie, en effet, les priviléges, comme on l'a déjà dit, étaient la plupart du temps illimités ; la déclaration du 24 décembre 1762 les réduisit à quinze années ; « tous lesdits privi- » léges, disait cet acte, qui ont été ou seraient dans la suite accordés » indéfiniment et sans terme, seront et demeureront fixés et réduits à » ce terme de quinze années de jouissance, à compter du titre de con- » cession..... »

Les motifs de cette mesure sont développés dans le préambule de la déclaration : « les priviléges en fait de commerce, y est-il dit, qui » ont pour objet de récompenser l'industrie des inventeurs ou d'ex- » citer celle qui languissait dans une concurrence sans émulation, » n'ont pas eu toujours le succès qu'on en peut attendre, soit parce » que les priviléges accordés pour des temps illimités semblent plutôt » être un patrimoine héréditaire qu'une récompense personnelle à » l'inventeur ; soit parce que le privilége peut être souvent cédé à des » personnes qui n'ont pas la capacité requise ; soit enfin parce que » les enfants, successeurs et ayants cause du privilégié, appelés par » la loi à la jouissance du privilége, négligent d'acquérir les talents » nécessaires. Le défaut d'exercice de ces priviléges peut aussi avoir » d'autant plus d'inconvénient, qu'il gêne la liberté, sans fournir au » public les ressources qu'il doit en attendre ; enfin, le défaut de pu- » blicité des titres du privilége donne souvent lieu au privilégié de » l'étendre et de gêner abusivement l'industrie et le travail de nos » sujets. »

En Angleterre, avant 1623, les patentes pour inventions étaient de vingt et un ans ; le statut contre le monopole, publié dans la vingt et unième année du règne de Jacques Ier, y a substitué des patentes de quatorze ans.

Au moment où l'Assemblée nationale délibérait, la loi américaine venait de fixer également à quatorze ans la durée des patentes pour inventions.

C'est ainsi que, par une sorte d'accord et sans discussion, se trouva réglé le point de la loi le plus difficile peut-être, puisque d'une er- reur d'appréciation pouvait résulter ou une usurpation contre la so- ciété, ou une spoliation des droits du génie.

Après avoir constitué les droits des inventeurs et fixé la durée de leur jouissance, il restait à régler les formes relatives à la reconnais- sance et à l'admission de leurs titres, et ici se présentaient les plus graves questions.

Quel serait le juge de la réalité et de la nouveauté des inventions ? Car si la société donne, ce ne peut être qu'à la condition de recevoir. et la société ne recevrait rien, bien plus on lui raviraient ce qui lui ap- partient, si la découverte n'était pas nouvelle, et il y aurait là une sorte d'obligation sans cause.

Pour prévenir ce résultat, deux systèmes s'offraient au législateur : l'examen préalable des inventions, ou la délivrance de tous les brevets demandés, sans examen. mais avec nullité virtuelle des titres délivrés pour de fausses découvertes.

On disait à l'appui du premier : « Rien n'est plus mal conçu que le » système de faire délivrer le brevet sur le simple exposé de celui » qui se prétend inventeur: il peut en résulter une très grande dis- » tribution de brevets illégitimes, également nuisibles au commerce » et aux droits de ceux qui en ont justement. Il est donc essentiel que » la concession n'en soit faite qu'à la suite d'un mûr examen et avec » une très grande connaissance de cause: la saine raison le veut. et » l'intérêt des véritables inventeurs l'exige. Le moyen d'obtenir ce » résultat est de soumettre les demandes de ce genre à un jury spé- » cial 1 ..... »

En faveur du second système, la délivrance des brevets sans examen préalable, on disait 2 : « Où donc est le danger? Est-ce que » les plus grandes inepties seraient admises sans examen? Oui: » mais aussi elles seraient rejetées sans scrupule, et alors elles tour- » neraient au détriment de leur auteur. Mais. dira-t-on, pourquoi » jamais de contradicteurs? Mais. dirai-je à mon tour, pourquoi » toujours des contradicteurs? Le contradicteur que vous me deman- » dez est absolument contraire à l'esprit de la loi : l'esprit de la loi » est d'abandonner l'homme à son propre examen et de ne point ap- » peler le jugement d'autrui sur ce qui pourrait bien être impossible » à juger. Souvent. ce qui est inventé est seulement conçu. et n'est » point encore né: laissez-le naître. laissez-le paraître. et puis vous » le jugerez. Vous voulez un contradicteur: je vous en offre deux. » dont l'un est plus éclairé que vous ne pensez. et l'autre est infail- » lible : l'intérêt et l'expérience.

» Me direz-vous que la loi ne doit rien faire qu'après un examen » approfondi? Cela est vrai pour les récompenses et les punitions » qu'elle assigne à tel ou tel individu. mais non point pour la pro- » tection qu'elle accorde indistinctement à tous les êtres qui la ré- » clament. Rien n'est si bon que la loi: elle ne cesse de tendre une » main secourable à qui peut en avoir besoin: elle assure à chacun » un droit égal sur ce qui est commun à tous; elle assure à chacun » un droit particulier sur ce qui lui est propre : elle protége les cam- » pagnes ouvertes et les enclos. et l'inventeur ne demande que le » droit d'enclore sa possession.

» Me demandez-vous ce qui prouve à la loi que cet homme dit la » vérité? Je vous réponds que la loi le présume et qu'elle attend » qu'on lui prouve le contraire.

» Enfin quels étaient donc ces contradicteurs si regrettés? et » qu'est-ce. en effet, que des censeurs en pareille occasion ? C'est un » tribunal qui juge des choses qui n'existent point encore. et qui à » son gré leur permet ou leur défend de naître: un tribunal qui » n'entend que lui-même, qui procède sans contradiction, et qui

(1) Eude. Rapport au Conseil des Cinq-Cents (14 pluviôse an VI).

2 De Boufflers. Réponse aux objections élevées contre la loi du 7 jan- vier 1791, imprimée par ordre de l'Assemblée nationale.

» craint d'être responsable lorsqu'il autorise, et qui ne risque
» rien lorsqu'il proscrit ; un tribunal qui prononce sans appel dans
» des causes inconnues, où l'expérience serait la seule procédure con-
» venable, et où le public est le seul juge compétent. Et à quels
» hommes osait-on confier une aussi étonnante magistrature à
» exercer dans le domaine de la pensée ? Les mieux choisis sans
» doute étaient les savants ; mais les savants eux-mêmes ne sont-ils
» pas quelquefois accusés d'être parties au procès ? Ont-ils tou-
» jours été justes envers les inventeurs ? Convenons-en, l'étude a
» peine à croire à l'inspiration, et des hommes accoutumés à tracer
» les chemins qui mènent à toutes les connaissances supposent dif-
» ficilement qu'on puisse y être arrivé à vol d'oiseau.

» Le brevet d'invention, disait-on encore (1), n'est autre chose
» qu'un acte qui constate la déclaration faite par l'inventeur, que
» l'idée qu'il se propose d'utiliser est à lui seul. Qu'elle soit bonne
» ou mauvaise, qu'elle soit neuve ou ancienne, le point principal
» est de ne point l'étouffer dans sa naissance, et d'attendre pour la
» juger qu'elle ait reçu tous ses développements. Il est juste qu'il
» en recueille les prémices , s'il dit vrai : et s'il dit faux, elle
» sera bientôt réclamée par ceux qui l'auront employée avant
» lui. Au premier cas, l'acte qu'on lui donne est indispensable,
» puisque, sans lui, il n'aurait pas de titre pour agir contre ceux qui
» voudraient la lui dérober : dans le second, il lui sera absolument
» inutile, car il ne l'empêchera pas d'être déchu du droit privatif
» qu'il aurait, sans fondement, essayé d'acquérir.

» Les arts ne prospèrent point dans les entraves ; ils exigent pour
» leur accroissement une liberté pleine et entière ; il faut la leur
» garantir par des lois tutélaires. Gardons-nous donc de soumettre
» leurs productions à des formes tracassières, et surtout à des vé-
» rifications qui pourraient devenir très souvent fallacieuses.

» Il y a peu d'inconvénients à ce que le charlatan se rende lui-
» même la dupe de son ineptie ou de sa mauvaise foi ; mais il y en
» aurait beaucoup si le véritable inventeur se voyait sans cesse ex-
» posé à être supplanté par l'intrigue et la collusion. Et à quoi
» servirait de soumettre les demandes de brevets à un jury ?

» La proposition n'en avait été prise que dans l'intérêt de la so-
» ciété ; dès qu'il demeure constant qu'il ne peut souffrir de l'omis-
» sion de cette formalité, si elle n'était pas dangereuse, elle serait
» tout au moins inutile. »

Ces considérations ont prévalu, et le principe de non-examen
préalable est devenu la base de la législation sur la matière. Ajoutons que la règle acceptée universellement a obtenu la sanction du
temps et de l'expérience, et que la raison publique, formée par la
pratique de l'institution, n'a déjà plus besoin d'être avertie que le
brevet d'invention ne garantit ni la nouveauté, ni le mérite, ni le
succès d'une découverte.

Ainsi se sont aplanies, sans efforts, les difficultés dont on mena-
çait, à l'origine, une législation qui renversait les habitudes de

---

(1) Eude, 2ᵉ rapport au Conseil des Cinq-Cents (12 fructidor an vi).

plusieurs siècles, et qui sait en appeler à l'intelligence et au bon
sens des citoyens, de la servitude, ou, si l'on veut, de la tutelle administrative qui avait pesé jusque-là sur tous les mouvements du
travail et de l'industrie.

Nous laisserons donc en dehors de tout débat les questions relatives à la propriété des découvertes industrielles, à la rémunération
à accorder aux inventeurs, à la nature et à la durée des droits qu'il
convient de leur conférer, à la discussion et a l'admission de leurs
demandes ; nous accepterons sur ces différents points, comme ayant
acquis force de chose jugée, les solutions de la loi de 1791, et nous
nous rencontrerons sur ce terrain avec les législations de l'Angleterre, des États-Unis, de l'Autriche, etc.

Assez d'autres questions, d'ailleurs, se présentent à l'examen du
Gouvernement et des Chambres.

La loi du 7 janvier 1791 reconnaît, avec les brevets d'invention,
des brevets de perfectionnement et des brevets d'importation. Ces
deux dernières espèces de titres ont soulevé de vives plaintes, les
unes de la part des inventeurs, les autres de la part de l'industrie.

Les inventeurs ont dit que, toujours pressés de mettre leurs découvertes sous la sauvegarde de la loi, ils attendent rarement que
ces découvertes soient arrivées a leur maturité ; qu'obligés ainsi de
les produire dans l'état d'imperfection qui accompagne ordinairement le premier jet d'une conception, ils laissent la voie ouverte à
des perfectionnements sans nombre, qui se présenteraient d'eux-
mêmes à leurs méditations si la cupidité de certains spéculateurs
industriels, véritables frelons du génie de l'invention, ne venait,
dès les premiers moments, leur en enlever le bénéfice, paralysant
ainsi entre leurs mains le développement, souvent même l'exploitation d'idées qui leur avaient coûté des sacrifices considérables
d'argent, de temps et de travaux.

Contre les brevets d'importation, on a fait observer que les rapports commerciaux entre les différents peuples et les habitudes de
l'industrie sont bien changés depuis l'époque où la loi croyait nécessaire d'encourager, par un privilége et par la concession d'un
droit de propriété, l'importation des découvertes étrangères : que,
depuis longtemps, la pratique des arts les plus difficiles, l'exploitation des industries les plus secrètes, n'ont plus de mystères pour
l'œil investigateur de la concurrence et de l'intérêt privé : que les
brevets d'importation ne sont plus, pour ainsi dire, que le prix
de la course, et que, dès lors, loin de les encourager, il fallait les
proscrire, comme une atteinte portée aux droits de la société, comme
un vol fait au domaine public.

D'autres réclamations encore se sont élevées.

La loi du 7 janvier 1791 déclare que tout inventeur qui, après
avoir obtenu une patente en France, sera convaincu d'en avoir
pris une à l'étranger, sera déchu de son droit.

La justice, le bon sens, l'intérêt national, protestent depuis longtemps contre cette étrange disposition.

Ah ! sans doute, disent-ils, si cette interdiction devait avoir pour
effet de réserver au pays le monopole du génie de ses enfants, le

fruit exclusif de leurs découvertes, on comprendrait que la loi frap-
pât les Français indignes de ce nom qui porteraient à l'étranger
leurs moyens et leurs inventions.

Mais quand l'intelligence ne s'arrête pas devant les barrières qui
séparent les peuples, quand la science et la civilisation franchissent
tous les obstacles, quand la lumière se répand malgré tous les efforts, est-il juste de disputer à l'inventeur une partie de la rémunération que lui doit la société? est-il raisonnable de l'empêcher de
faire ce que tout autre pourrait faire à sa place, est-il d'intérêt
national de faire tomber dans le domaine public à l'étranger ce que
la loi place en France, et à juste titre, sous l'empire du monopole?

Énoncer de pareilles plaintes, c'est leur donner gain de cause,
c'est leur assurer satisfaction complète.

Enfin, les inventeurs se plaignaient d'être sans cesse troublés dans
leur jouissance, et de ne pas recevoir de la loi la protection efficace
et la garantie effective des droits qu'elle leur a promis en échange
des avantages dont ils font jouir la société.

Depuis longtemps, l'administration s'était émue de ces réclamations. L'industrie n'est pas seulement l'honneur du pays, elle est,
après l'agriculture, le premier élément de sa fortune et de sa puissance, et sa voix ne saurait jamais s'élever en vain.

Dès l'année 1828, M. le comte de Saint-Cricq, alors Ministre du
commerce et des manufactures, avait formé une commission spéciale
pour préparer la révision et l'amélioration des lois sur la matière (1) ; mais la difficulté de ce travail le détermina bientôt à ouvrir
une sorte d'enquête auprès des Chambres de commerce et des manufactures, et auprès des conseils de prud'hommes. D'excellents
mémoires ont été la réponse à cet appel, et ces documents, réunis
au travail de la commission, ont servi de base à un premier projet,
qui a été soumis à l'examen des conseils généraux de l'agriculture,
des manufactures et du commerce, et, depuis, à celui du conseil
d'État. La plupart des dispositions de ce projet ont trouvé place
dans le travail plus complet qui vous est présenté, et auquel votre
haute expérience nous aidera à mettre la dernière main.

La législation actuelle sur les brevets d'invention se compose :

De la loi du 7 janvier 1791, qui a posé les principes, et de celle du
25 mai de la même année qui en a réglé l'exécution, en déterminant
la forme des titres et les formalités relatives à leur délivrance ;

De la loi du 20 septembre 1792, qui défend de délivrer des brevets
pour des établissements relatifs aux finances, et supprime ceux qui
auraient été accordés ;

De l'arrêté du 17 vendémiaire an VII, qui ordonne la publication
des descriptions annexées aux brevets expirés, et prescrit le dépôt de
ces descriptions au Conservatoire royal des arts et métiers, après
l'expiration des brevets ;

(1) Cette commission était composée de MM. Girod (de l'Ain), président,
comte Delaborde, baron Thénard, Molard aîné, Ternaux, Boignet, le cheva-
lier de Sain'-Cricq, Ch. Renouard, Th. Regnault, Cochaud et Guillard de
Senainville; en 1831, M. Azévédo y fut adjoint.

De l'arrêté du 5 vendémiaire an IX, portant :

1º Que les certificats des demandes de brevets seront signés par le Ministre de l'intérieur, et que les brevets seront ensuite délivrés, tous les trois mois, par le Premier Consul, et promulgués au *Bulletin des Lois ;*

2º Que, pour prévenir l'abus que les brevetés pourraient faire de leur titre, il sera inséré, par annotation, au bas de chaque expédition, la déclaration suivante : Le Gouvernement, en *accordant un brevet d'invention sans examen préalable, n'entend garantir en aucune manière ni la priorité, ni le mérite, ni le succès d'une invention ;*

Du décret du 25 novembre 1806, qui abroge la disposition de l'article 14 du titre de la loi du 25 mai 1791, défendant d'exploiter les brevets d'invention par actions, et astreint les inventeurs qui voudront exploiter leurs titres de cette manière, à se munir de l'autorisation du Gouvernement ;

Du décret du 25 janvier 1807, qui statue que la durée des brevets commencera à courir de la date des certificats délivrés par le Ministre, et que, dans le cas de contestation entre deux brevetés pour le même objet, la priorité sera acquise à celui qui, le premier, aura fait le dépôt de ses pièces au secrétariat de la préfecture du département de son domicile ;

Enfin, du décret du 13 août 1810 (1), qui porte que la durée des brevets d'importation sera la même que celle des brevets d'invention et de perfectionnement, c'est-à-dire de cinq, dix ou quinze années.

Le projet de loi que nous avons l'honneur de vous présenter embrasse toute la matière ; il est donc destiné à remplacer les différents actes que nous venons d'énumérer. La plupart des dispositions de ces actes ont été reproduites dans ce projet, soit avec une rédaction plus nette et plus précise, soit avec les modifications nécessaires pour les mettre plus franchement en harmonie avec les principes de la loi.

Le titre Ier définit la matière des brevets d'invention ; il détermine les objets susceptibles d'être brevetés et ceux qui ne peuvent l'être ; il fixe la durée des brevets et le montant de la taxe à payer suivant cette durée.

Le titre II règle les formalités relatives à la demande, à la délivrance et à la proclamation des brevets d'invention.

Il statue sur les certificats d'addition aux brevets délivrés et sur la cession totale ou partielle des brevets.

Il arrête les mesures relatives, soit à la communication au public, soit à la publication des descriptions annexées aux brevets délivrés.

Le titre III règle les droits des étrangers en France, soit pour y obtenir des brevets d'invention, soit pour y faire reconnaître les brevets qu'ils auraient obtenus à l'étranger.

Le titre IV traite des nullités et déchéances et des actions qui peuvent en être la suite.

Le titre V s'occupe de la contrefaçon, des poursuites et des peines,

(1) Ce décret n'a pas été inséré au Bulletin des Lois.

Le titre VI charge le Gouvernement de prescrire, par voie d'ordonnance portant règlement d'administration publique, les mesures nécessaires pour l'exécution de la loi, et abroge toutes les dispositions
antérieures.

TITRE PREMIER.

La loi du 7 janvier 1791 avait disposé, en principe, que toute nouvelle découverte ou invention dans tous les genres d'industrie, pouvait être la matière d'un brevet : le projet de loi reproduit cette définition, mais il lui ôte son caractère de généralité en énonçant que
l'invention de nouveaux produits industriels, ou l'invention de nouveaux moyens de produire, ou l'application nouvelle des moyens de
production déjà connus, constituent l'invention légale. Cette énonciation résume les différentes espèces sous lesquelles les découvertes
industrielles peuvent se produire, et elle n'enlève rien à la liberté du
génie de l'invention.

L'article 3 déclare que les plans et combinaisons de finances ne
sont pas susceptibles d'être brevetés ; c'est la reproduction de l'interdiction prononcée par la loi du 20 septembre 1791.

Mais le même article étend cette exclusion aux principes, inventions, méthodes et généralement à toutes découvertes ou conceptions
purement scientifiques ou théoriques, et ici une explication est nécessaire.

Tout brevet doit avoir pour cause un objet matériel, saisissable,
transmissible ; un principe purement élémentaire, une découverte
intellectuelle, une vérité scientifique, une théorie, une méthode ne
sauraient être brevetés. Il en est, en effet, de ces créations du génie
comme des œuvres de l'imagination : la civilisation les accepte
comme des bienfaits, mais aucune puissance au monde ne pouvant
en assurer la possession exclusive à un seul, la société les paye en
gloire et en renom, et elle distribue aux inventeurs ces brevets d'immortalité qui font les Galilée, les Newton, les Lavoisier, les Volta.

La vertu de l'aiguille aimantée constituait un principe élémentaire ;
l'homme en a fait la boussole : l'élasticité de la vapeur a fourni un
moteur mécanique ; le gaz hydrogène produit le plus bel éclairage
des temps modernes ; l'air chaud active la combustion ; la pile de
Volta opère la fusion des métaux à froid ; et cependant, ni la vertu
de l'aiguille aimantée, ni l'élasticité de la vapeur, ni l'inflammabilité
du gaz hydrogène, ni la force combustive de l'air chaud, ni l'action
galvanique de la pile de Volta, ne pouvaient être inféodées à un
seul homme, tant que le génie des arts, empruntant ces belles découvertes au génie de la science, ne leur avait pas donné une forme matérielle pour les mettre au service de l'humanité.

Ce principe, la législation anglaise l'a depuis longtemps proclamé ;
nos lois de 1791 le contenaient implicitement, et la jurisprudence,
d'accord avec la raison, l'a consacré. Nous ne pouvions donc hésiter
à vous proposer de l'écrire dans la loi.

L'article 4 maintient, pour la jouissance des droits des inventeurs,
la durée de cinq, dix ou quinze années que la loi actuelle attribue

aux brevets; le demandeur reste, comme précédemment, seul juge de la durée qu'il entend assigner à son titre dans ces limites.

La loi du 7 janvier 1791 disposait, en même temps, que le terme de quinze années ne pourrait être prolongé que par une loi, et celle du 25 mai de la même année ajoutait que les prolongations de brevets ne pourraient être accordées que *dans des cas très rares, pour des raisons majeures et seulement par le Corps législatif.*

Cette disposition a été, suivant les temps, diversement interprétée ; on en a conclu, dans certains cas, que l'intervention du pouvoir législatif n'était nécessaire que pour les prolongations de durée au delà de quinze années, et quelques prolongations ont été accordées par des actes du Gouvernement; mais généralement cette interprétation a paru contraire aux intérêts comme aux droits de la société.

Lorsque, comme dans l'état actuel, l'inventeur est libre de donner à son privilége une durée de cinq, dix ou quinze années, à son choix, sa détermination, une fois arrêtée, doit faire sa règle comme celle du public. L'industrie, qui le sait, se dispose en conséquence ; et lorsque, sur la foi de l'expiration prochaine d'un privilége, elle s'est préparée, à grand frais peut-être, à l'exploitation libre d'une découverte dévolue, dans sa pensée, au domaine public, il ne faut pas qu'une décision soudaine, même fondée sur des titres légitimes, vienne lui enlever le bénéfice de la loi. Que serait-ce donc si cette décision n'était pas basée *sur ces raisons majeures* qu'en 1791 le législateur s'imposait à lui-même comme condition de toute prolongation ?

La confiance dans la loi, nous ne saurions trop le répéter, est une vertu qu'il ne faut pas ébranler, car elle est la sauvegarde des droits et des intérêts de tous ; celui qui a eu foi en elle a un titre sacré, et si la raison d'utilité publique suffit à peine, même avec la condition de l'indemnité préalable, pour motiver une expropriation, la considération de l'intérêt privé ne saurait jamais justifier la spoliation des droits publics.

Nous vous proposons donc d'insérer dans la loi (article 15) une disposition formelle, portant que, dans aucun cas, les brevets délivrés, quelle que soit leur durée, ne pourront être prolongés.

Est-ce à dire que, si une découverte importante venait à surgir tout à coup, qui méritât une grande exception, le Gouvernement et les Chambres dussent se refuser à intervenir ? A Dieu ne plaise que nous acceptions une pareille négation du droit, disons plus, des devoirs législatifs. Quand le parlement d'Angleterre étendait à vingt-cinq années la patente de Watt, malgré le statut de Jacques Ier, qui ne reconnaissait que des patentes de quatorze ans, il décernait une récompense nationale, et l'exception même donnait plus d'éclat à cette récompense. Puisse la France avoir souvent de pareilles exceptions à proclamer!

Le même article 4 fixe à 500 francs la taxe à payer au Trésor public pour un brevet de cinq ans, à 1,000 francs celle du brevet de dix ans, à 1,500 francs celle du brevet de quinze ans. Cette fixation répond à un droit uniforme de 100 francs pour chaque année de jouissance. Les taxes actuelles étant de 360 francs, 862 francs et 1,562 francs, en y comprenant les droits d'expédition et de dépôt, qui demeurent supprimés, il en résultera une augmentation de 138 francs pour le brevet de cinq et de dix années, et une réduction de 62 francs pour les titres de quinze ans. Il n'existait aucun motif de maintenir l'inégalité actuelle de la loi.

TITRE II.

Les articles 5 à 8 déterminent les formalités relatives à la rédaction, au dépôt et à l'enregistrement des demandes de brevets dans les préfectures de départements. Ces formalités sont celles qui se pratiquent depuis 1791, et elles paraissent offrir toutes les garanties nécessaires pour la sécurité des inventeurs.

Les articles 9 à 15 règlent le mode d'enregistrement, d'ouverture et d'expédition des demandes de brevets, et la délivrance des titres au ministère de l'agriculture et du commerce.

Ces dispositions consacrent ce qu'une longue pratique a fait établir ; mais toutes les formalités relatives à la constatation et à la conservation des droits dés inventeurs pouvant être considérées comme essentielles, elles ont dû trouver place dans la loi.

L'article 11 énonce expressément que les brevets sont délivrés, sans examen préalable, aux risques et périls des demandeurs et sans garantie soit de la réalité, de la nouveauté ou du mérite de l'invention, soit de la fidélité ou de l'exactitude de la description. Cet article sera transcrit littéralement sur tous les brevets.

Avec le principe de non-examen préalable, l'exécution de la loi est prompte, facile, régulière ; le rôle du Gouvernement se réduit à un simple enregistrement, à un acte purement administratif ; aux tribunaux reste la tâche, tâche difficile il est vrai, mais conforme aux attributions du pouvoir judiciaire, de juger les contestations relatives à la propriété des brevets. Dans le système contraire, tout est désordre et confusion, chaque demande est un procès ; et quel est le juge? l'administration ! et après ce jugement : possibilité d'un autre jugement prononçant la nullité d'un brevet délivré, après examen, par l'autorité administrative ; en d'autres termes, subordination du pouvoir administratif au pouvoir judiciaire, ce qui ne peut être.

Le système de la délivrance des brevets sans examen préalable laisse d'ailleurs peser sur le breveté la responsabilité de toutes ses erreurs. Si sa découverte n'est pas nouvelle, si l'objet n'en est pas licite, si sa description est inexacte, incomplète ou infidèle ; en un mot, si la demande renferme des causes de nullité ou de déchéance, l'administration, qui n'a fait que donner acte au breveté de ses propres déclarations, lui laisse le soin de les défendre et n'en accepte pas la solidarité. Par là, tous les pouvoirs restent indépendants et libres, chacun dans sa sphère.

Ce même article 11 renferme une innovation importante sous un double point de vue, et qui mérite d'être signalée.

Nous avons dit que les brevetés se plaignaient d'être troublés dans leur jouissance par la facilité que la loi accorde à tout le monde de prendre des brevets d'addition et de perfectionnement ; ajoutons que, d'un autre côté, les brevetés eux-mêmes, après un an ou deux d'exploitation, sont souvent conduits à reconnaître la futilité et le vide de leurs découvertes. et que. ne pouvant. par une renonciation. obtenir le remboursement de la partie de la taxe acquittée. ils se laissent volontairement frapper de déchéance pour n'en pas solder le complément.

Afin d'éviter ce double inconvénient. qui est réel et qui mérite d'etre pris en considération. le projet de loi statue (art. 11. 13. 14, que les brevets ne seront d'abord délivrés que pour deux années. moyennant le payement d'une somme de 200 francs à valoir sur le montant de la taxe. et qui demeurera. dans tous les cas. acquise au Trésor public : qu'avant l'expiration de ces deux années. les brevetés déclareront. en acquittant le complément de la taxe. la durée qu'ils entendent assigner à leur titre : et que tous les brevets à l'égard desquels la déclaration dont il s'agit n'aurait pas été faite dans le délai fixé. seront nuls et de nul effet à partir de cette époque. les inventions qu'ils garantissaient demeurant acquises au domaine public.

Pendant le même délai de deux années. le breveté seul art. 17 pourra apporter à l'invention faisant l'objet de son titre des changements. additions ou perfectionnements.

Ainsi. d'une part. tout breveté dont la découverte ne présenterait pas la réalité ou les avantages sur lesquels il avait compté sera libre. en y renonçant. de se dispenser d'acquitter le complément de la taxe. et il lui suffira. à cet effet. de ne pas faire la déclaration mentionnée dans l'article 13.

D'un autre côté, personne autre que le breveté ne pouvant prendre. à l'égard de sa découverte. de brevet d'addition ou de perfectionnement avant le terme de deux années. ce dernier pourra. sans crainte d'être devancé par un tiers. apporter à cette découverte les améliorations successives indiquées par la pratique. et il ne courra plus le risque de se voir enlever le fruit de ses travaux et de ses sacrifices.

Cette double disposition présente une amélioration véritable : elle sera accueillie avec reconnaissance par les inventeurs, qui trouveront dans cette mesure une garantie plus réelle que celle qui résulte d'une disposition analogue qui existe dans la législation anglaise sous le nom de *caveat* 1..

(1) Le *caveat* est un acte par lequel un individu qui est dans l'intention de prendre une patente requiert qu'il lui soit donné avis si une autre patente est demandée pour une invention analogue à la sienne.

Cet acte est déposé dans le bureau de l'*attorney* et dans celui de du *solliciteur général;* sa durée est d'une année ; il peut être renouvelé.

S'il est présenté une demande analogue à celle qui est sommairement décrite dans le *caveat,* l'auteur du *caveat* en est informé sur-le-champ, et il est tenu de déclarer dans les sept jours s'il s'oppose à la demande.

Dans ce cas, l'attorney ou le solliciteur général mande les parties à jour indiqué, les entend séparément, et décide s'il y a ou non similitude dans les inventions. Dans le premier cas, il n'y a lieu à délivrance de brevet ni pour l'un ni pour l'autre, à moins qu'ils ne s'entendent ; dans le cas contraire, le brevet demandé est délivré.

C'est là le *caveat* ordinaire; on peut d'ailleurs introduire des *caveat* en opposition à la délivrance d'un brevet en particulier, au bureau des brevets et même au bureau du grand sceau.

Les articles 16 à 19 sont relatifs aux certificats d'addition et à ce qui constituait précédemment les brevets de perfectionnement.

Le breveté, pendant toute la durée de son titre, pourra apporter à son brevet tous les changements, additions ou perfectionnements dont il le croira susceptible ; il lui sera délivré, à cet effet, de simples certificats dont la durée expirera avec celle du brevet principal, et qui ne donneront lieu qu'au payement d'une taxe de 20 fr. (article 16).

Quant aux brevets de perfectionnement proprement dits, ils rentreront entièrement dans la catégorie des brevets d'invention ordinaires, tout changement, addition ou perfectionnement devant constituer une invention, suivant la définition de la loi, pour donner lieu à un brevet valable. Cette disposition s'appliquera au breveté comme aux tiers, toutes les fois que, pour un perfectionnement, il aimera mieux prendre un brevet principal de 5, 10 ou 15 années, qu'un simple certificat d'addition.

L'article 19 dispose que le titulaire d'un brevet obtenu pour un perfectionnement n'aura aucun droit d'exploiter l'invention principale, et réciproquement. Cette disposition est empruntée à l'article 8 de la loi du 25 mai 1791 ; elle avait, dans le temps, paru de nature à présenter quelques difficultés d'application. Elle est aujourd'hui parfaitement comprise, et il faut dire qu'elle avait été clairement expliquée par M. de Boufflers dans les termes suivants :

« On a cru que le titre accordé à l'auteur de la perfection enlevait » au premier auteur de la découverte l'exercice privatif de son titre » d'inventeur, mais il n'en est pas ainsi ; l'invention est le sujet, la » perfection est une addition. Ces deux choses différentes appartien- » nent à leurs auteurs respectifs : l'une est l'arbre, et l'autre est la » greffe. Si le premier inventeur veut présenter sa découverte per- » fectionnée, il doit s'adresser au second, et réciproquement le se- » cond inventeur ne peut tenir que du premier le sujet auquel il » veut appliquer son nouveau genre de perfection ; ils se verront » désormais obligés, quoi qu'ils fassent, de travailler l'un pour » l'autre, et, dans toutes les suppositions, la société y trouve son » profit ; car, ou bien ils se critiquent, et alors le public est plus » éclairé, ou bien ils s'accordent, et alors le public est mieux servi. »

L'article 20 impose au breveté l'obligation d'exploiter en France, d'une manière effective et continue, l'invention faisant l'objet du brevet. Cette exploitation doit avoir lieu dans le délai de deux ans, à partir de la date du dépôt.

Les articles 21 et 25 concernent les cessions totales ou partielles de brevets ; les dispositions des deux premiers articles reproduisent celles de l'article 15 de la loi du 25 mai 1791 ; l'article 23 confère au cessionnaire de la totalité du brevet, ou à tous les cessionnaires partiels dudit brevet agissant ensemble, ou à un seul d'entre eux agissant au profit de tous, le bénéfice des articles 16 et 17 de la loi, c'est-à-dire le droit exclusif, pendant la durée du brevet provisoire, d'apporter à la découverte des changements, additions ou perfectionnements, et, pendant toute la durée du brevet définitif, le droit de faire constater ces changements par de simples certificats d'addition.

Enfin l'article 24 décide que les certificats d'addition obtenus par un breveté profiteront de plein droit à ses cessionnaires et à ceux qui auront obtenu de lui des licences pour l'exploitation de son invention ; le même article ajoute qu'à moins de conventions contraires, les acquéreurs d'objets garantis par un brevet principal auront le droit de faire exécuter eux-mêmes, sur les objets par eux acquis, les changements ou perfectionnements décrits dans les certificats d'addition.

Le but de ces dispositions s'explique de soi-même : peu de mots suffiront pour le justifier.

En général, les inventions dans les arts et métiers n'arrivent à l'état de perfection qu'à l'aide des améliorations successives que le temps et la pratique ne manquent jamais d'y apporter. Le cessionnaire qui traite avec le breveté, le manufacturier qui achète son invention, n'acquièrent ainsi, la plupart du temps, qu'une œuvre incomplète, souvent même entachée des vices inhérents à la conception première ; il faut donc, sous peine de rester en arrière, que le cessionnaire ou le fabricant se résignent à payer à l'inventeur, pour chaque addition, outre la valeur juste et raisonnable du perfectionnement, le prix arbitraire du monopole qu'il lui convient d'exiger. Cette loi, indépendamment même de toute supposition d'abus, était trop dure et imposait à l'industrie des sacrifices qu'elle ne peut supporter. L'article 24 y pourvoit d'une manière équitable. Les cessionnaires partiels d'un brevet, et ceux qui auront acquis du breveté une licence pour l'exploitation de son invention, auront droit au bénéfice des certificats d'addition obtenus par le breveté ; les acquéreurs d'objets brevetés pourront, à moins de stipulations contraires, appliquer à ces objets les perfectionnements garantis par ces certificats, et, dans ce cas, ou ils s'adresseront au breveté pour cette application, ou ils les feront exécuter eux-mêmes si l'inventeur se montre trop exigeant.

Les articles 25 et 27 règlent les formes de la publicité à donner aux descriptions des brevets d'invention : les pièces relatives aux brevets provisoires seront communiquées sans déplacement : c'est l'état actuel pour tous les brevets : les descriptions des brevets devenus définitifs seront immédiatement publiées, et cette publication mettra la société en mesure de mieux étudier les inventions nouvelles, soit pour en perfectionner les applications pendant la durée des priviléges, soit pour en préparer l'exploitation après leur expiration. Les inventeurs n'ont rien à perdre dans l'adoption de cette mesure, puisque la communication actuelle des brevets met leurs moyens à la disposition du public ; mais la société y gagnera considérablement, et les tribunaux se montreront certainement plus sévères quand les contrefacteurs ne pourront plus invoquer leur ignorance.

TITRE III.

Les articles 28, 29 et 30 déterminent, relativement aux brevets d'invention, les droits des étrangers en France. Ici se présente une distinction.

Aux termes de notre loi (Code civil, art. 11), l'étranger jouit chez nous des mêmes droits civils que ceux qui sont accordés aux Français par les traités de la nation à laquelle il appartient ; l'étranger autorisé à établir son domicile en France y jouit, même sans la condition de réciprocité (Code civil, art. 13), de tous les droits civils tant qu'il continue d'y résider.

L'exercice du commerce et de l'industrie appartient au droit des gens. Il est accordé, sans restriction et sans réserve, aux étrangers comme aux nationaux ; il n'y a donc aucun obstacle à mettre à ce que l'étranger obtienne, en France, un brevet d'invention ; loin de là, le pays doit encouragement et protection à ceux qui viennent l'enrichir des fruits de leurs découvertes : mais s'il jouit des mêmes droits que les Français, l'étranger est soumis aux mêmes obligations, et la première condition du brevet est l'exploitation réelle et continue de l'invention brevetée (art. 20 et 31).

A l'égard des inventions étrangères, la loi du 7 janvier 1791 déclarait que quiconque apporterait le premier en France une découverte étrangère jouirait des mêmes avantages que s'il en était l'inventeur ; mais cette disposition était moins alors un hommage rendu au génie de l'invention qu'une prime offerte à l'importation des découvertes étrangères.

La suppression des brevets d'importation écartant cette dernière considération, nous nous trouvons en présence d'une de ces hautes questions internationales qui rencontrent toujours, en France, une libérale appréciation, et nous avons dû nous inspirer des considérations généreuses qui, lors de la discussion de la loi sur la propriété littéraire, ont retenti si éloquemment dans l'ensemble des deux Chambres.

Sous l'influence de ces impressions, nous avons cru qu'il était digne de la France de donner l'exemple de la reconnaissance du droit des inventeurs, sans distinction de nationalité, et de poser dans la loi le principe d'un droit public international pour la garantie des œuvres du génie industriel chez tous les peuples. Nous vous proposons donc, par l'article 29, de déclarer que l'étranger qui aura obtenu un brevet d'invention dans son pays pourra obtenir un brevet en France pour la même découverte et pour une durée égale à celle de son brevet étranger, dans les limites toutefois du maximum de quinze ans fixé pour les brevets français.

Une seule condition spéciale est imposée pour la validité de ces brevets, c'est que la réciprocité soit accordée aux Français par la nation à laquelle appartient l'étranger. Cette condition est juste ; elle est d'ailleurs nécessaire pour prévenir les inconvénients et le désavantage qui résulteraient, pour nos produits, sur les marchés du dehors, de la concurrence de produits fabriqués librement à l'étranger, tandis que, en France, ils seraient grevés de toutes les conséquences du monopole.

Les brevets ainsi délivrés resteront d'ailleurs soumis à toutes les formalités et conditions imposées par la loi aux brevets français, soit pour la délivrance, soit pour la validité, soit pour l'exploitation de ces titres.

TITRE IV.

Art. 31, 32 et 33. Après avoir posé, comme base fondamentale de la loi, le principe de non-examen préalable, il était nécessaire de déterminer avec précision les causes de nullité contre lesquelles les inventeurs devaient se mettre en garde.

La première condition de la validité du titre est la nouveauté de l'invention. Si la découverte, en effet, n'est pas nouvelle, la société ne reçoit rien et n'a rien à garantir. Le titre délivré au breveté tendrait, dans ce cas, à consacrer une usurpation sur le domaine public, et la loi ne peut la protéger. L'invention, d'ailleurs, n'est pas réputée nouvelle si, antérieurement au dépôt de la demande, elle a reçu en France ou à l'étranger, soit par son application, soit par la voie de l'impression, soit par tout autre mode, une publicité suffisante pour pouvoir être exécutée.

Ces dispositions s'appliquent aux brevets étrangers comme aux brevets français. Pour les uns, comme pour les autres, la condition de nouveauté est absolue. Lorsqu'une invention est entrée dans le domaine public, on ne peut l'y ressaisir pour en attribuer l'exploitation exclusive, même à l'inventeur. Dès ce moment, en effet, l'industrie s'en empare, les établissements se forment, la prise de possession s'accomplit, et la loi ne pourrait, sans avoir un effet rétroactif et sans opérer une véritable spoliation, en déposséder la société.

Deux causes de nullité sont encore consacrées par l'article 30 : la première résulte de la disposition spéciale de l'article 3 de la présente loi, qui déclare non susceptibles d'être brevetés les principes, inventions, méthodes, et généralement toutes découvertes ou conceptions purement scientifiques ou théoriques, en dehors de leurs applications matérielles. La seconde est écrite dans notre droit commun, qui ne permet pas de considérer comme valable un brevet délivré sur une cause illicite.

Nous avons exposé plus haut les motifs à l'appui de la nullité des brevets délivrés pour des objets appartenant exclusivement, par leur nature immatérielle, au domaine de l'intelligence ; la nullité des brevets contraires à la sûreté ou à la morale publiques n'a pas besoin d'être justifiée.

Quant aux brevets demandés pour des objets dont l'exploitation, la fabrication ou le débit pourraient être contraires aux lois du Royaume, la délivrance, qui ne saurait en être refusée, en vertu du principe de non-examen préalable, n'en assurerait pas la validité ; la nullité des titres délivrés serait la première peine du breveté, sans préjudice de l'application des peines plus graves que pourrait entraîner le délit de fabrication ou de débit d'objets prohibés par la loi.

Au premier aperçu, ce système semble offrir quelque chose de contraire à la raison, de blessant pour l'équité et la morale : délivrer d'une main ce qu'il faut frapper de l'autre paraît, en effet, une contradiction choquante. Mais d'abord, et nous avons hâte de le dire, il ne s'agit là, en réalité, que d'une de ces exceptions qui se présentent rarement, et seulement dans les matières où le droit peut se trouver près du délit, où le doute permet toujours de présumer la bonne foi.

2

D'un autre côté, investir l'administration du droit de refuser un brevet sur cause illicite, c'est lui imposer l'obligation d'un examen, c'est lui déléguer une attribution qui, par sa nature et ses conséquences, ne peut appartenir qu'à l'autorité judiciaire, c'est renverser le principe même sur lequel la loi repose et sans lequel l'exécution de cette loi ne serait plus, pour l'administration, qu'une lutte constante et un interminable débat.

D'autre part enfin, nous l'avons déjà fait remarquer, sous un autre rapport, si l'administration se trompe, et elle n'est point infaillible, si un brevet est délivré pour un objet reconnu plus tard contraire aux lois, les tribunaux ne verront-ils pas dans la délivrance même de ce titre une sorte de jugement administratif que le breveté ne manquera pas d'invoquer, et devant lequel leur scrupule s'arrêtera peut-être? Si au contraire l'autorité judiciaire vient à passer outre, il pourra exister sur le même objet, contrairement à toutes les règles constitutionnelles, deux jugements en sens contraire, émanant de deux pouvoirs différents, et donnant ainsi l'exemple d'une contradiction qui, si elle ne sauve pas la validité du titre, défendra le contrevenant contre l'application de toute peine.

En présence de ces conséquences, qui ne sont point forcées, nous avons cru que, après avoir posé le principe, il fallait en accepter l'application générale et absolue.

Une autre cause de nullité ressort des vices que peut présenter la description de l'inventeur. Il est naturel que, cet acte émanant de lui-même, toutes les irrégularités frauduleuses ou accidentelles dont il serait entaché soient interprétées contre lui.

En principe, la description doit contenir la désignation claire, précise, loyale et suffisante des moyens du breveté, la nullité pouvant également se trouver, soit dans ce qui manquerait, soit dans ce qui aurait été ajouté au delà de ce qui est nécessaire, si de l'insuffisance ou de l'excès résultait l'impossibilité d'exécuter l'invention.

Aux causes de nullité qui viennent d'être exposées, il y a lieu de joindre celle qui naîtrait de la violation des dispositions de l'article 17, en vertu desquelles il n'est permis qu'au breveté de prendre un brevet de perfectionnement à l'objet d'un brevet provisoire.

L'article 33 stipule en outre deux cas de déchéance : le premier, si l'invention n'est pas exploitée d'une manière effective et continue, en France, dans le délai de deux ans de la date du dépôt, ou si l'exploitation est interrompue pendant une année ; le second, si le breveté introduit en France des objets semblables à ceux qui font la matière de son brevet, et fabriqués à l'étranger.

La déchéance résultant du défaut d'exploitation est empruntée à a législation de 1791 ; le projet de loi y ajoute, dans le même esprit, l'interruption d'exploitation pendant une année. Cette déchéance s'applique au breveté étranger comme au breveté français ; la loi veut une exploitation réelle et non un simulacre d'exploitation ; elle ne permet pas que le privilège accordé à l'inventeur soit, entre ses mains, une concession stérile pour l'industrie, une valeur perdue pour la société.

Par le même motif, la loi ne peut permettre que le brevet ne serve qu'à créer à l'inventeur un monopole à l'aide duquel il puisse, sans concurrence et au préjudice du travail national, introduire et débiter en France des produits fabriqués à l'étranger. La peine de la déchéance prononcée contre cette fraude préviendra un abus contre lequel des réclamations se sont élevées avec raison.

Les lois des 7 janvier et 25 mai 1791 laissaient aux tribunaux ordinaires la connaissance des actions en nullité ou en déchéance; mais les mêmes lois attribuant aux tribunaux de paix le jugement des actions en contrefaçon, ces derniers se trouvaient presque toujours appelés à prononcer incidemment sur les questions de nullité ou de déchéance, en vertu du principe général qui veut que le juge de l'action soit le juge de l'exception.

La loi du 25 mai 1838 a fait cesser cet état de choses, en déférant les actions en contrefaçon aux tribunaux correctionnels. On a considéré particulièrement que les affaires relatives aux brevets d'invention avaient, par suite des progrès de l'industrie, une importance toujours croissante, qu'elles engageaient des intérêts souvent considérables et des questions de propriété d'une solution difficile, et que ces matières dépassaient visiblement les bornes ordinaires de la compétence des juges de paix.

Ces raisons nous ont paru sans réplique, et il n'a pu nous venir à la pensée de changer un état de choses établi à si juste titre. Nous vous proposons donc de maintenir la compétence des tribunaux civils ordinaires pour le jugement des actions en nullité ou en déchéance.

Mais les articles 34 et suivants établissent, relativement au droit d'exercer ces actions et à leurs effets, une distinction qui, sans être étrangère aux principes du droit commun, a besoin d'être expliquée avec soin, parce qu'elle est nouvelle en cette matière.

L'article 34 donne à toute personne intéressée l'action en déchéance et l'action en nullité, dans les cas prévus aux numéros 1, 2, 4 et 5 de l'article 31, c'est-à-dire si la découverte, invention ou application n'est pas nouvelle, ou bien si elle n'est pas susceptible d'être brevetée aux termes de l'article 3, ou bien encore si la description jointe au brevet n'est pas suffisante pour l'exécution de l'invention, ou ne contient pas les véritables moyens de l'inventeur, enfin s'il s'agit d'un brevet délivré pour perfectionnements apportés à l'objet d'un brevet provisoire par un autre que par le breveté lui-même.

Mais quel sera l'effet du jugement intervenu pour ou contre le demandeur?

Si l'on s'en tient aux règles du droit civil sur les effets de la chose jugée, le jugement ne sera susceptible d'être invoqué que par les parties, leurs héritiers ou ayants cause, en sorte que le procès pourra toujours renaître avec des tiers, sans qu'aucune décision vienne jamais assurer au public ou au breveté la paisible jouissance de leurs droits; et si, afin d'éviter cet inconvénient, on accorde au jugement force de chose jugée pour et contre les tiers, on donne évidemment naissance à des actions collusoires, dont le but et le résultat seront de procurer au breveté un facile succès, et de le mettre ainsi à l'abri des demandes en nullité ou en déchéance les mieux fondées; inconvénient tellement grave, qu'il rend ce dernier système entièrement inadmissible.

Mais nous avons pensé qu'on pouvait, en maintenant ici la règle du droit civil sur les effets de la chose jugée, donner au Ministère public, toutes les fois que la nullité ou la déchéance aura été prononcée sur la demande d'une partie privée, une action spéciale en nullité ou en déchéance, que nous avons appelée *absolue*. Tel est 'objet de l'article 37. Cette action, qui appartient encore au Ministère public dans le cas où la découverte, invention ou application brevetée, est contraire à l'ordre, à la sûreté publique, aux bonnes mœurs ou aux lois du Royaume, cette action, disons-nous, a pour but, ainsi que son nom l'indique, de faire prononcer la nullité ou la déchéance *pour ou contre tous*, et de manière que toute personne puisse invoquer les effets du jugement. Le bénéfice de cette poursuite, exercée dans l'intérêt de la société et par son représentant naturel, est donc acquis à toute personne intéressée, et nous obtenons ainsi, par une combinaison en harmonie avec les principes généraux du droit, un résultat que de bons esprits appelaient de tous leurs vœux.

L'action du Ministère public, tendant toujours à l'anéantissement du brevet, il est juste et nécessaire qu'il mette en cause tous les ayants droit à ce titre, ainsi que le prescrit l'article 39. Enfin, lorsque la nullité ou la délivrance absolue aura été prononcée par jugement ou arrêt ayant acquis force de chose jugée, le public, qui doit profiter de cette décision, en sera averti dans la forme prescrite pour la proclamation des brevets (art. 39).

Les articles 35 et 36 règlent la procédure des actions en nullité ou en déchéance.

Le premier dispose que si la demande est dirigée contre un ou plusieurs cessionnaires partiels et contre le titulaire du brevet, elle sera portée devant le tribunal du domicile de ce dernier.

Cette exception à l'article 59 du Code de procédure civile est suffisamment motivée : le breveté transporte souvent ses droits à de nombreux cessionnaires, pour différentes parties du Royaume, et il serait trop rigoureux de le contraindre à aller défendre à l'action en nullité ou en déchéance, partout où se trouve un de ces cessionnaires. Toute action de cette nature est d'ailleurs dirigée contre lui plus que contre les autres défendeurs, dont il sera presque toujours le garant.

L'article 36 soumet les actions qui nous occupent à la forme prescrite pour les matières sommaires par les articles 405 et suivants du Code de procédure civile.

Les contestations relatives aux brevets d'invention, quoique soumises à la juridiction civile, ont, il faut le reconnaître, une très grande analogie avec les matières commerciales pour lesquelles le législateur a dû établir une procédure abrégée, et elles réclament une décision d'autant plus prompte que la jouissance exclusive qui fait l'objet du procès est temporaire, et que, dans le cas où l'action est préjudicielle à une poursuite en contrefaçon, elle sera souvent précédée de la saisie d'objets prétendus contrefaits.

Quant à la communication au procureur du Roi, prescrite par le

même article 36, elle est suffisamment motivée par la nature même
de ces demandes, qui intéressent au plus haut point la liberté industrielle, et par la nécessité, pour ce magistrat, d'apprécier toutes les
parties d'une affaire dont le résultat peut lui ouvrir une action qu'il
ne doit intenter qu'en parfaite connaissance de cause.

L'article 40 définit la contrefaçon, et prononce contre ce délit une
amende de 100 fr. à 2.000 fr.

L'article 41 punit d'une amende de 25 fr. à 500 fr. les introducteurs
ou débitants d'objets contrefaits.

Ces amendes sont celles que l'article 427 du Code pénal applique à
la contrefaçon artistique ou littéraire, sauf que nous avons cru devoir assimiler l'introducteur au débitant plutôt qu'au contrefacteur
lui-même.

Le mot *sciemment* nous a paru également devoir être ajouté dans
la disposition relative aux introducteurs et débitants qui, à la différence du contrefacteur, peuvent, même sans négligence ou imprudence véritablement imputables, ignorer l'existence du brevet ou la
qualité des objets dont ils sont détenteurs.

L'article 42, prévoyant le cas d'une récidive spéciale, prononce,
outre l'amende, un emprisonnement que cette circonstance motivait
suffisamment.

Toutefois, l'article 43, qui permet d'appliquer l'article 463 du Code
pénal aux délits prévus par la loi qui nous occupe, donne aux tribunaux le moyen d'adoucir la peine, même dans ce dernier cas,
s'ils reconnaissent l'existence de circonstances véritablement atténuantes.

L'article 44 n'admet l'action correctionnelle que sur la poursuite ou
sur la plainte de la partie lésée. Dans le silence de cette partie, on
peut penser qu'elle a consenti, soit expressément, soit tacitement, aux
actes contraires à ses droits exclusifs.

Nous avons dit que l'article 34 maintient aux tribunaux civils ordinaires la connaissance des actions principales en nullité ou en
déchéance

L'article 45 leur réserve expressément ces actions lorsqu'elles son
formées incidemment à une poursuite en contrefaçon.

Nous avions pensé, en vue de la plus grande rapidité possible, à
laisser ici le juge de l'action juge de l'exception, et à ne point faire
du moyen de nullité ou de déchéance une question préjudicielle civile; mais les nombreuses affaires dont sont surchargés les tribunaux
correctionnels, dans les grands centres de population où se produisent
presque toutes les actions en contrefaçon, et la crainte de retarder,
par une instruction et des débats purement civils, l'expédition d'affaires d'autant plus urgentes qu'elles entraînent souvent une déten-
tion préventive, nous ont déterminés à prescrire le renvoi de la
question préjudicielle devant les tribunaux civils, en fixant un délai
dans lequel le prévenu devra se pourvoir.

Les actions préjudicielles en nullité ou en déchéance sont naturellement soumises à la procédure et aux autres règles qui composent
la section II du titre IV; mais nous avons cru devoir les dispenser du
préliminaire de conciliation. Des poursuites rigoureuses déjà com-

mencées ne laissent, en effet, aucune chance de succès à ce préliminaire, qui ne ferait alors que retarder une décision qui a besoin d'être
d'autant plus prompte qu'elle devra souvent prononcer sur le résultat d'une saisie.

L'article 46 règle les formalités de la saisie ou description des objets
contrefaits, à la requête du breveté ou de ses ayants droit, et remplacera très avantageusement une des parties les plus défectueuses
de la législation actuelle sur la matière.

La partie lésée a le choix de procéder par voie de saisie ou par voie
de simple description, si elle croit cette dernière mesure suffisante
pour la constatation des faits et la conservation de ses droits.

Elle devra, dans les deux cas, faire procéder par huissier, en vertu
d'une ordonnance du président du tribunal de première instance.

Lorsqu'elle demandera l'autorisation de saisir, le président pourra,
s'il le juge convenable, lui imposer un cautionnement, dont le montant sera déterminé par l'ordonnance et devra être consigné avant
la saisie.

Ces dispositions, ainsi que les autres formalités prescrites par l'article 46, s'expliquent et se motivent d'elles-mêmes.

Il en est de même de l'article 47, qui prononce la nullité de la saisie
ou description, sans préjudice de tous dommages intérêts, si le requérant n'y a pas donné suite dans un délai déterminé. Des actes
aussi rigoureux, et la saisie surtout, peuvent porter un grave préjudice à la personne chez laquelle on les opère. Si donc on l'a fait
méchamment ou seulement légèrement et sans cause, en sorte qu'on
n'ose pas y donner suite, on est tenu de réparer, conformément au
droit commun, le dommage qu'on a pu causer par sa faute.

L'article 48, qui prononce la confiscation des objets contrefaits au
profit du breveté ou de ses ayants droit, a été puisé dans les articles
427 et 429 du Code pénal ; mais le projet de loi prescrit la remise des
objets en nature et sans que le plaignant ait besoin de justifier de
son préjudice.

TITRE V.

L'article 49 charge le Gouvernement de prescrire les mesures nécessaires pour l'exécution de la loi. Un règlement d'administration
publique devra déterminer, en effet, la forme des titres, actes, procès-verbaux et autres pièces essentielles énoncées dans les articles 1,
5, 7, 9, 11, 13, 16 et 21 ; il arrêtera, en outre, les dispositions propres
à assurer l'exécution uniforme de la loi.

Le même article statue que la loi n'aura effet que six mois après
sa promulgation, et ce délai est nécessaire pour la publication du
règlement et l'envoi des instructions.

Enfin, le dernier article prononce l'abrogation de toutes les dispositions législatives antérieures.

Tels sont, Messieurs les Pairs, les motifs principaux des dispositions du projet de loi que nous avons l'honneur de vous présenter :
nous avons évité, dans cette matière essentiellement pratique et qui
touche aux plus graves intérêts de l'industrie, toutes les discussions

purement théoriques ou philosophiques qui auraient pu. en appelant de nouveau le débat sur les questions résolues par la législation actuelle, ébranler les principes qui en font la force.

Nous ne vous proposons aucun changement dans les dispositions fondamentales de cette législation : nous maintenons le brevet d'invention comme titre de l'inventeur ; nous maintenons la durée de cinq, dix ou quinze années assignée à ce titre ; nous maintenons surtout, et nous fortifions même la règle de la délivrance des brevets sans examen préalable, règle en vertu de laquelle l'administration se borne à donner acte de ce qu'on lui demande régulièrement quant à la forme, laissant toutes les difficultés relatives aux droits des inventeurs à l'appréciation des tribunaux, seuls juges compétents pour prononcer sur des questions de propriété, de validité de titres, de fraude et d'application des lois pénales.

Les innovations les plus importantes consistent dans la création du brevet provisoire de deux années, création qui sera si favorable aux inventeurs, et dans la suppression des brevets d'importation, qui étaient devenus si préjudiciables aux intérêts de notre industrie.

Le projet de loi reconnaît et assure le droit des inventeurs étrangers ; c'est un hommage qui était dû au génie industriel des peuples nos émules dans la carrière des arts utiles ; c'est un appel à la réciprocité, véritable fondement du droit public des nations.

La loi détermine avec précision les causes de nullité et de déchéance des brevets : dans un système qui accorde à l'inventeur, à ses risques et périls, tout ce qu'il demande. il était nécessaire de marquer les écueils avec soin et de réserver expressément à la société le droit de reprendre tout ce qui lui appartient.

Enfin, nous avons introduit dans le projet. pour la procédure relative aux actions en nullité et en déchéance et aux poursuites en contrefaçon, des dispositions spéciales qui. sans cesser d'être en harmonie avec les règles ordinaires de notre droit civil et criminel. nous ont paru les plus propres à assurer aux inventeurs une bonne et prompte justice.

RAPPORT

Fait à la Chambre par M le marquis de Barthélemy, au nom d'une commission spéciale (1), chargée de l'examen du *Projet de loi sur les Brevets d'invention.*

Séance du 20 *mars* 1843.

MESSIEURS,

Il y a bientôt quatre années. cette Chambre retentissait des plus nobles paroles à l'occasion de la loi destinée à protéger les droits des auteurs. Le génie, le travail. la science. trouvaient ici les plus éloquents apologistes, et l'assemblée tout entière applaudissait à une législation qui assurait d'une manière plus étendue et moins précaire les jouissances matérielles résultant de leurs œuvres, aux hommes auxquels la plus haute des récompenses est d'ailleurs réservée, la renommée. l'honneur et la reconnaissance du pays.

Espérons que cette législation, si sagement élaborée dans cette enceinte, ne tardera pas longtemps encore à prendre sa place dans le Code de nos lois.

Aujourd'hui, Messieurs, passant de cette région si noble et si élevée dans une sphère non moins utile et également digne de toute votre attention, le Gouvernement appelle vos méditations sur les droits qu'il convient de réserver au génie de l'invention dans les arts industriels. Cette matière est vaste et difficile ; elle touche à la fois aux intérêts les plus vivaces de la société que vous avez la mission de défendre, et à une multitude d'intérêts privés que votre devoir est de protéger.

La commission à laquelle vous avez confié l'examen de ce projet de loi si important, s'est entourée de tous les documents propres à l'éclairer ; et, après s'être livrée avec zèle à l'accomplissement de la tâche laborieuse qui lui était imposée, elle vient rendre compte à la Chambre du résultat de ses travaux.

Il est aujourd'hui une vérité universellement reconnue, c'est que le travail national, c'est-à-dire l'emploi plus ou moins intelligent des forces vitales d'un peuple, dirigées vers le sol par la culture, ou appliquées aux produits du sol par l'industrie, est la principale cause de la puissance et de la richesse des nations. Si la conquête, en effet,

---

(1) Cette commission était composée de MM. le marquis de Barthélemy, le baron Davillier, Félix Faure, Férier, Gautier, Odier, le comte Pelet de la Lozère.

forme le plus souvent leur territoire, le travail seul le vivifie et le
protège. Encourager le travail, sous quelque forme qu'il se présente,
le laisser libre dans son action, le multiplier autant que possible, lui
faciliter la voie du progrès, tel est le devoir du législateur. Malheur
à un peuple indolent ou routinier ; il serait bientôt à la remorque
des autres peuples, et ne tarderait pas, en perdant sa richesse et sa
puissance, à tomber dans un véritable état d'infériorité.

Mais, pour qu'une nation occupe sur la scène du monde le rang
que peuvent lui assigner d'ailleurs une population active et nombreuse, un sol étendu et fécond, un climat et une situation des plus
favorables, il ne suffit pas qu'elle travaille comme certains peuples de
l'Asie, en ne faisant qu'imiter ce qui s'est toujours fait dans son sein ;
il faut encore que, par le développement et la constante application
des intelligences, par le travail de ses savants, par le génie inventif
de ses ouvriers, loin de rester dans un état stationnaire, elle fasse
faire sans cesse des pas nouveaux à son industrie.

Il faut qu'en augmentant son bien-être, ses jouissances et ses besoins, elle cherche dans des créations nouvelles non-seulement l'occasion et la facilité de les satisfaire, mais qu'elle se procure encore, dans
l'intérêt de son commerce, des objets d'échange plus nombreux. C'est
ainsi qu'elle sera en mesure de rivaliser avec les autres peuples et de
soutenir la concurrence de ses voisins.

Mais, pour obtenir ces féconds résultats, il ne suffira pas au génie
de ses citoyens de faire d'utiles emprunts à la nature en conquérant
sur elle des produits industriels jusqu'alors inconnus ; il faudra
encore perfectionner les moyens d'obtenir ceux dont elle est en possession, soit en diminuant la main-d'œuvre, soit en employant des
agents ou des moteurs moins coûteux ou des rouages moins compliqués.

Encourager les inventeurs de nouveaux produits ou les inventeurs
de procédés plus prompts, plus faciles, plus économiques pour produire ; obtenir par là l'abaissement du prix de revient, qui importe
si essentiellement à la prospérité du commerce et au bien-être des
consommateurs, ainsi qu'un accroissement dans la richesse nationale, tel doit être le but constant des efforts de l'administration, tel
est celui du projet de loi sur les brevets d'invention, soumis en ce
moment à votre examen.

Personne n'ignore qu'avant la grande Révolution française les
plus vastes et les plus importantes entreprises de commerce ou
d'industrie pouvaient être l'objet de priviléges exclusifs. Le Gouvernement récompensait par des priviléges de cette même nature les nouvelles inventions industrielles : mais les inventeurs étaient fréquemment entravés par des difficultés suscitées par les communautés, qui
leur disputaient le droit d'exécuter les découvertes qu'elles n'avaient
point faites.

Les lois qui proclamèrent la liberté du commerce et de l'industrie,
que le célèbre Turgot avait cherché à établir dans le Royaume
dès 1776, englobèrent dans la même proscription les priviléges commerciaux et les priviléges accordés aux inventeurs. A l'ancien système économique, au système restrictif, on substitua un système de

liberté absolue. Moins sage que ne l'avait été l'Angleterre dans son fameux bill abolitif des monopoles commerciaux de la 21e année du règne de Jacques Ier, en 1623, l'Assemblée nationale fit table rase sur tout le passé; elle détruisit tout ce qui avait existé, sans songer à mettre quelque chose à la place, sans songer à la garantie qu'elle devait à des droits justes et sacrés. Avec le régime de liberté absolue, la situation des inventeurs devint plus déplorable qu'elle ne l'était auparavant. Cet état de choses ne tarda pas à exciter de vives plaintes, et de toutes parts on sentit le besoin d'une législation nouvelle, qui accordât une protection réelle et efficace aux inventeurs, en faisant disparaître tout l'arbitraire que la concession des anciens privilèges pouvait mettre dans la main du Gouvernement.

Dès 1789, le Ministre du Roi Louis XVI à Londres, que le rapporteur de votre commission se permettrait de nommer s'il n'avait l'honneur d'occuper sa place dans cette enceinte, transmit aux inspecteurs généraux du commerce la législation et les monuments de la jurisprudence de la Grande-Bretagne sur cette importante matière. L'année suivante, en 1790, ces mêmes inspecteurs et une multitude d'inventeurs sollicitaient de l'Assemblée constituante l'application du système si heureusement pratiqué en Angleterre depuis près de deux siècles, en faveur des nouvelles inventions.

Garantir à tout inventeur ou à tout auteur de combinaisons nouvelles en matière de fabrication la jouissance de sa découverte pendant un certain temps, qui ne peut excéder quatorze années, mais en exiger une description fidèle, qui permette à la société d'en jouir pleinement à l'expiration du privilège; délivrer à cet inventeur ses lettres-patentes de privilège, sans examen de la nouveauté de l'invention, mais en même temps autoriser les tribunaux à prononcer la nullité ou la déchéance du monopole qu'elle confère si l'invention n'est pas nouvelle: telle est la base de cette législation, qui a servi de type à la législation américaine et à celle de plusieurs États de l'Europe.

Tel est aussi le point de départ de l'Assemblée constituante dans les lois des 7 janvier et 25 mai 1791, qui régissent aujourd'hui chez nous cette matière. Seulement cette assemblée fit un droit absolu pour l'inventeur de ce qui, maintenant encore, est considéré en Angleterre comme une grâce émanant du pouvoir royal: grâce qui, au reste, n'est pour ainsi dire jamais refusée. Tel est également le système qui préside au projet qui vous est présenté par le Gouvernement, système dont l'expérience et le temps confirment l'avantage.

Aux lois des 7 janvier et 25 mai 1791 sont venues s'ajouter, pour compléter le code des brevets d'invention:

1o La loi du 20 septembre 1792, qui défend au pouvoir exécutif de délivrer des brevets pour des établissements de finances et supprime l'effet de ceux qui auraient été accordés, attendu, est-il dit dans les considérants, qu'ils pourraient être dangereux, et que d'ailleurs les brevets ne doivent être accordés que pour les inventions relatives aux arts et métiers;

2o L'arrêté du 8 octobre 1798, qui fixe le mode de publication des procédés brevetés à l'expiration des brevets;

3o L'arrêté des Consuls, du 27 septembre 1800, 5 vendémiaire
an IX, portant que le certificat d'un brevet d'invention sera signé
par le Ministre de l'intérieur, et que les brevets seront délivrés tous
les trois mois par le Premier Consul, et promulgués au *Bulletin des
Lois*. Cet arrêté, pour prévenir l'abus que les brevetés faisaient de
leurs titres, ordonne qu'il sera inséré au bas de chaque expédition
de brevet la déclaration suivante : « Le Gouvernement, en accordant
un brevet sans examen préalable, n'entend garantir en aucune manière ni la priorité, ni le mérite, ni le succès de l'invention ; »

4o Le décret du 25 novembre 1806, qui abroge la disposition de
l'article 14, titre II de la loi du 25 mai 1791, en ce qui concerne la défense d'exploiter les brevets par actions ;

5o Le décret du 25 janvier 1807, d'après lequel les années de jouissance d'un brevet commencent à courir du jour de la signature du
certificat de demande, délivré par le Ministre, et la priorité d'invention, en cas de contestation entre deux brevetés pour le même objet,
date du dépôt des pièces à la préfecture ;

6o Enfin, le décret impérial du 16 aout 1810, non inséré au *Bulletin
des Lois* et au *Moniteur*, portant que la durée des brevets d'importation sera la même que celle des brevets d'invention et de perfectionnement. Tel était, il y a peu d'années, l'état de la législation sur
les brevets d'invention.

Tout en rendant le plus sincère hommage aux principes qui
avaient dicté les lois des 7 janvier et 25 mai 1791, les inventeurs et
les industriels demandaient depuis longtemps la révision de plusieurs dispositions de ces lois, dont la partie reglementaire avait
surtout besoin d'être améliorée. L'attribution à la juridiction des tribunaux de paix de toutes les contestations relatives aux brevets
d'invention n'était plus en rapport avec l'importance de ces affaires,
depuis que l'industrie française a pris de si heureux developpements.
La loi du 25 mai 1838 a satisfait à ce premier vœu.

Mais il en était d'autres plus essentiels peut-être encore, qu'elle ne
pouvait plus longtemps méconnaitre. Les inventeurs reprochaient à
nos lois de ne leur laisser aucun moyen d'éprouver leur œuvre avec
sécurité avant de prendre un brevet, ou de pouvoir la perfectionner à l'exclusion de tous autres, pendant un certain temps, après sa
concession.

Cependant, entre l'idée première d'une découverte et sa réalisation
aussi complète et aussi parfaite que peut la concevoir et la mettre
en œuvre un homme habile, la distance est considérable, et il n'est
pas donné à l'esprit le plus exercé, à l'imagination la plus feconde,
à l'œil le plus penetrant de la parcourir du premier coup. Envisager de prime abord une question sous toutes ses faces est l'œuvre
du génie ; mais prévoir à l'avance tous les inconvénients ou tous
les avantages qu'une découverte presentera dans son exécution,
excède les bornes de l'esprit humain.

Le projet de loi pourvoit d'une manière heureuse, suivant nous,
à cette lacune de notre législation. Etendant sa sollicitude sur les in-
térets de nos inventeurs, sans causer le moindre dommage au pays,
il fait aussi cesser la défense qui leur était faite de prendre des brevets

à l'étranger pour une industrie brevetée en France. En même temps qu'il fait droit aux justes plaintes des inventeurs, il ne néglige pas les intérêts non moins sacrés de la société. Il prohibe pour l'avenir les brevets d'importation.

Ces sortes de brevets, avec les rapports multipliés qui existent aujourd'hui entre les peuples, avec la facilité des communications, n'étaient plus qu'une prime prélevée par la course sur les produits de notre industrie. Le commerce en demandait depuis longtemps l'interdiction. Le projet, en la prononçant, satisfait au vœu général. De nombreuses dispositions réglementaires y modifient d'une manière presque toujours heureuse les usages actuellement suivis. Il suffit de citer celle qui dispensera le Gouvernement de prononcer la déchéance des brevets pour défaut du payement de la taxe. Cette tâche était souvent pénible, embarrassante et fâcheuse pour l'administration. Elle désirait le changement de cette disposition.

Appelé ainsi par les suffrages de tous les intéressés, le projet de loi sur les brevets d'invention ne pouvait apparaître à votre commission qu'avec le caractère d'utilité, de nécessité et d'urgence que les Ministres qui se sont succédé au département du commerce lui ont reconnu.

Votre commission a pensé, malgré la divergence d'opinion de l'un de ses membres les plus distingués, qu'il convenait de procéder dans cette circonstance par voie de codification, et de ne pas laisser épars çà et là quelques lambeaux de législation.

Après avoir ainsi jeté un coup d'œil rapide sur les principes qui servent de base au projet de loi, apprécié les innovations qu'il consacre, reconnu son utilité et approuvé sa forme, nous devons vous faire connaître maintenant ses divisions et l'examiner ensuite dans ses détails.

Le titre 1er, sous la rubrique : *Dispositions générales*, définit le droit accordé aux inventeurs, indique les objets susceptibles d'être brevetés, règle la durée des brevets ainsi que leur taxe.

Le titre II traite des formes à suivre pour leur délivrance. Il se divise en cinq sections. Il s'occupe successivement de la demande des brevets, de leur délivrance, des certificats d'addition, de l'exploitation, de la cession des brevets, de la communication et de la publication des descriptions.

Le titre III est relatif aux droits des étrangers.

Le titre IV traite des nullités et déchéances.

Le titre V, de la contrefaçon et des peines.

Le titre VI, sous l'intitulé : *Dispositions particulières et transitoires*, prescrit la promulgation d'une ordonnance pour l'exécution de la loi, abroge toutes les dispositions législatives antérieures sur les brevets d'invention, et contient quelques dispositions nécessaires pour la transition de l'ancienne législation à la nouvelle.

TITRE 1er. — *Dispositions générales.*

L'art. 1er de la loi du 7 janvier 1791 portait ces mots : « Toute découverte ou nouvelle invention dans tous les genres d'industrie est la propriété de son auteur. » L'article 1er du projet de loi évite sage-

ment cette qualification de *propriété*. Nous approuvons sa réserve.
et nous sommes d'autant mieux fondés à proposer à la Chambre de
s'y conformer, que déjà, dans la loi qu'elle a discutée il y a bientôt
quatre années, elle a évité d'employer cette expression en définis-
sant les droits des auteurs sur leurs ouvrages.

Les discussions qui ont eu lieu à cette époque et le vote qui les a
suivies nous dispensent d'entrer dans l'examen approfondi d'une
question plutôt philosophique que législative, question qui ne pourrait être résolue ici d'une manière opposée à celle du projet de loi
sans en renverser l'économie, à moins de se refuser à suivre dans
toutes ses conséquences logiques le principe que l'on aurait posé.

Sans contredit, rien n'est plus intimement uni à l'homme que sa
pensée; par cela même qu'il la conçoit, l'auteur d'une découverte
en est propriétaire; mais ce droit lui échappe dès qu'il veut la produire au dehors, c'est-à-dire en obtenir un résultat. Elle passe au
domaine public. Il a besoin de la société et de la loi pour lui assurer
le privilége de la mettre seul en œuvre et d'en recueillir privativement les avantages. Le législateur est donc maître de fixer les conditions de cette jouissance exclusive que l'inventeur ne tient que de
lui.

Nous vous proposons de dire alors, avec l'article du projet de loi,
en en modifiant un peu les termes, que toute découverte ou invention nouvelle dans tous les genres d'industrie, confère à son auteur.
sous les conditions et pour le temps déterminés par le projet, le droit
exclusif d'exploiter à son profit ladite découverte ou invention, et
que ce droit sera constaté par des titres délivrés par le Gouvernement sous le nom de brevets d'invention.

L'art. 2 définit les objets susceptibles d'être brevetés. savoir : l'invention de nouveaux produits industriels, ou l'invention ou l'application nouvelle de moyens connus pour l'obtention d'un produit
industriel.

Ces termes, dans leur généralité, semblent embrasser et comprendre toutes les inventions ou applications susceptibles d'être brevetées. Nous y avons cependant remarqué une lacune que nous vous
proposons de combler. On peut, à l'aide de moyens nouveaux. ou
par l'application nouvelle de moyens connus. ne pas toujours obtenir un produit, mais un simple résultat industriel. Il y a lieu à
breveter l'inventeur dans l'un et l'autre cas. L'article amendé a pour
but de l'exprimer. Vous l'adopterez. Messieurs, car vous penserez
avec nous que tout ce qui rend plus facile ce qui est utile, et produit plus d'effet avec moins d'efforts, mérite d'être encouragé à l'égal
de l'invention.

A peine l'Assemblée constituante avait-elle proclamé que toute
nouvelle découverte dans tous les genres d'industrie était la propriété
de son auteur, et avait-elle posé d'une manière trop absolue, suivant
nous, le principe de non-examen préalable, pour quelque cause que
ce pût être, qu'un assez grand nombre de gens profitèrent du gout
de l'époque pour les innovations et des embarras du Trésor, pour
demander et obtenir des brevets pour des plans ou établissements
de crédit ou de finance.

3

La loi des 20 et 25 septembre 1792 eut pour but de faire cesser cet
abus en disposant que le pouvoir exécutif ne pourrait plus concéder
des brevets d'invention aux établissements de finance, et en supprimant l'effet de ceux qui avaient été accordés. L'Assemblée déclare
dans le préambule que la loi de 1791 doit être entendue dans ce sens
qu'il n'y a de brevetables que les industries relatives aux arts et métiers. Nous en avons conclu avec le Gouvernement, la jurisprudence
et les législations étrangères, que toutes les inventions qui se rapportent uniquement à la science, à l'intelligence. ne pouvaient être
l'objet de brevets, et que leurs résultats industriels pouvaient seuls
être brevetés. Ainsi, un principe, une idée, une observation. une
méthode scientifique ne sont pas susceptibles d'être brevetés, mais
bien leur application spéciale et positive à une fabrication déterminée.

Il ne suffit pas pour qu'une industrie puisse être brevetée qu'elle
donne des produits et des résultats susceptibles d'entrer dans le commerce, il faut encore qu'elle soit licite, c'est-à-dire que cette industrie
ne soit contraire ni aux lois, ni aux bonnes mœurs, ni à la sûreté
publique : car si la société, dans l'intérêt de la protection qu'elle doit
à chacun de ses membres, dans l'intérêt même de l'universalité des
citoyens, doit encourager les inventions dans la personne de ceux
qui les trouvent ; si, dans ce but. elle ne doit mettre aucune entrave
à la production de la pensée industrielle, comme à la production de
la pensée littéraire, il est cependant des limites au delà desquelles
cette protection mal entendue et mal appliquée, cette liberté sans
bornes, ne produiraient que des dangers et des maux.

Le Gouvernement l'a senti comme votre commission ; aussi vous
propose-t-il de déclarer, dans l'article 33. que les brevets qu'on pourrait le forcer à délivrer suivant son système, contrairement à cette
règle de salut pour la société. pourront être annulés par les tribunaux. Quant à nous, profondément convaincus que le Souverain ne
doit point privilégier ce qu'il serait obligé de prohiber et de punir,
nous vous proposons de déclarer, dans ce même article 3, que les
industries contraires aux lois, aux bonnes mœurs et à la sûreté publique, ne sont pas susceptibles d'être brevetées. et nous vous demandons de décider, dans l'article 14, que le Ministre devra rejeter la
requête des hommes qui respecteraient assez peu la morale publique
et les lois de leur pays pour les outrager ainsi.

Ici. Messieurs, a commencé à se manifester. entre le Ministre du
commerce et la majorité de votre Commission. un dissentiment que
les explications réciproquement échangées n'ont pu faire disparaître.
Ce dissentiment s'est encore accru lorsque, conformément au vœu
unanime des diverses commissions spéciales formées au ministère du
commerce pour préparer le projet actuellement en discussion, conformément au désir des conseils supérieurs de l'agriculture, du commerce, à celui du conseil d Etat auquel il a été soumis, et enfin sur
la demande de l'Académie de médecine, nous avons décidé de vous
proposer de ne pas autoriser la concession des brevets pour des remèdes secrets. La loi du 7 janvier 1791, dans sa généralité et dans son
respect pour le principe de propriété absolue de l'inventeur de toute

nouvelle découverte, n excluait du brevet d'invention ni les industries illicites, ni les compositions pharmaceutiques. La loi du 14 mai, même année, article 9, prononça la déchéance du brevet obtenu pour toute industrie et tout objet que les tribunaux jugeraient contraires aux lois du Royaume. Cette loi garde également le silence sur les remèdes secrets.

Un grand nombre de brevets furent pris à cette époque pour des remèdes de cette nature ; plus tard l'autorité, dans l'intérêt de la santé publique, fut obligée de régler cette matière.

La loi du 21 germinal an XI porte, article 25 : « Nul autre qu'un pharmacien ne peut préparer, vendre ou débiter aucun médicament.» Aux termes de l'article 32 : « Les pharmaciens eux-mêmes ne peuvent vendre de remèdes secrets : » enfin, d'après l'article 36 : « Toute annonce ou affiche imprimée, indiquant des remèdes de cette espèce est prohibée. » En 1810, l'Empereur, voulant d'un côté augmenter les moyens utiles à l'art de guérir, en facilitant l'emploi des remèdes propres au soulagement des maladies, et de l'autre empêcher le charlatanisme d'imposer un tribut à la crédulité ou d'occasionner des accidents funestes en débitant des drogues sans vertus ou des substances inconnues, et dont on pouvait faire par ce motif un emploi nuisible à la santé ou dangereux pour la vie de ses sujets (1), rendit, le 18 août de cette année, un décret relatif à cette matière. Aux termes de ce décret, les permissions accordées aux inventeurs ou propriétaires de remèdes secrets doivent cesser immédiatement. Tout individu qui découvre un remède et veut qu'il en soit fait usage doit en remettre la recette au Ministre de l'intérieur. Le Ministre forme une commission prise parmi les professeurs des facultés de médecine, à l'effet d'examiner sa composition et de reconnaître : 1o si son administration ne peut être dangereuse ou nuisible en certain cas ; 2o si le remède est bon en soi, s'il produit des effets utiles à l'humanité ; 3o quel est le prix qu'il convient de payer pour son secret à l'inventeur du remède reconnu utile, en proportionnant ce prix au mérite de la découverte, aux avantages qu'on peut en espérer pour l'humanité, et même aux avantages personnels que l'inventeur eût pu en attendre. En cas de réclamation de la part des inventeurs contre les décisions de la première commission, il doit être nommé une commission de révision. Sur leur avis, et après avoir entendu lui-même les inventeurs, le Ministre de l'intérieur doit provoquer une décision souveraine, faire un traité avec l'inventeur, soumettre ce traité à l'homologation du conseil d'État, et publier sans délai le remède dont il s'agit.

L'article 8, en particulier, contient cette disposition formelle : *Nulle permission ne sera accordée désormais aux auteurs d'aucun remède simple ou composé dont ils voudraient tenir la composition secrète, sauf à procéder comme il est dit ci-dessus.*

Les seuls remèdes reconnus par la loi (2) étant ceux qui sont composés soit conformément au Codex ou formulaire rédigé par les ordres

(1) Texte du préambule du décret.
(2) Loi du 21 germinal an II.

de l'autorité, soit conformément aux prescriptions doctorales dans chaque cas particulier, ou ceux dont la recette a été achetée et publiée par le Gouvernement, on a considéré que tous les remèdes en dehors de ces catégories, alors même que l'inventeur en aurait divulgué la composition, sont des remèdes qui n'offrent aucune espèce de garantie pour la santé publique, et sont par cela même réputés *secrets* (1).

Il résulte donc de la loi et de l'interprétation qu'elle a reçue, que la délivrance d'un brevet pour des remèdes secrets, alors même que ce brevet en contient la révélation complète, ne leur fait pas perdre le caractère légal de remèdes secrets, et qu'il est formellement défendu, par l'article 8 du décret du 18 août 1810, de délivrer des permissions pour les vendre.

Cependant, un grand nombre de brevets ont été et sont encore tous les jours accordés pour des compositions pharmaceutiques ou remèdes spécifiques. En cela, l'autorité croit devoir obéir aux prescriptions fâcheuses et certainement bien rigoureuses pour elle, résultant du principe de propriété consacré par les lois des 7 janvier et 25 mai 1791, qu'elle considère comme ne lui permettant point de refuser des brevets dans aucun cas.

Mais toutefois, avant de les délivrer, elle a soin de consulter l'Académie de médecine pour savoir si la composition peut être nuisible ou dangereuse. Si l'Académie la déclare telle, on en prévient l'inventeur; si celui-ci persiste, on lui donne son brevet, mais on a la précaution d'avertir le ministère public pour qu'il forme une demande en nullité de ce même brevet et qu'il en poursuive l'exploitation.

Telles sont, Messieurs, les explications que M. le Ministre nous a présentées pour calmer nos inquiétudes et rassurer nos consciences, en cas d'adoption du système qu'il nous a présenté.

Mais ce système, auquel on peut se soumettre lorsque la législation en vigueur paraît en faire une obligation, doit-on l'adopter lorsqu'on révise cette législation elle-même?

Reportons-nous, Messieurs, à l'origine et au berceau de ces lois. Le législateur de 1791, dominé par les idées de son époque, pénétré des principes et du besoin d'une liberté commerciale exagérée, qui lui firent rejeter jusqu'à la pensée de maintenir ou de reconstituer les Chambres de commerce aujourd'hui si utiles, ne fit-il pas une part trop large à ce qu'il considérait comme la propriété de l'inventeur industriel? n'eut-il pas trop peu de souci du véritable intérêt de la société et de celui du pouvoir, en accordant à un inventeur un privilège pour une industrie contraire aux lois et à la sûreté publique, et en obligeant le monarque à en revêtir la patente de sa signature et à la faire sceller du sceau de l'Etat? Il ne suffit pas que, par une loi postérieure de quatre mois à la première, ce législateur ait autorisé les tribunaux à prononcer la nullité de pareilles patentes; la majorité de votre commission n'hésite pas à dire qu'il eut été plus plus con-

(1) Voir l'arrêt de la Cour royale de Paris du 24 décembre 1831, et un rand nombre de jugements rendus depuis.

forme au bien public, au devoir et à la dignité du Gouvernement de les refuser.

Le principe du refus des brevets par le pouvoir souverain, pour des industries contraires aux lois, aux mœurs, à la sûreté publique, n'est-il pas inscrit sur le frontispice de toutes les législations européennes ? Et cependant toutes, à l'exception de la Belgique, de la Hollande, de la Prusse et de la Sardaigne, n'ont-elles pas adopté comme nous le principe du non-examen préalable, en ce qui concerne la nouveauté ou l'utilité de l'invention ?

Tout Gouvernement a le droit et le devoir de faire exécuter les lois ; il doit empêcher ce qu'elles prohibent. On ne peut vouloir qu'il accorde un privilége à ce qu'elles défendent, à ce qui compromettrait l'ordre public ou la sûreté des personnes, et qu'après avoir ainsi privilégié une chose contraire à la morale, il en fasse poursuivre la nullité devant les tribunaux.

Par respect pour l'autorité qu'il exerce dans ses tribunaux, on voudrait que le Roi, du haut de son trône, sur le rapport et le contre-seing de son Ministre, proclamât un brevet d'invention pour un objet justement et manifestement prohibé, laissant ainsi les citoyens, victimes du débit privilégié d'un poison, jusqu'à ce que son procureur général, averti par son Ministre, eût dirigé des poursuites pour faire annuler cet acte royal qu'on ne saurait qualifier. N'y a-t-il pas là quelque chose qui répugne à la nature et à la dignité du pouvoir souverain ?

Dans notre système, l'Administration n'a qu'à examiner une chose : c'est la nature de l'invention ; est-elle licite ? elle accorde le brevet, sans examen préalable des procédés de l'inventeur ; ces procédés échappent et doivent toujours échapper, d'après nos principes, à ses agents, qui n'assument à cet égard aucune responsabilité. Si l'Administration trouve au contraire que l'invention est illicite, comme elle aussi, dans la sphère qui lui est assignée, doit assurer le règne des lois, elle refusera le brevet, et n'accordera plus ainsi un prétendu privilége à une industrie que la loi défend d'exploiter.

Si l'inventeur a des raisons de croire que la religion du Ministre a été trompée, la voie du recours au conseil d'Etat lui est ouverte. Ainsi disparaît toute apparence, tout soupçon d'arbitraire.

L'examen de l'Administration n'ayant dû porter que sur la question de savoir si l'industrie pour laquelle on réclame un privilége est licite d'après les lois, et non sur les questions de nouveauté et de priorité de l'invention et sur les autres points accessoires, nous vous proposerons de décider, conformément aux règles ordinaires, que la concession du brevet, même par ordonnance royale rendue sur le rapport du comité du contentieux du conseil d'Etat, ne fait pas obstacle à ce que les tiers portent à cet égard leurs réclamations devant les tribunaux.

Ce système, où tout s'enchaîne, se combine, où tous les genres de garanties sont offerts à la société et aux intéressés eux-mêmes ; ce système, qui rend à l'Administration le caractère auguste de gardienne des lois et des mœurs, qu'elle ne saurait abdiquer dans aucun de ses actes ; ce système, qui l'établit en sentinelle vigilante, pour garantir la santé publique de l'emploi de tant de drogues nuisibles, ou pour empêcher les citoyens d'être la dupe des charlatans pour des mixtions composées de substances connues, que tout le monde peut faire et varier de mille manières : ce système, qui restitue au décret, toujours en vigueur, du 18 août 1810, toute sa force bienfaisante, en faisant entrer immédiatement dans le domaine public, après avoir indemnisé l'inventeur aux frais de l'Etat, le peu de remèdes secrets vraiment salutaires ; ce système, si fort en rapport avec les fondations pieuses faites en faveur de l'art de guérir par le charitable M. de Monthyon ; ce système, répéterons-nous en finissant cette longue discussion, ne nous appartient pas en propre ; il est l'œuvre de commissions composées d'hommes spéciaux, sanctionné par plusieurs prédécesseurs de M. le Ministre actuel ; il a été homologué par les conseils supérieurs du commerce et de l'industrie, adopté par le conseil d'Etat. La majorité de votre commission espère qu'après tant d'imposantes autorités il obtiendra également vos suffrages.

Nous avons adopté à l'unanimité l'art. 4, qui fixe la durée des brevets à cinq, dix ou quinze années, en décidant qu'ils donneront lieu à une taxe de 5, 10 et 1,500 fr., suivant le terme de durée choisi par l'inventeur dans l'une de ces trois périodes.

Si cet article n'a été l'objet d'aucun dissentiment dans votre commission, il a donné lieu à de nombreuses réclamations venues du dehors. Il n'entre pas dans notre pensée de vous entretenir de toutes celles qui nous ont été adressées sur cette grave matière, notre tâche serait trop étendue ; cependant, comme il s'agit ici de la disposition la plus importante de la loi, de celle qui détermine la durée du privilége des inventeurs et en fixe le prix, nous croyons nécessaire de vous faire connaître les vœux que plusieurs d'entre eux ont exprimés eux-mêmes ou qui ont été consignés dans divers écrits. Les uns voudraient que ce qu'ils appellent la propriété industrielle fût traité à l'égal de la propriété littéraire, et que par conséquent la durée du privilége fût fixée à toute la vie de l'inventeur et s'étendît même au delà. D'autres, se fondant sur ce que le privilége de l'auteur est exempt de toute taxe, demanderaient qu'il en fût de même du privilége de l'inventeur ; un grand nombre eût voulu des taxes moindres, quelques-uns, des taxes graduées, payées par annuités et suivant une progression croissante d'après le nombre d'années que l'inventeur eût choisi pour la durée de son brevet dans la limite maximum de quinze ans, sans être astreint à adopter un des périodes quinquennaux ci-dessus déterminés.

La pensée industrielle et la pensée littéraire, dirons-nous aux premiers, sont toutes deux sans doute le produit de l'intelligence ; mais sont-elles au même degré l'apanage particulier de ceux qui les ont conçues, et leurs auteurs doivent-ils dès lors être traités à l'égal l'un de l'autre ? L'industrie se compose de la masse des découvertes préexistantes, aussi l'industriel profite-t-il bien plus pour ses inventions de toutes les connaissances répandues avant lui dans les arts et métiers, que le littérateur ne tire parti des ouvrages existants dans les bibliothèques. Un mécanicien ordinaire, de nos jours, en sait plus pour la perfection de son art que le plus habile inventeur des siècles précédents. L'industrie, par un heureux privilége, non-seulement ne perd jamais, mais d'un pas tantôt plus lent, tantôt plus rapide, elle avance incessamment. Le génie des auteurs est-il également progressif? Notre siècle, sous ce rapport, dépasse-t-il celui de Périclès, d'Auguste, de Louis XIV? N'établissons donc point de comparaison entre les applications diverses du génie de l'homme et des objets si différents. N'est-il pas d'ailleurs une circonstance qui, en dehors de ce parallèle, vient impérieusement exiger des règles différentes? Les droits accordés aux inventeurs par les brevets d'invention ne constituent-ils pas à leur profit un temps d'arrêt pour l'industrie? n'est-il point expressément défendu de faire usage du perfectionnement apporté à une invention privilégiée sans l'assentiment du breveté? En est-il de même pour l'homme de lettres et pour le savant? Les livres ne sont-ils pas faits avec les livres, et chacun n'est-il pas libre de s'inspirer des idées et du travail d'autrui? Le plagiat seul ne constitue-t-il point la contrefaçon?

D'ailleurs, par un accord presque unanime, les nations, si divisées et si différentes sur la manière de traiter les hommes de lettres et les savants, n'ont-elles pas fixé toutes le privilége des inventeurs à quatorze ou quinze années au plus?

Ce n'est pas à tort sans doute, dirons-nous maintenant aux adversaires de la taxe, que ces divers Gouvernements se sont accordés pour exiger une taxe pour les brevets. Est-il exorbitant de demander un droit modéré, un droit qu'on pourrait à peine appeler rémunérateur, en compensation du privilége d'exploitation exclusive conféré aux brevetés par la société? Non, sans doute. N'est-il pas important, dans un système qui admet la délivrance des brevets sans l'examen préalable de l'utilité de prétendues inventions, d'écarter, au moins par l'obligation d'acquitter la taxe, la plus grande partie de ces billevesées et de ces rêveries que l'on présenterait chaque jour au bureau des brevets? Le principe de la taxe ne pouvait donc être sérieusement contesté. Sa quotité, telle qu'elle est déterminée par le Gouvernement, nous a paru équitable; si elle est légèrement accrue pour les brevets de cinq ans et de dix ans, elle reste, pour les brevets de quinze ans (ceux qui se rapportent en général aux industries importantes), au taux fixé par le tarif joint à la loi du 25 mai 1791; elle est même un peu moindre, et cependant combien le prix de l'argent n'est-il pas diminué depuis cette époque, de combien les taxes de toute autre nature ne sont-elles pas accrues?

La loi ne saurait donc être considérée comme marquée au coin de la fiscalité. Loin de là : si elle fait subir une augmentation de moins de 150 fr. aux brevets de cinq et de dix années, elle crée des brevets provisoires de deux ans, qui ne seront passibles que d'un droit de 200 fr. Un grand nombre d'inventeurs, peu assurés des avantages de leurs découvertes, ne seront plus obligés, comme auparavant, de dépenser au delà de 400 fr. pour pouvoir se livrer en toute sécurité à des essais, et ce n'est qu'après avoir réussi, c'est-à-dire après avoir acquis les moyens de solder le supplément du prix de leur brevet, qu'ils auront à en verser le montant. Ils hésiteront moins alors à prendre des brevets de quinze

années. Ceux de cinq ans, aujourd'hui les plus nombreux, disparaîtront presque complétement. Il peut n'être pas hors de propos
de rappeler ici qu'une patente d'invention coûte, pour être exploitée
pendant quatorze ans dans l'Angleterre, l'Écosse, l'Irlande, 7,950 fr.,
non compris les frais de requête, qui s'élèvent de 250 à 500 fr. L'extension pour les colonies ne coûte rien de plus si elle est faite
d'une manière collective; quand elle n'est réclamée que plus tard,
il faut payer une nouvelle taxe.

L'introduction dans notre législation d'un brevet provisoire de
deux ans, qui permettra aux inventeurs de faire toutes les expériences et tous les essais utiles; la crainte d'augmenter les écritures et
de les compliquer; l'inconvénient qui résulterait d'une position
moins nette et moins tranchée pour les industries non brevetées,
obligées de recourir sans cesse aux actes de concession pour connaître exactement la durée des priviléges, nous ont fait rejeter le système tendant à substituer à nos brevets de cinq, dix et quinze
années, des brevets dont la durée eût été laissée au choix des inventeurs, en donnant naissance à un droit annuel et progressif, ainsi
que cela est pratiqué en Autriche.

Le nombre des brevets est aujourd'hui sept fois plus considérable
qu'il n'était du temps de l'Empire. Il tend toujours à s'accroître. Il résulte du tableau qui nous a été remis par l'administration, que le nombre des brevets accordés s'est élevé, pendant les neuf premiers mois
de 1842, à 1.085, dont 576 de cinq ans, 315 de dix ans, 194 de quinze
ans. Le nombre des brevets d'addition a été de 524 pendant ces trois
premiers trimestres; il n'avait été que de 274 pendant tout le cours
de l'année précédente.

Passons au titre II qui traite des formalités relatives à la délivrance des brevets. Quiconque veut obtenir un brevet d'invention
dépose sous cachet, à la préfecture, sa demande au Ministre. Il joint
à l'appui la description de l'invention, les dessins et les échantillons
nécessaires pour son intelligence. La demande, limitée à un seul
objet, ne doit contenir ni condition, ni restriction, ni réserve. Il résulte de là que toute demande qui comprendrait plusieurs objets
distincts devrait être rejetée par le Ministre; la description, d'après
le projet devrait être *entièrement* écrite en français; nous vous proposons de supprimer le mot *entièrement*, qui n'ajoute rien au sens
de la phrase et pourrait empêcher l'emploi, souvent nécessaire, de
mots techniques empruntés aux autres langues. Un duplicata de la
description et des dessins doit être joint à la requête; nous vous
demandons d'exiger que cette requête renferme un titre contenant
la désignation sommaire et précise de l'invention.

En Angleterre, toute demande qui indique un titre inexact est par
cela même entachée de nullité; nous n'adoptons pas cette règle sévère; nous nous contentons d'autoriser le Ministre (nouvel art. 13)
à modifier le titre sous lequel le brevet aura été demandé, si ce titre
ne remplit pas son objet, et après qu'il aura entendu le comité consultatif des arts et manufactures et prévenu l'inventeur.

Les descriptions jointes aux brevets ne doivent être publiées qu'à
l'expiration du brevet provisoire; pendant la durée de ce brevet il

importe que les tiers soient instruits de l'existence des concessions de cette nature; ils ne le seront dans les départements que par la promulgation qu'en fera le *Bulletin des Lois* (art. 17, disposition nouvelle). Il importe que ce bulletin énonce, d'une manière sommaire et précise, l'objet de l'invention; il importe aussi que la rédaction du catalogue existant au ministère ne puisse être l'objet d'aucune critique. Cette disposition nouvelle remplira ce double but.

Nous faisons à l'article 8 un changement important. Le Gouvernement propose de faire courir la durée d'un brevet de la date du dépôt des pièces à la préfecture. C'est là une innovation qui ne nous paraît pas suffisamment justifiée. Il est plus équitable de continuer à se conformer à cet égard aux dispositions du décret du 25 janvier 1807, et de ne faire courir la durée du brevet que du jour où il est signé par le Ministre. L'inventeur, en effet, ne doit, dans aucun cas, souffrir des retards bien involontaires sans doute, que l'expédition de son brevet pourrait éprouver. Votre commission ne peut, du reste, que rendre hommage à la promptitude avec laquelle les titres sont délivrés en ce moment au ministère. Le règlement d'administration publique devra renfermer des dispositions pour que, conformément à l'article 10, les parties n'apportent, par leur faute ou négligence, aucun retard à l'expédition des demandes dans l'ordre de leur réception.

La section 2 traite de la délivrance des brevets. Elle comprend les articles 9. 10, 11, 12, 13. 14, 15, du projet du Gouvernement, et s'étend. dans celui de la commission, depuis l'article 9 jusqu'à l'article 16 inclusivement.

L'article 11 détermine que les brevets dont la demande aura été régulièrement formée seront délivrés sans examen préalable, aux risques et périls des demandeurs, et sans garantie soit de la réalité, soit de la fidélité ou de l'exactitude de la description. Comme le Gouvernement, nous voulons encourager la pensée industrielle dans son berceau ; nous ne voulons point entraver les arts, les soumettre à des vérifications souvent trompeuses ; nous concevons qu'il soit impossible de juger à l'avance si ce qu'on prétend nouveau n'est pas connu dans quelque manufacture isolée ; de prévoir le degré d'utilité que peut avoir une découverte lorsqu'elle aura pris du développement. Nous excluons donc l'examen préalable en ce qui concerne la nouveauté ou le mérite de l'invention, la fidélité ou l'exactitude de la description. et nous laissons aux particuliers le soin d'attaquer les brevets à cet égard et d'en faire prononcer la nullité.

Nous pensons, toutefois, que le règlement d'administration publique devra reproduire la disposition de l'arrêté des consuls du 5 vendémiaire an xi. sollicitée par le Premier Consul lui-même, et portant que, pour prévenir l'abus que les brevetés pourraient faire de leurs titres, il sera inséré au bas de chaque expédition la déclaration dont nous avons rapporté le texte au commencement de ce rapport.

Ce mode de délivrance des brevets, sans examen préalable de la nouveauté et de l'utilité d'une invention, presque universellement accueilli chez les nations industrielles, à l'exception de la Prusse, de la Belgique, de la Hollande et de la Sardaigne, ainsi que nous l'avons

3.

déjà dit, n'a pas trouvé un seul contradicteur au sein de votre commission.

Mais nous avons pensé, en même temps, que le Gouvernement devait avoir le droit et le devoir d'examiner, non-seulement, comme le veut le projet, si la demande est régulière et si elle n'embrasse pas plusieurs objets distincts, mais encore si cette demande n'est pas contraire aux lois. La commission ne reviendra pas sur les observations étendues qu'elle a faites à cet égard en discutant l'article 3 ; elle ne peut que s'y référer. Elle fera seulement remarquer ici que la rédaction du premier paragraphe de l'article 11 a été modifiée par elle dans le sens de ces observations. Les autres modifications de détail, faites à ce même article, s'expliquent d'elles-mêmes et n'exigent point de développements.

Nous avons donné les motifs du nouvel article 12, en parlant de l'article 6 ; nous n'y reviendrons pas. La commission a complété l'article 12 du projet du Gouvernement, en fixant l'époque à partir de laquelle courra le délai de trois mois accordé à l'inventeur pour renouveler une demande irrégulièrement formée, sans être tenu de payer une seconde fois la taxe.

Les nouveaux articles 14 et 15, que nous avons l'honneur de vous proposer, sont également la conséquence du système que nous avons arrêté pour l'article 3 et développé à son occasion. Nous nous bornerons à rappeler ici quelles précieuses garanties l'intervention du conseil d'État et la réserve du droit des tiers établissent soit pour l'ordre public, soit pour l'unité de jurisprudence dans tout le Royaume, unité que les efforts de nos législateurs et de nos magistrats doivent toujours chercher à maintenir.

Dans les deux années qui suivront la date du brevet provisoire, les brevetés, alors bien fixés sur le mérite, l'utilité et les avantages de leur découverte, déclareront le temps qu'ils prétendent assigner à la durée de leur brevet définitif; telle est le but de l'article 16, qui règle les formes à suivre dans ce cas ; si la découverte n'a pas répondu à l'attente des inventeurs, ils ne feront aucune diligence; leur invention tombera de plein droit à la fin de deux années dans le domaine public. Ils n'auront eu alors à débourser pour ce privilége temporaire et ce temps d'épreuve que la nouvelle loi leur donne, qu'une somme de 200 francs. Nous avons déjà fait remarquer combien ce nouveau système était favorable aux inventeurs, obligés, d'après la législation existante, de prendre un brevet de 5, 10 ou 15 années, avant d'avoir pu se livrer à l'examen pratique de leurs œuvres, avant d'en avoir connu les résultats, et de faire ce choix avec la presque certitude de ne pas obtenir de brevets de prorogation, uniquement réservés pour des circonstances graves et exceptionnelles.

D'après le projet du Gouvernement (article 14), une ordonnance royale devait proclamer tous les trois mois les brevets devenus définitifs. Nous vous proposons de décider, dans l'intérêt des tiers exposés à devenir contrefacteurs, sans en avoir été avertis en aucune manière (ainsi que nous l'avons déjà expliqué, à l'occasion de l'article 6), que le *Bulletin des Lois* comprendra aussi bien la proclamation des brevets provisoires que la proclamation des brevets définitifs.

L'article 18 détermine que la durée des brevets définitifs ne pourra être prolongée dans aucun cas. Ainsi, il ne sera plus loisible à l'administration d'accorder des prorogations pour des brevets de cinq et dix années. Nous avons cru néanmoins devoir exprimer, ainsi que le faisait l'article 8 de la loi du 7 janvier 1791, pour les cas exceptionnels de prolongation des brevets au delà du maximum de quinze années, que le pouvoir souverain de la loi plancrait toujours au-dessus de la défense contenue dans cet article, et que le Corps législatif pourrait y déroger dans des circonstances et pour des cas extraordinaires.

La section 3 traite des certificats d'addition et des brevets d'invention pour perfectionnements.

L'article 2 de la loi du 7 janvier 1791 porte : « Tout moyen d'ajouter » à quelque fabrication que ce puisse être un nouveau genre de per- » fection, sera considéré comme une invention. »

La loi du 25 mai dit, article 8 : « Si quelque personne annonce un » moyen de perfection pour invention déjà brevetée, elle obtiendra, » sur sa demande, un brevet pour l'exercice privatif dudit moyen de » perfection, sans qu'il lui soit permis, sous aucun prétexte, d'exécu- » ter ou de faire exécuter l'invention principale, et réciproquement, » sans que l'inventeur puisse faire exécuter par lui-même le nouveau » moyen de perfection.

» Ne seront point mis au rang des perfections industrielles les » changements de forme ou de proportion, non plus que les orne- » ments de quelque genre que ce puisse être. »

Les brevets de perfectionnement créés par ces dispositions de lois ont été souvent critiqués, à tort, suivant nous.

Un des organes les plus illustres des intérêts de l'industrie française, M. Chaptal. les a vivement attaqués (1); suivant lui, on ne peut raisonnablement assimiler le mérite des perfectionnements à celui de la découverte. « Il n'est peut-être, dit-il, aucun cas où l'artiste qui » perfectionne puisse faire usage de son brevet : car comment con- » cevoir que le perfectionnement apporté à un procédé puisse s'exé- » cuter sans qu'on ait la faculté d'exécuter le procédé lui-même ? » Aussi les artistes qui perfectionnent un procédé déjà breveté pren- » nent-ils un brevet d'invention pour échapper à ce vice radical de » la loi de 1791; cela donne lieu chaque jour à des procès intermina- » bles. Il est rare que l'auteur d'une découverte importante jouisse » paisiblement du résultat de ses recherches ; il consume sa fortune » et ses jours dans les procès. et il a la douleur de voir passer en » d'autres mains l'exploitation d'une industrie qu'il a créée. Ce vice » de la législation est inhérent à la nature même des choses. car les » tribunaux ont à prononcer si le perfectionnement est une décou- » verte nouvelle ou une simple modification de celle des brevets, si » c'est un pur accessoire de la dernière ou un procédé nouveau, et » dans beaucoup de cas, il est bien difficile de motiver un jugement.»

L'auteur conclut de ces observations que les brevets de perfection-

(1) Voir son ouvrage sur l'industrie française.

nement devraient être supprimés. Quant à nous, de ces paroles si
imposantes et du grand nombre de justes réclamations qui nous ont
été soumises, nous concluons avec le Gouvernement que nous devons
accorder aux inventeurs une protection plus large et plus efficace,
une protection même absolue, complète et exclusive pendant un
certain temps ; mais nous ne voulons pas priver les tiers, agissant ici,
il faut bien le reconnaître, dans l'intérêt de la société, du droit d'apporter à une invention, pendant toute la durée du brevet, les diverses
améliorations dont elle est susceptible. Un perfectionnement, lorsqu'il
ne se borne pas à une simple modification de forme, est une véritable
invention, et, comme tel, a droit d'être breveté. Les changements de
forme ou de proportions, non plus que les ornements, ne constituent
pas des inventions, à moins toutefois que ces changements de forme
ne produisent des effets nouveaux, ainsi qu'il peut arriver pour certains produits d'optique, la loi n'ayant voulu breveter que les inventeurs. Les auteurs de ces changements qui n'apportent rien de plus,
rien de nouveau à la société, doivent-ils jouir du privilége qui est
réservé aux découvertes ? Non, sans doute. Cela a paru si évident au
Gouvernement qu'il n'a pas reproduit dans son projet la disposition
contenue dans le dernier paragraphe de l'article 8 de la loi du 25 mai.
Votre commission, après avoir hésité quelque temps avant de se
décider à ne pas la reprendre avec la modification ci-dessus énon-
cée, y a renoncé par le même motif. Elle m'a chargé d'en faire une
mention expresse dans le rapport.

Nous avons refondu dans les articles 19 et 20 de notre projet l'article 23 du projet du Gouvernement. Aux termes de l'article 19, non-
seulement le breveté, ses ayants droit réunis, mais encore ses ayants
droit agissant séparément, mais stipulant alors au profit de tous,
à cause du principe de l'indivisibilité du brevet, auront droit d'apporter au brevet les changements, perfectionnements ou additions
dont il leur paraîtrait susceptible.

L'article 20 déclare que nul autre que le breveté ou ses ayants
droit ne pourra, pendant la durée du brevet provisoire, obtenir
valablement un brevet de perfectionnement.

Par là, les brevets de perfectionnement, dont M. Chaptal demandait
la suppression complète, sont prohibés pendant les deux premières
années de la découverte. C'est une pensée généreuse qui a dicté cette
disposition au Gouvernement. Comme lui, votre commission a senti
le besoin de venir d'une manière efficace au secours des inventeurs.
De peur d'être devancés ou trahis, ces hommes utiles se hâtent de
mettre leurs découvertes sous la protection de la loi. Lorsqu'ils les
y placent, elles sont rarement à l'état de perfection que la réflexion
leur ferait atteindre. La mise en œuvre ne fait-elle pas d'ailleurs
apprécier seule les imperfections, les inconvénients, et n'indique-
t-elle pas en même temps les moyens d'y obvier ?

Mais comment exécuter ou mettre en pratique une invention non
brevetée ? Peut-on, sans faire des confidences souvent nuisibles, se
procurer les capitaux nécessaires ? La prudence ne prescrit-elle pas
de se tenir en défiance des ouvriers que l'on pourrait employer ?
D'un autre côté, à peine le secret est-il divulgué et le brevet d'in-

vention pris, les malheureux inventeurs ne deviennent-ils pas la proie de spéculateurs toujours à l'affût des améliorations dont leurs procédés sont susceptibles ? Ne sont-ils pas obligés de compter avec eux et de leur acheter un perfectionnement qu'un peu de temps, de réflexion ou de pratique leur eut fait découvrir ? Doit-on les laisser à leur merci et n'avoir aucun égard aux nombreux sacrifices de temps, de soins et d'argent qu'ils ont pu et dû faire ?

En Angleterre, chacun peut faire enregistrer, dans le bureau de l'attorney ou du solliciteur général, une demande connue sous le nom de *caveat*, dans laquelle il annonce une invention. Par cet acte, il place sa découverte sous la sauvegarde de la loi, et requiert en même temps qu'on lui indique s'il a déjà été donné des patentes sur cet objet, et met opposition à ce qu'on en délivre d'autres au préjudice de celle qu'il se propose de prendre dans le délai d'une année. Ce délai d'un an peut être prorogé.

S'il est présenté une demande analogue à celle qui est sommairement décrite dans le *caveat*, les deux inventeurs expliquent leurs moyens au juge, qui décide s'il y a similitude dans les inventions. Si cette similitude existe, l'invention n'étant pas censée nouvelle, le brevet est refusé, à moins que les deux parties ne s'entendent. Si la similitude n'apparaît pas aux yeux de l'attorney, le brevet est accordé.

Nous pensons que le système du brevet provisoire, tel qu'il est défini par le projet, protégera d'une manière plus efficace les intérêts des inventeurs, que ne pourraient le faire des dispositions empruntées au système des sauvegardes usitées en Angleterre. Outre les abus auxquels des dispositions analogues pourraient donner naissance, elles auraient le grave inconvénient de nécessiter l'examen préalable pour des questions de nouveauté et de priorité : ce que l'ensemble du projet tend à éviter.

Aux termes de l'article 6, une demande de brevet ne peut comprendre plusieurs objets distincts : il ne faut pas que, plus tard, et sous prétexte d'additions, on puisse violer cette règle et se soustraire ainsi à l'obligation de prendre un nouveau brevet. La disposition que nous avons l'honneur de vous proposer dans l'article 21 préviendra tout abus à cet égard, et pourvoit à la lacune que le projet du Gouvernement présentait sur ce point.

Si le breveté préfère prendre un brevet de perfectionnement de 5, 10 ou 15 ans plutôt qu'un certificat d'addition finissant avec le brevet principal, l'article 22 lui en donne le droit. Il ne pourrait être plus mal traité à cet égard que le reste des citoyens. Ce nouveau brevet n'influera en rien sur les droits du public, sur l'invention principale à l'expiration du brevet primitif. Cette disposition était certainement dans l'esprit de la loi, peut-être même pouvait-elle résulter de la combinaison de divers paragraphes ; nous l'avons placée, pour plus de clarté, dans le texte même de l'article.

Nous ne proposons aucun changement à l'article 19 du projet du Gouvernement, devenu le 23e du nôtre. Il est juste en effet que le propriétaire d'un brevet de perfectionnement ne puisse exploiter l'invention déjà brevetée sans l'assentiment de celui auquel appartient l'invention principale. et réciproquement, et que celui-ci n'ait aucun droit sur le brevet obtenu pour une invention nouvelle se rattachant à l'objet de son brevet. Sans doute, c'est une gêne réciproque, mais cette gêne mutuelle amène des concessions et des traités.

La section IV était intitulée : *De l'exploitation et de la cession des brevets.*

Un seul article. vivement attaqué, constituait tout ce qui avait rapport à l'exploitation dans cette section. Nous avons transporté les dispositions de cet article portant le no 20 dans le projet du Gouvernement, dans l'article 35 de celui de la commission, en leur faisant subir les modifications dont elles nous ont paru susceptibles. De notre côté, nous avons ajouté au projet quelques règles relatives à la transmission des brevets par d'autres voies que par celle de la cession. Ainsi se justifie le changement fait à la rubrique de cette section. Les dispositions qu'elle contient sont très simples : le breveté peut céder son brevet en tout ou en partie par acte notarié. Une disposition nouvelle explique ce qu'on doit entendre par cession partielle. Cette cession ne peut jamais avoir pour effet de diviser la découverte décrite dans le brevet. Cette règle découle du principe qui veut qu'un brevet ne puisse comprendre plusieurs objets à la fois. et que les additions se rattachent toujours d'une manière intime au brevet principal.

Les cessions n'ont d'effet à l'égard des tiers qu'autant qu'elles sont enregistrées au secrétariat des préfectures.

L'enregistrement de ces cessions et de tous autres actes emportant mutation a lieu sur la production authentique d'un extrait de ces actes. Les préfets transmettent, dans les quinze jours, les procès-verbaux constatant l'enregistrement au Ministère du commerce, où les mutations intervenues sur chaque brevet sont inscrites sur un registre tenu à cet effet. Ces mutations sont ensuite proclamées dans la même forme que les brevets.

Ainsi que nous l'avons déjà expliqué. la disposition comprise dans l'article 23 du projet du Gouvernement a trouvé place dans les articles 19 et 20 de celui de la commission.

L'article 24 du projet du Gouvernement devenu l'article 29 du nôtre, est divisé en deux paragraphes : le premier porte que les cessionnaires d'un brevet et ceux qui auront acquis d'un breveté une licence pour l'exploitation de la découverte, profiteront de plein droit des certificats d'addition ultérieurement délivrés. Nous adoptons cette disposition, qui découle du principe de l'indivisibilité du brevet et de ses accessoires.

Tout inventeur qui ne voudrait pas faire jouir ses cessionnaires des améliorations qu'il pourrait faire à son invention première serait obligé de prendre un second brevet et de payer de nouveau la taxe. Le deuxième paragraphe de l'article 24 portait qu'à moins de conventions contraires les acquéreurs d'objets brevetés auraient le droit d'appliquer ou de faire appliquer à ces objets les changements. perfectionnements ou additions garantis par les certificats délivrés par le Ministre.

Nous n'avons pu adopter cette disposition. Fût-elle marquée au

coin de l'équité et de la justice, ce qui peut être contesté, elle présenterait dans son exécution de telles difficultés, et pourrait donner lieu
à tant d'abus, que nous nous sommes déterminés à proposer la suppression entière du paragraphe en question.

En droit commun, c'est à celui qui achète un objet dont le débit est
privilégié à faire ses conditions et ses réserves, et à déterminer, si
cela lui convient, avec son acheteur, qu'il jouira de la faculté de lui
faire ajouter à l'objet vendu toutes les améliorations qu'il découvri-
rait par la suite. Le traité fait entre eux stipulera les bases de cet arrangement et le prix à solder. Mais la loi ne saurait prévoir, pour
tous les cas et pour toutes les industries, ce que des contrats privés
peuvent seuls faire pour quelques-unes d'entre elles; elle ne peut
fixer d'avance le prix qui devrait être payé par l'acheteur au vendeur pour ces additions à tant d'objets de nature si différente. Elle
peut encore moins stipuler, ainsi que le fait le paragraphe dont il
s'agit, que des ouvriers étrangers à l'atelier du breveté pourront
ajouter aux choses achetées, les changements, perfectionnements ou
additions garantis au breveté par la puissance publique.

C'en serait fait, dans ce cas, du droit privatif de celui-ci; il serait
complétement méconnu, et bientôt des ateliers de contrefaçon s'élè-
veraient de toutes parts. L'unité d'atelier pour la confection des
objets privilégiés est la meilleure garantie que puisse avoir un inventeur. Autoriser sans son assentiment d'autres ateliers que les
siens à retoucher ses produits et y faire des additions privilégiées,
c'est lui ôter le plus précieux de ses moyens de défense et de sauvegarde. N'est-il pas plus facile, en effet, de découvrir un atelier de
contrefaçon, que de prouver la contrefaçon elle-même sur un objet
saisi, quand on parvient à s'en emparer? Ne serait-il pas, à l'avenir,
beaucoup plus embarrassant d'atteindre ces ateliers et d'obtenir des
condamnations, si les contrefacteurs pouvaient alléguer pour leur
défense qu'ils n'ont pas exécuté l'invention principale, mais seulement opéré des changements et des additions, que la loi les autori-
sait à appliquer, et que pour cela ils ont eu besoin de se préparer,
de s'outiller en conséquence? Vous penserez, sans doute comme
nous, que la loi ne pouvait pas aggraver ainsi la position des inventeurs, et qu'il convient de laisser aux conventions particulières le
soin de faire des stipulations de la nature de celles que le projet
prévoyait.

La section V, intitulée: *De la communication et de la publication
des brevets*, contient une innovation importante.

L'article 28 prescrit la publication des descriptions des brevets dès
qu'ils sont devenus définitifs, ainsi que celle des inventions tombées
dans le domaine public. C'est là une amélioration notable; aujour-
d'hui cette publication n'a lieu qu'à l'expiration des priviléges: aussi
la publicité des inventions brevetées est-elle restreinte à Paris. Elle
existera à l'avenir pour tous les chefs-lieux de départements.

Les autres modifications proposées à cette section n'exigent point
de commentaires.

Le titre III traite des droits des étrangers. Ce titre établit un principe de réciprocité tout à fait digne d'éloge; il tend à créer en faveur

des inventeurs un droit international pour lequel nous sommes assurés de toutes vos sympathies. Non-seulement l'étranger résidant en France pourra y obtenir un brevet, ce qui est conforme à notre droit public largement interprété, puisque la faculté de faire le commerce appartient au droit des gens. mais encore l'étranger breveté ailleurs qu'en France pourra recevoir un brevet d'invention dans le Royaume, si la réciprocité est accordée aux Français par les lois du pays où il a été breveté.

Le projet du Gouvernement restreignait cette faculté à l'étranger breveté par son propre pays ; cependant cet étranger peut avoir fait sa découverte partout ailleurs que dans sa patrie et s'y être fait breveter ; il ne doit pas être exclu pour cela du bénéfice de cette disposition favorable, si le Gouvernement qui l'a breveté accorde la réciprocité à nos concitoyens : tel est le motif de la différence que vous remarquerez entre l'article 29 du projet qui vous a été présenté et l'article 31 de celui de la commission.

Les conditions pour qu'un brevet délivré à un étranger soit valable seront les mêmes que celles qui sont exigées pour la validité du brevet délivré à un regnicole: il faudra donc qu'aux termes de l'art. 31 l'invention soit nouvelle, c'est-à-dire qu'elle n'ait pas reçu, non-seulement en France, mais même partout ailleurs, soit par la voie de l'impression. soit de toute autre manière. une publicité suffisante pour pouvoir être exécutée.

On ne doit point se dissimuler que cette règle exclura du bienfait de la disposition les industriels qui auront été brevetés dans des pays où. comme en Russie, par exemple, les descriptions jointes aux demandes de brevets sont publiées par la voie des journaux ou des recueils. immédiatement après la concession, et que, dans tous les cas. les étrangers n'aient besoin de faire grande diligence pour pouvoir en profiter.

Pour parer à cet inconvénient. il eût fallu accorder aux inventeurs un délai pendant lequel ils auraient pu transporter leur industrie en France, alors même que leur découverte et leurs moyens eussent été publiés à l'étranger ; mais c'était déroger à leur profit, à notre droit commun; anticiper sur le domaine public et faire pour eux ce que nous refusons aux regnicoles en ne délivrant plus de brevets d'importation.

Nous croyons qu'un moment viendra où le Gouvernement vous proposera d'élargir la mesure qui se trouve dans l'art. 30, d'effacer le principe de réciprocité qu'il y a posé. comme il l'a ôté depuis plus de vingt ans de notre Code civil à l'égard du droit d'aubaine; on vous demandera un jour de substituer à cette règle de réciprocité, qui ne laissera pas d'offrir des difficultés dans l'exécution, un principe plus large, plus généreux encore. celui de l'assimilation complète de l'étranger au Français, en fait de brevet d'invention.

Déjà cette assimilation est proposée dans le projet à l'égard de l'étranger résidant en France. Le pas à faire n'est pas bien considérable quand il s'agit de l'accorder à l'étranger qui n'y réside pas sans doute, mais que la loi oblige à fonder et à entretenir des établissements importants sur notre sol, et à ne pouvoir vendre en

France (sous peine de nullité du brevet) des objets fabriqués par lui-même ou par ses ayants droit à l'étranger.

Toutefois, il n'appartenait pas précisément à la commission de prendre l'initiative sur cette matière : elle a pensé que l'opportunité de cette mesure pouvait être mieux jugée par le Gouvernement que par elle-même, qu'il convenait de lui en laisser l'appréciation et de lui permettre d'attendre les résultats et les leçons de l'expérience.

Le titre IV, divisé en deux sections, est consacré : 1o aux nullités et déchéances; 2o aux actions ouvertes pour les faire prononcer.

Ce titre est un des plus importants de la loi. A défaut d'examen préalable, il forme la seule garantie du public contre les usurpations de brevets.

Le brevet est usurpé lorsque l'invention manque de nouveauté, car, dans ce cas, le prétendu inventeur, loin d'enrichir la société d'une découverte, tend à enlever à l'industrie, à son profit particulier, une part du domaine public qu'elle a droit d'exploiter ; tout le monde doit alors être libre d'attaquer un brevet ainsi fondé sur fausse cause : chacun, en effet, n'est-il pas intéressé à en faire prononcer la déchéance quand il a été accordé pour un produit dont on est en possession, ou pour un procédé décrit ou déjà usité ?

Tout le monde ne doit-il point avoir aussi le même droit lorsque la description jointe au brevet n'est pas suffisante pour l'exécution de l'invention, et n'indique pas d'une manière complète et loyale les véritables moyens de l'inventeur ?

N'importe-t-il pas, en effet, que la société, qui donne un privilége et s'impose des sacrifices, reçoive, en échange de l'avantage qu'elle accorde, quelque chose de sérieux et d'une exécution facile, lorsque l'invention ou l'application brevetée tomberont dans le domaine public ? Rien ne doit être dissimulé ; le mensonge et la fraude doivent retomber avec toutes leurs conséquences sur un inventeur de mauvaise foi.

Les tribunaux apprécieront les circonstances : nous nous contenterons de dire en principe général, avec les lois allemandes, qu'il faut que la description des moyens et des procédés employés soit suffisante pour rendre l'exécution possible à un simple ouvrier, s'il s'agit de choses de sa compétence, ou à un homme de l'art s'il s'agit d'objets qui l'excèdent et ne doivent pas être faits habituellement par un manœuvre.

Le brevet sera encore nul s'il a été obtenu pour des perfectionnements faits à une invention déjà brevetée pendant les deux ans de durée du brevet provisoire, le droit de faire breveter des additions appartenant exclusivement, pendant ce temps d'épreuve créé par la loi, au premier inventeur.

Le système que nous avons adopté dans les articles 14 et 15 de notre projet explique et motive la différence qui existe entre notre article 33 et l'article 31 du projet du Gouvernement.

Des réclamations assez vives se sont élevées contre les dispositions de l'article 34. Aux termes de cet article, on ne doit pas réputer nouvelle toute invention qui, en France ou à l'étranger, aurait reçu, antérieurement à la date du dépôt de la demande, soit par la voie de l'impression, soit de toute autre manière, une publicité suffisante pour pouvoir être exécutée.

On a représenté qu'en Angleterre toute découverte non publiée ou non pratiquée dans l'un des trois royaumes était considérée comme nouvelle ; que ce principe, loin de nuire à l'industrie de la Grande-Bretagne, avait été pour elle la source de féconds résultats. Ne sera-t-il pas d'ailleurs bien difficile pour un inventeur de s'assurer que son invention n'est point connue dans quelque coin du globe ? Cela n'empêchera-t-il point les inventeurs de prendre des brevets qui pourraient être ainsi frappés tout à coup de nullité ou de déchéance ?

L'adoption du système anglais ne tendrait à rien moins qu'à nous placer, pour les brevets d'importation, non sous l'empire de la législation actuelle, mais à nous faire rétrograder jusqu'à celle que le décret du 18 août 1810, non inséré au *Bulletin des Lois*, avait voulu créer ; en sorte qu'au lieu d'abolir, ainsi que nous vous le proposons, les brevets d'importation pour des industries brevetées à l'étranger, les seuls reconnus par les lois de 1791 et usités aujourd'hui, nous en accorderions pour tous les produits ou tous les procédés non encore connus dans notre pays. A quoi serviraient alors les voyages d'exploration de nos industriels, les missions de nos savants, de nos ingénieurs, de nos marins, si le vaste domaine de l'industrie étrangère ne devait être exploité chez nous qu'au profit de quelques individus, dont le mérite et le talent ne viendraient pas le plus souvent justifier le déplorable privilège? Les arts industriels étant beaucoup plus avancés en Angleterre qu'ailleurs, on conçoit que l'industrie de ce pays ait pu prospérer avec une législation opposée en ce point à la nôtre : mais n'en serait-ce pas fait de notre richesse industrielle si nous étions obligés d'encourager par un monopole l'importation des procédés étrangers ? Les moyens employés par les fabricants du dehors sont-ils donc si difficiles à pénétrer et à connaître ? Nos industriels ne sont-ils pas intéressés à soutenir la concurrence de leurs rivaux, à prendre les meilleurs modes de fabrication, à les faire explorer par des hommes spéciaux et habiles? faut-il aggraver le sort de nos produits sur nos propres marchés et sur ceux du dehors, en les chargeant d'un droit au profit d'un monopole injuste et sans motif? faut-il mettre ainsi des entraves au développement de notre prospérité, de notre richesse, de notre force? ne vaut-il pas mieux que les inventeurs éprouvent quelque embarras, peut-être même beaucoup de difficultés, pour rechercher si leurs inventions sont ou ne sont pas publiées, connues ou pratiquées au dehors, plutôt que de charger en France des chaînes du privilège une industrie librement pratiquée en pays étranger, et de nous placer ainsi volontairement dans une position inférieure à nos rivaux? Votre commission s'est refusée à toute modification à cet article; elle s'est reposée avec confiance sur la sagesse des tribunaux pour en faire l'application à chaque cas particulier.

L'article 33 du projet du Gouvernement, devenu le 35ᵉ du nôtre, contenait deux cas de déchéance : le premier, si l'invention n'était pas exploitée dans le Royaume, d'une manière effective et continue dans le délai de deux ans, à dater de la formation de la demande, ou si l'exploitation en était interrompue pendant une année; le second, si le breveté introduisait en France des objets fabriqués en pays étranger, et semblables à ceux qui lui étaient garantis par son brevet.

Nous approuvons complétement cette dernière cause de déchéance. En effet, Messieurs, ce que la loi accorde à un inventeur, ce n'est pas un monopole de commerce proscrit par notre législation générale, mais un monopole industriel; dès lors faut-il que ce monopole s'exerce au profit de notre industrie et de nos travailleurs, et par conséquent sur le sol français? Quant à la première cause de déchéance, nous n'avons pas cru devoir exiger, d'une manière aussi explicite que le projet, que l'industrie fût toujours exercée d'une manière continue, et nous avons pensé que des circonstances de force majeure, que nous laissons à la prudence des tribunaux le soin de définir et d'apprécier suivant les circonstances, peuvaient relever des deux cas de déchéance prévus dans le premier paragraphe.

L'action en nullité ou en déchéance est ouverte à tout intéressé ; les actions de cette nature doivent être portées devant les tribunaux civils, où elles seront jugées dans la forme prescrite pour les matières sommaires.

Cependant, comme les jugements n'ont d'effet qu'entre les personnes qui les ont obtenus, ou qui ont été parties au procès, il en résulte qu'un brevet déclaré nul à l'égard de quelques individus, ne continue pas moins à rester debout et à pouvoir produire son effet pour le reste du public. C'est là un inconvénient auquel l'article 39 a pour but de parer. Nous vous proposons de décider dans cet article que, chaque fois qu'il aura été rendu un jugement ou arrêt prononçant la nullité ou la déchéance du brevet, le Garde des sceaux en sera instruit: celui-ci, après avoir consulté son collègue le Ministre du commerce, pourra prescrire au ministère public de se pourvoir pour faire prononcer la nullité ou la déchéance absolue du brevet.

Cette disposition nous paraît préférable à celle de l'article 37 du projet du Gouvernement, qui laissait à chacun des procureurs du roi près les divers tribunaux du Royaume le soin de se pourvoir, selon ses propres idées et sa seule impulsion.

Le paragraphe 3 de l'article 34 du projet du Gouvernement, ayant disparu de la rédaction de notre article 33, nous n'avions plus à nous en occuper ici.

Vous remarquerez, Messieurs, qu'aux termes de l'article 40, le ministère public doit mettre en cause tous les ayants droit au brevet dont les titres ont été enregistrés au Ministère du commerce. Il s'agit en effet d'annuler d'une manière complète et définitive le titre qui leur est commun. Si la nullité est prononcée, le Ministre du commerce en est informé sur-le-champ, et, pour que le public en soit instruit, il la fait proclamer au *Bulletin des Lois*.

Le titre V est consacré à la poursuite de la contrefaçon et des peines.

Ce titre forme la sauvegarde des droits des inventeurs, comme le précédent établit celle du public.

Pour qu'une poursuite contre des contrefacteurs soit efficace, il faut sans doute que la justice soit éclairée, mais il est nécessaire aussi qu'elle soit prompte et peu coûteuse, les objets contrefaits ayant souvent peu de valeur. Les inventeurs ne rencontrant pas toujours ces conditions devant les tribunaux civils, où ils sont obligés d'avoir recours à des avoués et à des avocats, n'usent presque jamais de la faculté qui leur est attribuée par l'article 3 du Code d'instruction criminelle, de poursuivre les délinquants devant les tribunaux civils ; presque toujours, ils portent plainte au procureur du Roi ; quelquefois ils citent directement au tribunal de police correctionnelle. La justice y est plus prompte et moins chère pour eux ; d'ailleurs, ces tribunaux sont dans l'habitude de juger sur des preuves testimoniales, auxquelles on est fréquemment obligé de recourir en matière de contrefaçon.

Très souvent les prévenus cités devant ces tribunaux excipent du défaut de nouveauté de l'invention, et se pourvoient en nullité du brevet. On pourrait induire de l'exposé des motifs de la loi de 1838, que ces exceptions devraient être portées devant le tribunal civil ; mais, d'après la jurisprudence des Cours royales, confirmée par un arrêt récent de la Cour de cassation, le prévenu est admis à prouver, devant le tribunal saisi de l'action en contrefaçon, qu'il a employé l'invention antérieurement au brevet ou que d'autres en ont usé pareillement avant le brevet. L'article 45 du projet du Gouvernement changeait cette jurisprudence et renvoyait le jugement des exceptions de nullité devant le tribunal civil. C'était un grave inconvénient. Très souvent les contrefacteurs ne dirigent cette action en nullité ou déchéance que pour gagner du temps et continuer leur industrie illicite, si préjudiciable à l'inventeur pendant le temps qu'exigent de longues procédures et la nécessité de parcourir les divers degrés de juridiction. Cette coupable manœuvre ne doit point être encouragée, et nous avons dû adopter des dispositions qui ne présentassent pas l'inconvénient de donner à juger trois procès au lieu d'un, et permissent de donner un cours beaucoup plus prompt à l'action de la justice. En vain objecterait-on que, lorsque des questions de propriété sont soulevées devant les tribunaux correctionnels, ces tribunaux doivent surseoir à statuer et ne doivent point en connaître ; ordinairement ces exceptions ont trait à la propriété foncière ou tout au moins à des droits de toute autre nature que ceux résultant d'un brevet d'invention. Ce brevet ne constitue qu'un privilège temporaire : les profits qui en résultent peuvent être limités à un temps très court ; n'est-il pas d'un haut intérêt pour un inventeur qu'un atelier de contrefaçon qui lui fait une injuste concurrence soit promptement brisé ? C'est pour atteindre ce but que nous avons introduit dans l'article 47 la disposition qui autorise les tribunaux correctionnels, saisis d'une action en contrefaçon, à juger les exceptions qui seraient tirées de la nullité ou de la déchéance des brevets, soit des questions relatives à leur propriété.

A l'exception de cette disposition fondamentale, nous n'avons fait que de légères modifications aux articles dont le titre se compose.

A l'article 42, pour établir d'une manière plus nette la distinction que le projet de loi établit entre le fabricant et le débitant, nous avons fait disparaître de la rédaction le mot *coupable*, le fabricant étant toujours présumé connaître le privilége du breveté, tandis que, pour le débitant, il faut qu'il soit établi qu'il a agi sciemment.

Nous laissons subsister les mêmes pénalités ; 100 fr. à 2.000 fr. d'amende contre le contrefacteur, 25 fr. à 500 fr. contre le débitant ; nous adoptons la même durée pour l'emprisonnement en cas de récidive, pour laquelle nous ne changeons rien à la définition donnée dans le projet. Nous maintenons l'application de l'article 463 du Code pénal, et nous laissons subsister l'article qui la consacre, la loi et la jurisprudence n'accordant en droit commun le bénéfice de cet article qu'au cas d'emprisonnement et d'amende prononcés par le Code pénal : nous admettons également que l'action correctionnelle ne puisse être exercée par le ministère public que sur la plainte de la partie lésée.

Il va sans dire que lorsque le procureur du Roi intentera une action en nullité ou en déchéance absolue du brevet, conformément à l'article 39, cette action ne pourra être portée que devant le tribunal civil du domicile du breveté.

Aux termes de l'article 48, les propriétaires du brevet pourront, en vertu d'une ordonnance du président du tribunal, rendue sur la représentation du brevet, faire procéder par huissier à la description avec ou sans saisie des objets contrefaits. Nous y ajoutons qu'un expert sera nommé, en cas de nécessité, pour aider l'huissier à faire la description.

En cas de saisie, il peut y avoir lieu à cautionnement. Ce cautionnement sera fixé par l'ordonnance du président, et discuté, le cas échéant, dans les formes ordinaires. A défaut, par le requérant, de se pourvoir dans la huitaine, par la voie civile ou par la voie correctionnelle, la saisie ou la description deviendra nulle : des dommages-intérêts pourront, en outre, être prononcés. Nous vous proposons de les faire régler par le tribunal, jugeant comme en matière sommaire.

Outre les peines, la confiscation des objets contrefaits, et même au besoin celle des ustensiles destinés d'une manière particulière à leur confection, sera prononcée. Ces objets seront alloués au breveté sans préjudice de plus amples dommages-intérêts. Nous rendons au tribunal la faculté qu'il exerce aujourd'hui d'ordonner l'affiche de son jugement, conformément aux lois de 1791.

Le titre VI contenait les dispositions particulières, nous y avons ajouté quelques dispositions transitoires.

L'article 49, devenu le 51e, disait que ces ordonnances royales portant règlement d'administration publique, arrêteraient les dispositions nécessaires pour l'exécution de la présente loi, qui n'aurait d'effet que six mois après sa promulgation.

Ce délai était considéré comme nécessaire d'après l'exposé des motifs, pour la publication du règlement et l'envoi des instructions ministérielles qui devront suivre la promulgation de la loi. Nous n'avons point pensé qu'un délai aussi long fût indispensable pour cela, et nous n'avons pas voulu priver d'avance, pendant six mois, les inventeurs et le public du bénéfice du projet de loi.

Le Code forestier n'a été promulgué que deux mois après avoir reçu la sanction royale et lorsque les règlements qui devaient le suivre ont été préparés. Si cela est nécessaire, ne pourra-t-on pas ne promulguer la loi actuelle qu'un peu de temps après sa sanction ? Nous avons remplacé dans la rédaction de l'article les mots *ordonnances portant règlement d'administration publique* par ceux ordinairement usités *d'ordonnances rendues dans la forme des règlements d'administration publique*. Cette formule n'a pas été adoptée pour un vain motif : tous les règlements d'administration publique doivent être délibérés nécessairement en assemblée générale du conseil d'Etat, et il n'en est pas de même des autres ordonnances.

Sur la demande de M. le Ministre de la marine, nous avons inséré dans le projet (art. 52) une disposition qui autorise le Gouvernement à faire régler l'application de la loi dans les colonies par des ordonnances royales.

Dans l'état actuel de la législation, cette délégation était nécessaire.

Nous adoptons avec un changement de rédaction léger, mais nécessaire, l'article portant abrogation de toutes les dispositions législatives rendues jusqu'à ce jour en matière de brevets.

Enfin nous introduisons, sous les numéros 54 et 55, deux articles transitoires qui disposent, le premier, que les brevets d'invention, de perfectionnement et d'importation, accordés jusqu'à ce jour ou prorogés par ordonnance royale, conserveront leurs effets pendant tout le temps assigné à leur durée. Cette disposition, en quelque sorte de droit commun, ne saurait être contestée. Cet article contient un second paragraphe pour autoriser le Gouvernement à user, pendant six mois encore après la promulgation de la loi, de la faculté que lui laisse la législation actuelle, de proroger dans des circonstances graves et tout à fait exceptionnelles, jusqu'au maximum de quinze années, les brevets qui auraient pu être pris pour cinq ou dix ans.

Il nous a été représenté de toutes parts que la loi qui vous est soumise améliorerait singulièrement le sort des inventeurs ; qu'en reconnaissant la nécessité d'un temps d'épreuve pendant lequel les brevetés pourront déterminer, en connaissance de cause, quelle devra être la durée de leur brevets, elle satisfait à un vœu depuis longtemps exprimé ; mais que cette loi, si favorable pour les inventeurs à venir, était bien dure pour les brevetés actuels.

Notre contrat, ont dit les pétitionnaires qui ont recouru à votre bienveillance, s'est formé sous l'empire d'une législation qui permettait d'obtenir quelquefois des brevets de prorogation, jusqu'au maximum de quinze années. Ces prorogations ne pourront plus avoir lieu à l'avenir, le projet est formel à cet égard. Ne serait-il pas convenable, puisque nos découvertes ne sont point encore tombées dans le domaine public, de considérer nos brevets de cinq ans à l'égal des brevets d'épreuve admis par le projet, et de nous autoriser, comme les titulaires des brevets provisoires, à les faire prolonger jusqu'à un terme qui ne pourra excéder quinze années ? Si on ne veut pas nous faire participer à cet avantage, que le projet considère comme un acte de justice rigoureuse et tardive envers les inventeurs, qu'au moins le Gouvernement ait la faculté de proroger nos brevets conformément à l'ancienne loi.

Nous ne pouvions, Messieurs, sans donner une sorte d'effet rétroactif à la loi, vous proposer d'accéder au premier vœu des pétitionnaires ; mais le second était conforme à la justice, conforme, d'ailleurs, à la disposition du premier paragraphe de l'article que nous vous proposons.

Nous avons reconnu que, bien que le Gouvernement s'abstînt depuis assez longtemps d'accorder des prorogations de brevets, il n'avait pas moins le droit de le faire : que l'article 8 de la loi du 7 janvier 1791, en déclarant que les patentes ne pourraient être prolongées au delà de quinze années sans un décret du pouvoir législatif, avait implicitement accordé au Gouvernement la faculté de les prolonger dans les autres cas ; que l'article 8 de la loi du 25 mai, même année, n'avait été rendu que pour régler le mode d'exécution de la première ; qu'enfin le Gouvernement avait dans tous les temps et sous tous les régimes usé de cette faculté.

Le Ministre est sans doute libre de ne pas en faire usage : les parties ne peuvent se pourvoir au conseil d'État contre le refus de prorogations. C'est là une question réservée à la haute prudence et livrée au libre arbitre de MM. les Ministres.

Toutefois, le législateur serait coupable si, à l'époque d'une transition d'une législation moins favorable à un régime beaucoup meilleur, il ne conservait pas dans les dispositions transitoires une faculté réservée au Gouvernement par la loi ancienne, afin de lui donner le moyen de venir au secours de l'industrie honnête, utile et malheureuse: seulement, nous restreignons à six mois le temps pendant lequel le Gouvernement pourra l'exercer. Aidé des lumières du conseil supérieur de l'agriculture et du commerce, au besoin même de celles de commissions spéciales, il n'aurait pas à craindre que sa religion fût trompée. Nous n'avons pas perdu de vue que l'exécution littérale de la condition de durée du brevet devait être la règle, la prorogation un cas tout à fait exceptionnel. Notre rédaction l'indique ; nous espérons que la Chambre voudra bien l'adopter.

L'article 56 et dernier dispose que les procédures commencées avant la promulgation de la loi seront mises à fin conformément aux lois existantes, et que les actions en nullité ou déchéance de brevets seront jugées conformément à la présente loi, bien qu'il s'agisse de brevets délivrés antérieurement.

Cet article n'a pas besoin d'explications.

La commission est arrivée à la fin de son importante tâche : il ne lui reste plus qu'à conclure en proposant à la Chambre l'adoption d'un projet de loi utile, vivement attendu, et qui formera, avec le projet de loi préparé pour régler les droits des inventeurs de dessins pour les fabriques, un véritable code sur la propriété industrielle, si importante aujourd'hui dans notre pays.

EXTRAIT

DE LA

DISCUSSION A LA CHAMBRE DES PAIRS.

Séance du 24 mars 1843.

L'ordre du jour est la discussion du projet de loi sur les brevets d'invention.

La parole est à M. de Gabriac.

M. LE MARQUIS DE GABRIAC. Messieurs, j'ai demandé la parole sur le projet de loi relatif aux brevets d'invention, d'abord pour exprimer mon assentiment au principe même du projet de loi. Je trouve, comme M. le Ministre du commerce, que la législation existante jusqu'à présent ne répond ni aux besoins de la société ni à ceux de l'industrie, et par conséquent c'est un véritable service qu'il rend à l'une et à l'autre en apportant le projet en question.

J'adhère également à la plupart des amendements contenus dans le beau travail de la commission, particulièrement à celui qui est à l'article 3, et qui prohibe expressément la concession de brevets sans examen aux inventions contraires aux lois, aux bonnes mœurs et à la sûreté publique. Sans doute il est de l'intérêt des brevetés comme de l'administration de ne pas assumer sur elle la responsabilité d'un examen préalable ; quant au mérite ou à la nouveauté de l'invention, l'administration ne prétend pas suivre les progrès de l'art, et connaître les phases de l'industrie de manière à pouvoir répondre que l'invention qu'on lui propose de breveter est ou nouvelle ou méritante. Mais si elle repousse à juste titre toute responsabilité à cet égard, elle ne peut en dire autant à l'égard des atteintes qui pourraient être portées par les inventeurs aux lois et aux mœurs, parce qu'il ne lui est pas permis d'ignorer ce qui est contraire aux lois et aux bonnes mœurs, et par conséquent de décliner la responsabilité qu'entraîne l'autorisation d'appliquer une invention qui leur serait préjudiciable.

On dit : mais on pourra faire poursuivre par le procureur du Roi le brevet coupable qui aurait été accordé. C'est là une contradiction qui répugne ; et le breveté, pour une invention contraire aux lois

et aux mœurs, ne doit pas pouvoir se glorifier de l'attache du Gouvernement ni un jour ni une heure. Aussi je ne doute pas que M. le
Ministre du commerce n'adhère à l'amendement de la commission.

Ceci posé, je viens soumettre à la Chambre, en peu de mots, deux
critiques, l'une relative au brevet provisoire, l'autre relative à la
clause de réciprocité qui est demandée par le projet de loi pour la
concession des brevets à des étrangers.

Quant aux brevets provisoires, j'en comprends les avantages, qui
ont été détaillés dans l'exposé des motifs et dans le travail de la
commission ; mais je dis qu'ils ne sont pas exempts d'inconvénients ;
car, quelle est la position que vous faites au breveté provisoire ? Par
l'article 35, vous le dispensez de faire l'application de son invention
pendant deux ans, et le Gouvernement n'a pas le droit, durant ces
deux années, d'exiger de lui qu'il la mette en pratique. Soit : mais
en même temps, l'article 27 lui accorde que son invention, la description, les dessins et toutes les pièces à l'appui, soient consignés au
ministère du commerce sans qu'il soit possible de prendre aucune
note, aucune copie. Les tiers ne peuvent tirer de ce dépôt aucun ren-
seignement utile pour l'attaque de ces brevets. Que s'ensuit-il ? C'est
que le breveté provisoire se trouve tout à la fois à l'abri d'actions en
nullité de la part du Gouvernement et de celle des tiers.

Je suppose deux concurrents qui poursuivraient la même invention :
l'un a entrevu la possibilité d'une idée, il a pris un mode d'exécution
imparfait mais suffisant ; il court au ministère du commerce, et le
Ministre, qui n'a rien à voir à sa demande, délivre le brevet. Le voilà
garanti, tandis que l'autre, qui aurait été plus consciencieux, plus
patient, qui aurait recherché avec plus de persévérance les moyens
d'exécuter plus parfaitement son invention, qui aurait voulu la présenter dans de telles conditions qu'elle puisse être mise immédiatement en circulation, se trouverait forclos, non pas pendant quinze
ans, mais pendant dix-sept ans.

Car, remarquez-le bien, les deux années du brevet provisoire al-
longent le maximum de quinze ans, et le portent à dix-sept.

M. LE MARQUIS DE BARTHÉLEMY, *rapporteur*. C'est une erreur.

M. LE MARQUIS DE GABRIAC. Soit, je supprime cette partie de mon
objection, mais restent toujours quinze ans.

Ainsi, il s'ensuivra que l'homme qui aura entrevu ou ébauché une
invention, ou qui en aura dérobé en partie le secret, et se sera empressé de demander un brevet d'invention, aura acquis le droit de
forclore l'homme prudent et consciencieux qui aura voulu mûrir son
invention. Je ne nie pas que des inconvénients ne puissent être attachés à l'autre système ; mais je dis qu'alors il y aurait quelque chose
à faire, et qu'il est impossible d'assurer l'impunité au brevet qui pourrait ne pas remplir les conditions exigées par le législateur dans
l'intérêt de la société.

Je demande que la durée du brevet provisoire soit fixée à un an.

J'arrive à la réciprocité. Vous exigez, pour qu'un étranger puisse
prendre un brevet d'invention, que la nation à laquelle il appartient,

4

ou la nation chez laquelle il aura pratiqué cette invention, accorde la réciprocité aux inventeurs français.

D'abord, cet inventeur, vous le supposez domicilié en France, par conséquent il a déjà des titres auprès de vous. Il a consacré son temps, son talent, ses capitaux à la France ; il a donc des droits à votre protection : mais d'ailleurs, il faut distinguer en matière de réciprocité : lorsqu'une concession est faite à une nation étrangère pour son profit, exiger une réciprocité, une concession en retour est un devoir pour le Gouvernement : mais lorsqu'il s'agit d'accorder une concession d'exploitation a un inventeur étranger, exiger absolument la réciprocité est une faute. En effet, qui profite de l'invention de l'inventeur étranger ? La France tout entière. Qui profitera de la réciprocité que vous voulez stipuler ? Une quarantaine d'inventeurs qui pourront se succéder en France et auront intérêt à exploiter leur industrie à l'étranger. Voilà donc que vous mettez en compensation l'intérêt de toute la France, de 35 millions d'hommes contre celui de trente ou quarante individus. Vous voyez, Messieurs, qu'il n'y a point parité.

Je dis plus : la France, dans un intérêt de libéralité, de générosité, peut désirer que ses enfants trouvent facilement à l'étranger l'exploitation de leur invention ; mais elle n'y est nullement intéressée, car elle n'est pas intéressée à ce qu'une invention appliquée en France soit également appliquée et divulguée en pays étranger, ni que les nations étrangères puissent se suffire a elles-mêmes sous le rapport du produit en question, au lieu de s'approvisionner chez nous.

Il me semble donc que je parle dans l'intérêt du pays en exprimant le vœu de voir supprimer cette exigence de réciprocité de l'art. 29 du projet amendé par la commission.

En résumé, j'approuve le plan du projet. Je me range à l'amendement n° 3 de la commission, mais je demande que la durée du brevet provisoire ne soit que d'un an, et que l'exigence de la réciprocité pour concession du brevet d'invention à un étranger soit entièrement rayée de l'art. 27.

M. LE VICOMTE DUBOUCHAGE. Messieurs, la réponse à faire aux réflexions que vient de produire à la tribune notre honorable collègue trouvera sa place lors de la discussion des articles. Je ne monte à la tribune que pour appeler l'attention de la noble Chambre sur la nécessité, l'importance et la difficulté de la nouvelle législation sur laquelle elle est appelée à délibérer.

Je me suis d'abord demandé s'il était nécessaire de faire une nouvelle législation sur la matière, car il existe déjà beaucoup de lois. Elles remontent à cinquante-deux ans, et elles ont été suivies d'ordonnances réglementaires et de divers décrets. Mais le Gouvernement, averti par les réclamations de toutes les industries, par celles des inventeurs, a dû remettre en délibération toute l'ancienne législation, et c'est après avoir consulté les chambres de manufactures et de commerce qu'il s'est décidé à refondre toute la matière et à vous présenter une loi nouvelle. Sans doute une législation, même médiocre. ne doit pas être remaniée ; il vaut mieux une législation médiocre, durable, que quelques changements apportés hâtivement et fréquemment dans celle qui régit le pays.

Maintenant la législation est-elle importante ? Oh ! oui. car, bien faite, elle donnera un élan nouveau à l'industrie nationale, et, mal faite, elle l'entravera.

Est-elle difficile à faire ? Oh ! Messieurs, d'une extrême difficulté ; car elle doit favoriser les nouvelles inventions, et en les favorisant elle doit prendre garde de ne pas arrêter les progrès de l'industrie, dussent ces inventions amener une plus grande perfection.

Cela posé, j'admire comme vous la juste comparaison que fait notre honorable rapporteur, dès le début de son rapport, entre le projet de loi actuel fait pour protéger les auteurs de découvertes dans les arts industriels, et la loi faite il y a quatre ans pour protéger les droits des auteurs littéraires. Ici et là, de part et d'autre, il s'agit d'une réelle et noble propriété, fruit du génie et de la science, d'un travail opiniâtre et souvent de dépenses considérables, faites en général par des hommes très peu favorisés de la fortune. Cependant, ce mot de propriété ne se trouve nulle part dans la nouvelle loi, et je dois vous faire observer qu'il était écrit dans l'art. 1er de la première loi faite par l'Assemblée constituante sur les brevets d'invention. Permettez-moi de vous citer cet art. 1er de la loi du 7 janvier 1791 :

« Toute découverte ou nouvelle invention dans tous les genres d'industrie est la propriété de son auteur. »

J'ignore les raisons qui ont porté les ministres à omettre ce mot dans le projet de loi.

Votre commission approuve cette disposition et s'appuie sur le projet relatif aux droits des auteurs. Mais cette loi n'existe pas encore ; vous l'avez élaborée, mais elle n'est pas sanctionnée par les deux autres pouvoirs. C'est une question pendante. Je ne veux pas arriver, quant à présent, à un amendement sur le premier article. Je n'en proposerai pas ; mais je fais cette remarque à la tribune, d'abord comme un avertissement pour la discussion qui s'élèvera dans une autre enceinte, et secondement comme un appel à un examen plus étendu, plus mûr, plus réfléchi, lorsque le projet vous sera présenté plus ou moins modifié. On ne peut pas atteindre du premier jet à une législation aussi difficile que celle sur laquelle nous délibérons.

Le mot de *propriété* à insérer n'est pas indifférent, car les mots auraient une grande influence sur les esprits, et combien d'esprits ne vont pas, en France surtout, au fond des choses ? Ainsi, un esprit superficiel respectera l'invention de son voisin s'il est persuadé que c'est une propriété, si la loi l'en avertit. Mais si la loi est muette sur ce point, si l'on dit au contraire que c'est un privilège dans un siècle où on ne les aime pas en France. si l'on dit que c'est un monopole, oh ! alors, le respect pour cette véritable propriété bornée, limitée il est vrai, mais propriété à mon sens, ne sera pas gardé par une foule d'envieux, qui diront : c'est un monopole. il faut le faire tomber. Savez-vous ce qui nuit aux inventions ? Ce sont les procès de toutes sortes qui leur sont faits par une foule d'envieux, de malveillants :

je pourrais me servir de mots plus durs pour ceux qui suivent tous ces procès.

Cette propriété ne peut pas être éternelle. J'ai lu avec attention les bonnes pages du rapport à ce sujet, et je reconnais avec M. le rapporteur, avec la commission, avec toute la législation des autres pays civilisés, qu'elle doit être bornée. Inutile de rappeler pourquoi il doit en être ainsi. Vous avez lu le rapport, vous l'avez sans nul doute médité; je ne m'étendrai pas davantage à ce sujet, mais j'aurais voulu que le mot *propriété* eût été inséré dans l'art. 1er, et si jamais cette loi revient à la Chambre, j'appelle l'attention de la commission qui sera nommée pour l'examiner, afin d'inscrire ce mot comme l'Assemblée constituante avait jugé à propos de le faire.

M. LE CHANCELIER. Quelqu'un ne demande-t-il plus la parole sur la discussion générale ?

Je lis l'art. 1er.

Voici la rédaction du Gouvernement :

« Art. 1er. Toute nouvelle découverte ou invention, dans tous les genres d'industrie, confère à son auteur un droit de jouissance entière et exclusive, pour le temps et sous les conditions qui seront ci-après déterminés.

» Ce droit est constaté par des titres délivrés par le Gouvernement, sous le nom de *brevets d'invention.* »

La commission rédige l'art. 1er de la manière suivante :

« Art. 1er. Toute nouvelle découverte ou invention dans tous les genres d'industrie confère à son auteur, sous les conditions et pour le temps ci-après déterminé, le droit exclusif d'exploiter à son profit ladite découverte ou invention.

» Ce droit est constaté par des titres délivrés par le Gouvernement, sous le nom de *brevets d'invention.* »

M. CUNIN-GRIDAINE, *ministre de l'agriculture et du commerce.* Je crois que la commission pensera que les mots *droit exclusif*, qu'elle a employés dans sa rédaction, sembleraient circonscrire les droits et le privilége de l'invention à l'inventeur lui-même; il me semble que cela implique ou que cela pourrait impliquer contradiction avec le droit de cession qu'a tout inventeur. Les mots *droit exclusif* me semblent avoir cet inconvénient.

Je me permets de faire cette légère observation.

M. LE MARQUIS DE BARTHÉLEMY, *rapporteur.* Le projet du Gouvernement portait :

« Toute nouvelle découverte ou invention, dans tous les genres d'industrie, confère à son auteur un droit de jouissance entière et exclusive, etc. »

Cette rédaction n'était pas précisément exacte, car quand une chose est inventée, qu'elle soit vendue avec privilége ou qu'elle soit vendue sans privilége, elle tombe dans la jouissance commune et dans le droit commun ; chacun peut s'en procurer la jouissance en l'achetant. Ce sont donc les profits qui appartiennent exclusivement au breveté. C'est ce que nous avons exprimé par notre rédaction, en disant : toute invention confère à son auteur le droit exclusif de l'exploiter à son profit.

Maintenant, comme dans les articles suivants, il sera très bien dit. très bien expliqué, que tout inventeur a le droit de céder son brevet, l'observation de M. le Ministre ne me paraît pas précisément de nature à devoir entraîner un changement de rédaction.

M. LE MARQUIS DE BOISSY. Je suis très touché de l'observation de M. le Ministre, et je crois qu'il faut bien prendre garde d'introduire dans une législation nouvelle la moindre équivoque : il me semble que l'on pourrait la faire complétement disparaître si l'on mettait : *Le droit exclusif d'exploiter à son profit ou de faire exploiter par autrui.* Avec cette rédaction. il n'y aurait plus d'équivoque possible ; le droit de cession serait conservé, sans que personne pût prétendre que cette cession est impossible, qu'elle est nulle.

M. GAUTHIER. Je crois, Messieurs, que le mot *exclusif* n'exclut nullement la faculté de céder.

De ce qu'un droit est exclusif. il n'en résulte pas qu'on ne puisse céder à prix d'argent le droit conféré. Je ne crois donc pas que l'amendement que l'on vous propose soit nécessaire : le sens de l'article me paraît parfaitement clair : « Le droit exclusif d'exploiter a son profit ladite découverte ou invention. » Il n'y a pas d'indication plus claire que celle-là.

De ce qu'on dit que le droit est exclusif. il n'en résulte nullement que celui à qui ce droit est conféré n'ait pas le droit de le céder.

M. GIROD (DE L'AIN). Tant qu'il n'y a pas interdiction de céder, on peut le faire.

M. LE RAPPORTEUR. D'autant plus qu'il y a dans la loi un chapitre spécial pour la cession. (C'est vrai ! c'est vrai !)

M. LE CHANCELIER. Je mets aux voix l'article amendé par la commission.

(L'art. 1er est mis aux voix et adopté.)

M. LE CHANCELIER. « Art. 2 (rédaction du Gouvernement). Sont susceptibles d'être brevetés :

» L'invention de nouveaux produits industriels ;

» L'invention de nouveaux moyens, ou l'application nouvelle de moyens connus, pour l'obtention d'un produit industriel. »

« Art. 2 (rédaction de la commission). Sont susceptibles d'être brevetées :

» L'invention de nouveaux produits industriels ;

» L'invention de nouveaux moyens d'obtenir un produit ou un résultat industriel, ou l'application nouvelle au même but de moyens connus. »

M. LE BARON THÉNARD. Je comprends la rédaction de la commission, qui ajoute ces mots: « ou un résultat industriel. » J'avoue cependant que je voudrais une autre rédaction ; j'aime mieux celle du Gouvernement. Toutefois, je dirais : « Invention de nouveaux moyens ou application nouvelle de moyens connus pour l'obtention d'un produit ou d'un résultat industriel. »

M. LE RAPPORTEUR. Cela veut dire la même chose dans d'autres termes.

La commission avait d'abord adopté une rédaction semblable à celle que M. Thénard vient de présenter ; elle a trouvé que cette seconde rédaction était meilleure et disait la même chose. On y a trouvé l'avantage d'éviter le mot *obtention*, qui est peu usité.

M. LE VICOMTE DUBOUCHAGE. Messieurs, la rédaction de cet article est des plus importantes, parce que c'est sur cet article même que repose toute votre législation ; il faut donc une définition claire et précise, et qui soit saisie à l'instant même par l'esprit le moins exercé. Or, je prie chacun de MM. les pairs de lire d'abord la rédaction du Gouvernement, et de me dire ensuite s'il a bien compris que, pour avoir droit à un brevet d'invention, il y a trois cas posés par la loi. Quant à moi, il m'a fallu une demi-heure pour saisir qu'il y avait trois cas dans la rédaction du Gouvernement. La commission l'a si bien senti qu'elle a proposé une autre rédaction, qui ne me satisfait pas.

Il y a trois cas pour lesquels on peut obtenir un brevet d'invention ; les voici, je les ai rédigés, afin d'être mieux compris :

Dans le premier cas, seront rangés les produits nouveaux. C'est très clair dans les deux rédactions, celle du Gouvernement et celle de la commission.

Dans la seconde catégorie se trouvent les découvertes de moyens nouveaux autres que ceux existant déjà, moyens plus sûrs, moyens plus économiques pour arriver à un produit déjà connu, déjà existant.

Enfin, voici la troisième catégorie, le troisième cas ; il n'est pas défini exactement, même dans la rédaction de la commission : c'est l'application de moyens déjà connus à un produit déjà connu.

M. LE BARON GIROD (DE L'AIN). Dites : application nouvelle.

M. LE VICOMTE DUBOUCHAGE. Eh bien, application nouvelle de moyens connus à un produit déjà existant.

Maintenant, voici quel est mon amendement :

« Sont susceptibles d'être brevetés :

» 1° L'invention ou la création de nouveaux produits ;

» 2° La découverte de nouveaux moyens pour obtenir un produit ou un résultat industriel déjà connu ;

» 3° L'application nouvelle de moyens *connus* à un produit industriel déjà *existant* pour obtenir un résultat nouveau. »

Voilà l'amendement que je propose de substituer à la rédaction du Gouvernement et à celle de la commission.

M. GAUTHIER. Je ne parle pas du premier paragraphe, puisque M. Dubouchage reconnaît que sur celui-là la question n'est pas embrouillée.

Quant au deuxième paragraphe proposé par le Gouvernement, il ne comprend que deux objets : « L'invention de nouveaux moyens ou l'application nouvelle de moyens connus pour l'obtention d'un produit industriel. »

Ce sont là deux choses que l'article du Gouvernement a prévues. Eh bien, l'article de la commission en prévoit trois ; la commission a reconnu là une lacune ; elle s'est aperçue qu'une invention nouvelle pouvait n'avoir pas pour résultat un produit quelconque ; qu'elle pouvait consister uniquement dans un procédé. L'exemple qui en a été cité et qui l'a déterminée à adopter la rédaction qu'elle propose, est celui-ci : « Il a été récemment découvert un procédé pour souder le plomb par le plomb au moyen d'un chalumeau et du gaz hydrogène. » Eh bien, il ne résulte pas de cela un produit, ce n'est pas un produit nouveau, mais bien un moyen pour obtenir, par un procédé non connu, un résultat que l'on n'obtenait autrefois que par des procédés plus dispendieux et plus compliqués.

Voilà le but de la rédaction de la commission ; elle a introduit ce mot de *résultat*, afin d'indiquer que l'objet de l'invention pouvait être non-seulement un produit ou nouveau, ou déjà connu, et aussi un résultat qui n'existait pas encore.

Telle a été l'intention de la commission, et je crois qu'elle est suffisamment remplie par sa rédaction.

M. VILLEMAIN, *Ministre de l'instruction publique.* Je crois, Messieurs, que les distinctions qui ont été présentées à l'esprit de la commission pouvaient naturellement sortir de la rédaction du Gouvernement, et j'ajouterai que je crois que ces distinctions ne sont pas rendues par la commission avec toute la clarté désirable. Il est entendu pour tout le monde qu'il s'agit de trois choses :

L'invention de nouveaux produits industriels ;

L'invention de nouveaux moyens ;

Et puis l'application nouvelle de moyens connus pour obtenir un produit ou un résultat industriel.

Je crois que, pour exprimer ces diverses nuances-là, il ne faut pas intercaler ces expressions, contestables en elles-mêmes et qui sont peu d'accord avec l'ensemble de la rédaction :

« Ou un résultat industriel, ou l'application au même but de moyens connus. »

Je ne sais pas ce que veut dire très nettement *cette application au même but de moyens connus.* Je pense, au contraire, que le vœu de la commission serait réalisé, et que la clarté serait assurée en rédigeant ainsi :

« L'invention de nouveaux produits industriels.

« L'invention de nouveaux moyens ou l'application nouvelle de moyens connus pour l'obtention d'un produit ou d'un résultat industriel. »

M. LE VICOMTE DUBOUCHAGE. C'est ce que j'ai proposé.

M. LE BARON THÉNARD. C'est textuellement ce que j'ai eu l'honneur de proposer à la chambre, et je suis heureux de me trouver d'accord avec M. le Ministre de l'instruction publique. Je crois que cette rédaction est extrêmement claire, et satisfait à toutes les exigences possibles. Les trois choses sont parfaitement distinctes ; ce qui faisait la confusion de notre honorable collègue, M. Dubouchage, c'est qu'il oubliait d'ajouter au mot *application* le mot *nouvelle.*

M. LE RAPPORTEUR. Il y avait une chose essentielle à introduire dans l'article. On avait oublié, dans la rédaction du Gouvernement, de parler de l'obtention d'un *résultat* industriel ; on ne s'occupait que de l'obtention d'un *produit* industriel.

J'avais eu l'honneur de présenter à la commission la rédaction telle que M. le Ministre et M. Thénard viennent de la soumettre à la Chambre ; la commission a été frappée de ce que le mot *obtention* n'était pas dans la forme ordinaire du langage législatif, et elle a modifié sa rédaction. Maintenant, si la Chambre veut revenir à ce que nous avions d'abord présenté, la commission n'y voit aucun obstacle.

M. LE MINISTRE DE L'AGRICULTURE ET DU COMMERCE. Lorsque la commission m'a fait l'honneur de m'entendre, j'ai reconnu que le mot *résultat* avait été oublié, et j'ai proposé d'introduire dans la rédaction ce mot qui la rend plus complète.

M. LE RAPPORTEUR. On mettrait alors :

« Sont susceptibles d'être brevetés :

« L'invention de nouveaux produits industriels ;

« L'invention de nouveaux moyens ou l'application nouvelle de moyens connus pour l'obtention d'un produit ou d'un résultat industriel. »

M. LE COMTE MATHIEU DE LA REDORTE. Je voudrais savoir ce que la commission entend par le mot résultat industriel. Qu'est-ce qui distingue un produit d'un résultat industriel ?

M. LE RAPPORTEUR. J'étais assez novice sur cette matière avant de l'avoir étudiée ; toutefois, je crois la connaître assez maintenant pour pouvoir répondre à un certain nombre d'objections, et notamment à celle qui m'est faite en ce moment. Un produit industriel, tout le monde comprend ce que c'est ; mais un résultat industriel peut n'être pas un produit. Je vais l'expliquer par un exemple. Il m'a été dit que, lorsqu'on mettait de l'eau dans une chaudière destinée à produire de la vapeur, il s'incrustait à ses parois des matières blanchâtres qui détruisaient cette chaudière. Eh bien, on a trouvé le moyen, en y introduisant des pommes de terre, d'éviter l'incrustation dans le métal de ces résidus. Il n'y a pas là un produit industriel, mais il y a un résultat industriel, en ce sens que les chaudières ne sont plus minées par ces espèces de petites croûtes qui se formaient sur leurs parois.

M. LE VICOMTE DUBOUCHAGE. Je voudrais citer un exemple. Qu'arriverait-il si, à la force produite par la vapeur, qui est un moyen connu, on ajoutait et l'on combinait avec elle une autre force déjà également connue ? On obtiendrait un résultat ou un avantage nouveau. Voilà ce qu'il faut spécifier dans l'amendement d'une manière nette, claire et précise.

M. LE RAPPORTEUR. Il me semble que tout est dans la rédaction qui est proposée. Si la chambre veut un exemple, je lui dirai que le premier qui a imaginé de brûler du varech et d'en faire de la soude a inventé un produit industriel ; que celui qui a fait de la soude avec du soufre a trouvé un moyen nouveau pour obtenir le même produit: et qu'enfin celui qui a imaginé de mettre des pommes de terre dans les chaudières pour dégager leurs parois de ces résidus calcaires dont j'ai parlé, a trouvé un moyen nouveau pour l'obtention d'un résultat industriel.

M. LE VICOMTE DUBOUCHAGE. Mais c'est le troisième cas qu'il faut prévoir : vous oubliez l'application nouvelle d'un moyen connu à l'obtention d'un résultat connu ; vous ne l'exprimez pas par votre rédaction.

M. LE CHANCELIER. Je mets aux voix la rédaction proposée par M. Thénard et adoptée par le Gouvernement et par la commission.

(Cette rédaction est adoptée.)

M. LE CHANCELIER. « Art. 3. Ne sont pas susceptibles d'être brevetés :
» Les principes, méthodes, systèmes et généralement toutes découvertes ou conceptions purement scientifiques ou théoriques :
» Les plans et combinaisons de crédits ou de finances. »

La commission propose d'amender ainsi l'article :

« Art. 3. Ne sont pas susceptibles d'être brevetés :
» 1o Les inventions contraires aux lois, aux bonnes mœurs ou à la sûreté publique ;
» 2o Les compositions pharmaceutiques ou remèdes spécifiques : lesdits objets demeureront soumis aux lois et réglements spéciaux sur la matière, et notamment au décret du 18 août 1810 relatif aux remèdes secrets :
» 3o Les principes, méthodes, systèmes et généralement toutes découvertes ou conceptions purement scientifiques ou théoriques, ainsi que les plans et combinaisons de crédit ou de finances. »

M. CUNIN GRIDAINE, *Ministre de l'agriculture et du commerce.* La loi soumise à vos délibérations, attendue depuis longtemps, a été, de la part du Gouvernement, l'objet de la plus vive sollicitude. Afin de mettre d'accord ses dispositions avec les progrès et les besoins de l'industrie, il s'est environné des conseils des hommes les plus considérables et les plus propres à l'éclairer. D'illustres savants et des jurisconsultes que la chambre des pairs s'honore de compter parmi ses membres, MM. Thénard, Gay-Lussac, Girod (de l'Ain), sont les auteurs des dispositions principales du projet de loi que nous avons eu l'honneur de vous présenter. Nous y avons ajouté celles qu'une longue expérience pratique nous indiquait : et comme les honorables membres dont nous avons indiqué l'autorité, nous avons respecté quelques-unes des dispositions de la loi de 1791, qui se conciliaient avec celles de la loi nouvelle. L'article 3 en discussion est de ce nombre, et nous venons avec confiance en défendre l'économie, et combattre celui proposé par la commission.

La législation actuelle repose sur le principe de non-examen préalable ; et, en même temps, elle déclare (art. 9 de la loi du 25 mai 1791) : que « tout concessionnaire de brevet obtenu pour un objet que les tribunaux auront jugé contraire aux lois du royaume, à la sûreté publique, ou aux règlements de police, sera déchu de son droit, sans pouvoir prétendre d'indemnité, sauf au ministère public à prendre, suivant l'importance du cas, telles conclusions qu'il appartiendra. »

Avec ce système, qui est complet, la loi a fonctionné sans embarras et sans inconvénient, pendant cinquante-deux ans, et 14.782 brevets ont été délivrés jusqu'à ce jour. En ce moment, il est expédié cinq brevets par jour, quinze cents par an, et l'administration n'est jamais arrêtée.

Que demande-t-on de substituer à cette règle ?

L'interdiction de *délivrer* des brevets :

1° Pour les inventions contraires aux lois, aux bonnes mœurs ou à la santé publique ;

2° Pour les compositions pharmaceutiques et les remèdes ;

3° Pour les principes, méthodes, systèmes ;

4° Pour les plans de combinaisons de crédit ou de finances ;

Ce qui implique nécessairement l'obligation d'un examen préalable.

Hâtons-nous de le dire : lorsque l'examen préalable ne porte que sur la vérification *d'un fait matériel*, cet examen est possible, il est même toujours facile : ainsi, rien de plus simple que de constater si la demande contient toutes les pièces nécessaires, si elle ne s'applique qu'à un seul objet, si elle ne présente aucune irrégularité matérielle, etc.

Mais comment distinguer si une invention est contraire aux lois, si elle peut porter atteinte aux bonnes mœurs, si elle peut nuire à la sûreté publique ?

Comment distinguer ce qu'on doit entendre par *une préparation pharmaceutique, par un remède ?*

Citons des exemples :

La loi défend certaines armes, elle défend les préparations de la nature du tabac...; elle défend les cartes à jouer, les balances et instruments de pesage autres que ceux qui sont spécialement autorisés...; elle défend *la vente des remèdes secrets*, etc.

Il faudra donc que l'administration *du commerce* décide ce qu'on doit entendre par *armes prohibées*. Mais les tribunaux mêmes, auxquels une pareille question appartient, ne sont pas d'accord sur ce point.

Ainsi, le 26 août 1821, la cour de cassation a jugé que les pistolets de poche sont des armes prohibées, et, par deux autres arrêts, des 7 octobre et 3 novembre 1836, la même cour a jugé le contraire.

Ainsi encore le tribunal de Montbrison a jugé, le 12 mai 1835, que les cannes-fusils ne sont pas prohibées, et le 19 juin de la même année, la cour de cassation a jugé le contraire.

Ainsi la cour de cassation a jugé encore que les cannes à tête de plomb sont des armes prohibées (17 janvier 1835).

Enfin, une arme à *deux tranchants* constitue une arme prohibée d'après la cour royale de Poitiers, e n en constitue pas une d'après la cour de cassation.

Maintenant qu'est-ce qu'un remède ?

1° L'eau de mélisse des Carmes est-elle un remède ? — Oui, d'après un jugement du tribunal correctionnel du Havre, du 7 mai 1839 ; —

non, d'après un arrêt de la cour royale de Rouen qui a réformé ce jugement.

2º La pâte pectorale de Regnault, le papier épispastique d'Albespeyre [et les pastilles de Vichy, dites de Darcet, sont-ils des remèdes? — Non, d'après un jugement du tribunal correctionnel de Nantes, confirmé par la cour royale de Rennes « adoptant les motifs des premiers juges, si ce n'est en ce qu'ils ont qualifié de quasi-remède ou quasi-bonbon la pâte de Regnault, qui n'est réellement qu'un bonbon. » — Arrêt dans le même sens de la cour de cassation.

3º Les capsules gélatineuses destinées à servir d'enveloppes à des drogues d'une saveur désagréable rentrent-elles dans la catégorie des remèdes? — Non, d'après un arrêt de la cour de cassation du 12 novembre 1839.

4º Une substance *alimentaire* ou d'agrément, présentée comme propre au soulagement de certaines maladies, est-elle par cela même un remède?

Ainsi la pâte de nafé d'Arabie,

Les pastilles d'Hauterive-Vichy,

Les pastilles de Calabre de Potard,

La pâte pectorale de mou de veau au lichen d'Islande de Paul Gage,

La pâte de mou de veau de Dégénetais,

Le loch blanc solide de Gallot,

Les tablettes pectorales au baume de Tolu sont-ils des remèdes? Non, a répondu la cour de cassation au mois de janvier dernier.

5º Ce dernier arrêt est contraire à un autre arrêt de la même cour, qui avait jugé, en 1830, qu'une préparation *alimentaire*, annoncée comme possédant des vertus médicamenteuses, *serait un remède dans le sens* de la loi.

En présence de ces décisions, il est permis à l'administration de reculer devant la tâche de l'examen préalable, examen matériellement impossible, si l'on réfléchit qu'il faudrait le concours permanent du ministère de la guerre, pour les munitions et armes de guerre; du ministère de l'intérieur et de la justice, pour les armes prohibées; du ministère des finances, pour les préparations de tabac factice; de l'administration des poids et mesures, pour les balances et instruments de pesage; de l'Académie de médecine, pour les remèdes; de la marine, pour les engins et filets de pêche prohibés, etc.

C'est l'organisation complète du système préventif;

C'est l'administration substituée aux tribunaux dans l'interprétation des lois de police, et surtout dans le jugement de questions de propriété qui peuvent avoir une grande importance.

Voilà pour les difficultés de l'application. Un mot maintenant sur les conséquences du système qu'on propose.

Supposons un refus de brevet sur la demande d'un inventeur. Qu'arrive-t-il? Il se pourvoit au conseil d'Etat, et une ordonnance royale, intervenue sur l'avis du comité du contentieux, ordonne la délivrance du titre.

Le brevet délivré, le breveté, sur la foi d'une décision aussi solennelle, exploite sa découverte de bonne foi, avec sécurité... Supposons maintenant qu'il s'agit d'une invention dont l'exploitation même fait reconnaître le péril, d'une invention dont l'exploitation constitue un délit : à l'instant, poursuite du ministère public, soit devant la cour d'assises, soit devant le tribunal correctionnel, s'il s'agit d'armes de guerre, d'armes prohibées, de tabac factice, d'instrument de pesage, de remèdes, etc.

Et que devient alors la considération due à la décision royale rendue en conseil d'Etat? Un jugement de police correctionnel, un arrêt de cour d'assises casse un arrêt du conseil d'Etat!...

Que devient la séparation constitutionnelle des pouvoirs judiciaire et administratif ?

Un pareil système est inadmissible.

Dans l'état actuel, au contraire, qui a pour lui l'expérience d'un demi-siècle, tout est simple et facile.

Prenons, par exemple, une préparation pharmaceutique.

On demande un brevet, et l'on se garde bien d'annoncer la découverte comme *un remède secret*.

La demande est envoyée au *comité consultatif des arts et manufactures*, qui examine *officieusement si, à sa connaissance*, l'invention n'est pas, ou dans le domaine public, ou déjà brevetée, ou absurde, comme le *mouvement perpétuel*, etc.

Si l'avis du comité contient des observations, elles sont communiquées *officieusement* au demandeur, qui peut renoncer à sa demande avant qu'elle soit expédiée.

Si le demandeur *persiste*, le brevet lui est délivré *à ses risques et périls*, après un avertissement qui, pour les préparations paraissant avoir quelque analogie avec les préparations pharmaceutiques, est ainsi conçu : « Je dois vous faire observer que, le décret du 18 août 1810 interdisant formellement la vente des remèdes secrets, la délivrance du brevet que vous avez demandé ne vous donnerait pas le droit de débiter la préparation qui en fait l'objet, *si cette préparation rentre dans la catégorie des remèdes spécifiés par le décret précité*, et vous vous exposeriez à des poursuites dans le cas d'infraction aux dispositions de ce décret.

« Toutefois, la loi du 25 mai 1791 voulant que les brevets soient expédiés sans examen préalable, mon département ne se reconnaît pas le droit de vous refuser celui que vous avez demandé, et j'ai l'honneur de vous prévenir qu'il vous sera délivré, *à vos risques et périls*, le.. si avant cette époque vous ne m'avez pas fait parvenir votre renonciation. »

Enfin, il ne faut pas perdre de vue que la loi du 21 germinal an XI et le décret du 18 août 1810, ne défendent que *l'annonce ou le débit* des remèdes secrets, et il y a lieu de distinguer entre la propriété d'un remède, qui est un fait légitime, et *l'exploitation*, qui seule constitue l'acte punissable aux yeux de la loi.

Ainsi, en principe, un brevet peut être délivré pour un remède, comme pour une balance, comme pour une machine à forer des canons, comme pour une presse monétaire, etc. L'usage seul de ce brevet peut devenir contraire aux lois, et ce n'est que cet usage qui doit être atteint par la loi pénale,

Au surplus, une loi se prépare pour la police de la pharmacie ; il faut laisser à cette loi le soin de statuer sur les *remèdes secrets, préparations pharmaceutiques*, etc., et il n'y a pas plus à s'en occuper dans la loi des brevets, que de tous les autres objets qui peuvent, dans certains cas, donner lieu à une exploitation contraire à la loi.

En résumé, l'examen préalable a été l'objet d'une discussion très animée en 1791, et qui s'est reproduite dans le conseil des Cinq-Cents, en l'an VI. A cette dernière époque, comme antérieurement, les considérations qui ont été présentées contre l'examen préalable ont prévalu, et le principe de non-examen est devenu la base de la législation sur la matière. Répétons encore que la règle acceptée universellement a obtenu la sanction du temps et de l'expérience. Rien ne justifie donc, Messieurs, le changement proposé, changement qui détruit complétement l'économie du projet de loi, et substituerait à une marche régulière et passée dans nos habitudes un système plein de difficultés administratives, que nous croyons avoir suffisamment exposées pour vous déterminer à le repousser.

M. LE BARON THÉNARD. M. le ministre a bien voulu rappeler que j'avais eu l'honneur d'examiner avec M. Girod de l'Ain et M. Gay-Lussac les graves questions que soulèvent les brevets d'invention, et que nos observations avaient contribué puissamment à former l'opinion du Gouvernement en cette matière. Je dois donc regretter d'être obligé de combattre l'article 3 du projet qui vous est soumis. Mais si je ne le combattais pas, je ne serais pas d'accord avec moi-même, car, dans les deux commissions dont j'ai eu l'honneur de faire partie, j'ai vivement demandé, et dans plusieurs séances je crois, que les médicaments et remèdes secrets ne pussent jamais être brevetés.

Dans l'état actuel des choses, et M. le Ministre vient de l'expliquer très clairement, on peut prendre des brevets de toute espèce pour les remèdes secrets. Seulement, le Ministre a le soin, avant de les délivrer, de consulter l'Académie de médecine, afin de savoir s'ils ne sont pas dangereux.

Si le remède n'est pas nuisible, le brevet est délivré ; s'il est nuisible, il est également délivré, mais le procureur du roi reçoit immédiatement l'ordre d'en poursuivre la déchéance.

C'est une chose bien grave, Messieurs, quand il s'agit de la vie des citoyens ; est-ce qu'on ne doit pas prendre toutes les mesures qui doivent la protéger, et ne pourra-t-il pas arriver qu'elle soit compromise entre l'époque où le brevet sera donné et celle où il sera déclaré nul ?

Voilà le point très important sur lequel je dois appeler d'abord votre attention : mais il en est d'autres qui, sans doute, ne la frapperont pas moins. Consultez l'expérience, et voyez ce qui se passe sous la législation actuelle, qui est celle que l'on vous propose de consacrer.

Le nombre des remèdes secrets se multiplie et donne lieu aux plus graves abus. Le charlatanisme le plus éhonté les exploite : il s'attaque surtout aux classes pauvres et ignorantes. Je dirai plus, il remonte quelquefois jusqu'aux classes élevées, il triomphe de leur résistance. Quand on vient à imposer à un malade qu'on peut le guérir, et surtout avec ce front qui caractérise le charlatanisme, dont je parlerai tout à l'heure, le malade finit souvent par le croire, ou du moins par se laisser séduire.

Voulez-vous savoir les moyens qu'on emploie? Un homme qui s'appelle pharmacien s'associe avec un homme qui s'appelle médecin, et qui n'est pas plus digne de ce titre honorable que le premier ne l'est du titre de pharmacien. L'un prépare le remède qui a été breveté, l'autre l'ordonne. Souvent ils demeurent dans la même maison, le médecin donne ses consultations gratuites, mais il les fait chèrement payer, parce que le remède, qui pour lui est une panacée universelle, fait toujours partie de son ordonnance.

Eh bien, est-il digne de la législation de consacrer des abus aussi monstrueux? Je ne le pense pas. Quoi! il ne serait pas permis de s'opposer à ce que de tels remèdes, qui trompent les personnes trop crédules, et qui peuvent compromettre la vie des citoyens, fussent brevetés! Quoi! l'auteur sait que ces remèdes sont nuisibles, et elle le sait si bien qu'aussitôt que le brevet est donné, à l'instant même, elle écrit au procureur du Roi d'en poursuivre la nullité! Mais, quand nous pouvons prévenir un mal, un mal de ce genre surtout, n'est-il pas de notre devoir de le faire? Oui, sans aucun doute. Eh bien, l'article que je combats, loin de le détruire, l'augmentera. S'il est admis, les charlatans dont Paris fourmille, comme toutes les provinces, comme le monde entier, s'armeront de la loi : ils afficheront leur brevet ; ils publieront et diront partout : Moi, je suis breveté mon remède est excellent, il est approuvé par l'Académie de médecine. Prenez-y bien garde : vous contribueriez infailliblement à faire des dupes.

Voilà, Messieurs, les motifs pour lesquels je me suis trouvé opposé à ce que les remèdes secrets pussent être brevetés.

Mais déjà la loi a pris des mesures sages quand il s'agit de la santé des citoyens. Est-ce qu'elle a permis à tout le monde de préparer des remèdes, d'en ordonner l'emploi? Pas du tout. Il faut être pharmacien, médecin. Le pharmacien ne peut que préparer le remède, le médecin seul peut l'ordonner.

Quand il s'agit de l'intérêt public, l'intérêt privé doit se taire quand la vie des citoyens pourrait être compromise. Si l'on répond à cette objection, je consens à tout ; mais cela n'est pas possible. Et d'ailleurs, est-ce que le mode présenté par la commission a rien d'insolite? Est-ce que les tiers n'ont pas recours en dernier ressort aux tribunaux?

M. le Ministre de l'agriculture et du commerce a demandé tout à l'heure une définition de ce qu'on entend par remèdes, médicaments; et il a présenté avec habileté des exemples qui tendent à établir que quelquefois la limite est difficile à déterminer ; mais enfin elle n'est pas impossible, et dans tous les cas, si les demandeurs ne sont pas satisfaits de la décision ministérielle, ils se pourvoiront auprès de qui de droit.

En un mot, Messieurs, et je me résume ainsi, ne perdez pas de vue, je vous prie, l'abus grave qu'on peut faire du brevet entre l'époque où il est délivré et celle où il est déclaré nul.

Voyez combien ces sortes de brevets prêtent de secours au charlatanisme et servent à faire de dupes; combien quelquefois ils sont dangereux. Je ne ferai aucune citation : la tribune ne me le permet pas; mais il est notoire que quelques remèdes secrets, en faisant la fortune de ceux qui les exploitaient, ont compromis la vie de beaucoup de citoyens. Je les repousse comme indignes de la protection de la loi, et je vote pour l'art. 3 du projet de la commission.

M. GAY-LUSSAC. Messieurs, le projet de loi sur les brevets d'invention, qui est en ce moment soumis à votre examen, a pour objet d'apporter à la loi du 7 janvier 1791 quelques améliorations reconnues utiles par une expérience très active de plus de cinquante années. M. le Ministre du commerce et des manufactures, dans les changements qu'il propose à cette loi, a respecté le principe qui lui sert de base, la délivrance des brevets sans examen préalable, principe qu'une si longue expérience n'avait point ébranlé et qui lui donnait un haut caractère de sagesse et de libéralité, puisque, en effet, elle appelle tous les genres d'industrie au partage des mêmes encouragements, des mêmes récompenses.

Je regrette vivement que votre commission ait cru devoir porter atteinte à ce principe tutélaire, proclamé après une discussion solennelle par l'Assemblée nationale, et que son amendement à l'art. 3 du projet y introduise un principe tout contraire, l'examen préalable. C'est sur cet amendement particulier que je demande à faire quelques observations.

L'amendement de la commission est ainsi conçu :

« Ne sont pas susceptibles d'être brevetées :

» 1° Les inventions contraires aux lois, aux bonnes mœurs ou à la sûreté publique :

» 2° Les compositions pharmaceutiques ou remèdes spécifiques : lesdits objets demeureront soumis aux lois et règlements spéciaux sur la matière, et notamment au décret du 18 août 1810, relatif aux remèdes secrets. »

Cet amendement est d'une grande portée dans le système de la loi, et je supplie la Chambre de lui prêter son attention.

La commission, dominée par la pensée qu'il valait mieux prévenir le mal et l'arrêter à sa source avant qu'il eut porté ses fruits, et agissant préventivement, a déclaré non susceptibles d'être brevetées les inventions contraires aux lois, aux bonnes mœurs ou à la sûreté publique, ainsi que les préparations pharmaceutiques: ce qui suppose nécessairement un examen préalable.

Mais en croyant trouver un remède à un mal supposé dans la proposition de son amendement, la commission, au moins je le crains bien, s'est méprise sur la véritable portée d'un brevet. Qu'est-il en effet ?

C'est le droit exclusif conféré à l'auteur d'une découverte de l'exploiter et d'en vendre les produits, pendant un certain nombre d'années, au bout desquelles, en compensation du monopole qui lui a été assuré, sa découverte tombe dans le domaine public; mais en même temps, sous la réserve expresse que l'inventeur reste soumis, pour la fabrication et la vente de ses produits, à tous les règlements de haute police existant ou à intervenir dans l'intérêt de la société.

En refusant un brevet, après examen préalable, la commission ne peut assurément entendre proscrire la fabrication et la vente des produits qu'elle aurait déclarés non susceptibles d'être brevetés. Ce serait méconnaître l'esprit de la loi et en altérer profondément le caractère. Son but unique est l'encouragement de l'industrie par la concession d'un privilège conditionnel. Hors de ces limites, l'inventeur, comme tout autre citoyen, reste dans le droit commun.

Si l'inventeur de produits qui pourraient être déclarés, après examen préalable, non susceptibles d'être brevetés, ne demande pas de brevet, parce qu'il ne voudra pas se soumettre à cet examen, l'amendement de la commission deviendra évidemment, à son égard, de nul effet; il ne protégera plus la société. Au contraire, il aura eu l'inconvénient d'empêcher une invention, peut-être nuisible, de se produire au grand jour, et d'attirer sur elle la vigilance de l'administration.

Ainsi, l'examen préalable est sans résultat pour la sûreté publique; ce sont, en définitive, les règlements de haute police qui en restent les véritables protecteurs.

L'examen préalable des inventions, par l'administration, lui imposerait une tache difficile et une responsabilité onéreuse. Quel serait le caractère du tribunal qui prononcerait l'exclusion d'une invention du bénéfice de la loi? où seraient les garanties de la Société et de l'inventeur? A cet égard, rien ne peut remplacer les formes tutélaires de la justice.

Le projet du Gouvernement, en rejetant l'examen préalable, n'a aucun des inconvénients qui viennent d'être signalés. Il n'admet aucune exception pour l'obtention d'un brevet; mais au titre IV des nullités et déchéances, art. 31, il déclare nuls et de nul effet les brevets reposant sur des inventions contraires aux lois, aux bonnes mœurs ou à la sûreté publique. A mon avis, cette déclaration est au moins inutile, car elle semblerait comporter qu'une invention contraire à la sûreté publique ne pourrait être poursuivie qu'après la déchéance du brevet dont elle aurait été l'objet, tandis que l'action de la justice reste entière et indépendante, que l'invention soit brevetée ou qu'elle ne le soit pas.

Au reste, il est heureux de pouvoir dire qu'en entendant par invention contraire aux lois une invention contraire aux règlements sur la matière, qu'un inventeur peut bien ignorer, et en l'exceptant, il n'a été présenté, depuis la loi de 91, aucune demande de brevet pour une invention contraire aux bonnes mœurs ou à la sûreté publique; c'est au moins ce que je puis attester pour près de quarante années que j'ai eu l'honneur d'appartenir au comité consultatif des arts et manufactures, auquel sont communiqués tous les brevets.

Le second paragraphe de l'amendement de la commission, qui exclut du nombre des objets susceptibles d'être brevetés les préparations pharmaceutiques, est encore moins solidement établi que le premier; car il suppose un examen préalable, et de plus, il exclut, sans motifs légitimes, du bénéfice de la loi sur les brevets, une industrie d'une grande importance.

La commission puise ses principaux arguments dans l'article 2 de la loi du 21 germinal an XI et dans l'article 8 du décret du 18 août 1810.

Le premier est ainsi conçu :

« Nul autre qu'un pharmacien ne peut préparer, vendre ou débiter aucun médicament. »

Le second porte :

« Nulle permission ne sera accordée désormais aux auteurs d'aucun remède simple ou composé dont ils voudraient tenir la composition secrète, sauf à procéder comme il est dit ci-dessus. »

C'est-à-dire que le Ministre de l'intérieur, après l'avis d'une première commission, prise parmi les professeurs des Facultés de médecine, et celui d'une seconde commission de révision en cas de réclamation de la part des inventeurs contre les décisions de la première, devait provoquer une décision souveraine, faire un traité avec l'inventeur, soumettre ce traité à l'homologation du conseil d'Etat, et publier sans délai le remède secret dont il s'agit.

J'avoue que, pour ma part, je ne puis comprendre l'avantage que la commission a cru pouvoir tirer de ces deux articles pour exclure les préparations pharmaceutiques du bénéfice de la loi sur les brevets. L'objection tirée du premier article : « Nul autre qu'un pharmacien ne peut préparer, vendre ou débiter aucun médicament, » tombe d'elle-même, si l'inventeur est un pharmacien, et, s'il ne l'est pas, il pourra au moins céder son brevet à quelque pharmacien ou s'associer avec lui pour l'exploiter.

Quant à l'autre article, tiré du décret de l'empereur, il n'est nullement applicable aux préparations pharmaceutiques susceptibles d'être brevetées, puisqu'il ne peut y avoir délivrance de brevet sans description complète des procédés et publicité, tandis que, dans l'article cité, il ne s'agit que de remèdes secrets.

On a dit, il est vrai, qu'un brevet pour des préparations pharmaceutiques était un passeport accordé au charlatanisme pour répandre ses drogues, tromper les acheteurs et compromettre la salubrité publique.

Je l'admets. Les charlatans sont une plaie de la société; mais ils la trompent avec brevet, sans brevet, sous toutes les formes; et s'il fallait exclure toutes les professions qui fourmillent de charlatans, la loi des brevets deviendrait complétement inutile.

Il n'y a donc aucun motif sérieux d'exclure les préparations pharmaceutiques du nombre des inventions susceptibles d'être brevetées. L'état de choses établi par la loi de 91 a été maintenu jusqu'à ce jour à l'égard de la pharmacie, et certes le moment de le changer serait bien mal choisi aujourd'hui que cet art a fait des progrès immenses. Quel contraste offrirait notre loi avec celle de 91 ? A cette dernière époque, les préparations pharmaceutiques n'étaient la plupart que des mixtes plus ou moins compliqués, vagues, mal définis, et la loi des brevets les accepta, leur étendit sa protection. En 1843, les prépa rations pharmaceutiques sont des composés nets, bien définis, prépa- rés en grand, formant un objet de commerce intérieur et d'exportation, et nous les proscririons? La loi que le Ministre a apportée dans cette enceinte, en respectant cette large et juste protection que la loi de 91 accorde à toutes les industries, en sortirait moins grande, tout amoindrie.

Vous ne pouvez vous associer, Messieurs, à de tels résultats, et vous rejetterez l'amendement de la commission. Si les règlements sur la vente des médicaments hors des officines ne sont pas suffi- sants, qu'ils soient revus, amendés; mais ne confondons pas une loi libérale, également protectrice de toutes les industries, avec de sim- ples règlements de police. Ce ne sont pas les brevets qui créent les charlatans; il faut donc chercher ailleurs un frein à leur coupable industrie, quand elle compromet la sûreté publique; mais encore faudrait-il distinguer, car il en est qui ne sont pas sans mérite.

Le second paragraphe de l'amendement de la commission, concer- nant les préparations pharmaceutiques, n'est donc pas suffisamment justifié par les motifs précédents. Il admet, en outre, l'examen préa- lable, principe subversif d'une loi sage, âgée de plus d'un demi- siècle, et d'où ne sont découlés que des bienfaits. Amendons, mais respectons le principe proclamé par l'Assemblée nationale : la loi lui doit la vigueur et la protection libérale qu'elle étend sur tous les genres d'industrie.

M. LE BARON GIROD DE L'AIN. Par son amendement à l'article 3, la commission propose de déclarer que ne sont pas susceptibles d'être brevetés :

1° Les inventions contraires aux lois, aux bonnes mœurs et à la sûreté publique;

2° Les compositions pharmaceutiques, etc.

3° Et ici la commission est d'accord avec le gouvernement), les principes, méthodes et plans de finances.

Il semble d'abord que, pour la première interdiction proposée par la commission pour les inventions désignées au paragraphe 1er, il ne doit y avoir aucune espèce de difficultés. Comment concevoir, en effet, le nom du Roi apposé à une ordonnance autorisant l'exploita- tion exclusive d'inventions contraires aux lois, aux bonnes mœurs et à la sûreté publique?

Quant au deuxième paragraphe, aux compositions pharmaceu- tiques, j'y reviendrai dans le cours de mes observations, bien que tout ce qu'on peut dire à peu près à cet égard ait été dit par un homme plus compétent que moi dans cette matière.

Quant au troisième paragraphe, la commission est d'accord avec le Gouvernement.

Voici les objections que l'on fait à la commission au sujet de son amendement :

D'abord vous introduisez l'examen préalable, et vous détruisez ainsi la base, le principe fondamental de toute la législation sur la matière; ensuite vous transportez à l'administration la solution des questions contentieuses qui doivent rester dans le domaine des tribunaux ; enfin les difficultés immenses dont l'appréciation du Gouvernement sera entourée ne permettent pas de lui en laisser la responsabilité.

Je répondrai brièvement, autant qu'il sera en moi, à ces trois objections.

Quant à la première, je crois que la commission ne la mérite pas. La commission ne rétablit pas l'examen préalable ; elle ne détruit pas ainsi le principe fondamental de la législation sur les brevets d'invention. La commission conserve, comme le Gouvernement lui-même, la nécessité d'exclure l'examen préalable en tant qu'il s'agit de la réalité, de la nouveauté ou du mérite de l'invention, et de la fidélité et de l'exactitude de la description. L'examen préalable ne peut porter sur aucun de ces points. Il s'agit donc, loin de détruire le principe, de le conserver, mais de le conserver avec les limites, avec les exceptions qui pourraient paraître nécessaires.

Et c'est ce que fait le Gouvernement lui-même : car, par le troisième paragraphe de l'article, il propose, comme la commission, d'admettre l'examen préalable, mais pour une seule catégorie d'objets, pour les principes, méthodes, plans et combinaisons de crédit et de finances.

Le Gouvernement n'admet l'examen que pour cette catégorie ; mais si on propose à la Chambre de l'admettre aussi pour d'autres objets pour lesquels il y aurait utilité à faire cette exception, assurément la Chambre ne s'y refusera pas.

Mais, dit-on, vous reportez à l'administration la solution de difficultés qui jusqu'à présent ont été décidées, et qui doivent l'être encore par les tribunaux.

C'est précisément à raison des grandes difficultés dont l'appréciation devra être laissée au Gouvernement, qu'on propose de la lui ôter.

Quiconque aura réfléchi sur la matière, et l'énumération de ces difficultés faite par M. le Ministre du commerce suffit pour éclairer la Chambre, se convaincra, malgré tout le respect que mérite la magistrature française, que je professe sincèrement pour elle, qu'un tribunal de première instance, souvent fort éloigné de tout centre d'instruction, de tous les moyens d'expérimentation, d'éclaircissements sur une question de science ou d'art difficile, aura bien plus d'embarras à se décider que M. le Ministre du commerce, entouré, lui, au contraire, de tous les moyens d'information et d'expérimentation, et que le conseil d'Etat, auquel la décision pourra être déférée par recours. On comprend cela.

C'est donc précisément en raison de ces difficultés que, pour ma part, je crois qu'il faut adopter l'amendement de la commission.

Mais il y aura, dit-on, des embarras.

Quand ce Ministre aura prononcé son refus de brevet, parce qu'il lui avait semblé que la chose pour laquelle on le lui demandait rentrait dans les exceptions prévues par l'amendement, qu'il aura été formé un recours contre sa décision, que le conseil d'Etat aura complété l'information, et que le Roi, par une ordonnance rendue en conseil d'État, aura déclaré que le Ministre avait bien fait de refuser le brevet, aucune attaque ne pourra être faite contre le brevet pour la même chose ; aucune action ne pourra être portée devant les tribunaux par l'organe du ministère public. C'est la conséquence naturelle de cette disposition. Ce qui n'empêche pas que si même il s'était glissé quelque erreur dans l'appréciation administrative, si, par suite, quelque préjudice était causé aux citoyens, s'il y avait des morts par imprudence, ou, en un mot, quelque autre préjudice défini par le Code pénal, il y aurait une action à cet égard, et les tribunaux rentreraient dans leurs attributions.

Cette disposition est uniquement préventive, et M. le baron Thénard vous a fait sentir toute l'importance d'une telle mesure en pareille matière. C'est uniquement par mesure préventive qu'on a refusé des brevets pour certaines inventions ; et cependant si les brevets accordés, parce qu'on en aura mal apprécié le caractère, causent quelque préjudice, occasionnent quelques accidents, ces accidents, je le répète, donneraient lieu à des poursuites s'ils rentraient sous les dispositions des lois.

Je pourrais présenter à la Chambre quelques autres considérations sur le paragraphe 2, mais je m'en réfère à celles que contient le rapport de votre commission et à l'opinion de M. le baron Thénard. J'ai voulu seulement établir devant la Chambre que le principe fondamental des lois était respecté, c'est-à-dire qu'il n'y aurait lieu à examen préalable que pour les exceptions que la commission propose; que ces exceptions étaient utiles, prudentes; qu'il y aurait danger à ne pas les accepter; qu'il n'y avait aucune espèce de perturbation apportée à la juridiction ; qu'au contraire, en confiant cette appréciation préalable à la juridiction administrative, on faisait ce qui est dans la nature des choses, ce qui est le plus sage, ce qui promet une appréciation meilleure et des solutions plus réfléchies.

Je vote pour l'amendement de la commission.

M. PERSIL. Messieurs, avant d'aborder la grave question que vous avez à résoudre, permettez-moi une observation.

Vous venez de décider, en votant l'art. 2, qu'un brevet ne pourrait être demandé que dans trois cas : pour invention de nouveaux produits industriels; pour invention de nouveaux moyens d'obtenir les produits ; pour application nouvelle de moyens connus. Après cela, que serait-il besoin de dire, dans l'art. 3, quelles sont les inventions qu'on ne pourrait breveter ? Ne serait-ce pas une répétition ? Dans le langage des lois et l'habitude de leur rédaction, tout ce qui n'est pas compris dans l'autorisation rentre dans la défense sans qu'on l'exprime. C'est la seule manière de tout embrasser, et, je le répète, le seul procédé que l'on ait l'habitude de suivre. Ainsi, le Gouvernement, suivant moi, a eu tort d'admettre dans son projet l'art. 3, réellement inutile, et, s'il ne l'eut pas fait, personne, pas plus dans cette enceinte qu'ailleurs, n'eût songé à élever la question qui nous divise. Personne n'aurait songé à demander si, sous l'empire d'une législation qui ne permet pas, et qui a raison de ne pas permettre l'examen, sous une législation qui n'admet rien de préventif, on

peut refuser de délivrer un brevet d'invention. sous le prétexte que
l'invention et la découverte sont contraires aux lois et aux bonnes
mœurs, et changer ainsi des principes qui existent depuis cinquante
ans sans réclamations, et, par la même occasion, attribuer au Gouvernement sur les brevets d'invention, une juridiction qui, de tout
temps, a appartenu aux tribunaux. Cette question est de la plus
haute gravité, et mérite bien toute l'attention que je sollicite de la
bienveillance de la Chambre.

Je crois que la raison de décider tient à l'idée qu'il faut se faire
des brevets d'invention. Tous ceux qui ont attaqué la proposition
du Gouvernement et soutenu les amendements de la commission,
ont semblé croire que par le brevet on faisait une concession à l'inventeur, on lui donnait un droit. Non, Messieurs, le brevet n'est
rien moins que cela. Il ne recèle aucune libéralité : c'est un enregistrement, c'est un récépissé, c'est une prise de date vis-à-vis du
public, de ceux qui pourraient plus tard prétendre aussi à l'invention : ce n'est pas autre chose : c'est ce qu'avait dit la loi du 7 janvier 1791 : c'est ce que répète l'article 1er du projet que vous venez
de voter en ces termes :

« Toute nouvelle découverte ou invention dans tous les genres
d'industrie *confère* à son auteur, sous les conditions et pour le
temps ci-après déterminé, le droit exclusif d'exploiter à son profit
ladite découverte ou invention.

» Ce droit est constaté par des titres délivrés par le Gouvernement,
sous le nom de brevets d'invention. »

Ainsi, l'inventeur tient son droit exclusif d'exploiter son invention,
non du brevet, non de la concession du Gouvernement, mais de son
invention, de lui-même, de son génie. Le Gouvernement, en lui
délivrant un brevet, qu'il ne pourrait lui refuser sans priver l'industrie de sa liberté, ne fait que reconnaître un droit préexistant,
qui est né en même temps que l'invention, et que l'inventeur exerce
à ses risques et périls.

Un membre. C'est un enregistrement.

M. PERSIL. Comme vous le dites fort bien, c'est un enregistrement,
pas autre chose.

Le brevet ne s'accorde pas pour conférer un droit au réclamant,
je crois l'avoir prouvé. Son but est bien autre : il s'agit d'assurer sa
position vis-à-vis des tiers, de tous ceux qui prétendraient ainsi
pouvoir user de la découverte : en un mot, il s'agit d'assurer la jouissance du droit exclusif que la découverte donne à l'inventeur ; autrement on s'emparerait de son invention, elle serait tombée dans le
domaine commun avant qu'il eût pu en profiter. C'est pour interdire
l'usage aux autres que le brevet est délivré, plutôt que pour donner
à l'inventeur des droits qu'il avait déjà. On dit au public : Voilà
une découverte qui appartient à son inventeur, il est fait défense
d'en user à son préjudice. Et afin qu'il puisse justifier de son droit
exclusif, on lui donne un récépissé qu'on appelle un brevet d'invention.

Cela posé, voyons les objections. J'aborde d'abord la plus grave parce qu'elle s'est attaquée à ce qu'il y a de plus vulnérable, le sentiment d'humanité qui domine dans vos ames.

L'honorable M. Thénard vous a dit qu'en délivrant des brevets d'invention pour des remèdes secrets, sans examen, le Gouvernement s'exposait à nuire à la santé publique en même temps qu'il violait nos lois. Il vous a représenté les charlatans s'ameutant pour lui arracher des brevets dont ils se feront ensuite des titres auprès des hommes crédules, toujours trop nombreux.

Tout cela est sans doute effrayant ; mais il faut convenir que l'effroi ne pourra durer qu'autant qu'on pensera que, sans brevet d'invention, on ne pourra pas user du remède.

Remarquez, Messieurs, que le brevet ne donne pas à l'inventeur du remède le droit de s'en servir : il l'a, ce droit, dans le secours du Gouvernement. Le brevet, ainsi que je le disais tout à l'heure, ne fait qu'interdire aux autres l'exercice de la découverte. Quant à l'inventeur, à son usage personnel, il existe par le fait seul de l'invention.

Dans l'intérêt de la société, si l'invention était funeste, illégale, immorale, il vaudrait mieux un brevet que s'il n'y en avait pas; car, s'il n'y en a pas, au lieu d'un charlatan vous en aurez des milliers ; avec le brevet vous n'en avez qu'un seul, qui est connu du public.

Ces vaines terreurs pouvaient un instant jeter l'alarme dans vos esprits. En y réfléchissant, et considérant que le brevet d'invention ne donne rien, absolument rien ; qu'il limite, au contraire, le nombre de ceux qui pourront abuser de l'invention, si elle était funeste, vous vous rassurerez, Messieurs, et vous examinerez avec calme les principes sur lesquels la loi doit reposer.

M. le Ministre du commerce vous a dit qu'avec l'opinion de la commission, c'est-à-dire en imposant au Gouvernement le devoir de juger la légalité et la moralité de l'invention avant de la breveter, il fallait que le Gouvernement s'érigeât en juge ; il fallait aller plus loin, il fallait parler de censure préalable ; il fallait dire que l'industrie ne pourrait produire ses œuvres, ses découvertes qu'avec l'autorisation du pouvoir.

Le premier juge de cet étrange débat, de cette invention non encore publiée, serait le Ministre ou plutôt ses bureaux. L'inventeur pourrait se pourvoir au conseil d'État si sa demande était rejetée.

C'est tout un système que la commission a organisé, système qui n'a jamais existé depuis 1791, époque de l'institution des brevets d'invention, et dont le premier effet, l'effet le plus saillant, est de changer la juridiction et d'attribuer à l'administration ce qui a toujours appartenu et qui doit réellement appartenir aux tribunaux ordinaires.

Voici ce qui peut arriver. Le Ministre aura rejeté la demande de brevet, il aura cru que l'invention était contraire aux lois et aux mœurs, et il aura rejeté la demande. L'inventeur se pourvoit au conseil d'État, qui émettra une opinion contraire et autorisera la délivrance du brevet. Voilà le Ministre et le conseil d'État définitivement juges de ce qui, actuellement, est soumis aux tribunaux.

Nous vivons dans un temps où l'on dit qu'on a donné au conseil

d'État des attributions qu'il ne devrait pas avoir, qui sont trop étendues, et qu'il faudrait lui en retirer pour les donner aux tribunaux.
Je ne suis pas de cet avis : mais est-ce bien le cas d'augmenter encore
ses attributions, en lui soumettant les questions relatives à la délivrance des brevets ?

Personne n'a réclamé contre les décisions rendues en cette matière
par l'autorité judiciaire, et voilà que, sans inconvénient signalé, on
vous propose de dépouiller l'autorité judiciaire de ces questions pour
en investir l'autorité administrative.

Et quelle raison donner à cet immense changement ? C'est, dit-on,
matière de gouvernement et d'administration. J'avoue que, malgré
l'hommage que je rends aux lumières de M. le président du conseil
d'État, je ne puis pas souscrire à cette raison : rien ne me paraît ici
mesure d'administration : les brevets d'invention ne créent que des
droits civils et industriels, l'administration n'est appelée à y coopérer
que de la même manière qu'un fonctionnaire public appelé a donner
date certaine à un acte : il s'agit ici d'une question que j'appellerai
préjudicielle.

On demande si l'invention pour laquelle on sollicite un brevet est
contraire aux lois ou aux mœurs : j'avoue que je ne puis pas reconnaître d'autres juges que ceux-là qui appliquent ordinairement les
lois et font respecter les mœurs quand elles sont attaquées.

Et si après la décision du conseil d'État qui aura't été d'avis de la
délivrance du brevet d'invention, un tiers, un autre inventeur voulait demander la nullité ou la déchéance du brevet, à quelle autorité
s'adresserait-il ? Jusqu'à présent, aux tribunaux, et voilà que tout
d'un coup, et par une involution que rien ne réclamait, ce serait le
conseil d'État qu'il faudrait saisir. Le conseil d'État jugeant des questions de nullité et de déchéance de brevet d'invention : quelle perturbation !

Ce n'est pas tout : dans la supposition que le brevet eût été accordé
pour un remède nouvellement inventé et définitivement reconnu
nuisible, l'honorable M. Girod (de l'Ain) disait tout à l'heure qu'il
reconnaîtrait pour ce cas l'autorité des tribunaux.

Je ne comprendrais pas quelle pourrait être, dans ce cas, la liberté
dont jouiraient les tribunaux. La décision du conseil d'État gouver-
nerait nécessairement leur propre décision. Il y aurait en faveur de
celui qui serait porteur du brevet ce que nous autres jurisconsultes
nous appelons une présomption *juris et de jure;* et vainement il
serait démontré que le remède aurait considérablement nui au plaignant. L'inventeur serait excusé par l'approbation motivée du Gouvernement.

Tout cela est contraire aux principes, qui veulent que le brevet se
délivre sans examen, aux risques et périls de l'inventeur. Il faut
rayer tout cela de nos lois, il faut mettre l'industrie en tutelle, il faut
la regarder comme soumise à une censure préalable, s'il y a examen
et si l'administration prend les périls à son compte, ce qu'il faut bien
qu'elle fasse si, en définitive, elle examine, elle juge avant de délivrer le brevet. J'ajoute, en terminant, que tout ce qu'on a dit des
remèdes secrets et des préparations pharmaceutiques est réellement

étranger à la question, parce que les brevets délivrés pour ces objets ne donnent pas encore le droit de les propager, et que la législation existante en soumet encore la vente et la préparation à des conditions et à des examens qui n'en font pas craindre l'abus.

Je me résume en deux mots : suivant moi, l'art. 3 du projet, après que l'art. 2 a posé nettement les seuls cas dans lesquels il faut délivrer des brevets d'invention, il n'est pas nécessaire d'ajouter dans l'art. 3 ceux où il ne peut pas en être accordé. La disposition était complète par l'adoption de l'art. 2, et, procédant autrement, on s'expose à laisser croire qu'on peut breveter tout ce qui n'est pas compris dans l'art. 3.

Cela posé et examinant la question de savoir si le Ministre peut refuser le brevet, je dis qu'il ne peut le refuser qu'à la condition d'examiner l'invention. Or, il ne doit jamais examiner : c'est le principe de la loi, principe de liberté que l'industrie ne répudierait pas sans compromettre son avenir. Cet examen supprimerait la juridiction des tribunaux et empêcherait l'action en nullité des brevets. C'est l'autorité administrative qui s'en saisirait, et je crois avoir démontré que ce n'est point là un fait administratif, mais un fait purement judiciaire.

M. LE BARON GIROD (DE L'AIN). Je demande la permission de justifier en deux mots mon opinion, qui vient d'être combattue par l'honorable M. Persil.

Lorsque j'ai dit que la matière était administrative, je le pensais surtout par une raison que je n'ai pas dite à la Chambre, parce que je la regardais comme superflue : c'est que la matière la plus analogue est précisément réglée comme la commission propose de régler celle-ci. Pour ce qui concerne les établissements insalubres, dangereux ou incommodes, que se passe-t-il ? Le Ministre ou le préfet rend une décision, peu importe. On se pourvoit au Roi en son conseil d'État. Le conseil d'État fait une appréciation analogue à celle qui a lieu dans le cas dont nous nous occupons (je reconnais les différences, mais elles ne portent pas sur le principe).

J'ai dit aussi que si le brevet ainsi accordé après l'examen du Ministre et du conseil entraînait un préjudice envers les citoyens, les tribunaux pouvaient en connaître.

Je crois que, quand on y réfléchira, la disposition n'est pas contestable, puisqu'elle ne garantit pas le mérite de l'invention. Seulement c'est une mesure de prévoyance. Si le brevet cause un préjudice, ce préjudice pourra être réparé comme pour les établissements dangereux et insalubres. La mesure de prévoyance aura été prise dans une tout autre sphère et pour un tout autre effet.

M. LE COMTE PORTALIS. Messieurs, la question est grave, en effet, comme le disait l'honorable M. Persil.

Il s'agit du développement d'une législation nouvelle, d'une législation qui a mis la société française en possession du bienfait d'une liberté, d'un genre de propriété tout à fait inconnu sous l'ancien ordre de choses. Il s'agit de savoir de quelle manière cette législation doit continuer à procéder après une expérience qui, comme on l'a rappelé tout à l'heure, est plus que demi-séculaire.

J'ai entendu avec étonnement que l'on reprochait à quelques dispositions du projet d'être nouvelles, de n'être pas en conformité des dispositions anciennes et de la pratique.

Messieurs, s'il n'y avait pas des dispositions nouvelles, je ne sais pas pourquoi le Gouvernement nous aurait apporté une loi pour codifier en quelque sorte toutes les dispositions légales qui concernent les brevets d'invention. Je pense donc que cette fin de non-recevoir ne saurait être acceptée, et qu'on ne peut repousser une mesure parce qu'elle introduirait des changements, parce qu'elle innoverait dans la législation en vigueur.

L'Assemblée constituante est arrivée à une époque où la situation des choses était bien différente de celle d'aujourd'hui. Loin que les hommes fussent reconnus à cette époque propriétaires de leurs idées, de leurs inventions, de leurs découvertes, on ne leur reconnaissait pas même la propriété de leur travail. C'était un principe consacré par la législation en vigueur, que le travail était domanial, qu'il appartenait au Roi, que le Roi seul avait le droit de concéder le privilège du travail. C'était sur ce principe que reposait l'organisation des métiers et des arts en corporations.

Nous sommes sortis de là par la grande secousse qui a affranchi notre pays. Alors on a reconnu que l'homme avait la propriété de ses idées, de son travail, et que la première, la plus sacrée de toutes les propriétés, c'était la propriété de soi. Mais il ne suffisait pas d'avoir déclaré le principe : de ce qu'on avait déclaré le principe, il n'en résultait pas le libre exercice des droits reconnus, parce que, dans l'état de société, l'exercice d'un droit est toujours limité par l'exercice du droit d'autrui. Il fallait donc régler les relations entre les personnes qui pouvaient se livrer au même genre de travail ou à la même nature d'inventions. De là, la nécessité d'introduire des formes et de consacrer cette nouvelle espèce de propriété. La loi de 1791 a été faite dans ce but, et elle s'est conformée aux législations précédentes établies chez des gouvernements voisins qui avaient consacré le même principe avant nous, et fait jouir de son application les peuples qui étaient sous leur domination.

Certainement, le principe fondamental de la loi de 1791, et celui de toute bonne législation en cette matière, c'est le non-examen préalable. On comprend, en effet, qu'il n'y a pas dans la société de pouvoir qui puisse examiner, scruter les différents plans, projets, pensées ou combinaisons conçus par les hommes pour arriver à la perfection des arts, des industries et des métiers. Mais ce qu'il y avait d'important, c'était deux choses : la première, de constater que tel individu avait eu telle idée, avait inventé tel procédé ; la seconde, qu'il l'avait inventée à telle époque et qu'il entendait la réaliser par tel moyen. Pour cela, que fallait-il faire? Il fallait que l'autorité publique se chargeât du soin de constater pour ainsi dire la naissance de l'invention, sa nature d'après la description qu'en donnait l'inventeur lui-même, et ensuite lui donner acte de sa déclaration, de ce qui s'était passé, afin que, lorsqu'il viendrait à exercer son droit, à user de sa découverte, s'il rencontrait sur son chemin quelqu'un qui lui en contestat la propriété, et lui dit : Vous usez de ma pensée, vous vous servez de mon invention, il put lui répondre : Je ne sais pas ce que vous avez pensé ou inventé; mais à telle époque, tel jour, j'ai fai constater par l'autorité compétente que j'avais découvert telle chose, et voilà l'acte par lequel j'ai été autorisé à exercer mon droit. Alors la contestation survenue, comme dans toutes les contestations de droits avec des titres différents ou égaux, les parties devaient se transporter devant les tribunaux, et la juridiction ordinaire statuer.

Cet état de choses a duré de 89 à aujourd'hui. On a procédé en cette matière comme dans toutes les choses nouvelles. On a posé le principe, on ne l'a pas ajourné; en attendant, il a été mis à exécution, parce qu'il y a dans les choses une force qui fait qu'il faut que les hommes agissent, même alors qu'il n'y a pas de règle pour déterminer comment ils doivent agir. Il y a eu pratique du droit; mais on s'est aperçu de la nécessité de dispositions nouvelles, et des dispositions nouvelles sont intervenues.

Ainsi, pour arriver à un exemple frappant, en l'an XI est intervenue la loi sur l'exercice de la médecine ; en 1810 est intervenu le décret sur les remèdes et médicaments secrets.

Dans cet état de choses, on a continué à agir en vertu de la loi de 1791.

L'un de nous a dit qu'il n'y avait pas de réclamation, et qu'il était bien extraordinaire qu'on proposat de changer cet état de choses contre lequel il n'y avait pas de réclamation. Pas de réclamation : qu'entend-on par ces paroles? S'ensuit-il qu'on veuille dire qu'il n'y a pas tel ou tel ordre de personnes qui se soit plaint? Je n'en sais rien, mais les hommes occupés de l'examen de ces différentes lois, soit dans l'administration, soit dans les tribunaux, ont-ils reconnu unanimement qu'elles étaient parfaites, et qu'elles pourvoyaient pleinement à tout, de telle sorte qu'il n'y avait rien à faire? Je crois que ce n'est pas le cas.

La discussion actuelle et tous les travaux auxquels ont présidé M. le Ministre du commerce et ses prédécesseurs, prouvent qu'il n'en est pas ainsi. Il a été reconnu qu'il y avait dans cette matière, et la jurisprudence des tribunaux que rappelait tout à l'heure M. le Ministre l'indique assez, quelque chose à faire. Voici où nous en sommes. On propose de définir avec plus de clarté les principes posés dans la loi de 1791. Vous avez déjà voté l'art. 2 qui apporte de notables améliorations dans la rédaction de la loi. La question est à présent d'en tirer les conséquences. L'honorable préopinant en tirait celle-ci : c'est que l'art. 3 était complètement inutile, et que, dans son opinion, il faudrait le supprimer. Le Gouvernement est d'un avis contraire, car il a proposé cet article : la commission est d'un avis contraire, car, non-seulement elle a accepté l'article du Gouvernement, mais elle en a complété, étendu les dispositions. Eh bien, est-il vrai que l'art. 3 soit inutile, que, si on le supprimait, le système que défendait tout à l'heure l'honorable M. Persil prévaudrait? Je ne le pense pas. Si l'on supprimait l'art. 3, qu'en résulterait-il? Que ce ne serait pas l'exception écrite dans l'art. 3 qui autoriserait le Gouvernement à examiner, mais que, dans tous les cas, le Gouvernement serait appelé à examiner s'il le voulait.

Que dit en effet l'art. 2 ?

« Sont susceptibles d'être brevetés :

» L'invention de nouveaux produits industriels;

» L'invention de nouveaux moyens d'obtenir un produit ou un résultat industriel, ou l'application nouvelle au même but de moyens connus. »

Ainsi donc, tout ce qui ne rentre pas dans ces trois classifications n'est pas susceptible d'être breveté. Il y a donc nécessité pour le Gouvernement de savoir, quand on forme une demande, si elle rentre dans l'une des trois classifications prévues par l'art. 2.

Je dis ceci pour faire sentir que, quand la loi de 1791 a établi qu'il n'y aurait pas d'examen préalable, cela ne veut pas dire que le Gouvernement ferme les yeux et signe à l'aveuglette la demande qu'on lui présente: cela veut dire, et c'est un point important, que le Gouvernement n'examine pas le mérite de l'invention sous son rapport scientifique ou technique, dans ses relations avec l'état actuel de l'industrie, de la profession, de l'art ou du métier auxquels elle se rapporte; mais cela ne dit pas qu'il n'examine pas dans ce sens absolu qu'il donnerait un brevet pour une chose qui ne serait pas nouvelle.

Il faut un premier degré d'examen pour établir que c'est un nouveau procédé, l'application d'un ancien procédé, ou l'invention d'un nouveau moyen. Pour reconnaître cela, il faut avoir non-seulement les yeux du corps, mais encore ceux de l'esprit. Il faut faire acte d'examen : quand on a dit qu'il n'y avait pas d'examen préalable, il faut restreindre ces mots à leur véritable signification, à savoir : que le Gouvernement ne garantit pas l'utilité d'une nouvelle invention, mais qu'il constate que tel individu lui a présenté une invention qui rentre dans une des trois conditions prescrites par l'art. 2.

Si l'art. 3 était supprimé, cet examen subsisterait. L'art. 3 subsistant tel que le présente le Gouvernement, est déjà un bon article : il admet quelque chose de plus. Non-seulement il veut que le Gouvernement examine si la demande rentre dans une des trois catégories prévues par l'art. 2, il dit, quand vous trouverez dans une demande des choses telles que des principes, des systèmes, de généralités, des abstractions, des idées, comme tout cela n'est pas susceptible d'une application actuelle, cela ne sera pas susceptible de brevet. Il faut donc que le Gouvernement s'assure que ce n'est pas une idée abstraite, une généralité qui se rapporte à une chose purement scientifique et théorique. Voilà déjà quatre nécessités d'examen. Ce n'est pas pleinement renverser le système de la loi de 1791 et les principes fondamentaux de la matière que de demander que le Gouvernement aille un peu plus loin, de développer un peu les nécessités d'examen que le Gouvernement propose de consacrer.

Eh bien, qu'est-ce qu'on lui demande maintenant de déclarer? On lui demande de déclarer que ne sont pas susceptibles de brevets les inventions contraires aux lois, aux bonnes mœurs et à la sûreté publique. Je demande s'il n'est pas mille fois plus facile de reconnaître cela à la plus simple inspection, qu'il n'est facile d'apprécier si l'invention est nouvelle ou s'il y a application nouvelle, et si cette recherche prévue par l'art. 2 n'est pas plus compliquée que celle prévue par le premier paragraphe de l'art. 3 de la commission. Je ne crois pas devoir insister davantage à cet égard.

Vient la question relative au paragraphe 3. L'honorable préopinant disait : Mais remarquez l'inconvénient qu'il y aurait à accorder un brevet à un remède secret. Cela ne prouve rien, parce que le brevet prouve seulement que tel jour, à telle heure, tel individu a déposé 500 fr. et en a pris un reçu. A présent, comme il y aura eu examen, cela prouvera que le remède est bon. Du tout : la question est de savoir si cette invention est une composition pharmaceutique, ou un remède spécifique. Eh bien, si c'est l'invention d'un remède spécifique ou d'une composition pharmaceutique, on repoussera la demande de brevet. Si on le donne parce qu'on se sera trompé, il en résultera que, si l'action est portée devant les tribunaux, la question aura été préjugée par le Ministre et jugée administrativement.

Ce n'est pas seulement le danger de l'exécution que je redoute, mais la contradiction qui existerait entre deux ordres de lois. On ne peut pas faire des lois tellement dans l'ordre économique et industriel qu'elles ne demeurent étrangères à l'ensemble des lois qui statuent sur la police générale du royaume. Or, comment faire ? Est-il conforme à la majesté de la loi de dire : Le ministre, quand il verra qu'une demande qui lui est adressée constitue un remède secret, à côté d'une loi qui déclare le remède prohibé, sera forcé d'apposer sa signature au bas d'un brevet, à charge par lui, après avoir averti la partie, parce qu'il ne faut pas lui tendre un piège, d'écrire au procureur du roi de poursuivre, afin de faire déclarer le brevet nul ? Cette marche est des plus choquantes. Quoi! un Ministre écrire au procureur du roi : Je viens de donner un brevet qui constate l'invention d'un remède secret prohibé, et en conséquence je vous demande de faire déclarer en justice que ce brevet est nul, de tel façon que le Ministre intervient pour se mettre en contradiction vis-à-vis de la justice.

Il y a là quelque chose qui blesse essentiellement la dignité du pouvoir. Si c'était un maire, un sous-préfet, un préfet qui donnât le brevet, je le comprendrais encore; mais on arrive de l'administration inférieure jusqu'à l'administration supérieure; on arrive au Ministre, qui examine, car il vient de nous dire qu'il examinait; il examine si bien, qu'il a auprès de lui un comité consultatif dont il prend l'avis, et sur cet avis il écrit au réclamant : Votre invention peut rentrer dans les remèdes secrets...

M. LE MINISTRE DE L'AGRICULTURE ET DU COMMERCE. Permettez!

Non, jamais. On prévient seulement si l'invention est une chose découverte, et si la description est conforme au titre. Ce sont là des renseignements très saisissables, très palpables pour tout le monde mais on ne dit pas : Votre brevet vous est donné pour un remède secret; car alors il y aurait une question préalable. Ce n'est pas ainsi que les choses se passent.

M. LE COMTE PORTALIS. Il n'en est pas moins vrai qu'on avertit le

réclamant que si sa demande rentre dans les objets qui sont ré-
prouvés par la loi. son brevet sera déclaré nul ; et. on l'a dit tout à
l'heure à cette tribune. du moins j'ai cru l'entendre. on donne avis
au ministère public d'agir pour faire prononcer la déchéance dans
ce cas.

Et, je vais plus loin. quand cela ne serait pas. cela devrait être.
Quand un Ministre signe un brevet de cette nature, s'il a la persua-
sion que ce brevet rentre dans les remèdes secrets. il faudrait. si cela
n'existait pas. qu'il le fit retirer d'une main après l'avoir donné de
l'autre.

Mais je dis que cela est contraire à la dignité de la loi : que cela
ait été le résultat d'une loi qui n'a pas pu prévoir ce qui arriverait.
je le comprends, et je n'en accuse personne ; mais. quand on fait une
loi nouvelle, qu'on veuille constituer et rétablir cela dans la loi. voilà
ce que je ne comprends pas ; voilà ce qui me détermine à appuyer
l'amendement de la commission.

Un mot sur la compétence.

On dit : Mais vous allez dépouiller les tribunaux d'une compétence
dont ils sont en possession. et dans la possession de laquelle il est essentiel, dans l'intérêt des justiciables, qu'ils soient maintenus.

Je suis plus jaloux que qui que ce soit ici de la compétence légitime des tribunaux. mais il ne leur est pas porté ici la moindre atteinte. Les tribunaux ne peuvent être saisis que lorsqu'il y a contravention à la loi. à une loi écrite. à la loi de l'an XI. par exemple. ou
au décret ne 1810 sur les remèdes secrets. ou à telle autre loi sur la
matière. Jusque-là, ils ne peuvent pas être saisis.

Eh bien. ils demeureront saisis de la même manière. Ainsi. par
exemple, lorsque, dans le cas qui a été cité tout à l'heure. un homme
fait emploi d'un remède secret. pour lequel il lui aurait été accordé
un brevet! parce que le Ministre se sera trompé. qu'il n'aura pas bien
apprécié la nature de l'invention. cet homme n'en sera pas moins
responsable des accidents qu'il aura pu occasionner ; car le brevet
établit qu'il était breveté pour la composition d'une confiture ou
d'un sirop, je suppose, et si ce sirop. cette confiture produit de mauvais effets. il en sera responsable. car le ministère ne garantit pas le
mérite de la chose brevetée : il n'en garantit que la nature, la nature
apparente.

Il n'y a donc là aucune atteinte portée à la compétence des tribunaux. Si par hasard on voulait que les tribunaux pussent être compétents dans les matières où il s'agit de questions purement scientifiques ou techniques. dans ce cas il y aurait erreur de le penser ; il
vaut mieux que cela rentre dans la compétence administrative que
dans la compétence des tribunaux.

Je crois que les tribunaux. qui sont parfaitement capables de prononcer sur toutes les questions de faits matériels. de faits moraux.
sur toutes les questions de faits, d'intention, sur toutes les interprétations de volonté, d'actes et d'intentions des parties. n'ont plus les
mêmes moyens de juger. les mêmes lumières, ne sont plus dans
la même position pour statuer sur les questions scientifiques et les
questions techniques que l'administration elle-même.

Certainement. M. le Ministre du commerce est bien autrement placé pour décider la question de savoir si telle ou telle mixture constitue une composition pharmaceutique ou une substance alimentaire.

Aussi voyez dans quels égarements s'est jetée la jurisprudence! voyez quelles aberrations! Les uns disent : C'est un bonbon, les autres disent : C'est un remède! C'est que, dans ces matières-là, ce sont les hommes de l'art qui sont les seuls, les véritables juges; il faut une garantie spéciale: c'est dans ce cas que l'intervention des experts et des jurés est indispensable. Ces experts et ces jures sont bien mieux placés auprès du centre de l'administration qu'ils ne pourraient l'être répandus sur toute la surface de la France, auprès de chaque tribunal.

Je crois don que, sous ce point de vue, il y a amélioration : il n'y a pas d'atteinte portée à la compétence légitime des tribunaux ; il y a développement naturel de la compétence administrative et en même temps amélioration des lois de sureté et de liberté des industries, restitution au Gouvernement de sa dignité, et cessation d'un ordre de choses qui la compromet journellement.

Séance du 25 mars 1845.

M. FERRIER. Messieurs, dans la discussion qu'a provoquée hier l'art. 3 de la loi dont nous nous occupons, M. le Ministre du commerce a soutenu que, si cet article était adopté, l'économie de la loi tout entière en serait affectée. Pourquoi ? Parce que le principe qui la domine est la délivrance du brevet sans examen préalable, et que la commission, par son amendement, faisait de cet examen préalable un devoir pour l'autorité administrative. Il y a là, Messieurs, nous le croyons du moins, confusion de choses.

L'absence de tout examen préalable, telle que l'ont consacrée ou expliquée les lois antérieures, et tel e que la commission l'a voulu maintenir, a pour objet spécial de dégager le Gouvernement de toute responsabilité *en ce qui touche la priorité, le mérite ou le succès de l'invention* ; et voilà pourquoi l'arrêté des consuls du 27 septembre 1800 a prescrit l'inscription, au bas de chaque brevet, d'une déclaration formulée dans les termes mêmes que je viens de rapporter.

Cette déclaration, que le public connaît peu et dont il ne se préoccupe pas du tout, empêche-t-elle qu'une certaine faveur ne s'attache aux industries brevetées ? Non, et c'est un inconvénient que la commission a voulu prévenir dans les cas et pour les produits qui intéresseraient plus particulièrement les mœurs, la sureté publique ou la santé des citoyens.

Messieurs, qu'aujourd'hui un armurier demande un brevet pour

confectionner par des procédés nouveaux le fusil à vent. il l'obtiendra sans aucune difficulté. Votre commission pense que, même sous
l'empire de la législation actuelle. on serait fondé à le lui refuser.
Telle n'est pas l'opinion de M. le Ministre. Votre commission a cru
qu'il y avait là, comme on dit, quelque chose à faire.

En effet. il ne se peut pas. et l'honorable M. Girod (de l'Ain) vous
l'a démontré, qu'un Ministre autorise et protége aujourd'hui ce que
demain le devoir d'un autre Ministre sera de poursuivre et de faire
condamner.

Et remarquez bien, Messieurs, que. par son art. **8**. la commission
donnera lieu à fort peu de conflits. Après avoir indiqué dans l'art. 2
ce qui sera susceptible d'être breveté. elle dénomme. dans l'article
suivant. ce qui ne pourra jamais l'être : et ici elle a dû spécifier.
parce que si rien n'est changé dans ce que l'absence d'examen avait
de virtuel. il est pourtant vrai que la commission des brevets sera désormais limitée à ce que les lois. les mœurs et la sécurité publique
avouent. disposition comminatoire à l'application de laquelle.
croyez-le bien. on sera très peu jaloux de s'exposer. Et quel inconvénient offre-t-elle pour le fond des choses ? Ce sera. au contraire.
un hommage aux saines doctrines. et le moyen d'empêcher l'anomalie déjà signalée de deux autorités. dont l'une favorise ce que l'autre
est tenue de signaler aux tribunaux.

M. le Ministre du commerce a cité de nombreux arrêts qui. en
matière de remèdes secrets. se contredisent. et il en a conclu que la
substitution de l'autorité administrative à celle des tribunaux jetterait la première dans des embarras inextricables. Messieurs. relisez
l'art. 3 : il exclut de la faculté du brevet les compositions pharmaceutiques. Le produit pour lequel on sollicite un brevet offre-t-il ou
n'offre-t-il pas un moyen curatif ? Voilà toute la question. voilà le
seul examen à faire. Quelle hésitation. quels embarras peut-il entraîner ? C'est une exclusion claire. formelle. absolue. qu'a demandée
l'Académie de médecine et qu'a si bien justifiée notre honorable collègue, M. Thénard. Et franchement. qui de nous regrettera qu'on cesse
de breveter ces compositions que les tribunaux appellent les uns des
quasi remèdes, les autres des *quasi bonbons*. tandis que les hommes
de l'art, sans aucune exception. les considèrent toutes. non comme
le produit d'une *quasi mauvaise industrie*. mais comme l'œuvre
du charlatanisme le plus complet.

Que si l'on objecte qu'il ne s'en débitera pas moins, la réponse est
facile. Oui. il s'en débitera. mais ce ne sera pas sous le sceau de
l'autorité, qui n'aura pas du moins à poursuivre les contrefacteurs :
et par cela même les compositions pharmaceutiques. qu'on voulait
placer dans le monopole. seront. dès l'abord. livrées à la concurrence. qui en fera bonne justice.

Je passe sous silence les objections que l'honorable M. Persil a
élevées contre l'attribution donnée au conseil d'Etat, en ce qui touche
les refus de brevet que ferait l'autorité ? Ce n'est pas l'art. 3 qui la
consacre : le moment de la discuter viendra.

M. LAPLAGNE-BARRIS. Je me trouve dans la nécessité. que je regrette.

de combattre deux propositions qui ont été émises à la séance d'hier, et qui tirent de leur auteur une grande autorité.

On a d'abord fait très bon marché des brevets d'invention ; on les a réduits à n'être rien ou presque rien. Remarquez que c'était une discussion utile en ce qui concerne l'examen préalable, mais en ce qui concerne la disposition de l'art. 3, je ne la crois pas très utile, très afférente à la question.

Et puis, je ne peux pas admettre qu'un brevet d'invention soit aussi peu de chose qu'on l'a soutenu. On a dit que le brevet d'invention n'était pas autre chose qu'un récépissé, c'est-à-dire à peu près rien. Dénégation. Je vous demande pardon, cela a été dit à la séance d'hier. *

Je pourrais demander au savant jurisconsulte qui a émis cette opinion, si, dans ce cas, il ne vaudrait pas mieux, dans l'intérêt de l'industrie, simplifier les formes, constater la date, car, dans son opinion, ce n'est pas autre chose : autoriser celui qui veut un brevet à faire chez un notaire un dépôt de ces pièces, qui constatera parfaitement cette date, et à faire insérer dans les journaux les indications nécessaires pour obtenir un droit exclusif.

Je suis convaincu que si cette proposition était faite, elle serait repoussée par toute la Chambre et par le Gouvernement. Eh bien, Messieurs, c'est que le brevet est autre chose qu'un simple récépissé, c'est que le brevet constate le droit, c'est qu'il est le seul acte qui constate le droit.

Veuillez bien remarquer que la cause du droit est dans la découverte ; mais la découverte existant, le droit exclusif, car le brevet n'est pas autre chose, c'est l'exclusion des autres à toute participation à la découverte ; sans cela, le droit exclusif n'existerait pas. Il a sa base dans le brevet. Le brevet est donc une chose considérable. Aussi, dans toutes les législations, et on vous le propose aujourd'hui, c'est le Roi qui signe les brevets. Et certes, admettre qu'on donne à l'autorité royale la faculté de signer un récépissé, c'est ravaler beaucoup l'acte auquel l'autorité royale appose une aussi grande solennité.

Je me demande si l'art. 3, comme le même orateur l'a soutenu hier, en allant plus loin que la proposition du Gouvernement, est parfaitement inutile. L'art. 3 n'a été pris par ce même orateur que dans la partie proposée par le Gouvernement, et il a dit : Mais tout est dans l'art. 2.

Les principes, les méthodes, les systèmes, les conceptions scientifiques ou théoriques, les plans de finances, tout cela n'est pas un produit industriel ni un résultat industriel : conséquemment, l'article est inutile.

Messieurs, j'ai le malheur, par suite d'une longue expérience de l'application des lois, de n'être pas ennemi de ce que quelques personnes appellent des inutilités, et de préférer l'abondance qui donne la clarté à la brièveté qui amène souvent l'obscurité.

La question qui est aujourd'hui tranchée par le projet de loi, celle de savoir si une méthode scientifique est ou non susceptible d'être brevetée, cette question s'est déjà présentée devant les tribunaux : elle a donné lieu à de sérieuses difficultés et à un long délibéré de deux chambres de la Cour de cassation. On est arrivé au principe que la loi consacrait, mais aux dépens de ceux qui avaient eu à soutenir le procès.

Je ne suis pas en peine des résultats de la jurisprudence, je sais bien que les tribunaux finiront un jour par saisir très bien le sens d'une loi et par bien l'appliquer : mais la jurisprudence coûte souvent fort cher aux citoyens. Mais lorsque, dans un projet, on peut insérer des dispositions qui ajoutent quelque clarté, et qui d'ailleurs n'ont d'autre inconvénient que de constituer une phrase de plus dans la loi, je suis toujours très disposé à voter cette addition et à la soutenir s'il en est besoin.

Ainsi, j'aime les redondances, et je prie la Chambre de ne pas perdre de vue que si, parmi ceux qui font les lois, il y a des hommes d'une capacité incontestable, qui aperçoivent de loin et de haut les difficultés, les conséquences nécessaires d'un article, les lois ne sont pas faites seulement pour des hommes éminents, elles sont faites pour le commun des citoyens, pour les ignorants comme pour les savants. Or, il faut, pardonnez-moi l'expression, que les lois descendent, jusqu'à un certain point, à la portée des citoyens ordinaires. Il faut que ces mots *produits industriels* qui, dans l'opinion commune, ont une grande extension, ne soient pas appliqués mal à propos et d'une manière erronée, par suite d'une omission dans la loi, par des hommes qui ont une intelligence ordinaire, mais qui n'ont pas les lumières nécessaires pour tirer d'un principe toutes les conséquences qu'il doit produire.

J'insiste donc pour qu'on conserve le paragraphe 3 de l'article 3.

Maintenant quelle est la difficulté qui existe entre le Gouvernement et la commission ? Je laisse de côté la question de l'examen préalable, elle reviendra plus tard, et je dis : Y a-t-il difficulté d'insérer dans un article de fond, dans un article qui détermine les inventions susceptibles d'être brevetées, le premier paragraphe proposé par la commission ? Est-ce qu'au contraire il n'est pas d'une haute moralité législative, après avoir posé dans l'art. 2 que telle et telle découverte peut être brevetée, de dire aux citoyens : Ne vous y méprenez pas, la loi peut bien admettre un principe favorable à l'industrie, mais il serait contraire à la morale que ce qui est contraire aux lois, aux mœurs ou à la sûreté publique, fût susceptible d'être breveté ; en d'autres termes, que les brevets délivrés par erreur pour ces inventions seraient susceptibles d'être annulés.

Il y a là, Messieurs, une question de haute moralité législative, et j'aime mieux trouver ce paragraphe important, plus essentiel qu'on ne le pense, dans des dispositions qui définissent quels sont les objets susceptibles d'être brevetés, que de le trouver dans un article subséquent où il s'agit des poursuites du ministère public.

Je prie la Chambre de remarquer que le Gouvernement lui-même a senti qu'on ne pouvait pas considérer ces inventions comme susceptibles d'être brevetées, puisque, dans un autre article, il donne le droit de les poursuivre. Nous ne sommes donc pas, sur ce premier paragraphe, en contradiction avec les intentions du Gouvernement :

seulement. je place sa disposition ailleurs. Je viens d'en expliquer
les motifs.

J'arrive au deuxième paragraphe des amendements proposés par
la commission. et ici je prie la Chambre de me permettre de lui dire
que c'est là. à mon avis. l'une des questions les plus importantes. Il
s'agit des compositions pharmaceutiques ou remèdes spécifiques. Il
y a deux opinions également consciencieuses. qui sont soutenues
par deux hommes d'une grande autorité.

Vous avez entendu. à la séance d'hier. M. Thénard et M. Gay-
Lussac vous présenter des systèmes tout à fait opposés. Je suis. en
apparence. fort peu compétent pour décider entre ces systèmes. Je
prie cependant la Chambre de me permettre d'apporter ici le tribut
de mes faibles lumières et de mon expérience.

Quelle est la législation qui régit ce qu'on appelle des remèdes
secrets ou des spécifiques ? C'est une loi de prohibition. Le décret du
18 août 1810 déclare que tout individu qui voudra user d'un remède
secret. le vendre. l'exploiter en d'autres termes, quelle que soit sa
nature. sera tenu de l'apporter au Gouvernement. Le Gouvernement
nommera une commission : cette commission examinera le remède :
si elle le trouve utile. elle l'achetera ; si elle le trouve nuisible. elle
en interdira la vente.

Et. en se reportant aux dispositions des lois sur la pharmacie. leur
combinaison est telle que toute vente d'un remède ou spécifique
quelconque qui n'est pas autorisé par le règlement général qu'on
appelle *Codex*. constitue la vente de remède secret prohibé par la loi.
Or. qu'arrive-t-il ? On délivre fréquemment des brevets d'invention
pour des compositions pharmaceutiques. On se fie à l'action des magistrats et on a raison en général, mais cette action est quelquefois
illusoire les individus qui ont un brevet viennent dire aux tribunaux : « J'ai bien obtenu ce brevet pour une composition pharmaceutique. Dans mes prospectus j'ai bien soin de dire que cette composition est utile pour prévenir ou guérir telle maladie mais. dans
la réalité. ce n'est pas un remède. c'est une substance alimentaire. Et
plusieurs fois les tribunaux qui. en définitive, ne peuvent appliquer
une peine correctionnelle que lorsqu'elle est prononcée textuellement
dans la loi. disent : mais en effet. ce n'est pas un remède quelquefois
ce n'est que de l'eau claire . et ils acquittent.

Que résulte-t-il de cet état de choses ? Que. d'une part. l'inventeur.
le pharmacien. car le plus souvent ce sont des pharmaciens: le
pharmacien qui a inventé ou acheté une découverte ou composition
pharmaceutique. a soin de mettre en tête de ses prospectus *breveté
du Gouvernement*. et au moyen de ce brevet et de l'inapplicabilité
des lois répressives pour les remèdes secrets, un individu continue à
soutirer l'argent des familles par la vente d'une composition dont le
moindre inconvénient est d'être parfaitement inutile.

Cet état de choses est-il tolérable, Messieurs, et la commission
n'est-elle pas louable d'avoir voulu y apporter un tempérament ?
Quelle est la portée de son amendement ? Elle veut déclarer que tout
brevet donné pour une composition pharmaceutique quelconque
n'est pas un brevet d'invention. qu'il est susceptible d'être annulé;

elle veut même que le Gouvernement ne l'accorde pas. Moi, je veux qu'une disposition de loi, indépendante des dispositions pénales, qui doivent toujours être appliquées avec une extrème reserve, donne au ministere public le droit de se pourvoir en nullité du brevet comme illégalement obtenu, ou bien obtenu pour un fait qui n'était pas susceptible d'être breveté : en d'autres ermes, je veux que l'un des plus puissants moyens de charlatanerie, ce titre de breveté du Roi ou breveté du Gouvernement disparaisse. Cette prohibition n'existait pas dans la legislation, et il est important de l'etablir.

Je sais bien que des personnes fort éclairees n'adopteront pas ce système et diront : « Laissez faire, laissez passer : tant pis pour ceux qui se laissent tromper. »

Cela n'est pas possible, Messieurs. Le principe du Gouvernement est de pourvoir, non-seulement aux intérêts de ceux qui sont assez habiles, assez éclaires pour se défendre contre les suggestions du charlatanisme, mais surtout aux interets de cette classe si nombreuse à laquelle manquent l'éducation et l'expérience, et qui se laisse entrainer par cette idée, qu'un pharmacien, un docteur quelquefois, est *breveté du Roi, breveté du Gouvernement*, et qui, quoi que vous disiez et fassiez, attache encore, attachera longtemps et peut-être attachera toujours une importance fatale à cette expression : brevete du Roi.

Ce que je desire, ce n'est pas que la chambre vote l'examen préalable par le Gouvernement, c'est qu'elle adopte en principe que les compositions pharmaceutiques, de quelque nature qu'elles soient (il suffit que l'intervention d'un pharmacien soit necessaire), ne sont pas susceptibles d'être brevetées, et par voie de conséquence, droit au ministere public, aux tribunaux de prononcer la nullité, sans qu'il y ait nécessité pour eux de prononcer de peine.

La question, telle qu'elle se présente, je le répete, est pour moi d'une tres grande importance. Une expérience personnelle m'apprend que, chaque année, des sommes considerables sont prélevées sur les besoins des plus pauvres familles, par des individus dont le principal moyen d'action sur ces familles est ce brevet d'invention délivré par le Gouvernement. Que le Gouvernement qui, d'ailleurs, ne peut pas breveter les compositions pharmaceutiques sans les avoir examinées, à peine de se rendre responsable des conséquences fatales pour la santé des citoyens que pourrait avoir la vente ou l'emploi de ces produits, repousse le principe de la répression préventive, ce n'est pas la ce à quoi je tiens, mais je tiens à ce qu'une règle de morale se trouve dans nos lois. C'est un système qui n'est pas nouveau. Je vais lui donner une qualification qui, peut-etre, aux yeux de beaucoup de personnes, ne le rendra pas favorable, mais qui, en fait d'administration, me semble élever en sa faveur une grande autorité : c'est le systeme impérial.

Je ne crois pas qu'en fait d'administration, pour les choses qui ne touchent pas à la politique, nous soyons à meme de faire beaucoup mieux que sous le régime impérial. Eh bien, le danger de publication des remedes secrets (ces deux mots semblent en opposition l'un avec l'autre, mais la publication consiste dans l'annonce et non dans les éléments de composition; cette qualification donnée à tous ces remèdes secrets avait, aux yeux de l'administration d'alors, un grave inconvénient : le premier, c'était de compromettre dans beaucoup de cas la santé des citoyens ; le second, d'être un moyen d'escroquerie, et c'est dans ce but que, avec le système de rigueur qui régnait alors, on a voulu punir toute espèce de débit pouvant être considéré comme remède secret : mais quand on est arrivé à l'application de ces dispositions pénales, on les a trouvées trop rigoureuses.

Dans mon opinion, elles sont quelquefois trop rigoureuses, et vous aurez de la peine à contraindre les tribunaux correctionnels à condamner toujours l'auteur d'un remède fort inoffensif dans son application.

Mais ce que je désire, c'est que, indépendamment de la loi pénale, il y ait une autre sanction dans la loi des brevets d'invention : c'est que le système industriel des brevets d'invention ne soit pas en quelque sorte souillé par ces brevets de charlatans qui sont si nombreux et qui exercent une si fatale influence en France.

Je vote avec une entière conviction pour l'adoption de l'art. 3 de la commission, en déclarant que je ne me crois pas lié par le vote quant à l'exécution de l'examen préalable.

M. LE MINISTRE DES TRAVAUX PUBLICS. Messieurs, il y a dans le discours que vous venez d'entendre plusieurs points sur lesquels je me hâte de dire que je suis parfaitement d'accord avec l'honorable préopinant. Ainsi, adoptant avec lui une phrase qui est échappée, dans la séance d'hier, à l'honorable M. Persil, je dis : La découverte motive le brevet d'invention : mais le brevet, au lieu d'être simplement un enregistrement pour conférer une date, confère de plus le droit exclusif d'exploitation pendant l'intervalle réglé par la loi. Le brevet est donc quelque chose, et je me range à l'opinion de l'honorable préopinant.

L'art. 1er de la loi le dit expressément : l'art. 2 ne fait que remplacer une définition de la découverte, qui avait été imparfaitement écrite dans la loi de 1791. La définition de l'art. 2 a paru satisfaire complétement la Chambre : nous arrivons maintenant à l'art. 3. Je suis encore d'accord avec l'honorable préopinant. Si les exceptions que la commission a ajoutées à l'article du Gouvernement dans l'art. 3 ne doivent pas entraîner de toute nécessité l'examen préalable, nous n'avons aucun intérêt à le repousser. Assurément il n'est pas venu à la pensée du Gouvernement d'ériger en principe qu'on peut impunément, ou à l'ombre d'un brevet, ou sous la protection du Gouvernement, exploiter un genre d'industrie contraire aux lois, aux bonnes mœurs ou à la sécurité publique.

Il n'est pas venu non plus dans la pensée du Gouvernement qu'on pût, sous une espèce de sauvegarde, jeter au public, sous la forme de compositions pharmaceutiques ou de remèdes spécifiques, de véritables poisons ou des substances inoffensives qui n'en sont pas moins onéreuses à ceux que leur crédulité pousse à chercher la santé dans tout ce qui a un cachet étranger. Mais il n'est pas possible de ne pas considérer le travail de la commission dans son ensemble, d'isoler l'amendement des effets que la commission elle-même y a attachés, de voir que, dans la pensée de la commission, les exceptions de l'art. 3 se rapportent nécessairement à l'organisation qu'elle a cru elle-même devoir donner. La commission a tellement pensé que, relativement aux objets compris dans l'art. 3, il y aurait de toute nécessité un préalable examen, qu'elle a dit par qui il serait fait ; que le Ministre déciderait, et que, s'il y avait refus de sa part, on recourrait au conseil d'Etat. Et la commission ne s'est pas dissimulé qu'après une ordonnance rendue au contentieux sur le pourvoi de l'impétrant contre la décision de refus du Ministre, les tribunaux correctionnels conserveraient néanmoins tout leur empire et viendraient ensuite prononcer soit la déchéance, soit la nullité du brevet. Vous avez laissé la question entière devant les tribunaux.

M. LE RAPPORTEUR. Ce n'est pas là tout à fait ce qui ressort du travail de la commission. L'affaire demeure dans la situation des affaires de cette nature. Chaque juridiction est respectée.

M. LE MINISTRE. Je prends l'article et je ne discute pas le rapport. Il dépend de vous de nous rassurer : la commission entend qu'une fois que l'ordonnance royale aura statué, les tribunaux ne pourront pas en connaître, puisque c'est une affaire administrative.

M. LE RAPPORTEUR. M. le Ministre me permettra-t-il de citer un exemple immédiatement ? Il me paraît tout à fait analogue. Quelle est l'autorité qui est chargée de faire le *Codex*, c'est-à-dire le formulaire général de tous les remèdes admis en France et des seuls remèdes admis ? C'est le Gouvernement qui le publie après avoir reçu l'avis des facultés de médecine, et s'être entouré de l'avis des commissions composées de gens aptes à le faire. Eh bien, peut-on admettre que le Gouvernement mette dans ce *Codex* des choses qui puissent devenir l'objet de poursuites de la part des tribunaux ? Nous n'admettons pas que, lorsque le Gouvernement aura compris une matière dans ce *Codex*, en la considérant comme n'étant pas nuisible, elle puisse l'être en effet. Eh bien, il en sera de même de l'ordonnance rendue sur le rapport du comité du contentieux qui sera éclairé par tous les rapports et les pièces existant au dossier.

M. LE MINISTRE. Je réponds à M. le rapporteur que je ne puis pas admettre la comparaison qu'il a présentée. Quand le Gouvernement, s'entourant de toutes les lumières dont il a besoin, après avoir consulté l'Académie de médecine, rédige le *Codex*, c'est-à-dire le tableau énumératif des remèdes usuels et autorisés, il fait acte d'administration, et assurément je comprends bien qu'on ne pourrait pas poursuivre, comme coupable d'un délit quelconque, celui qui aurait vendu un remède admis par le *Codex*; mais nous sommes dans un cas différent. Où vous placez-vous dans le cas d'une décision quasi-souveraine ? Le Ministre refuse le brevet, vous lui attribuez ce droit par l'art. 14, et puis; quand il a refusé, vous admettez un appel qui est porté au conseil d'Etat, lequel juge. Alors intervient une ordonnance : et que le Ministre veuille ou non accorder le brevet, il accepte l'ordonnance, car il est sans exemple qu'une ordonnance délibérée en conseil d'Etat n'ait pas reçu la sanction royale. L'ordonnance est

6

donc rendue, et après l'ordonnance qui aura décidé que le brevet doit être donné, contre l'avis du Ministre, la préparation pharmaceutique se distribuera. Cependant, l'action du ministère public ne sera pas enchaînée, il pourra poursuivre, et si de l'emploi de ce remède résulte un dommage quelconque, réparation pourra être prononcée par les tribunaux correctionnels.

M. LE RAPPORTEUR. Il sera toujours dans la situation d'un remède autorisé par le *Codex*.

M. LE MINISTRE. Il n'en est pas évidemment ainsi. Mais on m'a fait devancer la discussion, je ne voulais pas arriver aux conséquences extrêmes de l'amendement, je voulais le discuter dans son principe. Ce n'est pas ce qu'il contient qui nous blesse, mais les effets qu'il devra inévitablement produire.

Si on veut admettre, en maintenant les principes, que rien ne peut être présenté de contraire aux lois, à la sécurité publique, aux bonnes mœurs : que les remèdes pharmaceutiques ne pourront pas être brevetés : si on admet que ce principe paraîtra dans la loi comme une démonstration morale, un enseignement utile, un moyen de repousser les effets d'un charlatanisme avide, il n'y a pas de difficulté.

Ce que nous combattons, et c'est sur ce point que nous sommes d'accord avec l'honorable préopinant, c'est l'examen préalable auquel l'administration est condamnée par les termes mêmes de l'amendement, et par les suites qu'on lui a données. Ainsi, si l'honorable préopinant avait formulé un amendement qui eut placé la prohibition à l'égard de la non-brevetabilité, passez-moi le mot, des objets compris dans le premier et le deuxième paragraphe, il n'y aurait pas de difficulté.

Le nœud de la difficulté est donc là tout entier : l'examen préalable en matière de brevet d'invention nous paraît détruire de fond en comble le principe de la loi.

Et en effet, en accordant tout à l'heure que le brevet était quelque chose en ce qu'il conférait le droit exclusif à l'exploitation de la chose brevetée, je n'en ai pas moins entendu maintenir que le brevet ne garantissait rien, absolument rien, et laissait l'action des lois parfaitement libre en dehors du brevet : je n'en ai pas moins entendu maintenir que, dans la délivrance du brevet, le Gouvernement n'a point à s'occuper par anticipation du mérite de la chose brevetée.

Et pourquoi cela ? C'est que le brevet ne couvre rien : c'est que si, en vertu d'un brevet, un fait punissable, un fait dommageable quelconque vient à se produire, l'action des lois ordinaires est là.

Il me paraît que, dans cette discussion, on a fait trop facilement abstraction d'une autre législation, et que l'on ne s'est préoccupé que de celle des brevets. Les deux législations marcheront parallèlement : il existe heureusement des lois qui punissent tout ce qui est contraire aux lois, aux bonnes mœurs et à la sureté publique.

Il existe des lois spéciales sur le débit et la vente des remèdes secrets : et cette législation, nous n'avons entendu en aucune façon la désarmer. Seulement, nous n'entendons pas, et c'est ce que je prie la Chambre de bien retenir, nous n'entendons pas assujettir le Gouvernement à un examen anticipé de la chose pour laquelle le brevet est demandé. Cela est impossible, et cela serait contraire au principe même de la loi. En dehors des brevets, les lois ordinaires agiront : les abus seront réprimés ; les actes d'escroquerie, comme on les a qualifiés, trouveront une sévère punition.

Mais l'examen préalable, il est impossible que nous l'admettions : nous ne pouvons pas l'admettre en principe ; et pour le démontrer nous n'avons qu'à aller aux conséquences auxquelles la commission aboutit.

En effet, elle a bien senti qu'il fallait une sanction aux exceptions qu'elle propose d'insérer dans la loi ; et cette sanction, comment l'a-t-elle trouvée ? Dans le droit arbitraire accordé au Ministre de refuser un brevet, et, dans le cas où la partie demanderesse ne serait pas satisfaite, dans l'introduction d'un recours devant le conseil d'État.

Eh bien, voilà ce qui me paraît, non-seulement contraire au principe de la loi, mais contraire à tout l'ordre de juridiction qu'il importe de maintenir, et susceptible d'amener un conflit déplorable entre le pouvoir judiciaire et le pouvoir administratif.

Le nœud de la difficulté est donc complétement là. Si l'on veut se borner à constater dans la loi qu'il est impossible de breveter tout ce qui est contraire à la loi, aux bonnes mœurs et à la sûreté publique, nous l'admettons. Mais l'examen préalable, nous le repoussons.

M. LE BARON CHARLES DUPIN. Je commencerai par justifier l'article du projet de loi relativement aux exceptions qu'il présente sur les inventions qui ne sont pas susceptibles d'être favorisées d'un brevet.

On prétend qu'il ne faut pas accorder de brevets à des théories purement scientifiques. Cela va sans dire ; car les théories scientifiques ne sont pas des objets de commerce.

Ainsi, lorsque Lavoisier a décomposé l'air atmosphérique, il n'a pas demandé un brevet pour exploiter sa découverte. C'est à l'Académie des sciences qu'il a présenté la description de ses admirables expériences, c'est là qu'on a constaté ses titres de gloire. Il en est toujours ainsi des découvertes purement scientifiques dont l'esprit humain s'honore.

La délivrance d'un brevet est purement et simplement la constatation officielle d'une invention susceptible d'être introduite dans le commerce par une vente de produits d'industrie. Or, le propre des découvertes théoriques et scientifiques, c'est de n'avoir rien de commun avec la vente.

Lorsque la demande d'un brevet est transmise au comité des arts et manufactures, qui contient des savants extrêmement distingués, ils aperçoivent d'un coup d'œil s'il s'agit de découvertes purement théoriques ou d'applications industrielles. Dans ce dernier cas, ils reconnaissent qu'il y a matière à brevet.

Soyez d'ailleurs parfaitement rassurés, les inventeurs ne vont pas payer un brevet de 1.000 ou de 1.500 fr. pour constater à prix d'or leur découverte scientifique ; ils s'adressent à l'Académie des sciences, qui n'exige d'eux que du génie. C'est une question d'honneur et non de profit ; on espère quelquefois des récompenses, mais on n'a rien à dépenser pour faire déclarer qu'on est inventeur. Voilà ce qui justifie les dispositions renfermées dans l'article du projet de loi, dispositions qui n'ont présenté, qui ne présenteront dans l'exécution aucune difficulté. Ici pas d'examen préalable sur une invention industrielle : il ne s'agit que de constater si une découverte est ou n'est pas scientifique, est ou n'est pas industrielle.

Nous avons ici plusieurs honorables collègues qui ont été membres du comité des arts et manufactures ; ils n'ont jamais éprouvé d'embarras pour prononcer en pareille occurrence : je le répète, il n'y a pas de confusion possible. L'article du Gouvernement justifié, je passe aux paragraphes additionnels proposés par la commission.

Comment est-il possible qu'on écrive dans une loi qu'on ne peut pas accorder un brevet pour des inventions *contraires aux lois?* Non-seulement on ne le peut pas, mais on ne le doit pas ; mais quand vous auriez, par le silence d'une loi, la prétendue faculté de violer les autres lois, vous seriez, à juste titre, châtiés pour exercer cette étrange faculté. Les tribunaux vous diraient : Vous pouvez bien présenter en votre faveur des brevets, des ordonnances, des actes ministériels ; vous violez les lois, cela suffit ; nous jugeons appuyés par elles, et nous vous condamnons avec la rigueur salutaire que leurs prescriptions imposent.

A l'égard de la dernière partie du premier paragraphe additionnel, je ne connais pas d'invention qui soit, par elle-même, *contraire aux mœurs*. Les inventions ne sont telles que par l'usage qu'on en peut faire. Vous imaginez-vous qu'on va demander un brevet d'invention pour un poignard servant à tuer plus commodément les citoyens ? Pas du tout. Vous savez que dans l'Inde il existe une caste extrêmement adroite, qui a poussé l'art d'étrangler à un tel degré de perfection, qu'une foule d'individus, pour peu qu'ils soient isolés, sont étranglés sans qu'ils s'en aperçoivent. (On rit.) Est-ce que vous croyez qu'on va demander un brevet d'importation pour étrangler les Français sans qu'ils s'en aperçoivent ? (Hilarité générale.)

Qui jamais oserait demander un brevet pareil? Le comité des arts et manufactures, sur le simple vu de la spécification, dirait au Ministre : Vous ne pouvez donner le brevet, car il s'agit d'un acte que les lois doivent châtier. Mais j'ai tort de raisonner sur de pareilles hypothèses. Il y aurait vraiment de l'enfantillage à se prémunir contre des difficultés aussi puériles.

Qu'il me soit donc permis de le dire : On ne peut pas demander et moins encore obtenir de brevets pour des inventions contraires aux bonnes mœurs. A l'égard des individus qui pourront tenter d'abuser des inventions pour offenser les lois ou les bonnes mœurs, c'est pour réprimer de pareils abus qu'il existe des tribunaux, qu'il existe une police, afin de les atteindre dans tous les degrés de l'attentat du délit ou du crime.

Je sais bien que l'on peut me dire : Vous indiquez bien que la police et les tribunaux peuvent exercer pareille répression ou pareil châtiment ; mais les tribunaux ne font pas toujours ce qu'ils devraient faire. A cela, je réponds : C'est au Gouvernement, c'est au Garde des sceaux à trouver les moyens d'assurer le bon et complet

exercice de la justice : si les tribunaux se négligent, n'en accusez pas
les lois, mais le Gouvernement. Enfin, si les magistrats n'accomplissent pas leur devoir dans toute son étendue, agissez sur eux, et ne
croyez pas découvrir un remède à ce mal pratique, en insérant des
articles dérisoires qui ne seront dans vos lois qu'une lettre morte.

En définitive, je le déclare, je serais fâché qu'on insérât dans une
loi française que l'on ne donnera pas de brevets d'invention pour
les inventions contraires aux lois ou aux bonnes mœurs, mesure au
moins superflue. On répondra que ce qui abonde ne nuit pas. Ici,
Messieurs les pairs, ce qui abonde n'est pas seulement inutile, cela
vicie la loi.

J'arrive maintenant au second paragraphe. On semble croire qu'il
n'est relatif qu'à des remèdes secrets. Remarquez que l'interdiction
qu'on veut introduire ne se borne pas à de tels remèdes secrets ; la
prohibition est absolue, elle embrasse toutes les compositions pharmaceutiques pour remèdes spécifiques.

D'abord il faudrait distinguer, il faudrait qu'il fût bien entendu
que toute composition pharmaceutique, si elle n'est pas un remède
spécifique, sera susceptible d'un brevet.

Mais aujourd'hui la pharmacie, comme l'a si bien dit notre illustre
collègue, M. Gay-Lussac, est un art très étendu, c'est un art très
scientifique. Il ne s'agit plus seulement, comme au temps des anciens
apothicaires, de préparations empiriques pour droguer des patients :
je vois une grande industrie, une industrie scientifique, une industrie qui quelquefois embrasse un commerce très considérable. Je
puis vous en citer un exemple offert par l'une des inventions modernes les plus importantes. On a eu la pensée d'extraire du quinquina son principe médicinal et de le convertir en sel, en sulfate de
quinine qui, donné comme remède, offre l'immense avantage d'éviter les conséquences funestes de l'emploi naturel du quinquina.

C'est là, Messieurs les Pairs, une préparation pharmaceutique. Eh
bien, je le demande, pareille découverte n'aurait-elle pas mérité un
brevet d'invention si l'inventeur eût voulu le solliciter ? J'affirme
que oui.

M'objectera-t-on qu'en pareil cas l'Etat achètera le secret, ou qu'il
récompensera ? Il récompensera quelquefois, mais il ne récompensera pas toujours, surtout s'il ne se présente pas quelque apologiste
éloquent. D'ailleurs, ne pourrait-on pas opposer les mêmes fins de
non-recevoir à toutes les inventions? Quoi ! vous n'accorderiez pas
un brevet à une découverte égale à celle du sulfate de quinine, non-
seulement comme bienfait envers l'humanité, mais comme objet
d'un grand commerce avec l'étranger ?

En effet, l'exportation de ce sulfate a promptement pris une fort
grande extension ; la richesse publique en a profité. En définitive,
vous ne pouvez pas enlever aux auteurs de semblables inventions
les avantages du droit commun, sous prétexte que ce seraient des
préparations pharmaceutiques. Il faut aller plus loin. Il n'y a pas
seulement des médicaments employés à guérir des maladies il est
des préparations très utiles à la santé, et que l'on pourrait appeler
des préparations hygiéniques ou de simples conservateurs de la

santé. Voulez-vous les interdire aussi? ne ferez-vous pas d'exception? Je puis en prendre des exemples dans les eaux minérales factices: elles sont l'objet d'un commerce important. Si quelque habile pharmacien réussissait à composer une eau factice avec des propriétés aussi importantes que celles d'une eau naturelle de telle ou telle localité, je dis qu'il aurait rendu un grand service à l'humanité; il aurait été le bienfaiteur des classes pauvres qui ne peuvent pas se déplacer. On ordonne à des malades opulents de faire un voyage aux Pyrénées pour y prendre les eaux; mais on ne peut l'ordonner au nécessiteux qui n'a pas même les moyens de payer les frais de transport. Il faut donc laisser ici la faculté de prendre un brevet pour une invention salutaire.

Parmi les eaux minérales, il en est qui peuvent servir de boisson, et même de boisson fort agréable; vous iriez donc les interdire parce qu'elles sont non-seulement agréables, mais agréables et salubres! Vous dites que ce sont des quasi-remèdes en même temps que des quasi-boissons, et c'est au nom de ces quasi que vous les proscrivez tout à fait... Je ne veux pas de cela: je ne veux pas que l'on puisse dire à une grande industrie, à une industrie scientifique comme la pharmacie l'est aujourd'hui, qu'elle ne pourra pas obtenir de brevet pour ses découvertes, au même titre, au même droit que toutes les autres industries.

La société n'est pas désarmée: les charlatans, dit-on, mettent sur leurs prospectus *brevetés du Gouvernement*. Faites une ordonnance: faites, s'il le faut, un article de loi pour que tout remède annoncé sous ce titre, *breveté du Gouvernement*, payera la plus forte des amendes; j'y consens. Mais, parce qu'on peut redouter un inconvénient dans l'impertinence des charlatans, faut-il vous priver d'une chose utile? Cela n'est pas raisonnable. Aujourd'hui, Messieurs, que le charlatanisme abuse des meilleures choses, si vous ne vouliez permettre que les actions dont le charlatanisme ne puisse jamais se prévaloir, il faudrait interdire à l'homme la parole et l'action: vous réduiriez au néant nos sociétés modernes.

Appliquons-nous donc à prévenir les inconvénients possibles, mais sans aller pour cela jusqu'à supprimer des dispositions, des facultés utiles.

Lorsqu'on demande un brevet pour une invention vraie ou fausse, qui peut influer sur la santé des hommes, je conçois qu'il y ait, sous le point de vue de la salubrité, qu'il y ait examen préalable du remède, mais ce n'est pas un jugement sur l'originalité de l'invention: l'examen ne consistera pas à savoir si telle ou telle chose qu'on présente n'a pas été déjà trouvée par une autre personne; non, car vous avez pour principe de ne pas entreprendre cet examen: vous aurez seulement le droit de dire: Si de votre invention peut résulter quelque dommage pour la santé publique, vous n'aurez pas droit de la vendre. Alors voici la marche que l'on suit: On adresse le spécifique à la société royale de médecine, non pas pour qu'elle dise s'il renferme quelque invention, mais pour qu'elle dise: Cela est funeste ou n'est pas funeste à la santé.

Alors je dis qu'en définitive je ne vois aucune nécessité d'accepter les deux paragraphes additionnels. le premier au sujet des lois et des bonnes mœurs. Quant au second. je réclame, au nom du droit commun. au nom de la liberté des citoyens. pour qu'une grande industrie, une industrie respectable et savante. ne soit pas déshéritée du privilége universel des inventeurs. Il y aurait à cela des difficultés infinies. Je crois l'intérêt de la société suffisamment garanti. S'il est à redouter quelque abus de charlatanisme. le Gouvernement trouvera facilement le moyen d'y porter remède.

Je me résume en adoptant purement et simplement l'art. 3 tel qu'il est présenté par le Gouvernement.

M. BARTHE. Il me semble. d'après ce qu'a dit M. le Ministre. qu'il est possible de s'entendre. car M. Teste a dit que si le paragraphe 2. relatif aux compositions pharmaceutiques et aux remèdes spécifiques, pouvait être maintenu sans s'exposer aux dangers d'un examen préalable. dans ce cas il n'y verrait pas d'obstacle. Je vais donc. après avoir dit quelques mots sur le principe. prouver que ces dangers n'existeront pas.

Quant au principe, il est incontestable : depuis la loi de l'an X il est établi pour tous que les compositions pharmaceutiques et toutes les préparations destinées à guérir. échappent au droit d'une exploitation exclusive. Ainsi, d'après les principes de notre droit. nul ne peut dire : J'ai seul le droit d'exploiter un remède. Voilà quelle est la position !

Cela est tellement vrai que, comme avant 1810 il en était autrement, un décret fut rendu qui ré oqua toutes les autorisations qui avaient été données. On ne voulait pas cependant décourager ceux qui, dans l'intérêt de l'humanité. pourraient rechercher de nouveaux remèdes ; voici comment on procéda. On dit : ceux qui prétendront avoir inventé un remède se présenteront. le Gouvernement fera examiner leur invention. Si le remède est utile. il appartiendra à la publicité, à tout le monde. et il sera donné une indemnité : si le remède n'est pas utile, s'il est nuisible. il n'appartiendra à personne, il restera dans la situation des remèdes secrets: il y aura poursuites contre ceux qui s'en serviraient.

Maintenant, comment faut-il diviser les compositions pharmaceutiques? Elles sont de deux classes : celles qui sont autorisées. qui figurent au *Codex* ou dans les publications du Gouvernement, et celles qui ne sont pas autorisées et dont l'emploi constitue un délit.

Y a-t-il dans ces compositions possibilité de déclarer qu'il y aura exploitation exclusive au profit de l'inventeur? Non. Il y a, d'après la loi et d'après le simple bon sens, incompatibilité entre une composition utile à l'humanité et une exploitation exclusive au profit d'un seul.

Avant qu'il en fût ainsi, la situation était singulière. Rien n'échappe à l'analyse. Ainsi, je suppose qu'un remède nouveau eût été utile ; un médecin l'a analysé, il n'a pas le privilége de ce remède, mais il le connait ; il ordonne au pharmacien de le composer pour un malade qu'il sauve. Eh bien. ce médecin serait poursuivi pour avoir violé le brevet d'invention, parce que l'inventeur ne se serait pas trouvé là pour le fournir. C'est là une chose immorale.

Quant aux inventions contraires aux lois, aux mœurs ou à la sûreté publique, le meilleur argument qu'on puisse faire valoir contre le paragraphe, c'est qu'en l'absence même du paragraphe, je suis très convaincu que si un individu se présentait pour demander un brevet en faveur d'un procédé contraire aux lois ou aux mœurs, le Gouvernement aurait pour devoir de refuser de couvrir ce procédé de la protection royale. Ainsi, sous ce point de vue, ce paragraphe pourrait peut-être être écarté comme inutile ?

Mais pour le deuxième paragraphe, l'utilité est évidente : la preuve, c'est que tous les jours on délivre des brevets d'invention pour des remèdes. On propose un remède qui, d'après une nomenclature très étendue, peut guérir tous les maux, on le présente comme autorisé par ordonnance royale, et l'on adresse cela à la crédulité publique.

On n'examine pas si l'on a un droit exclusif, le charlatan ne s'occupe pas de cela, il veut seulement exploiter la crédulité publique. Voilà des abus dont un brevet ne doit pas être complice et ce qu'aucune considération fiscale ne doit faire tolérer, ce que la signature royale ne doit pas recommander. Les lois sont faites pour protéger les crédules, les infirmes, les faibles : toutes les lois sur la médecine sont faites dans cet esprit-là. C'est dans cette pensée libérale qu'a été conçu le décret de 1810, qui n'a pas voulu que l'art de guérir fût exploité par brevet d'invention.

Mais, dit-on, vous auriez donc refusé un brevet à l'inventeur du sulfate de quinine ? Je dirai que celui à qui est dû ce résultat ne demanda pas de brevet.

Les brevets d'invention pour les remèdes ne sont pas au service de ces esprits et de ces travaux, c'est pour d'autres inventions, c'est pour le charlatanisme qu'ils sont faits : voilà pourquoi il faut les repousser.

Messieurs, le seul argument vrai, c'est que les compositions pharmaceutiques ou spécifiques ne sont pas susceptibles d'une exploitation privilégiée. Or, comme vous dites dans l'art. 1er que le brevet d'invention est une indication pour une exploitation privilégiée, vous ne pouvez pas l'appliquer à cette nature de composition.

Maintenant on dit : Vous allez entraîner un examen préalable. Ce serait dangereux, car quand on demandera un brevet pour un remède, si le Ministre refuse, son refus suppose un examen : cet argument s'adresse à toutes les exceptions. Le Gouvernement en propose quelques-unes. Il faudra bien que le Gouvernement ait le droit de refuser. Au surplus, je viens rassurer l'administration.

Vous posez en principe que les compositions pharmaceutiques ne sont pas susceptibles d'être exploitées par privilège. Qu'arrivera-t-il ? Quand un individu se présentera et qu'il demandera un brevet pour un remède, on lui dira qu'on ne peut lui en délivrer un.

C'est la chose la plus simple du monde. Je suppose qu'on a demandé un brevet d'invention pour toute autre chose qu'on présentera ensuite au public comme un remède; ainsi, par exemple, une composition qu'on prétendra dirigée vers l'industrie, sera présentée dans des prospectus comme un remède. Messieurs, cet individu serait passible des tribunaux dans tous les sens. Il ne s'agit pas de cela. Mais le principe étant posé à l'individu qui viendra dire au Gouvernement : « Donnez-moi un brevet pour l'exploitation exclusive d'un remède », le Gouvernement répondra : « je vous le refuse. » Il ne saurait y avoir de contestation. Le Gouvernement refusera le brevet. Ainsi que le disait M. Laplagne-Barris, si le brevet était donné, on se pourvoirait en déchéance, cela est parfaitement vrai ; mais on fera encore mieux, on le refusera.

Je me résume. Suivant tous les principes de notre législation, et en supposant qu'elle ne fût pas telle, il faudrait la rendre telle : les compositions de remèdes ou spécifiques ne sont pas susceptibles de brevets d'invention, parce qu'ils ne peuvent pas être l'objet d'une exploitation exclusive. Le principe étant déclaré, quand un individu se présentera à l'effet d'obtenir un brevet pour un remède, on lui répondra : « Je n'en accorde pas. » Par cette disposition morale et utile vous rendrez à l'humanité un véritable service.

M. CUNIN-GRIDAINE, *Ministre de l'agriculture et du commerce.* Messieurs, je crains qu'il n'y ait dans la discussion une véritable confusion ; je crains qu'on ait confondu les dispositions de la loi de 1810, relative aux remèdes secrets, avec les dispositions de la loi relative aux brevets d'invention.

La loi de 1810 qu'a-t-elle dit ? Elle interdit formellement la vente des remèdes secrets ; cependant, lorsqu'un inventeur croit avoir fait une découverte dont l'humanité pourrait profiter, il ne demande pas un brevet d'invention d'après la loi de 1810, car cette loi est complétement étrangère aux brevets d'invention, mais il s'adresse au Gouvernement et lui dit : « J'ai fait la découverte d'un remède dont je veux faire profiter la société ; je vous livre mon invention, fa tes-la apprécier, faites-nous faire un rapport sur cette invention, demandez à l'Académie royale de médecine ce que peut valoir mon remède, je le livre au Gouvernement. Que fait le Ministre ? Ce que lui prescrit impérieusement le décret du 18 août 1810 : il saisit l'Académie royale de médecine. Le rapport est fait : l'Académie déclare que la découverte est sans valeur, ou que le remède peut même être dangereux, et qu'il n'y a pas lieu pour le Gouvernement d'en doter la société. Dans ce cas, refus complet de la part du Gouvernement et interdiction formelle d'exploiter. L'Académie royale de médecine dit-elle, au contraire : « Que c'est un remède dont la société peut tirer profit, le Gouvernement ne peut se dispenser de l'acquérir. Sur le rapport de l'Académie de médecine, sa responsabilité étant parfaitement à couvert, il s'adresse aux Chambres, leur présente un projet de loi et demande un crédit pour indemniser l'inventeur ; le domaine public profite de l'invention, mais il n'y a là aucun rapport avec les brevets d'invention.

Cette matière appartient entièrement à la législation sur la police de la pharmacie ; une loi nouvelle sera bientôt présentée à la Chambre sur cette matière, et c'est alors que la Chambre aura à s'occuper des remèdes secrets : c'est alors que la difficulté élevée ici pourra être résolue. Maintenant j'arrive à la question en discussion, à la délivrance des brevets d'invention,

J'ai eu l'honneur de soumettre hier à la Chambre des considérations que je crois assez puissantes contre l'examen préalable. Des orateurs, des jurisconsultes fort aimables ont défendu, ont soutenu le projet du Gouvernement. Mon honorable ami, M. Teste, vient encore de présenter à l'appui des considérations importantes. J'ajoute que le Gouvernement ne peut pas, ainsi que le présume le savant jurisconsulte qui a parlé avant moi, se livrer à un examen préalable, qu'il ne peut pas apprécier s'il y a ou s'il n'y a pas un remède, il ne peut faire qu'une chose, c'est de délivrer le brevet, aux risques et périls de ceux qui le demandent.

Je pose encore un exemple :

On demande un brevet pour un papier chimique. Cette désignation n'offre rien qui ne soit parfaitement innocent. J'admets l'examen préalable. La demande se présente avec un caractère légitime : le brevet est délivré et l'inventeur en profite. Bientôt le ministère public intervient et dit : Votre préparation, votre papier chimique constitue un remède secret. Il poursuit, obtient condamnation. Dans un autre cas, le Ministre croit voir un remède dissimulé sous des dénominations telles que celles de pastilles de Vichy, de pâte de Regnault, et de je ne sais quoi encore.

Qu'arrive-t-il ? Il ne veut pas prendre sur lui la responsabilité de délivrer de tels brevets : il refuse. C'est alors qu'on s'adresse au conseil d'Etat, et le conseil peut déclarer qu'il n'y a pas là remède secret. Eh bien, Messieurs, nous rentrons alors dans cette procédure contre laquelle on s'est élevé dans la discussion d'hier, et tous les inconvénients qui vous ont été signalés se révèlent d'une manière très fâcheuse.

Et qu'on ne croie pas que si l'amendement de la commission était adopté, il offrirait plus de garantie à la société que la rédaction du Gouvernement. C'est tout le contraire, à mon avis, et je répéterai ce qu'a dit hier l'honorable M. Persil : si le brevet continue à être délivré aux risques et périls du demandeur, il ne peut se faire un titre d'un brevet délivré sans examen et sans garantie ; tandis que celui à qui on aura refusé un brevet d'invention, et qui l'aura obtenu du conseil d'Etat après examen, pourra livrer son remède avec confiance, et obtiendra une foi d'autant plus grande que son brevet sera une véritable garantie.

Dans l'état actuel, lorsque le Gouvernement donne un brevet pour une préparation qui lui paraît rentrer dans les interdictions de la loi de 1810, il ne refuse pas le brevet, il le délivre : mais il avertit le demandeur que c'est à ses risques et périls, et sans que le brevet lui confère le droit d'exploiter sa découverte contrairement au décret de 1810. La plupart du temps, je dois le dire, sur cette observation, l'inventeur renonce, tandis qu'on n'y renoncera pas, à l'aide de l'examen préalable, entraînant la garantie du Gouvernement ; et, au moyen de la décision du conseil d'Etat, on pourra déclarer que ce n'est pas un remède secret tombant sous la répression de la loi de 1810.

Ainsi, pour une composition dont l'application aura peut-être causé la maladie ou même la mort de plusieurs citoyens, on pourra

invoquer la bonne foi et l'autorité de la décision du Gouvernement
ou du conseil d'Etat.

J'ajouterai un mot. Que l'examen préalable soit écarté de la rédaction de la commission. le Gouvernement proposera un amendement. quoique je doute que j'en aie le droit, n'ayant pas l'honneur d'appartenir à cette Chambre; mais je citerai ce qui s'est passé
dans la commission. Je me suis rendu dans son sein ; j'y ai présenté
les observations que je viens de faire valoir. J'avais dit que l'amendement me paraissait inutile, mais que je l'accepterais, pourvu qu'il
n'impliquat pas l'obligation de l'examen préalable. car, je le répete,
l'examen préalable dérangerait complétement l'economie de la loi.
et ce serait détruire un ordre de choses qui s'est pratiqué depuis
cinquante-deux ans sans avoir donné lieu au moindre inconvénient.

Je termine par un mot. Quant à la police de la pharmacie. une loi
sera présentée. La discussi.n qui nous occupe. en ce qui concerne
les remédes secrets, s'y appliquera beaucoup mieux qu'à une loi sur
les brevets d'invention.

M. LE RAPPORTEUR. Après une discussion si solennelle. après une
discussion à laquelle ont pris part à la fois de profonds magistrats.
des savants célebres, des administrateurs distingués. la position de
votre commission, le rôle de son rapporteur seraient bien pénibles
seraient bien difficiles. si nous n'avions presque tous une conviction
profonde.

Appelés à faire partie de la commission chargée de l'examen du
projet de loi sur les brevets d'invention sans avoir de connaissances
spéciales sur cette matiere, nous demeuraines frappes, en faisant la
lecture du projet de loi, de la disposition contenue dans l'art. 31
portant : « que le brevet serait nul si la découverte, invention ou application était reconnue contraire à l'ordre ou à la sureté publique.
aux bonnes mœurs et aux lois du royaume. » Nous nous deman-
dames si ce n'était point profaner la signature du souverain et le
sceau de l'Etat que de les faire apposer sur des actes de cette nature.
Peut-on, disions-nous. faire privilégier. au nom de la puissance publique, une industrie que cette puissance devra briser ?

Mais, d'un autre côté. peut-il se faire qu'un homme soit assez fou
pour demander un brevet pour une chose illicite ? Non, sans doute.
cela ne peut se supposer; mais si cet individu se rencontre cependant.
rien au monde ne pourra forcer un ministre à attacher son nom à
un titre contraire aux lois, aux bonnes mœurs. à la sureté publique;
il la refusera sous sa propre responsabilité. et jamais on ne devrait
craindre de le voir traduit à la barre de la Chambre des pairs pour
une pareille disposition.

Telle était, à cet égard. la situation de votre commission, lorsqu'elle me fit l'honneur de me choisir pour son rapporteur. Mon de
voir était d'étudier à fond la matière : la bibliothèque de la Chambre.
et surtout les communications nombreuses que je reçus du ministère.
du commerce, avec un empressement tout à fait digne d'éloges, ser-
virent à m'éclairer. J'y puisai notamment, avec une vraie satisfaction.
des lumières sur la question qui nous avait préoccupés et sur celle

des brevets d'invention délivrés pour remèdes secrets, que de vives réclamations adressées à la Chambre, à M. le président de la commission et à moi, présentaient d'une manière fort grave à mon esprit!

Que les industries contraires aux lois ne fussent pas susceptibles d'être brevetées, cela parut de la dernière évidence.

Devait-il en être de même des compositions pharmaceutiques ?

Aux termes des lois sur l'exercice de la profession de la médecine, nul autre qu'un pharmacien ne peut vendre ni débiter des remèdes. Le pharmacien lui-même ne peut préparer que des remèdes conformes aux ordonnances des médecins dans tous les cas particuliers. A défaut de ces prescriptions magistrales, il ne peut vendre que des remèdes composés d'après un Codex ou formulaire rédigé à l'avance, par ordre du Gouvernement, par une assemblée de médecins pris parmi les professeurs des facultés de médecine. Une jurisprudence constante aujourd'hui place dans la classe des remèdes *secrets* tous les remèdes qui ne sont pas compris dans les catégories précédentes ou dont le Gouvernement n'a pas acheté la formule conformément au décret du 18 août 1810. Vous connaissez tous maintenant, Messieurs, les dispositions de ce décret : vous savez que la vente des remèdes *secrets* est interdite ; vous savez également qu'on doit regarder comme secrets tous les remèdes déclarés tels par la jurisprudence dont nous venons de vous entretenir.

Ce décret, plein de sagesse, remplit les deux principales obligations imposées à tout gouvernement dans l'intérêt de la santé publique.

Par la défense de vendre ou de débiter des drogues funestes ou sans vertu, il garantit la vie des citoyens de toute atteinte fâcheuse, ou les met à l'abri des surprises du charlatanisme.

Par l'obligation faite à l'État d'acquérir les remèdes non encore connus, mais jugés utiles, il met à la portée de tous de précieux moyens curatifs, il les exonère de tout droit de monopole. Chacun peut acheter ainsi, au plus bas prix possible, ce qui importe le plus essentiellement à son bien-être, c'est-à-dire à sa santé. L'inventeur n'aura point à se plaindre ; il sera indemnisé sur les fonds du Trésor, et si la découverte est importante, n'obtiendra-t-il point, dans la reconnaissance de ses concitoyens, dans les honneurs qui lui seront décernés, un noble supplément à l'indemnité pécuniaire qui pourra lui être dévolue s'il la réclame ? M. Pelletier ne l'a point demandée pour la découverte de la quinine, il s'en est fait un titre scientifique : il ne pouvait être plus glorieux! Aussi l'Institut s'est-il empressé de lui ouvrir son sein et de lui décerner un des grands prix Montyon!

Sans doute, Messieurs, il y a, dans ce décret, une violation aux règles ordinaires de la législation actuelle sur les brevets d'invention, au principe qu'elle consacre.

Mais cette exception, comme vous l'avez vu dans le cours de cette discussion, n'était-elle pas commandée par les considérations les plus importantes ? Sans doute, si l'on veut considérer le droit exclusif d'exploiter une découverte comme une véritable propriété, on peut prétendre qu'il y a là une sorte d'expropriation. Mais alors quelle

expropriation pour cause d'utilité publique fut-elle plus juste et
mieux motivée?

Le raisonnement nous conduisait donc à cette conclusion : non, les
compositions pharmaceutiques ne sont pas susceptibles d'être brevetées. Nous avons été fortifiés dans notre conviction à cet égard en
lisant avec soin les procès-verbaux des diverses commissions créées
auprès du Ministre du commerce à différentes époques, et en étu-
diant les projets de loi qui ont été préparés sur ce sujet en 1832, 1836,
et enfin en 1838. Le premier avait été fait par les soins d'une commission présidée par M. Girod (de l'Ain), et composée d'un assez grand
nombre de savants, d'industriels et de jurisconsultes. Non-seulement
ce projet exclut du brevet d'invention (art. 3) les remèdes, mais encore les cosmétiques, et enfin les nouvelles préparations de comestibles ou de boissons, si elles ne présentent que des mélanges de substances connues.

Le projet de 1836 fut préparé par une commission moins nombreuse, presque entièrement composée de jurisconsultes réunis sous
la présidence de M. le Ministre du commerce, aujourd'hui garde des
sceaux. L'article de ce projet correspondant au nôtre y est tout à fait
identique. La même identité existe avec les projets adoptés par les
conseils supérieurs de l'agriculture, du commerce, et avec le projet
délibéré en 1838 par le conseil d'État.

Les art. 11 et 14 du projet de votre commission ne sont pas non plus
notre ouvrage : on les retrouve textuellement dans tous ces projets.
Nous n'avons fait que nous les approprier en quelque sorte, et en assumer la responsabilité vis-à-vis de la Chambre. Mais quelle force ne
nous donnaient pas vis-à-vis d'elle tant d'autorités imposantes, parmi
lesquelles nous comptions M. le Garde des sceaux! Sans doute le système d'examen préalable, que nous avons consacré pour ce qui tient
à l'exécution des lois, peut offrir quelques difficultés. Mais qu'est-ce
qui n'en offre pas en ce monde, et comment peut-on penser, en effet,
que le conseil, ayant à prononcer sur l'appel d'une décision du Ministre, après une instruction approfondie, après avoir été nanti de
tous les avis des corps administratifs ayant la mission d'éclairer le
Ministre et lui-même, pourra forcer un jour le Ministre à délivrer un
brevet pour un objet prohibé? Cela ne se suppose pas. Aussi la supposition de tout ce qui pourrait suivre une concession de cette nature
ne doit-elle en aucun cas porter atteinte à un système reconnu bon
en soi.

Mais ce système, dit-on, est impraticable pour l'administration :
ainsi ne le pensaient pas sans doute les prédécesseurs de M. le commissaire du roi, MM. Vincens et Azeveda, tous deux membres des
commissions précitées. Le dernier disait, dans la séance du 12 décembre 1836, en parlant justement des compositions pharmaceutiques : « La disposition nouvelle fera disparaître cet inconvénient
bien réel, qui consiste à faire donner par l'administration un prétendu privilége que les tribunaux peuvent vous empêcher d'exploiter. »

Ce que nous vous proposons est-il donc si contraire au principe
du non-examen préalable? Mais où ce principe a-t-il pris naissance?

7

En Angleterre. Eh bien, la législation anglaise déclare-t-elle nuls, comme l'art. 31 du projet du Gouvernement. les brevets délivrés pour des industries illicites ? Nullement. Donc nous en concluons, ainsi que d'autres circonstances, qu'ils n'y seraient pas accordés.

Voici les cinq causes de nullité prévues par les lois de ce pays :

1o Défaut de nouveauté de l'invention ;

2o Inexactitude dans les déclarations faites dans la pétition ;

3o Inexactitude dans le titre donné à l'invention :

4o Insuffisance, obscurité, ambiguïté de la spécification ;

5o Défaut d'enregistrement de la spécification dans le délai légal.

Voulez-vous maintenant connaître la législation des principaux peuples du continent? En Autriche, l'art. 7 de l'ordonnance du 31 mars 1831 porte :

« L'autorité provinciale ne connaît pas de la nouveauté ou de l'utilité de la découverte ou du perfectionnement; elle s'assure seulement que l'objet est licite, qu'il n'est pas contraire à l'intérêt public, et qu'aux termes de la présente ordonnance il est susceptible d'être breveté. »

Non-seulement il n'est pas délivré dans ce pays des brevets pour les médicaments, mais même pour les comestibles et boissons.

Voilà la loi autrichienne. Maintenant, voyons l'Espagne. Les Cortès espagnoles ont révisé cette législation en 1820. A cette époque, l'Espagne était bien dans ce qu'on appelait alors les principes libéraux. Elle penchait vers des idées de liberté bien absolue : il était tout naturel que ses Cortès ne voulussent pas donner au Gouvernement trop d'autorité. Voici cependant l'art. 2 de la loi du 14 octobre 1820 :

« Le Gouvernement ne se charge point d'examiner si les inventions sont ou non utiles, mais seulement si elles sont contraires aux lois, à la sûreté publique, aux bonnes mœurs, ordonnances et règlements : si elles ne le sont pas, il ne peut refuser sa protection à celui qui se croit inventeur. »

Ainsi, vous le voyez, votre commission se trouve d'accord avec la législation de presque tous les peuples de l'Europe.

M. LE MINISTRE DE L'AGRICULTURE ET DU COMMERCE. Moins l'Angleterre.

M. LE RAPPORTEUR. Je viens de vous citer les cas de nullité prévus par la législation anglaise, et le cas dont nous nous occupons n'y est pas.

Quant à la Prusse, la Belgique, la Hollande, la Sardaigne, non-seulement le Gouvernement examine si l'invention est licite avant d'accorder des brevets, mais ne les accorde qu'après avoir reconnu l'utilité, la nouveauté et le mérite de l'invention.

Aussi délivre-t-on en Prusse à peine sept à huit brevets par an, quand nous en donnons 1,400. Ne craignez pas, Messieurs, que l'admission du système de la commission en diminue beaucoup le nombre; il tendra toujours à s'accroître comme dans le passé. S'il en disparaît quelques-uns, que nous considérons comme funestes, ne les regrettez pas. D'ailleurs, Messieurs, en adoptant notre système, vous ne nuirez en rien non plus aux inventions, car, en définitive, sur quoi porte l'amendement? Premièrement, sur l'exclusion de ce qui est déjà défendu par la loi; secondement, sur les produits pharmaceutiques dont l'annonce et la vente sont prohibées par la loi de germinal an XI et le décret du 18 août 1810.

La commission espère donc que vous voudrez bien adopter un système qui lui paraît utile, efficace et bon.

M. LE CHANCELIER. On a demandé la division des paragraphes. Je vais donner une nouvelle lecture à la Chambre du premier paragraphe, je le mettrai ensuite aux voix :

« Art. 3, paragraphe 1er. Ne sont pas susceptibles d'être brevetés :

» 1o Les inventions contraires aux lois, aux bonnes mœurs ou à la sûreté publique; »

(Après une première épreuve douteuse, ce paragraphe est rejeté.)

« Paragraphe 2. Les compositions pharmaceutiques ou remèdes spécifiques : lesdits objets demeureront soumis aux lois et règlements spéciaux sur la matière, et notamment au décret du 18 août 1810 relatif aux remèdes secrets : »

(Après deux épreuves, dont la première était douteuse, le paragraphe 2 est adopté.)

« Paragraphe 3. Les principes, méthodes, systèmes et généralement toutes découvertes ou conceptions purement scientifiques ou théoriques , ainsi que les plans et combinaisons de crédits ou de finances. »

(Le paragraphe 3 est adopté.)

L'art. 3, amendé. est ensuite mis aux voix dans son ensemble et adopté.

« Art. 5. (Projet du Gouvernement.) Quiconque voudra obtenir un brevet d'invention devra déposer, sous cachet. au secrétariat de la préfecture de son département. une demande contenant :

» 1o Sa requête ;

» 2o Une description de la découverte, invention ou application faisant l'objet du brevet demandé ;

» 3o Les dessins ou échantillons qui seraient nécessaires pour l'intelligence de la description ;

» Et 4o Un bordereau des pièces déposées. »

» Art. 5. (Projet de la commission). Quiconque voudra obtenir un brevet d'invention devra déposer. sous cachet, au secrétariat de la préfecture, soit de son département, soit de tout autre, à la charge d'y élire domicile :

» 1o Sa demande au Ministre de l'agriculture et du commerce

» 2o Une description de la découverte, invention ou application faisant l'objet du brevet demandé ;

» 3o Les dessins ou échantillons qui seraient nécessaires pour l'intelligence de la description ;

» Et 4o un bordereau des pièces déposées. »

(L'art. 5 proposé par la commission est mis aux voix et adopté.)

» Art. 6. (Projet du Gouvernement.) Aucune demande ne devra comprendre plus d'un objet distinct.

» La requête ne contiendra aucune restriction, condition ou réserve.

» La description, sur papier au timbre de 1 fr. 50 c., devra être entièrement écrite en français, sans altérations ni surcharges ; les mots rayés nuls comptés, les pages et les renvois paraphés. Elle ne devra contenir aucune dénomination de poids ou de mesures autres que celles qui sont portées au tableau annexé à la loi du 4 juillet 1837.

» Les dessins seront tracés a l'encre et à l'échelle métrique.

» Un duplicata de la description et des dessins sera joint à chaque demande.

» Toutes les pièces seront signées par le demandeur ou son représentant, dont le pouvoir restera annexé à la demande. »

M. LE CHANCELIER. La commission propose de modifier les deux premiers paragraphes et de les rédiger de la manière suivante :

« La demande, limitée à un seul objet, ne contiendra ni restriction, ni condition, ni réserve.

» Elle indiquera un titre contenant la désignation sommaire et précise de l'objet de l'invention. »

Le reste comme au projet du Gouvernement.

M. SÉNAC, *commissaire du roi*. Il y a une observation très simple à faire sur la rédaction proposée par la commission.

La modification présentée par la commission tend à attacher une certaine importance au titre du brevet d'invention, au titre qu'un inventeur donne à l'objet pour lequel il réclame un brevet. Je crains que, sous ce rapport, la commission n'ait attaché à la rédaction de ce titre une valeur qu'en France, dans notre législation, elle ne saurait avoir.

En Angleterre, les brevets ne sont pas délivrés sur le dépôt d'une description ; le demandeur dépose un simple titre ; la patente est expédiée sur ce titre, et le demandeur a un délai qui varie et qui n'excède pas six mois, pour fournir la description de sa découverte. Il y a donc un très grand intérêt à ce que le titre indique bien d'avance quel sera l'objet de la découverte, afin que la description produite plus tard concorde exactement avec le titre énonçant l'objet de la découverte.

La législation anglaise devait donc attacher une grande importance à l'exactitude du titre ; aussi a-t-elle assuré l'exécution de cette prescription par une pénalité sévère. Toutes les fois que la description fournie six mois après la demande par le breveté n'est pas conforme au titre déposé, le brevet est nul de plein droit : on conçoit donc quelle importance il y a en Angleterre à ce que le titre soit parfaitement en harmonie avec la description, avec la découverte objet de la patente.

En France, il n'en est pas de même ; le titre et la description marchent toujours ensemble et ne sont jamais séparés. Lorsque le brevet est expédié, à chaque brevet est joint le duplicata de la description et du titre ; il en résulte qu'il n'y a qu'une importance médiocre à ce que le titre soit plus ou moins exact ; car la description étant toujours à côté, elle rectifie naturellement ce qu'il peut y avoir d'inexact dans le titre, et tous les inconvénients sont prévenus.

Quel usage fait-on des titres et des descriptions ?

La législation de 1791 dit que les descriptions ne seront publiées qu'après l'expiration des brevets. Pendant la durée des brevets, les

descriptions déposées au ministère du commerce sont communiquées
librement à toute personne qui désire en prendre connaissance : et.
pour faciliter dans les départements la connaissance des brevets délivrés, le Gouvernement, en vertu de la loi, fait dresser un catalogue
des brevets délivrés. Dans ce catalogue, qui est un acte administratif,
qui n'est nullement l'ouvrage du Gouvernement, les brevets sont indiqués par ordre de noms et de matières, avec l'indication précise,
autant qu'il se peut, de leur objet.

On a dit que quelquefois, dans les départements, on ne pouvait
pas, sur la simple indication des titres du catalogue, reconnaître
quelle était la nature même de l'invention brevetée, qu'il pouvait en
résulter quelques inconvénients en ce qu'un inventeur pouvait n'être
pas suffisamment averti par la précision du titre, qu'il se trouvait
déjà une invention brevetée pour la découverte qu'il mettait en
exploitation : qu'on pouvait devenir contrefacteur sans le savoir.

Je crois qu'il n'est pas nécessaire d'introduire une modification
dans la loi, et surtout d'imposer une obligation aux brevetés pour
un acte qui est purement administratif. Le catalogue est fait par le
Gouvernement : c'est lui qui rédige les titres, sans être nullement lié
par le titre que le breveté a lui-même donné à son invention.

Ainsi, par exemple, quand M. Daguerre a donné à son invention
le titre de *Daguerréotype*, quand M. Perrot a donné à son rouleau
à imprimer le nom de *Perrotine*, il n'y avait rien là qui pût ins-
truire le public de l'objet et de l'usage de ces inventions.

Mais le Gouvernement ne s'en tient pas à un titre semblable.

Dans le catalogue, il disait : *Daguerréotype*, appareil propre à reproduire l'image des objets par l'action de la lumière ; *Perrotine*,
machine à imprimer sur étoffes.

Ainsi, tous les intérêts sont garantis.

Remarquez, Messieurs, que cette modification ne s'arrête pas là :
on propose plus loin d'autoriser le ministre à rectifier, à rédiger lui-
même le titre, et pour cela il faut qu'il prenne l'avis du comité consultatif et qu'il entende les parties, et si l'inventeur n'est pas satisfait, il pourra appeler au conseil d'État de la décision du Ministre.

Ainsi voilà une sorte de procédure, une procédure solennelle pour
arriver à la modification d'un titre qui, je le répète, peut parfaitement être rectifié par le Gouvernement, sans le concours et le consentement du breveté.

M. LE RAPPORTEUR. Je répondrai d'abord aux dernières paroles de
M. le commissaire du roi. Il a dit qu'à l'occasion d'une modification
apportée à un titre, nous organisions toute une procédure, une procédure solennelle, et que nous allions même jusqu'au conseil d'État.
Il n'est pas dit un mot du conseil d'État dans l'art. 12 relatif aux
changements que l'on pourra faire subir aux titres. Je prie M. le
commissaire du roi de vouloir bien s'y reporter. La législation anglaise, ainsi qu'on vient de vous le répéter, exige que toute demande
de brevet d'invention ait un titre, et par titre on doit entendre un exposé sommaire qui indique brièvement l'objet auquel l'invention se
rapporte. Nous avons pensé qu'il était bon d'exiger un titre de cette

nature pour les brevets qui seraient à l'avenir demandés au Ministre du commerce.

Voici nos raisons :

Nous vous proposons de décider que tous les trois mois le Gouvernement devra promulguer les brevets d'invention, non-seulement les brevets devenus définitifs, comme le voulait le Gouvernement, mais même les brevets provisoirement accordés. Cependant, la description de ces sortes de brevets ne doit pas être publiée; il n'y a que celle des Brevets définitifs qui sera l'objet d'une publication.

Que doit-il y avoir, en définitive, dans le *Bulletin des Lois* contenant la proclamation des brevets d'invention provisoires? Il n'y aura que le titre ou exposé sommaire de l'invention. Vous voyez donc, Messieurs, que ce titre est une chose très importante; car, en définitive, le public ne connaîtra pendant deux ans le brevet d'invention, que par la proclamation que le *Bulletin des Lois* en aura faite. Il était utile de laisser à la partie, qui doit savoir mieux que l'administration quel est l'objet de son invention, le soin de faire ce titre. Mais ce n'était pas une raison pour qu'il ne fût pas convenable de donner au comité consultatif des arts et manufactures un droit de révision. Nous vous proposons de le lui accorder dans un article subséquent; nous vous demandons le maintien du paragraphe proposé.

M. LE VICOMTE DUBOUCHAGE. Je demande la parole sur le paragraphe 1er qui est ainsi conçu :

« Aucune demande ne devra comprendre plus d'un objet *distinct.* »

Distinct? C'est-à-dire, suivant l'explication donnée par votre commission, que toute demande qui comprendrait prusieurs objets *distincts* devrait être rejetée par le Ministre!

Pourquoi cela, si toutes ces inventions, procédés, découvertes *distinctes* conduisent à la perfection d'un seul et unique produit?

Par exemple, soit une machine à vapeur d'un poids plus léger, d'une facture beaucoup moins embarrassante et moins coûteuse, avec une grande économie de combustible, et réunissant à ces avantages l'inexplosibilité, faudra-t-il prendre autant de brevets divers, l'un pour le poids qui est moindre, l'autre pour la facture moins dispendieuse, un autre pour l'inexplosibilité, un autre pour l'économie du combustible? Et si cette machine pouvait s'adapter à un véhicule qui irait sur les routes ordinaires?

Pourquoi alors *l'amendement* portant *désignation sommaire et précise* de l'objet de l'invention? C'est que *vous pensez qu'il y entre des détails* qui peuvent être autant d'inventions, annexées au tout.

L'art. 4 de la loi du 25 mai 1791 s'exprimait ainsi :

« Les directoires de département, non plus que le directoire des brevets d'invention, ne recevront aucune demande qui contienne plus d'un objet *principal*, avec les objets de *détail* qui peuvent y être *relatifs.* »

A la bonne heure.

Rédigez donc votre article à cet exemple, et faites-lui dire :

« Aucune demande ne pourra comprendre plus d'un objet *principal* avec les objets de détail qui pourront y être relatifs. »

Mais dire : La demande *limitée* à un *seul* objet ne contiendra *ni* restriction, *ni* condition, *ni* réserve, c'est embarrasser, c'est compliquer, c'est fiscaliser la législation au détriment même de l'industrie.

En effet, reprenant l'exemple de la machine à vapeur, l'inventeur pourra faire le sacrifice de 1.400 fr., mais non de 7.500 fr.

M. LE MINISTRE DU COMMERCE. Nous sommes tous du même avis: nous voulons, par une disposition écrite dans la loi, faire que le brevet s'applique à une seule invention, qu'on ne puisse pas prendre un seul brevet pour deux choses distinctes. Quelles sont les dispositions de la loi de 1791? Les voici, et la Chambre remarquera, lorsque j'aurai donné lecture de ces dispositions, comparées avec la loi actuelle, que nous avons la même intention, mais que nous voulons rendre ces dispositions plus claires et plus correctes.

Voici ce que dit la loi de 91 :

« Les directoires des départements, non plus que le directoire des brevets d'invention, ne recevront aucune demande qui contienne plus d'un objet principal avec les objets de détail qui pourront y être relatifs. »

Et l'article du Gouvernement dit :

« Aucune demande ne devra comprendre plus d'un objet distinct.

« La requête ne contiendra aucune restriction, condition ou réserve. »

Le premier paragraphe de la commission, que j'adopte, me paraît réunir, dans une seule disposition, les deux paragraphes proposés par le Gouvernement, et les présenter d'une manière plus précise.

« La demande, limitée à un seul objet, ne contiendra ni restriction, ni condition, ni réserve. »

Cela me paraît parfaitement clair, et mettre la délivrance des brevets à l'abri de tout abus.

M. LE GARDE DES SCEAUX. On pourrait mettre : « La demande sera limitée à un seul objet; elle ne contiendra ni restriction, ni condition, ni réserve.»

Ce ne serait pas par simple énonciation qu'on dirait que la demande serait limitée à un seul objet, mais par une prescription formelle.

Un pair. Qu'entend-on par restrictions ou réserves?

M. LE MINISTRE DE L'AGRICULTURE ET DU COMMERCE. On demande ce qu'on entend par des restrictions ou des réserves. Le voici. Souvent les inventeurs demandent, en présentant leur requête, que leur brevet ne leur soit délivré qu'après deux mois ou trois mois ; enfin ils y insèrent souvent certaines réserves qui accompagnent la demande de brevet. Eh bien, c'est pour mettre l'administration à l'abri de ces réserves, et pour que le demandeur sache bien à l'avance qu'elles ne seront pas admises, qu'on a mis cette disposition dans l'article.

M. LE MARQUIS DE BOISSY. La question que j'adresse à M. le Ministre des finances est celle-ci :

Si par exemple une machine à vapeur réunit plusieurs avantages, celui qui demandera un brevet sera-t-il obligé, dans le système du projet de loi, de prendre plusieurs brevets pour ces différents avantages? (Non! non!) Ce serait une grande charge, et, en général, les inventeurs sont peu en état de faire des avances.

M. LE MINISTRE DES TRAVAUX PUBLICS. L'unité d'objet n'empêche pas la pluralité des avantages. Tout ce qu'on a voulu, c'est que la demande portât sur un objet distinct. Cela est indispensable, parce qu'il faut qu'on sache bien ce que le demandeur veut qu'on lui concède.

M. LE CHANCELIER. M. le Ministre de la justice a indiqué un amendement, qui consisterait simplement à dire :

« La demande *sera* limitée à un seul objet; *elle* ne contiendra, etc. »

M. LE RAPPORTEUR. La commission s'approprie cet amendement.

Le paragraphe est adopté avec la modification consentie par la commission.

Le deuxième paragraphe est également adopté.

M. LE CHANCELIER. Les autres paragraphes sont les mêmes dans les deux rédactions.

M. LE RAPPORTEUR. Nous supprimons seulement le mot *entièrement* dans le troisième paragraphe. Il est alors ainsi conçu :

« La description, sur papier au timbre de 1 fr. 50 c., devra être écrite en français, sans altérations ni surcharges ; les mots rayés nuls comptés ; les pages et les renvois paraphés. Elle ne devra contenir aucune dénomination de poids ou de mesures autres que celles qui sont portées au tableau annexé à la loi du 4 juillet 1837. »

M. LE MARQUIS DE BOISSY. Je voudrais émettre un simple doute sur le troisième paragraphe. Je crains, si l'on conservait la rédaction telle qu'elle est, qu'elle n'autorisât souvent à s'armer de cet article de loi pour se soustraire à une loi aujourd'hui en vigueur.

Est-il nécessaire, c'est une simple question que je fais, un simple doute que j'émets, est-il nécessaire d'imposer l'obligation de se soumettre à une loi en vigueur?

M. LE VICOMTE DUBOUCHAGE. C'est juste, on ne doit pas supposer qu'on s'y soustrait.

M. LE COMMISSAIRE DU ROI. Voici une observation en réponse à celle de M. le marquis de Boissy :

La loi du 4 juillet 1837, sur les poids et mesures, et l'ordonnance du 17 avril 1839, qui l'a suivie, n'interdisent les anciennes dénominations de poids et mesures que dans les actes et écritures et registres de commerce produits en justice; il était donc nécessaire d'étendre spécialement l'interdiction aux descriptions annexées aux brevets, afin de prévenir toute incertitude sur ce point qui pouvait ne pas paraître rentrer dans les prévisions de la loi du 4 juillet 1837.

(Le troisième paragraphe est adopté.)

M. LE CHANCELIER. Quatrième paragraphe. « Les dessins seront tracés à l'encre et à l'échelle métrique. »

M. LE VICOMTE DUBOUCHAGE. Il faudrait ajouter : « Les dessins seront lithographiés, gravés et faits à l'échelle métrique. » Il me semble, puisque vous exigez qu'ils soient à l'encre, que vous devez vouloir, à plus forte raison, qu'ils soient lithographiés ou gravés. Je crois que, dans beaucoup de cas, il sera plus commode de donner des dessins lithographiés ou gravés.

M. LE COMMISSAIRE DU ROI. Je demande à avertir la Chambre du danger que présenterait un amendement de ce genre.

Un brevet d'invention ne garantit une découverte qu'à la condition d'être délivré avant que l'invention soit connue du public. Mais si l'on s'adresse à un graveur, elle sera divulguée, et le brevet sera nul pour défaut de nouveauté.

M. LE VICOMTE DUBOUCHAGE. Pourquoi ? Si je les grave moi-même, si je les fais lithographier moi-même : cela arrive tous les jours. Du reste, des inventeurs m'ont chargé spécialement de demander cette addition comme étant pour eux extrêmement utile.

M. LE BARON GIROD (DE L'AIN). Les dessins gravés et lithographiés sont tracés à l'encre.

M. LE VICOMTE DUBOUCHAGE. Eh bien, je réserve cette observation : elle sera consignée au procès-verbal.

(Le paragraphe 4 est adopté.)

La Chambre adopte sans discussion les 5e et 6e paragraphes.

(L'article entier est également mis aux voix et adopté.)

M. LE CHANCELIER. La délibération de la Chambre s'ouvre sur l'art. 7.

« Art. 7. Aucun dépôt ne sera reçu que sur la production d'un récépissé constatant le versement d'une somme de 200 fr. à valoir sur le montant de la taxe du brevet.

» Un procès-verbal, dressé sans frais par le secrétaire général de la préfecture et signé par le demandeur, constatera chaque dépôt, en énonçant le jour et l'heure de la remise des pièces.

» Une expédition dudit procès-verbal sera remise au déposant, moyennant le remboursement des frais de timbre et d'enregistrement. »

M. GAY-LUSSAC. Messieurs, je demande à faire un amendement à l'art. 7 du projet du Gouvernement, adopté par votre commission sans aucune modification. Je ne croirai pas ensuite m'écarter de la discussion en portant votre attention sur les art. 17 et 13, qui sont dominants dans la loi, et qui en altèrent le caractère d'une manière essentielle. Je lis dans l'art. 72. paragraphe 1er :

« Aucun dépôt ne sera reçu que sur la production d'un récépissé constatant le versement d'une somme de 200 fr., à valoir sur le montant de la taxe du brevet. »

Mon amendement à ce paragraphe consiste à dire :

« Aucun dépôt ne sera reçu que sur le produit d'un récépissé constatant le versement *de la moitié de la taxe afferente au brevet demandé.* »

J'aurais pu demander simplement que la valeur du versement fut réservée jusqu'après la discussion des art. 17 et 13, avec lesquels est lié le paragraphe 1er de l'art. 7 : mais j'ai pensé que quelques observations étaient au moins utiles pour motiver mon amendement et la nécessité de réserver le versement qui en fait l'objet.

Je ferai d'abord remarquer à la Chambre que mon amendement n'est que la conservation de ce qui s'est pratiqué jusqu'à ce jour, sans réclamation, depuis la loi de 91.

Conformément à cette législation, le versement de la moitié de la taxe du brevet est exigé préalablement au dépôt de la demande ; l'autre moitié doit être versée dans un délai de six mois, sous peine de déchéance.

Le versement d'une somme, avant l'acceptation du dépôt, est nécessaire pour constater que le brevet est sérieux, et en cela la nouvelle et l'ancienne loi ont la même pensée : mais le but n'est pas atteint avec une égale efficacité. L'ancienne loi, qui n'admet point de brevet provisoire, exige le versement de la moitié de la taxe pour le brevet de quinze ans comme pour celui de cinq : tandis que la nouvelle, qui crée des brevets provisoires de deux ans, et laisse ce délai aux inventeurs pour faire connaître la durée qu'ils désirent donner à leurs brevets, n'a fixé qu'un versement unique de 200 fr. Je l'avoue, je n'aimerais pas à faire descendre le brevet de quinze ans au niveau du brevet de cinq : je préfère, pour chaque brevet, un versement proportionné à leur importance. Mais je trouve surtout de bien graves inconvénients à accorder à l'inventeur un aussi long délai que celui de deux ans pour compléter la taxe du brevet, sous peine de déchéance, au lieu de celui de six mois seulement qu'accorde la loi de 1791. Je le démontrerai plus tard dans la discussion des art. 17 et 13.

Dans mon opinion, la taxe des brevets est assez modérée pour que le versement total pût en être exigé au moment de la demande du brevet. Il en résulterait simplification d'écritures et diminution du nombre des charlatans inventeurs ; et cependant nous resterions encore bien au-dessous de ce qui se pratique en Angleterre, où la taxe d'un brevet, pour les trois royaumes unis, ne s'élève pas à moins de 9.000 fr., qui doivent être payés avant la délivrance du brevet.

Je crois donc qu'il vaudrait mieux exiger la totalité de la taxe du brevet avant la délivrance : mais reconnaissant une possession de plus de cinquante années, que mon amendement n'a d'autre objet que de faire respecter, je me résume en demandant seulement que le versement de la moitié de la taxe, afférente au brevet demandé, soit substitué au versement de la somme fixe de 200 fr. proposé par le Gouvernement et adopté par la commission.

Maintenant, Messieurs, avant de passer aux articles suivants dans leur ordre numérique, et dans l'intérêt même de la discussion, je crois nécessaire d'appeler votre attention sur les art. 17 et 13. Ces articles renferment des modifications importantes au système de l'ancienne loi, et comme ils dominent plusieurs des articles qui les précèdent, ils auraient peut-être l'inconvénient d'y porter après coup le désordre, si nous ne commencions par en fixer nettement la valeur.

Je parlerai d'abord de l'art. 17, concernant les certificats d'addition ; il est ainsi conçu :

« Nul autre que le breveté ne pourra, pendant la durée du brevet provisoire, obtenir valablement un brevet pour un changement, perfectionnement ou addition à l'objet du brevet primitif. »

Messieurs, cet article est exorbitant : il est contraire à l'esprit de la loi et dénature le brevet ; il blesse le droit commun ; il paralyse l'industrie et la monopolise au profit de quelques-uns ; enfin, il crée une espèce de cavéat qui, pour protéger une invention une fois sérieuse sur cent qu'elle sera futile, interdit la pensée, dépouille l'auteur de son invention et la confisque au profit de celui qui, pour 200 fr. seulement, aura acquis, au nom de la loi, le privilége de l'exploiter.

Telles sont les conséquences qui découlent de l'art. 17, et je vais le prouver.

La loi sur les brevets, en faisant respecter la propriété de l'intelligence créatrice de nouveaux produits, accorde un puissant et noble encouragement à l'industrie. Elle assure à l'inventeur le monopole conditionnel de l'invention qu'il aura mise sous sa tutelle : mais il n'avait jamais été dans sa pensée jusqu'à ce jour qu'elle dût protéger les unes en dépouillant les autres, attribuer à un auteur breveté les conséquences possibles de son invention, sous le prétexte incroyable qu'il les aurait trouvées lui-même plus tard s'il n'avait été devancé par d'autres. Mais quelle est donc la position de l'inventeur du jour à l'égard de ceux qui l'ont précédé dans la carrière ? Sa découverte n'est-elle pas aussi la conséquence des découvertes antérieures ? M. le Ministre des manufactures et du commerce le reconnaît lui-même à l'occasion de la propriété industrielle, quand il rappelle, page 24 de son exposé des motifs, que « l'invention, produit de la fermentation générale des idées, fruit du travail des générations successives, n'est jamais l'œuvre d'un seul homme. » Ces paroles sont vraies ; une découverte est fille d'une découverte, et à son tour deviendra mère d'une autre découverte. L'inventeur est donc tenu de transmettre au même titre à la société ce qu'il a reçu d'elle. La loi lui garantit l'exploitation de son invention. Mais, quant à l'esprit qui l'a vivifiée, à peine s'est-il produit hors de l'inventeur qu'il ne lui appartient plus exclusivement, et qu'il est acquis au domaine de l'intelligence humaine. Tout inventeur peut donc s'en servir pour produire de nouvelles combinaisons, de nouvelles inventions, mais en respectant les droits acquis.

Cependant l'art. 17 ne veut pas que nul autre que le breveté puisse, pendant la durée du brevet provisoire, c'est-à-dire pendant deux années, prendre un brevet valable pour une nouvelle invention se liant à l'objet déjà breveté, attendu que, si le nouveau venu ne se fût pas autant pressé, le breveté eut certainement fait la même découverte.

Assurément, voilà une puissante protection accordée au premier inventeur ; il n'a pas su compléter sa découverte, mais tous les industriels vont travailler pour lui comme serfs d'un nouveau maître. Le fruit de leur intelligence, leurs veilles, leurs dépenses, tout est confisqué au profit de l'heureux inventeur breveté. On appelle cela de la protection! moi, inventeur industriel, je n'en voudrais pas; je la répudierais comme une véritable et flagrante spoliation d'autrui. Non, ce n'est pas ainsi que l'Assemblée nationale a voulu protéger l'industrie ; il est écrit dans sa loi : A tous, le domaine de l'intelligence : à chacun, la propriété et la garantie de ses œuvres. A ce point de vue si élevé, si libéral, tous les intérêts de la société sont également respectés, protégés. L'inventeur breveté d'une nouvelle découverte l'exploite librement sous l'égide de la loi. Un nouvel inventeur se présente avec un perfectionnement à la première découverte; un brevet bon et valable lui est délivré, sa propriété est assurée : mais tous les droits sont respectés : le premier inventeur continue l'exploitation de sa découverte sans pouvoir rien emprunter au perfectionnement de l'autre, et celui-ci, à son tour, ne pouvant également rien emprunter à la première découverte, ne peut mettre son perfectionnement en exploitation qu'après l'expiration du premier brevet : mais ordinairement les deux brevetés associent leurs intérêts et exploitent en commun les deux découvertes.

En expliquant les motifs de l'art. 17, M. le Ministre du commerce et des manufactures dit que la mesure qui en fait l'objet sera accueillie avec reconnaissance par les inventeurs, qui trouveront dans cette mesure une garantie plus réelle que celle qui résulte d'une disposition *analogue* qui existe dans la législation anglaise sous le nom de *caveat*.

La reconnaissance des auteurs titrés, je l'abandonne : je ne veux pas, dans la pensée que j'exprimais tout à l'heure, examiner comment pourrait être traduit, venant d'eux, un si noble sentiment : ce que je veux contester ici, contre l'opinion de M. le Ministre, c'est qu'il y ait la moindre analogie entre l'antique *caveat* anglais et celui de nouvelle création de la nouvelle loi. A son exemple, et dans l'intérêt de la discussion, je citerai la description du *caveat* anglais : seule, elle suffira pour faire ressortir l'énorme différence qui les sépare.

Le *caveat* est un acte par lequel un individu qui est dans l'intention de prendre une patente requiert qu'il lui soit donné avis si une autre patente est demandée pour une invention analogue à la sienne.

« Cet acte est déposé dans le bureau de l'*attorney* et dans celui du *solliciteur général :* sa durée est d'une année ; il peut être renouvelé.

» S'il est présenté une demande analogue à celle qui est sommairement décrite dans le *caveat*, l'auteur du *caveat* en est informé sur-le-champ, et il est tenu de déclarer dans les sept jours s'il s'oppose à la demande.

» Dans ce cas, l'attorney ou le solliciteur général, mande les parties à jour indiqué, les entend séparément, et décide s'il y a ou non similitude dans les inventions. Dans le premier cas, il n'y a lieu à délivrance de brevet ni pour l'un ni pour l'autre, à moins qu'ils ne s'entendent; dans le cas contraire, le brevet demandé est délivré.

» C'est là le *caveat* ordinaire : on peut d'ailleurs introduire des *caveats* en opposition à la délivrance d'un brevet en particulier, au bureau des brevets et même au bureau du grand sceau. »

Telle est donc la nature du *caveat* anglais. Il a pour but, quand un inventeur veut se ménager du temps pour perfectionner sa découverte, de lui en assurer non pas la propriété absolue, mais seulement de l'appeler au partage de sa découverte avec un étranger qui, postérieurement au *caveat*, aurait fait la même découverte, et aurait demandé patente. Ainsi le *caveat* anglais admet comme incontestablement égaux, les titres de deux inventeurs à la même découverte, quoique l'un se soit présenté à l'autorité postérieurement à l'autre, tant qu'il n'y a encore aucune publicité.

On ne saurait donc voir aucune analogie entre deux *caveats*, dont l'un témoigne d'un si grand respect pour les droits individuels des inventeurs, tandis que l'autre confisque ceux du plus grand nombre pour les monopoliser dans une seule et même main.

Je ne parlerai pas des difficultés inextricables dans lesquelles jetterait la question de savoir si une nouvelle invention pourrait être considérée comme un *changement, perfectionnement ou addition à l'objet d'un brevet primitif*; je ne veux pas abuser des moments de la Chambre, mais je lui dirai que l'art. 17 serait des plus désastreux pour notre industrie : et, dans la profonde conviction que j'en ai, je ne puis m'empêcher d'en demander la totale suppression.

Le système de la loi protége suffisamment la propriété des brevets. L'inventeur a cet avantage que n'accorde pas la loi anglaise, de prendre autant de certificats d'addition qu'il veut à très peu de frais. D'ailleurs, c'est à l'inventeur à se prémunir contre les spoliations furtives; il le peut et il le fait ordinairement avec grand soin. Et quand même on citerait quelques plagiats, quelques abus de confiance, ce ne serait pas un motif suffisant pour protéger l'incurie de quelques individus, de blesser la société dans tout ce qu'elle a de plus cher, de plus sacré, le libre exercice de l'intelligence et le respect de la propriété.

Si le Gouvernement veut introduire dans la loi un *caveat* semblable au *caveat* anglais, je ne m'y opposerai pas, tout en le regardant comme inutile; au moins serait-il exempt de tout danger.

J'arrive maintenant à l'art. 13. par lequel je vais terminer. En voici le premier paragraphe, sur lequel je concentre mes observations :

« Après la délivrance du brevet, et dans les deux années qui suivront la date du procès-verbal de dépôt mentionné à l'art. 7, les brevetés déclareront au secrétariat de la préfecture qui aura reçu ce dépôt, la durée qu'ils entendent assigner à leur brevet, dans les limites fixées par l'art. 4. »

Messieurs, la portée de ce paragraphe est bien plus grande qu'elle ne paraît au premier moment : bien plus grande, j'ose le dire, que ne l'ont cru les diverses autorités auxquelles il a été soumis.

Nous avons trois espèces de brevets : des brevets de cinq ans, de dix et de quinze. C'est beaucoup, à mon avis, c'est beaucoup trop : mais elles ont été admises par l'Assemblée nationale; je ne vois pas une nécessité absolue d'en diminuer le nombre, je suis conservateur et je respecterai ces trois espèces de brevets. Nous sommes tous du même avis; l'art. 1, qui a été adopté sans réclamation, en fait foi.

Mais voulez-vous une quatrième espèce de brevet, des brevets à l'usage des charlatans, des brevets à bon marché ? Assurément non.

Eh bien, ils existent pourtant dans l'art. 13, non pas furtivement, mais *insciemment*, quoique leur durée soit de deux ans et leur taxe justement aussi de deux ans, à 100 fr. de jouissance par année. J'en trouve le motif dans l'art. 17, qui donne aux inventeurs deux années pour perfectionner leur invention : ce n'est qu'au bout de ce délai qu'ils sont tenus, sous peine de déchéance, de déclarer la durée qu'ils entendent assigner à leur brevet.

Pour étayer mon amendement, que je crois très funeste aux charlatans, car je ne demanderai pas moins que la suppression de l'art. 13, je n'évoquerai pas de fantômes, je dirai simplement :

Aux termes de l'art. 13, qui constitue un brevet provisoire de deux années, aussi bon pour ce temps qu'un brevet définitif, un industriel qui aura porté un perfectionnement au chocolat sans farine, par exemple, et qui voudra le faire connaître, demandera un brevet à la taxe de 200 fr. et l'exploitera habilement pendant deux années, au bout desquelles, ayant fait ses affaires, il se rira de la déchéance.

Assurément, les inventeurs charlatans accepteraient aussi avec reconnaissance une législation qui, n'admettant pas de brevets au-dessous de cinq ans, serait cependant, comme on dit, assez élastique pour en faire sortir des brevets parfaitement réguliers, de deux ans et à la taxe de 200 fr. Telle n'a certainement pas été la pensée de M. le Ministre du commerce et des manufactures, mais telle est la conséquence inévitable du mauvais système adopté dans les art. 7, 17 et 13.

Messieurs, les amendements dont je viens d'entretenir la Chambre ne sont pas des innovations que j'aurais eu la présomption d'obtenir de votre confiance. C'est une restitution à la sage loi de 91, qui a fait un bien immense à notre industrie, sans qu'on puisse lui reprocher d'avoir causé le moindre préjudice. Sans doute, elle présente quelques taches qu'il était utile de faire disparaître, mais le système en est excellent, et j'aurais désiré, pour ma part, qu'il eût été respecté davantage. Quand un but est atteint, le dépasser, ce n'est pas toujours du progrès, c'est souvent, au contraire, aller en arrière.

Au reste, Messieurs, je livre mes observations à votre appréciation ; elles sont consciencieuses, et c'est à ce titre que j'espère que vous voudrez bien les prendre en considération.

M. LE CHANCELIER. Nous allons laisser de côté l'art. 7, et nous n'y reviendrons que quand nous serons arrivés à l'art. 13.

De toutes parts. Oui, oui.

M. LE CHANCELIER. Je lis l'art. 8 :

« Art. 8 (projet du Gouvernement). La date du dépôt constituera le point de départ des droits et des obligations du breveté et de la durée de son brevet. »

« Art. 8 (projet de la commission). La durée des brevets courra du jour de leur signature par le Ministre ; néanmoins, les droits de priorité des brevetés et la faculté de faire tous actes conservatoires leur appartiendront à partir de la date du procès-verbal de dépôt ci-dessus mentionné. »

M. LE MINISTRE DE L'AGRICULTURE ET DU COMMERCE. J'aurai une simple observation à faire.

J'ai eu l'honneur, dans le sein de la commission, de faire observer que l'amendement proposé à l'art. 8 était la reproduction de ce qui se passe sous la législation actuelle : nous n'avons proposé d'y faire un changement que parce que nous avons cru pouvoir nous affranchir de cette double date, au moyen de l'expédition rapide des brevets qui se pratique aujourd'hui.

Cette double date était indispensable lorsque, entre le dépôt des demandes et l'expédition des brevets, il s'écoulait plusieurs mois : mais aujourd'hui, et je crois que la commission n'en a pas perdu le souvenir, j'ai prouvé que les brevets sont expédiés quinze jours, trois semaines, ou tout au plus un mois après le dépôt des pièces dans la préfecture ; ainsi donc nous pouvions nous affranchir, sans le moindre inconvénient, de toutes les formalités qu'une double date entraîne ; il y aurait là pour l'administration, un grand avantage d'une grande simplification, et cessation de toute incertitude pour les tribunaux.

Je me borne a faire cette observation et à en appeler aux souvenirs de la commission ; les pièces justificatives que j'ai eu l'honneur de mettre sous ses yeux ont dû lui donner la conviction qu'on peut adopter, sans préjudice pour personne, l'article du projet du Gouvernement.

J'ajoute que, d'après la nouvelle loi, c'est l'inventeur lui-même qui est obligé de fournir les deux expéditions de la description, tandis que, jusqu'à présent, les bureaux étaient obligés d'en transcrire la copie tout entière dans les brevets.

J'insiste donc pour le maintien de l'article du Gouvernement.

M. LE RAPPORTEUR. Votre commission s'est exprimée ainsi dans son rapport :

« Votre commission ne peut, du reste, que rendre hommage à la promptitude avec laquelle les titres sont délivrés en ce moment au ministère. »

Ainsi les observations que M. le Ministre a faites à la commission, vous voyez que nous ne les avons pas perdues de vue, et que nous avons fait l'éloge de la promptitude avec laquelle ces titres sont délivrés.

Mais est-ce une raison pour nous de changer ce qui est ? Un décret du 25 janvier 1807 porte que les brevets commencent à dater du jour de leur signature par le Ministre, c'est-à-dire du jour où ils sont délivrés. Ces brevets sont indispensables aux parties pour pouvoir faire des saisies, pour pouvoir poursuivre les contrefacteurs ; dès lors, pourquoi les faire courir du jour de la demande qu'on en fait à la préfecture ? Sans doute cette demande a pour but de conserver la priorité de l'invention ; mais la durée des brevets doit courir du jour où ils sont effectivement délivrés. Dans ce moment-ci, on les délivre rapidement au ministère ; mais qui est-ce qui répond qu'on les délivrera toujours rapidement ?

D'ailleurs, pourquoi changer la législation existante, quand cette

législation a bien fonctionné et quand cette législation est émanée du
génie de l'Empereur, puisqu'elle a été promulguée par un décret de
1807 ? Pourquoi la changer quand, en définitive, le maintien de cette
législation est réclamé par tous les inventeurs qui l'ont demandé,
soit personnellement, soit dans leurs écrits ?

Nous n'avons pas vu de motif suffisant de changer ce qui est, et
c'est pour cela que nous demandons le maintien de la rédaction de
la commission.

(L'article de la commission est adopté.)

M. LE CHANCELIER.

« Art. 9. (Rédaction du Gouvernement.) Aussitôt après l'enregistrement des demandes, et dans les dix jours de la date du dépôt, les
préfets transmettront les pièces au Ministre de l'agriculture et du
commerce, sous le cachet de l'inventeur, et en y joignant le procès-
verbal de dépôt, le récépissé constatant le versement de la taxe et le
pouvoir mentionné dans l'art. 6. »

« Art. 9. (Rédaction de la commission.) Aussitôt après l'enregistrement des demandes, et dans les cinq jours de la date du dépôt, les
préfets transmettront les pièces, toujours sous le cachet de l'inventeur, au Ministre de l'agriculture et du commerce, en y joignant le
procès-verbal de dépôt, le récépissé constatant le versement de la
taxe, et, s'il y a lieu, le pouvoir mentionné dans l'art. 6. »

(L'article de la commission est adopté.)

M. LE CHANCELIER. « Art. 10. (Rédaction du Gouvernement.) A l'arrivée des pièces au ministère de l'agriculture et du commerce, il
sera procédé à l'ouverture, à l'enregistrement et à l'expédition des
demandes dans l'ordre de leur réception. »

« Art. 10. (Rédaction de la commission.) A l'arrivée des pièces au
ministère de l'agriculture et du commerce, il sera procédé à l'ouverture, à l'enregistrement et à l'expédition des brevets dans l'ordre de
la réception des demandes.

M. LE MINISTRE DU COMMERCE. Il y a une erreur d'impression : on
ne procède pas à l'ouverture des *brevets*, mais des demandes.

M. LE RAPPORTEUR. Il faut lire : « Il sera procédé à l'ouverture, à
l'enregistrement des demandes et à l'expédition des brevets dans
l'ordre de la réception des demandes. »

(L'article est adopté.)

M. LE CHANCELIER. « Art. 11. (Rédaction du Gouvernement.) Les
brevets dont la demande aura été régulièrement formée seront délivrés sans examen préalable, aux risques et périls des demandeurs, et sans garantie soit de la réalité, de la nouveauté ou du mérite de l'invention, soit de la fidélité ou de l'exactitude de la description.

« Un arrêté du Ministre, constatant la régularité de la demande,
sera délivré au demandeur et constituera le brevet d'invention.

» A cet arrêté sera joint le duplicata certifié de la description et
des dessins, mentionné dans l'art. 6, après que la conformité avec
l'expédition originale en aura été reconnue et établie au besoin.

» La première expédition du brevet sera délivrée sans frais. Toute expédition ultérieure donnera droit au payement d'une taxe de 50 fr. »

La commission propose de rédiger ainsi l'article :

« Art. 11. Les brevets dont la demande aura été régulièrement formée seront délivrés aux risques et périls des demandeurs, sans examen préalable et garantie, soit de la réalité. de la nouveauté ou du mérite de l'invention. soit de la fidélité ou de l'exactitude de la description.

» Un arrêté du Ministre. constatant la régularité de la demande. sera délivré au demandeur et constituera le brevet d'invention.

» A cet arrêté sera joint le duplicata certifié de la description et des dessins, mentionné dans l'art. 6. après que la conformité avec l'expédition originale en aura été reconnue et établie au besoin.

» La première expédition du brevet sera délivrée sans frais. Toute expédition ultérieure demandée par le breveté ou ses ayants cause. donnera droit au payement d'une taxe de 50 fr.

» Les frais de dessin, s'il y a lieu, demeureront à la charge de l'impétrant. »

M. CUNIN - GRIDAINE. *Ministre de l'agriculture et du commerce*. L'art. 11 est un de ceux qui présentent le plus de difficultés, et il est bon que le Gouvernement et la commission s'expliquent sur la portée de cet article.

Dans la pensée du Gouvernement. l'art. 3 ayant déterminé les objets qui ne sont pas susceptibles d'être brevetés, il n'y aura pas lieu d'accorder de brevet pour ces objets, et dès lors il n'y aura pas matière à un examen préalable.

Ainsi, que quelqu'un demande un brevet pour une préparation pharmaceutique, je répondrai que ces préparations ne sont pas susceptibles d'être brevetées, et le brevet ne sera pas délivré.

Telle a été, je pense, l'intention de la Chambre quand elle a adopté l'art. 3. et l'on comprend qu'il n'y a pas là de place pour un examen préalable ; sur quoi porterait-il, en effet. en présence d'une disposition qui interdit d'une manière absolue la délivrance de brevets pour des préparations pharmaceutiques ? Il est évident qu'on ne viendra plus demander de brevets pour ces préparations ; de même que, depuis la loi du 20 septembre 1792, qui a dit qu'on n'accorderait plus de brevets d'invention pour des plans de finances. il ne se présente plus de demande pour des inventions de cette nature. On doit donc prévoir que ce qui arrive pour les combinaisons de finances se produira pour les préparations pharmaceutiques.

La question ainsi posée, j'arrive à une autre. La Chambre comprendra la nécessité de la résoudre.

On ne demandera plus de brevets pour des préparations pharmaceutiques, pour des remèdes spécifiques, puisqu'ils sont compris dans la disposition exclusive de l'art. 3, mais on en demandera pour des préparations alimentaires. Or, puis-je juger ce que c'est qu'une préparation alimentaire, et comme l'interdiction de ces préparations n'est pas prononcée par l'art. 3, je ne rencontrerai pas là l'obligation d'examiner ou de faire examiner préalablement si l'objet décrit dans la demande constitue réellement une préparation alimentaire. Le brevet d'invention sera donc délivré; mais si l'on a fait une déclaration mensongère; si, sous l'annonce de cette préparation alimentaire, se déguise quelque chose d'analogue à une préparation pharmaceutique, et le Gouvernement peut y être facilement trompé, et qu'un brevet ait été délivré pour des objets qui n'étaient pas susceptibles d'être brevetés, alors le brevet sera frappé de nullité par les poursuites du ministère public.

Ainsi, il y a dans cette double combinaison, si je puis m'exprimer ainsi, satisfaction donnée à la société, en ce que des brevets ne seront pas accordés pour des préparations pharmaceutiques et garantie certaine : que si, à l'aide de manœuvres abusives, des titres sont obtenus pour remèdes secrets, ils pourront être annulés par les tribunaux, en même temps que le Gouvernement n'est pas entraîné dans ce que j'appellerai une impossibilité pratique, l'impossibilité de faire examiner préalablement la nature intime des objets pour lesquels on demandera des brevets d'invention.

Ce système, je le répète, garantit tous les intérêts, et l'action du ministère public pourra s'exercer librement, lorsqu'on aura trompé, par des dénominations mensongères, la religion du Ministre, et qu'on aura obtenu un brevet pour des objets frappés d'interdiction par la loi.

D'un autre côté, l'industrie légitime ne sera pas entravée, l'administration n'éprouvera point d'obstacle dans la délivrance de brevets, demandés régulièrement, sous des titres admissibles. Chacun jouira de la plénitude de ses droits.

On a parlé de législations étrangères. On a cité l'Angleterre; mais le silence de la loi anglaise est bien autrement large ; là, pas d'examen préalable d'aucune espèce : là, sur le dépôt d'un simple titre, le brevet est délivré: mais on réserve au ministère public toute son action pour faire prononcer, après la délivrance des titres, la nullité des patentes obtenues pour toutes découvertes contraires aux lois, préjudiciables à l'État, ou nuisibles au commerce par l'élévation du prix des marchandises.

Nous sommes loin, Messieurs, de faire de pareilles concessions. Nous ne voulons rien d'aussi absolu; nous voulons que les inventeurs jouissent de toute la plénitude de leurs droits et des avantages de leurs découvertes : mais en même temps nous entendons donner à la société, contre tout abus possible, toute espèce de garantie.

L'adoption de l'art. 3, c'est cette garantie; la disposition de l'art. 31, qui prononce la nullité des brevets obtenus contrairement à cet article, est une garantie de plus et l'affranchissement de toute difficulté pratique.

M. le rapporteur disait à la tribune que la commission avait reconnu qu'il y avait des difficultés pratiques, mais que ces difficultés seraient résolues par les tribunaux et qu'elle n'avait pas à s'en occuper autrement. Je crois que, quand la discussion arrivera à l'art. 31, la Chambre appréciera combien cette manière de procéder est contraire à tout ce qui s'est pratiqué jusqu'à présent et dans combien de difficultés seraient entraînés le Gouvernement et les inventeurs eux-mêmes par suite d'une procédure semblable à celle qui est proposée par la commission.

Je me résume donc, et je dis que le Gouvernement n'a voulu qu'une chose, n'être pas chargé de l'examen préalable. Mais j'espère avoir établi qu'en repoussant cette responsabilité il n'a pas laissé la société désarmée et lui a, au contraire, assuré toute espèce de garantie.

Si la commission, sur ce point, ne partageait pas l'opinion du Gouvernement, c'est à l'occasion de l'article que nous discutons que la Chambre a besoin d'être bien fixée.

M. LE RAPPORTEUR. Après le vote qui a eu lieu avant-hier, votre commission a dû se demander quelle était l'intention de la Chambre et la conduite qu'elle devait suivre lorsque l'art. 11 serait mis en délibération. Elle a pensé qu'elle devait continuer à vous proposer l'adoption de cet article, tel qu'il est formulé dans la série de ses amendements que vous avez sous les yeux.

Cet article, en cela conforme à l'annotation qui est mise au bas de chaque brevet, porte que ce brevet sera délivré aux risques et périls de l'inventeur, sans examen préalable, et sans garantie, soit de la nouveauté, soit de la réalité, soit du mérite de l'invention.

Nous avons eu l'honneur de vous faire remarquer que le principe du non-examen préalable, en ce qui touche l'utilité et la nouveauté de l'invention, était devenu un principe pour ainsi dire général en Europe, et que toutes les puissances, à l'exception de la Belgique, de la Prusse, de la Hollande, de la Sardaigne, l'avaient adopté.

En effet, Messieurs, la pensée de l'homme doit non-seulement pouvoir se produire au dehors en toute liberté, mais encore avec le privilège d'exploitation exclusive qui est attaché à cette pensée lorsqu'elle produit une nouvelle invention dans les arts et métiers. Comme il serait difficile au Gouvernement d'apprécier ce qui constitue une invention et surtout sa nouveauté, de juger aussi du degré d'utilité que l'auteur peut y attacher, on comprend très bien que, dans son propre intérêt, dans celui de la concurrence commerciale et de la liberté de tous, il ne s'immisce point dans l'examen de pareilles questions : aussi délivre-t-il tous les brevets qui lui sont demandés sans vouloir en connaître d'une manière formelle et officielle. La Chambre remarquera cependant qu'un comité consultatif est établi auprès de M. le Ministre du commerce, auquel sont renvoyées toutes ces demandes de brevets. Ce comité, lorsque l'invention ne lui paraît pas nouvelle, en instruit le Ministre, la partie est avertie, et ce n'est que lorsqu'elle persiste après cet avertissement que le brevet lui est délivré. On a soin d'y insérer l'annotation impérieusement prescrite par l'arrêté des consuls du 27 septembre 1800, annotation conçue dans ces termes : « Le Gouvernement, en accordant un brevet sans examen préalable, n'entend garantir en aucune manière ni la priorité, ni le mérite, ni le succès de l'invention. » En effet, Messieurs, l'avis du comité des arts et manufactures n'est qu'une consultation donnée en faveur du demandeur, pour ne pas

lui laisser compromettre l'argent destiné au payement de la taxe et
pour ne point l'exposer à des procès. La Chambre me permettrait-
elle de sortir un peu de la gravité du sujet, pour lui faire connaître
l'origine du décret du 27 septembre 1800 ? Lucien Bonaparte, alors
Ministre de l'intérieur, présenta à la signature du premier consul un
brevet pour un phénomène d'acoustique qui serait exploité au
moyen d'une prétendue femme invisible: le premier consul refusa
de signer ce brevet et demanda comment on pouvait présenter à sa
signature de pareilles folies : on lui représenta que les lois de 1791,
portant que la délivrance des brevets d'invention devait avoir
lieu sans examen préalable: il fit préparer l'arrêté du 27 septembre
pour mettre le public en garde contre les surprises.

Cependant, Messieurs, un pareil privilége ne pouvait être accordé
ainsi sans examen préalable, sans qu'une sauvegarde fût offerte au
public : cette sauvegarde, chacun la trouve dans le droit qui lui est
accordé d'attaquer le brevet, comme délivré sur fausse cause, c'est-
à-dire en établissant que l'invention n'est ni réelle, ni nouvelle, et
de faire ainsi prononcer par les tribunaux la déchéance d'un privilége accordé pour une sorte de vol fait à l'industrie, tandis qu'on
avait pompeusement annoncé qu'on l'enrichissait d'une découverte
de plus. L'article va plus loin : il veut aussi que le Gouvernement ne
soit point garant de la fidélité de la description de l'objet inventé, description cependant bien nécessaire, puisqu'elle seule fait connaître
les procédés employés par l'inventeur pour parvenir à l'obtention du
produit breveté : procédés qui seront inconnus à l'expiration du privilége et dont la société ne pourra point profiter s'ils sont donnés
d'une manière déloyale ou infidèle. Nous adoptons ce système, mais
nous persistons à vouloir que le Gouvernement ne puisse être forcé à
délivrer des brevets pour des objets que les lois, et notamment l'art. 3
du projet que vous avez voté avant-hier, déclarent non susceptibles
d'etre brevetés.

Peut-on admettre, en effet, que le roi proclame, dans une ordonnance, un brevet d'invention pour une chose que la loi déclare non
susceptible d'être brevetée ?

Il ne s'agit plus ici de prononcer quel est le premier inventeur d'un
objet dont deux personnes se disputent la découverte. On conçoit que
le Gouvernement ait voulu se débarrasser de ce fardeau. Cependant,
Messieurs, l'Angleterre, dont on vous citait à tort l'exemple tout à
l'heure, l'Angleterre n'en a pas affranchi ses magistrats : l'attorney
et plus tard le chancelier conservent la charge de prononcer entre
tous ceux qui ont pris des *caveats*, soit à l'expédition des brevets, soit
ensuite à l'apposition du sceau sur les lettres patentes qui les constituent : il y a là un examen préalable bien autrement étendu que
celui dont nous nous occupons en ce moment. Il s'agit seulement, en
effet, d'examiner si l'industrie pour laquelle on réclame un privilége
est en soi, c'est-à-dire par sa nature, susceptible de le recevoir.

Jamais examen préalable fut-il plus légitime, nous ajouterons plus
obligatoire pour le Gouvernement ? Nous ne reviendrons pas, puisqu'on a encore cité l'Angleterre, sur les causes de nullité de brevet
dans ce pays: je les ai énumérées hier, on n'y trouve pas la nullité

consacrée par l'art. 31 du projet, à savoir si l'on a breveté des inventions contraires aux lois. Elles n'y sont donc pas brevetables, et le chancelier, auquel des demandes sont présentées sous la forme d'une grâce qui ne se refuse jamais, doit rejeter celles qui sont formées pour causes illicites. Le titre pourrait lui servir à les distinguer ; car ce titre doit, sous peine de nullité, indiquer d'une manière claire et précise l'objet de l'invention.

Les ministres étant chargés de l'exécution des lois, peut-on admettre qu'une disposition législative les oblige à délivrer un titre contre les prescriptions les plus formelles de ces lois ; qu'elle les oblige à délivrer un brevet pour des médicaments, par exemple, lorsque vous les avez déclarés non brevetables ? comment donc s'exprime l'art. 8 du décret du 18 août 1810, lorsqu'il veut que ses prescriptions soient observées ? Il dit : « Aucune permission de débiter des remèdes ne *sera accordée*, » et non pas : seront *nulles* les permissions que nous accorderons.

Mais prenons un exemple plus positif encore en quelque sorte. Ainsi que le demandait le Gouvernement lui-même, vous avez déclaré non susceptibles d'être brevetés les établissements de finances. Eh bien, la loi du 28 septembre 1792, qui les a également prohibés, oblige-t-elle le Gouvernement à les délivrer, sauf à en faire prononcer la nullité par les tribunaux ? Non, Messieurs, elle prononce expressément que le pouvoir exécutif *ne délivrera plus* de brevets pour des établissements de finances, et elle se prononce ainsi à une époque presque contemporaine des lois de 1791. Eh bien, si on demande un brevet pour un établissement de finances sous un faux titre, le ministre devra-t-il l'accorder ? Non, certainement non.

Il y a donc, au moins en ce cas, examen préalable de la nature de l'invention et système préventif, et non système uniquement répressif, tel qu'on voudrait nous le faire adopter. Le Gouvernement a deux modes d'action pour faire exécuter les lois : celui de l'administration et de la police, celui des tribunaux.

Le système préventif qu'exerce et que doit exercer la police, n'existe-t-il pas dans une foule de cas aussi graves, aussi importants que celui-ci ? Ne vous a-t-on pas cité les établissements insalubres ou incommodes ? Peuvent-ils être créés sans autorisation ? Pour éviter les inondations, le pouvoir souverain ne s'est-il pas réservé le droit exclusif d'autoriser les barrages ?

Enfin l'autorité publique n'intervient-elle pas sans cesse dans nos rapports d'une manière préventive ? Si la justice réprime les délits et les crimes, l'administration, d'un œil vigilant et ferme, n'est-elle pas chargée de veiller également au salut de tous, et doit-elle laisser infiltrer le poison, sauf à poursuivre l'empoisonneur et à le livrer au glaive des lois ?

Mais, dit-on, c'est renverser l'ordre des juridictions.

Non Messieurs, c'est l'usage seul de l'objet breveté qui peut être atteint par les lois pénales. Le ministère public ne reste donc pas désarmé lorsqu'on ne lui donne plus la faculté de se pourvoir en nullité contre le brevet délivré par l'administration après qu'elle en aura examiné et approuvé la nature.

Résultera-t-il des votes d'hier que l'administration examinera bien s'il s'agit d'un médicament ou d'un objet scientifique ou d'un plan de finances, mais qu'elle ne devra plus se préoccuper de la question de savoir si l'objet pour lequel on réclame un brevet peut être contraire aux lois? Nous ne le pensons pas.

En effet, Messieurs, nous croyons que vous n'avez voulu vous occuper que des difficultés pratiques en déclarant les remèdes non susceptibles d'être brevetés, et que vous avez pensé qu'il était inutile de prévoir dans la loi un cas que l'honorable M. Gay-Lussac vous a dit ne pas s'être présenté une seule fois depuis quarante ans qu'il est attaché au comité consultatif. Vous avez partagé le sentiment de notre savant collègue, M. le baron Charles Dupin, lorsqu'il s'est écrié : « Quand même vous auriez, par le silence d'une loi, la prétendue faculté de violer les autres lois, non-seulement vous ne pourriez pas délivrer de pareils brevets, vous ne le devriez pas! » Le comité des arts et manufactures, sur le simple vu de la spécification, ne dirait-il pas au Ministre : « Vous ne pouvez donner le brevet, car il s'agit d'un acte que les lois doivent châtier. Je ne veux pas que l'on imprime dans une loi française qu'on ne donnera pas de brevets pour des objets contraires aux lois. Cela est au moins superflu, et ici ce qui abonde est non-seulement inutile, mais vicie la loi. »

Le Gouvernement devra donc examiner si l'invention est licite? Mais, dit-on, cela est matériellement impossible, le nombre des brevets d'invention augmente tous les jours : mais aussi leur produit n'augmente-t-il pas également ? Ne les soumettez-vous pas tous au comité? Les brevets demandés pour cause douteuse, les seuls qui mériteront un examen, seront peu nombreux. N'êtes-vous pas plus à portée de faire cet examen avec tous les corps qui vous entourent, que les tribunaux qui n'ont que des experts à leur disposition? S'il y a appel de votre décision, le conseil d'Etat n'aura-t-il pas les mêmes ressources? votre comité spécial, vos conseils de santé et de salubrité, vos académies de médecine, les facultés, l'Institut, vous feront-ils défaut? Les tribunaux ont-ils ces moyens à leur disposition?

Quoi, vous voulez vous exposer de gaieté de cœur à breveter les remèdes que vous avez déclarés dans l'art. 3 non susceptibles de brevet, sauf aux particuliers ou au ministère public à faire prononcer la nullité des brevets ?

Non, cela n'est pas possible; aussi avons-nous, avec raison, voté hier que chaque demande de brevet devrait contenir un titre précis de l'objet de l'invention et y convenir d'une manière spéciale. Par cette mesure, combinée avec la disposition comprise dans l'art. 12, qui autorise le Ministre, sur l'avis du comité consultatif, à modifier ce titre lorsqu'il ne remplit pas cette condition, vous arriverez à faire prononcer dans tous les cas le Gouvernement en connaissance de cause; mais vous n'y arriverez qu'à l'aide de l'examen préparatoire que fait le comité de la nature de l'invention. Cet examen préparatoire est donc nécessaire dans ce cas comme dans bien d'autres. Il l'est notamment quand il s'agit d'examiner, ainsi que le Gouvernement le propose lui-même, si la demande est régulière ou si elle contient plus d'un objet distinct. L'honorable M. Thénard me disait avant la séance que le comité consultatif avait délibéré pendant plus de quatre heures avant de décider qu'une demande contenait plusieurs objets distincts. L'examen préalable existe dans le système du Gouvernement pour deux cas ; nous l'étendons à un troisième ; nous voulons qu'il porte sur la nature de l'invention, c'est-à-dire sur son caractère de légitimité aux yeux de la loi, c'est-à-dire encore, si vous l'aimez mieux, sur la question de savoir si l'industrie est susceptible d'être brevetée. La concession du brevet est un acte administratif : avant d'accorder la patente du privilége, il est bien naturel que le Ministre examine si la loi lui permet de la délivrer : il n'y a certes là rien d'exorbitant. Aussi la commission persiste-t-elle avec confiance à demander à la Chambre l'adoption de l'art. 11, dans les termes qui lui sont soumis dans le projet amendé.

M. LE COMTE D'ARGOUT. Je ne sais si la discussion a toute la clarté désirable, mais ce que je souhaite pour ma part, c'est que la chambre veuille bien faire attention qu'en discutant l'art. 11 nous revenons à la fois sur la discussion de l'art. 3 que nous avons voté hier, sur son véritable sens, et que nous discutons simultanément le nouvel art. 14 proposé par la commission et l'art. 31 du projet de loi du Gouvernement, sur lequel la commission a proposé des modifications considérables.

Pour nous faire une idée juste de ce débat, cherchons à établir, avec l'article, quel est le système du Gouvernement, quel est le système de la commission, et quelles sont les questions qui résultent de ce conflit d'opinions.

Système de la commission :

La commission veut, au fond, trois examens préalables : examen préalable sur la régularité de la demande, et le Gouvernement, sur ce point, est d'accord avec la commission ; car il est évident qu'une demande qui ne serait pas formée et poursuivie conformément aux formalités de la loi, ne devrait recevoir aucune suite. Il y a donc accord sur ce point.

Second examen, ou plutôt seconde condition, sur laquelle on est d'accord, c'est qu'il n'y aura dans la délivrance du brevet aucune garantie, soit de la réalité, soit de la nouveauté, soit du mérite de l'invention. Jusque-là on est d'accord. Maintenant voici où arrive la dissidence. Le Gouvernement dit : Je ne garantis ni la réalité, ni la nouveauté, ni le mérite de l'invention ; au surplus, le brevet vous est délivré à vos risques et périls ; et si, de votre invention réelle ou prétendue réelle, il peut ressortir quelques conséquences qui soient contraires aux lois, aux bonnes mœurs ou à la sûreté de l'État, vous serez soumis à la juridiction judiciaire, le ministère public vous poursuivra, il fera prononcer la nullité de votre brevet, et, s'il y a lieu, il vous appliquera des peines personnelles. Voilà le système du Gouvernement.

Maintenant quel est celui de la commission ?

La commission veut qu'il y ait un examen préalable, précisément sur cette question de conformité aux lois, de moralité, de sûreté de l'Etat, et sur ce qui pourrait s'appliquer aux remèdes secrets qui se déguiseraient sous un titre mensonger.

Maintenant voyons quelles sont les conséquences du système du Gouvernement et du système de la commission.

Messieurs, faites bien attention à ceci : vous ne pouvez pas cumuler une juridiction préventive et une juridiction répressive ; ce serait, et je suis convaincu que tout le monde en est d'accord avec moi, une véritable monstruosité : ce serait la violation des premiers éléments de notre droit. La justice ne peut pas réformer les décisions administratives ; il doit y avoir une séparation entière et complète entre l'action administrative et l'action judiciaire. Ainsi, vous ne pouvez pas laisser ces deux actions l'une en présence de l'autre : il faut que vous optiez entre la juridiction répressive et la juridiction préventive. Et alors, selon moi, voici à quoi se réduit la question. Il y a plus de sûreté, il y a plus de prudence dans une juridiction répressive que dans une juridiction préventive : je dis que la juridiction répressive vaut mieux que la juridiction préventive, et voici pourquoi :

Quand une invention réelle, ou prétendue telle, est signalée, est-il possible aux hommes les plus habiles, au conseil d'Etat lui-même, quoiqu'il soit composé des hommes les plus savants, d'en prévoir et d'en calculer toutes les conséquences, et de savoir quels sont les divers usages auxquels cette découverte pourra être appliquée ? Il faudrait pour cela avoir la prévision de l'avenir, qui échappe aux esprits les plus ingénieux ; et, s'il m'était permis, à cet égard, de citer des autorités, je pourrais vous renvoyer aux déclarations qui ont été faites par des membres du comité consultatif, très versés dans ces sortes de matières : ils vous diront que leurs prévisions ont été très fréquemment déjouées par l'événement. Telle invention, qu'ils ont cru devoir produire les résultats les plus utiles, a avorté ; et réciproquement, telle invention, qu'ils supposaient d'une médiocre utilité, a produit au contraire des résultats très avantageux.

Eh bien, qu'arrivera-t-il si vous suivez l'avis de la commission ? Il y aura un examen préalable au ministère sur toutes les découvertes nouvelles ; si l'administration juge que l'on peut faire un mauvais emploi de la découverte, on refusera le brevet. Dans le système de la commission, qu'arrivera-t-il ? On se pourvoira au conseil d'Etat. Mais peut-être le conseil d'Etat confirmera-t-il la décision négative du Ministre, et tout sera terminé.

Mais il pourra arriver aussi que le conseil d'Etat donne tort au Ministre, et que le Ministre, à la suite de cette décision, soit obligé de délivrer un brevet.

Je crois que tel est le véritable sens du nouvel article 14 de la commission, article qui se lie intimement avec cet article 11.

Quand cela aura été fait, lorsque, par la pratique, par l'usage, on aura reconnu que l'on s'est trompé, que l'invention nouvelle est contraire à la salubrité publique, à la sûreté de l'Etat ou à tout autre intérêt général que vous pourrez supposer, que feront les tribunaux ? Le possesseur du brevet viendra muni de cet examen préalable, de cet avis du conseil d'Etat, que le Gouvernement aura été obligé d'homologuer, et il sera impossible aux tribunaux de réprimer les abus de cette invention.

Il faut le dire, la justice ordinaire ne peut plus avoir aucune espèce de juridiction, car du moment que vous aurez épuisé par l'examen préalable, c'est-à-dire par le système préventif, tous les degrés de la juridiction, et qu'il aura été reconnu que la découverte nouvelle doit être patentée, le mal à tout jamais sera sans remède. C'est pourquoi, dans mon opinion, comme je ne peux pas admettre à la fois la juridiction préventive et la juridiction répressive, et comme je crois que la juridiction répressive vaut infiniment mieux que la juridiction préventive, je demande que le texte de l'art. 11 du Gouvernement soit maintenu, et que nous rejetions le nouvel article 14 de la commission.

M. GIROD (DE L'AIN) dit qu'il ne faut pas cumuler la juridiction préventive avec la juridiction répressive ; que ce cumul empêcherait l'action de toutes les deux ; que, dans tous les cas, c'est la juridiction répressive dont il faut se contenter, qu'il faut laisser tous les cas qu'elle peut prévoir à l'appréciation des tribunaux qui en sont maintenant saisis.

Il ne s'agit pas de cumuler les juridictions préventive et répressive, il ne s'agit que de faire ce qui se fait constamment par l'administration, toutes les fois qu'elle le peut, ce qui se fait dans une matière à l'égard de laquelle je rappellerai quelques souvenirs.

Toutes les fois que l'administration peut prévenir le cas de répression, elle doit le faire, c'est son devoir. Ce devoir salutaire, elle ne manque jamais de le remplir. Si par conséquent l'administration peut, sans qu'il y ait violation du principe, être saisie du droit de ne pas délivrer un brevet qui donnerait lieu à une répression judiciaire, il faut recommander à l'administration d'user de ce droit, ce qui n'empêchera pas que, s'il y a lieu à répression, l'autorité chargée de cette répression en fera l'application : il n'y aura donc pas cumul des juridictions préventive et répressive ; il y aura action plus ou moins parallèle, distincte et indépendante de chacune de ces juridictions.

Je citerai à la Chambre l'exemple des établissements incommodes et insalubres. Il n'y a pas similitude complète, mais il y a beaucoup d'analogie. Lorsqu'on veut former un établissement de ce genre, on en demande l'autorisation au Gouvernement. Le Gouvernement examine et il autorise ou n'autorise pas; s'il refuse, on se pourvoit au conseil d'État. L'établissement peut être autorisé ; mais un établissement ainsi autorisé peut donner lieu à des accidents, à des incendies; il peut causer des dommages à des tiers. Est-ce que l'autorisation qui a été donnée gêne en rien la juridiction répressive pour se saisir de ce préjudice et appliquer les lois à l'égard de ces établissements ? Nullement, parce que l'administration ne garantit pas les préjudices causés par l'établissement. Ici, ce serait absolument la même chose. Il y aurait de grands avantages à consacrer cette jurisprudence.

Je vais supposer une chose qui ne serait pas commune ; car, quoi qu'on dise des difficultés de l'examen préalable qui aurait précédé

le refus, je crois que M. le Ministre du commerce est parfaitement à
même de s'entourer de toutes les lumières qui pourraient éclairer
son action. Je crois que si, par malheur, ces lumières lui avaient
manqué, le recours au conseil d'Etat lui donnerait l'occasion et les
moyens de les compléter. Je crois que les cas d'erreurs ne se présenteront pas : mais s'il s'en présentait un, et que l'invention brevetée
fût contraire aux lois, et qu'elle causât des préjudices, qu'il y eût enfin quelque délit ou quasi-délit qui eussent été la suite de l'exploitation de l'invention brevetée, les tribunaux appliqueraient toutes
les conséquences de ce fait constaté par eux. Il n'y a donc aucune
espèce d'embarras à craindre pour l'administration.

La Chambre a déjà entendu beaucoup d'explications sur cette matière : je suis convaincu qu'il n'y a dans le système de la commission aucune violation de principe, aucune perturbation de juridiction, ni aucun embarras sérieux pour l'administration, qui me semble trop préoccupée de la difficulté de l'examen préalable et de la
responsabilité qui pourrait en résulter pour elle.

M. LE MINISTRE DES TRAVAUX PUBLICS. Je commencerai par répondre
à la comparaison que l'honorable M. Girod (de l'Ain) vient de présenter à la Chambre pour la seconde fois.

Il n'y a, ce me semble, aucun argument plausible à tirer de ce qui
se passe à l'égard des établissements insalubres ou incommodes.

Toute demande pour faire un établissement de cette nature est précédée d'une enquête, d'une investigation assez attentive : il y a un
examen préalable au plus haut degré, et cet examen est indispensable : personne n'a contesté que cela ne fût un droit fort nécessaire.

L'ordonnance intervient, l'établissement est autorisé. On découvre,
pendant qu'il fonctionne, qu'il apporte un préjudice aux tiers. Les
tiers, dont les droits ont été sauvegardés dans les termes de l'autorisation, se pourvoient en réparation du dommage qu'ils souffrent.
Et ici les tribunaux ont une action libre : ils ne connaissent pas du
mérite de l'ordonnance royale ; il n'arrivera jamais que des tribunaux révoquent une ordonnance du Roi, ou qu'ils déclarent que
l'établissement autorisé ne doit pas subsister ; ils se bornent au re-
dressement des torts occasionnés aux tiers par cet établissement.

Que se passerait-il dans le système de la commission ? Il est à remarquer que la commission, d'accord sur ce point avec le Gouvernement, exclut, en matière d'invention, l'examen préalable. La commission a senti qu'un brevet d'invention qui supposerait un examen
antérieur à la délivrance constituerait le Gouvernement garant des
effets de la chose brevetée. On a voulu que l'administration fût en
dehors des effets du brevet. Aussi a-t-il été exprimé, dans l'amendement de la commission de l'art. 11, que la délivrance du brevet n'em-
portait aucune garantie de la part du Gouvernement. Mais la commission veut que, pour les objets qui ont été compris dans l'art. 3, et
à raison desquels la délivrance du brevet a été interdite, il y ait de
la part de l'administration un examen préalable.

Assurément l'examen est facile si les choses se présentent avec leur
véritable figure : comme il a été écrit dans l'art. 3, que ne seraient

pas susceptibles d'être brevetées les théories scientifiques en général, les plans de finances, et que vous y avez ajouté les préparations pharmaceutiques et les remèdes spécifiques, si l'on vient demander un brevet sous ces dénominations, il n'y a pas d'examen préalable à faire, le Ministre trouve son droit écrit dans la loi : il répond qu'il n'y a pas lieu à brevet.

Si, au contraire, on vient demander un brevet pour une découverte qu'on qualifiera autrement, à laquelle on aura appliqué un masque favorable, il faudra pour découvrir la vérité se livrer à une investigation. Ainsi, il y aura un remède secret, une préparation pharmaceutique cachée sous une autre appellation : il faudra que l'administration fasse analyser cette préparation, pour arriver à constater qu'elle contient ce qu'on appelle vulgairement un remède secret, quelque substance vénéneuse, ou toute autre de nature à produire un mauvais effet.

Si l'on s'adresse à l'administration pour obtenir un brevet pour une invention qui, sous un nom quelconque, cacherait une chose réellement contraire aux lois, aux bonnes mœurs ou à la sûreté publique, il faudra encore arracher le masque pour voir ce qu'il y a derrière.

Que peut-il arriver dans ce cas-là ? On peut se tromper dans l'examen et refuser un brevet, dans la crainte de breveter une chose prohibée.

Voilà un jugement porté par l'administration, car dans la réalité des choses, c'est un véritable jugement : ce jugement serait-il passible d'un recours ?

Oui, dit la commission, et la décision négative du Ministre pourra être déférée au conseil d'Etat, au contentieux. Le conseil d'Etat peut ou non partager l'opinion du Ministre. Le plus heureux qu'il puisse arriver, c'est que le conseil d'Etat partage l'opinion du Ministre, car sans cela le Ministre serait asservi à l'opinion du conseil d'Etat, et le brevet serait délivré.

On parlait tout à l'heure du cumul de l'action préventive avec l'action répressive, le mot *cumul* n'est pas exact. Il y aura choc, et choc inévitable entre les deux juridictions.

Je suis arrivé dans la supposition que je parcours à ce point qu'après examen préalable de la part du Ministre il y aurait un refus de la part du Ministre, et que sur le pourvoi au conseil d'Etat, le conseil d'Etat aurait autorisé, aurait décidé que la découverte n'aurait rien de contraire aux lois, aux mœurs et à la sûreté publique, et ne contiendrait aucune préparation interdite. Mais les choses restent telles qu'elles sont. Le breveté, armé de son privilège, exploitera sa découverte. Il ira avec plus d'autorité dans le public. Cependant le ministère public s'apercevra que le conseil d'Etat n'a pas vu dans l'invention un vice qui y était, mais l'administration publique ne peut être enchaînée par une décision administrative. La commission admet elle-même qu'il pourra y avoir lieu à des poursuites correctionnelles. Eh bien, ne voyez-vous pas que la question est administrativement jugée dans un sens et soumise à l'appréciation d'un pouvoir judiciaire, ce qui constitue ce que j'appelle un choc entre les

deux pouvoirs ? ne voyez-vous pas que cette patente sur laquelle on
se maintient si empressé d'écarter le nom du Roi parce qu'il pourrait y avoir quelque nuage, va être soumise à l'appréciation indéfinie
du pouvoir judiciaire, et qu'à la différence (il s'agira essentiellement
du brevet), à la différence de ce qui se passe relativement aux établissements insalubres, le Gouvernement statuera sur le brevet lui-
même ? (Dénégation.)

M. LE RAPPORTEUR. La commission a retranché de l'article du Gouvernement les cas de nullité compris dans l'art. 3.

M. LE MINISTRE. Et par ce retranchement, la commission croit-elle
avoir écarté la difficulté ? En aucune manière.

N'est-il pas vrai que l'action du ministère public emportera le
brevet, et n'est-ce pas infirmer dans sa substance, alors que vous
respecterez dans son instrument la décision rendue par le conseil
souverain, la décision du conseil d'État ?

Voilà les inconvénients inséparables du système de la commission.

J'ajoute maintenant que ce n'est pas la peine d'écrire dans la loi
que le brevet sera délivré avec examen préalable. Une obligation de
cette nature, mise à la charge du Gouvernement, lui impose en
même temps une grande responsabilité.

Écartons les hypothèses; voyons les choses comme elles se passent
le plus communément : voyons ce qui arrivera dès l'instant qu'un
doute se sera élevé dans l'esprit du Ministre, qui décidera qu'il n'y a
pas lieu de délivrer un brevet, et que, pourtant, le brevet aura été
délivré par suite d'une ordonnance du conseil d'État : le brevet sera
délivré.

Alors la découverte sera jetée dans le public avec un titre beaucoup plus solennel, et si la découverte était destinée à agir sur la
crédulité publique, elle agira avec une puissance beaucoup plus
énergique que si le brevet avait été donné à l'inventeur à ses risques
et périls, et sans examen préalable. Il arrivera ceci si vous faites ce
funeste présent à l'administration.

Une demande en brevet, après l'examen et le refus du Ministre, tra-
versera toutes ces difficultés, et apparaîtra au conseil d'État. Le conseil d'État autorisera ; et alors, voyez combien un pareil titre aura
de force. C'est alors que le charlatan, comme on l'a dit, assez heureux
pour avoir triomphé du refus du Ministre, se présentera fièrement
au public, et lui dira : J'ai un brevet : mais quel brevet ! Ce n'est pas
un brevet ordinaire, et qu'on délivre au premier venu, sans garantie, à ses risques et périls, mais un brevet examiné à fond dans le
conseil d'État, une découverte pour le mérite, l'efficacité de laquelle
j'ai plaidé, et que j'ai fait triompher par les ressources légales.

Voilà le danger pour la sûreté publique.

Quels dangers y a-t-il à rester dans les termes de la rédaction du
Gouvernement ? quels sont les abus qui réclament des changements
si radicaux ? pourquoi s'éloigner de ce principe tutélaire, que le Gouvernement ne garantit rien ?

Le Gouvernement ne répond de rien. On demande un brevet pour une invention. Les formalités ont été remplies, il délivre le brevet. Eh bien, ce brevet ne vaut rien : on sait que c'est un brevet imposé : il peut séduire la classe ignorante; mais peu importe.

Encore une fois, vous avez à choisir entre deux systèmes. Je ne vois rien de fatal dans le projet du Gouvernement. C'est aux risques et périls des demandeurs, et sans garantie aucune, que le brevet a été délivré, et en laissant subsister, comme le fait l'art. 31, l'action publique avec tous les attributs qui lui appartiennent, la facilité de faire disparaître le mal au moment où il se révélera.

Je viens de dire que la marche simultanée des deux pouvoirs n'est pas un perfectionnement; c'est, je crois, la subversion complète du système de la loi.

M. BARTHE. C'est au contraire le Gouvernement qui demande l'innovation la plus extraordinaire, car savez-vous ce qu'il vous demande? Je voici :

Si un individu demande au Gouvernement de le breveter pour une chose qui, d'après sa propre description, est contraire aux lois, aux mœurs ou à la sûreté du pays, nous voulons que le Gouvernement réponde : « Je ne donne pas de brevets pour de pareilles choses. » Et voilà le Gouvernement, lui, qui veut à toute force donner le brevet et s'interdire le droit de refus. Cependant, puisqu'il faut la signature du Roi ou tout au moins celle d'un Ministre, il faut bien que ce Ministre lise. Eh bien, la lecture lui démontrera, clair comme le jour, que l'objet est contraire aux lois, ou aux mœurs, ou à la sûreté publique, et pourtant il va délivrer le brevet. Messieurs, ce système est inadmissible. Chose étrange! c'est nous qui jouons dans la circonstance actuelle le rôle du Gouvernement. C'est la plus monstrueuse des situations. Je ne sais pas qu'il ait jamais existé une législation qui dise que lorsqu'on demandera à un Gouvernement établi pour faire exécuter les lois et veiller à la décence des mœurs et à la sûreté publique, lorsqu'on lui demandera un brevet pour un objet contraire à ces trois choses, il sera obligé d'accorder ce brevet provisoirement. Cela n'a jamais existé. Permettez-moi de vous le dire, vous vous créez des chimères par cette crainte exagérée de l'examen. Je conçois que, dans la crainte de la multiplicité des affaires, on redoute de se jeter dans un examen trop approfondi de toutes les demandes, mais vouloir établir en principe qu'on pourra délivrer des brevets sans lire les demandes, et pour des choses contraires aux lois, aux mœurs et à la sûreté du pays, voilà ce que je ne comprends plus.

Mais, dit-on, est-il possible qu'un individu demande jamais un brevet pour une chose contraire aux lois, aux mœurs, à la sûreté publique? Eh mon Dieu! le Gouvernement lui-même le suppose dans l'art. 31.

Si, dans la demande qu'on fait, l'individu a caché le poison, que vous ne l'ayez pas vu : dans ce cas, vous aurez la ressource dernière de faire annuler le brevet; mais si dans l'examen tout simple, apparent du Gouvernement, la chose est démontré, le Gouvernement doit refuser le brevet, et je ne sais pas pourquoi il ne le ferait pas :

8.

n'est-il pas dans sa mission de défendre les lois. la sûreté du pays ?

Maintenant. nous dit-on encore. prenez garde ; vous allez établir un conflit entre la justice préventive du Gouvernement et la justice répressive des tribunaux. Si le Gouvernement refuse, le particulier pourra toujours recourir au conseil d'Etat. Qu'est-ce que ce recours ? C'est le recours d'un particulier jugé par le Gouvernement au Gouvernement mieux informé. On s'adresse au conseil d'Etat, qui donnera son avis, et le Gouvernement prononcera. Mais ensuite, si le Ministre est trop embarrassé du recours au conseil d'Etat, je lui donnerai, s'il veut. en cette matière, tout autre recours, peu importe ; je supprimerai, s'il veut, le recours au conseil d'Etat, puisque ce recours l'effraye. Mais ce que je défends, ce qui est vrai, c'est que si la demande en elle-même porte le caractère de violation de la loi, le Gouvernement ne doit pas donner une patente signée du Roi. contresignée du Ministre. Pour qu'il en fût autrement. il faudrait que la loi dît le contraire. Il faudrait qu'elle portât : Si un individu demande un brevet pour un objet attentatoire aux lois. aux bonnes mœurs, le Gouvernement sera tenu de donner le brevet. Eh bien, alors même que cela serait écrit dans une loi, il y a telle demande qui vous arriverait à laquelle. malgré cela. vous ne donneriez pas votre signature.

Ne vous armez pas. Messieurs. contre cet examen. Il ne compromet en rien l'intérêt des citoyens. Il ne s'agit pas d'un droit qui atteigne leurs personnes, qui attente à leur liberté. Ils demandent un privilége. Si le Gouvernement voit qu'ils demandent au contraire ce qu'il doit défendre. il ne donne pas le brevet.

Si, pour lui. il y a évidence, démonstration que la loi serait violée. il ne peut s'en rendre complice. Remarquez ceci, Messieurs, et supposez qu'une demande porte le caractère d'une violation de la loi. Nous faisons des lois non-seulement contre ceux qui les violent, mais encore contre leurs complices : eh bien, nous nous trouverons dans cette situation que lorsqu'un homme aura fait une demande pour une chose contraire aux lois, ce sera le Gouvernement qui lui donnera une patente et se fera son complice. Voilà ce que je ne puis pas admettre. En écartant le paragraphe 1er de l'article, je crois que la Chambre l'a écarté comme inutile. cela doit être bien entendu. Si jamais il y avait de ces demandes que nous venons de signaler. le Gouvernement a le droit de les refuser. c'est ce droit de refus que je demande qu'on maintienne.

M. ROSSI. Notre habile rapporteur me paraît avoir posé la question de la manière la plus nette et la plus précise. La question est entre le système préventif et le système répressif.

Je croyais que la Chambre l'avait décidée avant-hier, en rejetant le premier paragraphe de l'art. 3 : mais, puisqu'il n'en est pas ainsi. je lui demande la permission de lui soumettre de très courtes observations.

Dans le système de la commission, il appartiendra à l'administration de décider si le brevet d'invention doit être accordé ou refusé : il y aura examen préalable.

Mais quelle est la nature de la demande qu'on porte devant l'administration?

L'industrie, à quelques exceptions près, est libre en France. On ne demande pas à l'administration le droit d'exercer telle ou telle industrie. Encore une fois, l'industrie est libre, et celui qui voudrait l'exercer sans s'assurer un droit exclusif, je prie la Chambre de le remarquer, n'a nullement besoin d'un brevet du Gouvernement. S'il demande au Gouvernement un brevet, ce n'est pas pour exercer son industrie, mais c'est pour avoir le droit de l'exercer exclusivement.

C'est là le point de départ.

De quoi s'agit-il donc? On a beau éviter le mot propre, il ne faut pas moins aller au fond des choses. Il s'agit d'une question de propriété : on demande au Gouvernement un brevet pour se garantir contre les usurpations qui pourraient être faites au préjudice de l'inventeur.

Or, c'est chose grave, Messieurs, que d'établir que l'administration sera juge de la question de savoir si j'aurai ou si je n'aurai pas un droit exclusif, la propriété de mon invention. D'ailleurs, la Chambre voudra bien le remarquer, si l'administration me refuse le brevet, quelle est la conséquence de ce refus? Est-ce que l'industrie dont il s'agit ne pourra pas être exercée? Nullement. La conséquence sera qu'au lieu d'être exercée par un seul individu, cette industrie pourra l'être pour tout le monde. C'est là la seule et unique conséquence. Ceci, encore une fois, est extrêmement grave.

Voyons plus loin : le Ministre me refuse le brevet; c'est me dire : vous n'aurez pas cette propriété. Je me pourvois au conseil d'État. C'est là le recours que le projet de la commission me réserve. Or, je le demande aux savants jurisconsultes qui m'écoutent, sont-ce des questions du ressort du conseil d'État que des questions de propriété? Est-ce en conseil d'État qu'on décide les questions sur le mien et sur le tien? Non! ces questions appartiennent aux tribunaux. Qu'on me permette ici une autre observation.

On a dit que la question serait portée devant le comité du contentieux. Dès lors, je raisonne ainsi : est-il question d'un droit proprement dit? Si, comme je le pense, il s'agit d'un droit proprement dit, d'un droit acquis, il ne peut pas appartenir au Gouvernement de m'en dépouiller par voie administrative. S'il n'y a pas droit proprement dit, si, comme quelques personnes paraissent le croire, c'est une concession gracieuse que je demande en demandant le brevet, alors ce n'est pas au comité du contentieux qu'il faut me renvoyer en cas de refus. Le comité du contentieux n'a pas à intervenir en matière gracieuse.

Il y a là confusion de tous les principes de notre droit public. Les questions sur les droits de l'inventeur, dans notre système, appartiennent essentiellement au pouvoir judiciaire.

Certes, je ne suis pas de ceux qui paraissent avoir quelque défiance des lumières, de l'impartialité, de l'indépendance du conseil d'État ; j'ai toujours professé, et je m'honore de professer, une opinion contraire ; mais la question n'est pas de savoir quelle est l'autorité qui jugera le mieux, mais si nous maintiendrons ou non le principe fondamental de notre système politique.

Appliquer ce système préventif, appliquer, passez-moi le mot, c'est le mot propre, appliquer la censure à l'industrie, est une chose énorme.

Qu'on ne dise pas que les deux pouvoirs, le pouvoir administratif et le pouvoir judiciaire pourront concourir dans la répression des actes illicites. Je crois qu'il y a une légère confusion d'idées. Je m'explique.

Si la Chambre adopte le système préventif, voici le résultat :

Le Ministre refuse le brevet, l'invention lui paraissant contraire aux lois ; le conseil d'État confirme la décision du Ministre ; c'est fini.

Si le demandeur, malgré le refus, exerce son industrie, on le poursuivra devant les tribunaux. Mais qu'aura à juger le tribunal ? Que l'industrie est en elle-même bonne ou mauvaise, licite ou illicite ; mais, s'il la jugeait licite, il infirmerait la décision administrative, il se mettrait en contradiction avec elle. Si on veut éviter des conflits scandaleux, il faut arriver à dire que le tribunal appliquera au fait matériel la peine réservée aux infractions des ordonnances administratives, sans connaître du fond de la question.

Permettez-moi une dernière observation.

On demande un brevet ; le Ministre le refuse ; on se pourvoit devant le conseil d'État ; le conseil d'État est d'une opinion différente ; l'arrêté du Ministre est rapporté, et le brevet, après délibération solennelle du comité du contentieux, est accordé. Il se trouve ensuite que l'invention est, en effet, contraire aux mœurs ou à la sûreté publique. Qu'arrivera-t-il ? On poursuivra, dit-on, celui qui exploite le brevet ; on le traduira en police correctionnelle ; mais il dira : Comment pouvez-vous me supposer la moindre intention criminelle ? J'ai demandé un brevet au Ministre, j'ai débattu l'affaire en conseil d'État ; voilà l'ordonnance royale solennellement délibérée ; il a été reconnu que mon industrie est parfaitement innocente ; pour preuve, on m'en a délivré le brevet.

Que pourra faire le tribunal ? le condamner ? Mais ce serait alors un piége que le brevet ! Comment voir un fait répréhensible dans ce qui a été solennellement approuvé par l'autorité ?

Je ne crois pas que ce système puisse être adopté. Si la Chambre croit devoir adopter le système préventif, il faut l'admettre dans toute sa plénitude ; on ne peut pas coudre ensemble les deux systèmes, et réserver le jugement du fond à l'un et à l'autre pouvoir, à l'administration et aux tribunaux.

Veut-on le système préventif, la censure de l'industrie, soit ; mais alors c'est l'administration qui jugera ; les tribunaux n'interviendront plus, encore une fois, que pour appliquer la peine due aux contraventions des ordonnances administratives. C'est là un système ; mais ce système me paraît excessif : c'est un système, comme l'a dit M. le Ministre des travaux publics, qui ne nous est pas commandé par les faits, par des inconvénients qui ne puissent pas être surmontés en restant dans la législation sous laquelle nous vivons. Je ne puis en conséquence l'adopter ; c'est une innovation que rien ne justifie.

Je conviens qne le Ministre a un certain examen à faire : il doit examiner, entre autres, si la demande est régulière. Aussi est-il inutile de dire dans la loi qu'il y aura ou qu'il n'y aura pas un examen préalable, de dire ce que le Ministre fera dans ses bureaux, dans son cabinet; cela n'a aucune importance. Mais j'ajouterais à l'article qui est actuellement en discussion, un mot qui dirait nettement que le Gouvernement ne garantit rien, pas même la légalité de l'invention. Si l'invention se trouve contraire aux lois, aux bonnes mœurs, à la sûreté publique, les tribunaux, sur la poursuite du ministère public, prononceront. Tout inconvénient est ainsi évité, sans troubler en rien l'ordre de juridiction et sans oublier les principes fondamentaux de notre droit public.

M. LE BARON GIROD (DE L'AIN). Je suis d'accord avec l'honorable préopinant, lorsqu'il dit que l'industrie est libre, que l'on n'a pas besoin de s'adresser au Gouvernement pour avoir le droit de l'exercer, à moins que les lois ne la défendent; mais je ne suis plus d'accord avec lui lorsque, après avoir reconnu que l'on ne demande au Gouvernement que le droit de l'exercer exclusivement, il a qualifié ce droit de propriété qu'on donne à l'inventeur. Je lui en demande pardon, ce n'est pas une propriété que l'on donne à l'inventeur. Je comprends bien que, si c'eût été une propriété, il aurait dû avec beaucoup de force s'enquérir de la juridiction du conseil d'État, qui ne statue pas sur des questions de propriété; mais ce n'est pas une propriété, c'est un privilége, c'est le droit exclusif d'exploiter à son profit, pendant un temps déterminé, l'invention brevetée. Eh bien, cela n'est qu'un privilége, un privilége comme on en donne pour l'exploitation exclusive d'un théâtre pendant un temps déterminé.

Cela étant bien compris, on a dit : « Mais, à supposer cependant que ce pût être une question rentrant dans la juridiction du conseil d'État, ce ne serait jamais au contentieux qu'elle devrait être portée, car ce serait un acte purement administratif : les actes purement administratifs ne tombent pas dans la juridiction du contentieux. » J'en demande encore pardon à l'honorable préopinant, je crois qu'il y a ici une erreur ; il y a des actes purement administratifs, essentiellement administratifs, et qui cependant, dans des cas donnés, arrivent à la juridiction du contentieux...

M. ROSSI. On m'a mal compris.

M. LE BARON GIROD (DE L'AIN). Soit parce que les formalités dont ils auraient dû être précédés auraient été omises, soit parce que des règlements spéciaux, des lois particulières les auraient soumis à la décision de l'administration, à un recours au Roi en son conseil d'État.

Je citais tout à l'heure l'exemple des théâtres : dans le projet de loi qui leur est relatif, et qui, sans doute, sera soumis bientôt aux Chambres, on trouve une disposition semblable ; la concession du privilége d'un théâtre est soumise à la voie administrative.

Un pair. Il n'y a pas analogie avec le cas qui nous occupe.

M. GIROD (DE L'AIN). Je vous demande bien pardon, il y a analogie, et je vous prie de me permettre de parler dans cette supposition, car je crois que l'exploitation privilégiée d'une industrie et l'exploitation privilégiée d'un théâtre, ce sont deux priviléges d'une analogie parfaite. Eh bien, dans le cas de l'exploitation d'un théâtre, on réserve le recours au conseil d'Etat contre certaines décisions administratives. La concession de mines est apparemment un acte administratif aussi. Eh bien, il est des cas où une concession de mines, faite au préjudice d'un inventeur à l'égard duquel on n'aurait pas rempli les formalités, peut donner lieu à un recours au contentieux. Il n'y a pas huit jours qu'une ordonnance a été rendue en cette matière par le conseil d'Etat, qui a annulé une décision ministérielle qui avait fait une concession. J'en suis bien fâché pour l'autorité qui avait concédé la mine. C'est donc un privilége constitué par un acte administratif; cet acte administratif peut, dans des cas donnés, être déféré au Roi en son conseil d'Etat au contentieux.

M. ROSSI. Je demande la parole.

M. LE BARON GIROD (DE L'AIN). Je répète, en finissant, qu'il ne peut pas y avoir de crainte de choc entre la juridiction préventive et la juridiction répressive, on les a appelées ainsi ; l'expression ne me paraît pas exacte, mais enfin elle fait comprendre la question : il ne peut pas y avoir de choc : la décision du Roi, dans son conseil d'Etat, ne fera que constater la possibilité ou l'impossibilité d'accorder le brevet. Or, les tribunaux n'auront pas à connaître la question de nullité de brevet, comme ayant été accordé dans les cas où la loi ne le permettrait pas : ceci est purement administratif, et c'est sur ce point que le Ministre peut prononcer en premier ressort et que sa décision peut être confirmée ou réformée par le Roi en son conseil d'Etat.

Mais les tribunaux ne resteront pas moins saisis de la connaissance de tous les délits, quasi-délits, des actions civiles qui pourraient résulter de l'exploitation de l'industrie : ils auront, à cet égard, la plénitude de leurs attributions ; et, comme je le disais tout à l'heure, les deux juridictions ne se heurteront pas, mais marcheront libres, indépendantes l'une de l'autre.

M. LE MINISTRE DES TRAVAUX PUBLICS. Je ne dirai qu'un mot touchant la dernière observation de M. Girod (de l'Ain).

Il prétend qu'il n'y a pas un conflit possible entre les deux juridictions : je vais prouver le contraire,

Dans l'art. 3 vous avez dit : « Ne sont pas susceptibles d'être brevetés : les compositions pharmaceutiques ou remèdes secrets. » Si donc l'on demande un brevet pour un objet de ce genre, la demande sera rejetée, le demandeur se pourvoira devant le conseil d'Etat, qui décidera aussi qu'il n'y a pas lieu à délivrer un brevet.

Eh bien, ce n'est pas là un empêchement pour le demandeur; il profitera de ce que dit M. Girod (de l'Ain) pour exercer son industrie : il le peut incontestablement ; il vendra son remède ; il sera poursuivi par le ministère public : il sera traduit en police correctionnelle et il sera acquitté sur le fondement : le tribunal décidera que ce n'est pas un remède secret; et comment n'y aurait-il pas là collision?

M. LE BARON GIROD (DE L'AIN). On ne demandera pas à être breveté pour un remède secret, on demandera à être breveté pour un bonbon, on aura déguisé le remède secret sous une préparation quelconque; le Ministre, le conseil d'Etat auront été trompés, on n'aura cru breveter qu'un bonbon.

On viendra devant les tribunaux, non pas faire prouver la nullité du brevet, mais appliquer les lois sur la pharmacie et sur la vente des remèdes secrets à celui qui aura vendu ces remèdes secrets, quoiqu'il ait un brevet qui l'autorise à vendre des bonbons.

M. LE MINISTRE DES TRAVAUX PUBLICS. L'honorable M. Girod (de l'Ain) répond à l'hypothèse contraire à celle qui vous est présentée. Je suppose qu'on demande un brevet pour un bonbon, le Ministre croit que c'est un remède secret. Il y a pourvoi au conseil d'Etat; confirmation de la décision ministérielle. L'homme vend son bonbon, il est accusé de vendre un remède secret; il est acquitté sur le fondement que le bonbon n'est pas un remède secret.

M. ROSSI. Messieurs, je n'ai pas dit que jamais les actes administratifs n'étaient déférés au comité du contentieux; j'ai dit et je persiste à dire que, dans notre espèce, si on reconnaît qu'il y a un droit, un droit acquis, comme ce droit n'est autre, au fond, que le droit de propriété, il n'appartient qu'aux tribunaux de juger la question, et que si, au contraire, on n'y voyait qu'une concession gracieuse, alors il n'appartient pas au contentieux d'en connaître et de réformer la décision du Ministre.

M. PERSIL. Je crois que les difficultés qui s'élèvent dans la Chambre viennent de ce qu'on ne s'entend pas sur la nature du droit de l'inventeur, ni sur le caractère du brevet qu'il obtient. J'entends donner sur tout cela des définitions absolument opposées. Il est évident que, suivant la définition que vous adopterez, la solution devra être tout à fait différente. Il est certain que si, comme vient de le dire l'honorable M. Girod (de l'Ain), l'inventeur a un privilége, tout ce que demande le Gouvernement est erroné, et il faut bien se garder de l'adopter. Mais si, au contraire, l'on se trompe quand on dit que le droit de l'inventeur est un privilége, s'il est constaté que c'est une erreur, il faudra en venir à la décision que propose le Ministre. Et en effet, comment M. Girod (de l'Ain), se rappelant très bien la loi de 91 qui nous régit encore, vient-il nous dire que le droit de l'inventeur est un privilége?

M. GIROD (DE L'AIN). Je n'ai pas dit que c'était un privilége, j'ai dit que c'était un droit d'exploitation exclusive.

Plusieurs Pairs: C'est la même chose.

M. PERSIL. C'est là une subtilité. Je dis, moi, que le droit de l'inventeur est défini par la loi un droit de propriété, et de ce que le projet ne contient pas cette expression, il n'en faut pas conclure que ce n'est pas une propriété; c'est la plus sacrée, la plus intime. La loi de 1791, sous laquelle nous vivons encore, ne la désigne pas autrement. Comme il faut que les intérêts de la société ne soient pas sacrifiés même aux intérêts de l'inventeur, on peut et l'on doit imposer à celui-ci des sacrifices ; on peut exiger de lui qu'il limite sa jouissance exclusive à cinq, dix ou quinze ans ; mais cela n'empêche pas que ce ne soit une véritable propriété, qu'il ne partage avec personne et qu'il ne tient que de lui, ou plutôt de son invention ou de sa découverte, ainsi que le dit textuellement l'article 1er du projet que vous avez déjà voté.

On a commis la même erreur sur le caractère du brevet d'invention.

On a beaucoup exalté cette espèce de titre, en le décorant du nom du Roi, et en en faisant une sorte de patente royale. Que le Gouvernement et la commission lui rendent sa véritable désignation ; que le nom du Roi ne serve plus à l'élever outre mesure, que ce ne soit qu'un acte du Ministre, et beaucoup de difficultés disparaîtront.

M. LE RAPPORTEUR. Il est proclamé au nom du Roi, comme tous les actes ministériels.

M. PERSIL. Non pas que je veuille rabaisser les inventions, mais je veux donner à cet acte la forme qu'il doit avoir.

Qu'est-ce donc que le brevet d'invention ? Est-ce autre chose que ce que j'avais dit ? Pour moi, ce n'est qu'un simple accusé de réception. La demande, déposée a la préfecture, est transmise par le préfet au Ministre du commerce, qui en donne acte à l'inventeur. « Un arrêté du Ministre, constatant la régularité de la demande, sera délivré au demandeur. » C'est un paragraphe de l'art. 11, proposé par la commission elle-même. Voilà le brevet d'invention, ce n'est pas autre chose. Ce n'est pas une décision, ce n'est pas une concession du droit d'exploiter ; ce n'est qu'un fait. Mais il résulte de la nature de ce fait, vis-à-vis des tiers, un droit que l'inventeur a intérêt à constater.

On ne demande pas un brevet pour avoir le droit d'exploiter son invention, on l'exploite ou on peut l'exploiter sans brevet ; mais comme on veut se conserver le droit exclusif d'en jouir, c'est-à-dire d'empêcher ses concurrents d'en profiter, on s'assure la priorité et ensuite l'exclusion des autres en s'adressant au Ministre ; on ne lui demande pas la concession d'un droit, on requiert seulement son intervention pour constater les droits prétendus par l'inventeur, et empêcher qu'un autre, en se présentant, le dépouille de sa jouissance exclusive. Voilà le brevet d'invention. Ainsi posés le droit de l'inventeur et le caractère du titre qu'il reçoit de l'administration, voici les conséquences que j'en tire :

La première, c'est que l'inventeur n'est pas un privilégié qui reçoit une concession du pouvoir ; la deuxième, c'est que le Gouvernement, qui ne fait que constater la date de la demande d'un brevet, n'a ni intérêt ni droit à examiner la nature et les effets de l'invention ; en effet, si le brevet n'est autre chose que ce que je viens de dire, quelle utilité pourrait-il y avoir à soumettre l'invention à un examen préalable? Dans quel intérêt ? Avant sa demande, l'inventeur jouit de son invention sans avoir besoin de la soumettre à l'autorité.

Pourquoi sa position changerait-elle par la demande d'un brevet?

Si l'invention est nuisible, contraire aux lois ou aux mœurs, on le punit; mais on ne l'arrête pas, parce qu'il pourrait devenir coupable : il en doit être de même lorsqu'il demande un brevet : il faut attendre avant d'agir ou réprimer; mais légalement on ne prévient pas. Ce serait enlever la liberté par le motif qu'on en pourrait abuser; le système préventif n'est pas de notre temps.

L'administration, saisie d'une demande de brevet, doit bien examiner si la demande est régulière, si elle ne s'applique pas à une industrie interdite; mais voilà tout. Exiger davantage, ce serait créer des obstacles, des difficultés dont l'administration ne sortirait qu'à son détriment, et surtout au détriment de l'industrie. Il faudrait pour cela rendre une décision; on pourrait l'attaquer au conseil d'Etat, comme le veut la commission. Mais après que tout serait fini, les brevets ne pourraient plus être révoqués, et l'action des tribunaux serait nulle, parce qu'il leur est formellement interdit de connaître des actes administratifs.

Il y a dans la loi de 1791, et dans celle qui est proposée actuellement à la Chambre, un titre de nullité des brevets. Il faudrait le rayer. Quand le Ministre et le conseil d'État auront décidé, il ne restera plus rien à faire. Les tribunaux seront dessaisis, et l'administration jugera des questions de propriété.

Voilà ce que c'est que de s'écarter des principes. En voulant innover on change la nature des choses, et l'on donne à la société des garanties moindres que celles qu'on a. Je n'hésite pas à le dire, si vous adoptez les propositions de la commission, vous dépouillerez l'industrie des avantages qu'elle a reçus des lois de 1791.

M. GAUTIER. Je crois, comme l'honorable M. Persil, que la dissidence qui se manifeste au sein de la Chambre, sur la question qui l'occupe, provient de la différence des opinions sur la nature des droits qui résultent d'une invention. Comme il faut s'expliquer ici nettement, je crois pouvoir dire, ayant eu l'honneur de faire partie de la commission, qu'elle n'a pas considéré, comme le faisait tout à l'heure l'honorable M. Girod (de l'Ain), la concession d'un brevet comme un privilége accordé à l'inventeur. Mais elle a bien moins encore considéré l'invention comme une propriété. Elle a pensé qu'une idée quelconque, et par conséquent une invention, appartient sans doute à celui qui en est l'auteur, en ce sens qu'il peut l'exploiter par lui-même, en se préservant, s'il le peut, des inconvénients de la concurrence, ou en faire la communication au public.

On vous a cité, Messieurs, dans votre dernière séance, des exemples honorables d'inventeurs de choses très utiles qui n'ont pas demandé de brevet et qui ont livré leur invention au public. La commission a pensé que du moment où une idée, une invention est communiquée au public, la propriété de cette idée, de cette invention tombe dans le domaine public, appartient à tout le monde. Quiconque parle fait à ceux qui l'écoutent le don gratuit des idées que sa parole exprime.

Voilà sur quoi la commission s'est basée lorsqu'elle a proposé le système que nous examinons en ce moment.

9

Maintenant, pourquoi a-t-on imaginé des brevets d'invention ? C'est qu'il est utile pour la société qu'une idée nouvelle soit développée et appliquée par celui même qui l'a conçue. C'est dans ce but que la loi intervient pour créer un contrat entre l'inventeur et la société : mais si l'invention était une propriété, de quel droit la limiteriez-vous à cinq, dix ou quinze ans ? de quel droit diriez-vous qu'après l'expiration de ce délai cette propriété tombera dans le domaine public ? Toute propriété se transmet comme un héritage. En est-il de même d'une invention ? Non, certainement : le droit naît donc, non pas de l'invention, mais du contrat que la loi fait intervenir entre la société et l'inventeur. C'est sur ce principe que la commission s'est basée. Il en résulte que la société a le droit de stipuler dans le contrat les conditions qu'elle juge nécessaires à sa sûreté, comme elle y place celles qu'elle juge utiles à ses autres intérêts.

J'avoue que, sauf le recours au conseil d'Etat, sur lequel j'ai des scrupules, il me semble que le Gouvernement doit avoir le droit d'examen préalable de la légitimité de l'invention.

M. MARTIN (DU NORD), *garde des sceaux*. Messieurs, l'opinion que j'aurais émise en 1837 comme Ministre du commerce a été plusieurs fois citée dans cette discussion. Je crois donc devoir exposer le système présenté alors par le Gouvernement, et le comparer au système présenté aujourd'hui à la Chambre.

Il faut d'abord, Messieurs, se garantir du grave danger de créer une lutte quelconque entre l'autorité administrative et l'autorité judiciaire. Lorsque les honorables membres qui cherchent à empêcher la concession de tout brevet pour des inventions contraires aux lois, aux bonnes mœurs et à la sûreté publique, veulent tout à la fois établir l'examen préalable de la part du Ministre, et réserver l'action des tribunaux, même après que le conseil d'Etat aurait prononcé, il me semble qu'ils tombent dans une sorte de confusion qu'on ne pouvait pas reprocher au projet du Gouvernement présenté en 1838 au conseil d'Etat, et qu'on ne peut pas reprocher non plus au projet soumis en ce moment à la Chambre par votre commission.

En effet, Messieurs, il est très vrai que le projet soumis au conseil d'Etat et approuvé par lui en 1838, exigeait dans certains cas l'examen préalable du Ministre, et du moment où il l'exigeait pour certains cas, dans la vue de pourvoir à certains dangers, il fallait nécessairement que le Ministre fit cet examen préalable dans tous les cas : il fallait nécessairement que le Ministre vit si la qualification donnée au brevet ne cachait pas une intention contraire aux lois, aux bonnes mœurs et à la sûreté publique.

Le projet constituait donc véritablement l'examen préalable, mais il réglait en même temps le sort de l'inventeur qui éprouverait un refus de la part du Ministre. On sentait très bien que ce refus ne pouvait être définitif et absolu : on sentait la nécessité d'établir un recours contre cette décision négative, et comme la décision émanait d'une autorité administrative, c'est nécessairement à l'autorité administrative, qui connaît ordinairement de ces décisions, qu'il fallait recourir, c'est-à-dire au conseil d'Etat.

Ces bases posées. la question s'est présentée sur le champ de savoir. lorsque le conseil d'Etat aurait réformé la décision prise par le Ministre, et que le brevet aurait été délivré , quelle pouvait être la conséquence de sa délivrance. Or. ici la commission ne me démentira pas, elle est parfaitement d'accord avec l'opinion qu'avait alors le Gouvernement. Lorsque le Ministre avait refusé. le conseil d'Etat du contentieux pouvait dire : Le Ministre a eu un scrupule exagéré: il a cru que l'invention était contraire à la sûreté publique et aux bonnes mœurs, il s'est trompé. En conséquence. il y a lieu d'ordonner la délivrance du brevet, et le brevet était délivré.

Cependant le conseil d'Etat n'avait pu se livrer à toutes les investigations qui pouvaient rendre certaine et irréfragable sa décision: il pouvait se faire que la pratique et l'expérience révélassent des inconvénients qui n'avaient pas été aperçus. Dans ce cas. pourrait-on admettre que le ministère public . lorsque le brevet était délivré et l'industrie en pleine exploitation. eût encore le droit de se pourvoir devant les tribunaux pour faire déclarer nul le brevet délivré après décision du conseil d'Etat ? Cette question. Messieurs. a été discutée par le conseil d'Etat en 1838, et le conseil d'Etat a pensé que le brevet ne pouvait plus être attaqué que par les tiers. soit pour contester la réalité ou la priorité de l'invention, soit dans tout autre intérêt qu'ils pouvaient avoir, mais que l'action du ministère public était inadmissible, parce qu'il n'était pas possible de dire que lorsqu'une décision administrative avait· déclaré que l'invention n'était pas contraire à la sûreté publique. les tribunaux pussent être appelés à examiner si cette décision administrative était ou non fondée.

Ce que nous avions fait alors. la commission le fait aujourd'hui. Remarquez, en effet, qu'elle ne réserve contre les brevets que l'action des tiers ; ainsi, dans l'art. 31, lorsqu'il s'agit de la nullité des brevets. elle retranche de l'article du Gouvernement la disposition qui concernait les brevets délivrés contrairement aux mœurs ou à la sûreté publique, parce qu'elle sait bien que l'autorité administrative ayant prononcé , la question est désormais épuisée , et qu'on ne peut plus aller devant les tribunaux débattre la décision de cette autorité.

Voilà, Messieurs les deux opinions entre lesquelles vous avez à choisir. Vous avez d'abord le système de la commission, conforme à celui du Gouvernement en 1837, c'est-à-dire l'examen préalable par le Ministre, et, en cas de refus, le recours au conseil d'Etat, dont la décision. lorsqu'elle est intervenue, ne laisse subsister que l'action des tiers. Vous avez, d'un autre côté, le système que le Gouvernement a adopté aujourd'hui, et qui exclut l'examen préalable, mais qui laisse au ministère public, dans tous les temps, à toutes les époques. quand un grand intérêt public se manifeste. le droit de se pourvoir devant les tribunaux, de faire déclarer la nullité des brevets, et d'empêcher qu'une industrie contraire à la sûreté et à la morale publiques puisse être exercée.

Je reconnais que des raisons très puissantes peuvent être invoquées en faveur de l'un et de l'autre de ces systèmes. Je dirai même que, pour mon compte, j'ai partagé, en 1837. l'opinion qui voulait un recours contre la décision du Ministre, et, par conséquent, un examen préalable de la part de ce Ministre ; mais j'avouerai que, dans l'intérêt des bonnes mœurs et de la sûreté publique, je trouve aujourd'hui plus de garanties dans le système qui interdit l'examen préalable que dans celui qui en impose l'obligation. Voici les raisons qui me déterminent à cet égard.

Quel que puisse être le soin avez lequel le Gouvernement examinera l'invention qui lui sera soumise, quel que puisse être le soin avec lequel le conseil d'Etat se livrera à son tour à cet examen, lorsqu'un recours sera formé contre la décision négative du Ministre, on conçoit néanmoins que cet examen préalable du Ministre et du conseil d'Etat ne peut pas avoir la même certitude que l'expérience acquise par l'exploitation de l'industrie elle-même ; on conçoit que la pratique démontrera bien mieux si une invention est contraire à la sûreté publique que ne pourra le faire l'examen théorique de cette invention, jugée sur les documents déposés par l'inventeur, et l'on ne peut, ce me semble, méconnaître qu'il y ait plus de garanties dans un cas que dans l'autre. En pareille matière, il n'en faut négliger aucune, et cette considération nous paraît de nature à vous déterminer peut-être, Messieurs, en faveur du système que le Gouvernement, aujourd'hui, après mûre réflexion, a substitué au système de 1837.

D'ailleurs, et c'est par là que je termine, il ne peut y avoir aucun inconvénient à admettre le système qui repousse l'examen préalable. En effet, comme on le disait tout à l'heure, on n'a pas besoin de brevet d'invention pour exercer une industrie quelconque, sauf les poursuites du ministère public. Le brevet n'est demandé que pour constater l'invention et lui donner une date. S'il était possible, indépendamment de la signature du Ministre, d'avoir un moyen quelconque de constater la date d'une découverte, on n'aurait pas besoin de recourir au Gouvernement ; il s'agit donc là d'un droit exclusif que l'on veut se réserver adversativement aux tiers. Le brevet n'est pas fait pour autoriser à exercer telle ou telle industrie ; l'industrie est libre, et comme l'a fait observer très judicieusement l'honorable M. Rossi, on n'a pas besoin de brevet pour l'exercer. Le brevet n'a qu'un but : il permet à l'inventeur de dire aux tiers qu'il a fait telle découverte le premier, et que, par conséquent, pendant un temps donné, il a un droit exclusif à l'exploitation de cette découverte.

Cela étant, puisque vous ne prenez d'avance aucune précaution contre celui qui veut livrer au commerce, à la libre concurrence, l'industrie dont il est l'inventeur, quelle nécessité trouvez-vous à venir prendre des précautions de ce genre vis-à-vis de telle industrie qu'on veut exploiter exclusivement pendant un temps donné ?

Voilà les observations que je voulais vous présenter ; j'éprouvais le besoin de montrer à la Chambre quels étaient les deux systèmes en présence, et surtout de lui faire bien connaître celui qui avait été admis en 1838.

M. BARTHE. Mon honorable ami n'a pas répondu à cette question : Si dans une demande de brevet, il y avait violation manifeste des lois, le Ministre donnerait-il le brevet ?

J'ajouterai ceci. On a parlé de deux systèmes : on a désigné l'un sous le titre de justice préventive, l'autre sous le nom de justice répressive. Il y a un troisième système, il y a la justice du Gouvernement en ce qui concerne l'acte du Gouvernement, c'est-à-dire le brevet d'invention. Cette justice s'exerce soit par simple arrêté du Ministre, soit après délibération du conseil d'Etat ; c'est toujours l'acte du Gouvernement.

Ainsi, en ce qui concerne le brevet d'invention, dont le caractère a été parfaitement défini par M. Gautier, c'est le Gouvernement qui sera souverain. Cet acte, cette puissance exercée quelquefois par un refus, il restera pour les faits particuliers, pour les violations de mœurs ou autres, la justice indépendante du Gouvernement.

Voilà un troisième système qui me paraît être le bon.

Je veux qu'en ce qui concerne le brevet d'invention, la justice du Gouvernement soit souveraine, soit quand elle s'exerce par arrêté du Ministre, soit quand elle s'exerce après avoir pris l'avis du conseil d'Etat. Cela n'entre pas dans l'action des tribunaux. Je ne voudrais pas qu'une action étouffât l'autre. L'une, que l'on a appelée une censure, c'est la chose la plus simple du monde ; celle-là, je ne lui demande qu'une chose, c'est, quand elle s'exerce, de ne pas porter son examen préalable sur la nouveauté des produits, de laisser libre celui qui se présente comme l'inventeur, de le laisser agir à ses risques et périls.

Mais sur la question de légalité, il est évident qu'il faut que le Gouvernement puisse remplir sa mission ; quand il exercera cette justice, s'il lui apparaît que les lois sont violées, le Ministre doit pouvoir ne pas donner son arrêté, refuser le brevet : c'est ce droit que je veux lui laisser, car il ne compromet rien ; je ne sais pas comment on pourrait hésiter à armer les mains du Gouvernement du droit de refuser un brevet pour une chose en quelque sorte notoirement immorale et contraire aux bonnes mœurs, à la sûreté publique, aux lois. On ne compromet pas là les droits de qui que ce soit.

On a parlé de liberté librement exercée. Mais est-ce qu'il y a propriété librement exercée dans ce qui est contraire aux bonnes mœurs, contraire à la sûreté publique ? Il n'y a pas plus de propriété que de privilège. Si cela est évident, la justice administrative du Gouvernement, en ce qui concerne les brevets, dira non, et rien ne sera troublé.

Si le Gouvernement a été surpris et qu'il ait donné sa signature, même après l'avis du conseil d'Etat ; si sa justice a été trompée, il reste toujours la justice ordinaire des tribunaux, à laquelle vous laisserez une action entière.

C'est dans cette idée que je demande que la Chambre ne dise pas d'une manière absolue que toujours, quoique les demandes soient contraires à la moralité, à la légalité, le Gouvernement sera forcé d'accorder le brevet sollicité.

M. LE DUC DE BROGLIE. Je crois qu'il n'appartient à personne dans cette enceinte, pas plus à la commission qu'à aucun de ses membres, pas même à M. le garde des sceaux, de revenir sur ce qui a été déjà décidé ; et il a été décidé, dans la séance d'avant-hier, que les motifs qui étaient énoncés dans le paragraphe 1er de l'art. 3 de la commission ne pourraient être allégués par le Gouvernement pour le refus d'un brevet.

Par l'art. 2 de la loi, on a décidé qu'il n'y aurait de brevetés que les procédés industriels. Par l'art. 3, on a décidé qu'on ne breveterait ni les plans de finances, ni les théories, ni les préparations pharmaceutiques. Ce sont, quant à présent, les seuls motifs que le Gouvernement puisse alléguer. La loi étant adoptée pour refuser le brevet, je crois que nous ne pouvons pas revenir sur la discussion d'avant-hier.

Mais la question se trouve entière quant aux préparations pharmaceutiques. La question est de savoir ici si, quand le Gouvernement refusera le brevet pour ce motif, il fera subir un examen préalable à l'invention pour laquelle on réclame un brevet. Et ici je ne voudrais pas revenir sur les détails dans lesquels on est entré. Je voudrais appeler l'attention de la Chambre sur un seul point qui ne me paraît pas avoir été suffisamment mis en lumière.

Que garantira le brevet ? c'est là ce que je demande à la commission. Garantira-t-il la légalité de la chose brevetée quand le Gouvernement accordera un brevet ? J'admets qu'on ne s'adressera jamais au Gouvernement pour demander un brevet pour une préparation pharmaceutique : mais on le lui demandera pour une préparation alimentaire, pour un cosmétique, pour un bonbon, pour je ne sais quelle autre invention, et, sous ce nom, il serait possible d'introduire ce que la loi a voulu prohiber, un remède secret. Quand le Gouvernement, dans le système de la commission, de l'examen préalable, accordera le brevet, ce brevet garantira-t-il que la chose brevetée n'est pas un remède ? pourra-t-on aller encore devant les tribunaux après l'expérience faite pour attaquer la décision du Gouvernement ? Je dis que s'il y a un examen préalable, on ne le pourra pas. C'est là le point sur lequel je prie la Chambre de fixer son attention.

Si le brevet est résulté d'un examen, et si c'est une décision de l'administration que la délivrance du brevet, quand il aura été délivré, d'une part il ne sera pas révocable par l'administration, et de l'autre il ne pourra pas être annulé par les tribunaux : il sera inattaquable : car les tribunaux ne peuvent pas connaître d'une décision de l'administration, et, d'autre part, le brevet, une fois délivré, l'administration ne pourra le révoquer.

On a toujours raisonné dans l'hypothèse qu'on ira devant le conseil d'Etat. On n'y ira que dans le cas où l'administration refuserait ; c'est l'impétrant refusé qui ira devant le conseil d'Etat. Mais je suppose que l'administration se trompe ; l'administration peut se tromper. On lui demande, sous un nom supposé, un brevet pour un remède, pour un remède très dangereux pour la santé publique ; l'administration donne le brevet, ne croyant pas que c'est un remède. Maintenant, je dis que, dans le système de la commission, ce brevet est une décision administrative rendue après examen, que ce n'est pas un simple récépissé. Dans ce système-là, il n'y a plus de recours possible. L'administration ne peut pas revenir sur son acte.

d'une part, et de l'autre on ne peut pas l'attaquer devant les tribunaux ; les tribunaux seraient tenus de se déclarer incompétents, car autrement il y aurait forfaiture à connaître d'un acte administratif. C'est là ce qui me paraît dangereux dans le système.

Moi, je n'ai pas de prévention contre l'examen préalable, contre la censure, puisqu'on a prononcé ce mot. Je trouve la censure mauvaise pour les livres et les journaux : je la trouve bonne pour les pièces de théâtre et la gravure : par conséquent, dans la matière qui nous occupe, si la censure a un avantage, je suis prêt à l'adopter.

Mais il me paraît qu'elle a ici un véritable danger. Il me paraît très difficile, quelque soin que l'administration y apporte, avec quelque attention qu'elle examine les choses. qu'elle puisse décider à priori quelles seront les conséquences réelles des inventions qu'on lui soumet. Je crois que, le plus souvent, elle s'y trompera et qu'elle s'y trompera de très bonne foi et après un examen très approfondi.

Eh bien, quand on aura posé en principe que le brevet d'invention est une décision de l'administration, que l'administration est maîtresse de le refuser, que quand elle l'accorde, c'est qu'elle a acquis la certitude qu'il n'en peut résulter aucun inconvénient, que, par conséquent, c'est la propre décision de l'administration ; si l'on pose ce principe, toutes les fois que l'administration se trompera, elle se trompera irrévocablement, et les conséquences de ses erreurs seront beaucoup plus dangereuses qu'elles ne l'ont été jusqu'ici.

Qu'est-ce qui a préoccupé la Chambre depuis trois jours ? La crainte de voir, sous le titre de brevets, accréditer des remèdes que le Gouvernement ne garantit pas.

A cet égard, on a dit que le public n'est pas éclairé sur ce que c'est en réalité qu'un brevet d'invention ; que quand il voit une chose brevetée du Gouvernement, il y voit l'attache du Gouvernement, la regarde comme ayant de la valeur et qu'il l'achète. C'est vrai, mais je crois que, dans notre système, nous aggravons le mal, loin de le diminuer. Bien réellement, quand on se range au système de la commission, le brevet d'invention . ayant l'attache du Gouvernement, semblera avoir reçu l'approbation de l'autorité. On ne pourra plus dire : « C'est une chose de crédulité, c'est une manière de prendre date, c'est un récépissé donné à telle personne pour qu'il ait un droit de priorité. » Il y aura bien réellement l'approbation du Gouvernement, l'administration aura examiné et aura attaché son approbation.

Eh bien, ne se trompera-t-elle jamais, et si elle se trompe, quelle sera la conséquence ? M. le garde des sceaux vient de dire que dans le système de la commission, qui était autrefois celui du Gouvernement, une fois le brevet délivré, il n'y avait plus moyen de l'attaquer. Si l'on pouvait me garantir que le résultat de cet examen préalable est de mettre la sûreté publique à l'abri, que, selon toutes les probabilités, l'administration ne se trompera pas. Eh mon Dieu ! c'est un système de censure, inefficace, comme l'a démontré M. Persil, puisqu'il n'empêche pas l'objet qui se couvre du brevet d'invention de continuer à se produire : mais enfin je comprends ce système ;

je conçois qu'il est très difficile à l'administration de prévoir *à priori*
quelles seront les conséquences de découvertes pour lesquelles on
demande des brevets.

On a beaucoup raisonné sur les inventions qui seraient manifestement, d'après l'étiquette du sac en quelque sorte, contraires aux lois
ou aux mœurs ou à la sûreté publique.

Messieurs, ce sont des folies, mais ce n'est pas ainsi que la chose
se présentera. On demandera un brevet d'invention pour une découverte nouvelle avec un titre inoffensif, mais avec des qualités
réelles qui ne le seront pas et qui pourront avoir des conséquences
contraires aux lois, aux mœurs ou à la sûreté publique. Ce sont là
de véritables dangers ; l'autre danger est chimérique. La question
est de savoir si le Gouvernement peut garantir au public une découverte après l'avoir examinée.

Je crois que l'administration peut donner cette garantie.

L'expérience seule montre les conséquences véritables des inventions de ce genre. Ce qui résultera du système dans lequel la commission prétend nous engager, c'est que l'administration, très
innocemment, accordera des brevets pour des inventions pharmaceutiques sous un nom déguisé, dont la qualité ne se révélera qu'à
l'expérience. Eh bien, quand cela sera fait, il n'y aura plus de recours nulle part. L'administration ne pourra plus retirer son brevet,
et comme le brevet sera un acte administratif à l'abri de toute atteinte de la part des tribunaux, qui seront obligés de se déclarer incompétents, il faudra que le brevet continue à se distribuer et avec
l'approbation du Gouvernement.

Je crois cela plus dangereux que le système dans lequel nous
sommes depuis cinquante ans. Après tout, de quoi s'agit-il ? Quand
on demande un brevet à l'administration, c'est un acte de priorité,
et immédiatement après le ministère public entre en jeu, et s'il y a
lieu de faire annuler le brevet, on le fait annuler. Il y a là plus de
protection, plus de garantie que dans le système de censure préalable appliquée aux brevets, ce qui n'empêche pas de mettre à exécution les inventions, mais qui empêche seulement qu'elles soient
mises à exécution par d'autres que par celui qui s'en prétend l'inventeur.

Je crois, je le répète, le système actuel plus dangereux que celui
avec lequel nous avons vécu jusqu'à présent.

Séance du 28 *mars* 1843.

M. VILLEMAIN, *Ministre de l'instruction publique*. Quelle est la
pensée qui préside à la rédaction de la loi nouvelle? A-t-on l'intention de perfectionner l'ancienne loi, ou de la transformer, d'en changer le caractère et l'esprit?

Si on ne veut que perfectionner la loi, il suffit d'examiner tour à tour les modifications proposées. Mais si on veut en transformer, en changer l'esprit, il ne faut pas seulement discuter quelques expressions, il faut mettre toutes les dispositions d'accord avec le but.

L'esprit de l'ancienne loi, de la loi de 1791, c'était le principe de la liberté et de la propriété, le principe de la liberté dans l'industrie, et de la propriété pour un temps, et sous condition, c'est-à-dire un mode de jouissance qui était garanti à l'inventeur, moyennant la reconnaissance qui aurait été faite de son invention. Je ne crois pas qu'on puisse dire : « L'ancienne législation interdisait l'application du brevet d'invention aux plans et systèmes de finances : le paragraphe de l'article 3 que vous avez adopté défend également d'appliquer le brevet d'invention aux remèdes pharmaceutiques : donc l'examen préalable, le droit discrétionnaire d'apprécier les inventions, de les admettre ou de les rejeter, est déjà dans la loi, et vous pouvez l'étendre sans inconvénients. » Je réponds, au contraire, que deux exceptions, faciles à constater, ne font pas la loi ; que c'est vous qui changez cette loi, qui la changez radicalement, si vous y introduisez l'examen préalable pour tous les cas, comme le fait la commission dans l'article 11.

Or, ce changement radical, fondamental, est-il utile ? Cette législation, qui d'abord a pour elle un grand principe, proclamé après 1789, époque de l'affranchissement de l'industrie comme de beaucoup d'autres choses, est-elle en elle-même inconséquente ou dangereuse ? Je ne le crois pas. Il suffit de rappeler les applications qu'elle a reçues dans les pays où l'industrie a pris le développement le plus complet sous la protection de la liberté civile : il suffit de citer les effets qu'elle a eus parmi nous depuis cinquante ans.

On allègue toutefois que le principe de la simple reconnaissance des découvertes, sans prohibition facultative, est vicieux, parce que, dit-on, il peut placer quelquefois l'autorité dans cette singulière situation d'assister, de participer, pour ainsi dire, par une tolérance qui semble une approbation, à un procédé, à une entreprise répréhensible, funeste, contraire aux lois.

Messieurs, je dirai qu'il y a là d'abord une pétition de principe inacceptable. En effet, le silence de la loi spéciale n'induirait nullement la tolérance obligatoire de ce qui serait contraire aux lois générales. Les choses illicites, honteuses, n'ont pas besoin d'être spécialement prohibées : il est entendu que nulle convention ne peut les supposer et les admettre.

Posons donc un premier fait. Si l'autorité à laquelle sont adressées les déclarations et les descriptions relatives aux inventions nouvelles, recevait, par une hypothèse peu vraisemblable, la déclaration d'une invention évidemment destinée à être l'instrument d'un crime ; si elle recevait, par exemple, la confidence d'une invention propre à faciliter l'exécution du crime qualifié et puni par l'art. 317 du Code pénal, nul doute que le devoir de cette autorité ne fût d'informer immédiatement la justice, et de déférer l'inventeur, au lieu de le breveter. Je le répète, la supposition n'est pas probable : mais si elle se réalisait, le remède est dans les principes généraux du bon sens

9.

et de la loi, qui veut que personne ne soit obligé d'être complice d'un délit ou d'un crime.

Hors de cette supposition, fort peu vraisemblable, je le répète, et quand il s'agira d'inventions qui n'offrent aucune criminalité manifeste, mais dont la conséquence douteuse, obscure. peut amener quelque inconvénient, je dirai, Messieurs. qu'il y a dans notre législation plus d'un exemple de cette assistance. de cette participation de l'autorité publique à un fait dont les conséquences peuvent devenir coupables. Je citerai ce qui a lieu dans une matière grave, liée aux libertés publiques.

Un écrivain compose un livre ; un libraire le fait imprimer; l'ouvrage est *déclaré, déposé*. La déclaration et le dépôt feraient-ils pressentir dans l'ouvrage des inconvénients que la justice aura plus tard à réprimer, le récépissé de la déclaration et celui du dépôt n'en sont pas moins donnés par l'autorité publique. La propriété de l'auteur est ainsi constituée. sans que la moralité de son ouvrage soit garantie contre la justice du pays. L'administration a constaté le fait, la date de la publication; elle n'a pas jugé l'ouvrage.

Eh bien, Messieurs, je crois que cette comparaison. empruntée à un ordre de propriété analogue, à un ordre de propriété intellectuelle, peut rassurer la conscience de ceux qui regardent comme un scandale l'absence de censure en matière de brevet d'invention : car ici nous ne pouvons hésiter sur les termes ; il y aura ou il n'y aura pas un examen antérieur qui présenterait tous les effets de la censure.

Vous la restreindrez, dites-vous, à ce qui est évidemment contraire aux lois, aux bonnes mœurs. Dans un pays où les inventions industrielles ne sont pas encore très fréquentes, en Espagne, la loi va plus loin : elle prohibe la concession du brevet pour tout ce qui serait contraire à un règlement quelconque. C'est le principe du privilége en matière d'industrie; c'est le contraire de la loi de 1791. Mais que résulte-t-il si ce principe d'arbitraire est appliqué? C'est qu'après avoir supprimé la liberté on supprime aussi la vindicte publique.

En effet, si vous vous êtes trompés dans votre appréciation discrétionnaire, si vous avez laissé échapper, avec votre juridiction administrative, à un ou deux degrés. une invention qui entraîne des conséquences funestes à l'ordre public, une invention dangereuse pour la vie ou la fortune des citoyens, quel moyen de répression aurez-vous? comment l'invention, *autorisée* après examen administratif, sera-t-elle judiciairement supprimée? comment y aura-t-il délit, après et malgré la censure? L'invention tombera-t-elle de plein droit? Ce plein droit aurait besoin d'être réglé; autrement il laisserait beaucoup d'incertitude.

Ainsi donc, en même temps qu'on aurait gêné la liberté, on entraverait la vindicte légale; on commencerait par l'arbitraire, pour finir par l'impunité. Rien de tout cela ne me semble utile, Messieurs. Je crois préférable le système de l'ancienne loi; et toute addition. toute modification qui aurait pour résultat de substituer à ce système le principe de l'examen préalable, de l'appréciation discrétionnaire. et quelquefois erronée, me paraît changer l'ancienne législation sans l'améliorer.

M. BARTHE. Messieurs, on vous a dit : si la demande de brevet porte avec elle, par une indication évidente, la violation des lois, nous refuserons : c'est précisément ce que nous désirons voir consacrer, ou plutôt, c'est le contraire de cette proposition que nous ne voudrions pas voir consacrer.

Je crois qu'en peu de mots il serait possible de s'entendre sur la nouvelle rédaction. Il ne faut pas s'étonner de la longueur de cette discussion. Dans les lois il n'y a souvent qu'un principe, et celui-là est longuement discuté; tout le reste suit presque sans discussion. Je demande donc l'indulgence de la Chambre si je reviens sur cette discussion.

L'honorable orateur que vous venez d'entendre a assimilé la concession du brevet à la simple déclaration qui est faite à la direction de la librairie par un individu qui publie un livre.

Cette assimilation n'est pas exacte. Celui qui se fait inscrire se soumet à cette formalité dans un principe d'avertissement pour l'autorité; le Gouvernement ne s'associe en rien à un acte de cette nature. Aussi, que se passe-t-il? Jamais on n'a songé à demander la signature du Roi pour donner un simple récépissé, ni même la signature d'un Ministre.

Quand il s'agit de brevets d'invention, c'est tout autre chose. Le brevet, il est vrai, ne garantit pas la nouveauté ou l'utilité de l'invention, mais il est le signe authentique de la protection donnée par le Gouvernement pour le droit exclusif que l'inventeur doit avoir.

Ce n'est pas une chimère, car, vous le savez, il y avait autrefois des patentes qui correspondaient à nos ordonnances royales. Aujourd'hui on veut un acte du Gouvernement représenté par la signature du Ministre. Cela est tellement vrai que le premier article, qui est fait dans cet esprit, dit :

« Toute nouvelle découverte ou invention, dans tous les genres d'industrie, confère à son auteur, sous les conditions et pour le temps ci-après déterminé, le droit exclusif d'exploiter à son profit ladite découverte ou invention.

» Ce droit est constaté par des titres délivrés par le Gouvernement sous le nom de brevets d'invention. »

Comment peut-on assimiler ces titres délivrés par le Gouvernement aux simples récépissés donnés peut-être par un expéditionnaire au dépôt des livrets à la direction de la librairie?

Ce que je dis est tellement vrai, que plus tard, lorsque le brevet se trouve avoir été surpris, on est forcé de se pourvoir en nullité ou en déchéance du brevet. Or, un pourvoi en déchéance ou en nullité d'un récépissé me paraîtrait une chose fort singulière. Il n'y a donc pas d'assimilation possible.

Il y a encore quelque chose de plus sérieux, et je craindrais vraiment pour les brevets, pour les inventeurs, pour l'industrie, que préoccupé de l'idée d'échapper à cet examen préalable, qu'on redoute beaucoup trop selon moi, on allât jusqu'à détruire le principe des brevets, en les affaiblissant, en les avilissant, en prenant pour base de cette loi que le brevet n'est qu'un récépissé, comme celui d'un livre qu'on dépose à la direction de la librairie.

Je crois que le Gouvernement doit écarter ces assimilations tout à fait inexactes. Si vous entriez dans cette voie, il faudrait organiser un système qui consisterait à donner un récépissé à tout individu qui se dirait inventeur. Ce serait une autre loi qu'il faudrait faire, ce serait un autre principe à établir. Et ce système. je crois qu'il serait contraire aux inventeurs et à l'industrie; mais cet avilissement des brevets d'invention n'a été ni le système du Gouvernement, ni celui de la commission.

On vous a soumis une autre considération. On a dit, il y a des amendements de deux natures : les amendements qui ont pour objet. en restant dans ce système de la loi, de l'améliorer, et des amendements qui changent la loi tout entière.

Il peut arriver qu'on se trouve dans le cas. par des amendements, de porter une atteinte profonde aux mauvais principes d'un projet de loi. Sans contredit, ce serait le droit de la Chambre tout aussi bien que pour les amendements secondaires; mais je ne considère pas l'amendement que je soutiens comme portant atteinte à l'économie générale de la loi. C'est parce qu'on exagère les conséquences de ce refus, que le Gouvernement doit toujours avoir le droit de faire. qu'on croit que le principe de la loi est dénaturé.

Le Gouvernement a reconnu. dans l'art. 31 du projet, qu'il est possible qu'un brevet ait été obtenu pour des choses contraires aux lois et aux bonnes mœurs. C'est le projet de loi lui-même qui le dit; je peux donc supposer ce que la loi prévoit. Dans tous les cas. si c'était un acte de déraison ou de folie de la part de celui qui demanderait ce brevet. je ne voudrais pas que le Gouvernement s'en rendît complice. Aussi l'orateur vient-il de déclarer qu'il n'en serait rien. Alors sur quoi différons-nous. et pourquoi voulez-vous vous interdire tout examen? A l'égard de ces cas que le Gouvernement a considérés comme possibles, il y a deux appréciations. Quand un individu se présente au Gouvernement. le Gouvernement est chargé de lui donner un titre pour assurer la jouissance exclusive du procédé. Eh bien, ce titre est un acte du Gouvernement. qui lui appartient tout entier : il a le droit de l'accorder s'il n'a rien de contraire aux lois, mais il a le droit de le refuser si la violation des lois résulte de la demande elle-même. Mais dira-t-on que le Gouvernement pourra abuser par un refus? je ne le pense pas : je crois que ce droit est bien placé dans ses mains; il y a des choses que le Gouvernement seul peut faire et peut bien faire : ce sont choses d'administration.

Quelle est la nature de l'examen que nous ne voulons pas introduire dans la loi? Vous avez déjà reconnu que si une patente était demandée pour des remèdes. comme la loi les défend. le Gouvernement pourrait la refuser. Hier le Ministre disait que ce serait une chose possible. J'ai même remarqué qu'il croyait à cette possibilité hier, bien qu'un jour auparavant il a reconnu que cet examen était tout simple. Quand on se présenterait pour demander un brevet pour un remède, le Gouvernement dirait : je n'en donne pas.

Pourquoi avez-vous dit que le Gouvernement peut refuser? Parce que le remède secret était défendu par la loi. que la propriété exclusive de ce remède n'est pas garantie par la loi. Quel est le principe de cette exclusion? C'est que l'invention pour laquelle on demande un brevet est contraire à la loi.

Mais il n'y a pas seulement cette invention contraire à la loi. Si une demande est faite pour un acte, pour une jouissance aussi évidemment contraire à la loi que la distribution d'un remède secret, ce que nous vous demandons, c'est de ne pas refuser au Gouvernement la faculté de dire non.

J'arrive à l'application de ces idées. La commission avait mis dans son article ces mots : *sans examen préalable*, parce que déjà, dans le paragraphe 1er de l'art. 3, il est dit qu'on ne donnera pas de brevet à celui qui fera une demande pour un objet contraire aux lois; et alors, ayant maintenu le paragraphe dans sa pensée et son désir, elle a admis qu'il n'y aurait pas examen préalable sur la question d'utilité. Mais, depuis que la Chambre a rejeté le premier paragraphe dans l'esprit des uns, parce qu'ils n'étaient pas d'avis du droit d'examen; dans l'esprit des autres, parce qu'ils jugeaient inutile de l'exprimer, il y a nécessité de retrancher ces mots *examen préalable*, et je le propose par les motifs que voici :

Vous ne voulez pas qu'on vous impose l'examen préalable; eh bien, soit; mais comme nous ne voulons pas vous l'interdire, nous retranchons ces expressions de l'article. Ainsi là, rien d'absolu.

Les mots *sans examen préalable* semblent imposer la nécessité d'accorder le brevet pour quoi que ce soit. Cependant, voilà que M. le Ministre nous dit que si l'illégalité était évidente, il refuserait. De l'autre côté, si nous mettions *avec examen préalable*, vous verriez des inconvénients. Eh bien, nous retranchons ces mots ; nous ne vous imposons rien, mais aussi nous ne vous interdisons pas l'examen. Eh, mon Dieu ! l'examen, le discernement appartient au Gouvernement, et il serait étrange de le lui interdire.

Mais on dit : Si vous n'interdisiez pas l'examen et que le Gouvernement, après avoir examiné une demande, refuse, la commission a organisé un recours au conseil d'État, et l'ordonnance aura de graves conséquences pour la vindicte publique. Mais ce recours, vous l'avez déjà admis pour les remèdes et pour les plans financiers. Il est impossible que vous veuilliez organiser une garantie pour les citoyens toutes les fois que vous aurez le droit de refus appartenant au Gouvernement. Nous discuterons plus tard cette garantie ; mais maintenant nous posons le principe. Le Gouvernement apprécie la demande, il ne se livre pas à un examen sur les questions industrielles, il voit s'il y a violation de la loi. Toutes les fois qu'on demandera au Ministre une signature pour une demande contraire aux lois, il dira non.

J'ai lu dans le *Moniteur* qu'on avait dit : « S'il se présente un homme qui veuille se faire breveter pour des choses immorales ou criminelles, eh bien, nous donnerons d'une main un brevet et de l'autre nous écrirons au procureur du roi ! »

Quoi! Messieurs, le Gouvernement, sous une forme conférera un titre, il en recevra le prix, et il ira dénoncer à lui-même, sous une autre forme, l'individu à qui il aura conféré un titre ? Mais c'est une chose que ne ferait pas un particulier, et qui n'est pas digne du Gouvernement. Non, il faut refuser, et si l'individu à qui on a refusé le brevet agit contrairement aux lois, la justice criminelle viendra l'atteindre.

On dit encore : mais, après le refus du Ministre, le conseil d'Etat peut autoriser la concession du brevet, et alors la justice sera paralysée. A ce propos, après nous avoir accusés de vouloir faire de la censure sur les choses industrielles, on nous a dit qu'après avoir tué le droit nous allions tuer la justice préventive.

Messieurs, le droit d'examen ne paralyse en rien l'action de la justice criminelle. Vous accordez un brevet dans nos limites administratives, mais cela n'empêche en rien l'action judiciaire quant à l'emploi et aux moyens. Si la société est attaquée par l'usage du brevet, la justice est là qui viendra atteindre l'abus. Au surplus, s'il faut un article pour dire que l'action extérieure ne pourra jamais être paralysée quant à l'emploi, je suis tout prêt à le voter.

En cas de refus du Ministre, il y aura, dit-on, appel au conseil d'Etat, qui pourra être d'un avis contraire, et on s'emparera de cette circonstance pour tâcher de paralyser la justice criminelle. Messieurs, le conseil d'Etat ne prescrit rien au Gouvernement : il émet un avis qu'on adopte ou qu'on n'adopte pas. En supposant qu'on l'adopte et qu'après avoir refusé le brevet on l'accorde, ce brevet n'est pas d'une plus grande efficacité que s'il n'avait pas été refusé d'abord, et l'action de la justice criminelle reste entière si l'emploi du brevet constitue un crime ou un délit. En tous les cas, si ce recours au contentieux vous paraît trop grave, nous pourrons en adopter un autre.

Quant à présent, je me résume. Je ne veux pas déclarer que nous imposons l'examen au Ministre ; l'examen est dans le devoir commun du Gouvernement ; mais je ne veux pas non plus que nous déclarions le lui interdire.

C'est par ces motifs que je voterai la suppression des mots : *sans examen préalable.*

M. LE CHANCELIER. Il me semble maintenant, Messieurs, que tout est dit sur la discussion générale, et qu'il y aurait avantage à entrer immédiatement dans la discussion du paragraphe 1er, sur lequel pourra se reproduire une partie des vérités qui ont été émises de part et d'autre.

De cette manière la délibération marchera.

Voici le paragraphe 1er tel qu'il est proposé par le Gouvernement :

Art. 11, paragraphe 1er. « Les brevets dont la demande aura été régulièrement formée, seront délivrés, sans examen préalable, aux risques et périls des demandeurs, et sans garantie, soit de la réalité, de la nouveauté ou du mérite de l'invention, soit de la fidélité ou de l'exactitude de la description. »

Voici la rédaction que propose la commission :

« Les brevets dont la demande aura été régulièrement formée, seront délivrés aux risques et périls des demandeurs, sans examen préalable et garantie, soit de la réalité, de la nouveauté ou du mérite de l'invention, soit de la fidélité ou de l'exactitude de la description. »

M. BARTHE. J'ai proposé pour amendement la suppression de ces mots : « Sans examen préalable. »

M. LE CHANCELIER. L'amendement de M. Barthe me semble être le plus radical, et celui qu'il faut par conséquent discuter le premier.

M. MARTIN (DU NORD), *garde des sceaux.* Je demande la parole pour le combattre.

Messieurs, il n'est pas possible de proposer un amendement plus important que celui qui vient d'être présenté par l'honorable M. Barthe. Il est clair, en effet, que la pensée dominante du projet, ainsi que des lois qui régissent aujourd'hui les brevets d'invention, se trouve dans l'absence de l'examen préalable.

Si donc cet amendement était adopté et s'il était adopté, il faudrait admettre aussi toutes les conséquences, ce serait mettre au néant la législation qui nous a régis jusqu'à présent, ce serait renverser l'idée fondamentale du projet de loi qui vous est soumis.

A la vérité, mon honorable ami M. Barthe disait tout à l'heure : je ne veux rien de bien radical, je ne demande que la suppression des mots : « sans examen préalable, » parce que je veux que cet examen ne soit ni imposé ni interdit d'une manière positive au Gouvernement.

Un tel système, Messieurs, ne peut être adopté en pareille matière : il faut que le principe qui exclut l'examen préalable soit consacré d'une manière formelle, ou bien il faut imposer d'une manière également formelle au Gouvernement l'obligation de se livrer à cet examen.

D'ailleurs, vous allez tout à l'heure vous trouver en présence de la difficulté que l'on voudrait pour un moment vous faire éviter : car vous allez avoir à statuer sur les propositions qui vous sont faites par la commission, comme conséquence de son système de l'examen préalable dans certains cas. La commission a en effet senti à merveille que si le Gouvernement ne devait pas se borner à constater la demande du brevet d'invention, s'il était appelé à décider que l'invention était ou n'était pas dangereuse ou illicite, cette décision devait donner lieu à un recours. Mais il n'y a recours que quand il y a eu décision, et il n'y a décision que quand il y a eu examen.

Vous voyez donc que vous n'éviterez pas la difficulté. C'est d'ailleurs un mauvais moyen de faire des lois que de procéder ainsi par suppression.

Ainsi, il faut le reconnaître, les dispositions postérieures du projet de la commission, sur lesquelles il faudra bien prononcer, supposent nécessairement pour le Gouvernement l'obligation de l'examen préalable, et, comme je crois l'avoir démontré hier, l'obligation de faire cet examen dans quelques cas entraîne l'obligation de le faire dans tous.

Il faut donc examiner la question sous ce rapport et déclarer positivement s'il y aura ou s'il n'y aura pas d'examen préalable.

A l'appui de son système, mon honorable ami M. Barthe a posé des hypothèses qui le préoccupent vivement, qui pourraient frapper également vos esprits. Il a supposé un individu ayant l'impudence de se présenter devant le Gouvernement et de réclamer un brevet pour une invention que l'inventeur lui-même déclarerait dangereuse pour la santé ou la sûreté publique, et il vous a montré le Gouvernement se reconnaissant obligé de donner son attache à cette invention par la délivrance forcée d'un brevet.

Je respecte cette sollicitude, mais je ne saurais la partager.

Comment, vous irez supposer qu'un homme, qui aurait fait une invention dangereuse, une invention dont le résultat peut être de compromettre la vie des citoyens, vous irez supposer que cet homme recourra au Gouvernement et lui demandera un brevet d'invention?

Mais à quoi donc sert un brevet d'invention?

Que ce soit un droit exclusif, ou un privilége ou une propriété, peu m'importe; le brevet, quelque nom qu'on lui attribue, ne donne que le droit d'exercer sans concurrence l'industrie pour laquelle il est pris: voilà son unique caractère. Et vous pensez que celui qui aura inventé une machine infernale, qui aura imaginé une préparation pharmaceutique propre à nuire à la santé publique, viendra demander un brevet d'invention pour exploiter son invention! Il s'en gardera bien, Messieurs; il tâchera au contraire de se soustraire aux regards du Gouvernement, du ministère public; il exercera clandestinement son industrie, et ce n'est pas la concurrence qui l'inquiètera.

Cette observation bien simple fait disparaître, ce me semble, une grande partie des arguments de l'honorable M. Barthe. Évidemment le Gouvernement n'aura pas l'occasion de se trouver en présence de ces inventeurs funestes, et de se voir forcé, malgré sa conviction intime, à leur délivrer des brevets d'invention. Ce sont là, il faut le reconnaître, des hypothèses qui ne se réaliseront pas.

Mais voici, Messieurs, ce qui pourra arriver: un brevet sera demandé sous une qualification mensongère, sur la description incomplète de procédés qui ne seront pas exactement appréciés dès le principe, et ce brevet pourrait être accordé.

Oui, cela est possible. Mais vous savez, Messieurs, que le nombre annuel des brevets est considérable: il est chaque année de douze ou de quinze cents, peu importe le chiffre exact; croyez-vous que malgré toutes les lumières dont il cherchera à s'entourer, le Ministre pourra savoir réellement ce qui se cache sous cette description incomplète ou mensongère de l'inventeur? Non, sans doute; souvent il sera trompé; aussi, je ne m'étonne pas qu'il recule devant cette responsabilité immense que l'on voudrait lui imposer.

Cependant, il faut bien qu'il y ait un recours, disait tout à l'heure M. Barthe, et je crois, ajoutait-il, qu'il y aura un autre recours à proposer que le recours au conseil d'État. Il me semble, Messieurs, que l'honorable orateur aurait dû nous dire quel était ce recours: car enfin, si vous exigez une décision du Ministre, il faut un recours contre cette décision, et comme il s'agit d'une décision administrative, il ne peut y avoir de recours que devant le Roi et son conseil d'État.

Maintenant, je réponds à une autre objection de M. Barthe. Vous voulez que les tribunaux prononcent, vous venez de le dire encore

aujourd'hui; vous venez de dire que quand le Ministre aura rendu
sa décision, quand le conseil d'Etat aura statué sur cette décision, les
tribunaux pourront encore statuer. Il me semble, Messieurs, que
M. le duc de Broglie avait tranché hier cette question de la manière
la plus positive. Non, les tribunaux ne pourront pas, à moins de
violer tous les principes de la séparation du pouvoir administratif et
du pouvoir judiciaire, exercer une telle attribution; le ministère
public aura les mains liées, il lui sera impossible d'agir, et en voici
la preuve :

Supposez que le Ministre du commerce, après avoir examiné, refuse de délivrer le brevet d'invention, il faudra bien qu'il motive sa
décision, car il peut léser les droits des citoyens qui s'adressent à
lui. Il dira donc que l'invention est contraire aux lois, à la sûreté
publique, et qu'ainsi, aux termes de la loi des brevets d'invention, il
refuse le brevet. Maintenant, que prononcera le conseil d'Etat? Il
ne pourra ordonner que le brevet soit délivré qu'en déclarant que le
Ministre s'est trompé, c'est-à-dire en déclarant que l'opération que
le Ministre avait jugée illicite ou dangereuse, n'a pas ce caractère.

Cela fait, le brevet sera mis en exploitation, et cependant il pourra
arriver que cette invention, qui avait paru n'être pas dangereuse,
le soit au dernier degré. Il faudra donc demander la nullité devant
les tribunaux; mais les tribunaux ne pourront la prononcer qu'en
se fondant sur ce que l'invention est dangereuse.

Voilà donc bien deux décisions en opposition l'une avec l'autre :
la décision administrative, d'un côté, qui a déclaré que l'opération
n'était pas dangereuse ; de l'autre, la décision des tribunaux, qui
déclare précisément le contraire. Ne voyez-vous pas que cette lutte
qu'on a voulu constamment éviter entre le pouvoir administratif et
le pouvoir judiciaire se dressera ici plus imposante et plus fâcheuse
que jamais. Et telle sera cependant la conséquence inévitable du système que nous combattons.

La vérité est dans l'autre système, qui est d'une grande simplicité,
d'une exécution facile et sans inconvénients. Ce système suffit pour
garantir tous les droits ; vous avez le Ministre, qui est obligé de
donner la déclaration que tel jour telle demande lui a été adressée,
tel dépôt lui a été fait. Après cela, les tribunaux seront là pour examiner si, en elle-même, l'invention est ou n'est pas dangereuse pour
la société.

Je me résume. Je dis qu'il n'y a pas possibilité de supprimer les
mots *examen préalable*, parce qu'on ne vide pas une question aussi
importante que celle que nous discutons depuis deux jours en supprimant deux mots. Il faut un système clair, franc et loyal ; il faut
décider qu'il y aura un examen préalable ou qu'il n'y en aura pas.
Or, après avoir suivi cette discussion avec toute l'attention qu'elle
mérite, j'ai l'intime conviction que l'examen préalable serait un
danger pour la société.

Je demande donc que la loi déclare positivement que le Ministre du
commerce délivrera sans examen préalable les brevets d'invention.

M. LE COMTE PORTALIS. Je ne puis pas m'empêcher de déplorer la

marche suivie dans le cours de cette discussion, qui me parait essentiellement irrégulière et peu méthodique : car perpétuellement on va
du principe aux conséquences, et des conséquences au principe général de la loi, et on met de côté ce qui est en discussion ; on ne
s'arrête pas à la question qui est soumise à l'examen de la Chambre ;
je demande la permission de la rétablir.

De quoi s'agit-il dans le fait ? Il s'agit de mettre la suite de la loi
en harmonie avec les articles que la Chambre a déjà votés ; il ne
s'agit pas d'autre chose. Il ne s'agit pas de revenir sur le principe de
la loi de 1791, qui, comme on l'a très bien dit, veut que les brevets
d'invention soient délivrés sans examen préalable, dans le sens où
la loi de 1791 l'entendait, et que je vais rappeler tout à l'heure.

Je ferai en passant une observation. On s'est plaint de ce qu'on
mettait en question les principes de la loi de 1791. Messieurs, ce n'est
pas la faute de la Chambre si on remet en question ces principes :
quand on est appelé à discuter une loi générale qui modifie toute la
matière des brevets d'invention, il est impossible de ne pas remonter
à l'origine, à la loi de 1791 qui a posé les fondements de cette législation, qui s'est successivement accrue et développée. Certainement
si on avait proposé à la Chambre deux ou trois dispositions qui
complétassent cette série de dispositions déjà existantes, je ne pense
pas que la discussion actuelle se fût ouverte ; la loi de 1791 serait
restée comme elle était et comme elle devait être.

Quand la loi de 1791 est intervenue, les événements qui se sont
succédés n'avaient pas encore eu lieu, les années qui ont suivi ne
s'étaient pas encore écoulées, on ne pouvait pas mettre alors en
regard des principes qu'on posait la nécessité d'en déduire certaines
conséquences.

Depuis, la société a marché, et, en marchant, les faits ont montré
que le principe général de cette loi de 1791, comme les principes de
beaucoup d'excellentes lois de 1791. était tellement absolu que, dans
son application, il devenait impossible, et qu'il fallait des dispositions
de détail, des dispositions successives pour l'appliquer aux nouveaux
besoins.

Ainsi, comme je l'ai rappelé l'autre jour, pour ne dire qu'un mot,
mais qui a rapport à un objet qui a singulièrement attiré l'attention de la Chambre, puisqu'il a commandé son vote, est intervenue la loi de 1810 sur les remèdes secrets que l'on n'avait pas prévus en 1791. parce qu'une déplorable expérience n'était pas venue
démontrer que les remèdes secrets pouvaient moissonner une grande
quantité de citoyens. Aujourd'hui, nous voyons que le Gouvernement
lui-même est arrivé avec un projet de loi qui pose le principe de la
loi de 1791, et disant : Sont susceptibles d'être brevetées telle ou telle
chose, est venu ensuite dire : Ne sont pas susceptibles d'être brevetées telle ou telle autre chose. La Chambre a voté là-dessus.

Que demandons-nous? Nous demandons pour le Gouvernement le
droit de ne pas accorder de brevet dans le cas où la loi a voulu qu'il
n'en dût pas être accordé. S'il y a quelque chose de simple, de naturel, c'est assurément cela. Ce n'est pas la révocation de la prohibition

de l'examen préalable, car cette prohibition de la loi de 1791, qu'est-ce
que c'était ? C'était ceci :

Un individu se présente comme inventeur d'une découverte, afin
de faire constater qu'il a fait cette découverte et qu'il veut en avoir
la propriété exclusive pendant un certain nombre d'années.

La loi, dit le Gouvernement, ne peut pas, en délivrant le brevet,
s'immiscer dans la question de savoir si l'invention est nouvelle, si
elle est utile, si le procédé est conforme aux règles de la mécanique,
de la science ; il n'examine rien de tout cela, il écoute la déclaration,
il en donne acte, et tout à l'heure nous examinerons les conséquences
de cet acte. Il n'y a pas examen préalable. Un autre individu vient
se plaindre qu'on a accordé un brevet pour une découverte qu'il a
faite antérieurement et pour laquelle il est également breveté. Le
Gouvernement répond : Cette difficulté ne me regarde pas ; je n'ai
garanti ni la nouveauté ni l'utilité de cette découverte. Entre vous
deux le débat.

Voilà ce que la loi de 91 a voulu. C'est une loi qui s'est préoccupée
des grands principes d'économie politique, des grands principes de
la matière, et qui n'est pas entrée dans l'application des lois de sûreté publique et de police, parce que ce n'était pas cet intérêt qui
alors était en question.

Eh bien, comme je le disais, l'expérience a fait voir qu'il n'y avait
pas de loi qui pût être étrangère à ces matières si importantes pour
la société, qui sont réglées par des lois de sûreté et de police. Aussi
le Gouvernement dit lui-même : ne sont pas susceptibles d'être brevetées telle et telle chose.

La Chambre a été frappée de la nécessité de déclarer que les préparations pharmaceutiques et les spécifiques auxquels la loi de 1810
défend de donner de permission, ne devaient pas être brevetés.

Voilà donc une disposition de loi de sûreté publique qui trouve sa
place dans la loi générale des brevets. Tout ce qui concerne l'ordre
public, la sûreté des citoyens, appartient à toutes les lois.

Eh bien, est-ce violer le principe de non examen préalable que de
dire que le Gouvernement, après avoir écrit dans la loi que cette
préparation ne serait pas susceptible d'être brevetée, serait autorisé
à refuser un brevet qui lui serait demandé pour une préparation de
ce genre : c'est-à-dire à exécuter la loi qu'il a lui-même proposée ? Il
n'y a rien là de contradictoire.

On dit : croyez-vous qu'on viendra demander ce que la loi défend ?
Mais si on ne le demande pas, il n'y a pas de difficulté ; vous donnerez le brevet, puisqu'alors la loi ne défend pas de le donner. La
question est de savoir si, lorsqu'on vous demandera un brevet pour
une chose défendue, le Gouvernement aura le droit de le refuser.

Vous dites : Mais il faudra alors se livrer à un examen compliqué.
Je ne sais pas quel sera cet examen, mais je dis que, dans ce cas-là,
on ne peut pas crever les yeux au Gouvernement ou l'obliger à les
fermer, et que lorsqu'il reconnaîtra que l'invention qu'on veut faire
breveter est contraire aux lois ou aux mœurs, il soit autorisé à refuser le brevet, qu'il y ait ou non examen préalable.

S'il y a examen préalable, dans ce cas ce ne serait pas l'examen préalable de la matière des brevets d'invention de la loi de 1791; ce serait une simple recherche, une recherche superficielle, apparente, des caractères des remèdes spécifiques ou des compositions pharmaceutiques.

On dit : Mais le Gouvernement pourrait se tromper. Sans aucun doute; mais qu'arrivera-t-il s'il se trompe? C'est ici qu'on attaque la proposition qui ne tend qu'à compléter l'article 3, qu'on l'attaque par ses conséquences et qu'on dit : Mais si le Gouvernement se trompe, il faut accorder un recours contre l'erreur du Gouvernement.

Ce recours, comme il s'agit d'un acte administratif, nous ne pouvons l'accorder devant les tribunaux : il ne peut avoir lieu que devant une juridiction administrative, devant le conseil d'Etat, et quand le conseil d'Etat aura statué et qu'il aura ordonné, contrairement à l'avis du Ministre, que le brevet sera délivré, comme le conseil d'Etat n'est pas plus infaillible que le Ministre, s'il se trompe, le mal sera irréparable : car l'autorité judiciaire aura les mains liées. Il y aura là un acte administratif dont elle ne pourra pas connaître, et s'il y a dans l'invention quelque chose de contraire à l'ordre ou à la sûreté publique, ce sera l'ouvrage de la loi.

Messieurs, je crois qu'on anticipe là sur l'ordre de la discussion. Que demande-t-on? On demande, dans le moment, purement et simplement, qu'on tire les conséquences de l'article 3, qu'on dise que, dans les cas où une invention ne sera pas susceptible d'être brevetée, le Gouvernement aura le droit de refuser le brevet.

Maintenant cela regarde-t-il le conseil d'Etat? Je ne vois pas la nécessité d'un recours au conseil d'Etat. La commission a établi le recours au conseil d'Etat pour que les citoyens aient, en apparence, le moyen de faire réformer les décisions ministérielles qui pourraient blesser leurs intérêts; je crois que cela pourrait être utile, mais que cela n'est pas nécessaire, parce qu'en dernière analyse il s'agit d'un acte du Gouvernement, d'un acte administratif; et quand le Gouvernement a exercé son pouvoir, quand il a agi dans la sphère de sa compétence, tous les droits des citoyens sont à couvert : il n'y a pas nécessité du recours contre tous les actes de l'administration, et même ce recours n'est que l'exception contre les actes du Gouvernement agissant dans la sphère de la loi. Si cela fait obstacle, je renonce donc au recours près le conseil d'Etat.

Mais, avant tout, je veux dire un mot sur les conséquences de ce recours au conseil d'Etat. Je dis que, lors même qu'on l'admettrait, ses conséquences ne seraient pas telles qu'on le croit. Voici quelles seraient ces conséquences :

Quand le conseil d'Etat, appelé à réviser une décision ministérielle, aurait décidé que le brevet refusé par l'administration doit être délivré; quand, par suite de cette délivrance, la mise en action de l'invention ainsi autorisée aurait causé des dommages à des particuliers ou porté atteinte à la sûreté publique, je dis que les magistrats n'auraient pas les mains liées comme on le prétend; ils ne pourraient pas, il est vrai, annuler le brevet, parce qu'alors ils sortiraient de la sphère de leurs attributions, qu'ils attenteraient à l'autorité administrative. et qu'ils se rendraient coupables de forfaiture : mais ils condamneraient les actes qui seraient la conséquence du brevet ; et. s'il y avait un crime, un délit ou un dommage qui fût la conséquence de la délivrance du brevet. rien ne pourrait empêcher ni les tribunaux civils ni les tribunaux criminels de prononcer les dommages-intérêts ou les peines qui seraient encourus; car. en France, la séparation des pouvoirs ne peut porter atteinte à la sûreté des citoyens et à l'ordre public. L'ordre judiciaire est prêt, toujours dans le respect des limites administratives. des droits du Gouvernement, à faire valoir et à maintenir les lois qui lui ordonnent de réprimer les délits, de réparer les torts et de faire justice à tous.

Je pense donc qu'on peut adopter l'article de la commission tel qu'il a été présenté. Quel autre examen préalable entraîne-t-il? Aucun. Il laisse seulement au Ministre la liberté d'exécuter la loi, d'agir conformément à la disposition qu'il vient d'écrire dans la loi. et je crois que ce serait faire quelque chose de conforme à la dignité de la loi que d'adopter la proposition. (Très bien! très bien!)

M. BARTHE. D'après les explications qui viennent d'être données à la Chambre, je retire mon amendement et je me réunis à celui de la commission.

M. LE CHANCELIER. Je consulte d'abord la Chambre sur l'amendement de la commission qui, de tous les amendements, s'éloigne le plus du projet.

Après une première épreuve déclarée douteuse. le paragraphe de la commission est adopté.

M. LE CHANCELIER. Nous passons au deuxième paragraphe.

Paragraphe 2 (projet du Gouvernement adopté par la commission): « Un arrêté du Ministre. constatant la régularité de la demande, sera délivré au demandeur, et constituera le brevet d'invention. »

(Le paragraphe 2 est adopté.)

Paragraphe 3 (projet du Gouvernement adopté par la commission): « A cet arrêté sera joint le duplicata certifié de la description et des dessins mentionnés dans l'art. 6, après que la conformité avec l'expédition originale en aura été reconnue et établie au besoin. »

(Le paragraphe 3 est adopté.)

Paragraphe 4 (projet du Gouvernement): « La première expédition du brevet sera délivrée sans frais. Toute expédition ultérieure donnera droit au payement d'une taxe de 50 fr. »

Paragraphe 4 (projet de la commission consenti par le Gouvernement): « La première expédition du brevet sera délivrée sans frais. Toute expédition ultérieure, demandée par le breveté ou ses ayants cause, donnera droit au payement d'une taxe de 50 fr. »

« Les frais de dessin, s'il y a lieu, demeureront à la charge de l'impétrant. »

M. LE CHANCELIER. Je mets aux voix la taxe de 50 fr.

(Cette taxe est adoptée.

M. LE CHANCELIER. Il reste le paragraphe 5. qui est ainsi conçu :

« Les frais de dessin, s'il y a lieu, demeureront à la charge de l'impétrant. »

(Cette rédaction est adoptée.)

(On vote alors sur l'ensemble de l'article qui est repoussé, et la Chambre adopte, par un dernier vote, l'article du Gouvernement.)

M. LE CHANCELIER. Nous passons à l'art. 13 (article du Gouvernement) :

« Toute demande irrégulièrement formée sera considérée comme nulle et non avenue; la somme versée restera acquise au Trésor, mais il en sera tenu compte au demandeur s'il reproduit sa demande dans un délai de trois mois. »

La commission propose la rédaction suivante :

« Toute demande irrégulièrement formée sera considérée comme nulle et non avenue; la somme versée restera acquise au Trésor, mais il en sera tenu compte au demandeur s'il reproduit sa demande dans un délai de trois mois, à compter de la date de la notification du rejet de sa requête. »

M. LE MINISTRE DES TRAVAUX PUBLICS. Le titre II a pour rubrique : *Des formalités relatives à la délivrance des brevets.* Il ne s'agit là que de formalités extrinsèques. Dans cette mesure, j'admets l'examen préalable, et je ne suis pas pour cela davantage converti au principe que la Chambre a rejeté tout à l'heure. Mais il est bien aisé, sans examiner le fond de la demande, ni son objet, ni sa portée, de s'assurer si les formalités dont parle le titre II ont été remplies.

L'art. 5 exige que l'on joigne à la demande une description de la découverte, les dessins ou échantillons. Eh bien, qu'une demande soit adressée au Gouvernement sans être accompagnée d'aucune description, sans être accompagnée de dessins ou accompagnée de dessins incompréhensibles, alors les formalités n'ont pas été remplies. Voilà le cas de nullité qu'a pour objet de prononcer l'article que nous discutons. Eh bien, dans ce cas, on peut venir en aide à celui qui a omis d'accomplir les formalités, qui a eu tort de les omettre, parce que quand la loi parle il faut que tout le monde l'écoute ; on lui vient en aide, cela se fait officieusement ; il répare les défectuosités de sa demande ; mais il n'est pas besoin de donner un conseil avec un article de loi.

Maintenant, si l'irrégularité se prolonge, il faut bien qu'elle ait un terme et que la nullité de la demande soit prononcée. Et, d'ailleurs, abandonne-t-on cet individu? Non, car dans le délai de trois mois, s'il renouvelle correctement sa demande, son droit est conservé.

Ainsi, je crois que la Chambre ne doit pas hésiter dans l'adoption de cette disposition.

Séance du 29 mars 1845.

M. GAY-LUSSAC. Je demanderai formellement le retranchement de l'art. 13, parce que je n'en vois pas la nécessité.

Avec la loi actuelle, tout est prévu, c'est-à-dire que quand l'auteur n'a pas rempli toutes les formalités exigées, il est admis, au moyen d'un certificat d'addition, à corriger ce qu'il avait oublié, et alors le brevet lui est délivré. Dans cette manière de procéder, rien n'est compromis : la découverte et la consignation du dépôt restent entières. L'affaire est encore pendante dans le ministère. Le demandeur, informé des irrégularités qu'il a commises, et sachant qu'il peut faire des corrections par un certificat d'addition, le fait, et tout se trouve dans l'ordre. Cette manière de procéder me paraît plus avantageuse que l'autre, parce qu'il peut arriver que dans l'intervalle, après qu'on aura décidé que la demande n'est pas parfaitement régulière, il y ait une publicité quelconque, et qu'alors un tiers, en étant informé, vienne présenter une demande corrigée de ces irrégularités, et que le Ministre soit obligé d'accorder le brevet à ce second demandeur. Par conséquent, le premier se trouverait dépouillé, on peut dire furtivement, par un simple abus de confiance. Cela ne me paraît pas juste.

C'est par ces motifs que je demanderai la suppression complète de l'article, qui me semble n'être pas nécessaire. Nous avons une loi sur la matière, qui a fonctionné pendant cinquante-deux ans, et sans aucun inconvénient : elle continuera à fonctionner de la même manière.

M. LE COMTE D'ARGOUT. Je ne partage pas l'avis de M. Gay-Lussac, qui propose de supprimer la totalité de l'art. 13, mais je serais d'avis de l'expliquer, et voici dans quel sens. Pour bien sentir la portée de cet article, il faut se référer à l'art. 6 qui contient toutes les formalités à accomplir pour obtenir un brevet.

Parmi ces formalités, il y en a qui sont très essentielles, on peut dire qu'il n'y a réellement pas de demande : il y en a qui sont très peu importantes, et dont l'omission se trouverait pourtant soumise à une pénalité excessive, c'est-à-dire au rejet de la demande et à la perte de la date du dépôt des pièces : ainsi, la description sur le papier au timbre de 1 fr. 56 c.: je suppose qu'on se trompe sur du timbre et qu'on prenne du timbre à 1 fr.: ainsi les mots rayés, nuls, comptés, les pages et les renvois paraphés. Quoi! l'omission d'une de ces formes, d'après l'application rigoureuse de l'art. 13, la demande devrait être rejetée, sauf à récupérer la somme déposée, si dans les trois mois on forme une nouvelle demande plus régulière.

Mais dans cet intervalle il peut survenir un événement désastreux pour l'inventeur, il peut arriver qu'un nouvel inventeur se présente

et obtienne la priorité. Alors le véritable inventeur est complètement déshérité. Je crois qu'on pourrait trouver une conciliation
équitable entre la nécessité de maintenir exactement les formalités
essentielles et celle d'ouvrir un moyen de réparation pour des irrégularités secondaires, sans perdre la date primitive de la déclaration.
Cette conciliation consisterait à statuer qu'il y aura application de
l'art. 13 lorsque la demande n'est accompagnée d'aucune des pièces
prescrites par la loi; mais que, d'un autre côté, on conserverait à
l'inventeur la date de sa première demande, lorsque les pièces auraient été fournies, mais se trouveraient entachées de certaines irrégularités.

M. LE RAPPORTEUR. Je demande le renvoi à la commission, afin que
nous puissions examiner l'amendement.

M. LE CHANCELIER. L'amendement est renvoyé à la commission.

Nous passons à l'art. 14, article nouveau proposé par la commission.

Il est ainsi conçu :

« Le Ministre refusera le brevet en ordonnant la restitution de la
taxe, lorsque, conformément à l'art. 3, l'invention pour laquelle le
brevet sera demandé ne serait pas susceptible d'être brevetée. »

M. LE COMTE D'ARGOUT. Il me paraît que l'art. 14 a deux inconvénients : c'est celui d'être contraire à l'art. 11 de la commission, qui a
été rejeté hier, et c'est celui d'être parfaitement inutile.

En effet, quel est le but de cet article? C'est de statuer que, quand
il n'y aura pas de brevet délivré, on restituera l'argent. Mais véritablement il me semble qu'il n'est pas nécessaire de faire une pareille
stipulation. Est-ce que le Gouvernement, n'accordant pas de brevet,
jugeant, par l'étiquette du sac, que la demande rentre dans la catégorie de celles qui ne sont pas susceptibles d'être brevetées, d'un
côté dira au demandeur : Je ne vous donne pas de brevet, parce que
vous n'avez pas le droit de le demander; et d'un autre côté : Je garde
votre argent ? Véritablement, cela n'est pas admissible.

Il y a mieux, c'est que le projet de loi détermine quels sont les cas
dans lesquels l'argent qui a été versé doit être confisqué. Que dit en
effet l'article précédent qui vient d'être renvoyé à votre commission?

« Toute demande irrégulièrement formée sera considérée comme
nulle et non avenue; la somme versée restera acquise au Trésor;
mais il en sera tenu compte au demandeur s'il reproduit sa demande
dans un délai de trois mois, à compter de la date de la notification
du rejet de sa requête. »

Ainsi donc, dans toute la teneur du projet de loi, il n'y a qu'un
seul cas où la somme qui a été versée doive être retenue par le Trésor ; c'est celui où la demande aurait été irrégulière.

Vous voyez donc, Messieurs, que cette stipulation est parfaitement
inutile, car elle pose une hypothèse qui ne se réalisera jamais.

Je dis d'un autre côté qu'elle est dangereuse, car elle implique précisément cet examen préalable dont vous n'avez pas voulu, que vous

avez rejeté hier de la manière la plus formelle. Comme le disait tout à l'heure M. le Ministre des travaux publics, cet art. 14 est la conséquence directe de l'art. 11 qui a été rejeté.

Je suis donc d'avis que cet article 14 disparaisse du projet.

M. LE RAPPORTEUR. Voici l'article tel que la commission propose de le rédiger :

« Le Ministre refusera le brevet en ordonnant la restitution de la taxe, lorsque, conformément à l'art. 3, l'invention pour laquelle le brevet sera demandé ne serait pas susceptible d'être brevetée. »

M. LE MINISTRE DES TRAVAUX PUBLICS. Il est impossible d'admettre cette nouvelle rédaction : la commission, dans son rapport, a dit : Les nouveaux art. 14 et 15. que nous avons l'honneur de proposer, sont la conséquence du système que nous avons arrêté par l'art. 3. Voilà le langage de la commission : maintenant, si vous conservez l'art. 14, il est à craindre, malgré les explications qui ont été données. que l'on considère encore cette disposition comme la conséquence d'un principe que vous n'avez pas adopté. Si l'on veut une rédaction de cette nature, on peut mettre :

« Lorsque, par application de l'art. 3, il n'y aura pas lieu à la délivrance d'un brevet, la taxe sera restituée. »

(L'article ainsi amendé est mis aux voix et adopté.)

M. LE CHANCELIER. Nous passons à l'art. 15 nouveau.

M. LE RAPPORTEUR. La commission renonce à cet article par suite de la décision d'hier.

M. LE CHANCELIER. Alors nous arrivons à l'art. 16 de la commission qui est l'art. 13 du Gouvernement.

Voici l'article du projet de loi :

« Après la délivrance du brevet et dans les deux années qui suivront la date du procès-verbal de dépôt mentionné à l'art. 7, les brevetés déclareront au secrétariat de la préfecture qui aura reçu ce dépôt, la durée qu'ils entendent assigner à leur brevet, dans les limites fixées par l'art. 4.

» Cette déclaration devra être accompagnée d'un récépissé constatant le payement du complément de la taxe du brevet, et elle sera constatée par un procès-verbal, dans la forme prescrite à l'art. 7.

» Les brevets à l'égard desquels cette formalité n'aura pas été remplie avant l'expiration du délai ci-dessus. seront de nul effet pour l'avenir, et l'invention qui en était l'objet sera acquise au domaine public. »

La commission propose de rédiger l'article ainsi :

« Après la délivrance du brevet. et dans les deux années qui suivront sa date, les brevetés déclareront au secrétariat de la préfecture qui aura reçu leur dépôt, la durée qu'ils entendent assigner à leurs brevets, dans les limites fixées par l'art. 4.

» Cette déclaration devra être accompagnée d'un récépissé constatant le payement du complément de la taxe du brevet. et elle sera

10

constatée par un procès-verbal, qui sera dressé et délivré ainsi qu'il a été dit pour le procès-verbal de dépôt.

» Les brevets à l'égard desquels cette formalité n'aura pas été remplie avant l'expiration du délai ci-dessus, seront de nul effet pour l'avenir, et l'invention qui en était l'objet sera acquise au domaine public. »

(L'article de la commission est adopté.)

Art. 14 (du Gouvernement) : « Une ordonnance royale, insérée au *Bulletin des Lois*, proclamera, tous les trois mois, les brevets dont la durée aura été déterminée par la déclaration qui précède. Un extrait de cette ordonnance sera délivré à chaque breveté en ce qui le concerne. »

La commission, dans son art. 17, propose de le modifier ainsi :

« Une ordonnance royale, insérée au *Bulletin des Lois*, proclamera, tous les trois mois, les brevets provisoirement accordés, ainsi que ceux dont la durée aura été déterminée par la déclaration indiquée à l'article précédent. Un extrait de cette ordonnance sera délivré à chaque breveté en ce qui le concerne. »

(La Chambre adopte l'article de la commission.)

Art. 16 (du Gouvernement) : « La durée des brevets définitifs ne pourra être prolongée dans aucun cas. »

Cet article est modifié par la commission, et forme son art. 18 ; il est ainsi conçu :

Art. 18 (de la commission) : « La durée des brevets définitifs ne pourra être prolongée que par une loi. »

(L'art. 18 est adopté.)

M. LE CHANCELIER.

SECTION III. — *Des certificats d'addition.*

Art. 19. « Le breveté ou les ayants droit au brevet, agissant ensemble ou séparément au profit de tous, auront, pendant toute la durée de leur brevet, le droit d'apporter à l'invention des changements, perfectionnements ou additions, en remplissant, pour le dépôt de la demande, les formalités déterminées par les art. 5, 6 et 7.

».Ces changements, perfectionnements ou additions, seront constatés par des certificats délivrés dans la même forme que le brevet principal, et qui produiront, à partir des dates respectives des demandes et de leur expédition, les mêmes effets que ledit brevet principal avec lequel ils prendront fin.

» Chaque demande de certificat d'addition donnera lieu au payement d'une taxe de 20 fr. »

(L'article 19 est adopté.)

M. LE CHANCELIER. « Art. 20. Nul autre que le breveté ou ses ayants droit, agissant comme il est dit ci-dessus, ne pourra, pendant la durée du brevet provisoire, obtenir valablement un brevet pour un changement, perfectionnement ou addition à l'objet du brevet primitif. » (Adopté.)

M. LE RAPPORTEUR. Il faudrait reprendre ici l'art. 7, qui a été réservé.

M. LE CHANCELIER. L'art. 7, qui a été réservé, est ainsi conçu :

« Aucun dépôt ne sera reçu que sur la production d'un récépissé constatant le versement d'une somme de 200 fr. à valoir sur le montant de la taxe du brevet.

» Un procès-verbal, dressé sans frais par le secrétaire général de la préfecture et signé par le demandeur, constatera chaque dépôt, en énonçant le jour et l'heure de la remise des pièces.

» Une expédition dudit procès-verbal sera remise au déposant, moyennant le remboursement des frais de timbre et d'enregistrement. »

(L'article est adopté.)

M. LE CHANCELIER. Art. 21 (nouveau). « Lorsque les demandes de certificats d'addition comprendront des innovations qui ne se rattacheraient pas directement au brevet principal, elles seront rejetées par le Ministre, sauf le recours au conseil d'Etat, dans la forme et de la manière prescrite à l'article 15, et sans préjudice également du droit des tiers. »

(Cet article est supprimé.)

M. LE CHANCELIER. Alors, nous passons à l'article suivant.

Art. 22. « Tout breveté qui, pour un changement, perfectionnement ou addition, voudra prendre un brevet principal de cinq, dix ou quinze années, au lieu d'un certificat d'addition expirant avec le brevet primitif, devra remplir les formalités prescrites par les articles 5, 6 et 7, et acquitter la taxe mentionnée dans l'art. 4, suivant la durée qu'il assignera audit brevet, sans que ce nouveau brevet puisse nuire aux droits du public sur l'invention principale lors de l'expiration du brevet primitif. »

M. LE COMTE D'ARGOUT. Je demanderai à faire une observation bien simple, c'est que l'addition de la commission me paraît parfaitement inutile. Le sens est complet et entier dans ce qui précède; c'est répéter pour le plaisir de le faire. Lorsqu'il est dit :

« Tout breveté qui, pour un changement, perfectionnement ou addition, voudra prendre un brevet principal de cinq, dix ou quinze années, au lieu d'un certificat d'addition expirant avec le brevet primitif, devra remplir les formalités prescrites par les art. 5, 6 et 7, et acquitter la taxe mentionnée dans l'art. 4, suivant la durée qu'il assignera audit brevet. »

Il me paraît inutile d'ajouter, comme l'a fait la commission, « sans que ce nouveau brevet puisse nuire aux droits du public sur l'invention principale lors de l'expiration du brevet primitif. »

M. LE RAPPORTEUR. La commission n'insiste pas.

M. LE CHANCELIER. Puisque la commission abandonne la rédaction, je mets l'article du Gouvernement aux voix.

Voici comment il est conçu :

« Tout breveté qui, pour un changement, perfectionnement ou addition, voudra prendre un brevet principal de cinq, dix ou quinze années, au lieu d'un certificat d'addition expirant avec le brevet primitif, devra remplir les formalités prescrites par les art. 5, 6 et 7, et acquitter la taxe mentionnée dans l'art. 4, suivant la durée qu'il assignera audit brevet. »

(L'article est adopté.)

Art. 23 de la commission :

« Quiconque aura obtenu un brevet pour une découverte, invention ou application se rattachant à l'objet d'un autre brevet, n'aura aucun droit d'exploiter l'invention déjà brevetée, et réciproquement le titulaire du brevet primitif ne pourra exploiter l'invention objet du nouveau brevet. » (Adopté.)

M. LE CHANCELIER. Alors nous passons à l'art. 21 du Gouvernement, ou plutôt à l'art. 24 de la commission, qui l'amende.

Il est ainsi conçu :

« Tout breveté pourra céder la totalité ou partie de la propriété de son brevet.

» La cession totale ou partielle d'un brevet, soit à titre gratuit, soit à titre onéreux, ne pourra être faite que par acte *notarié*.

» *La cession partielle d'un brevet ne peut porter que sur l'abandon du droit de l'exploiter sur une partie du territoire, ou sur l'abandon d'une partie aliquote des produits dudit brevet; dans aucun cas, la découverte objet du brevet ne pourra être divisée.*

» Aucune cession ne sera valable, à l'égard des tiers, qu'après avoir été enregistrée au secrétariat de la préfecture *où chacune des parties a son domicile.* »

M. LE MINISTRE DE L'AGRICULTURE ET DU COMMERCE. J'ai une simple observation à faire sur la rédaction ; je voudrais la soumettre à la Chambre avant la lecture de l'article.

Le troisième paragraphe ajouté par la commission : *La cession partielle*, etc., ne me paraît pas assez clair, et j'avais pensé que la proposition que j'avais faite à la commission, lorsque j'ai été appelé dans son sein, avait été adoptée par elle; puisqu'elle ne l'a pas été, je demande la permission de présenter quelques observations.

La commission avait consenti à supprimer le paragraphe 3 et à ajouter au premier paragraphe, après ces mots: *Tout breveté pourra céder la totalité ou partie de la propriété de son brevet*, ceux-ci : *sans que, dans aucun cas, la découverte objet du brevet puisse être divisée.*

Cette rédaction est très claire: elle me paraît atteindre le but que la commission s'est proposé, et remplacerait le troisième paragraphe qu'elle a introduit dans l'article.

Un pair. Comment peut-on diviser une découverte?

M. LE MINISTRE. Je suis breveté pour une machine à vapeur composée de plusieurs parties ; il est certain que je ne puis pas la diviser et en céder une partie à un individu et une autre partie à une seconde personne. Tandis qu'il est possible de diviser la propriété d'un brevet et d'en céder partiellement l'exploitation à plusieurs acquéreurs. Eh bien, c'est précisément pour éviter la division de la découverte, en maintenant le droit de cession partielle du brevet, que j'avais indiqué le changement que je propose d'apporter à la rédaction de la commission.

M. LE RAPPORTEUR. La commission a introduit ce paragraphe parce qu'elle a su qu'en dehors de l'action du ministère, et sans qu'il en fût officiellement informé, il y avait des brevetés qui comprenaient plusieurs objets distincts dans leurs brevets, et qui les vendaient ensuite séparément. Eh bien, c'est pour empêcher ces abus que la commission a proposé ce paragraphe.

M. LE COMTE D'ARGOUT. Il me semble qu'il vaudrait mieux qu'on apportât beaucoup de soin, et la nouvelle rédaction de la loi le prescrit, à ne pas accorder des brevets pour des objets multiples. Mais je ne comprends pas, du moment où la cession des brevets est autorisée, qu'on veuille empêcher un breveté de céder une portion de son brevet.

Quel est le principe général ? C'est qu'on peut disposer de sa chose ainsi qu'on l'entend, dès qu'il n'y a aucun danger pour le public. Je ne vois pas pourquoi si, dans une découverte, il y a plusieurs parties qui puissent être séparées, on voudrait interdire au breveté la faculté de traiter avec tel individu pour certaine portion de cette découverte, et avec tel autre pour une autre portion. Il me semble qu'on doit respecter religieusement le principe de la propriété, dès qu'il n'y a aucun dommage pour l'intérêt public.

(L'article est adopté par la Chambre, moins le paragraphe 3 qui est rejeté.)

Art. 25 (de la commission) : « Il sera tenu au ministère de l'agriculture et du commerce un registre sur lequel seront inscrites les mutations intervenues sur chaque brevet, et, tous les trois mois, une ordonnance royale proclamera, dans la forme déterminée par l'art. 17, les mutations enregistrées pendant le trimestre expiré. » (Adopté.)

M. LE CHANCELIER. L'art. 23 du Gouvernement, ainsi conçu : « Le cessionnaire de la totalité des droits d'un breveté, ou ses cessionnaires partiels agissant ensemble, ou un seul cessionnaire agissant au profit de tous, jouiront du bénéfice des art. 16 et 17, » ne doit pas être mis en délibération, attendu qu'il a été reporté dans les art. 9 et 20, déjà votés.

Art. 26, premier paragraphe : « Les cessionnaires d'un brevet et ceux qui auront acquis d'un breveté ou de ses ayants droit une licence pour l'exploitation de la découverte ou de l'invention, profiteront de plein droit des certificats d'addition qui leur seront ultérieurement délivrés. Ils pourront en lever une expédition au ministère de l'agriculture et du commerce, moyennant un droit de 20 fr. » (Adopté.)

(Deuxième paragraphe) : « A moins de conventions contraires, les acquéreurs d'objets brevetés auront également le droit d'appliquer ou de faire appliquer à ces objets les changements, perfectionnements ou additions garantis par les certificats ci-dessus. »

M. LE CHANCELIER. La commission propose le rejet de ce paragraphe. Le Gouvernement s'y oppose. M. le Ministre du commerce a la parole.

10.

M. LE MINISTRE DE L'AGRICULTURE ET DU COMMERCE. Je demande la permission de présenter quelques courtes observations en faveur du paragraphe que la commission propose de supprimer. La loi garantit à tout inventeur la libre jouissance, pendant la durée de son brevet, de la concession qui lui a été faite. La loi a fait sagement. Mais l'intérêt de l'inventeur n'est pas le seul dont la loi doive se préoccuper. Il y a l'intérêt public qui ne peut être oublié, et c'est pour défendre cet intérêt de tous que la disposition que je soutiens a été proposée.

Pour la justifier, je suis obligé d'invoquer, je le regrette, ce qui se pratique et ce qui malheureusement s'est trop souvent pratiqué. Un inventeur, après avoir laborieusement travaillé à rendre l'invention la plus parfaite qu'il lui est possible, conçoit postérieurement une idée heureuse ; mais il n'en fait pas d'abord l'application à la découverte, et ne prend que plus tard un certificat d'addition pour son perfectionnement.

Que résulte-t-il de là ? C'est que l'invention ne reçoit pas d'abord toute la perfection que le brevet peut lui donner ; sa découverte est livrée au public ; la machine, par exemple, qui en fait l'objet, est d'un certain prix, l'industrie l'a acquise, elle fonctionne ; mais elle laisse à désirer, l'ouvrage n'est pas parfait ; l'inventeur demande alors un brevet de perfectionnement. Et quelle est la situation de ceux qui ont acheté à grands frais l'objet breveté ? Leur position est fâcheuse. L'industrie aura mis des sommes très considérables dans l'achat de la première invention, et cependant elle a perdu toute espèce de valeur, parce qu'un perfectionnement y aura été ajouté au moyen d'un certificat d'addition.

Il peut en résulter pour l'intérêt public, pour l'industrie, un très grand dommage.

Je n'ai pas voulu proposer de rendre formellement obligatoire l'application, aux objets vendus par le breveté, des perfectionnements apportés par lui à son invention première ; mais j'ai voulu seulement que si l'inventeur venait à attacher un prix trop élevé a la cession de ses perfectionnements, et que cela équivalût en quelque sorte à une dépense égale à la première, il fût loisible à l'acquéreur primitif de faire l'application des perfectionnements aux machines brevetées qu'il aurait achetées, à moins de conventions contraires.

Ainsi donc, la disposition du paragraphe n'est qu'un avertissement, mais un avertissement solennel, il est vrai, donné à ceux qui pourraient traiter avec un inventeur.

Ne croyez pas que je raisonne ici, Messieurs, hypothétiquement et dans un cas très éventuel. Non : je m'appuie malheureusement sur des faits. Il est arrivé ceci : que telle machine qui avait coûté 8 ou 10.000 fr. à établir, devait être démontée et mise de côté aussitôt après qu'un brevet de perfectionnement avait été pris, et il en est résulté de très grands dommages.

C'est pour mettre l'industrie de bonne foi à l'abri d'une telle spéculation que l'article dont la commission propose la suppression, a été présenté par le Gouvernement.

J'insiste donc pour que la Chambre veuille bien l'adopter. Et en relisant cet article, on verra que, comme j'ai déjà eu l'honneur de le faire observer, ce n'est qu'un avertissement, mais un avertissement qui porte avec lui une plus grande garantie.

M. LE COMTE PELET DE LA LOZÈRE. Il me semble que ce que propose M. le Ministre du commerce est contraire à la théorie des brevets d'invention et à ce qui vient d'être décidé à l'instant sur la divisibilité des brevets d'invention après qu'ils ont été accordés.

Je comprends très bien qu'en se plaçant au point de vue où s'est placé M. le Ministre, point de vue tout spécial, on puisse craindre l'espèce de *retentum* d'un inventeur qui, sachant que sa machine est susceptible de perfectionnement, vend cependant sa machine dans l'état où elle est, se réservant plus tard de la perfectionner et d'obtenir de ses perfectionnements un prix nouveau. Je comprends cela. Il est certain que ceux qui ont acheté, par exemple, d'un inventeur, une machine à filer, et qui, plus tard, apprennent que cet inventeur a fait un perfectionnement à sa machine, a pris un nouveau brevet, peuvent regretter d'être obligés de payer séparément les perfectionnements que cet inventeur a ajoutés à sa machine.

Mais si ce perfectionnement avait été imaginé par un autre que l'inventeur, est-ce que vous voudriez soustraire le possesseur de la machine à la nécessité de payer le prix de ces perfectionnements ? Et pourquoi établiriez-vous cette différence entre les deux inventeurs ?

D'ailleurs, il ne faut pas supposer que l'inventeur a retenu sciemment ses perfectionnements. Le cas le plus fréquent, c'est celui d'un inventeur qui réellement aura, après coup, trouvé un perfectionnement à sa machine primitive. Pourquoi voulez-vous le priver alors de tous ses droits à son invention ? Vous ne l'en avez pas privé pour son invention primitive, il n'y pas de raison de l'en priver pour la seconde. Ce sont toujours des perfectionnements qui donnent droit de propriété, car la première machine n'était elle-même qu'un perfectionnement. Chaque invention est un perfectionnement à ce qui existait antérieurement.

Je ne crois donc pas qu'on puisse raisonnablement, et sur le fondement d'un cas qui a pu se présenter une fois, d'un soupçon dont on est préoccupé, sortir de la règle générale, qui veut que tout inventeur dont l'invention (qu'importe que ce soit l'invention nº 1 ou l'invention nº 2) mérite un brevet, a droit aux avantages attachés à ce brevet, profite des avantages d'un perfectionnement comme tout autre qui aurait trouvé ce perfectionnement.

Je crois donc que la commission a bien fait de proposer la suppression de cette exception au principe général des brevets d'invention, et je prie la Chambre de rejeter le paragraphe.

(Le paragraphe est mis aux voix et n'est pas adopté.)

M. LE CHANCELIER.

SECTION V. *De la communication et de la publication des descriptions et dessins de brevets.*

Art. 27 (de la commission): « Les descriptions. dessins, échantillons et modèles des brevets délivrés. resteront déposés au ministère l'agriculture et du commerce, où ils seront communiqués. sans frais. à toute réquisition.

» Il ne pourra être pris, pendant la durée du brevet provisoire, aucun calque, croquis ou note sur ces pièces. échantillons ou modèles.

» A l'expiration du brevet provisoire, toute personne pourra obtenir à ses frais copie desdites descriptions ou dessins, suivant les formes qui seront déterminées dans le règlement rendu en exécution de l'art. 51. »

Le Gouvernement consent-il à l'amendement proposé par la commission ?

M. LE MINISTRE DU COMMERCE. Oui, Monsieur le chancelier.

M. LE MARQUIS DE BARTHÉLEMY, *rapporteur*. La Chambre a renvoyé a la commission l'art. 13 du projet.

Cet article est ainsi conçu :

« Toute demande irrégulièrement formée sera considérée comme nulle et non avenue ; la somme versée restera acquise au Trésor ; mais il en sera tenu compte au demandeur s'il reproduit sa demande dans un délai de trois mois à compter de la date de la notification du rejet de sa requête. »

Elle a désiré qu'il fût conçu dans ce sens que toute espèce d'omission ou d'irrégularité ne donnât pas lieu au rejet de la demande.

Nous devons commencer par faire observer à la Chambre qu'il ne s'agit pas dans l'article de nullités à faire prononcer par les tribunaux ; que le Ministre demeure seul juge des irrégularités. Ne doutez pas, Messieurs, que. lorsqu'il dépendra de lui de le faire, il ne s'efforce. à l'avenir comme aujourd'hui. d'offrir aux inventeurs tous les moyens de les couvrir, de les faire disparaître.

Une nullité de cette nature, qui ne peut être invoquée par les tiers devant les tribunaux, qui ne leur ouvre point d'action, qui est laissée à l'appréciation, à l'équité de l'administration, a beaucoup moins d'inconvénient qu'une nullité radicale prononcée dans toute autre circonstance.

Voilà pourquoi la commission s'était moins préoccupée de l'article que la Chambre elle-même.

Elle reconnaît toutefois qu'il peut être utile de poser des règles à l'arbitraire laissé à l'administration, et de fixer à l'avance des formalités dont l'absence pourrait ou devrait entraîner la nullité, de celles pour lesquelles un pareil rejet ne devrait jamais être prononcé.

Ainsi l'art. 6 exige que la description soit sur papier au timbre de 1 fr. 50 c. Si le demandeur manque à cette prescription de la loi. l'administration pourra faire timbrer la description. et il encourra l'amende prononcée par les lois sur la matière ; si la demande contient des dénominations de poids et mesures non autorisés ; si les dessins ne sont pas tracés à l'échelle métrique. l'impétrant pourra être condamné aux peines portées par la loi du 4 juillet 1837.

Si ces dessins ne sont pas tracés à l'encre. il s'expose à voir son invention attaquée comme déjà connue par suite de la gravure qui aurait pu en être faite.

Si la demande n'est pas écrite en français, l'administration pourra au besoin en faire faire une traduction officielle à ses risques et périls ; si les renvois ne sont pas paraphés, les mots rayés, nuls, non comptés, elle pourra dresser un procès-verbal constatant l'état dans lequel les pièces lui ont été remises : s'il n'y a point de bordereau des pièces déposées, elle les mentionnera et en fera dresser un.

Enfin, s'il n'y a point de duplicata de la description et des dessins, elle le fera faire aux frais du demandeur.

Le règlement d'administration publique à intervenir en conformité de l'art. 51, pourra prévoir tous ces cas.

Mais il en est d'autres pour lesquels vous devez laisser au Ministre la faculté de ne pas admettre les demandes, car il ne pourrait y suppléer.

Ainsi une demande, non signée par l'inventeur ou par son fondé de pouvoir, n'est pas une demande : une demande privée de description, privée des dessins nécessaires pour son intelligence ; une demande d'un titre énonçant l'objet de l'invention, titre qui ne peut être que l'œuvre de l'inventeur, puisque vous avez rejeté l'examen préalable ; une demande relative à plusieurs objets distincts et que l'on doit présumer dès lors formée dans le but de frustrer le Trésor ; une demande ainsi viciée soit dans son principe, soit dans ses accessoires les plus essentiels, ne peut être considérée comme valide, et vous devez donner au Ministre le pouvoir de la rejeter.

Le règlement d'administration publique et la pratique pourvoiront au reste. Il s'agit ici, nous le répétons, de formes administratives. L'administration n'agit jamais avec cette rigueur qui caractérise la procédure devant les tribunaux : tout dans celle-ci est de droit rigoureux : les formes administratives admettent des tempéraments, et il ne peut être dans l'intention de M. le Ministre de ne pas continuer à en user comme il l'a fait jusqu'à ce jour.

Mais il faut que la loi, que le règlement qui sera publié pour son exécution lui donnent le moyen de vaincre les retards que les parties voudraient apporter à l'expédition de leurs brevets. Avec la faculté de prendre un brevet d'essai, ces retards funestes ne doivent plus être tolérés, et des mesures sévères devront être prises pour qu'ils ne puissent plus se reproduire.

Voici l'article amendé :

« Toute demande où n'auraient pas été observées les formules prescrites par les paragraphes deuxième et troisième de l'art. 5, premier, deuxième et sixième de l'art. 6, sera considérée comme nulle. La somme versée restera acquise au Trésor, mais il en sera tenu compte au demandeur s'il reproduit sa demande dans un délai de trois mois, à compter de la date de la notification du rejet de sa requête. »

M. LE PRÉSIDENT. Le Gouvernement adhère-t-il à cette nouvelle rédaction ?

M. LE MINISTRE DE L'AGRICULTURE ET DU COMMERCE. Oui, monsieur le président.

(Le nouvel art. 13 proposé par la commission est mis aux voix et adopté.)

M. LE PRÉSIDENT. La Chambre reprend sa délibération à l'art. 28 de la commission, adopté par le Gouvernement.

Art. 28. « Les descriptions et dessins des brevets devenus définitifs, conformément à l'art. 16, ainsi que les descriptions et dessins des inventions tombées dans le domaine public, aux termes du même article, seront publiés, soit textuellement, soit par extrait.

» Il sera en outre publié, au commencement de chaque année, un catalogue contenant les titres des brevets délivrés dans le courant de l'année précédente. » (Adopté.)

Art. 29. « Le recueil des descriptions et dessins, et le catalogue, publiés en exécution de l'article précédent, seront déposés au ministère de l'agriculture et du commerce et au secrétariat de chaque préfecture, où ils pourront être consultés sans frais. » (Adopté.)

TITRE III. — *Des droits des étrangers.*

Art. 28 du Gouvernement (30 de la commission) : « Les étrangers résidant en France pourront y obtenir des brevets d'invention. »

M. LE MARQUIS DE GABRIAC. Les dispositions du projet de loi, relatives aux art. 28 et 29 du Gouvernement, 30 et 31 de la commission, ne me paraissent pas devoir être adoptées telles qu'elles nous sont proposées. En voici les motifs : dans l'art. 28 il est dit que les étrangers résidant en France pourront y obtenir des brevets d'invention. Il résulte de là que les étrangers qui ne résident pas en France ne pourront en obtenir que sous certaines conditions. Or, je ferai observer en premier lieu que, lorsqu'un étranger vient prendre un brevet en France, comme il est statué par l'art. 33 que tous les objets résultant de l'invention doivent être fabriqués en France, il en résultera que l'étranger acquerra chez nous tous les moyens d'exploitation; par conséquent, il offrira des garanties pour que le Gouvernement puisse toujours l'avoir sous sa main.

Mais ensuite je me dis : quels sont, en réalité, les motifs pour lesquels on n'étendrait pas à tous les étrangers la faculté d'obtenir un brevet d'invention en France? C'est, dit-on, qu'il faut remplir pour cela les conditions de l'art. 29.

Ces conditions sont : 1º que la découverte ou l'invention aura déjà obtenu un brevet en pays étranger; 2º que ce pays étranger accordera la réciprocité aux inventeurs français.

Examinons d'abord la première condition.

Vous accorderez un brevet à l'étranger non domicilié, qui déjà a obtenu dans son pays un brevet d'invention. Je ne sais, mais il me semble que l'intérêt du pays suggérerait une marche toute contraire.

En effet, si vous supposez que l'obtention d'un brevet en pays étranger a donné à cette invention dans ce pays une publicité dont les nationaux de ce pays ne peuvent pas user, mais dont les étrangers peuvent faire leur profit, vous créez alors gratuitement, pour la France, un monopole qui n'aurait pas existé : c'est un préjudice que vous lui causez: il y a plus, vous ne pouvez faire à cet étranger.

breveté au dehors, une semblable concession, car vous vous placeriez en contradiction avec l'art. 32 qui dit :

« Ne sera pas réputée nouvelle toute découverte, invention ou application qui, en France ou à l'étranger, et antérieurement à la date
du dépôt de la demande, aura reçu, soit par la voie de l'impression,
soit de toute autre manière, une publicité suffisante pour pouvoir
être exécutée. »

Je dis donc que, de deux étrangers, l'un qui apporterait en France
la demande d'un brevet pour une découverte non brevetée en pays
étranger, et qui n'y serait pas connue, et celui qui apporterait en
France la demande d'un brevet pour une découverte déjà brevetée et
connue à l'étranger, il importe de breveter celui dont la découverte
n'est pas connue, et non celui dont la découverte a déjà été brevetée.

Ainsi, par exemple, si un Anglais vient vous apporter une manière
nouvelle de faire des aiguilles, si cette manière est inconnue en Angleterre, vous aurez l'avantage, pendant un certain temps, d'avoir
ces aiguilles à meilleur marché ou mieux faites, tandis que, s'il a un
brevet, vous subirez en France, pour cette fabrication, les inconvénients d'un monopole que vous auriez pu éviter.

Je dis donc qu'il me semble que la condition d'avoir déjà obtenu à
l'étranger un brevet d'invention, loin d'être pour moi un titre de
recommandation, serait plutôt un titre de défaveur, et que la circonstance de n'en avoir pas obtenu serait une circonstance de plus
pour qu'on en accordât.

Je trouve donc que cette condition d'avoir déjà obtenu un brevet
d'invention doit être supprimée ; et je proposerais en conséquence de
rédiger l'art. 28 de la manière suivante :

« Les étrangers pourront obtenir des brevets d'invention en se
conformant aux dispositions de la présente loi. »

Je crois que, réduit à ces termes, le titre III offrira, à l'égard des
étrangers, toutes les dispositions qui doivent être admises.

J'en parle ainsi, parce que je n'admets pas ensuite, pour la concession des brevets à un étranger, l'exigence de la réciprocité de la part
de son pays.

La réciprocité doit être exigée, sans doute, lorsqu'on fait à une
nation une concession avantageuse à cette nation. Mais si au contraire la concession est dans l'intérêt du pays, de la France, alors il
n'y a pas de raison pour qu'on en fasse une condition qui prive, en
faveur de quelques inventeurs, la société des avantages d'une invention nouvelle. Votre honorable rapporteur a, par ce motif-là, indiqué dans son rapport le vœu que précisément cette condition de
réciprocité soit supprimée. Il a rappelé, et avec grande raison selon
moi, la marche suivie par la législature de notre pays à l'égard du
droit d'aubaine.

Je pense donc que l'importation en France d'une invention étant
un avantage pour le pays, il n'y a pas lieu d'exiger la réciprocité.
Je pense de plus que la circonstance d'avoir déjà obtenu un brevet
en pays étranger ne me paraît nullement une recommandation.

Par ces motifs, je voudrais que l'art. 28 et le paragraphe 1er de l'art. 29 se trouvassent remplacés par un article qui dirait :

« Les étrangers pourront obtenir des brevets d'invention en se conformant aux dispositions de la présente loi. »

M. LE PRÉSIDENT. M. de Gabriac présente une nouvelle rédaction de l'art. 28. et, dans sa pensée, cela emporterait la suppression du paragraphe 1er de l'art. 29.

M. LE MARQUIS DE GABRIAC. Précisément.

M. LE MINISTRE DE L'AGRICULTURE ET DU COMMERCE. Je crains que M. le marquis de Gabriac ne se soit pas aperçu que sa proposition va contre l'intérêt qu'il veut défendre, et qu'il n'y ait dans son esprit quelque confusion entre l'art. 28 et l'art. 29.

Le premier consacre, pour les étrangers résidant en France, le droit d'obtenir des brevets d'invention. Ainsi là, point de difficultés ; mais en discutant cet article, M. de Gabriac a étendu sa discussion sur l'art. 29. Or, je le prie de considérer que c'est seulement pour les dispositions contenues dans ce dernier article, que le Gouvernement et la commission, qui s'est associée à la pensée du Gouvernement, ont voulu consacrer le principe de la réciprocité, et, en effet, il ne faut donner qu'à la condition de recevoir. Les droits doivent être égaux dans l'un et dans l'autre pays.

Ainsi donc, et c'est le premier point, l'étranger qui réside en France aura la faculté de demander un brevet d'invention, sans autre condition que celle de la résidence ; mais l'étranger qui aura obtenu, ailleurs qu'en France un brevet d'invention, lorsque, dans son pays, on n'admettra pas que l'inventeur français puisse y être breveté, il ne pourra pas être breveté en France : lorsque, au contraire, les inventeurs français seront admis et brevetés dans un pays, nous accorderons la même faveur aux étrangers de ce pays. C'est là une réciprocité juste et convenable, et il me semble que, dans cette disposition, il n'y aura rien que de conforme à l'équité et de favorable au développement des relations internationales.

On voit que les art. 28 et 29 contiennent des dispositions parfaitement distinctes, qu'il ne faut pas du tout confondre : du reste, je crois que ces observations suffiront pour bien faire comprendre à la Chambre toute la différence qui existe entre les art. 28 et 29, dont le dernier seulement pose la condition de réciprocité.

M. LE COMTE PORTALIS. La discussion actuelle est prématurée ; M. de Gabriac parle sur l'art. 29, et dans l'art. 28, que nous discutons, il n'e.. pas question de réciprocité.

M. LE PRÉSIDENT. M. de Gabriac avait proposé un amendement sur l'art. 28 ; il consiste à dire : « Conformément aux dispositions de la présente loi. » C'est par cette raison que j'ai permis que la discussion allât jusqu'à l'art. 29. parce que, dans la pensée de M. de Gabriac, le paragraphe 1er de l'article suivant sera emporté par l'addition de ces mots.

Cependant il est réel que la discussion enjambe, dans ce moment, sur les deux articles. M. de Gabriac pourrait peut-être consentir à

ce que l'on discutât d'abord l'art. 28. sauf à placer ses observations
sur l'art. 29.

M. LE VICOMTE PERNETTY. L'art. 28 est à peu près exclusif. Il ne dit
pas : Les étrangers résidant en France pourront seuls y obtenir des
brevets d'invention; mais il le fait sentir implicitement. (Non!
non!)

Il me semble que l'on peut très bien discuter dès maintenant
l'art. 28 et le paragraphe 1er de l'art. 29. Il faut décider la question,
ce me semble.

M. LE PRÉSIDENT. La condition de l'étranger qui réside en France
est autre que celle de l'étranger dont il est question dans l'art. 29.
L'étranger résidant en France a, relativement aux brevets d'invention, les mêmes droits que les Français.

Quelqu'un s'oppose-t-il à cette proposition ?

M. MAILLARD. Je demanderai pourquoi il faut qu'un étranger soit
résidant en France pour pouvoir y obtenir un brevet d'invention?

Autant que je puis me le rappeler, quand Fulton a proposé à la
France de lui faire connaître son invention. l'application de la vapeur aux bâtiments naviguant, on l'a rejetée : et certainement on a
eu tort. puisque les Anglais et les Américains ont profité avant nous
de cette invention.

Je ne vois pas qu'il y ait beaucoup de raisons pour que la France
refuse un brevet à un étranger, non résidant en France. qui viendrait y apporter une invention nouvelle.

Un Pair. C'est l'art. 29.

M. MAILLARD. C'est l'art. 28.

M. LE COMTE PORTALIS. Il y a ici deux ordres d'idées :

L'art. 28 déclare quels sont les droits des étrangers résidant en
France. Si ces étrangers ont l'exercice des droits civils, ils pourront
prendre des brevets d'invention.

Voilà ce que dit l'art. 28.

Après cela viendra l'art. 29, où l'on examine ce que l on devra
accorder à tous les étrangers. indistinctement; tandis que l'art. 28 a
pour but de dire quels sont les droits des étrangers résidant en
France. Si, plus tard, l'on demande qu'il soit accordé quelque chose
de plus, on pourra discuter.

M. PERSIL. Je demande la permission d'appuyer l'observation de
M. Maillard.

Je ne crois pas que la disposition de l'art. 29 puisse être citée
comme contenant la même disposition que l'article précédent : il y
a deux cas très distincts : l'un, celui où un étranger apporte une invention qu'il n'a pas publiée à l'étranger, c'est le cas de l'art. 29 ;
l'autre, celui où, ayant déjà obtenu dans son pays ou dans tout
autre un brevet d'invention, il veut en faire jouir la France, et demande à cet effet un brevet.

M. Maillard demande. selon moi avec raison, pourquoi l'on imposerait à l'étranger qui, pour la première fois, demande un brevet,

11

l'obligation de résider en France. Cela n'est pas dans la législation actuelle. et rien ne semble le commander.

J'ajouterai qu'il n'y a pas de mot plus vague, qu'il n'y a rien de moins défini que la *résidence*. Je demanderai ce que cela veut dire. L'étranger arrivé ce matin à Paris est-il encore résidant en France? le sera-t-il demain. dans huit jours, après plusieurs mois?

On parle quelquefois de résidence dans nos lois, on en parle notamment dans le Code civil pour le mariage. à l'effet de déterminer la compétence de l'officier de l'état civil : mais on ne le fait jamais sans fixer une époque après laquelle le domicile est censé acquis.

J'appuie en conséquence la demande qui a été faite de la suppression de la résidence de l'étranger.

M. MARTIN *(du Nord)*, garde des sceaux. Il me paraît difficile de résoudre la question qui vous est soumise sans discuter tout à la fois les art. 28 et 29. Ces articles ont pour objet de préciser les règles relatives aux étrangers qui demandent en France des brevets d'invention ; ils rangent ces étrangers dans deux classes différentes. (Je ne m'occupe pas ici de ces mots : *résidant en France* ; j'y viendrai tout à l'heure.) Ou bien ces étrangers apportent en France une invention qui n'a pas encore été brevetée en pays étranger, et c'est l'art. 28 qui les régit ; ou bien ils ont déjà été brevetés pour leur industrie dans leur pays, et alors c'est l'art. 29 qui doit établir leurs droits.

Je comprends très bien la distinction qui a été faite par le Gouvernement dans les deux articles. Je conçois que, pour l'étranger qui vient doter la France d'une industrie nouvelle, aucune condition ne lui soit imposée ; et je conçois, au contraire, que, lorsqu'il s'agit d'un étranger qui a pris un brevet en pays étranger, on lui impose la condition de la réciprocité.

Je m'explique.

Nous avons le plus grand intérêt à favoriser les inventions. les découvertes utiles : aussi M. le Ministre du commerce a-t-il eu raison de dire, dans l'exposé des motifs, que la législation des brevets d'invention tient plus au droit des gens qu'au droit civil. Il faut donc, dans l'intérêt de la France. accepter les découvertes utiles de quelque part qu'elles nous viennent. Et quand un étranger. à raison de la confiance que lui inspire l'industrie ou la richesse de notre pays, se détermine à venir y exploiter son invention, accueillons-le avec empressement. et posons en principe qu'il obtiendra en France le brevet qu'il aura demandé.

Voilà la première hypothèse, celle que prévoit et règle l'art. 28.

Maintenant, dans la deuxième hypothèse, il ne s'agit plus d'une industrie nouvelle dont la France est dotée : il s'agit d'une industrie pour laquelle l'étranger a pris un brevet d'invention en pays étranger.

Ici. je me demande s'il y a un véritable intérêt pour la France à donner à cet étranger le privilège exclusif attaché aux brevets d'invention. Mais il n'est pas besoin de brevet pour que la France jouisse de l'invention . car il n'est pas possible qu'un brevet soit pris en pays étranger sans que. le lendemain, les hommes qui s'occupent de

la même industrie ne découvrent le secret et n'en tirent parti. Et dès
lors, au lieu de donner un brevet d'invention à cet étranger, qui a
obtenu dans son pays un privilége exclusif, il est de notre intérêt que
ce brevet ne soit pas donné, parce que le commerce tout entier profitera de l'invention qui aura été faite en pays étranger.

Cependant, et tout en partant de ce principe général, le Gouvernement a pensé qu'il pourrait y avoir des circonstances dans lesquelles
il serait peut-être juste de donner à cet étranger un brevet d'invention en France ; seulement, il nous a paru que, dans ce cas, la réciprocité devait être exigée au profit des Français. En effet, Messieurs,
si nous n'amenons pas les gouvernements étrangers à donner des
brevets d'invention aux Français pour des industries découvertes et
brevetées en France, voyez la position difficile et fâcheuse dans
laquelle vous placez vos regnicoles. Comment ! un étranger viendra
en France obtenir un privilége exclusif pour une industrie brevetée
à l'étranger, et un Français ne pourrait pas obtenir le même privilége
dans les pays étrangers ! De telle sorte que ce Français ne pourra pas
exporter avec les mêmes avantages, dans les pays étrangers, les produits de son invention.

C'est pour éviter ce résultat, c'est pour arriver à établir de bonnes relations entre les différents peuples que nous croyons devoir
constituer des conditions de réciprocité, si utiles à ces bons rapports. Le Gouvernement, par cet art. 29, invite donc les autres pays
à faire jouir les Français des priviléges dont il est disposé à faire
jouir les étrangers en France.

Voilà, Messieurs, l'esprit de cet article. Vous voyez qu'en accordant
à l'étranger qui a pris un brevet d'invention en pays étranger un
véritable privilége, un véritable monopole, puisque la France n'aurait pas besoin de le lui accorder pour jouir du bénéfice de l'invention, le Gouvernement vous propose de ne l'accorder qu'à une condition, c'est-à-dire avec cette réserve que nos nationaux, lorsqu'ils
auront fait une invention en France, pourront aussi en jouir exclusivement en pays étranger.

Je me résume sur ce point, et je dis : Admettons, provoquons, en-
courageons les découvertes nouvelles, et, par conséquent, quand on
viendra en France nous demander un brevet pour une découverte
nouvelle, donnons-le sans condition. Mais quand ce ne sera pas une
découverte nouvelle, que déjà elle existera et sera brevetée en pays
étranger, alors on peut bien donner un brevet d'invention, mais sous
la réserve de la réciprocité en pays étranger.

J'arrive maintenant à ces mots *résidant en France*, et j'avouerai
que j'ai longtemps hésité à prendre la parole à ce sujet, parce que
je n'en comprenais pas bien le sens.

Que dit à ce sujet le Code civil ? D'une part, il dispose que l'étranger jouira en France de tous les droits civils qui appartiennent aux
Français dans le pays de cet étranger ; d'autre part, il accorde à tout
étranger qui a été autorisé par le roi à établir son domicile en France,
la jouissance des droits civils communs à tous les Français.

Eh bien, ces mots *résidant en France* ne rendent ni l'une ni
l'autre de ces deux idées. Il est clair, en effet, que l'étranger devra

par la seule force de la loi générale. jouir des droits civils des Français, quand les droits civils de la nation étrangère seront accordés aux Français.

Ce n'est donc pas à cette première disposition que le projet de loi a voulu faire.allusion. A-t-il voulu parler de ceux qui étaient autorisés à établir leur domicile en France? Je ne le crois pas non plus, parce qu'il est bien clair que si vous adoptez ce système qu'il faut encourager les étrangers à apporter en France des industries nouvelles. il importe assez peu que ces étrangers soient ou ne soient pas autorisés à établir leur domicile en France. Je crois donc que ce qu'il y a de mieux à faire, c'est de supprimer les mots : *résidant en France.*

En effet, Messieurs. quelle a été la pensée, fort sage, de M. le Ministre du commerce? C'est que l'exploitation du brevet fût sérieuse, qu'il y eût là un établissement préexistant. qui garantît qu'effectivement l'exploitation du brevet d'invention aurait lieu d'une manière utile pour le pays. Mais il ne faut dire dans les lois que ce qui est nécessaire: il faut y éviter toute disposition qui ne présenterait pas un sens net et précis. Or, qu'est-ce qui constituera la résidence? Dans quel laps de temps l'établissement devra-t-il être formé? comment et par quelle autorité sera-t-il statué sur l'accomplissement de ces conditions?

Je crois. donc que l'on peut supprimer les mots *résidant en France;* je crois que le projet pourvoit lui-même à tous les intérêts. L'art. 33 porte, en effet, que si le brevet d'invention qui a été accordé n'a pas été mis en exploitation dans les deux années, il y aura déchéance de la part de celui qui aura demandé ce brevet. Cet article, très clair et très précis, que l'on pourrait d'ailleurs fortifier s'il laissait quelque doute. ne permettra pas de prendre un brevet d'invention avec la pensée de n'en pas user; et si, par hasard, l'inventeur n'en usait pas, il serait déchu, et l'invention rentrerait dans le domaine public.

En résumé, Messieurs. il me semble que les deux articles ont des objets complètement distincts et séparés, qu'ils sont tous deux nécessaires, et que, sauf la suppression des mots *résidant en France*, ils méritent tous deux d'obtenir vos suffrages. (Aux voix! aux voix!)

M. LE PRÉSIDENT. Je mets aux voix l'art. 28, avec le retranchement des mots *résidant en France.*

(L'article est adopté avec ce retranchement.)

Nous passons maintenant à l'art. 29 du Gouvernement, ou plutôt 31 de la commission. Il est ainsi conçu:

« Tout étranger qui aura obtenu, ailleurs qu'en France, un brevet pour une découverte ou invention susceptible d'être brevetée, aux termes des articles 1 et 2, pourra obtenir en France un brevet pour la même découverte ou invention, si la réciprocité est accordée aux Français par les lois de la nation où il a été breveté.

» La durée du brevet. dans ce cas. ne pourra ni excéder.celle du brevet étranger ni s'étendre au delà du maximum de quinze années.

» La taxe à payer par le demandeur sera calculée à raison de 100 fr. pour chaque année.

» Le demandeur devra joindre à sa demande, outre les pièces énoncées dans l'art. 5, une expédition authentique de son brevet étranger. »

M. LE MARQUIS DE GABRIAC. M. le garde des sceaux a parfaitement expliqué le motif de la condition de l'établissement dans l'art. 29 ; la condition de la réciprocité suivant la pensée du Gouvernement. et c'est par ce motif même que je la combats. Il est entendu, dit M. le garde des sceaux, qu'il ne s'agit pas d'une invention qui ait obtenu un brevet dans aucun autre pays. Pour cela, l'article que vous venez de voter assure à son inventeur la faculté d'obtenir en France un brevet ; la condition n'est pas exigée : mais la condition de réciprocité est exigée lorsque le brevet a déjà été obtenu dans un autre pays.

Eh bien, je dis qu'alors le paragraphe 1er de l'art. 29 doit tomber, selon moi, par la raison que voici :

M. le garde des sceaux a dit : Il pourrait se trouver des circonstances où l'on voudrait favoriser un étranger dont le procédé est déjà connu en pays étranger et a pu être déjà exploité ; il peut se trouver des cas où, par bienveillance, le Gouvernement voudrait pouvoir lui accorder un brevet.

Non, Messieurs, il n'y a pas de telles circonstances ; l'intérêt public s'y oppose évidemment ; car il n'y a aucune circonstance où vous vouliez que l'invention déjà révélée en pays étranger, déjà livrée à la publicité. ou par la voie du brevet ou autrement, obtienne en France le monopole de l'exploitation : vous ne le voulez pas, et le texte de votre projet de loi le dit formellement.

L'art. 33, ainsi que je l'ai dit, et comme M. Gay-Lussac l'a fait remarquer, est en contradiction flagrante avec cette disposition de l'art. 29, qui concède un brevet à l'étranger déjà breveté en pays étranger.

L'art. 33 établit avec grande raison que toute invention qui aura reçu à l'étranger une publicité suffisante pour pouvoir être exécutée, et la concession du brevet donne cette publicité, que cette invention ne pourra être brevetée en France.

Vous voyez donc que ces deux dispositions ne peuvent pas rester simultanément dans la loi, et qu'il faut nécessairement, si vous voulez maintenir l'art. 33, comme vous devez le faire, effacer l'art. 29.

L'art. 29 se compose de deux choses : il se compose de la circonstance que l'inventeur a déjà obtenu un brevet en pays étranger ; il se compose ensuite de la concession en France sous la condition de réciprocité.

Eh! bien, comme vous ne pouvez pas admettre que l'invention déjà brevetée en pays étranger, antérieurement à la demande de l'impétrant en France, puisse être brevetée en France, vous ne pouvez pas admettre la condition de réciprocité.

Je demande donc que le paragraphe 1er de l'art. 29 soit entièrement supprimé.

M. GAY-LUSSAC. Je demande à M. le garde des sceaux de me permettre de répondre quelques mots à ce qu'il vient de dire à la Chambre.

Je crois que M. le Ministre a fait confusion. Il a supposé le cas particulier d'un étranger qui, au lieu de doter son pays de son invention, préférerait l'apporter en France, sous prétexte que son brevet pourrait obtenir des développements plus considérables. Messieurs, ce cas ne se présente jamais. L'intérêt d'un étranger serait de prendre simultanément un brevet en Angleterre et un en France; car, s'il le prenait d'abord en Angleterre, et qu'il y eût une publicité quelconque, il ne serait plus admis à en prendre un chez nous. Il faut donc qu'il prenne les deux brevets simultanément, et c'est ce qui se pratique : en même temps que l'étranger prend son brevet en Angleterre, il a ici un mandataire qui s'en fait délivrer un au nom de l'inventeur; voilà tout ce qui se passe dans la réalité. Il n'y a jamais d'étranger venant dire en France : Je viens vous offrir mon invention; je n'ai pas pris de brevet en Angleterre, je préfère en prendre un ici. Eh bien, je dis que nous ne pouvons pas faire des lois pour des cas qui ne se présentent jamais, ou qui ne se présentent que très rarement.

Ne disons donc pas que vous avez fait une excellente chose en supprimant les brevets d'importation : vous ne les supprimez pour personne. La loi ne considère pas quel est le propriétaire du brevet; qu'il soit Français ou étranger, peu importe.

Voici le sens de ce brevet d'importation.

On suppose que lorsqu'une découverte aurait été brevetée en Angleterre, un Français, fort expéditif dans ses démarches, aurait connu immédiatement cette découverte, et serait venu en France prendre un brevet d'importation. Dans le système de l'ancienne loi, il pouvait le faire, mais seulement quand l'invention n'avait reçu aucune publicité, quand l'inventeur avait tenu sa découverte secrète; car, aux termes de l'ancienne loi, l'invention qui avait reçu une publicité quelconque tombait, en France, dans le domaine public; par conséquent, il n'y avait de breveté, en Angleterre et en France, que l'inventeur qui avait pris simultanément son brevet dans les deux pays.

Est-ce que la position serait changée, par hasard?

Non, Messieurs, un inventeur breveté en Angleterre pourra toujours se faire breveter en France, pourvu qu'il ait soin de ne pas donner de publicité à sa découverte avant d'avoir pris son brevet en France. Cela ne change donc rien aux brevets d'importation, en l'entendant comme je viens de le dire. Ce sont donc là des considérations fort étrangères, qui nous empêchent d'aller droit au but.

Vous dites que les étrangers pourront prendre des brevets, et qu'ils sont assimilés pour tous les avantages aux inventeurs français. Soit, mais, quant à vouloir établir des modifications à ce qui existe, cela est impossible; car les meilleures lois sont celles qui ne font que sanctionner ce qu'une longue pratique a établi; mais vouloir supprimer des choses qui ont cours depuis longtemps, ce serait sans la moindre efficacité.

Ainsi, dans l'état actuel des choses, les brevets se prennent, comme nous le disons, en Angleterre et en France. La réciprocité est complète.

J'ai dit, et M. le Ministre a fait un signe d'approbation, que, dans son esprit, la réciprocité était un encouragement donné moins à l'industrie qu'à l'inventeur, et j'ai fait observer que c'était un encouragement donné à l'industrie étrangère au détriment de la nôtre.

M. LE GARDE DES SCEAUX. Messieurs je vais rétablir l'objection, afin d'y répondre d'une manière plus précise.

L'honorable M. Gay-Lussac dit que nous n'avons pas besoin d'introduire la disposition. En effet, il y a dans le projet un article qui déclare qu'une invention ne peut pas être considérée comme nouvelle si, soit en France, soit à l'étranger, elle a reçu une publicité quelconque, antérieurement à la demande du brevet, et alors, dit-il, comment appliquer votre art. 29? car, comme, d'après cet article, il faudra avoir obtenu un brevet à l'étranger, on ne pourra plus en obtenir un en France, puisqu'il y aura eu publicité de l'invention en pays étranger, que, par conséquent, elle ne sera plus nouvelle en France, et que l'art. 32 sera alors appliqué. Voici l'objection tout entière. M. Gay-Lussac a expliqué ensuite comment les choses se passaient. L'inventeur demande sa patente à Londres, tel jour, en prenant ses précautions pour qu'un mandataire demande ici un brevet le même jour. De cette manière, il n'y a pas de publicité, et l'application de l'art. 32 n'empêche pas la délivrance du brevet,

Je rappellerai d'abord ce qui se passe en Angleterre, et je parlerai ensuite des autres pays.

Voici ce qui se passe en Angleterre. L'inventeur n'est pas obligé, comme il l'est en France, d'après les articles que vous avez votés, de faire connaître son invention au moment où il fait sa demande : il suffit qu'il déclare le titre de son invention : il a ensuite six mois pour en donner la description, et le dépôt qu'il fait de cette description a un effet rétroactif au jour où il a déposé sa demande.

Vous voyez déjà que j'ai répondu à l'objection de l'honorable M. Gay-Lussac; car il est bien clair que, puisque l'inventeur n'est obligé que de déclarer le titre de son invention, qu'il a ensuite six mois pour faire connaître cette invention, et que le dépôt ultérieur a cet effet rétroactif, il sera impossible, dans cet intervalle, d'appliquer l'art. 32, et d'établir qu'antérieurement à la date du brevet la connaissance de l'invention était acquise. Ainsi, par exemple, le brevet est pris en Angleterre le 1er janvier; mais les moyens que l'inventeur entend employer ne sont pas connus encore: il faudra qu'il les fasse connaître par une *spécification*, et il peut la faire jusqu'au 1er juillet. Si donc, dans l'intervalle du 1er janvier au 1er juillet, il vient demander un brevet d'invention, ce brevet sera délivré sans que la déchéance puisse être encourue. Il faut donc bien admettre la réciprocité.

D'ailleurs, est-il rien de plus naturel et de plus équitable? Quoi! vous voulez que nous accueillions avec bienveillance l'étranger qui vient demander un privilége exclusif pour son invention, et vous ne voulez pas que nous stipulions la condition de réciprocité lorsque cette invention, déjà brevetée en pays étranger, n'est pas nouvelle, et qu'ainsi il s'agirait d'apporter une entrave à l'industrie en général?

M. DE GABRIAC. Elle ne le reconnaît pas.

M. LE MINISTRE. Pardon. Posons bien la question, parce qu'il me semble que le principe est vrai. Vous avez voté l'art. 28, et vous avez fait une chose fort sage. Vous avez encouragé les découvertes et déclaré qu'il fallait prendre le bien, de quelque source qu'il vînt; mais quand il n'est pas besoin d'un privilége quelconque pour que l'industrie profite d'une invention, quand cette invention peut être parfaitement connue en France sans le secours de ce privilége, je ne vois pas pourquoi on refuserait de subordonner la concession de ce même privilége à la condition que nos nationaux, qui auront fait des découvertes et pris un privilége exclusif en France, obtiendraient aussi en pays étranger un privilége exclusif.

Cela n'est pas nécessaire à prévoir, dit M. Gay-Lussac, parce que la réciprocité existe en Angleterre; mais la réciprocité est un fait mobile et variable. Elle existe aujourd'hui, mais elle peut cesser demain ; il faut se prémunir contre les changements ultérieurs des législations. Est-ce que vous ne faites pas aujourd'hui une loi pour régler la matière des brevets d'invention ? est-ce que l'Angleterre ne peut pas faire chez elle une loi analogue? Il faut donc s'assurer que le principe qu'on veut établir sera maintenu.

On parle de l'Angleterre et on a raison : c'est le pays où les découvertes industrielles sont exploitées avec la plus grande extension. Mais il ne s'agit pas seulement de l'Angleterre, il s'agit aussi de tous les pays avec lesquels nous sommes en rapport. Que l'article vous paraisse inutile pour l'Angleterre dans l'état actuel de sa législation, je le comprends; mais il faut se garder pour l'avenir et vis-à-vis des législations des pays étrangers.

Vous voyez donc, Messieurs, qu'il y aurait un dommage évident pour nos regnicoles si l'article était supprimé. J'en demande le maintien.

M. PERSIL. L'art. 3 de la loi du 6 janvier 1791 est ainsi conçu.

Cette disposition s'applique tant à l'étranger qu'au Français. Un Français qui va à l'étranger et qui en rapporte une invention, reçoit en France un brevet. L'étranger, qui de la même manière veut enrichir notre pays, peut aussi obtenir un brevet; c'est ce qu'on appelle les brevets d'importation. On a trouvé et l'expérience a démontré qu'il y avait de graves abus à maintenir cette disposition : le privilége résultant des brevets n'étant que le prix de la course, le projet que vous discutez vous a proposé justement de l'abroger; il érige et règle la destruction des brevets d'importation, et néanmoins, en même temps, il demande, par l'art. 29, de les laisser subsister au profit de l'étranger, au profit de l'étranger seul. Ainsi, un étranger a fait une invention et obtenu un brevet dans son pays; un Français en est instruit; il se procure les dessins, il accourt et demande un brevet; on le lui refuse, on doit le lui refuser, parce que les brevets d'importation sont supprimés. Mais si ce n'est pas un Français, si c'est un étranger qui, ses pièces en mains, vous demande un brevet, vous le lui accorderez si la réciprocité est établie par la législation de son pays. Outre une injustice évidente, la conséquence, c'est que vous ne serez plus maîtres chez vous, et que votre règle de conduite, il faudra la chercher dans la législation étrangère.

Je comprends la réciprocité lorsqu'elle est établie par les traités. Malgré la suppression des brevets d'importation, je comprendrais, sans l'approuver, que des négociations diplomatiques pussent établir la réciprocité pour les brevets d'importation comme pour beaucoup d'autres choses. Mais la réciprocité par la loi étrangère, je ne la comprends pas; elle vous enchaîne malgré vous, que vous en vouliez ou que vous n'en vouliez pas; ensuite, qu'il y ait des avantages ou non, il faudra céder, la loi du pays l'aura dit, et vous serez dominés par la loi étrangère.

M. LE GARDE DES SCEAUX. Eh non!

M. PERSIL. Pardon, c'est le texte de l'article :

« Tout étranger qui aura obtenu, dans son pays, un brevet pour une découverte ou invention susceptible d'être brevetée, aux termes des art. 1 et 2, pourra obtenir, en France, un brevet pour la même découverte ou invention, si la réciprocité est accordée aux Français par les lois de la nation à laquelle il appartient. »

Cela répond à la dénégation de M. le garde des sceaux. Il est évident que nous serons soumis à la législation étrangère.

Si l'on voulait une réciprocité, il faudrait effacer celle de la loi, et admettre la réciprocité établie par les conventions diplomatiques.

Mais je ne voudrais ni de l'une ni de l'autre; toutes les deux favoriseraient l'étranger plus que le Français. Celui-ci ne peut jamais, aux termes de la loi nouvelle, obtenir de brevet d'importation. Il ne faut pas en accorder davantage à l'étranger. La publicité de l'invention la fait tomber dans le domaine public, et peu importe que cette publicité ait lieu en France ou à l'étranger; dès qu'elle existe, il n'y a plus matière à brevet pour personne.

Voilà en peu de mots le sens ou du moins l'effet de l'article en discussion.

Il est évident que c'est le rétablissement ou plutôt le maintien des brevets d'importation, avec cette seule différence qu'il est interdit à toujours aux Français ce qui est permis au contraire d'une manière illimitée en faveur de l'étranger. La Chambre ne peut pas vouloir de cette injuste partialité.

M. CUNIN-GRIDAINE, *ministre de l'agriculture et du commerce.* Après les explications si précises données par mon honorable ami M. le garde des sceaux, je ne croyais pas avoir besoin de monter de nouveau à la tribune; cependant il faut que je réponde aux observations du savant jurisconsulte qui vient de parler. Il considère que, par le fait de l'article en discussion, les brevets d'importation ne sont pas supprimés, et qu'ils revivent dans les brevets d'invention qui seront accordés en vertu de cet article. C'est là, qu'il me permette de le lui faire remarquer, une assez grave erreur. Les brevets d'importation étaient devenus, il faut le dire, le prix de la course. Ce sont, la plupart du temps, des hommes complètement étrangers à l'industrie, qui se font importateurs des découvertes étrangères, et qui obtiennent les brevets d'importation. Et pense-t-on que leurs démarches

11

aient pour mobile, pour but l'intérêt de notre industrie? Qu'on se
détrompe: c'est une véritable spéculation à laquelle le Gouvernement
veut mettre un frein, en n'accordant qu'à l'inventeur étranger, et a
l'inventeur breveté dans son pays, le droit d'obtenir en France un
brevet égal au brevet qu'il a obtenu dans son pays.

Mon collègue, M. le garde des sceaux, a dit avec beaucoup de raison qu'en réalité, quand une invention est produite en Angleterre,
en Belgique ou partout ailleurs, il n'est pas nécessaire d'accorder un
brevet à l'inventeur pour attirer cette invention en France; elle y
viendra naturellement sous la seule excitation de l'intérêt privé. C'est
donc dans le but d'une réciprocité favorable à nos propres inventeurs
que la concession proposée pour les inventeurs étrangers a été introduite dans la loi; autrement il suffira d'envoyer un mécanicien dans
un pays étranger, et la plupart du temps un simple examen lui permettra de rapporter non-seulement une idée précise et exacte, mais
même un dessin complet de l'invention, et l'industrie sera ainsi af-
franchie de tout tribut à payer à l'importateur pendant la durée de
son brevet.

Mais nous avons trouvé juste, en mettant un terme à cette spéculation des importateurs, de maintenir les droits des inventeurs étrangers toutes les fois qu'une juste réciprocité nous sera concédée; c'est
le but de l'art. 29; c'est la condition imposée à l'inventeur étranger,
breveté dans son pays, pour obtenir un brevet en France.

Cette clause me paraît tout à fait juste; j'ai dit déjà que je ne sa-
vais véritablement pas ce que c'était qu'un métier, passez-moi le
mot, qui consiste à donner et à ne rien recevoir. Eh bien, ici, nous
donnons, mais à condition de recevoir. Sinon, non. C'est la pensée
du Gouvernement, et j'espère que la Chambre l'adoptera.

M. LE PRÉSIDENT. Je mets aux voix l'art. 31 de la commission, auquel le Gouvernement adhère.

Plusieurs voix. La division !

M. LE PRÉSIDENT La division est demandée, voici, dès lors, le premier paragraphe sur lequel s'établit le vote de la Chambre :

Art. 31. « *Tout étranger qui aura obtenu, ailleurs qu'en France*
un brevet pour une découverte ou invention susceptible d'être brevetée, aux termes des art. 1 et 2, pourra obtenir en France un brevet pour la même découverte ou invention, si la réciprocité est accordée aux Français par les lois de la nation *où il a été breveté.* »

Deux épreuves par main levée sont déclarées douteuses. La Chambre procède alors par assis et levé.

M. LE PRÉSIDENT. Le paragraphe 1er est rejeté: cela entraîne le rejet
des deux autres. Je crois que cela emporte également la suppression
de l'art. 30.

Plusieurs Pairs. Non! non !

M. LE PRÉSIDENT. Cet article est ainsi conçu :

Art. 30 (projet du Gouvernement) : « Les formalités et conditions
déterminées par la présente loi seront applicables aux brevets demandés ou délivrés en exécution des deux articles qui précèdent. »

M. LE RAPPORTEUR. Au lieu de dire à la fin de l'article : «.... en exécution des deux articles qui précèdent, » il faut dire : «.... de l'article qui précède. »

M. LE PRÉSIDENT. Nécessairement.

(L'art. 30 du Gouvernement est adopté avec la modification indiquée par M. le rapporteur.)

Nous passons au titre IV et à l'art. 31 (du Gouvernement', 33 de la commission.

M. LE RAPPORTEUR. La décision que la Chambre a prise avant-hier met la commission dans la nécessité de renoncer au retranchement qu'elle avait proposé sur l'art. 31 du projet du Gouvernement.

Par conséquent, c'est sur le projet du Gouvernement que devra porter la discussion, en y ajoutant les nouveaux amendements qui ont été distribués ce matin au nom de la commission.

M. LE PRÉSIDENT. De cette combinaison, il résulte que l'art. 31 projet du Gouvernement) est ainsi rédigé définitivement.

TITRE IV. — *Des nullités et déchéances et des actions y relatives.*

SECTION PREMIÈRE. — *Des nullités et déchéances.*

Art. 31, « Seront nuls et de nul effet les brevets délivrés dans les cas suivants, savoir :

» 1° Si la découverte, invention ou application n'est pas nouvelle :

» 2° Si la découverte, invention ou application n'est pas, aux termes de l'art. 3, susceptible d'être brevetée :

» 3° Si la découverte, invention ou application est reconnue contraire à l'ordre ou à la sûreté publique, aux bonnes mœurs ou aux lois du royaume, sans préjudice des peines qui pourraient être encourues pour la fabrication ou le débit d'objets prohibés;

» 4° Si le titre sous lequel le brevet a été demandé est faux, ou indique frauduleusement un objet autre que le véritable objet de l'invention ;

» 5° Si le brevet a été obtenu contrairement aux dispositions de l'art. 17.

» Seront également nuls et de nul effet les certificats d'addition comprenant des innovations qui ne se rattacheraient pas au brevet principal. »

M. LE MINISTRE DE L'AGRICULTURE ET DU COMMERCE. Le Gouvernement adhère aux amendements proposés par la commission.

(L'art. 31 est mis aux voix et adopté.)

Art. 32. (projet du Gouvernement, 34 de la commission). « Ne sera pas réputée nouvelle toute découverte, invention ou application qui, en France ou à l'étranger et antérieurement à la date du dépôt de la demande, aura reçu, soit par la voie de l'impression, soit de toute autre manière, une publicité suffisante pour pouvoir être exécutée. »

M. LE VICOMTE PERNETTY. Il me semble qu'il vaudrait mieux supprimer : « soit par la voie de l'impression, soit de toute autre manière, » et se contenter de dire : « .... aura reçu une publicité suffisante pour pouvoir être exécutée. »

M. LE MINISTRE DE L'AGRICULTURE ET DU COMMERCE et M. LE RAPPORTEUR. Nous adoptons l'amendement.

(L'art. 32 du Gouvernement est adopté avec l'amendement proposé par M. le vicomte Pernetty.)

Art. 35 : rédaction de la commission. « Sera déchu de tous ses droits :

» 1o Le breveté qui n'aura pas mis en exploitation sa découverte ou invention, en France, dans le délai de deux ans, à dater du jour de la signature du brevet, ou qui aura cessé de l'exploiter pendant plus d'une année, à moins que, dans l'un ou l'autre cas, il ne justifie d'empèchement de force majeure ;

» 2o Le breveté qui aura introduit en France des objets fabriqués en pays étranger et semblables à ceux qui sont garantis par son brevet. »

M. LE RAPPORTEUR. Votre commission a reporté dans cet article l'art. 20 du Gouvernement, qui avait été annoncé, à tort, comme supprimé dans la série des amendements de la commission ; seulement la commission en a fait disparaître l'obligation d'*exploiter d'une manière effective et continue* ; elle s'est contentée d'obliger l'inventeur à mettre sa découverte en exploitation dans un délai de deux années, car il eût été trop rigoureux de l'obliger à exploiter toujours d'une manière continue. Des raisons de force majeure ne peuvent-elles pas également empêcher cette exploitation ? L'article amendé y pourvoit.

M. LE MARQUIS DE BOISSY. Je veux seulement soumettre à la Chambre quelques observations sur la rédaction du paragraphe. Il est dit dans ce paragraphe :

« Le breveté qui aura introduit en France des objets fabriqués en pays étranger et semblables à ceux qui sont garantis par son brevet. »

Ce mot *semblables* peut avoir deux significations. S'agit-il de la forme ? s'agit-il des produits ?

Voici pourquoi je fais cette observation. Il est sinon de notoriété publique, du moins avéré, et j'ai reçu des lettres à cet égard, qu'il s'introduit beaucoup de machines en France semblables à celles qui s'y fabriquent. Seulement, comme ces machines sont introduites par pièces, il y a ici un abus très grave au détriment de nos fabricants.

Une autre considération, c'est que ces machines semblables sont introduites, comme je le disais, démontées. Quand il s'élève des difficultés pour l'admission, on certifie, je ne sais trop de quelle manière, mais enfin on certifie que ces machines sont envoyées pour être réparées ; on devrait dire pour être remontées, mais on dit pour être réparées.

Ainsi, elles entrent faites ou parfaites, seulement elles sont démontées ; on dit que c'est pour être réparées. Il y a là un abus très grave ; et comme il s'agira prochainement de traités de commerce, je soumets à la Chambre ces observations, afin que le Gouvernement en veuille bien prendre note.

Et à propos de traités de commerce, il y a encore une observation à faire : c'est qu'au moyen de traités de commerce avec la Hollande, il s'introduit, sous le nom de fers hollandais, une grande quantité de fers anglais ; une partie de la France en est inondée. Je n'ai pas besoin d'en avertir M. le Ministre du commerce, il le sait aussi bien que moi, mais je le dis afin qu'on en conserve le souvenir, et que, dans les traités de commerce, l'on prévoie le cas des provenances, et qu'on ne laisse pas s'introduire chez nous des fers étrangers sous tel ou tel pavillon qui obtiendrait l'autorisation d'introduire en France des marchandises à un taux donné.

M. GAY-LUSSAC. M. de Boissy vient de faire remarquer la difficulté qu'il y avait à exécuter le paragraphe dont il s'agit.

Effectivement, on peut introduire une machine en pièces, une partie au nord et l'autre au midi. Il est fort difficile, je crois, de remédier à cet inconvénient. Ce paragraphe serait pour ainsi dire inutile. Il est impossible d'imaginer qu'un breveté, aux termes de ce paragraphe, ira lui-même, sous son nom, demander l'introduction d'objets fabriqués à l'étranger ; il les fera venir par des tiers, il sera à l'abri de la loi.

Ainsi, à la rigueur, on peut laisser ce paragraphe ; mais c'est pour ainsi dire une superfétation.

M. LE RAPPORTEUR. Les observations de M. de Boissy ont principalement porté sur des faits de douane, qui sont complétement étrangers à la législation actuelle et notamment à l'article qui est en discussion.

Il reste à la commission le besoin de justifier cet article en ce qui touche aux remarques que vient de faire M. Gay-Lussac.

Que pouvons et que devons-nous désirer, Messieurs? C'est que des inventions nombreuses et importantes s'acclimatent en France et y fassent prospérer notre industrie ; pour cela il faut que les inventeurs y créent des établissements qui augmentent notre richesse, favorisent et étendent la main-d'œuvre.

Si un inventeur a un établissement en pays étranger et qu'il n'ait qu'un simulacre d'établissement en France, il où ne fasse rien, où il ne fabrique rien ou presque rien, à quoi bon lui donner un monopole dans notre pays? Mais ne serait-ce pas favoriser un établissement de ce genre, un établissement en quelque sorte trompeur et mensonger, que d'autoriser l'individu auquel on a ainsi donné un monopole à introduire en France des objets semblables à ceux qu'il était obligé de fabriquer sur notre sol en vertu du contrat qui le liait envers nous? Refuser au breveté cette faveur abusive, c'est agir avec justice envers lui ; car autrement rien ne justifierait le privilége qu'on lui avait accordé dans l'intérêt du pays et qu'il tournerait contre lui. Comment formerez-vous d'habiles constructeurs de machines si vous autorisez les gens qui se sont fait breveter pour des inventions de ce genre à les tirer du dehors et à les jeter ensuite sur votre marché grevées à leur profit d'un droit de monopole?

Il est évident qu'il faut une disposition qui interdise, à l'avenir. cette introduction frauduleuse et funeste, sous peine de déchéance du brevet.

M. PERSIL. J'ai eu quelque peine à comprendre la disposition que l'on vous propose de voter; maintenant que je crois l'entendre, je n'hésite pas a en demander la suppression.

Evitons d'abord la confusion que l'on pourrait faire, d'après les explications qui nous ont été données, entre deux causes de déchéance.

Celui qui a obtenu un brevet est obligé d'exploiter; s'il ne le fait pas, il est déchu.

A côté de cette cause de déchéance, on en propose une autre, qui consiste a dire que si le breveté introduit en France des objets fabriqués en pays étrangers et semblables à ceux garantis par son brevet, il sera également déchu. Il doit fabriquer en France, c'est reconnu. S'il ne le faisait pas, il serait déchu ; mais en même temps qu'il fabrique en France, il veut y introduire des marchandises semblables aux siennes, fabriquées a l'étranger. Pourquoi le lui interdire? parce qu'il est breveté? Ne jouit-il donc plus du droit commun? Son voisin pourra importer ces marchandises. (Non! non!) Non; si vous parliez de marchandises prohibées, je vous comprendrais ; mais si ce sont des marchandises que tout le monde peut faire entrer, pourquoi lui ne jouirait-il pas de ce droit? J'avoue que je ne le comprends pas.

Un pair. Il le pourra en payant le droit.

M. PERSIL. Bien entendu, en faisant ce que tous les citoyens doivent faire.

M. LE RAPPORTEUR. On ne peut pas introduire en France ce qui est 'objet d'un monopole, d'un privilège.

M. PERSIL. On ne peut pas l'introduire si c'est frappé de prohibition par la loi générale ; mais pourquoi le breveté ne pourrait-il pas introduire ce que son voisin peut introduire, comme je le demandais tout a l'heure, car, jusqu'à présent, il n'y a pas de loi qui l'interdise? Vous proposez-vous de l'interdire à nouveau? Eh bien, je vous demande si d'autres subiront la même prohibition. Ce n'est pas en vertu de la loi actuelle que le voisin ne le pourra pas, c'est exceptionnellement que vous voulez frapper l'inventeur.

Ensuite, en admettant que je n'entende pas bien toute la portée de votre article, j'avoue que je suis offusqué de la généralité de ses expressions.

Vous prohibez l'introduction en France d'objets semblables fabriqués en pays étranger; lui suffira-t-il d'en introduire un pour être déchu? J'avoue que je serais effrayé de la généralité de ces expressions; je ne les comprendrais qu'autant que vous regarderiez les objets semblables importés en France comme étant le fruit ou le résultat d'une contrefaçon: or, votre article ne dit pas cela, il faudrait s'expliquer, et jusque-là on ne peut que réserver son vote. Je suspends mon opinion définitive jusqu'à ce que j'aie entendu M. le Ministre. J'attendrai.

M. GAY-LUSSAC. Lorsqu'un objet n'est pas prohibé, il pourra être naturalisé, comme on l'a dit très justement. Je demande ce qui arriverait dans cette hypothèse. La découverte en France est réellement brevetée : j'entends par là que l'auteur est véritablement inventeur. Cependant, les produits de son invention, on les fabrique en Belgique, en Angleterre : ils pourront donc entrer, puisqu'ils ne sont pas prohibés. En effet, la loi des douanes ne peut pas prévoir tous les produits nouveaux résultant d'une invention qu'il faudra frapper de prohibition. Maintenant, comment fera l'inventeur pour maintenir son privilége ?

M. LE RAPPORTEUR. L'explication que réclame M. Gay-Lussac est facile à donner.

La jurisprudence établit de la manière la plus positive que tout objet fabriqué en pays étranger et importé sur le sol français est considéré comme contrefait lorsqu'il est semblable à un objet qui ne peut être confectionné dans le royaume que par un fabricant breveté, et il y a là une fraude non pas contre les lois de douane, mais il y a atteinte au droit privatif accordé à un regnicole. Aussi ce ne seront pas les lois de douane qui prohiberont l'introduction de cette marchandise en France, c'est la loi sur les brevets d'invention. Aussi l'art. 43, que je vais avoir l'honneur de vous lire, ne fait-il que conserver la disposition des lois et de la jurisprudence existant aujourd'hui.

Art. 43 du projet de la commission :

« Ceux qui auront sciemment recélé, vendu ou exposé en vente ou introduit sur le territoire français un ou plusieurs objets contrefaits, seront punis d'une amende de 25 fr. a 500 fr. »

Le projet considère donc comme contrefaits tous les objets similaires introduits d'un pays étranger par qui que ce soit?

Mais si cela est défendu pour tous, cela doit-il être permis au breveté ? Telle est la question que soulève le paragraphe en discussion. Vous ne le penserez pas, Messieurs : car, en donnant un privilége, vous avez dû demander qu'il fût profitable au pays en même temps qu'à l'inventeur. Aussi quelqu'un qui aurait obtenu en France un brevet d'invention pour faire des machines sera tenu d'avoir des fabriques en France pour l'exécuter. Mais il ne faut pas qu'il y ait en quelque sorte un simulacre de fabrique à Paris, et qu'il tire ensuite les objets exécutés soit en Belgique, soit en Angleterre, parce qu'il les ferait fabriquer là à meilleur marché. Il faut qu'il y ait profit pour la France et une nouvelle industrie créée sur son sol. Les étrangers ne peuvent, d'après l'art. 43, introduire en France des objets similaires à ceux dont la fabrication est privilégiée en France. En vertu du privilége qu'il a de vendre seul en France ces objets, il les ferait saisir. Mais à leur tour tous les intéressés doivent pouvoir faire prononcer la déchéance du brevet, si le breveté lui-même fraude de cette manière les dispositions de la loi destinée à le protéger. (Oui ! oui ! — Aux voix !)

(L'article est mis aux voix, paragraphe par paragraphe, et adopté.)

M. LE PRÉSIDENT. Nous en sommes restés à l'art. 34 du Gouvernement et 36 de la commission. Voici cet article :

SECTION II. — *Des actions en nullité et en déchéance.*

Art. 36. « L'action en nullité et l'action en déchéance pourront être exercées par toute personne y ayant intérêt.

» Ces actions, ainsi que toutes contestations relatives à la propriété des brevets, seront portées devant les tribunaux civils de première instance. »

M. LE MARQUIS DE BOISSY. La rédaction de cet article me paraît devoir donner lieu à de nombreuses et très sérieuses difficultés : « L'action en nullité et l'action en déchéance pourront être exercées par toute personne y ayant un intérêt. » Que veulent dire ces derniers mots, « y ayant un intérêt? » C'est là-dessus qu'il faudrait s'expliquer. car si les brevets d'invention sont donnés à l'inventeur dans son intérêt particulier, il faut que, dans l'intérêt général, ils aient la moindre durée possible, afin de laisser l'industrie s'en emparer aussitôt qu'il y aura une cause de nullité.

Eh bien, si l'on dit : « toute personne intéressée, » quelle sera cette personne. et comment se résoudra la difficulté de savoir quelle est la personne intéressée ? Je ne sais pourquoi, c'est une question que j'adresse. on n'a pas dit : « les tiers, » et pourquoi on n'a pas réservé l'action du ministère public.

Dans les art. 39 et 40. l'action du ministère public est réservée ; je demanderai donc si ce n'est pas une omission dans l'art. 36 ? Il est bien certain qu'ici il s'agit de l'intérêt général, et que toutes les fois qu'il y a lieu à la déchéance d'un brevet, il faut que tout le monde puisse s'emparer de l'invention. Je demande donc qu'au lieu de ces mots : « par toute personne y ayant intérêt, » on dise : « par le ministère public ou par les tiers. »

M. LE MARQUIS DE BARTHÉLEMY, *rapporteur*. Le projet de loi distingue en matière de brevets les nullités relatives et les nullités absolues. Les unes peuvent être intentées par les particuliers, les autres par le ministère public. Quand il s'agit de nullités fondées sur des motifs d'ordre public, celui-ci demeure libre d'agir d'office et sans qu'il soit besoin qu'il en reçoive l'impulsion de personne. Quant aux nullités qui intéressent d'abord les particuliers, c'est aux intéressés à se pourvoir, et le ministère public ne doit intervenir qu'après qu'une nullité de brevet aura été prononcée sur leur demande ; ce n'est qu'alors que, représentant général des besoins et des intérêts de la société, il doit venir demander en son nom la nullité du brevet. d'une manière absolue et générale.

Je crois que voilà la réponse aux observations que vient de présenter M. de Boissy. Quant à la question de savoir quand un tiers a intérêt. c'est une question qui est constamment jugée par les tribunaux. En général. on n'admet pas d'action quand il n'y a pas d'intérêt, les tribunaux sont les juges.

M. LE MARQUIS DE BOISSY. Faudra-t-il. pour se prétendre partie intéressée, être fabricant des mêmes choses que le breveté, ou bien admettra-t-on à se prétendre parties intéressées ceux qui pourraient avoir besoin de la machine brevetée?

Je crois qu'il y aura beaucoup de difficultés et de procès, et voilà pourquoi je persisterai dans mon amendement.

M. LE RAPPORTEUR. La Chambre ne doit pas perdre de vue que, comme il n'y a pas d'examen préalable avant la concession des brevets, il est indispensable de donner à la société une sauvegarde contre les demandes injustes et mal fondées : cette sauvegarde, elle ne peut la trouver qu'en laissant à tout individu intéressé la faculté de faire prononcer la nullité.

Sans doute, c'est un système fécond en procès : mais comment en trouver un autre ? si ce n'est l'examen préalable, et cet examen préalable, dont nous ne voulions pas en ce qui concerne la nouveauté et l'utilité de l'invention, dont la majorité n'a même pas voulu dans les autres cas, étant complétement écarté, il faut bien donner aux intéressés le droit de faire prononcer la nullité d'un brevet qui porte atteinte à leur droit personnel et aux droits de tous.

M. LE MARQUIS DE BOISSY. La Chambre remarquera que M. le rapporteur abonde complétement dans mon système. Seulement, je demandais qu'on voulût bien dire quelles étaient les personnes intéressées, et que, pour cela, il fût question du ministère public et des tiers.

M. LE VICOMTE DUBOUCHAGE. Dans l'intérêt de l'industrie et de la société, l'article n'a pas voulu dire qu'il fallût être mécanicien ou fabricant comme l'inventeur, mais toute personne peut être appelée, dans l'intérêt de la société en général et de l'industrie, à attaquer le brevet.

M. LE RAPPORTEUR. Comme tout individu peut, d'un instant à l'autre, devenir fabricant, mécanicien, etc., chacun a le droit de faire prononcer la nullité d'une chose qui n'est pas nouvelle, qui était la propriété de tout le monde et qu'un seul a voulu s'approprier.

M. LE PRÉSIDENT. M. le marquis de Boissy persiste-t-il dans son amendement ?

M. LE MARQUIS DE BOISSY. Les explications de M. le rapporteur me satisfont complétement, puisqu'il en résulte que tout individu pourra provoquer la nullité d'un brevet. Je renonce à mon amendement.

(L'art. 36 est mis aux voix et adopté.)

Art. 37. « Si la demande est dirigée en même temps contre le titulaire du brevet et contre un ou plusieurs cessionnaires partiels, elle sera portée devant le tribunal du domicile du titulaire du brevet. » (Adopté.)

Art. 38. « L'affaire sera instruite et jugée dans la forme prescrite, pour les matières sommaires, par les art. 405 et suivants du Code de procédure civile. Elle sera communiquée au procureur du Roi. » (Adopté.)

Art. 39 de la commission. « Dans le cas où un jugement ou arrêt prononçant la nullité ou la déchéance d'un brevet aura acquis force de chose jugée, il en sera donné avis au garde des sceaux, ministre de la justice, qui pourra prescrire au ministère public de se pourvoir pour faire prononcer la nullité ou la déchéance absolue du brevet.

» Dans les cas prévus aux paragraphes 2 et 3 de l'art. 29. le ministère public pourra se pourvoir pour faire prononcer la nullité ou la déchéance absolue du brevet. »

M. LE COMTE DE MURAT. Je viens défendre l'art. 37 du projet contre l'amendement de la commission.

Plusieurs voix. Le Gouvernement et la commission sont d'accord.

M. LE COMTE DE MURAT. Assurément, cette observation est de nature à affaiblir la confiance que je pourrais avoir en ma propre opinion, mais cependant ne suffit pas pour changer ma conviction, du moins jusqu'à éclaircissements ultérieurs. Je demande donc à soumettre à la Chambre quelques observations sur le point en discussion.

Les dispositions de l'article primitif du projet me paraissent suffire à toutes les nécessités et garantir tous les intérêts. Cependant, la commission ne s'en contente pas ; elle voudrait qu'à chaque arrêt ou jugement prononçant nullité ou déchéance et ayant acquis force de chose jugée, il en fût rendu compte au garde des sceaux qui, après avoir consulté le Ministre du commerce, pourra prescrire au ministère public de se pourvoir pour faire prononcer la nullité ou la déchéance absolue.

Cette centralisation insolite et cette complication me semblent présenter des inconvénients de toute nature, et seraient une cause infaillible d'embarras ou de retards qu'il importe d'éviter. Mais quel est le but de l'amendement ? Votre honorable rapporteur nous l'a dit lui-même (page 50 du rapport). Après avoir développé son système, il ajoute qu'il le préfère aux dispositions de l'art. 37, parce que cet article, dit-il, laisse à chacun des procureurs du Roi près les divers tribunaux du royaume. le soin de se pourvoir selon leurs propres idées et leur seule impulsion.

Eh ! mais sans doute, cela doit être, c'est ainsi que cela arrive pour toutes les affaires: car le ministère public a mission d'agir selon ses lumières, d'après sa conscience, et sous sa responsabilité, en ce qui concerne les intérêts publics comme en ce qui touche aux intérêts privés. qu'il agisse d'office ou sur la demande des parties : c'est ainsi que les choses se passent. Eh bien, c'est pour un objet usuel et pratique comme les brevets d'invention, que vous voulez vous écarter de la règle commune. que vous voulez prescrire au ministère public; à tous risques et périls, d'attendre pour agir qu'il en ait reçu l'ordre du chef de la justice ! Et pourquoi cela ? Parce que, selon vous, il ne faut pas que les fonctionnaires exerçant le ministère public agissent *d'après leurs propres idées et leur seule impulsion.*

Mais, en vérité, que notre honorable rapporteur me permette de le dire, cette doctrine est inadmissible, blessante pour la dignité de la magistrature et contraire aux intérêts mêmes que nous voulons garantir et protéger. Quant à moi, je ne crois pas qu'une semblable disposition surtout, remarquez-le bien, avec le commentaire qui y resterait nécessairement attaché, puisse trouver place dans un texte de loi.

Messieurs, une des plaies vives de notre société, c'est l'esprit de méfiance et de lutte contre l'autorité. Prenons garde d'ajouter à ce mal, bien sûrement sans le vouloir, par des paroles ou par des actes qui ne seraient pas assez mûrement réfléchis.

M. LE RAPPORTEUR. Messieurs, je commencerai à répondre à M. le comte Murat que nous devons laisser de côté tout ce qui concerne ces nullités qui regardent l'ordre public, les bonnes mœurs, et même les préparations pharmaceutiques. Pour ces divers objets, le ministère public a le droit et le devoir de se pourvoir directement ; car, avant tout, il faut que l'ordre public soit assuré dans le royaume.

En tout ce qui concerne l'ordre public, nous n'avons rien changé, comme vous le voyez, à la disposition primitive du projet du Gouvernement.

Maintenant, occupons-nous de la seconde question : la loi actuelle établit un nouveau système, en ce qui touche aux nullités de brevets d'invention ; elle permet de prononcer une nullité absolue : jusqu'à présent, on ne connaissait que des nullités relatives. Quand un individu attaquait un brevet, pour en faire prononcer la nullité, et obtenait que cette nullité fût prononcée, le brevet n'était nul qu'à son égard, et conservait son effet à l'égard de toutes autres personnes.

Le projet du Gouvernement propose d'établir qu'il pourra y avoir à l'avenir des nullités générales et absolues.

Pour arriver à ce que cette nullité générale et absolue soit prononcée, le projet du Gouvernement investit le ministère public du droit de la demander. Le ministère public ne doit pas seulement la réclamer à l'égard du breveté, mais à l'encontre de tous ses ayants cause, de tous les gens qui ont obtenu des licences de lui. Par conséquent, le ministère public sera obligé souvent de citer devant les tribunaux un très grand nombre de personnes ; si, par exemple, il a été délivré des licences pour l'exercice du brevet pour les quatre-vingt-six départements du royaume, ce sont quatre-vingt-six individus qu'il faudra appeler en cause ; si les éléments de la découverte qui constituent le brevet ont été divisés entre différents propriétaires, ainsi que la Chambre l'a permis malgré notre opposition, il faudra encore appeler ces différents propriétaires ; puis enfin, si un brevet a été mis en société pour son exploitation, il faudra appeler tous les associés. Vous voyez donc que cette procédure en nullité générale des brevets n'est pas une procédure très simple, n'est pas une procédure dans laquelle on doive s'engager légèrement.

Dès lors était-il concevable de laisser à chacun des procureurs du Roi du royaume le droit de l'intenter ?

D'ailleurs, ces différents procureurs du Roi, comment peuvent-ils savoir si une invention est nouvelle ou non, si une invention a été mise à exécution, si elle est exploitée ?

Comment saura-t-on si une industrie n'est pas nouvelle ? Ce sera d'abord, par une décision d'un tribunal saisi d'une affaire entre particuliers, annulant un brevet pour une cause ; lorsque ce jugement sera intervenu, le garde des sceaux, dûment averti par le procureur du Roi, en informera le Ministre du commerce ? Celui-ci examinera premièrement s'il importe à l'intérêt public de faire annuler le brevet d'une manière générale et absolue en raison de l'importance de l'invention ; il examinera, en second lieu, s'il résulte suffisamment des faits reconnus constants par le jugement, s'il est bien prouvé et bien clair à ses yeux que l'invention n'est pas nouvelle. Si cette conviction lui est acquise, M. le garde des sceaux écrira au procureur du Roi, compétent : Commencez une procédure solennelle ; intentez une action en déchéance absolue du brevet indûment accordé. N'est-il pas évident que ce n'est que du centre du Gouvernement que peut partir cette impulsion ? Et c'est pour cela que votre rapporteur, qui ne rétracte aucune des paroles du rapport, a eu soin d'y exprimer qu'il pourrait y avoir de l'inconvénient à laisser chacun des membres du ministère public agir sous sa propre impulsion et selon ses propres lumières pour une action de cette nature.

M. LE VICOMTE PERNETTY. Il me semble qu'il y a deux sortes de déchéance, de nullités : la déchéance relative et la déchéance absolue.

Cependant je crois que, quand il est dit qu'il y a un jugement ou un arrêt prononçant la nullité ou la déchéance d'un brevet, ayant acquis force de chose jugée, il faudrait faire prononcer la déchéance absolue dans tous les cas.

Ainsi, au lieu de dire : « Le ministère public pourra se pourvoir, » il me semble qu'il faudrait mettre : « devra se pourvoir. » pour faire prononcer la nullité ou la déchéance.

M. LE PRÉSIDENT. Je mets aux voix l'amendement de M. Pernetty, qui consiste à substituer le mot *devra* au mot *pourra*,

(L'amendement est rejeté. L'article est adopté.)

M. LE PRÉSIDENT. Art. 40. « Dans toute instance introduite en exécution de l'article qui précède, le ministère public devra mettre en cause tous les ayants droit au brevet dont les titres auront été enregistrés au ministère de l'agriculture et du commerce, conformément à l'art. 25. » (Adopté.)

Art. 41. « Lorsque la nullité ou la déchéance absolue d'un brevet aura été prononcée par jugement ou arrêt ayant acquis force de chose jugée. il en sera donné avis au Ministre de l'agriculture et du commerce, et la nullité ou la déchéance sera publiée dans la forme déterminée par l'art. 17 pour la proclamation des brevets. »(Adopté.)

TITRE V. — *De la poursuite de la contrefaçon et des peines.*

Art. 42. « Toute atteinte portée aux droits du breveté. soit par la fabrication de produits, soit par l'emploi de moyens faisant l'objet de son brevet, constitue le délit de contrefaçon.

» Ce délit sera puni d'une amende de 100 fr. à 2.000 fr. » (Adopté.)

Art. 43. « Ceux qui auront sciemment recelé, vendu ou exposé en vente, ou introduit sur le territoire français, un ou plusieurs objets contrefaits, seront punis d'une amende de 25 fr. à 500 fr. »

M. LE VICOMTE DUBOUCHÂGE. Je ne sais pas pourquoi on a mis dans l'article le mot *sciemment.* D'abord la loi est toujours supposée con-

nue de tout le monde. Ensuite vous avez eu soin, dans votre art. 15,
de prescrire la publication d'un catalogue tous les trois mois, indiquant les demandes, spécifications et dessins des brevets d'invention.
Il est donc évident que celui qui aura recelé, vendu ou exposé des
produits contrefaits, l'aura fait sciemment. D'ailleurs, ce mot *sciemment* entraînerait des difficultés dans les poursuites que les inventeurs voudraient diriger contre les contrefacteurs et leurs complices.
On dirait toujours : Je ne l'ai pas fait sciemment. Je crois que ce mot
doit être supprimé. Autrement, l'inventeur ne serait jamais certain
d'avoir raison contre celui qui aurait vendu les objets contrefaits.
C'est un mot qui donnerait lieu à des chicanes, et le génie, je parle
pour les grands inventeurs, n'est nullement propre aux chicanes :
c'est ce qu'il craint le plus. Il faut donc éviter les chicanes et faciliter
le plus possible le recours à la justice pour les inventeurs.

M. LE MINISTRE DE L'AGRICULTURE ET DU COMMERCE. On contrefait toujours sciemment : mais on peut fort bien vendre des objets sans savoir qu'ils ont été contrefaits. Le mot *sciemment* est une garantie
pour le marchand qui est de bonne foi.

M. LE VICOMTE DUBOUCHAGE. Pourquoi la loi exige-t-elle la publication d'un catalogue tous les trois mois de tous les dessins et spécifications des brevets, publication qui occasionnera une assez grande
dépense ? Rappelez-vous d'abord qu'on délivre maintenant environ
cinq brevets par jour, et on en délivrera davantage à l'avenir, parce
que vous encouragerez le génie à produire. Si vous faites cette publication, c'est afin que tout le monde connaisse les inventions nouvelles. Or, celui qui recèlera, avec le dessein d'en profiter, des objets
contrefaits, saura bien ce qu'il fait.

M. LE GARDE DES SCEAUX. Je comprendrais qu'on demandât la suppression du mot *sciemment*, parce qu'il est de principe que nul ne
peut être condamné comme coupable ou complice d'une contrefaçon,
s'il n'est prouvé qu'il a agi en connaissance de cause; mais dire que,
dans l'intérêt de l'inventeur et pour la plus grande garantie de ses
droits, celui qui est poursuivi pour vente de produits contrefaits
doit être condamné, lors même qu'il n'aurait pas eu connaissance
de la contrefaçon, je ne le conçois pas.

Quant au contrefacteur, on n'a pas besoin de dire qu'il doit avoir
commis le délit *sciemment* ; car il est évident qu'il a examiné l'invention et qu'il l'a connue avant de la contrefaire. Mais quant aux
produits de la contrefaçon, plus ils seront parfaits et plus celui qui
les vendra pourra croire qu'ils ont été fabriqués par le breveté, et
que ce ne sont pas des produits contrefaits. Eh bien, s'il est de bonne
foi, s'il a loyalement mis en vente des objets qu'il ne savait pas être
contrefaits, il n'a commis aucun délit. Lorsque, au contraire, il saura
qu'effectivement ce sont des objets contrefaits et qu'il les mettra en
vente, il commettra un délit, et, seulement, il ne le commettra qu'à
cette condition, et il faudra dès lors lui prouver qu'il a eu connaissance du délit qu'il commettait.

M. LE MARQUIS DE BOISSY. Je désirerais qu'on effaçât le mot *sciemment* ; mais si l'on veut le conserver, je demanderais qu'il y ait au

moins transposition de ce mot, et qu'il soit mis non pas avant le mot *recelé*, qui implique toujours la connaissance du délit, mais seulement avant les mots *vendu* et *exposé*.

M. LE VICOMTE DUBOUCHAGE. Je ne veux plus dire qu'un mot, que je crois fort important.

Il n'y aura pas un seul débitant qui conviendra d'avoir agi sciemment.

M. LE GARDE DES SCEAUX. Les tribunaux apprécieront.

M. PERSIL. Je demande que l'on vote l'article sans transposition. (Marques nombreuses d'assentiment.)

M. LE MARQUIS DE BOISSY. Je demande, moi, la transposition du mot *sciemment*.

(Cet amendement de M. de Boissy est mis aux voix et rejeté.)

L'article est ensuite adopté sans modification.

Art. 44 (de la commission, consenti par le Gouvernement) : « Dans le cas de récidive, il sera prononcé, outre l'amende portée aux deux articles précédents, un emprisonnement d'un mois à six mois, dans le cas prévu par l'art. 42, et de huit jours à deux mois, dans le cas prévu par l'art. 43.

» Il y a récidive lorsqu'il a été rendu contre le prévenu, dans les cinq années antérieures, une première condamnation pour un des délits prévus par la présente loi.

» Un emprisonnement d'un mois à six mois pourra être aussi prononcé si le contrefacteur est un ouvrier ayant travaillé dans les ateliers du breveté, ou si le contrefacteur, s'étant associé avec un ouvrier du breveté, a eu connaissance, par ce dernier, des procédés décrits au brevet.

» Dans ce dernier cas, l'ouvrier pourra être poursuivi comme complice. » (Adopté.)

Art. 45. « L'art. 463 du Code pénal pourra être appliqué aux délits prévus par les dispositions qui précèdent. » (Adopté.)

Art. 46. « L'action correctionnelle, pour l'application des peines ci-dessus, ne pourra être exercée par le ministère public que sur la plainte de la partie lésée. » (Adopté.)

Art. 47 (proposé par la commission et consenti par le Gouvernement) : « Le tribunal correctionnel, saisi d'une action pour délit de contrefaçon, statuera sur les exceptions qui seraient tirées par le prévenu, soit de la nullité ou de la déchéance du brevet, soit des questions relatives à sa propriété. » (Adopté.)

Art. 48 (de la commission, consenti par le Gouvernement) : « Les propriétaires de brevet pourront, en vertu d'une ordonnance du président du tribunal de première instance, faire procéder, par tous huissiers, à la désignation et description détaillée, avec ou sans saisie, des objets prétendus contrefaits.

» L'ordonnance sera rendue sur simple requête et sur la représentation du brevet ; elle contiendra, s'il y a lieu, la nomination d'un expert, pour aider l'huissier dans sa description.

» Lorsqu'il y aura lieu à la saisie, ladite ordonnance pourra imposer au requérant un cautionnement, qu'il sera tenu de consigner avant d'y faire procéder.

» Il sera laissé copie au détenteur des objets décrits ou saisis, tant de l'ordonnance que de l'acte constatant le dépôt du cautionnement, le cas échéant; le tout à peine de nullité et de dommages-intérêts contre l'huissier. »

M. LE MARQUIS DE BOISSY. Ne faudrait-il pas ajouter après : « les propriétaires, » *ou les cessionnaires particuliers;* car, enfin, le cessionnaire achète le droit d'exploiter un brevet ?

M. LE RAPPORTEUR. Du moment où il est cessionnaire, il est propriétaire.

(L'amendement n'est pas appuyé.)

(L'article est adopté.)

Art. 49 (de la commission, consenti par le Gouvernement): « A défaut par le requérant de s'être pourvu, soit par la voie civile, soit par la voie correctionnelle, dans le délai de huitaine, outre un jour par trois myriamètres de distance entre le lieu où se trouvent les objets saisis ou décrits et le domicile du contrefacteur, introducteur ou débitant, la saisie ou description sera nulle de plein droit, sans préjudice de tous dommages-intérêts qui pourront être réclamés, s'il y a lieu, dans la forme prescrite par l'art. 38. » (Adopté.)

Art. 50 (de la commission, consenti par le Gouvernement):«La confiscation des objets reconnus contrefaits, et, le cas échéant, celle des instruments ou ustensiles destinés spécialement à leur fabrication, seront prononcées contre le contrefacteur, l'introducteur ou le débitant.

» Les objets confisqués seront remis au propriétaire du brevet, sans préjudice de plus amples dommages-intérêts et de l'affiche du jugement, s'il y a lieu. »

M. LE COMTE SIMÉON. Cet article me rappelle une discussion antérieure qui a eu lieu sur une loi qui présentait beaucoup d'analogie avec celle-ci, la loi sur la propriété littéraire. Il me semble que, pour la confiscation des objets contrefaits, il avait été convenu dans cette loi, adoptée par la Chambre, qu'ils seraient toujours détruits, car la remise des objets contrefaits au propriétaire lésé ne peut avoir aucun effet: il ne peut pas vendre de pareils objets; ce serait une tromperie qu'il exercerait lui-même, et on ne doit pas lui donner le moyen de tromper le public en vendant des objets autres que ceux fabriqués par lui. Ainsi, la remise me paraît tout à fait inutile, et elle pourrait être dangereuse. Quant aux instruments qui ont servi à la contrefaçon, ils peuvent être utiles à celui au profit duquel la confiscation a eu lieu, on peut les lui remettre, mais je crois qu'il faut détruire les objets contrefaits.

M. SÉNAC, *commissaire du Roi.* Je ferai remarquer que, dans la plupart des cas, si la proposition de M. le comte Siméon était admise, ce serait détruire l'élément naturel de l'indemnité due au breveté, dans le cas de contrefaçon: car les objets contrefaits constituent presque la seule valeur sur laquelle habituellement repose cette indem-

nité. D'ailleurs la destruction complète ne servirait à personne, ce
serait une perte absolue. Et quel inconvénient d'ailleurs peut présenter la disposition? Les objets contrefaits seront conformes à ceux
que fabrique le breveté lui-même ; en les recevant en nature à titre
de dédommagement, il les vendra, pour son propre compte, et il en
tirera le meilleur parti possible, dans l'intérêt de sa propre fabrication.

La disposition est donc tout à fait convenable.

M. LE COMTE SIMÉON. Vous admettez donc que le breveté pourra
tromper le public, car si on lui remet les objets pour qu'il puisse les
vendre, ces objets seront inférieurs à ceux qu'il fabrique lui-même?
Par conséquent, il me semble qu'il y aurait quelque chose d'immoral
à permettre de vendre ainsi des produits contrefaits.

M. LE COMMISSAIRE DU ROI. L'objection que vient de présenter M. le
comte Siméon repose sur cette hypothèse que les objets contrefaits
seraient d'une qualité inférieure à ceux que produit le breveté lui-même, et qu'il ne peut être autorisé à vendre ces produits contrefaits ; mais je ne crois pas que cette supposition puisse être admise :
car le contrefacteur fait tout ce qu'il faut pour obtenir faveur auprès
du public : il imite les objets de la manière la plus exacte possible.
La différence, qui fait son profit, est celle qui résulte de la différence
même qui existe entre le prix de revient dont il se contente, et le
prix de monopole qu'exige le breveté.

Par conséquent, il y a avantage à remettre à ce dernier les produits contrefaits, sur lesquels il trouvera la juste indemnité qui lui
est due en réparation du dommage qu'il aura éprouvé.

Tout autre mode causerait un grave préjudice à l'inventeur.

M. LE COMTE DUBOUCHAGE. J'aurai l'honneur de faire remarquer
qu'on peut contrefaire à l'étranger comme en France. Ainsi donc si
des objets sont contrefaits en Belgique et qu'on les introduise en
France, et qu'après confiscation ils soient remis au breveté pour les
vendre, qu'arrivera-t-il ? Que vous contreviendrez à un article déjà
voté par vous.

Et ensuite, il arrivera un autre inconvénient pour nos travailleurs,
c'est que si vous donnez à l'inventeur, en lui remettant les objets
contrefaits à l'étranger, la facilité de les vendre en France, vous empêchez les travailleurs français de vivre en quelque sorte sur cette
industrie nouvelle.

Je vous prie, Messieurs, de vous préoccuper un peu de l'art. 43 que
vous avez voté. Vous confisquerez à la frontière tous les objets contrefaits à l'étranger : eh bien, je suppose que, malgré votre douane, ces
objets entrent en France, et qu'un débitant de bonne foi s'en empare
et les vende; si vous ne les détruisez pas, vous nuisez au travail national. Je crois que M. Siméon, de quelque manière qu'on envisage
l'article, est fondé dans son observation. Je sais bien qu'il en résultera un dommage pour l'inventeur : quand j'ai pris la parole, cela a
été toujours dans l'intérêt des inventeurs; mais où l'intérêt public
prédomine, il doit passer avant l'intérêt particulier. Il arrivera quelquefois que l'inventeur ne sera pas indemnisé, mais il trouvera sa

récompense dans le sentiment que l'industrie nationale et nos travailleurs sont satisfaits. Je vote pour l'amendement de M. Siméon.

M. LE PRÉSIDENT. L'amendement de M. le comte Siméon consiste à remplacer ces mots : *seront remis au propriétaire,* par ceux-ci *seront détruits.*

Je le mets aux voix.

(Cet amendement est rejeté. L'article 50, mis aux voix, est adopté.)

TITRE VI. — *Dispositions particulières et transitoires.*

Art. 49 (du Gouvernement) : « Des ordonnances royales, portant règlement d'administration publique, arrêteront les dispositions nécessaires pour l'exécution de la présente loi, qui n'aura d'effet que six mois après sa promulgation. »

Art. 51 (de la commission) : « Des ordonnances royales, rendues dans la forme des règlements d'administration publique, arrêteront les dispositions nécessaires pour l'exécution de la présente loi. »

M. LE MINISTRE DE L'AGRICULTURE ET DU COMMERCE. Je demande au moins que la Chambre admette un délai de trois mois.

M. LE VICOMTE DUBOUCHAGE. Je propose un délai de trois mois, parce que M. le Ministre du commerce, n'étant pas membre de la Chambre. ne peut pas faire de proposition.

M. LE PRÉSIDENT. La commission est-elle d'accord avec le Gouvernement pour un délai de trois mois ?

M. LE RAPPORTEUR. Oui.

M. LE PRÉSIDENT. Alors il n'y a plus de difficulté, puisque le Gouvernement et la commission sont d'accord.

(L'article du Gouvernement, modifié dans le terme du délai, est adopté.)

Art. 52. « Des ordonnances, rendues dans la même forme, pourront régler l'application de la présente loi dans les colonies. avec les modifications qui seront jugées nécessaires. » (Adopté.)

Art. 53. « Sont abrogés, les lois des 7 janvier et 25 mai 1791, celle du 20 septembre 1792. l'arrêté du 17 vendémiaire an VII. l'arrêté du 5 vendémiaire an IX. les décrets des 25 novembre 1806 et 25 janvier 1807, et toutes dispositions antérieures à la présente loi relatives aux brevets d'invention, d'importation et de perfectionnement. » (Adopté.)

Art. 54. « Les brevets d'invention, de perfectionnement et d'importation actuellement en exercice, délivrés conformément aux lois antérieures à la présente, ou prorogés par ordonnance royale, conserveront leurs effets pendant tout le temps qui aura été assigné à leur durée.

» Pendant six mois, à dater de la promulgation de la présente loi, le Gouvernement pourra accorder, dans la forme des règlements d'administration publique, pour le cas où l'invention serait d'une importance réelle pour l'industrie et où son exploitation n'aurait pas suffisamment rémunéré le breveté, des prorogations de brevets dans la limite fixée par l'article 8 de la loi du 7 janvier 1791. »

(Le paragraphe 1er est mis aux voix et adopté.)

(Le 2e paragraphe de l'art. 54 est mis aux voix et rejeté.)

L'article 55 est ensuite adopté en ces termes :

« Les procédures commencées avant la promulgation de la présente loi seront mises à fin, conformément aux lois antérieures.

» Toute action, soit en contrefaçon, soit en nullité ou déchéance de brevet non encore intentée, sera suivie, conformément aux dispositions de la présente loi, alors même qu'il s'agirait de brevets délivrés antérieurement. »

Il est procédé au vote sur l'ensemble par la voie du scrutin secret

Le dépouillement amène le résultat suivant :

Nombre des votants.   107
Majorité absolue.   55
Boules blanches. 93
Boules noires. 14

La Chambre a adopté.

CHAMBRE DES DÉPUTÉS.

Séance du 17 avril 1843.

EXPOSÉ DES MOTIFS

PAR M. LE MINISTRE DE L'AGRICULTURE ET DU COMMERCE.

Messieurs,

Nous avons l'honneur de vous présenter, par l'ordre du Roi, le projet de loi sur les brevets d'invention qui vient d'être adopté par la Chambre des pairs. Ce projet, résultat d'une longue expérience et d'une étude approfondie, se recommande à toute la sollicitude de la Chambre par l'importance des intérêts qu'il embrasse et par l'influence que ses dispositions peuvent exercer sur l'industrie nationale.

Le génie de l'invention n'a plus, il est vrai, comme à une autre époque, à ouvrir une lutte pour être admis à jouir du fruit de ses découvertes; la loi a consacré son droit, et ce droit, qui prend son origine dans l'exercice de la plus noble faculté de l'homme, est désormais à l'abri de toute atteinte.

Mais la législation actuelle, généreuse et libérale dans ses principes, protège mal l'invention industrielle et la laisse en butte aux tracasseries de l'envie et aux empiétements de la cupidité.

Et d'autre part, improvisée pour ainsi dire au milieu de la tourmente politique, elle a besoin de recevoir, dans ses dispositions réglementaires, ce complément qui ne saurait être que l'œuvre du temps et sans lequel il n'existe pas de bonne législation pratique.

C'est pour faire droit à ces observations fondées, que, dès longtemps, le Gouvernement avait confié à des hommes, non moins éminents par leur savoir que par leur dévouement au bien public, l'honorable mission de réviser l'ouvrage de l'Assemblée nationale (1).

---

(1) Cette commission, instituée le 13 octobre 1828 par M. le comte de Saint-Cricq, alors Ministre du commerce et des manufactures, était composée d'abord de MM. Girod (de l'Ain), président; comte Alexandre de Laborde, baron Thénard, Molard aîné, Ternaux, Boigues, Charles de Saint-Cricq, Charles Renouard, Th. Regnault, Cochaud et Guillard de Sénainville, secrétaire. Le 19 octobre 1832, MM. Gay-Lussac, Quénault, L. Vincens et Azévedo y furent adjoints.

Leurs travaux, soumis à l'examen des conseils généraux de l'agriculture, des manufactures et du commerce, revus par le conseil d'Etat, complétés enfin par une dernière étude, forment la base du projet qui vous est soumis, et ce projet, nous vous le présentons avec d'autant plus de confiance qu'il vient de traverser avec succès, dans une autre Chambre, l'épreuve d'une savante et profonde discussion.

Hâtons-nous donc d'aborder les points principaux de la loi qui vous est proposée, et de faire ressortir ses différences avec la législation actuelle sur la matière : l'économie entière du travail, son but, son esprit, ses conséquences en ressortiront plus clairement.

Les arts, l'industrie et le commerce ont été, chez tous les peuples éclairés, l'objet de la vive sollicitude des Gouvernements ; le premier en France, Charlemagne comprit, suivant l'expression du président Hénault, *que la véritable grandeur ne va jamais sans cela*, et il encouragea puissamment les lettres et les arts ; Philippe-Auguste protégea la liberté des marchands ; saint Louis essaya de régler la police des métiers ; Charles VII réprima les privilèges excessifs qui avaient été accordés à quelques manufactures ; Louis XI encouragea la plantation des mûriers, fonda les relais de postes, comprit les avantages de l'uniformité des poids et mesures, et favorisa l'établissement de l'imprimerie, ce moyen puissant de civilisation qui, en rendant impérissable le trésor des connaissances humaines, a donné véritablement l'immortalité au génie. Enfin, François Ier créa la manufacture de Lyon, et Henri IV, protecteur de l'agriculture, celles des tapisseries, des glaces, etc.

Mais ce n'est réellement que du règne de Louis XIV que date le développement des arts, du commerce et de l'industrie en France. En peu d'années, dit Chaptal, on vit ce que peut un grand Roi secondé par un grand Ministre :

« On attira dans le royaume les savants les plus célèbres et les manufacturiers les plus habiles : Van Robais, pour la draperie fine ; Hindret, pour la bonneterie ; Huyghens, pour les mathématiques ; Winslow, pour l'anatomie ; Cassini, pour l'astronomie ; Rœmer, pour la physique. Les primes et les encouragements furent prodigués à l'industrie et au commerce ; les franchises des ports furent étendues et organisées ; et, vers la fin du XVIIe siècle, la France partageait le commerce du monde et rivalisait d'industrie avec les nations les plus florissantes.

» ..... En moins de vingt années, la France égala l'Espagne et la Hollande pour la belle draperie ; le Brabant, pour les dentelles ; l'Italie, pour les soieries ; Venise, pour les glaces ; l'Angleterre, pour la bonneterie ; l'Allemagne, pour le fer-blanc et les armes blanches ; la Hollande, pour les toiles (1). »

Malheureusement, quand le génie de Colbert cessa d'animer cette grande organisation dont il était l'âme, les règlements qui, dans ses

---

(1) *De l'Industrie française*, par M. le comte Chaptal, tom. Ier. *Discours préliminaire*, p. 40 et 41.

mains, avaient été un moyen puissant de progrès et de prospérité, devinrent, après lui, une chaine pesante pour l'industrie.

Colbert lui-même l'avait prévu, lorsque, dans son *Testament politique*, il écrivait : Quand Votre Majesté *supprimeroit tous les règlements faits jusqu'ici à cet égard, elle n'en feroit pas plus mal* (1).

Un siècle après, le mémorable édit, qui sera toujours cité dans l'histoire de l'industrie en France, déclarait *bizarres, tyranniques, contraires à l'humanité.... les statuts des corporations, ces codes obscurs, rédigés par l'avidité, adoptés sans examen et auxquels il n'a manqué, pour être l'objet de l'indignation publique, que d'être connus* (2).

(1) « La rigueur qu'on tient dans la plupart des grandes villes de votre royaume pour recevoir un marchand est un abus que Votre Majesté a intérêt de corriger; car il empêche que beaucoup de gens se jettent dans le commerce, où ils réussiroient mieux, bien souvent, que ceux qui y sont. Quelle nécessité y a-t-il qu'un homme fasse apprentissage? Cela ne sauroit être bon, tout au plus, que pour les ouvriers, afin qu'ils n'entreprennent point un métier qu'ils ne sauroient point; mais pour les autres, pourquoi leur faire perdre leur temps? Et pourquoi aussi empêcher que des gens qui en ont quelquefois plus appris dans les pays étrangers qu'il n'en faut pour s'établir, ne le fassent pas, parce qu'il leur manque un brevet d'apprentissage? Est-il juste, s'ils ont l'industrie de gagner leur vie, qu'on les empêche sous le nom de Votre Majesté, elle qui est le père commun de ses sujets, et qui est obligé de les prendre en sa protection?

» Je crois donc que, quand elle feroit une ordonnance par laquelle elle supprimeroit tous les règlements faits jusqu'ici à cet égard, elle n'en feroit pas plus mal; elle y trouveroit même son compte, si elle vouloit réduire cela, à l'avenir, à prendre des lettres pour lesquelles on lui payeroit une somme modique; car la quantité de ceux qui se présenteroient pour en avoir suppléeroit au bon marché qu'elle leur feroit. Ses peuples, d'ailleurs, lui en auroient obligation, puisque ce qu'ils payeroient leur seroit bien moins à charge que ce qu'on leur fait faire avant que de pouvoir tenir boutique. »

(Testament politique de Colbert, chap. XV. Extrait cité par M. Renouard dans son *Traité des brevets d'invention.)*

(2) Édit de février 1776, enregistré au parlement le 12 mars suivant. On lit ce qui suit dans le préambule ·

« Louis, etc..... C'est sans doute l'appât de ces moyens de finances qui a prolongé l'illusion sur le préjudice immense que l'existence des communautés cause à l'industrie et sur l'atteinte qu'elle porte au droit naturel.

» Cette illusion a été portée chez quelques personnes jusqu'au point d'avancer que le droit de travailler était un droit royal que le prince pouvait vendre et que les sujets devaient acheter.

» Nous nous hâtons de rejeter une pareille maxime.

» Dieu, en donnant à l'homme des besoins, en lui rendant nécessaire la ressource du travail, a fait du droit de travailler la propriété de tout homme, et cette propriété est la première, la plus sacrée et la plus imprescriptible de toutes.

» Nous regardons comme un des premiers devoirs de notre justice, et comme un des actes les plus dignes de notre bienfaisance, d'affranchir nos sujets de toutes ces atteintes portées à ce droit inaltérable de l'humanité. Nous voulons, en conséquence, abroger ces institutions arbitraires qui..... *retardent les progrès des arts par les difficultés multipliées que rencontrent les inventeurs auxquels les différentes communautés disputent le droit d'exécuter les découvertes qu'elles n'ont pas faites..... »*

C'est qu'en effet ces règlements n'étaient plus, depuis longtemps, qu'un moyen de finances, et l'appat de ce moyen avait prolongé l'illusion sur le préjudice immense que causait à l'industrie l'existence des communautés : illusion, disait le même arrêt, qui a été portée chez quelques personnes jusqu'au point d'avancer que le *droit de travailler était un droit royal*, que le prince pouvait vendre et que les sujets devaient acheter.

Aussi, lorsqu'en 1791, après la commotion violente qui n'avait laissé debout aucune des parties de l'édifice social, l'Assemblée constituante eut à relever une à une les institutions nécessaires au gouvernement d'une grande nation : elle ne put hésiter un seul moment.

Devant elle se présentaient deux systèmes entièrement opposés : l'un qui venait de périr et qui se montrait non pas tel que du seizième au dix-septième siècle, il avait fait la grandeur et la prospérité de la France, et que recommandait encore le génie de Colbert, mais arbitraire, oppressif, décrié par l'abus des moyens et succombant sous le poids de la réprobation publique; l'autre, qui avait pour lui la tentative généreuse de Turgot (1), les principes de la philosophie moderne dont ce Ministre était le représentant au pouvoir, et le cri de la raison publique.

Dans ce débat, la cause de la liberté prévalut : au gouvernement arbitraire succéda l'exercice libre des droits; au régime préventif, celui de la répression. Un économiste avait dit : « La plus grande des maximes et la plus connue, c'est que le commerce ne demande que liberté et protection; mais dans l'alternative entre la liberté et la protection, il serait bien moins nuisible d'ôter la protection que la liberté (2). »

La loi de 1791 proclama la liberté et organisa la protection : révolution immense qui consacrait la liberté de la parole et des cultes, en même temps que la liberté de la presse et de l'industrie.

Telle est encore la base de notre droit industriel, et spécialement de celui qui régit les brevets d'invention.

Un savant jurisconsulte (3), dont les travaux ont répandu une vive lumière sur la nature, l'origine et les droits de la propriété industrielle, écrivait en 1825 : « par le travail, l'homme peut devenir le propre artisan de sa fortune. La Providence, en lui donnant le besoin des choses matérielles, lui a donné aussi la liberté. Le travail, suite et effet de la liberté, est la source la plus abondante et la plus pure de la propriété. »

Ajoutons que, si dans le libre exercice des facultés de l'homme, il est une œuvre qui mérite au plus haut degré la qualité et les droits du travail, c'est le produit de l'intelligence, c'est cette noble fonction du génie, qui va sans cesse versant dans la civilisation des trésors

---

(1) L'édit de 1776.

(2) Melon. *Essai politique sur le commerce*, chap. XI, p. 716, tome Ier, *Collection des Économistes*. 1843.

(3) Ch. Renouard. *Traité des brevets d'invention*. Paris, 1825, p. 22.

dont la source est inépuisable. et dont la dispensation est un bienfait de la Providence.

Avant 1791. les inventions industrielles ne conféraient aucun droit
à leur auteur; leur exploitation pouvait seulement devenir l'objet
d'un privilége exclusif dont la durée, fixée par l'acte même qui l'oc-
troyait, ne dépassait pas quinze années. La déclaration du 24 décembre 1762 avait réglé les conditions générales de ces concessions,
qui, la plupart du temps, frappées d'impuissance par les règlements
des communautés, restaient, comme une lettre morte, entre les mains
des inventeurs, si même elles ne devenaient souvent pour eux une
cause de ruine.

Nous n'en citerons qu'un seul exemple, c'est celui de Nicolas Briot,
qui est rapporté par Le Blanc dans son *Traité historique des monnaies* : « Combien d'obstacles. dit-il. ne fit-on point contre la machine du balancier. dont on se sert aujourd'hui, lorsqu'on l'a voulu
établir! Non-seulement les ouvriers qui fabriquoient la monnoie au
marteau, mais même la Cour des monnôies, n'oublièrent rien pour
la faire rejeter. Tout ce que la cabale et la malice peuvent inventer
fut mis en usage pour faire échouer les desseins de Nicolas Briot,
tailleur général des monnoies, le plus habile homme de son art qui
fût alors en Europe.

» ..... La cabale de ses ennemis prévalut, et sa proposition fut rejetée. Le chagrin qu'il eut de trouver si peu de protection en France,
pour une chose que nous admirons aujourd'hui, l'obligea de passer
en Angleterre, où l'on ne manqua pas de se servir utilement de ses
machines, et de faire, par son moyen, les plus belles monnoies du
monde.

» La France seroit peut-être encore privée de cette merveilleuse
invention sans M. le chancelier Séguier. Ce grand homme, la gloire
de son siècle, passant par-dessus toutes les chicanes que les ouvriers
de la Monnoie avoient faites contre Briot, et n'ayant aucune considération pour les arrêts qu'ils avoient obtenus contre lui, en fit donner d'autres, lorsqu'on voulut fabriquer les louis d'or, qui étoient
entièrement contraires, et qui établirent en France l'usage de ces
machines... (1). »

La loi du 7 janvier 1791 et celle du 25 mai suivant, qui, avec quelques actes postérieurs, forment encore aujourd'hui le code des brevets d'invention, consacrèrent, au contraire, le droit des inventeurs
à la propriété de leurs découvertes, et répudiant toute censure préalable, établirent en principe :

Que toute découverte ou invention, dans tous les genres d'industrie, serait la propriété de son auteur (loi du 7 janvier 1791,
art. 1er);

Que cette propriété serait temporaire; que la loi en garantirait la
pleine et entière jouissance, et qu'elle serait constatée par des patentes expédiées sous la dénomination de brevets d'invention (loi
du 25 mai 1791, art. 1er et 8);

_____

(1) *Traité historique des monnaies*, Le Blanc. Paris, 1690, in-4o.

Que les titres seraient délivrés, sans examen préalable, aux risques et périls des demandeurs et sans garantie de la priorité, du mérite ou du succès de l'invention (arrêté du 5 vendémiaire an IX);

Que tout brevet obtenu pour un objet reconnu contraire aux lois du royaume, à la sûreté publique ou aux règlements de police, serait annulé par les tribunaux, sans préjudice de toutes autres poursuites (loi du 25 mai 1791, art. 9);

Que les brevets seraient encore annulés par les tribunaux, dans le cas où la découverte ne serait pas nouvelle, et dans celui où l'inventeur aurait célé ses véritables moyens (loi du 7 janvier 1791, art. 16).

Le temps a donné sa sanction aux principes sur lesquels repose la loi de 1791, et ces principes sont encore ceux dont nous venons, après un intervalle de plus de cinquante années, vous demander la consécration nouvelle.

TITRE PREMIER. — *Dispositions générales.*

Le titre 1er du projet proclame le droit des inventeurs à la jouissance entière et exclusive de leurs découvertes pendant un temps limité; il détermine les objets susceptibles d'être brevetés et ceux qui ne peuvent pas l'être valablement; il maintient la durée des brevets à cinq, dix ou quinze années, et rétablit, dans la quotité de la taxe, l'égalité proportionnelle à cette durée.

Procédant d'une manière différente en apparence, la loi du 7 janvier 1791 déclare, dans son art. 1er. que toute nouvelle découverte *est la propriété de son auteur.* et immédiatement après elle ajoute qu'afin d'assurer à l'inventeur la *propriété* et la *jouissance temporaire* de sa découverte, il lui sera délivré une patente pour *cinq, dix ou quinze années.*

Mais ces deux dispositions impliquent une contradiction manifeste : la propriété est le droit de jouir et de disposer des choses de la manière la plus absolue, droit perpétuel dont nul ne peut être dépouillé sans une juste et préalable indemnité.

Il y a deux ans à peine, cette grave question de la propriété des œuvres du génie s'agitait dans cette enceinte; et de cette lutte, remarquable par le talent et l'éloquence des orateurs, ressortait pour tous les esprits une distinction manifeste entre les conceptions immatérielles et les productions commerciales de l'intelligence, entre l'idée et l'application, entre la pensée, manne céleste que *Dieu donne et ne vend pas* (1), pour que l'homme, à son tour, ne puisse la vendre à ses semblables, et la création matérielle, traduction, substantiation, si on peut le dire, de la pensée : entre le génie de la matière enfin et la matière du génie.

D'une part on disait :

« La pensée mise au jour, livrée au monde, appartient au monde; le domaine des idées est un domaine commun; il nous appartient à

---

(1) M. de Lamartine, séance du 23 mars 1841.

tous comme l'atmosphère où nous puisons la vie que chacun aspire et que chacun renvoie aux successives aspirations de tous les êtres vivants et des générations qui doivent suivre.

» Une pensée ne peut devenir le patrimoine héréditaire d'un homme, parce que cet homme jamais n'en est l'unique créateur; les idées sont filles des idées, elles sont engendrées les unes par les autres.

» Quand le moment d'une découverte est venu, il semble que le monde en soit plein, l'air en est chargé; il faut que l'éclair s'allume et éclate en un point.

» Il est de ces époques providentielles où les grands faits humanitaires doivent s'accomplir: où l'on voit tout à coup la découverte de l'Amérique, le doublement du cap, l'imprimerie, la réforme. A qui tout cela? à tout le monde. L'humanité creuse pendant des siècles; un homme donne le dernier coup de sonde et la vérité jaillit, mais elle n'est point à lui; elle est à tous ceux qui ont travaillé (1). »

Et, d'un autre côté, ceux-là même auxquels la religion du génie inspirait le plus de munificence dans leur rémunération, n'allaient pas jusqu'à réclamer pour ses œuvres la propriété absolue, perpétuelle.

« Constituerons-nous, disait la commission dont M. de Lamartine était l'éloquent rapporteur, constituerons-nous la propriété des œuvres de l'intelligence à perpétuité ou pour un temps seulement? Nous nous sommes posé cette question, et nous dirons pourquoi : nous étions une commission de législateurs et non une académie de philosophes. Comme philosophes, remontant à la métaphysique de cette question, et retrouvant sans doute, dans la nature et dans les droits naturels du travail intellectuel, des titres aussi évidents, aussi saints et aussi imprescriptibles que ceux du travail des mains, nous aurions été amenés peut-être à proclamer théoriquement la perpétuité de possession des fruits de ce travail; comme législateurs, notre mission était autre; nous n'avons pas voulu la dépasser. Le législateur proclame rarement des principes absolus, surtout quand ce sont des vérités nouvelles. Il proclame des applications relatives, pratiques et proportionnées aux idées reçues, aux mœurs et aux habitudes du temps et des choses dont il écrit le code.

» La propriété des grandes œuvres de l'esprit est le patrimoine de la société avant d'être le domaine privé et utile d'une famille quelconque. Que veut la société? Ne pas dépouiller, mais jouir... (2).»

Heureusement, Messieurs, et permettez-nous de répéter ici ce que nous disions à une autre Chambre, nous n'avions pas non plus à vous déférer une question de pure métaphysique, et nous ne pouvions oublier que les sociétés qui s'éclairent et s'améliorent par les discussions philosophiques, ne se gouvernent point par des principes absolus, et vivent de la réalité des faits.

---

(1) M. Lestiboudois, séance du 22 mars 1841.

(2) Rapport de la commission sur le projet de loi relatif aux droits des auteurs. Séance du 13 mars 1841.

Bornons-nous donc à constater ce qui existe, et ce qui existe sans
contestation depuis 1791. L'inventeur ne peut exploiter sa découverte sans la société: la société ne peut en jouir sans la volonté de
l'inventeur; la loi, arbitre souverain, intervient : elle garantit à l'un
une jouissance exclusive, temporaire ; à l'autre, une jouissance différée, mais perpétuelle. Cette solution, transaction nécessaire entre les
principes et les intérêts, constitue le droit actuel des inventeurs, et,
droit naturel ou droit concédé, propriété ou privilége, indemnité ou
rémunération, ce résultat a été regardé universellement comme le
règlement le plus équitable des droits respectifs; la raison publique
l'a accepté, et il est devenu, dans cette matière, la base de la législation chez tous les peuples.

Ces considérations nous ont portés à modifier la définition des
droits de l'inventeur donnée par l'art. 1er de la loi du 7 janvier 1791 ;
mais cette modification, dans la forme, n'enlève rien en réalité au
juste tribut que la société est heureuse de payer au génie de l'inventeur.

Examinons maintenant les autres dispositions du même titre.

La législation actuelle n'avait défini qu'incomplétement ce qui
peut être la matière d'un brevet; la loi du 7 janvier 1791 déclare que
c'est toute découverte « *dans tous les genres d'industrie*, et *tout
moyen d'ajouter, à quelque fabrication que ce puisse être, un
nouveau genre de perfection* (art. 1er). » La loi du 25 mai de la
même année explique que les brevets peuvent être accordés *pour
tous objets d'industrie jusqu'alors inconnus* (art. 1er), et ajoute
que l'on ne doit pas mettre au rang des *perfections industrielles*
les changements de formes ou de proportions, non plus que les ornements de quelque genre que ce puisse être (titre II, art. 8). Enfin,
la loi du 20 septembre 1792 déclare qu'il ne peut être accordé de brevet qu'aux auteurs de découvertes ou inventions dans tous les genres
d'industrie. *seulement relatifs aux arts et métiers*, et qu'il ne
peut en être obtenu *pour des établissements de finances*.

La rédaction proposée pour l'art. 2 embrasse, dans la généralité de
ses termes, toutes les formes sous lesquelles l'invention peut se manifester ; elle comprend non-seulement les *produits nouveaux*, mais
encore les *moyens nouveaux* ou *l'application nouvelle de moyens
connus*, à l'aide desquels il est possible d'obtenir soit un produit,
soit un résultat industriel quelconque, tel qu'une force motrice,
l'inexplosibilité d'un appareil, la solidité ou le brillant d'une teinture, etc.

Par la rédaction primitive de cet article, nous avions entendu
comprendre, sous le terme générique de *produit industriel*, non-seulement les produits proprement dits, mais encore les effets ou résultats de toute nature qui peuvent être obtenus dans l'industrie.
L'addition du mot *résultat* dans la disposition qui nous occupe rend
cette intention plus manifeste, et le Gouvernement s'est empressé
d'adhérer a cet amendement.

Après avoir défini, dans la loi, ce qui est susceptible d'être breveté, il n'était peut-être pas rigoureusement nécessaire de déterminer ce qui ne peut pas donner lieu à un brevet valable ; mais nous avons pensé que, si une pareille déclaration est superflue pour les jurisconsultes et pour les tribunaux, elle constitue certainement un avertissement utile pour la généralité des industriels qui, ayant peu de temps à donner à l'étude des lois, ont surtout besoin de codes qui parlent clairement à l'intelligence.

Les objets non susceptibles d'être valablement brevetés sont : 1° les plans et combinaisons de finances ; 2° les principes, inventions, méthodes, et généralement toutes découvertes ou conceptions purement scientifiques ou théoriques.

La première interdiction, comme on l'a vu, a été prononcée par la loi du 20 septembre 1792 ; la seconde résulte de la nature même des choses qui ne permet pas d'attribuer à un individu la possession et l'exploitation privative de la pensée.

La jurisprudence a consacré cette interprétation, mais il était d'autant plus nécessaire de l'écrire dans la loi, que l'application en a été contestée, notamment à l'occasion de plusieurs méthodes d'enseignement et de l'emploi de l'air chaud dans la métallurgie.

A ces interdictions, la Chambre des pairs a cru devoir en ajouter une autre : celle des *préparations pharmaceutiques et remèdes spécifiques.*

Vous le savez, Messieurs : aux termes de la loi du 21 germinal an XI, les pharmaciens ne peuvent livrer et débiter de préparations médicinales que sur la prescription du médecin, et nul ne peut vendre de remèdes secrets. Le décret du 25 prairial an XIII, rendu sur l'avis du conseil d'État, statua depuis, que la défense de débiter des remèdes secrets ne concernait pas les préparations et remèdes qui avaient été approuvés dans les formes légales, avant ladite loi, et que les auteurs et propriétaires de ces remèdes pourraient les vendre par eux-mêmes. Mais le décret du 18 août 1810, rapportant ces dernières dispositions, prescrivit (art. 7) que tout individu qui aurait découvert un remède, et voudrait qu'il en fut fait usage, serait tenu de le remettre au Ministre de l'intérieur qui le ferait examiner par une commission, et sur le rapport favorable de cette dernière, l'achèterait au nom du Gouvernement, pour en faire jouir la société. Le même décret ajoute que nulle permission de débit ne sera accordée à l'avenir aux auteurs d'aucun remède, lesquels seront tenus de se conformer aux dispositions qui précèdent.

« Nous avons reconnu, disait le préambule de ce décret, que si ces remèdes sont utiles au soulagement des maladies, notre sollicitude constante pour le bien de nos sujets doit nous porter à en répandre la connaissance et l'emploi, en achetant des inventeurs la recette de leur composition ; que c'est, pour les possesseurs de tels secrets, un devoir de se prêter à leur publication, et que leur empressement doit être d'autant plus grand qu'ils ont plus de confiance dans leur découverte.

» En conséquence, voulant d'un côté propager les lumières, augmenter les moyens utiles à l'art de guérir, et, de l'autre, empêcher le charlatanisme d'imposer un tribut à la crédulité, ou d'occasionner des accidents funestes, en débitant des drogues sans vertu ou des substances inconnues, et dont on peut, par ce motif, faire un emploi nuisible à la santé ou dangereux pour la vie de nos sujets : nous avons. etc. »

Les dispositions du décret précité continuent d'être exécutées, et lorsque l'inventeur ou le propriétaire d'un remède secret en invoque le bénéfice, sa demande est transmise, avec la recette et l'échantillon du remède ou de la préparation pharmaceutique, à l'Académie royale de médecine qui, aux termes de l'art. 2 de l'ordonnance royale du 20 septembre 1820, a été substituée à la commission prévue par l'art. 3 du décret de 1810. Le Ministre statue ensuite sur le rapport de l'Académie et, suivant les conclusions de ce rapport, prescrit les mesures nécessaires, soit pour l'achat de la préparation, soit pour la répression du délit que pourrait en faire l'inventeur, contrairement aux dispositions de la loi du 21 germinal an XI et du décret de 1810.

La partie d'administration chargée, au ministère de l'agriculture et du commerce, de l'instruction des demandes relatives aux remèdes secrets, est tout à fait distincte de celle qui s'occupe de la délivrance des brevets d'invention.

Lorsque, pour satisfaire à un autre besoin, l'inventeur d'un remède secret veut provisoirement faire constater par un titre son droit de priorité et mettre la propriété de sa découverte à l'abri des inconvénients qui pourraient résulter de la divulgation de son secret, il se pourvoit pour obtenir un brevet d'invention, et ce brevet, expédié sans examen préalable, lui est délivré à ses risques et périls, et en l'avertissant que, si sa préparation rentre dans la catégorie des remèdes spécifiés dans la loi du 21 germinal an XI et le décret du 18 août 1810, le brevet ne lui donnerait pas le droit de la débiter contrairement à la défense portée par ces actes.

Du reste, ainsi que l'a jugé la Cour de cassation dans un arrêt du 19 novembre 1840, la délivrance du brevet, complétement distincte de l'instruction administrative qui précède l'achat des remèdes secrets, n'équivaut pas à l'accomplissement des formalités prescrites par le décret de 1810 ; attendu, comme l'exprime l'arrêt précité, que cette délivrance a lieu sur la simple demande de celui qui se prétend inventeur sans garantie aucune de la réalité ou de l'utilité de l'invention, aux risques et périls de celui qui obtient le brevet ; principe qui ne fait point obstacle aux progrès de la science, puisqu'il laisse une entière liberté à l'emploi sur ordonnance et à la discussion de tout remède nouveau.

Quoi qu'il en soit, le Gouvernement n'a pas cru devoir combattre en principe l'amendement de la commission de la Chambre des pairs qui tendait à exclure les préparations pharmaceutiques des objets brevetables, si l'on peut s'exprimer ainsi, parce que, en présence des réclamations nombreuses que soulèvent les manœuvres coupables du charlatanisme, il était convenable de donner cette satisfaction à la morale publique que blesse sans cesse le scandale de ses manœuvres.

Mais la commission de la Chambre des pairs, en proposant de déclarer dans la loi que les préparations pharmaceutiques ne seraient plus brevetées, entendait que le Ministre de l'agriculture et du commerce soumettrait les demandes à un examen préalable, et refuserait

les brevets réclamés pour les objets qui seraient reconnus présenter
le caractère de préparation pharmaceutique. Le recours au conseil
d'Etat était ouvert aux parties contre la décision du Ministre.

Ce système constituait une innovation dans l'économie de la loi, et
entraînait le renversement complet des principes qui, depuis cinquante ans, régissent la matière.

Le Gouvernement, disposé à admettre l'exclusion, ne pouvait accepter l'examen préalable, et la Chambre a partagé ses convictions
en rejetant l'examen après avoir voté l'exclusion.

L'adoption de cet amendement ne porte donc aucune atteinte au
système actuel de la législation, et le résultat de son application sera
de faire repousser sans examen les demandes qui seraient présentées dans les termes mêmes de la prohibition. Bientôt, d'ailleurs, une
loi spéciale destinée à régler la police de la pharmacie, viendra fortifier les garanties que la société réclame dans l'intérêt de la santé et
de la morale publiques.

L'art. 4 reproduit, quant à la durée des brevets, la disposition de
la loi de 1791 ; la limite extrême de quinze années est celle qui avait
été déjà fixée par la déclaration du 24 décembre 1762 pour les priviléges d'invention. Toutes les législations étrangères l'ont adoptée,
et même celles de l'Angleterre et des Etats-Unis n'accordent que quatorze années, et celle de la Russie n'en concède que dix.

Par le même article, la quotité de la taxe a été fixée uniformément
à 100 fr. par année, en supprimant tous les frais accessoires, qui précédemment en augmentaient indirectement le chiffre.

Les dispositions relatives à la durée des brevets et à la quotité de
la taxe ont donné lieu, en dehors des Chambres, à quelques observations qui ont été discutées avec talent dans le rapport présenté à
la Chambre des pairs par sa commission. Nous ne reproduirons pas
les considérations développées dans ce rapport, et qui ont fait partager à la Chambre les convictions du Gouvernement sur la conve-
nance de la durée et sur la modération de la taxe proposées par le
projet de loi.

TITRE II. — *Des formalités relatives à la délivrance des brevets.*

Les dispositions des art. 5, 6, 7 et 8 de la première section sont réglementaires; elles consacrent ce que la pratique a fait établir, et,
au moyen des doubles pièces qui seront fournies par les demandeurs, l'expédition des brevets, qui aujourd'hui a lieu dans le délai
d'un mois, s'effectuera dans la moitié de ce délai.

La Chambre des pairs a introduit dans cette section un amendement consistant à exiger que le demandeur joigne à sa description
un titre indiquant la nature et l'objet de la découverte par une *désignation sommaire et précise*, afin qu'on ne puisse pas dissimuler
sous une énonciation mensongère le véritable objet du brevet et le
soustraire ainsi à l'attention soit des personnes qui auraient intérêt
à le consulter, soit du ministère public chargé de défendre les intérêts de la société.

Les art. 9 à 16 (2e section) règlent les formalités relatives à l'ouverture, à l'enregistrement et à l'expédition des demandes au minis-

13

tère de l'agriculture et du commerce. Les dispositions de ces articles garantissent les intérêts des inventeurs et déterminent la forme dans laquelle seront délivrés et publiés les brevets d'invention.

Dans cette section, se rencontrent deux dispositions importantes, dont l'une même peut être considérée comme dominant toute l'économie de la loi : on comprend qu'il s'agit de la question de l'examen préalable.

L'art. 11 statue que les brevets dont la demande aura été régulièrement formée seront délivrés, *sans examen préalable, aux risques et périls des demandeurs et sans garantie, soit de la réalité, de la nouveauté ou du mérite de l'invention, soit de la fidélité ou de l'exactitude de la description.*

Avant 1791, on l'a vu, il y avait concession arbitraire des privilèges d'invention; il y avait en outre système préventif d'examen préalable.

L'Assemblée constituante a substitué à ce régime le système répressif, qui consiste à délivrer le brevet, sur la demande de l'inventeur, sans examen, à ses risques et périls, en lui laissant le soin d'en défendre la validité devant les tribunaux si elle est contestée, et sans préjudice de toutes poursuites pour les infractions dont il se rendrait coupable par l'exploitation de sa découverte.

Ce système n'est pas, vous le savez, Messieurs, particulier aux brevets d'invention ; il forme la base de notre législation générale pour toutes les manifestations de la pensée dans ses différentes formes.

L'examen préalable constituerait donc, ici, une véritable dérogation au droit commun.

Lorsqu'après le vote de la loi du 7 janvier 1791 l'Assemblée constituante eut à en régler l'exécution par celle du 25 mai suivant, quelques objections s'élevèrent contre cette loi dont on accusait la dangereuse facilité.

M. de Boufflers répondit :

« Où sont donc ces dangers? Est-ce que, demande-t-on, les plus grandes inepties seraient admises sans examen? »

Oui, mais elles seraient rejetées sans scrupule, et alors elles tourneraient au détriment de leur auteur. Mais, dira-t-on, pourquoi jamais de contradicteur? Mais, dirai-je à mon tour, pourquoi toujours des contradictions? Le contradicteur que vous demandez est absolument contraire à l'esprit de la loi : l'esprit de la loi est d'abandonner l'homme à son propre examen et de ne point appeler le jugement d'autrui sur ce qui pourrait bien être impossible à juger. Souvent ce qui est inventé est seulement conçu et n'est pas encore né : laissez-le naître ; laissez-l paraître, et puis vous le jugerez. Vous voulez un contradicteur, je vous en offre deux, dont l'un est plus éclairé que vous ne pensez et l'autre est infaillible : l'intérêt et l'expérience.

« Me demandez-vous ce qui prouve que cet homme dit la vérité? Je vous réponds que la loi le présume et qu'elle attend qu'on lui prouve le contraire. »

En l'an VI, les principes sur lesquels reposait la législation de 1791, furent remis en question. « Rien n'est plus mal conçu, disait Eude au conseil des Cinq-Cents, que le système de faire délivrer le brevet à l'ouverture de la dépêche et sur le simple exposé de celui qui se prétend inventeur : il peut en résulter une très grande distribution de brevets illégitimes, également nuisibles au commerce et aux droits de ceux qui en ont justement : il est donc essentiel que la concession n'en soit faite qu'à la suite d'un mûr examen et avec une très grande connaissance de cause ; la saine raison le veut et l'intérêt des véritables inventeurs l'exige [1]. »

Six mois à peine s'étaient écoulés, que le même rapporteur venait déclarer « que le rapport qu'il avait fait précédemment *ne devait* être considéré que comme un essai sur cette matière, qui n'avait pas été traitée depuis l'Assemblée constituante. » Et, après avoir successivement réfuté toutes les objections qu'il avait présentées lui-même, il ajoutait :

« S'attacher à ce que l'artiste qui aura mis en œuvre une idée à laquelle il attribue plus ou moins de mérite ne soit ni contrarié ni entravé lorsqu'il voudra la mettre au jour, c'est là que se trouve la véritable clef d'une bonne législation en cette matière. Le brevet d'invention qu'il demande n'est autre chose qu'un acte qui constate sa déclaration que l'idée qu'il se propose d'utiliser est à lui seul. Qu'elle soit bonne ou mauvaise, qu'elle soit neuve ou ancienne, le point principal est de ne point l'étouffer dans sa naissance, et d'attendre, pour la juger, qu'elle ait reçu tous ses développements; il est juste qu'il en recueille les prémices s'il dit vrai, et, s'il dit faux, elle sera bientôt réclamée par ceux qui l'auront employée avant lui. Au premier cas, l'acte qu'on lui accorde lui est indispensable, puisque sans lui il n'aurait pas de titre pour agir contre ceux qui voudraient la lui dérober ; dans le second, il lui sera absolument inutile, car il ne l'empêchera pas d'être déchu du droit privatif qu'il aurait, sans fondement, essayé d'acquérir.

» Les arts ne prospèrent pas dans les entraves : ils exigent pour leur accroissement une liberté pleine et entière ; il faut la leur garantir par des lois tutélaires. Gardons-nous donc de soumettre leurs productions à des formes tracassières, et surtout à des vérifications qui pourraient devenir très souvent fallacieuses. Il y a peu d'inconvénients à ce que le charlatan se rende lui-même la dupe de son ineptie ou de sa mauvaise foi ; mais il y en aurait beaucoup si le véritable inventeur se voyait sans cesse exposé à être supplanté par l'intrigue et la collusion.

» S'il existait encore quelque incertitude dans les esprits, il suffirait pour la bannir de citer l'expérience acquise à cet égard en Angleterre, où, depuis près d'un siècle, les brevets d'invention se délivrent sur le simple exposé de ceux qui les requièrent, sans que cet usage, malgré son ancienneté, soit dégénéré en abus : c'est même à lui que ce pays doit en grande partie l'état florissant de ses fabriques et manufactures [2]. »

(1) Eude. Rapport au conseil des Cinq-Cents, 14 pluviôse an VI.

(2) Eude. Rapport au conseil des Cinq-Cents, 12 fructidor an VI.

Ce rapport fit tomber complétement les réclamations qui s'étaient produites, et l'attaque dont la loi de 1791 avait été l'objet ne servit qu'à faire ressortir l'excellence du principe sur lequel elle repose et à le fortifier même par une nouvelle et profonde discussion.

La loi, depuis cette époque, a été exécutée avec une facilité qui, mieux que tous les raisonnements, peut servir à prouver la supériorité, en cette matière, du système de la répression sur le régime préventif, et, nous ne craignons pas de le répéter, avec ce système, l'exécution de la loi est prompte, facile, régulière ; le rôle du Gouvernement se réduit à une constatation administrative ; aux tribunaux reste la tâche, tâche difficile il est vrai, mais conforme aux attributions du pouvoir judiciaire, de juger les contestations relatives à la propriété des brevets.

Le système de la délivrance des brevets sans examen préalable laisse, d'ailleurs, peser sur le breveté la responsabilité de toutes ses erreurs. Si sa découverte n'est pas nouvelle, si l'objet n'en est pas licite, si sa description est inexacte, incomplète ou infidèle, en un mot, si la demande renferme des causes de nullité ou de déchéance, l'administration, qui n'a fait que donner acte au breveté de ses propres déclarations, lui laisse le soin de les défendre et n'en accepte pas la solidarité. Par là, tous les pouvoirs restent indépendants et libres, chacun dans sa sphère.

C'est donc avec une profonde conviction et avec toute l'autorité que donne une expérience d'un demi-siècle que le Gouvernement a maintenu dans la loi le principe de non-examen préalable.

La seconde disposition, qui mérite d'être particulièrement signalée, est celle de l'art. 14, portant que, dans les deux années qui suivront la date du brevet, les brevetés déclareront au secrétariat de la préfecture qui aura reçu le dépôt de la demande, la durée définitive qu'ils entendent assigner à leur brevet dans la limite des périodes indiquées par l'art. 4. Cette disposition améliore considérablement la position des inventeurs. On sait que, généralement pressés de mettre leur découverte sous la sauvegarde du brevet, ils n'attendent pas que le temps ait mûri leur conception, et, comme souvent un intervalle immense sépare l'idée première de son application pratique, il arrive fréquemment qu'ils reconnaissent la futilité de leur prétendue découverte après le payement complet de la taxe ; au moyen du temps d'épreuve qui leur sera ainsi accordé, ils pourront se mieux fixer sur le mérite de leur invention et choisir, en plus parfaite connaissance de cause, la durée à assigner à leur brevet.

D'après l'art. 12, les demandes de brevets présentant des irrégularités substantielles seront considérées comme nulles et non avenues ; il en sera de même lorsque, contrairement à l'art. 3, un brevet aura été demandé soit pour une composition pharmaceutique, soit pour une conception purement théorique et sans application matérielle, soit pour un plan ou combinaison de crédit ou de finances ; dans ces deux cas, la taxe sera restituée ; dans le premier, c'est-à-dire dans le cas d'irrégularité, elle restera acquise au trésor, mais il en sera tenu compte au demandeur s'il reproduit sa demande dans un délai de trois mois.

La section III traite des certificats d'addition. Le breveté ou ses ayants droit continueront d'avoir le droit d'apporter à l'invention, pendant la durée du brevet, tous changements, additions ou perfectionnements, lesquels seront constatés par de simples certificats d'addition délivrés dans la forme du brevet primitif et expirant avec ce brevet.

A cette disposition, qui appartient à la législation actuelle, le projet de loi ajoute (art. 18) une disposition nouvelle, portant que le breveté seul ou ses ayants droit pourront, pendant la durée du brevet, obtenir valablement un brevet pour un changement, perfectionnement ou addition à l'objet du brevet. Cette innovation, plus efficace que le *caveat* anglais, avec lequel elle n'a d'ailleurs qu'une analogie éloignée, a pour but de permettre à l'inventeur de se livrer à des essais et de mettre sa découverte à l'épreuve, sans craindre de se voir enlever le fruit de ses travaux et de ses sacrifices.

La Chambre des pairs a donné une pleine adhésion à cette amélioration importante ; et qu'il nous soit encore permis de citer ici les termes du rapport de sa commission :

« C'est une pensée généreuse, a-t-elle dit, qui a dicté cette disposition au Gouvernement. Comme lui, votre commission a senti le besoin de venir, d'une manière efficace, au secours des inventeurs.

..... » Nous pensons que le système du brevet provisoire, tel qu'il est défini par le projet, protégera d'une manière plus efficace les intérêts des inventeurs que ne pourraient le faire des dispositions empruntées au système des sauvegardes usitées en Angleterre. »

Les art. 19 et 20 sont la reproduction des art. 7 et 8 de la loi du 25 mai 1791.

La section IV est relative à la transmission et à la cession des brevets.

L'art. 21 reproduit, en les complétant par la production et le dépôt d'un extrait authentique de l'acte de cession, les dispositions des art. 14 de la loi du 7 janvier 1791, et 15, titre II, de celle du 25 mai de la même année. Les taxes de l'enregistrement administratif des actes de cession étaient ensemble de 30 fr.; le projet de loi les réduit à 20.

L'art. 22, consacrant une mesure adoptée depuis longtemps, prescrit la tenue, au ministère de l'agriculture et du commerce, d'un registre destiné à l'inscription des mutations et cessions de brevets intervenues.

L'art. 23 fait jouir les cessionnaires du brevet et ceux qui auront obtenu de lui une licence pour l'exploitation de sa découverte du bénéfice des certificats d'addition qui lui auraient été ultérieurement délivrés, et l'on préviendra ainsi l'abus que le breveté pourrait faire de la faculté que la loi lui réserve de perfectionner son invention.

La section V règle les formalités relatives à la communication et à la publication des descriptions et dessins de brevets.

Dans l'état actuel, et en vertu de l'article 11 de la loi du 7 janvier précitée, tous les brevets, descriptions et modèles sont communiqués au public à toute réquisition, au ministère de l'agriculture et du commerce.

Cette disposition est maintenue, mais seulement pour les brevets provisoires. On avait demandé, dans l'intérêt des brevetés, que les descriptions relatives à ces brevets fussent tenues complétement secrètes ; mais il est à considérer que la communication en est nécessaire, d'abord pour que les inventeurs puissent toujours, avant de prendre un brevet, vérifier si leur découverte n'est pas déjà l'objet d'un brevet délivré, et, en second lieu, parce que toute poursuite en contrefaçon serait impossible si le contrefacteur pouvait invoquer légitimement son ignorance.

Les descriptions et dessins des brevets provisoires, tombés dans le domaine public et des brevets définitifs, seront publiés immédiatement, et cette mesure, en faisant connaître dans tous les départements les découvertes brevetées, qui n'y sont aujourd'hui annoncées que par le catalogue annuel, donnera de l'essor à l'industrie, tandis que la faculté de consulter les descriptions ne profite actuellement qu'aux industriels de la capitale. Les brevetés n'y perdront rien en réalité, et l'industrie générale y gagnera. La Chambre des pairs a considéré avec raison ce changement comme une amélioration notable.

TITRE III. — *Des droits des étrangers.*

L'art. 27 porte que les étrangers pourront obtenir en France des brevets d'invention. Cette disposition est conforme à notre droit public, qui permet aux étrangers, sans aucune restriction, l'exercice du commerce et de l'industrie en France.

Le projet primitif, en consacrant, conformément au vœu général, la suppression des brevets d'importation, avait admis une exception en faveur des étrangers, auxquels il accordait la possibilité de faire reconnaître leur brevet en France, en y remplissant les formalités prescrites par la loi. Nous avions cru qu'il convenait de donner ainsi l'exemple du respect du droit des inventeurs, sans distinction de nationalité, en posant dans la loi le principe d'un droit public international pour la garantie réciproque des œuvres du génie industriel chez tous les peuples. La commission de la Chambre des pairs avait pensé avec nous que c'était là un principe utile à proclamer. La Chambre a cru répondre dans une juste mesure au vœu du Gouvernement et de sa commission en supprimant, dans l'art. 27, l'obligation de résidence qui était imposée aux étrangers comme condition de l'obtention d'un brevet.

TITRE IV. — *Des nullités et déchéances et des actions y relatives.*

La section première traite des nullités et déchéances.

Avec le système de non-examen préalable, les causes de nullité des brevets doivent être définies avec soin : la garantie de la société, en effet, repose tout entière sur le droit réservé au ministère public et aux particuliers de contester la validité du brevet.

La première condition de toute invention ou découverte est la nouveauté ; car la nouveauté seule peut conférer un droit au breveté, et il est évident que, s'il n'apporte rien à la société, la société n'a rien à lui garantir : loin de là, son titre ne ferait que consacrer une usurpation sur le domaine public.

Il y a également nullité : 1o si la description jointe au brevet n'est pas suffisante pour l'exécution de l'invention, ou si elle n'indique pas d'une manière *complète et loyale* les véritables moyens de l'inventeur ;

2o Si le brevet a été pris contrairement aux dispositions de l'art. 18, qui réserve au breveté ou à ses ayants cause le droit d'apporter des perfectionnements à l'objet du brevet provisoire ;

Et 3o. si des certificats ont été obtenus pour des perfectionnements qui ne se rattacheraient pas au brevet principal.

Ces différentes nullités peuvent être, en quelque sorte, considérées comme d'intérêt privé, bien qu'elles se rattachent à l'intérêt général de l'industrie ; mais il en est d'autres qui sont tout à fait d'ordre public ; par exemple, si. à l'aide d'un faux titre ou autrement, on a demandé ou obtenu un brevet pour une découverte relative à une préparation pharmaceutique ou à une combinaison de finances, ou à une pure théorie, sans application matérielle, ou pour une découverte, invention ou application contraire à la sûreté publique ou aux lois du royaume. Les nullités relatives au défaut de nouveauté ou à l'insuffisance de la description, étaient prévues par l'art. 16 de la loi du 7 janvier 1791 ; les autres nullités d'intérêt privé sont la conséquence des dispositions relatives au brevet provisoire ou au certificat d'addition.

Les nullités d'ordre public étaient établies par l'art. 9, titre II, de la loi du 25 mai.

L'art. 30 explique qu'on ne doit pas réputer nouvelle toute découverte qui, antérieurement à la date du dépôt, aura reçu, soit en France, soit à l'étranger, une publicité suffisante pour pouvoir être exécutée. La généralité de ces termes embrasse tous les modes de publicité, soit que cette publicité résulte de l'usage qui aurait été fait de l'invention, soit qu'elle provienne de la publication des procédés ou de tout autre mode.

Aux cas de nullité qui viennent d'être spécifiés, la loi ajoute deux causes de déchéance : la première, contre le breveté qui n'a pas mis en exploitation sa découverte dans un délai de deux ans, ou qui a cessé de l'exploiter pendant une année ; la seconde, contre l'inventeur qui introduit en France des objets fabriqués à l'étranger, et semblables à ceux pour lesquels il est breveté.

L'exploitation réelle et effective de la découverte est la condition obligatoire du brevet ; il ne faut pas qu'à l'aide d'un semblable titre on puisse, dans un cas donné, empêcher, en France, l'exercice d'une industrie ou la construction d'appareils dont l'exploitation aurait lieu à l'étranger. L'art. 16 de la loi du 7 janvier 1791 imposait aux brevetés l'obligation d'exploiter ; nous avons cru qu'il était convenable de la maintenir.

Quant à l'interdiction, pour le breveté, de tirer de l'étranger des produits semblables à ceux dont il a ˮ le monopole, elle est également fondée sur l'intérêt du pays, qui veut qu'en échange du monopole qui lui est conféré, le breveté fasse profiter le travail national de la main d'œuvre résultant de l'exploitation de son industrie. S'il en était autrement. le brevet délivré à l'inventeur ne serait qu'une prime accordée à l'industrie étrangère.

Les lois des 7 janvier et 25 mai 1791. en determinant les différentes causes de nullité ou de déchéance applicables aux brevets d'invention, n'ont indiqué ni la juridiction qui doit en connaître, ni les personnes qui peuvent exercer les actions qui en résultent.

De ce silence on a conclu. avec raison. que les actions en nullité ou en déchéance appartiennent à toute personne intéressée. et qu'elles doivent être portées devant les tribunaux civils ordinaires ; mais il convenait que cet état de choses fût consacré par une disposition expresse ; aussi la loi du 25 mai 1838, art. 20. a-t-elle déclaré formellement que *les actions concernant les brevets d'invention seraient portées, s'il s'agissait de nullité ou de déchéance, devant les tribunaux civils de première instance.*

L'art. 32 du projet reproduit cette disposition, mais il est plus complet en ce qu'il s'explique sur les personnes à qui appartiendront les actions en nullité ou en déchéance, et sur les contestations relatives à la propriété des brevets.

Quant à la nécessité d'un intérêt pour être admis à intenter l'action, elle n'est que l'expression d'un principe général et constant en droit, que les tribunaux appliqueront ici suivant les règles ordinaires.

Les art. 33 et 34 règlent la procédure des actions civiles dont il vient d'être parlé.

D'après l'art. 59 du Code de procédure civile. lorsqu'il y a plusieurs défendeurs au procès, l'action est portée devant le tribunal du domicile de l'un d'eux, *au choix du demandeur.*

Dans le cas prévu par l'art. 33 du projet. il était convenable de lui ôter ce choix et de l'obliger à saisir le tribunal du principal défendeur, c'est-à-dire du breveté, dont les concessionnaires partiels ne sont que les représentants. Les brevetés font habituellement de nombreuses cessions pour les différentes parties du royaume, et sans l'exception formulée par la disposition qui nous occupe, ces hommes utiles se verraient incessamment forcés à aller soutenir, devant les tribunaux éloignés de leur domicile des procès où ils sont presque toujours les seuls défendeurs véritablement intéressés, par suite de la garantie qu'ils doivent à leurs cessionnaires.

L'art. 34 soumet les actions dont il s'agit à la forme prescrite pour les matières sommaires, par les art. 405 et suivants du Code de procédure civile. Deux considérations paraissent décisives pour faire adopter ici ce mode de procéder, c'est que les droits sur lesquels on plaide et dont le procès gênera souvent l'exercice, sont temporaires, et que la matière a la plus grande analogie avec les affaires commerciales pour lesquelles le législateur a toujours établi la procédure la plus abrégée.

Quant à la communication au procureur du Roi. prescrite par le même art. 34, elle est suffisamment motivée par la nature même de ces demandes, qui intéressent au plus haut point la liberté industrielle. et par la nécessité. pour ce magistrat. d'apprécier toutes les parties d'une affaire dont le résultat peut lui ouvrir une action sur laquelle nous devons appeler spécialement l'attention de la Chambre.

D'après les règles de notre droit civil ,Code civil. art. 1351), l'autorité de la chose jugée n'a d'effet qu'entre les parties. leurs héritiers ou ayants cause. et le principe qui ne donne ainsi à la vérité judiciaire qu'une valeur relative est tellement général, qu'il s'applique aux matières les plus indivisibles de leur nature. et. par exemple. aux questions d'état.

Si l'on s'attache à ce principe. un jugement prononçant la nullité ou la déchéance sur la demande d'un particulier. ne pourra être invoqué que par celui-ci ou ses ayants droit. et toute autre personne voulant s'assurer le libre et paisible exercice de la même industrie sera forcée d'intenter au breveté un nouveau procès. dont le résultat peut être différent.

D'un autre côté. si, pour éviter cet inconvénient et limiter le nombre des procès on voulait étendre l'empire de la chose jugée. et établir ici, par exception à l'art. 1351 du Code civil. que le jugement aura effet même à l'égard des tiers. on s'exposerait évidemment à faire naître des actions collusoires dont le but et le résultat seraient de procurer au breveté un facile succès. et de le mettre ainsi à l'abri des demandes en nullité ou en déchéance les mieux fondées.

Il ne serait. en effet. ni juste. ni conséquent. d'établir que le demandeur représente la société quand il gagne le procès. mais qu'il ne la représente plus lorsqu'il le perd. en sorte que *le breveté aurait toujours la société pour adverse partie , sans pouvoir jamais gagner le procès contre elle.*

Mais nous avons pensé qu'on pouvait. en maintenant ici la règle du droit civil sur les effets de la chose jugée entre parties privées. donner au ministère public une action spéciale en nullité ou en déchéance *absolues*, action dont le but sera de faire prononcer la nullité ou la déchéance *pour et contre tous.* Tel est l'objet du paragraphe 1er de l'art. 35. Le bénéfice de cette poursuite exercée, au nom de la société, par son représentant légal. appartiendra donc à toute personne intéressée: et nous obtenons ainsi. sans crainte de collusions et par une combinaison en harmonie avec les principes généraux du droit. un résultat véritablement désirable. Seulement il nous a paru convenable de n'ouvrir cette action au ministère public que lorsqu'un arrêt ou un jugement ayant acquis force de chose jugée aura déjà prononcé la nullité ou la déchéance sur la demande d'une partie privée. et la Chambre des pairs. en adoptant le système qui vient d'être exposé. a pensé que. pour introduire un utile esprit d'ensemble dans l'exercice de ce droit nouveau. il convenait de réserver au Gouvernement le soin d'apprécier les circonstances où l'intérêt public commanderait d'y recourir.

Le paragraphe 2 du même art. 35 donne encore au ministère public. mais cette fois directement. l'action en nullité ou en déchéance *absolue.* dans les cas prévus aux numéros 2. 3 et 4 de l'art. 29. c'est-à-dire « si la découverte. invention ou application n'est pas.

13.

aux termes de l'art. 3, susceptible d'être brevetée; si la découverte. invention ou application est contraire à l'ordre ou à la sûreté publique, aux bonnes mœurs ou aux lois du royaume : enfin, si le titre sous lequel le brevet a été demandé est faux ou indique frauduleusement un objet autre que le véritable objet de l'invention. »

Défenseur de l'ordre et des lois, le ministère public est ici dans ses attributions ordinaires ; il peut donc agir spontanément et sans qu'une décision judiciaire soit venue établir que le brevet porte atteinte à des intérêts privés.

Le particulier qui veut faire prononcer la nullité ou la déchéance peut ne mettre en cause qu'un ou plusieurs des ayants droit au brevet; seulement il sait qu'il ne pourra se prévaloir du jugement contre ceux qu'il n'aura pas assignés. Mais l'action du ministère public ayant pour but de détruire entièrement le brevet, de manière qu'il ne soit plus permis à personne d'en réclamer les effets, il fallait évidemment qu'il mît en cause, ainsi que le prescrit l'art. 36. tous les ayants droit qu'il peut connaître, c'est-à-dire ceux dont les titres sont enregistrés au ministère de l'agriculture et du commerce, et les nullités ou déchéances prononcées sur sa demande pouvant être invoquées par toute personne, il convenait de les rendre publiques dans la forme déterminée pour la proclamation des brevets, ce que prescrit l'art. 37 du projet.

TITRE V. — *De la contrefaçon, des poursuites et des peines.*

Les lois des 7 janvier et 25 mai 1791 ne donnent aucune définition de la contrefaçon. et celle de l'art. 425 du Code pénal ne comprend évidemment que les diverses espèces de la contrefaçon artistique ou littéraire. Cette lacune devait être comblée. et l'art. 38, paragraphe 1er du projet de loi, définit la contrefaçon industrielle. « Toute atteinte portée aux droits du breveté, soit par la fabrication des produits, soit par l'emploi des moyens faisant l'objet de son brevet. »

La loi précitée du 7 janvier 1791, art. 12, inflige au contrefacteur une amende du quart des dommages-intérêts alloués au plaignant, et ne pouvant pas excéder 3,000 fr., ladite amende applicable aux besoins des pauvres.

Il n'existait aucune raison pour donner ici au produit de l'amende une destination particulière, et le plus ou moins de dommage constaté n'est qu'un des nombreux éléments qui concourent à assigner au délit plus ou moins de gravité.

Ce mode de pénalité, étranger d'ailleurs à l'esprit général de notre législation répressive, ne pouvait donc être maintenu; et il nous a paru naturel d'adopter ici l'amende de 100 fr. à 2,000 fr. établie par l'art. 427 du Code pénal pour la contrefaçon artistique ou littéraire. Tel est l'objet du second paragraphe de l'art. 38.

L'art. 39 punit le recel, la vente. l'exposition en vente ou l'introduction en France d'un ou plusieurs objets contrefaits.

Cette disposition. puisée dans les art. 426 et 427 du Code pénal. offre cependant une rédaction plus précise et plus complète : 1° en ce qu'elle emploie le mot *vente*, qui s'applique à un fait même isolé, au lieu du mot *débit*, qui semble entraîner l'idée d'habitude, ou, au moins de répétition du même fait : 2° en ce qu'elle comprend expressément parmi les faits prohibés l'exposition en vente, qui devait être assimilée à la vente même; 3° en ce qu'elle comprend également le recel, que la Chambre des pairs a ajouté avec raison aux faits prévus dans la rédaction primitive; 4° en ce qu'elle ne punit les faits qu'elle prévoit que lorsqu'ils ont été commis *sciemment*, c'est-à-dire avec connaissance de la contrefaçon.

Vous remarquerez, Messieurs, que le mot *sciemment* n'a pas été introduit dans la définition de la contrefaçon même. Il existe, en effet, un dépôt général où le fabricant peut et doit rechercher ou faire rechercher les inventions brevetées, avant d'appliquer son industrie à des objets nouveaux. Il est donc toujours coupable au moins de négligence ou d'imprudence grave lorsqu'il a fabriqué des objets déjà brevetés au profit d'un autre.

Mais on ne pouvait, sans une gène excessive, imposer au commerce la même obligation de recherche : il convient donc de ne punir le vendeur et l'introducteur d'objets contrefaits que lorsqu'ils auront eu connaissance de la contrefaçon.

Le projet les punit, du reste, d'une amende moindre que celle qu'il inflige au contrefacteur.

En principe général, le Code pénal punit les complices de la même peine que l'auteur principal du fait (art. 59), sans distinguer entre *les coauteurs*, c'est-à-dire ceux qui ont participé directement à la perpétration du délit, et ceux dont la complicité résulte de faits particuliers.

Mais dans quelques cas, et notamment en matière de contrefaçon, le même Code punit certains faits de complicité comme des délits distincts, et leur applique une peine moindre que celle qui frappe l'auteur du fait principal.

Le dernier système paraît préférable en ce sens que la culpabilité présente des degrés différents, et qu'il n'est pas impossible d'apprécier d'une manière générale, suivant que la participation au délit est plus ou moins directe. Le projet s'est conformé à ce système; il a même, ainsi que vous l'avez vu, assimilé au vendeur le recéleur et l'introducteur, qui peuvent n'être, comme lui, que des agents secondaires de la contrefaçon.

La récidive a toujours été considérée comme une circonstance qui aggrave le délit.

Il existe dans notre droit deux espèces de récidive : celle qu'on peut appeler générale, et qui résulte de ce que l'auteur du fait a été condamné antérieurement pour crime, ou frappé d'un emprisonnement correctionnel de plus d'une année ; et la récidive spéciale, qui consiste dans la perpétration d'un délit de même nature que celui pour lequel une condamnation a déjà atteint le coupable. Cette dernière circonstance est considérée par la loi du 7 janvier 1791 comme aggravant le délit de contrefaçon, et nous avons cru devoir, dans l'art. 40 du projet, maintenir un système parfaitement fondé suivant nous. Cette circonstance indique en effet, de la part de l'agent, une immoralité *spéciale* plus grande, et appelle conséquemment une répression plus sévère, pour laquelle nous avons cru devoir prononcer un emprisonnement correctionnel. Seulement, il nous a paru convenable de déterminer une époque après laquelle la récidive ne prouvant plus suffisamment que le coupable est dans des conditions particulières, ne semble plus exiger une pénalité spéciale.

La Chambre des pairs a pensé que la peine de l'emprisonnement devait aussi être appliquée si le contrefacteur est un ouvrier ayant travaillé dans les ateliers du breveté, ou si, s'étant associé avec un ouvrier du breveté, il a eu par lui connaissance des procédés décrits au brevet.

Elle a pensé également que l'ouvrier pouvait être, dans ce cas, considéré comme complice du contrefacteur.

Nous avons admis ces dispositions, conçues dans le même esprit que le second paragraphe de l'art. 418 du Code pénal.

Du reste, l'art. 41 permet, dans tous les cas, l'application de l'article 463 du Code pénal, et, par conséquent, la substitution de l'amende à l'emprisonnement, s'il existe des circonstances véritablement atténuantes.

En principe général, tout délit, dans notre droit, donne lieu à une action répressive, qui peut être exercée d'office par le ministère public, de quelque manière qu'il ait acquis la connaissance du fait, et sans qu'il ait besoin d'être saisi par une plainte de la partie lésée.

Mais, dans certains cas et par différentes considérations, il ne lui est permis d'agir que sur cette plainte, par exemple en matière de chasse sur la propriété d'autrui.

Le breveté pouvant avoir consenti aux faits qui paraissent constituer une infraction à ses droits exclusifs, il convenait d'établir ici une exception semblable, et de n'admettre la poursuite du ministère public que sur une plainte qui repousse la supposition favorable au libre exercice du commerce et de l'industrie. Tel est l'objet de l'art. 42.

Sous la législation de 1791, l'action en contrefaçon, quoique correctionnelle, était portée *devant le juge de paix jugeant civilement*, et l'action principale en nullité ou en déchéance, devant les tribunaux ordinaires. Mais si ces dernières étaient formées incidemment et comme défense à une poursuite en contrefaçon, on tenait que le juge de paix pouvait en connaître, d'après le principe de droit : *le juge de l'action est juge de l'exception.*

La loi du 25 mai 1838, art. 20, en déférant les actions en contrefaçon aux tribunaux correctionnels, a attribué expressément, ainsi que nous l'avons dit, les actions en nullité et en déchéance aux tribunaux civils de première instance, et il a été expliqué, lors de la présentation et de la discussion de la loi (1), qu'elles devraient être jugées par ces tribunaux, lors même qu'elles seraient formées inci-

(1) *Voy.* L'exposé des motifs à la Chambre des pairs, *Moniteur* du 12 mai 1837, page 1157. Discussion à la Chambre des pairs, *Moniteur* au 6 février 1836, page 221. Discussion à la Chambre des députés, *Moniteur* du 26 avril, page 1032.

demment à une poursuite en contrefaçon. La loi du 25 mai 1838 paraît donc avoir ainsi considéré les questions préjudicielles de nullité ou de déchéance en matière de brevet d'invention comme des questions essentiellement civiles, qui échappaient à la juridiction des tribunaux répressifs.

Nous avons cru devoir adopter ce système, que nous avions complété en prescrivant le renvoi à fins civiles de toutes contestations relatives à la propriété du brevet, et en ordonnant aux tribunaux correctionnels de fixer un délai pour intenter l'action préjudicielle.

Nous voulions éviter ainsi de charger les chambres correctionnelles d'affaires dont les débats peuvent être longs et ralentir le cours de la justice répressive, et nous désirions également prévenir, autant que possible, des décisions contradictoires sur les questions relatives à l'existence et à la validité d'un même brevet.

Mais la Chambre des pairs a pensé que, les droits à garantir ne constituant qu'un privilége temporaire quelquefois de très courte durée, et les objets contrefaits ayant souvent peu de valeur, la poursuite en contrefaçon n'aurait toute l'efficacité désirable que si la justice était prompte et peu coûteuse, conditions que les brevetés rencontreraient surtout devant les tribunaux correctionnels.

Elle a donc substitué à l'art. 45 du projet primitif une disposition qui attribue au tribunal correctionnel saisi de l'action en contrefaçon la connaissance des questions préjudicielles de nullité ou de déchéance, ou relatives à la propriété du brevet.

Nous avons reconnu l'intérêt que les brevetés pouvaient avoir à faire décider par la même juridiction toutes les questions soulevées sur la poursuite en contrefaçon, et, confiants dans le zèle des magistrats pour imprimer, dans tous les cas, à l'expédition des affaires correctionnelles toute l'activité désirable, nous avons donné notre entière adhésion à un système que nous avions nous-mêmes songé à introduire dans le projet.

Depuis la loi du 25 mai 1838, la poursuite en contrefaçon étant devenue une action correctionnelle ordinaire, la saisie à la requête du ministère public peut être faite par les officiers de police judiciaire, suivant les règles du droit commun. Mais il fallait régler les formes spéciales suivant lesquelles, sur ce point, l'instruction aurait lieu à la requête de la partie privée. Tel est le but de l'article 44, qui établit clairement des formes simples, mais offrant des garanties nécessaires contre les abus possibles du droit de saisie ou de description accordé aux propriétaires de brevets. Cette disposition remplacera très avantageusement une des parties les plus défectueuses de la législation actuelle sur la matière.

On ne peut permettre au breveté de prolonger indéfiniment l'état de suspicion dans lequel il a placé celui chez qui il a fait opérer la saisie ou description, et surtout l'espèce d'interdit qui résulte de la première de ces mesures. Il faut même qu'il y donne suite dans le plus bref délai, et son inaction peut être, à bon droit, considérée comme un aveu du mal fondé de ses prétentions. Il convenait donc de déclarer alors la saisie ou description nulle de plein droit, en rappelant le principe du droit commun qui veut que chacun soit tenu de réparer le dommage qu'il a causé par sa faute. Tel est l'objet de l'art. 45 du projet.

La loi du 7 janvier 1791. art. 12. prononçait la confiscation des objets contrefaits ; mais elle n'en attribuait pas le profit au breveté, même en partie.

Le Code pénal, art. 427, prononce, dans le cas de contrefaçon artistique ou littéraire. la confiscation non-seulement des objets contrefaits, mais encore des planches. moules ou matrices qui ont servi à commettre le délit : et l'art. 429 veut que le produit de la vente des objets confisqués soit remis à la partie lésée pour l'indemniser d'autant du préjudice qu'elle aura souffert.

L'art. 46 du projet maintient la confiscation spéciale établie par la législation de 1791 et par le droit commun : mais. au lieu de prescrire la remise au plaignant *du produit de la vente des objets confisqués*, nous voulons que ces objets *lui soient remis en nature* et sans qu'il ait besoin de justifier de son préjudice.

Cette disposition vous paraîtra, sans doute. aussi juste que conséquente avec les principes admis sur la matière des brevets d'invention. Le breveté a seul. en effet. le droit de fabriquer et vendre les objets sur lesquels porte son brevet. et l'État doit respecter lui-même ce privilége : or il le viole incontestablement s'il vend les objets confisqués : et en remettant au breveté le produit de la vente jusqu'à concurrence du préjudice que lui a causé le contrefacteur. on ne réparera pas le préjudice plus grand. peut-être. qui va résulter pour lui de la vente à l'encan et à bas prix d'objets que. d'après son titre, il avait seul le droit de vendre au prix élevé qui résulte forcément de la jouissance exclusive. Personne autre que le breveté ne pouvant utiliser légalement les objets confisqués. il faut les lui attribuer ou les détruire : or. entre ces deux partis. il n'était pas permis d'hésiter.

TITRE VI. — *Dispositions particulières et transitoires.*

L'art. 47 charge le Gouvernement d'arrêter les mesures nécessaires à l'exécution de la loi. Un règlement d'administration publique devra, en effet, déterminer la forme des titres. actes et procès-verbaux énoncés dans les art. 1. 5. 7. 9. 11. 14. 17 et 21. et prescrire en général les dispositions propres à assurer l'exécution uniforme de la loi.

Le même article porte que cette loi n'aura effet que trois mois après sa promulgation, délai rigoureusement nécessaire pour la préparation du règlement et des instructions que le Gouvernement devra y joindre.

L'art. 48 règle le mode suivant lequel la loi pourra être appliquée aux colonies. et l'art. 49 abroge toutes les dispositions antérieures sur la matière des brevets d'invention, d'importation et de perfectionnement.

Enfin les art. 50 et 51. ajoutés au projet par la Chambre des pairs. rappellent les principes du droit commun sur les effets de la loi quant aux droits acquis et à la forme des procédures.

RAPPORT

*Fait au nom de la commission (1) chargée de l'examen du pro-
jet de loi sur les brevets d'invention, par M. Philippe Dupin,
député de l'Yonne.*

Séance du 5 juillet 1843.

MESSIEURS,

Avant la révolution de 1789, la loi ne reconnaissait aucun droit et
n'accordait aucune protection à ceux qui enrichissaient l'industrie nationale d'une découverte nouvelle : ils ne pouvaient conquérir la
jouissance exclusive de leur invention que par la concession arbitraire d'un privilége que la médiocrité protégée arrachait à la faveur
et que le mérite délaissé ne pouvait obtenir. Souvent même, les lois
oppressives des jurandes et maitrises les excluaient personnellement
de l'exploitation de ce qu'ils avaient créé, si leur affiliation aux corps
d'arts et métiers ne leur restituait le droit et la liberté du travail.
C'était la conséquence d'une législation qui tenait toutes les industries captives ou dans les chaines du pouvoir ou dans celles des
corporations (2).

Cette législation porta ses tristes fruits. Le génie de l'invention
languit découragé sur cette terre industrieuse de France. ou, cher-
chant ailleurs un asile hospitalier. il enrichit l'étranger de ses plus
précieuses découvertes.

La Révolution renversa le vieil édifice des corporations et inscrivit
au frontispice du code des arts et métiers ce grand principe : *Liberté
de l'industrie, propriété du travail.* Mais son niveau, planant sur
toutes les parties du corps social. abolit sans distinction comme sans
examen tout ce qui portait le nom de privilége. C'était encore la négation du droit des inventeurs. Les deux principes opposés condui-
saient au même résultat par des routes différentes.

L'Assemblée nationale comprit tout ce qu'il y avait là d'injustice
et de funestes conséquences pour les intérêts industriels de la
France.

Depuis le règne de Jacques Ier, en 1623. l'Angleterre avait adopté

---

(1) Cette Commission était composée de MM. Terme, comte de Las-Cases,
Denis, Philippe Dupin, marquis de La Grange, Mathieu, Molin, Pascalis et
Rivet.

(2) On avait été jusqu'à poser en principe que « le droit de travailler
» était un droit royal, que le prince pouvait vendre et que les sujets de-
» vaient acheter. » (V. Préambule de l'édit de février 1776.)

en faveur des inventeurs un système d'encouragement et de protection dont elle recueillait abondamment les salutaires effets. Les États-Unis venaient d'entrer dans la même voie. Les observations de la Chambre de Normandie, l'avis des députés, des inspecteurs et des intendants généraux du commerce, les vœux des bailliages, les cahiers des États, les réclamations des inventeurs, provoquaient à suivre l'exemple donné par deux grandes nations.

Ces voix furent écoutées. Deux lois, en date des 7 janvier et 25 mai 1791, jetèrent chez nous les premiers fondements de la législation protectrice des inventions et découvertes industrielles. Elles furent en quelque sorte la charte des inventeurs, et commencèrent une ère nouvelle pour l'industrie.

Comme tant d'autres œuvres sorties des mains fécondes de l'Assemblée constituante, les lois des 7 janvier et 25 mai 1791 portent l'empreinte de sa haute sagesse. Elles reposent sur une idée simple, qui peut se résumer en ces mots : Garantir à tout inventeur, pendant un temps donné, la jouissance exclusive de sa découverte, à la condition qu'il livrera cette découverte à la société après l'expiration de son privilège.

Le temps et l'expérience n'ont fait que sanctionner ces principes.

Mais, au début d'une législation nouvelle, il est impossible de tout prévoir. D'ailleurs, les lois les mieux faites ne sauraient devancer les révélations de l'avenir, les rapports qu'il doit créer, les besoins qu'il peut faire naître. Pour se maintenir à la hauteur de leur destination, elles ne doivent donc pas demeurer stationnaires dans une société en progrès. Filles du temps et de l'expérience, il faut qu'elles marchent avec leur siècle, qu'elles suivent les mouvements de la civilisation, qu'elles satisfassent à tous les intérêts légitimes qui se produisent.

Cinquante années d'épreuve ont appris ce qu'il y avait d'essentiellement vrai dans la législation de 1791, signalé ses erreurs ou ses lacunes, appelé des réformes ou des compléments dans plusieurs de ses dispositions. Le moment était venu de procéder à sa révision : elle était sollicitée de toutes parts et a fixé l'attention de tous les Ministres qui se sont succédé au département du commerce.

Quelle époque d'ailleurs pouvait mieux convenir à ce travail de perfectionnement ? Sous la double influence de la paix et de la liberté, le commerce a prodigieusement étendu son essor; le génie de l'invention fait sans cesse de nouvelles conquêtes et développe chaque jour une plus grande puissance; de toutes parts, l'industrie agrandit sa sphère et fait éclater ses merveilles; la science lui révèle ses secrets, lui prête ses directions et ses secours; les arts lui fournissent leur élégance et leur éclat; toutes les forces intelligentes des nations travaillent à l'accomplissement de ce grand œuvre. Aux luttes ruineuses de la guerre ont succédé les rivalités vivifiantes du commerce : le champ de bataille où se livrent ces combats n'est pas seulement une province, un royaume, c'est l'univers entier : le sceptre du monde a cessé d'être le prix de la force et de la violence pour devenir celui du travail et de l'industrie. Là, se placent pour

toutes les nations le secret du bien-être et de la richesse au dedans,
la source de l'influence et de la puissance au dehors.

Au milieu de cette émulation universelle, malheur au peuple qui
se laisserait aller aux engourdissements de l'indolence et de la routine! Un état de déchéance rapide et d'inévitable infériorité serait sa
punition. Le premier besoin, le premier devoir de tout peuple qui
veut devenir ou rester grand et fort, est d'encourager le travail dans
toutes ses applications; de lui ouvrir et de lui faciliter la voie du
progrès dans toutes les branches de l'industrie humaine: de favoriser par ses protections, de provoquer par ses récompenses les efforts
et les découvertes de ses savants, de ses artistes, de ses ouvriers: de
marcher sans cesse au perfectionnement de ses produits ou à la conquête de produits nouveaux: de rechercher des procédés industriels
plus puissants, plus faciles, plus prompts, plus économiques: de
multiplier enfin ses objets de consommation et ses moyens d'échange,
ce double élément de la prospérité des nations.

Tel est l'utile et noble but des lois destinées à encourager le génie
de l'invention. Celle qui vous est proposée est de ce nombre.

Déjà, nous l'avons dit, il ne s'agit point d'une œuvre entièrement
nouvelle, d'une création sans précédents. Les lois de 1791 et les lois
postérieures qui ont essayé de les compléter, ont établi des dispositions fondamentales qui, presque toutes, sont à l'abri de critique et
d'atteinte. Le travail qui vous est présenté n'est qu'un travail de
révision et de perfectionnement.

Deux voies s'ouvraient devant le législateur pour arriver au but
qu'il se proposait.

Il pouvait se contenter de présenter une loi complémentaire qui,
abrogeant dans les lois antérieures les parties dont le temps a signalé les inconvénients, aurait ajouté les dispositions dont la nécessité ou l'utilité se sont révélées, et laissé subsister celles qui ont
reçu la sanction de l'expérience et de la pratique.

Ce parti simplifiait l'œuvre nouvelle. Mais n'y avait-il pas un immense inconvénient à laisser en présence et en lutte des lois qui se
heurtent et s'abrogent en certains points, tandis qu'elles doivent conserver sur d'autres points une vie commune? N'était-ce point créer
une foule de difficultés d'application, rendre plus incertaine pour
les industriels la connaissance de leurs droits et de leurs devoirs, et
ouvrir devant eux la source calamiteuse des procès?

On a pensé qu'il valait mieux reprendre toutes les lois existantes,
les coordonner, les réviser, les compléter et les refondre en une seule
loi destinée à devenir le *Code des inventeurs*. C'est là que ces
hommes, absorbés par leurs méditations et leurs travaux, étrangers
aux subtilités du droit, et dont le temps est si précieux, iront chercher et trouveront sans peine la science de tout ce qui les intéresse.

La Commission n'a pu qu'applaudir à cette détermination, qui a
fait éclore le projet de loi soumis à votre examen, projet vivement
sollicité par les organes les plus élevés du commerce, préparé avec
soin par le Gouvernement et amélioré dans plusieurs parties par la
Chambre des pairs.

Nous allons vous en faire connaître l'économie générale et les principales bases.

Six titres se partagent ses dispositions.

Le premier définit le droit accordé aux inventeurs, indique les objets susceptibles d'être brevetés, règle la durée et la taxe des brevets.

Le titre II, subdivisé en cinq sections, s'occupe successivement de la demande des brevets, de leur délivrance, des certificats d'addition, de l'exploitation des brevets, de leur cession, de la communication et de la publication des descriptions.

Le titre III règle les droits des étrangers.

Le titre IV traite des nullités et des déchéances.

Le titre V est relatif à la contrefaçon et aux peines destinées à la réprimer.

Enfin, le titre VI renferme des dispositions réglementaires et transitoires.

TITRE PREMIER. — *Dispositions générales.*

Toute loi repose sur un principe d'équité naturelle ou de raison, qu'il importe de bien fixer pour ne point s'égarer dans les conséquences ou pour ne point marcher au hasard et sans règle.

Ainsi, dès les premiers pas, on a dû se demander quelle est la nature du droit que la loi va définir et réglementer.

Est-ce un droit naturel ou un droit concédé? est-ce une propriété véritable ou un privilège temporaire, une rémunération, une indemnité?

L'exposé des motifs pose timidement ces questions sans les résoudre, quoique la loi les tranche, ainsi qu'on va le voir.

Nous avons pensé qu'il convenait de les aborder franchement.

Et qu'on ne dise point que ce sont là de vaines disputes de mots ou des discussions métaphysiques qui ne sont point le domaine du législateur. Les mots représentent les *idées* (1); et ici ils représentent plus que des *idées*, ils représentent des *droits*.

Placée, comme nous l'avons vu, en face du système restrictif de l'ancien régime et du nouveau système de liberté absolue, l'Assemblée constituante voulut s'ouvrir une meilleure voie, également éloignée de ces deux extrêmes. Et, comme pour protester plus énergiquement contre les injustices du passé, elle éleva le droit méconnu des inventeurs, non-seulement au rang d'un droit de *propriété*, mais encore à la hauteur d'un de ces droits *naturels, inaliénables et sacrés* qu'elle avait si hautement proclamés comme la base nécessaire de toute organisation civile.

« Ce serait *attaquer les droits de l'homme dans leur essence* (dit » le préambule de la loi du 7 janvier 1791), que de ne pas regarder » une découverte industrielle comme *la propriété de son auteur.* »

Aussi l'article 1er pose-t-il ce principe comme base fondamen-

---

(1) « La plupart des disputes chez les hommes, a dit Pascal, viennent de » ce qu'ils ne s'entendent pas sur la valeur des mots. Commencez par fixer » cette valeur, et vous commencerez à vous entendre. » '

tale de la loi ? « Toute découverte ou nouvelle invention dans tous
» les genres d'industrie *est la propriété* de son auteur. »

Mirabeau, se laissant entraîner à la même pensée, s'écriait que
« les découvertes de l'industrie et des arts *étaient une propriété*
» AVANT *que l'Assemblée nationale l'eût déclaré.* »

Or, l'un des caractères essentiels et dominants de la propriété,
c'est la perpétuité. Celui qui est investi de ce droit ne peut le perdre
que par une abdication ou par une expropriation avec indemnité
préalable; ou bien ce n'est plus la propriété. L'Assemblée constituante avait elle-même proclamé ce principe dans l'article 17 de la
déclaration des droits de l'homme.

Et voilà que, se mettant en contradiction avec le principe de propriété qu'elle vient de poser en faveur des inventeurs, et avec le
principe de perpétuité qu'elle a reconnu être un des caractères du
droit de propriété, cette Assemblée ajoute immédiatement, dans ce
même article 1er, que la loi ne garantit à leurs auteurs la pleine
et entière jouissance des découvertes ou inventions nouvelles, que
« *suivant le mode* ET POUR LE TEMPS *qui seront déterminés.* » —
Viennent ensuite des limitations, des déchéances et des causes d'ex-
tinction multipliées. La loi est en perpétuelle contradiction avec son
principe; son article 1er la condamnait à être constamment illogique.

Qu'est-ce, en effet, qu'une propriété qui n'est pas même viagère,
qui ne doit durer que cinq, dix ou quinze années; qui ne peut s'asseoir ou qui s'évanouit faute d'une taxe acquittée ou d'un parchemin
obtenu; qui périra parce qu'on ne l'aura point exploitée pendant un
an ou deux, et dont la précaire existence sera sans cesse menacée
par des déchéances? Il faut le reconnaître, ou ce n'est pas une propriété, et alors on a tort de lui en donner le nom; ou c'est une propriété, et l'on a tort de lui en refuser les effets et les garanties; car
la société, la civilisation, la loi, reposent sur le droit de propriété;
et à quelque chose qu'il s'applique, on ne peut y porter atteinte sans
ébranler l'édifice social.

La question mérite donc d'être examinée. Nous le ferons en peu
de mots, et nous essayerons de rétablir la loi sur sa base véritable.

On a répété souvent que, s'il existe pour l'homme une véritable
propriété, une propriété sacrée, c'est celle de la pensée qu'il a conçue, de l'invention qu'il a créée. Rien n'est plus vrai. Mais, comme
toute autre, cette vérité a ses limites. Essayons de les reconnaître.

Tant que l'idée, la conception d'une découverte n'est pas émise,
il est incontestable qu'elle est la propriété exclusive de celui qui l'a
enfantée. Il peut la conserver ou l'émettre; la garder pour lui ou la
communiquer aux autres. Ce droit n'a pas besoin d'être reconnu ou
protégé de la loi; nul ne peut l'usurper ou y porter atteinte. Une
telle propriété, si on peut l'appeler ainsi, est inaccessible comme la
conscience, impénétrable comme la pensée.

Mais une fois émise, une fois jetée dans le vaste fonds commun des
connaissances humaines, une idée n'est plus susceptible de cette
jouissance exclusive et jalouse qu'on appelle propriété; on ne peut
empêcher personne de la recueillir dans le livre où elle est écrite.

dans les cours où on la professe, dans les communications où elle circule. Celui qui l'acquiert ne l'enlève pas à celui qui l'avait acquise avant lui. A l'inverse des choses matérielles que la propriété concentre dans la main d'un seul, elle demeure entière pour chacun, quoique partagée entre un grand nombre : elle est comme l'air que tous respirent, comme la lumière qui luit pour tous.

Dira-t-on que si l'idée abstraite et spéculative n'est point et ne peut être une propriété, l'idée matérialisée par la mise en œuvre peut prendre un corps, se condenser en quelque sorte, se substantialiser dans un objet matériel et constituer de cette manière une propriété véritable? Nous l'accordons. Mais qu'est-ce à dire?

Sans doute, si l'inventeur d'une découverte a construit ou fait construire la machine qu'il a conçue et dont il veut doter l'industrie, s'il a fabriqué les produits nouveaux dont il veut enrichir la société, ces produits et cette machine sont sa propriété. Nul ne le lui conteste.

Mais là n'est point la question qui s'agite dans l'intérêt des inventeurs : c'est au contraire la limite où il commence.

En effet, le droit de chacun rencontre une limite dans le droit des autres. En face du droit de création se trouve le droit de reproduction et d'imitation qui vient aussi de Dieu, qui a sa source aussi dans le travail dirigé par la pensée. Faut-il que ce droit soit immolé au premier pour toujours ou pour un temps donné? Là est la difficulté.

Il s'agit pour l'inventeur de savoir, non pas s'il pourra traduire par l'exécution les conceptions de son intelligence, non pas s'il sera propriétaire des résultats matériels qu'il aura ainsi obtenus, mais s'il aura seul ce droit d'exécution, s'il pourra exclure les autres travailleurs du bénéfice d'une création semblable, s'il obtiendra la faculté d'enchaîner leurs bras et de les empêcher de produire ce qui est entré dans leur intelligence. Voilà ce qu'il réclame. Il lui faut non-seulement que sa liberté soit assurée, mais qu'on lui livre la liberté d'autrui, qu'il lui soit accordé une sorte de main-mise sur une force productive qui est en dehors de lui, et qu'on crée en sa faveur une exception à cette grande règle de l'indépendance du travail qui est une des plus belles et des plus utiles conquêtes de la Révolution.

Or, quelque imposantes que soient la parole de Mirabeau et l'autorité de l'Assemblée constituante, il est évident que ce droit de *veto* sur le travail d'autrui n'est pas un de ces droits naturels, préexistants aux lois, et que les lois ne font que reconnaître et consacrer. Il est évident encore que ce n'est point là ce qu'on appelle une propriété.

Et qu'on ne croie pas que ceci tende à nier les droits des inventeurs, ou le privilège qu'ils réclament. Nous voulons seulement expliquer ces droits et leur restituer leur véritable caractère; nous voulons les asseoir sur des bases inébranlables.

·Or, toute découverte utile est, suivant l'expression de Kant, la prestation d'un service rendu à la société. Il est donc juste que celui qui a rendu ce service en soit récompensé par la société qui le reçoit. C'est une transaction équitable, un véritable contrat, un

échange qui s'opère entre les auteurs d'une découverte nouvelle et
la société. Les premiers apportent les nobles produits de leur intelligence, et la société leur garantit en retour les avantages d'une exploitation exclusive de leur découverte pendant un temps déterminé.
Cette rémunération a même ceci de remarquable, que ses produits,
pris dans la chose même, sont presque toujours en rapport direct
avec le mérite de l'invention qu'il s'agit de récompenser.

Sans doute, c'est un privilége, un monopole. Mais ces mots n'ont
rien d'odieux, quand ils n'ont point pour effet de concentrer dans
une main favorisée des procédés connus, quand ils ont au contraire
pour but d'ouvrir de nouvelles voies dont tous doivent profiter, et
d'étendre le domaine des arts et de l'industrie.

Avec ces idées simples et claires, il devient facile de donner à la
loi un caractère logique, et de mettre toutes ses parties d'accord avec
son principe. Le droit de propriété, avec son caractère absolu et sa
prérogative de perpétuité, est désintéressé dans la question. Il ne
s'agit que d'un contrat sous la tutelle et la foi duquel le génie de
l'invention livre à la société ses précieuses découvertes. Le problème
à résoudre se réduit à savoir si les conditions du contrat sont équi-
tables, c'est-à-dire si la société s'est montrée assez reconnaissante
envers l'inventeur, et si les intérêts du pays sont suffisamment protégés.

Bien que l'exposé des motifs soit entré timidement dans cet ordre
d'idées, il est évident qu'elles ont servi de base au projet de loi qui
vous est présenté (1).

En effet, dans la rédaction de l'article 1er, on a effacé le principe
de propriété écrit dans la loi du 7 janvier 1791, et, prenant la définition du droit des inventeurs dans ses effets plutôt que dans
son essence, l'article nouveau se borne à dire que « toute nouvelle
découverte et invention, dans tous les genres d'industrie, *confère à
son auteur, sous les conditions et pour le temps déterminés, le
droit exclusif d'exploiter à son profit ladite découverte ou invention.* »

Cette définition suffisait à la théorie que nous venons d'expliquer,
sans toutefois heurter trop vivement les autres systèmes. Elle a paru
suffisante à votre commission, qui l'a adoptée.

L'art. 2 détermine ensuite quelles sont les inventions et découvertes susceptibles d'être placées sous la protection d'un brevet.

L'invention peut se manifester sous des formes et par des procédés
divers.

Elle peut, par d'utiles emprunts faits à la nature, conquérir sur
elle des *produits nouveaux.*

Elle peut créer seulement de *nouveaux moyens* pour obtenir plus
facilement ou à moins de frais des produits en circulation.

Enfin, elle peut se borner à une *application nouvelle de moyens
déjà connus.*

(1) Elles avaient aussi prévalu dans la Chambre, lors de la discussion du
projet de loi sur la propriété littéraire. Le principe absolu de propriété
avait à peine compté deux ou trois défenseurs.

Tous ces modes d'inventions peuvent conduire à des résultats industriels importants, et méritent, à ce titre, la protection de la loi.

L'art. 2 a eu pour objet de les embrasser dans la généralité de sa rédaction, et par là d'éclaircir et de compléter les définitions un peu confuses des lois existantes.

L'article suivant pose quelques exceptions.

Il déclare d'abord non susceptibles d'être brevetées les compositions pharmaceutiques ou remèdes spécifiques.

Ce n'est pas assurément qu'on ait méconnu ce que les découvertes en ce genre peuvent avoir d'importance sous le rapport industriel. L'invention du sulfate de quinine, par exemple, est tout à la fois un service rendu à la société et un objet de commerce considérable. Mais de graves considérations ont commandé l'exception écrite dans l'art. 3.

En effet, bien que les brevets d'invention soient délivrés sans examen, comme nous le dirons bientôt, bien que la loi proclame et qu'il soit écrit sur ces brevets même, qu'ils ne préjugent point le mérite de l'invention, une foule de personnes y voient une sorte de garantie et de recommandation, et le charlatanisme exploite trop souvent cette erreur populaire.

D'ailleurs, un remède peut n'être pas seulement dangereux par sa propre efficacité, il peut l'être aussi par l'usage inopportun et par l'application inintelligente qu'on en fait.

Il faut donc, dans l'intérêt de la santé publique, sauver la crédulité du double danger d'ajouter foi, sur la foi d'un brevet d'invention, à la puissance salutaire d'un remède inefficace ou dangereux, ou de s'administrer un remède bon en lui-même en dehors des conditions dans lesquelles il peut être utile.

Les intérêts de l'inventeur ne sont point d'ailleurs complétement dépourvus de protection. Ils restent sous l'empire du décret du 18 août 1810, qui autorise l'achat par le Gouvernement des remèdes secrets dont le mérite serait reconnu et constaté.

On a objecté que, pour échapper à l'exception prohibitive, on fera breveter les compositions pharmaceutiques comme préparations chimiques applicables aux arts. Mais à cela deux réponses. D'abord, les tribunaux ont mission de réprimer la fraude partout où elle se réfugie : ensuite le danger que la loi a voulu prévenir disparaîtra par le fait seul que l'objet breveté ne se produira point comme remède ou préparation pharmaceutique.

Une seconde exception est prononcée par l'art. 3, relativement aux *plans et combinaisons de crédit et de finances.*

Les brevets appliqués à ces conceptions deviendraient facilement un moyen de fraude et un piége contre les fortunes particulières.

L'expérience n'a pas tardé à le démontrer.

A peine les lois de 1791 avaient paru, qu'un grand nombre de spéculateurs, profitant du goût de l'époque et des embarras du Trésor, couvrirent, sous des brevets d'invention, leurs combinaisons financières. Deux années ne s'étaient pas encore écoulées que, par une loi du 20 septembre 1792, l'Assemblée nationale crut devoir couper le mal dans sa racine. Le préambule déclare ces brevets *dangereux.*

et dit qu'il *est important d'en arrêter les effets;* et, non content de décider que le pouvoir exécutif ne pourra plus accorder de brevets d'invention aux établissements relatifs aux finances, le décret supprime par une disposition rétroactive l'effet des brevets qui avaient été accordés.

La loi du 20 septembre 1792 s'est encore étayée sur un autre principe, et a pris occasion de déclarer que les brevets « ne peuvent être accordés qu'aux auteurs de toute découverte ou nouvelle invention dans *tous les genres d'industrie seulement relatifs aux arts et métiers.* »

C'est aussi par ce motif que l'art. 3 du projet met en dehors des objets susceptibles d'être brevetés « les principes, méthodes, systèmes, et généralement toutes découvertes scientifiques et théoriques. »

La loi est faite dans l'intérêt de l'industrie et non dans l'intérêt de la science. Son domaine est dans la région des faits, et non dans celle des abstractions. Elle ne peut et ne doit s'appliquer qu'à un objet matériel, saisissable, transmissible, ou à un procédé applicable, déterminé, conduisant à un résultat industriel quelconque.

D'ailleurs, les principes, les méthodes, les systèmes, sont du domaine de la pensée. Il est impossible d'en assurer la possession exclusive à un seul. Ils n'en sont susceptibles que lorsque des hauteurs de la théorie ils descendent dans les réalités de l'application.

Enfin, breveter une idée que son auteur n'a pu rendre réalisable, ne serait-ce point donner la rémunération avant le service? Et puis n'y aurait-il pas ce danger pour l'industrie d'arrêter, par le brevet donné à l'abstraction, les découvertes de ceux qui trouveraient les moyens d'arriver à l'exécution même?

Cette sage distinction était implicitement renfermée dans la loi de 1791; la jurisprudence l'avait consacrée; la loi nouvelle a eu raison de la formuler d'une manière précise.

Là se bornent les limitations apportées par l'art. 3. Le Gouvernement n'a pas cru devoir maintenir celles qui lui faisaient un devoir de refuser un brevet aux inventions contraires à l'ordre, à la sûreté publique, aux bonnes mœurs ou aux lois: non qu'il veuille accorder à ces inventions ou l'autorisation ou l'impunité; il déclare, au contraire, que les brevets délivrés pour de tels objets sont nuls et de nul effet. Mais il a pensé avec raison que les prohibitions proposées entraînaient un examen préalable, contraire à un principe fondamental que nous aurons à expliquer tout à l'heure; que la production de la pensée industrielle devait être exempte d'entraves comme la production de la pensée littéraire; que dans l'une comme dans l'autre manifestation, le système préventif devait être exclu comme dangereux pour la liberté, et le système répressif admis comme étant seul en harmonie avec nos lois et nos institutions.

La durée des brevets soulève plusieurs graves questions.

Dans certains pays, comme l'Angleterre et les États-Unis, les brevets ont tous la même durée.

En France, on a cru devoir admettre trois catégories de brevets dont la durée. déterminée par les brevetés eux-mêmes. serait de cinq. de dix ou de quinze années.

Le projet maintient cette classification. et ce n'est pas sans motif. Les inventions n'ont pas toutes la même importance ni le même avenir. La loi a laissé aux inventeurs le soin de limiter la durée de jouissance qui leur était nécessaire pour tirer parti de leurs découvertes.

Mais en même temps elle a fixé un maximum de quinze années C'est celui qui avait été établi par la déclaration du 24 décembre 1762 pour les anciens priviléges. et adopté par les lois de 1791 pour le système des brevets. Ce terme avait chez nous la puissance d'un fait consacré par l'usage. Deux grandes nations industrielles, l'Angleterre et les Etats-Unis. n'accordent à leurs patentes qu'une durée de quatorze ans; dix années seulement de protection sont accordées à l'industrie naissante de la Russie. Ici, comme sur tant d'autres points. c'est encore la législation française qui porte la plus haute empreinte de libéralité.

Cependant. de vives réclamations se sont fait entendre, et l'on a demandé pourquoi ce qu'on appelle la création industrielle n'obtenait point la même protection que la création littéraire ou artistique; pourquoi le droit de l'inventeur ne dure que quinze ans, quand celui de l'écrivain. du peintre et du dessinateur dure pendant leur vie entière et s'étend même au delà.

Les réponses étaient faciles.

Sans doute, la création industrielle et la création littéraire ont la même source; toutes deux sont le produit de l'intelligence. Mais à part cette noble communauté d'origine. y a-t-il parité entre elles?

Les découvertes faites dans les arts et métiers n'empruntent-elles pas au passé beaucoup plus de secours que les œuvres de l'écrivain? La pensée industrielle n'est-elle pas susceptible d'être conçue et réalisée de la même manière par plusieurs personnes? Ne peut-on pas affirmer que. si elle ne fût point éclose à une époque. elle se serait inévitablement produite plus tard sous les indications des besoins du commerce, sous l'influence d'une observation attentive. et quelquefois par le seul bienfait du hasard? En peut-on dire autant des œuvres littéraires? Si le génie de Molière n'eût pas créé le *Tartufe* et le *Misanthrope*. le genre humain n'eût-il pas été à jamais déshérité de ces chefs-d'œuvre?

Enfin, les droits accordés aux inventeurs industriels constituent un temps d'arrêt pour l'industrie. Il n'est pas permis de faire comme eux, ni même de faire mieux. On ne peut mettre en œuvre les perfectionnements obtenus qu'avec leur assentiment ou à l'expiration de leur privilége. Dans les lettres, au contraire, ou dans les beaux-arts. le sujet traité par un auteur reste dans le libre domaine de l'art et de la pensée; tous les artistes, tous les écrivains peuvent y puiser des inspirations, le reproduire sous une autre forme et entrer en concurrence avec celui qui a ouvert la carrière. Eût-elle paru la première sur la scène, la *Phèdre* de Pradon n'aurait point empêché le glorieux avénement de la *Phèdre* de Racine.

Qu'on cesse donc de comparer des créations de nature si diverse.

Reste à parler de la taxe.

Son principe est juste : c'est un tribut faiblement rémunérateur du monopole que la loi établit en faveur des inventeurs et de toutes les protections qu'elle leur accorde contre elle-même. C'est aussi, dans un système qui commande la délivrance des brevets sans examen préalable, le seul moyen d'empêcher une foule de rêveries et de puérilités, d'entraver le commerce et d'usurper une protection qui n'a été établie que pour les découvertes sérieuses et utiles (1).

Cette dernière considération devait conduire encore à ne pas descendre à un chiffre trop minime.

Mais comment asseoir la taxe des brevets ?

En Belgique, elle est calculée sur l'importance présumée de l'objet breveté. Mais quel arbitraire, quelle difficulté, disons mieux, quelle impossibilité dans cette appréciation d'un objet encore inconnu !

On a préféré prendre pour base la durée du brevet : 100 fr. par année, tous frais compris, n'ont point paru à votre commission un taux exorbitant.

Ainsi, l'on payera 500 fr. pour un brevet de cinq ans, 1.000 fr. pour un brevet de dix, et 1,500 fr. pour un brevet de quinze années (2).

C'est une légère augmentation pour les deux premières espèces de brevets. La troisième, qui s'applique aux inventions vraiment importantes, reste au taux fixé par la loi du 27 mai 1791.

Quelques hommes expérimentés dans ces matières auraient voulu que, pour l'acquittement de la taxe, on admît le système de la législation autrichienne, c'est-à-dire le payement par annuités. Ce système a quelque chose de séduisant ; il favorise les inventeurs qui sont sous le poids de la détresse ; mais il rend les perceptions plus longues et plus difficiles ; il augmente et complique les écritures de comptabilité ; il multiplie les causes de déchéance et peut frapper les négligences, l'absence, la maladie, à l'égal de la mauvaise foi ; il ne donne au contrat intervenu entre l'inventeur et la société d'autre sanction que l'abandon d'un brevet témérairement sollicité ; enfin (et c'est la considération la plus grave), il ne permet pas aux intéressés de connaître exactement la durée des brevets, et de savoir avec précision ce qui tombe dans le domaine public ou ce qui reste sous la restriction d'un droit privatif.

La commission a admis les bases du projet.

(1) Le nombre des brevets tend toujours à s'accroître. Il est aujourd'hui sept fois plus considérable qu'il n'était du temps de l'Empire ; et il résulte des tableaux remis par l'administration, que le nombre des brevets accordés s'est élevé, pendant les neuf premiers mois de 1842, à 1,085, dont 576 de cinq ans, 315 de dix ans, et 194 de quinze ans. Le nombre de brevets d'addition a été de 524 pendant ces trois premiers trimestres ; il n'avait été que de 274 pendant tout le cours de l'année précédente.

(2) Pour être exploitée pendant quatorze ans en Angleterre, en Écosse et en Irlande, une patente d'invention coûte 7,950 fr., non compris les frais de requête, qui s'élèvent de 250 à 500 fr. L'extension pour les colonies ne coûte rien de plus quand elle est demandée collectivement : si elle n'est réclamée que plus tard, on exige une nouvelle taxe.

14

D'ailleurs, comme on va le voir, une heureuse innovation vient au secours des inventeurs peu fortunés, en leur permettant de prendre, moyennant 200 fr., un brevet provisoire qui les met à même d'expérimenter leur découverte, et leur donne le temps de se procurer les ressources nécessaires pour prendre un brevet définitif.

TITRE II. — *Des formalités relatives à la délivrance des brevets.*

Nous avons peu de chose à vous dire sur les détails fort simples de la procédure administrative qui doit précéder l'obtention des brevets, et qui fait l'objet de la section première de ce titre : ce sont des dispositions réglementaires dont plusieurs ont pour elles l'épreuve du passé, et dont quelques autres sont une évidente amélioration pour l'avenir. Exiger une désignation claire et complète de la découverte à breveter ; assurer aux auteurs de cette découverte le rang que leur assigne la date de leur demande; garantir à la fois les droits présents de l'inventeur et les droits futurs de la société, tels sont les objets principaux de ces dispositions.

200 fr. doivent être versés à valoir sur la taxe du brevet, dont la durée ne courra que du jour de sa délivrance, bien que les droits de l'inventeur soient assurés du jour de la demande.

Le seul amendement que propose la commission, c'est que les procès-verbaux destinés à constater le dépôt des pièces au secrétariat général des préfectures, soient tenus sur un registre spécial, qui ne permettra aucune intercalation, et qui présentera plus de garanties que des procès-verbaux détachés.

La section deuxième, relative à la *délivrance des brevets*, soulève des questions plus graves et qui méritent de fixer votre attention.

On s'est demandé d'abord si les brevets devaient être accordés avec ou sans examen préalable.

Pourquoi, a-t-on dit, concéder ce qui, plus tard, devra être retiré, annulé? Qu'a-t-on à gagner à ces brevets illégitimes qui restent sans utilité pour ceux même qui les obtiennent? Ne vaut-il pas mieux refuser dès le principe que de briser plus tard ce qu'on aura commencé par accorder?

Ces objections, graves en apparence, n'ont pas empêché de maintenir le principe de délivrance des brevets sans examen préalable.

Les arts et le commerce vivent de liberté. On n'a pas cru devoir les déshériter du respect de notre législation en général pour la libre manifestation de la pensée sous quelque forme qu'elle se produise, et de la répugnance pour les mesures préventives si fécondes en abus. L'examen préalable serait l'établissement de la censure en matière d'industrie. Et comment s'exercerait cette censure? comment, par exemple, décider qu'un fait industriel est nouveau, et qu'il ne s'est pas produit dans l'enceinte d'une manufacture ou dans la retraite d'un ouvrier obscur et laborieux? comment prévoir et juger le degré d'utilité d'une découverte à peine née, qui n'a reçu aucuns développements, qui n'a pas encore subi l'épreuve de l'application? Quels seront les contradicteurs de ce débat? qui représentera les parties intéressées ? Et même où prendre des juges ? qui exercera cette magistrature conjecturale sur les domaines de la pensée et de l'avenir ? Sera-ce un commis métamorphosé en juré des choses industrielles qu'il ignore ? Prendra-t-on un homme de pratique, qui souvent n'est qu'un homme de routine, pour juger un homme de théorie et d'inspiration ? appellera-t-on des savants qui, pour être savants, ne savent pourtant pas encore toutes choses ; qui ont leurs préventions, leurs préjugés, leurs coteries ; dont le postulant contredit peut-être les doctrines, les travaux, les idées ? Ce sont là de véritables impossibilités. On l'a dit avec autant d'esprit que de raison : en cette matière, la seule procédure convenable est l'expérience, le seul juge compétent est le public.

D'un autre côté, le jugement rendu sera-t-il souverain ? Alors combien d'intérêts ignorés pourront être compromis ! Sera-t-il susceptible d'être réformé par les tribunaux ? Voilà le pouvoir administratif soumis au pouvoir judiciaire.

Enfin, l'examen préalable emporterait responsabilité morale pour le juge et garantie pour l'invention : double écueil qu'il fallait éviter.

On a voulu faire une distinction : maintenir la délivrance de brevet sans examen pour ce qui tient à la nouveauté ou mérite de l'invention ; mais admettre l'examen préalable et la faculté de rejet pour les inventions ou découvertes qui seraient contraires a l'ordre ou à la sûreté publique, aux bonnes mœurs ou aux lois du royaume.

Les auteurs du projet n'ont pas cru qu'il fût possible de scinder ainsi le principe, d'établir deux ordres de procédure et deux catégories de brevets. Aucun fait grave n'avait indiqué la nécessité de ces précautions. Le système d'examen préventif a donc été complétement rejeté, et l'on a laissé aux tribunaux le soin d'annuler ou de réprimer les infractions de toute nature. L'art. 11 du projet porte que « les brevets dont la demande aura été régulièrement formée seront délivrés *sans examen préalable, aux risques et périls des demandeurs, et sans garantie soit de la réalité, de la nouveauté et du mérite de l'invention, soit de la fidélité ou de l'exactitude de la description.*

Grâce à ce système, aucune invention utile ne peut être étouffée dans son berceau : mais en même temps aucune usurpation ne peut s'établir. Quand une découverte est présentée comme nouvelle par son auteur, l'autorité administrative enregistre cette déclaration et l'entoure des solennités qui doivent en assurer l'efficacité. Si la déclaration est vraie, elle produit tous les effets que la loi y a attachés. Si elle est fausse, si la prétendue invention n'en est pas une, si elle blesse les lois, les mœurs, l'ordre public, les tribunaux chargés de l'application des lois frappent de mort le brevet usurpé. Ainsi, tous les intérêts sont protégés, tous les pouvoirs publics fonctionnent avec régularité dans la sphère qui leur appartient.

Ces principes ont été consacrés en 1791. Un moment attaqués en l'an VI, au sein du Conseil des Cinq-Cents, ils ont reçu les hommages de ceux-là même qui les avaient un instant méconnus (1). Ils sont reçus chez presque toutes les nations industrielles (2). Une longue expérience a justifié leur sagesse. Votre commission a pensé qu'on avait eu raison d'y persister.

Ici vient se placer la plus importante innovation que renferme le projet de loi : c'est la création des *brevets provisoires*, qu'on pourrait appeler aussi *brevets d'essai*.

Une découverte industrielle est une œuvre de patience et d'investigation. Elle ne jaillit point complète du cerveau de l'inventeur. comme Minerve sortit tout armée du cerveau de Jupiter. Entre l'idée première et sa réalisation parfaite, que d'essais, de tâtonnements, de corrections, de changements, de rectifications! Combien de fois la pratique vient déjouer les calculs de la théorie et lui demander de nouvelles inspirations!

Au milieu de ce travail, l'inventeur a crainte de se voir devancer dans la carrière et primer par un rival actif et vigilant. Alors il se hâte de prendre rang avant que son œuvre ait reçu toute la perfection qu'il pouvait lui donner, et de placer sa découverte sous la sauvegarde d'un brevet hâtif.

Ce n'est pas tout. D'après la législation de 1791, il était obligé, de prime abord, de prendre un brevet définitif. d'en déterminer la durée et de payer au moins la moitié de la taxe avant d'avoir pu livrer sa découverte à l'épreuve de la pratique. expérimenter ses résultats, pressentir l'accueil qu'elle devait recevoir et l'extension qu'elle pouvait atteindre. Les illusions de l'espérance conseillaient souvent de prendre le brevet le plus long et le plus cher pour une invention qui n'était pas viable, et une défiante timidité ou une position gênée faisaient prendre un brevet de courte durée pour une découverte pleine d'avenir. Souvent aussi on se laissait frapper de déchéance pour ne pas solder le complément d'une taxe élevée nécessitée par un long brevet, dont la futilité était reconnue.

Enfin l'invention avait à peine paru dans son état d'enfance et d'imperfection, qu'une foule d'industriels. habitués à vivre sur les idées d'autrui, s'en emparaient, se faisaient breveter pour des perfectionnements qui souvent n'en sont pas. ou qui s'offrent d'eux-mêmes; discréditaient, autant qu'il était en eux, l'œuvre primitive. et tâchaient d'entrer d'une façon quelconque en partage de bénéfices avec l'inventeur rançonné par eux.

Les articles 14 et 18 du projet ont obvié d'une manière heureuse à tous ces inconvénients.

D'abord l'inventeur n'est plus tenu de déterminer dès le principe la durée de son brevet, et de payer la moitié de la taxe. Moyennant une somme de 200 fr. imputable sur la taxe qui sera déterminée par le brevet définitif. il peut prendre un brevet, qui, pendant deux années, demeure à l'état de *brevet provisoire*. Pendant ce temps, il

(1) Voir les deux Rapports, en sens opposé, de M. Eudes, du 14 pluviôse et du 12 fructidor an VI.

(2) Le principe contraire n'a prévalu qu'en Prusse, en Belgique, en Hollande et en Sardaigne.

a le loisir de se livrer avec sécurité à tous les essais utiles et de perfectionner sa découverte. Nul autre venant le troubler ou le devancer dans ses expériences, ne peut obtenir un brevet valable pour un changement, perfectionnement ou addition. Cependant le public et le breveté s'éclairent sur le mérite de l'invention : si elle n'obtient pas les succès espérés, l'inventeur est maître de s'arrêter là ; si ses espérances se réalisent, il peut, en connaissance de cause et suivant la mesure de la réussite, déclarer avant la fin des deux années la durée qu'il entend assigner à son brevet dans la limite des trois périodes indiquées par l'art. 4. Alors il devra payer le complément de la taxe; mais deux ans d'exploitation et de succès lui en auront facilité les moyens.

Cet ensemble de dispositions apporte une amélioration véritable dans le sort des inventeurs, et leur présente une garantie bien plus efficace que celle qui résulte d'une disposition analogue de la législation anglaise, connue sous le nom de *caveat* (1).

Aussi a-t-on accueilli avec faveur cette partie du projet. Seulement quelques personnes ont critiqué avec amertume la disposition qui ne permet pas aux tiers de prendre un brevet de perfectionnement pendant la durée du brevet provisoire. Elles y ont vu une espèce d'attentat à la liberté de l'industrie et des perfectionnements certains sacrifiés à des perfectionnements éventuels. « Comment, a-t-on dit, donner à un inventeur le privilège exclusif de travailler sur son idée et de la perfectionner seul pendant deux années, enlever à tout autre la faculté de la modifier et de l'améliorer, mettre, en quelque sorte, les intelligences en interdit! C'est trop se préoccuper des intérêts de l'inventeur et pas assez des droits de la masse et de la prospérité de l'industrie en général. Cela est d'autant moins juste que l'on peut espérer peu de perfectionnements de l'inventeur, qui s'est épuisé sur son idée première ; qui, souvent placé sous l'empire d'une idée fixe, ne voit guère que ce qu'il a vu, s'agite sans cesse dans un cercle d'où il ne peut sortir, et n'aperçoit point ce qui paraît fort simple à celui dont l'imagination n'est point fatiguée par un laborieux enfantement. »

Quelque imposantes que puissent paraître ces raisons, votre commission n'en a point été touchée. Il ne s'agit pas seulement de ce qui peut être avantageux, il faut voir aussi ce qui est juste.

Or, l'équité ne commande-t-elle pas de laisser à l'inventeur le temps de conduire lui-même son œuvre à maturité, d'interroger les résultats de la pratique pour corriger les erreurs de la théorie, et demander aux faits les indications que la spéculation seule ne pouvait donner?

Et qui donc aurait droit de s'en plaindre ? L'inventeur pouvait conserver sa découverte et ne la révéler au public qu'au bout des années réservées à ses travaux de perfectionnement. Faut-il le punir d'avoir devancé cette époque et appelé la société à jouir plus tôt du fruit de ses veilles ?

D'ailleurs, les hommes qui se ruent sur une invention nouvelle

(1) Voir la note de la page 21.

14.

dès qu'elle apparaît. qui cherchent à hisser leur nom sur des découvertes qui ne sont pas d'eux, sont-ils toujours bien favorables? A côté des perfectionnements réels, n'y a-t-il pas beacoup plus de perfectionnements nominaux et de pure spéculation?

On a demandé encore si la prohibition de l'article 18 faisait un devoir au Ministre de refuser le brevet de perfectionnement demandé dans le cours des deux années d'interdiction. Il est évident que non, puisque tout brevet demandé doit être accordé sans examen. Seulement, l'article 18 déclare que le brevet de perfectionnement, pris dans les deux ans du brevet provisoire, ne sera pas valable.

Mais alors, a-t-on poursuivi, le perfectionnement, tombant dans le domaine public, profitera donc, pendant la durée du brevet, à l'inventeur, et ensuite à la société? Sans doute. Mais à qui la faute? A celui qui a encouru la déchéance en foulant aux pieds les prohibitions de l'article 18. et en prenant un brevet en dehors des conditions légales.

A ces restrictions près, le projet de loi permet, comme les lois actuelles, de breveter les changements, additions ou perfectionnements apportés à une invention précédemment brevetée.

En effet, un perfectionnement, quand il ne se borne pas à un simple changement de forme ou à une insignifiante modification, peut avoir le caractère et souvent l'importance d'une création nouvelle.

Seulement, si le changement, l'addition ou le perfectionnement émanent de l'inventeur breveté. il aura le choix ou de prendre un brevet spécial pour cinq, dix ou quinze années, ou de se faire délivrer un simple certificat d'addition se rattachant au brevet primitif et soumis alors à une faible taxe de 20 fr.

Si c'est un tiers, il lui faut un brevet soumis aux mêmes formalités, aux mêmes conditions et aux mêmes droits que les brevets primordiaux.

Mais la raison et la justice dictaient l'article 20. suivant lequel : « Quiconque aura obtenu un brevet pour une découverte, invention ou application se rattachant à l'objet d'un autre brevet, n'aura aucun droit d'exploiter l'invention déjà brevetée. et réciproquement le titulaire du brevet primitif ne pourra exploiter l'invention objet du nouveau brevet. »

Les motifs de cette double règle ont été parfaitement expliqués dans l'excellent travail du rapporteur de l'Asssemblée constituante, M. de Boufflers.

« On a cru, disait-il, que le titre accordé à l'auteur de la perfection enlevait au premier auteur de la découverte l'exercice privatif de son titre d'inventeur ; mais il n'en est pas ainsi ; l'invention est le sujet, la perfection est une addition. Les deux choses différentes appartiennent à leurs auteurs respectifs ; l'une est l'arbre et l'autre est la greffe. Si le premier inventeur veut présenter sa découverte perfectionnée, il doit s'adresser au second, et réciproquement le second inventeur ne peut tenir que du premier le sujet auquel il veut appliquer son nouveau genre de perfection ; ils se verront désormais obligés, quoi qu'ils fassent. de travailler l'un pour l'autre. et. dans toutes les suppositions, la société y trouve son profit ; car, ou bien ils se critiquent, et alors le public est plus éclairé, ou bien ils s'accordent, et alors le public est mieux servi. »

Si le projet maintient les brevets de perfectionnement, il supprime les brevets d'importation, cette prime étrange accordée à une simple pérégrination industrielle, plaçant sur la même ligne que l'inventeur celui qui va chercher l'invention des autres à quelques kilomètres de la frontière, qui rapporte ce que chacun peut aller prendre, et ce qui serait venu quelques jours, quelques semaines plus tard.

A une époque où les rapports des peuples étaient peu nombreux et semés d'obstacles, où les guerres et les prohibitions élevaient des barrières difficiles à franchir, les brevets d'importation ont pu avoir leur utilité. Aujourd'hui, ils n'ont que des inconvénients et sont pour le commerce des entraves sans compensation. Leur suppression était vivement sollicitée : c'est encore un des bienfaits du projet de loi.

La section IV du titre II donne des règles pour la transmission et la cession des brevets. La loi a dû autoriser ces transactions, mais il était nécessaire d'en expliquer les effets et de les environner d'une sage publicité, destinée à prévenir toute incertitude sur les droits de chacun et sur la manière de les exercer.

Dès que les brevets sont délivrés et les droits de l'inventeur assurés, les descriptions, dessins, échantillons et modèles des brevets déposés au ministère du commerce doivent être communiqués, sans frais, à tous ceux qui le réclament.

La raison en est simple. Il faut bien que ceux qui veulent se faire breveter soient mis à même de vérifier s'ils n'ont pas été devancés dans leur découverte et dans l'obtention d'un brevet.

Ces descriptions et dessins peuvent être d'ailleurs un utile objet d'étude ; leur publicité est une école d'industrie ouverte à tous ; il suffit aux intérêts des brevetés qu'on ne puisse exploiter leur découverte.

Cependant, on ne permet pas que, pendant la durée du brevet provisoire, aucuns calques, croquis ou notes soient pris sur les pièces communiquées. C'était une conséquence, pour ainsi dire obligée, du droit exclusif de perfectionnement accordé au breveté pendant cette période.

Mais, à l'expiration du brevet provisoire, toute personne pourra obtenir, à ses frais, copie des descriptions et dessins, suivant les formes réglementaires que la loi abandonne aux soins de l'Administration.

Toutefois, cette communication dans les bureaux ne pouvait guère profiter aux industriels de la province ; elle n'avait d'utilité réelle que pour ceux de la capitale.

La loi ancienne avait cherché à corriger autant que possible cette inégalité, en ordonnant que la publication officielle, par la voie de l'impression ou de la gravure, aurait lieu dès que l'expiration du brevet aurait mis fin au privilége.

Mais pourquoi attendre l'expiration du brevet pour divulguer ainsi les ressources nouvelles offertes à l'industrie, et pour provoquer leur perfectionnement ou mettre sur la route de découvertes qui s'y rattachent ? L'article 25 veut que la publication soit faite aussitôt que le brevet provisoire a été converti en brevet définitif.

Seulement, pour ne pas multiplier les frais hors de mesure et sans motifs, et aussi pour ne pas rendre les recherches trop laborieuses, la publication pourra, suivant l'importance des objets, se faire textuellement ou par extrait.

Il sera en outre publié, au commencement de chaque année, un catalogue contenant les titres des brevets délivrés dans le courant de l'année précédente.

Enfin, ce catalogue et le recueil des descriptions et dessins doivent être déposés au ministère de l'agriculture et du commerce et au secrétariat de la préfecture de chaque département.

Ainsi sont prises, aussi complétement que possible, toutes les mesures propres à répandre l'éducation industrielle et à faire pénétrer sur tous les points du royaume les découvertes qui intéressent le commerce et les arts.

TITRE III. — *Des droits des étrangers.*

La France s'est toujours montrée hospitalière et généreuse envers les autres nations. La première, elle a aboli le droit d'aubaine et admis les étrangers à jouir du bienfait de ses lois.

A plus forte raison, devait-elle ouvrir ses portes à celui qui vient lui apporter un tribut de découvertes nouvelles. Il était digne d'elle de donner l'exemple du respect pour le droit des inventeurs sans distinction de nationalité, et d'élever la garantie pour les œuvres du génie industriel à la hauteur d'un principe de droit public international.

L'exercice du commerce et de l'industrie, en effet, n'appartient-il pas essentiellement au droit des gens ?

Le projet de loi, tel qu'il vous est présenté, n'a soumis les étrangers à aucune condition de réciprocité, donnant ainsi, comme on l'avait fait en 1819 pour la loi des successions, une preuve de désintéressement et de haute civilisation.

Tout inventeur étranger, qu'il soit déjà breveté ailleurs ou qu'il ne le soit pas, qu'il soit ou non résidant en France, pourra donc se faire breveter comme le Français et aux mêmes conditions.

Or, une de ces conditions essentielles est que l'invention soit nouvelle, c'est-à-dire qu'elle n'ait reçu ni en France ni ailleurs, soit par la voie de l'impression, soit par toute autre manifestation extérieure, une publicité suffisante pour pouvoir être exécutée.

On ne peut se dissimuler, et la loyauté fait un devoir d'en donner hautement avis, que cette règle paralyse le bienfait de la loi nouvelle à l'égard des industriels qui auraient été brevetés dans les pays où, comme en Russie, les descriptions jointes aux demandes de brevets sont publiées immédiatement après la concession. Mais pouvait-on faire pour les étrangers plus qu'on ne fait pour les regnicoles ?

Toutefois, la commission vous propose un amendement pour expliquer que si l'auteur d'une invention ou découverte déjà brevetée ailleurs peut obtenir un brevet en forme, la durée de ce dernier brevet ne devra pas excéder la durée du brevet étranger. Il ne faut pas que la protection accordée par la France devienne pour elle une cause d'infériorité, et que dans son sein on enchaîne par le monopole ce qui partout ailleurs serait libre de cette entrave.

TITRE IV, § 1er. — *Des nullités et déchéances.*

La faculté de vérifier les droits du breveté et d'apprécier la valeur de son titre, était la conséquence nécessaire de la délivrance du brevet sans examen préalable. Toute la garantie de la société est là.

Ainsi doit être réprimée l'usurpation de ceux qui se sont présentés comme les auteurs d'une découverte qui n'est pas nouvelle, ou qui ont surpris un brevet pour des objets que la loi avait déclarés non susceptibles d'être brevetés.

On ne peut non plus laisser subsister un titre destiné à protéger ce qui serait contraire à l'ordre, à la sûreté publique, aux bonnes mœurs et aux lois du royaume.

Les sévérités de la loi sont dues encore à la fraude, qui a dissimulé sous un faux titre le véritable objet de l'invention : à la réticence coupable qui a produit une description insuffisante ou dissimulé ses moyens d'exécution ; à l'invasion faite sur la découverte d'autrui pendant la durée du brevet provisoire ; aux certificats menteurs d'addition ou de perfectionnement qui, n'ayant aucun rapport avec l'invention dotée d'un brevet principal, auraient pour effet de constituer de véritables brevets, sans en supporter les charges.

Toutes ces causes de nullité portent leur explication avec elles-mêmes.

C'est encore une disposition parfaitement en rapport avec le principe de la loi, que celle de l'art. 30, qui ne veut pas qu'on considère comme nouvelle toute découverte, invention ou exploration, qui, en France ou à l'étranger, aurait reçu antérieurement à la date du dépôt de la demande, soit par la presse, soit par la gravure, soit par une exploitation connue, soit par tout autre mode de manifestation, une publicité suffisante pour pouvoir être exécutée avec ces seuls secours.

En effet, les avantages du monopole accordé au breveté sont le prix d'une révélation industrielle dont il dote la société. Mais la société ne doit rien si elle ne reçoit rien de lui. Le brevet serait alors un effet sans cause.

Enfin deux raisons de déchéances sont écrites dans l'art. 31 : la première, contre le breveté qui a laissé sommeiller son invention pendant deux années sans la mettre en exploitation, ou qui a interrompu pendant une année entière l'exploitation commencée : la seconde, contre celui qui introduirait en France des objets fabriqués à l'étranger et semblables à ceux pour lesquels il est breveté.

Si la société consent à se déshériter pour un temps du droit d'exploiter librement une découverte utile, c'est pour reporter les avantages de cette exploitation à l'inventeur. Mais s'il les dédaigne ou les délaisse, il est censé les abdiquer et il en est déchu. De même la protection de la loi française ne peut lui être continuée quand, au lieu d'en faire profiter le travail national, il en reporte les profits aux travailleurs étrangers.

Là se bornent les causes de nullité et de déchéance maintenues par le projet de loi.

Il a sagement fait disparaître une autre cause écrite dans la loi du 7 janvier 1791, contre celui qui, ayant obtenu un brevet en France, se faisait breveter à l'étranger pour la même invention.

Cette disposition jalouse allait contre son but, car elle avait pour effet de rendre libre à l'étranger ce qui était chez nous soumis aux exigences du monopole, c'est-à-dire de défavoriser à la fois le breveté et l'industrie nationale au profit de l'industrie étrangère. Elle devait donc être effacée de la loi nouvelle.

Toutefois, la commission a cru devoir introduire ici une prohibition dont la déchéance du brevet peut devenir la sanction dernière.

Déjà, nous avons eu l'occasion de le dire, une opinion trop généralement répandue considère les brevets comme une garantie du mérite de l'invention, et le charlatanisme des brevetés cherche trop souvent à propager, à accroître et à exploiter cette erreur. Plusieurs Chambres de commerce ont signalé ce moyen de fraude comme également fâcheux pour le commerce qu'il discrédite et pour les consommateurs qu'il abuse.

La commission vous propose de décider que lorsque des affiches, prospectus ou annonces auront reçu une rédaction évidemment destinée à tromper le public sur le mérite des brevets, ce fait constituera un délit qui pourra être puni d'abord par une amende de 50 à 100 fr., et en cas de récidive par la déchéance du brevet lui-même.

§ 2. — *Des actions en nullité et déchéance.*

En déterminant les différentes causes de nullité ou de déchéance applicables aux brevets d'invention, les lois des 7 janvier et 25 mai 1791 avaient gardé le silence et sur la juridiction qui devait en connaître et sur les personnes qui pouvaient les invoquer.

De là, beaucoup d'incertitudes et de procès.

Les dispositions destinées à combler cette lacune sont fort simples.

L'action en nullité ou en déchéance est ouverte à tous ceux qui y ont intérêt. C'est l'application du droit commun.

Cette action doit être portée devant les tribunaux ordinaires, c'est-à-dire devant les tribunaux civils de première instance, et par appel devant les cours royales. C'est encore le droit commun auquel la loi du 25 mai 1838 avait déjà ramené.

Si le droit résultant du brevet a été disséminé par des cessions en diverses mains, l'action doit être concentrée au tribunal du domicile du titulaire breveté.

L'instruction doit être celle des affaires sommaires, c'est-à-dire aussi rapide et aussi coûteuse que possible,

Mais, comme ces contestations intéressent la liberté du commerce et de l'industrie, elles devront être communiquées au ministère public.

Une seule disposition a un caractère de nouveauté qui mérite explication.

D'après les règles du droit, l'autorité de la chose jugée se concentre entre les parties, leurs héritiers ou ayants cause, et ce principe, qui ne donne à la vérité judiciaire qu'une puissance relative, est tellement absolu, qu'il s'applique même aux matières les plus indivisibles par leur nature, comme les questions d'Etat.

Sous l'empire d'un tel principe, un jugement qui prononce la nullité ou la déchéance d'un brevet sur la demande d'une personne intéressée, laisserait la question entière vis-à-vis de tous autres, et la lutte pourrait se ranimer sans cesse et se prolonger indéfiniment.

D'un autre côté, si l'on avait voulu faire exception au principe et étendre l'autorité de la chose jugée à l'encontre des tiers en matière de brevet, on s'exposait à faire naître des actions collusoires dont le but et le résultat auraient été souvent de couvrir les vices d'un brevet et de le mettre à l'abri des attaques les mieux fondées.

Pour obvier à tous ces inconvénients, l'art. 35 du projet de loi voulait que, dans tous les cas où un jugement ou arrêt prononçant la nullité ou la déchéance d'un brevet aurait acquis la force de chose ugée, il en fût donné avis au Garde des sceaux, Ministre de la justice, qui aurait pu prescrire au ministère public de se pourvoir pour faire prononcer la nullité ou la déchéance absolue.

Votre Commission a vu beaucoup d'inconvénients à cette intervention du Ministre de la justice dans des matières qui sont plutôt du ressort du Ministre du commerce, à ces injonctions qui ôtent au ministère public quelque chose de sa dignité, et à ces actions principales qui ne sont que très exceptionnellement dans les attributions civiles de cette magistrature.

D'un autre côté, en formant ainsi après coup, et peut-être devant d'autres juges, une action nouvelle après un premier jugement, n'exposerait-on pas la justice à des contrariétés de décisions toujours fâcheuses? ne se pourrait-il pas que la demande à fin de déchéance ou de nullité absolue fût rejetée quand la demande première aurait été accueillie?

La Commission a cru que le but proposé serait plus sûrement et plus convenablement atteint si l'on accordait au ministère public la faculté d'intervenir par ses conclusions dans les procès portés devant les tribunaux par les parties intéressées, et de requérir, dans l'intérêt de la société, une nullité et une déchéance absolues, qui imprimeraient à la décision rendue un caractère de généralité propre à tarir désormais la source de procès nouveaux.

De plus, on lui réserve l'initiative d'une action principale toutes les fois qu'il s'agirait de faire tomber le brevet comme contraire à l'ordre ou à la sûreté publique ou aux bonnes mœurs.

TITRE V. — *De la contrefaçon.*

Après avoir protégé la société contre les usurpations de brevets, la loi devait protection aux brevetés contre les invasions des contrefacteurs.

Le projet de loi établit des peines sagement graduées, qui s'aggravent par l'état de récidive. ou par l'infidélité des ouvriers employés dans les ateliers des brevetés, mais que l'équité du juge pourra tempérer par l'application de l'art. 463 du Code pénal.

Les complicités étaient réprimées plus faiblement que le délit principal. La Commission a cru devoir maintenir le principe général de l'égalité des peines entre les auteurs d'un délit et leurs complices. En cette matière plus qu'en toute autre, la culpabilité est identique, et si les circonstances appellent une différence. le juge trouvera le moyen de l'établir dans l'intervalle qui sépare le maximum et le minimum sur l'échelle des répressions.

La connaissance des poursuites en contrefaçon, abandonnée par les lois de 1791 à la juridiction des juges de paix. a été restituée par la loi du 25 mai 1838 aux tribunaux correctionnels, plus en rapport avec la gravité des intérêts et la nature des condamnations. Cette attribution est maintenue.

Les poursuites sont simples et rapides. L'initiative est exclusivement réservée aux parties intéressées. La saisie est facultative, et l'on peut y suppléer par une constatation détaillée. Dans le cas de saisie, un cautionnement peut être imposé à celui qui la requiert. La demande doit être formée dans la huitaine qui suit cette saisie, ou la constatation qui la remplace.

Le tribunal correctionnel devant lequel l'action en contrefaçon est portée peut connaître de toutes les exceptions proposées, alors même qu'elles seraient tirées d'une invocation de nullité ou de déchéance, ou qu'elles reposeraient sur des questions relatives à la propriété. On évitera ainsi des renvois devant les tribunaux civils, renvois sans utilité, qui créent double procès et qui, par conséquent, enfantent doubles frais et doubles lenteurs.

Enfin, au lieu d'ordonner. comme le faisait la législation de 1791, la vente des objets saisis et la remise de leur produit au propriétaire du brevet, l'art. 46 du projet. procédant par une voie plus courte et plus rationnelle, ordonne qu'on remette au breveté les objets eux-mêmes en nature. pour qu'il en dispose comme il lui conviendra le mieux.

TITRE VI.

Ce dernier titre renferme des *dispositions particulières et transitoires.*

Il délègue à des règlements d'administration publique le soin d'arrêter les dispositions nécessaires pour l'exécution de la loi. Loin de reprocher cette délégation, peut-être pourrait-on reprocher au projet de ne l'avoir pas étendue à plusieurs des dispositions réglementaires qui le surchargent. C'est un reproche qu'on serait fondé à adresser à plus d'une de nos lois nouvelles.

Des ordonnances rendues dans la même forme réglementaire pourront étendre aux colonies le bienfait de la loi et en régler l'application avec les modifications qui seront jugées nécessaires, à raison de la différence des lieux et des intérêts en présence.

Pour tarir une source féconde de discussions sur les dispositions abrogées ou maintenues dans les lois anciennes sur les brevets d'invention et de perfectionnement, l'art. 49 prononce l'abrogation complète et absolue de toutes ces lois. La loi nouvelle formera désormais le seul code en cette matière.

Enfin le projet se termine par un hommage au grand principe de non-rétroactivité des lois.

Tel est l'ensemble de ses dispositions. Il nous a paru répondre aux vœux et aux besoins du pays, et votre Commission vous en propose l'adoption avec les amendements indiqués.

L'apparition de cette loi ne manquera pas d'à-propos au moment où la France industrielle se prépare à déployer dans une solennelle exposition le magnifique spectacle de ses richesses, de ses progrès, de ses conquêtes, et à marquer ainsi le degré auquel elle s'est élevée sur l'échelle de la civilisation. Puissent les garanties nouvelles offertes au génie de l'invention exciter ses efforts, développer ses ressources et en faire sortir de nouveaux éléments de prospérité et de grandeur pour notre pays!

EXTRAIT

DISCUSSION A LA CHAMBRE DES DÉPUTÉS.

Séance du mercredi 10 avril.

M. LE PRÉSIDENT. L'ordre du jour appelle la discussion du projet de loi sur les brevets d'invention.

M. MARTIN (DU RHONE). En abordant cette tribune, je suis heureux d'y exprimer la gratitude de la France industrielle envers le Gouvernement qui nous soumet aujourd'hui la codification complète de toutes les dispositions législatives destinées à protéger l'un de nos plus précieux intérêts.

Enchaîné par l'arbitraire du pouvoir, par les priviléges des corporations, le génie de l'invention ne trouvait dans les lois anciennes ni protection pour son essor, ni sécurité pour son développement.

L'Assemblée constituante brisa ces entraves, et proclama le grand principe de la propriété du travail, large et puissante base sur laquelle repose toute l'économie de la législation qui nous occupe. Plus d'un demi-siècle a passé sur son œuvre, et la loi nouvelle, en reproduisant ce que l'Assemblée constituante a consacré, rend à sa sagesse l'hommage de l'expérience.

Le principe a porté ses fruits.

Les gouvernements qui se sont succédé l'ont tous aidé d'une protection nouvelle, et la prospérité de l'industrie, de cette branche si féconde de la fortune publique, témoigne hautement du bienfait de la réforme fondée par les lois du 7 janvier et du 25 mai 1791.

Mais cette prospérité même, ce développement merveilleux, sont soumis à la loi vitale du progrès. A côté de nous, à notre exemple, des rivaux sont entrés dans la carrière ; et la concurrence, cette guerre incessante des sociétés modernes, ne permet plus à aucun peuple de rester stationnaire un seul jour.

Ce n'est donc plus désormais des intérêts locaux, des spéculations particulières, des stimulants ordinaires, que dépend l'avenir du pays sur cette question : c'est, il faut bien le dire, de la marche que doit lui imprimer son gouvernement.

Le nôtre l'a compris.

La loi qu'il nous apporte est une loi protectrice, généreuse, prévoyante, nationale. Elle garantit à l'inventeur le fruit de ses méditations et de ses veilles; elle ouvre une large voie aux perfectionnements, aux améliorations dont l'idée première est susceptible; elle accueille les découvertes de tous les pays ; elle enflamme et protége à la fois le génie de l'invention ; elle élève enfin la pensée de l'Assemblée constituante à la hauteur nécessaire pour faire face à tous les besoins de notre époque.

Un coup d'œil rapide sur ses dispositions élémentaires en fait aisément ressortir tout l'avantage. Sobre d'innovations, toutes celles qu'elle introduit sont marquées au coin d'une exacte justice, d'une intelligente prévision; et si quelques points de détail peuvent offrir matière à discussion, les grands principes que le projet consacre ont reçu la sanction d'un général assentiment.

Le droit de l'inventeur, que la loi primitive avait qualifié de *propriété*, suivant en ceci les éloquentes paroles de Mirabeau, ne conserve pas dans le projet la même dénomination.

On le comprend : dans ces jours de régénération sociale, où tout était principe fondamental pour l'avenir, le pouvoir constituant n'avait pas d'expression assez sacramentelle pour qualifier le droit qu'il venait de conquérir sur le passé. Plus approfondie de nos jours, la science du jurisconsulte, si hautement développée par notre honorable rapporteur, n'a pas permis d'employer une définition qui ne répond plus à tous les caractères que l'esprit de nos codes attribue à la propriété.

« Le droit de propriété, vous a-t-il dit, avec son caractère absolu et sa prérogative de perpétuité, est désintéressé dans la question ; il ne s'agit que d'un contrat sous la tutelle et la foi duquel le génie de l'invention livre à la société ses précieuses découvertes. »

Mais le droit exclusif d'exploiter à son profit, pendant la durée du brevet, toute nouvelle découverte ou invention, n'en sera pas pour cela moins sacré, moins inviolable; et la sollicitude dont l'entourent les dispositions du projet de loi n'est pas le moindre hommage rendu à la sainteté de son principe. Disons mieux: si ce droit cesse un jour d'être exclusivement le partage de l'inventeur, c'est encore en vertu d'un principe non moins respectable, celui de l'utilité publique.

Une définition claire et précise spécifie les cas où le brevet sera demandé; elle embrasse sur ce point, en les simplifiant, toutes les règles éparses et quelque peu confuses des lois précédentes. Une sage réserve exclut les cas où le brevet pourrait servir à surprendre la bonne foi publique, ou consacrerait à l'égal de résultats certains des théories sans application réelle, et n'appartenant qu'au domaine de la pensée.

Je ne puis qu'applaudir au maintien de la délivrance des brevets sans examen préalable. Vainement de bons esprits se sont-ils préoccupés de la possibilité qu'une invention dangereuse ou contraire aux lois pût ainsi se produire avec l'attache du Gouvernement : la législation pénale doit nous rassurer sur ce point contre les cas infiniment rares qui pourraient s'offrir, et dont le danger ne saurait égaler celui de substituer le régime préventif au régime de répression, et d'introduire, à notre époque d'émancipation et de liberté, un principe que l'ancienne législation avait refusé d'admettre.

Plus intelligente et plus libérale à la fois qu'en Angleterre et aux États-Unis, la durée du brevet est graduée suivant l'importance que l'inventeur lui-même attache à sa découverte.

Le projet, c'est là sa plus importante, et je puis dès ce moment le constater, ce sera sa plus féconde innovation, a créé dans l'art. 14 une nouvelle espèce de brevets, qu'il faut qualifier de brevets provisoires.

Les travaux préparatoires de l'industrie ne s'accomplissent pas toujours dans la solitude et l'isolement ; la pensée ne sort pas tout armée du cerveau de l'inventeur : elle ne peut arriver à la réalisation sans emprunter la forme et la matière : des appareils sont nécessaires, des auxiliaires quelquefois : dès lors l'indiscrétion est à redouter, le secret peut être surpris, et l'intelligence en travail doit être protégée contre un péril dont l'appréhension trouble ses méditations et ses veilles.

Aussi les inventeurs se sont-ils plaints d'un état de choses qui ne leur permet pas d'éprouver leur œuvre, de faire en sûreté l'essai de leurs théories, avant de prendre un brevet qui ne peut être délivré qu'à un système prêt à fonctionner.

La nouvelle loi pourvoit à ce danger : l'inventeur n'est plus obligé de déterminer dès le principe la durée de son brevet ; en l'obtenant, il a pris date à l'encontre des rivaux actifs et vigilants qui auraient pu le devancer. Protégé maintenant par son titre, deux années lui sont accordées pendant lesquelles il pourra travailler au développement de son œuvre. A l'expiration de ce terme de faveur, il devra déclarer s'il entend prendre un brevet définitif, et pour quelle durée : si, trompé dans ses espérances, il n'arrive pas à l'application, le fruit de ses études tombe alors dans le domaine public : le germe de la pensée, demeuré stérile en ses mains, peut être fécondé par un autre.

C'est là, je le répète, une sage disposition : mais est-elle bien suffisante ? S'il est aisé d'en pressentir la salutaire influence, ne faut-il pas dès ce moment en réclamer l'extension ?

Pour moi, je crains que le projet n'ait abordé trop timidement cette voie nouvelle, qu'on n'ait redouté de trop étendre ce que j'appellerai le bienfait, qu'on ne se soit ému à tort des impatiences de l'intérêt public, qu'on n'ait enfin un instant méconnu la source première du droit de l'inventeur.

Propriété, privilége, droit privatif, de quelque nom qu'on l'appelle, il n'en saurait être de plus personnel, de plus sacré que celui qui m'attribue l'œuvre de ma pensée : il n'est pas non plus de spoliation plus odieuse que celle qui met aux mains d'un autre le fruit de mes travaux à l'instant où j'allais le saisir. Si donc vous partez de mon droit, pour en mesurer l'étendue, que sont deux années, là où peut-être s'élabore l'œuvre de toute une vie ?

De la sphère du droit, descendons à l'appréciation des faits. Que d'arguments puissants n'y rencontrons-nous pas! S'il est dans le détail des choses beaucoup de découvertes peu compliquées, et dont le hasard fait souvent tous les frais, combien aussi n'est-il pas dans la grande industrie, dans la mécanique par exemple, de ces œuvres qui appellent à leur aide les combinaisons de la science, les études mathématiques, et des travaux pour lesquels deux années semblent un instant!

Entre l'idée première et sa mise en œuvre complète, la distance est considérable; il n'est pas donné toujours à l'imagination la plus féconde de l'embrasser d'un seul jet.

« Envisager de prime abord une question sous toutes ses faces, disait M. le rapporteur à la Chambre des pairs, c'est l'œuvre du génie; mais prévoir à l'avance tous les inconvénients ou tous les avantages qu'une découverte présentera dans son exécution, excède les bornes de l'esprit humain. »

On fait valoir l'intérêt général appelé à recueillir les avantages de l'invention : votre privilège, dit-on, impose un temps d'arrêt à l'industrie; mais c'est au contraire ma découverte qui la fait progresser. Le privilège ne m'a donné que ce qui m'appartient, ma pensée. Non-seulement je ne vous ai rien pris, je ne vous prive de rien, mais je ne vous demande aujourd'hui plus de temps qu'afin de compléter l'œuvre dont je travaille à vous enrichir.

Rarement, dit-on, l'inventeur, épuisé par son premier jet, absorbé dans une idée fixe, sera propre à perfectionner. L'esprit humain a ses limites comme la terre, il ne produit pas deux récoltes.

Arguments spécieux et dépourvus de fondement; tout au plus applicables à ces faits culminants qui n'apparaissent qu'une fois, mais non à cette multitude d'inventions qui font la généralité de l'industrie, et pour lesquelles celui qui a conçu l'idée première est presque toujours le seul qui soit habile à en suivre les développements.

L'industrie lyonnaise, par exemple, cette branche qui jette des millions dans la fortune publique, qui nourrit d'innombrables ouvriers, ne repose-t-elle pas dans son application sur des systèmes qui sont le fruit de longues études? En dehors de la conception première, pensez-vous que le moindre élément du métier à tisser la soie n'ait pas demandé plus de deux ans d'expérimentation ? Deux ans auraient-ils suffi à Jacquard pour mériter la statue que lui a élevée le commerce lyonnais?

Cette disposition, songez-y bien, contient en germe tout l'avenir de la loi; si vous voulez qu'elle porte ses fruits, donnez-lui toute l'extension possible. Si l'inventeur et la société vous intéressent également, si ces deux droits en présence vous semblent difficiles à équilibrer, oubliez un instant l'un et l'autre; ne voyez que l'invention elle-même, donnez-lui le temps de mûrir, dût-il, pour mille avortons, ne vous arriver qu'une œuvre parfaite.

La loi conserve les brevets de perfectionnement. A côté de la protection donnée à l'inventeur, l'intérêt public réclamait aussi quelque faveur pour celui qui, ajoutant un développement ou une amélioration notable à la pensée première, la conduisait à l'état de perfectionnement.

Ce principe, combattu par des hommes éminents, et à leur tête l'illustre Chaptal ; ce principe, qui ne stimule le zèle de l'inventeur qu'en le menaçant incessamment, ne se trouve reproduit dans le projet qu'avec une importante restriction. Le brevet de perfectionnement ne pourra être valable pendant la durée du brevet provisoire pour l'invention qui fait l'objet de celui-ci. C'était la conséquence logique de la pensée qui a créé le brevet provisoire; les deux ans accordés à l'inventeur, pour suivre privativement son œuvre, ne seraient qu'une déception, si le brevet de perfectionnement pouvait être, pendant cet espace, valablement obtenu par un autre: j'appliquerai donc à cette disposition de la loi l'extension que je réclame pour le brevet provisoire.

. Le brevet de perfectionnement ne donnera, dans aucun cas, le droit d'exploiter l'invention déjà brevetée, et réciproquement le brevet primitif ne donnera pas le droit d'exploiter le perfectionnement objet du nouveau brevet. Cette délimitation était nécessaire entre deux droits qui peuvent marcher parallèlement, s'unir quelquefois d'un commun accord, mais ne doivent jamais s'entrechoquer.

S'il est aisé de comprendre dans quelle limite le premier inventeur devra se tenir vis-à-vis du breveté de perfectionnement, on ne s'explique pas aussi facilement comment celui-ci pourra exploiter son perfectionnement sans empiéter sur le domaine de l'inventeur, le moins étant toujours compris dans le plus. On a répondu que l'esprit de la loi, toujours favorable au progrès, était que les deux inventeurs arrivassent à s'entendre pour exploiter ensemble, cas où le public serait mieux servi, ou bien à se faire la guerre, cas où le public serait mieux éclairé. Avoir prévu cette double issue de la difficulté, ce n'est pas offrir le moyen de la résoudre, et si la question doit, à chaque espèce nouvelle, se reproduire plus difficile, plus insaisissable, il appartient cependant à la loi, surtout quand elle a posé le principe du brevet sans examen préalable, de donner aux mots *addition* ou *perfectionnement* une définition sur laquelle le juge puisse asseoir la mesure qu'il doit appliquer aux droits de chacun.

L'industrie surtout fourmille de ces frelons impuissants à créer par eux-mêmes, habiles à enter sur la pensée d'autrui ces modifications légères à l'aide desquelles ils parviennent à se créer une apparence de droit et à faire composer l'inventeur. C'est la la source de tous les procès qui affligent l'industrie ; s'il n'est pas donné à la loi de la tarir entièrement, je voudrais qu'au moins elle expliquât qu'elle n'entend pas considérer comme perfectionnement toute modification qui n'aurait pas pour résultat une amélioration constatée soit dans la valeur du produit, soit dans la rapidité de la confection.

Une telle règle aurait le triple avantage de rassurer l'inventeur, d'éloigner le plagiaire et d'éclairer la décision du juge.

Encore un mot sur le brevet provisoire : pour être efficace, le privilége doit être complet ; si, d'une part, les éléments sur lesquels ce brevet sera délivré doivent, faute de mise en œuvre, tomber après deux ans dans le domaine public, il s'ensuit que, jusque-là, ils demeurent à la disposition du seul inventeur.

C'est dans ce sens que la loi qui prescrit la publication de tous les brevets délivrés et la communication de tous les dessins, descriptions, échantillons et modèles déposés au ministère du commerce, a cependant, par une disposition restrictive, interdit la faculté de prendre aucuns calques, notes ou croquis des éléments d'un brevet provisoire pendant la durée de ce titre.

Qui ne comprend l'impossibilité de concilier ces deux dispositions?

Il est sans doute des procédés industriels que leur complication ne permet pas d'apprécier à première vue, et dont l'examen demande une reproduction linéaire ; mais il en est aussi dont tout le prix est dans un secret simple et facile à saisir, surtout pour l'œil familier à ces sortes d'études, le plus intéressé à en interroger le mystère ; pour ceux-là, tout est perdu si vous soulevez un coin du voile ; le secret doit être absolu.

Qu'est-ce donc que cette demi-publicité qui permet de laisser voir et défend de prendre copie? Si vous voulez sérieusement que l'inventeur, pendant deux ans, puisse seul suivre sa pensée ; si vous refusez à tout autre, pendant le même temps, le perfectionnement de ce qui fait l'objet du brevet primitif, pourquoi permettre la communication même visuelle et troubler ainsi la sécurité que toute l'économie du brevet provisoire semble garantir à l'inventeur ?

C'est là, nous dira-t-on, l'état actuel de la législation, je le reconnais, mais dans la législation actuelle, le brevet provisoire n'existe pas.

On objecte encore que le brevet, délivré aux périls et risques de l'impétrant, deviendrait un piège s'il n'était permis à celui-ci de s'éclairer sur la situation même provisoire de tous ceux qui poursuivent la même idée ; je répondrai encore par la loi qui prescrit la publication trimestrielle soit des brevets provisoires, soit des brevets définitifs.

Le projet mérite encore des éloges sur nos rapports avec les étrangers : là, comme en toutes choses, il appartenait à la France de donner un généreux exemple aux autres peuples en élevant la propriété de l'invention à la hauteur d'un principe de droit international ; une double disposition permet à tous de se faire indistinctement breveter en France pour une découverte utile, et à nos inventeurs de prendre des brevets à l'étranger pour une industrie brevetée en France. Cette réciprocité est encore un gage de la sollicitude de la loi, qui, en accueillant au profit de notre industrie le génie de tous les pays, permet en retour au génie français de conserver au dehors la propriété de ses œuvres.

Les brevets d'importation sont supprimés : encouragement utile tant que la guerre a divisé les peuples, cette disposition, de nos jours, avec la paix, les rapports faciles et rapides. la communion de toutes les intelligences, n'avait pour résultat que de confisquer, au profit de quelques frelons colporteurs, une chose dérobée ou tombée à l'étranger dans la généralité des connaissances humaines.

Un esprit judicieux a classé les cas de nullité et de déchéance qui peuvent être prononcés.

Dans le premier ordre sont rangés tous les brevets qui, faisant fraude à la loi, sont présumés surpris à la bonne foi de l'administration. Le second déchoit de tous droits le breveté qui, dans les deux ans, n'a pas exploité ; celui qui cesse son exploitation pendant plus d'un an sans empêchement légitime ; enfin celui qui, sous la foi de son brevet, introduirait en France des produits de l'industrie étrangère.

La juridiction des tribunaux civils est maintenue ; c'était aussi le dernier état de la législation. La matière sera jugée sommairement : célérité, économie dans les frais.

La pénalité applicable aux contraventions prévues répond à la fois à l'état de nos mœurs et à l'importance des intérêts qu'elle doit protéger. La distance du minimum au maximum, étendue encore par l'art. 463, offre toute garantie d'une sage distribution de la justice. Je n'abandonnerai pas cette partie de la loi sans applaudir à l'art. 43. qui attribue aux tribunaux correctionnels saisis d'une action en contrefaçon le droit de statuer sur les exceptions tirées soit de la nullité ou de la déchéance. soit des questions relatives à la propriété du brevet. C'est l'application de la maxime que le juge de l'action est aussi le juge de l'exception.

Sobre d'observations critiques, j'ai fait l'éloge de la loi ; cependant qu'une dernière réflexion me soit permise.

La loi n'est point une loi fiscale ; pourquoi donc reproduit-elle un principe de fiscalité ?

Le chiffre de la taxe qui pèse sur les brevets semble avoir été mis hors de discussion : la taxe, dit-on, est la représentation du privilège conféré par la société. Dans un tel ordre d'idées. on pourrait bien plus justement dire que le privilège n'est lui-même que le prix de la découverte que l'inventeur donne à la société. Il y aurait dans ce système une proportion plus équitable entre l'un et l'autre, tandis que le chiffre absolu de la taxe. souvent dérisoire à côté d'une invention. source de richesse, peut devenir ruineux pour une découverte qui ne doit pas porter de fruits.

On répondra que la taxe est minime. surtout comparée à celle qui pèse sur nos voisins d'outre-mer. Oui, si vous la mesurez avec une industrie en pleine prospérité: dans la plupart des cas, elle est énorme, écrasante, si vous l'appliquez au premier essor de l'industrie.

Quant à la comparaison avec l'Angleterre ou les États-Unis, je n'en tiens compte que pour demander une disposition plus libérale.

Les hommes qui enrichissent l'industrie de leurs découvertes sont. pour la plupart, des ouvriers qu'un art manuel a mis sur la voie, dont l'intelligence, aidée d'un esprit d'observation. fait naître et mûrit la pensée au milieu des peines du travail. Ont-ils quelques ressources. elles sont rapidement absorbées en expériences, en tâtonnements; sont-ils pauvres, ils dépensent leur dernier écu, puis leurs veilles, leur santé. L'espérance grandit à mesure que le but se rapproche chaque pas les enflamme au lieu de les décourager : les ar-

deurs du génie prennent le caractère de la passion. Combien d'essais
infructueux dévorent le présent en échange d'un avenir incertain!
Et si, plus heureux, réalisant enfin le fruit de leurs efforts, l'inventeur réussit, il faut que d'une main il vienne payer le prix du bienfait qu'il vous apporte de l'autre. N'est-ce pas trop déjà que, pour
construire son appareil, donner une forme à sa pensée, il ait été
souvent obligé d'en aliéner d'avance les produits?

Je dois prévoir un raisonnement qu'on ne manquera pas de m'opposer. La découverte est utile, ou elle ne l'est pas : dans ce dernier
cas, l'entrave apportée à son développement prévient la ruine de
l'inventeur; dans le premier, fiez-vous-en à la confiance qu'appelle
le succès; quelle invention féconde manque jamais des moyens de se
produire? quand les capitaux ont-ils refusé de lui venir en aide?

Je le sais, mais comme moi vous savez à quel prix, et ne pourrais-
je pas vous dire à mon tour : Combien comptez-vous d'inventeurs qui
aient directement et personnellement profité de leurs recherches?

Livré aux exigences d'un commanditaire, le plus souvent d'un
usurier, l'inventeur, pressé par le besoin, enivré par la gloire, fait
bon marché du fruit de ses veilles, et voit ainsi, presque toujours,
passer aux mains d'un autre tous les avantages dont l'espérance encouragea ses travaux.

Ce n'est pas là ce que veut la loi, c'est au contraire ce qu'elle doit
empêcher. Libérale dans son principe, qu'elle le soit dans l'application : le génie ne saurait être tributaire de l'argent; c'est lui qui doit
dicter des conditions.

Si donc la nécessité de couvrir des frais d'administration, d'empêcher l'invasion de conceptions puériles, de graduer même la durée
des privilèges, ne permettent pas d'effacer entièrement le principe de
la taxe, qu'elle soit du moins notablement diminuée.

Par là, votre loi sera vraiment libérale et digne en tous points de
la haute pensée qui a présidé à sa rédaction.

M. TOYE. J'adopte à peu près toutes les dispositions de la loi, j'en
excepte tout de suite celle qui déclare, dans une pensée assez impru-
dente, que l'invention n'est pas une propriété.

Vous le savez, Messieurs, l'édit mémorable de 1776 pose en principe : que l'invention est une propriété, la première, la plus sacrée,
la plus respectable de toutes, puisque, dit encore l'édit, c'est le résultat combiné de l'intelligence et du travail. Vous comprenez sans
peine que le législateur de 91 s'est bien gardé de toucher à ce principe, il s'est bien gardé surtout de porter atteinte à sa manifestation
législative, dont il appréciait toute l'importante pratique. Aussi l'article 1er de la loi du 7 janvier déclare-t-il à son tour que l'invention
est une propriété, la moins contestable, la plus logique, la plus personnelle de toutes. Nous vivons depuis plus de soixante ans de ce
principe; notre éducation s'est faite à cette école; toutes nos convictions, toutes nos croyances ont pour base ce principe conservateur. Il faut donc nous demander s'il serait prudent de changer ce
qui existe, alors même que ce qui existe serait une erreur passée à
l'état de vérité dans l'esprit du peuple.

Le projet de loi suit une marche tout opposée : d'après lui, je ne parle pas d'après son texte, il est timide, embarrassé; ce sont les expressions même de M. le rapporteur ; mais dans sa pensée intime, l'invention n'est pas une propriété, c'est un je ne sais quoi qui n'a pas de nom dans le langage scientifique des lois; c'est un droit réduit aux mesquines proportions d'un privilége; c'est un monopole octroyé à titre de récompense.

Je ne puis, Messieurs, partager cette manière de voir : dans ma conviction profonde, et dans la conviction de ceux qui étudient sérieusement la nature des inventions, l'invention est une propriété limitée dans ses effets, dans sa durée; mais est-ce que la législation n'offre pas des exemples, des analogies? Du moment où la propriété industrielle est le résultat de la loi civile, je demande s'il n'est pas dans les attributions de la loi civile d'en régler la durée dans un intérêt général ? Et remarquez que c'est l'opinion de Turgot, c'est l'édit de 1776, c'est la loi de 1791, c'est la doctrine unanime de tous les publicistes qui ont examiné et commenté le code des inventions. Eh bien, on m'accordera sans peine qu'il y a doute au moins sur la question. Or, le doute seul suffit à mon argumentation. Croyez-vous être bien utiles à l'industrie, au génie de l'invention, lorsque vous diminuez ses titres, sa dignité, si je puis parler ainsi ?

Croyez-vous que le droit sera plus solide lorsque vous lui aurez enlevé son fondement le plus large : la déclaration et la manifestation expresse du droit de propriété? Croyez-vous que les inventions seront plus respectées quand vous les aurez dépouillées de leur caractère, c'est-à-dire du prestige le plus respectable ?

Croyez-moi, devant une génération aussi remuante que la nôtre, il faut organiser une bonne loi, il faut un principe et une sanction. Eh bien, de principes, vous n'en avez pas introduit dans votre projet ; vous avez effacé le principe de la propriété pour y substituer une sorte de dénégation. Pour moi, le principe le plus protecteur consiste à déclarer qu'une invention est une propriété. En effet, plusieurs personnes qui, jusqu'à présent, reculaient devant l'idée d'une contrefaçon, parce qu'elles respectaient le sentiment de la propriété, ne reculeront plus maintenant, car vous leur dites que l'invention n'est plus une propriété, que ce n'est plus qu'un privilége, un monopole. Évidemment, vous diminuez ainsi les scrupules des contrefacteurs, et vous augmentez d'une manière sensible le nombre des mauvaises consciences.

Messieurs, quelle est l'époque que nous choisissons pour appauvrir le code des inventeurs? Celle où les consciences, en cette matière, sont le plus affaiblies. N'est-il pas évident que tel individu qui se croirait déshonoré, et à juste raison, s'il glissait la main dans notre poche pour y prendre une mauvaise monnaie de billon, ne se fera pas de scrupule pour voler une découverte qui compose presque toute la fortune de l'inventeur ou de ses enfants? Que faut-il en conclure? Que nos mœurs sont mauvaises en cette partie, et qu'il ne faut pas briser ici le seul ressort qui puisse les redresser encore, le seul principe conservateur qui puisse leur donner de l'énergie.

Arrivons au Code pénal ; c'est là surtout que nous voyons les mauvaises conséquences du projet de loi. Si l'invention est une propriété, vous devez punir le contrefacteur comme un voleur. Au lieu de cela, que faites-vous ? Vous substituez l'amende à l'emprisonnement : vous condamnez à une amende de 50 francs, au minimum, celui qui a fait des bénéfices énormes.

Vous faites plus : lorsque le plus petit larcin peut être puni de l'emprisonnement d'une année, le voleur d'une découverte importante même en cas de récidive, ne pourrait être condamné qu'à un emprisonnement de six mois : il me semble que les résultats de ces législations comparées sont contradictoires.

Voulez-vous frapper fort et juste cette espèce de piraterie nouvelle, devant laquelle tremblent tous les inventeurs, et par laquelle presque tous les inventeurs sont dépouillés ? il faut la déclaration de ce principe, que l'invention est une propriété, que la contrefaçon est un vol, qu'il faut la poursuivre et la punir comme telle, et alors vous serez sûrs que toutes les inventions seront profitables et respectées.

M. BOUILLAUD. Messieurs, je ne me propose pas de parcourir le projet de loi tout entier comme l'un des préopinants ; j'exposerai seulement quelques considérations sur le fonds même et pour ainsi dire sur la philosophie de la loi.

Le projet sur lequel la Chambre est appelée à délibérer, important en lui-même, l'est peut-être plus encore par ses rapports étroits avec divers autres points de législation. En effet, peut-on s'occuper des lois relatives aux droits des inventeurs en matière d'industrie proprement dite, sans qu'aussitôt ne se présentent à l'esprit les graves questions relatives aux droits des inventeurs en matière d'arts, de sciences, à la propriété dite littéraire et scientifique ? et ne réclame-t-on pas instamment de toutes parts de bonnes lois sur cette importante matière ? Puisque je viens de prononcer les mots de *propriété littéraire, propriété scientifique*, ce serait ici le lieu d'examiner si les objets pour lesquels le projet de loi demande des brevets d'invention, si les découvertes ou les inventions en matière d'industrie constituent ou ne constituent pas une propriété.

Cette partie philosophique ou métaphysique du projet de loi, à peine effleurée dans l'exposé des motifs, a été traitée d'une manière plus approfondie, plus large et plus hardie par l'éloquent rapporteur de la commission. Il conclut, contre l'autorité de l'Assemblée constituante, contre le plus glorieux membre de cette glorieuse Assemblée, que, une fois *émise*, une idée nouvelle n'est « plus susceptible de cette jouissance exclusive et jalouse qu'on appelle propriété ; qu'il est évident que ce n'est point là ce qu'on appelle une propriété (pag. 10 et 12 du rapport). » Il admet, avec Kant, que « toute découverte utile est la prestation d'un service rendu à la société. » Il me siérait mal, sans doute, de m'attaquer à si forte partie, en soutenant que les *découvertes* et les *inventions* doivent être rangées parmi les espèces diverses que comprend la propriété considérée d'une manière générale et complète. Je laisse donc à l'Assemblée constituante et à Mirabeau la responsabilité de leur théorie, tout en déclarant que, au fond et dans certaines limites, je ne puis me défendre de quelque penchant pour cette théorie. En faisant d'ailleurs une propriété spéciale de l'objet dont il s'agit, c'est se rapprocher beaucoup du système de Kant et de l'honorable et éloquent rapporteur. De sorte que, pour nous entendre sur les choses, il suffirait probablement de bien nous entendre sur les mots, et en politique, comme en beaucoup d'autre matières, bien des disputes de choses en apparence se réduisent, en définitive, à des querelles de mots, tristes querelles en vérité !

Au reste, c'en est assez sur ce point : d'autant plus que, considérées comme propriétés ou comme « prestation d'un service rendu à la société, » les découvertes ou inventions ont été reconnues par les auteurs de ces deux systèmes comme « conférant aux inventeurs, sous les conditions et pour le temps déterminés, le droit exclusif d'exploiter à leur profit lesdites découvertes ou inventions. » Ici, Messieurs, surgit une grave question, celle de savoir si toutes les découvertes ou inventions sont susceptibles de prétendre au titre, au brevet qui garantit le droit ci-dessus indiqué. Le projet de loi ne l'a pas pensé, et il a établi des exceptions, dont l'une a trait aux « compositions pharmaceutiques ou remèdes spécifiques. » Cette exception, vivement et savamment débattue dans une autre Chambre, est l'objet de pressantes réclamations. « Ce n'est là rien moins, dit-on, qu'une véritable expropriation, une spoliation, une violation de la Charte elle-même. »

S'il en était réellement ainsi, Messieurs, assurément ce n'est pas moi qui viendrais me constituer le défenseur de cet article du projet de loi. Mais, comme nous l'établirons quand viendra la discussion de l'art. 3, il ne s'agit ici ni de spoliation, ni de violation de la Charte, ni d'atteinte à la saine liberté : il s'agit au contraire de préserver la société tout entière des graves inconvénients qu'entraînerait le système qui tendrait à faire breveter les remèdes ; et comme l'intérêt de la société tout entière doit prévaloir sur l'intérêt d'ailleurs si respectable des individus, la prohibition dont il s'agit est un des bienfaits de la loi en discussion, un de ses points les plus dignes de la sympathie des vrais amis des institutions libérales.

Après ample et mûr examen, je m'associe donc à ceux qui, dans l'art. 3 du titre 1er, ont placé les *compositions pharmaceutiques* ou *remèdes spécifiques* (expressions qui, pour le dire en passant, pourraient être plus exactes) parmi les objets non brevetables. Mais, en adoptant cette exception, impérieusement commandée et par l'intérêt de l'humanité et par la dignité bien entendue de la médecine et de la pharmacie, je ne me dissimule pas toutes les objections qui s'élèvent contre elle. Je reconnais la gravité, la légitimité de quelques-unes d'entre elles, et je déclare hautement qu'elles ne cesseront d'être fondées qu'à l'époque, si longtemps attendue, où une charte nouvelle, vraiment digne de l'époque éclairée et libérale où nous vivons, sera venue régler les vieilles et déplorables institutions qui régissent l'exercice de la médecine et de la pharmacie. Je dis déplorables, Messieurs, car, grâce à elles, le charlatanisme ne connaît plus de bornes, marche tête levée, et l'on peut dire de lui comme le poète a dit de la mort, cette digne compagne du charlatanisme qui « frappe également à la chaumière du pauvre et au palais des rois. »

Ne serait-il pas temps de fermer cette plaie de la médecine et de la pharmacie, et le Gouvernement ne devrait-il pas avoir saisi les Chambres d'un projet de loi d'un intérêt si général et dont l'urgence est si flagrante ? Or, pouvait-on choisir pour la présentation de ce projet un moment plus favorable, plus opportun que celui où l'on soumet à nos délibérations un projet de loi sur les brevets d'invention, dans lequel on déclare non susceptibles de cet avantage, de ce privilége, *les compositions pharmaceutiques* ou *remèdes spécifiques ?*

L'un de ces projets n'était-il pas, sous ce rapport, le complément naturel, obligé de l'autre ? Car, si, par des considérations de haute portée, l'on prive les inventeurs en matière de remèdes du bienfait du brevet d'invention, on leur doit une compensation, et un gouvernement éclairé, national, ne saurait leur refuser. Ils la trouveront, dites-vous, dans les lois et règlements spéciaux sur la matière, et notamment dans le décret du 18 août 1810. Là est précisément l'erreur ; car, avec les lois dont il s'agit, ce serait par miracle qu'une grande découverte en matière médicale, celle du sulfate de quinine par exemple, recevrait une récompense digne d'elle.

Je le répète, ces lois ne sont pas à la hauteur de l'époque actuelle, et il importe de les y mettre. J'espère que nos vœux seront enfin entendus, et que MM. les Ministres de l'agriculture et du commerce et de l'instruction publique tiendront à honneur que cette réforme s'accomplisse sous leur ministère.

Cela posé, je reconnais avec tout le monde la nécessité d'une nouvelle loi sur les brevets d'invention. Les trois premiers articles de la loi du 7 janvier 1791 doivent bien être considérés comme les règles fondamentales de la matière. Mais la loi laissait beaucoup à désirer sous le rapport de la pratique ou de l'application des grands principes qui lui servent de base. Toutefois, en émancipant pour ainsi dire l'industrie, et mettant sous la protection d'une loi libérale un *droit* jusque-là méconnu, puisque les brevets étaient accordés alors à titre de faveur par la seule volonté du souverain, en vertu de je ne sais *quel droit régalien ;* en agissant ainsi, disons-nous, l'Assemblée nationale a bien mérité de l'industrie, et a donné un nouvel essor à ce génie d'invention, à cet esprit de progrès dont la France, plus qu'aucune autre nation, peut se flatter d'avoir reçu le don, et, s'il est permis de s'exprimer ainsi, *le privilége naturel.* Ce sera pour la Chambre une véritable gloire que de marcher sur les traces de l'Assemblée constituante et de bien achever son ouvrage.

(La Chambre, consultée, décide qu'elle passe à la discussion des articles.)

Art. 1er. « Toute nouvelle découverte ou invention dans tous les genres d'industrie confère à son auteur, sous les conditions et pour le temps ci-après déterminés, le droit exclusif d'exploiter à son profit ladite découverte ou invention.

» Ce droit est constaté par les titres délivrés par le Gouvernement sous le nom de brevets d'invention. »

M. DELESPAUL. D'après la manière dont l'article est rédigé, il semble que ce soit l'invention qui, par elle-même, confère à son auteur le privilége d'une jouissance exclusive tandis que, dans la réalité, c'est le brevet qui est attributif de ce privilége. L'invention, quelles que soient sa nouveauté, son importance, ne fait que donner droit, au profit de l'inventeur, à un brevet.

C'est ce que dit, à la page 313 de son savant *Traité sur les brevets d'invention*, notre honorable ancien collégue, M. Ch. Renouard; c'est ce que viendraient confirmer au besoin deux articles d'un projet de loi analogue à celui que nous discutons, projet de loi qui fut soumis, il y a quelques années, par M. Martin (du Nord), alors Ministre du commerce, aux délibérations des trois conseils généraux de l'agriculture, du commerce et des manufactures.

Voici comment étaient conçus ces deux articles :

Art. 1er. « L'invention de nouveaux produits industriels, l'invention de nouveaux moyens pour produire des objets connus, l'application nouvelle de moyens connus à la fabrication ou à la préparation d'objets connus, mais qui étaient produits ou préparés par d'autres procédés, donnent droit, au profit de l'inventeur, à un brevet d'invention.

Art. 3. Tout brevet d'invention valablement délivré conférera, pendant sa durée, au breveté ou à ses concessionnaires et ayants cause, le droit à l'exploitation exclusive de l'objet du brevet, tel qu'il s'y trouvera décrit. »

Voilà une rédaction nette et précise ; je regrette de ne pas rencontrer la même précision, la même netteté dans l'article qui nous est proposé.

Malheureusement, ce reproche n'est pas le seul que je me crois fondé à lui adresser. Indépendamment de ce que l'article me paraît manquer d'exactitude, je le trouve incomplet et insuffisant. Toute nouvelle découverte ou invention, y est-il dit, conférera à son auteur le droit exclusif de l'exploiter. Je m'arrête sur ce mot *exploiter*.

L'art. 12 de la loi du 7 janvier 1791 était beaucoup plus complet. D'abord, l'art. 1er de cette loi porte que la loi garantit à tout inventeur la pleine et entière jouissance de son invention ; puis l'art. 12 ajoute que le propriétaire d'une patente ou d'un brevet jouira privativement non-seulement de l'exercice, mais encore des fruits de sa découverte.

Supposons le cas où un individu se serait fait breveter pour une nouvelle herse, telle que la herse Bataille, ainsi appelée du nom de son auteur (je procède, Messieurs, par voie d'exemples, dans l'espoir de frapper plus aisément vos intelligences en une matière aussi abstraite, aussi métaphysique) : je dis que, dans un pareil cas et sous l'empire des dispositions de la loi de 1791, que je viens de citer, le titulaire du brevet aurait le droit de poursuivre, du chef de contrefaçon, le cultivateur qui, pour labourer son champ, se serait servi d'une herse contrefaite par lui, acquise du contrefacteur, tandis qu'il n'en serait peut-être pas de même en vertu de l'article que nous discutons. En effet, cet article ne conférant pas à l'inventeur un droit privatif sur l'exercice et les fruits de son invention, mais seulement un droit d'exploitation exclusive, le cultivateur poursuivi en contrefaçon pourrait répondre au breveté : « Mais prenez garde, je n'exploite pas, c'est-à-dire je ne fabrique pas, je ne vends pas : votre invention, votre herse, je n'en fais pas commerce, seules circonstances qui constituent l'exploitation ; je m'en sers bien, c'est vrai, mais la loi nouvelle ne vous confère point, comme celle de 91, un droit exclusif, non-seulement sur l'exploitation, sur l'exercice, mais même sur l'usage, sur la jouissance des fruits. Renfermez-vous donc dans le droit limité que la loi nouvelle vous accorde ; ne l'étendez pas et ne poursuivez pas comme contrefacteur celui qui, comme moi, ne fait que se servir de l'invention de la herse sans l'exploiter, c'est-à-dire sans la fabriquer, sans la vendre, sans en faire commerce. »

Voilà, Messieurs, un genre de contestation qu'il importerait de prévenir. Vous n'y réussirez, selon moi, qu'en introduisant dans l'article une modification dont j'aurai l'honneur de vous entretenir dans un instant. Cette modification consisterait à faire entrer dans l'article les mots *jouissance exclusive*, qui s'ajouteraient à ceux-ci : *droit exclusif d'exploiter*.

Je terminerai par un dernier reproche.

Nous faisons une loi sur les brevets d'invention, et aucun article de cette loi ne prend la peine de définir ce que l'on doit entendre par une invention.

Le rédacteur du projet de loi a voulu formuler quelque chose, on le voit bien ; mais au lieu de remonter franchement à la question de principe, à la question de cause, il s'est borné à poser un résultat, un fait, à définir en quelque sorte l'intervention par les effets.

Où sera, Messieurs, la règle de conduite et d'appréciation pour les magistrats qui seront chargés d'appliquer la loi ? Les condamnerez-vous a marcher sans guide et sans boussole, à travers les appréciations qu'ils auront à faire chaque jour de la question d'invention, cette question qui surgit dans presque tous les procès en matière de brevets ? quel sera le point de départ, je le demande ? Il y a là une lacune, une lacune évidente, et qu'il serait, selon moi, du plus haut intérêt de combler.

Qui dit invention dit idée nouvelle : Prenez la peine d'analyser, de décomposer une invention quelconque, physique, chimique ou mécanique, par exemple l'invention de l'air chaud substitué à l'air froid par l'Écossais Nelson, pour activer la combustion dans la fonte du minerai ; le bain d'or de l'Anglais Elkington pour la dorure des métaux. Que trouverez-vous au fond de tout cela ? une idée nouvelle. L'idée nouvelle, voilà le principe constitutif, le fondement indispensable de toute invention, de toute découverte industrielle.

Messieurs, je ne veux pas faire de citations : vous avez tous lu, je le suppose, le Mémoire de la Société d'encouragement pour l'industrie nationale, Mémoire qui vous a été distribué récemment par les soins de notre honorable collègue, M. le baron de Ladoucette. Il n'est aucun de ceux qui ont pris connaissance de ce Mémoire qui ne sache tout l'intérêt que porte à la question que je soulève cette société, qui compte dans son sein les Dumas, les Francœur, les Payen, les Gaultier de Claubry, les Thénard.

Je citerai quelques lignes seulement :

« La Société croit devoir le déclarer, il lui semble d'une importance capitale que la loi donne à l'invention une base précise et certaine en la caractérisant par son élément essentiel, la conception intellectuelle : faute d'envisager d'une manière assez nette le principe réel de l'invention, beaucoup de personnes ont pu, avec bonne foi, se livrer à des travaux que les tribunaux ont dû ensuite condamner comme des contrefaçons : les juges eux-mêmes recevraient un grand secours dans l'étude des contestations qui leur sont soumises si ce même principe apparaissait à leurs yeux et dominait les circonstances matérielles, dont les contrefacteurs ne manquent jamais d'envelopper l'invention première, objet de leur convoitise.

» Par ces motifs, la Société d'encouragement désire que la loi nouvelle, conforme à l'esprit qui dicta le préambule de la loi du 7 janvier 1791, proclame d'une manière formelle que l'idée nouvelle et bien déterminée est le fondement indispensable de toute invention. »

Ce préambule de la loi de 1791, vous le connaissez, Messieurs :

« Louis, etc., considérant que toute *idée nouvelle*, dont la manifestation ou le développement peut devenir utile à la société, appartient primitivement à celui qui l'a conçue, etc. »

Disons donc que toute invention, toute découverte repose sur une idée nouvelle. Écrivons cela, Messieurs, en tête de la loi. Faisons ce que demande la Société d'encouragement : donnons un guide, une règle de conduite aux tribunaux.

En fait de littérature, les idées sont et doivent être du domaine public, et appartenir à tous dès qu'elles sont lancées dans la circulation. La forme seule, le style, doit, en bonne économie politique, être temporairement réservée à l'auteur.

Au contraire, par la nature même des choses, en fait d'inventions industrielles, l'idée mère, le principe constitutif de toute découverte, à quelque ordre qu'elle appartienne, doit être réservée temporairement à son auteur en même temps que son mode de réalisation. Autrement, Messieurs, les brevets d'invention ne seraient plus qu'un leurre, une déception pour ceux qui les obtiennent.

C'est parce que je ne veux pas qu'il en soit ainsi que je vous demande de vouloir bien ne pas adopter la rédaction que la commission, d'accord avec le Gouvernement, vous propose, et de remplacer cette rédaction par la suivante, dont je vais vous donner lecture :

« Toute découverte ou invention, dans tous les genres d'industrie, reposant sur une idée nouvelle, donne droit, au profit de son auteur, à un titre qui, sous la dénomination de brevet d'invention, lui attribuera l'exploitation et la jouissance exclusive temporaire de ladite découverte ou invention. »

Ma rédaction, Messieurs, a le triple avantage : 1° de définir l'invention : toute invention repose sur une idée nouvelle, c'est là tout à la fois une définition et un fait ; 2° de corriger ce que l'article a d'inexact, car on ne peut pas dire que ce soit l'invention elle-même, l'invention pure et simple, qui confère le privilége exclusif : l'invention est la cause, le principe du droit, cela ne fait pas de doute ; mais entre l'invention et le privilége, il y a l'intermédiaire obligé du brevet : l'invention est cause d'aptitude et de capacité pour le brevet, et c'est la délivrance du brevet qui donne le privilége ; 3° en-

fin), de parfaire le sens des mots : *droit exclusif d'exploiter*, qui
me semblent incomplets, par la raison qu'ils s'entendent restricti-
vement d'une mise dans le commerce, d'une spéculation sur la fabrication ou la vente, et non d'un simple usage intéressé, tel que celui
qui a lieu dans l'exemple que je citais tout à l'heure.

m. philippe dupin, *rapporteur.* La commission n'adopte pas la rédaction proposée, et les motifs pour lesquels elle ne l'adopte pas
sont ceux-ci :

Il y a trois changements qui sont présentés par M. Delespaul.

Le premier consiste à substituer aux mots de l'article « Toute
nouvelle découverte ou invention » ces mots : « Toute découverte ou
invention reposant sur une idée nouvelle. »

Eh bien, je dis que ces mots seraient un vice dans la définition ;
car il y a beaucoup d'inventions qui reposent non pas sur une idée
nouvelle, mais sur une idée ancienne. Ainsi, par exemple, la vapeur
appliquée à la locomotion n'est pas une idée nouvelle, et tous les
jours cependant elle donne lieu à des inventions et à des découvertes. Une invention ou une découverte peut donc reposer sur une
idée ancienne à laquelle elle apporte un perfectionnement, comme
le dit l'art. 2, par l'emploi de nouveaux moyens qui sont appliqués
à des idées anciennes, à des produits connus. Ainsi la commission
maintient ces mots : « Toute nouvelle découverte ou invention. » Il
faut seulement qu'il y ait quelque chose de nouveau qui constitue la
découverte ou l'invention. Nous persistons dans la rédaction, et nous
la croyons meilleure que celle qui est proposée.

M. Delespaul veut ensuite substituer à ces mots « Toute nouvelle
découverte confère le droit exclusif d'exploiter, » seulement ceux-ci :
« Le droit d'obtenir un brevet. »

Je dis que c'est là une erreur. Le droit de jouir de la découverte,
le droit de l'exploiter procède de l'invention même : c'est là qu'il a
sa source la plus honorable; c'est là qu'il a sa plus profonde et sa
meilleure origine. Le droit de jouir de la découverte appartient à
celui qui l'a faite. Mais, comme l'a dit très bien M. Odilon-Barrot,
ce droit a besoin d'être constaté, d'être régularisé par un titre qui le
vivifie en quelque sorte. C'est la ce que porte la rédaction attaquée;
car on commence par poser le principe du droit dans la découverte
elle-même. « Toute nouvelle découverte ou invention donne le droit
de l'exploiter. » Le second alinéa ajoute : « Ce droit est constaté par
des titres délivrés par le Gouvernement sous le nom de brevet d'invention. »

Ainsi, il y a la découverte, le droit qui en découle, et puis le brevet
qui constate et qui consolide le droit. Je crois donc que la rédaction
de la commission est bonne et que celle qu'on veut lui substituer est
vicieuse.

Enfin, M. Delespaul ne se contente pas de ces mots, que toute nouvelle découverte ou invention conférera le droit exclusif d'exploiter,
il veut qu'on ajoute le mot jouir.

Je dis que le mot *exploiter* comprend tout ; il est assez étendu
pour entraîner dans son application toute manière d'utiliser le bre-

vet, soit qu'on l'exploite par soi-même, soit qu'on transmette à un autre la faculté d'en jouir.

Voilà les simples observations que j'avais à présenter au nom de la commission.

(L'amendement n'est pas adopté.)

(L'art. 1er est adopté.)

Art. 2. « Sont susceptibles d'être brevetées :

» L'invention de nouveaux produits industriels ;

» L'invention de nouveaux moyens ou l'application nouvelle de moyens connus, pour l'obtention d'un résultat ou d'un produit industriel. »

M. BINEAU. Je viens demander à la Chambre la suppression des art. 2 et 3 du projet. Je me hâte de lui dire qu'en demandant cette suppression, je ne prétends pas le moins du monde changer l'économie générale de la loi, contester son principe, ni modifier son système. Au contraire, si je demande la suppression de ces deux articles, c'est parce qu'ils me paraissent en contradiction avec le principe fondamental de la loi, en raison surtout des modifications faites à l'art. 3 par la Chambre des pairs.

Très peu de mots me suffiront pour développer ma pensée, si la Chambre veut bien m'accorder un instant d'attention.

En matière de brevets d'invention, il y a deux systèmes parfaitement nets, parfaitement distincts, et même opposés l'un à l'autre. Ces deux systèmes sont : 1o celui de la concession du brevet après examen préalable ; 2o le système de la délivrance du brevet sans examen préalable.

Dans le premier système, le Gouvernement reçoit les demandes, les examine, les étudie, les juge; il apprécie la valeur, la nouveauté, l'utilité de l'invention, et, cela fait, il refuse ou il accorde le brevet qui lui est demandé.

Dans l'autre système, au contraire, le Gouvernement se borne à recevoir la demande, il ne l'examine pas, il ne fait que l'enregistrer pour lui donner une date certaine. Cet enregistrement, on le constate par un récépissé, qu'à tort peut-être et improprement on nomme *brevet d'invention*. Ce récépissé, je le répète, n'a d'autre objet que de donner une date certaine à la demande du dépôt que le Gouvernement reçoit.

Le premier système aurait des avantages considérables si on pouvait l'adopter. Ces avantages, il n'est peut-être pas inutile de les rappeler à la Chambre en quelques mots. L'examen préalable éclairerait les inventeurs eux-mêmes, il arrêterait à leur naissance une foule de conceptions folles qui ne peuvent avoir d'autre résultat que de ruiner leurs auteurs. Il éclairerait aussi le public, il n'appellerait son attention que sur les inventions réellement utiles et recommandables, qui auraient ainsi par avance la sanction, l'approbation et en quelque sorte la garantie du Gouvernement.

Mais à côté de ces avantages, ce système de la concession, après examen préalable, a des inconvénients tellement graves, qu'il est à peu près impossible de l'appliquer. Aussi la plupart des peuples qui ont des législations industrielles l'ont repoussé, et c'est aussi ce que l'on a fait en France dès que l'on s'est occupé de cette matière : lorsque, en 1791, l'Assemblée nationale s'est occupée de donner une organisation au travail national, et a fait la loi qui régit encore la matière, elle a repoussé le système de l'examen préalable et elle a adopté le système de la délivrance des brevets sans examen.

Eh bien! c'est parce que les art. 2 et 3 me paraissent en contradiction avec le système de la délivrance sans examen préalable que je demande la suppression de ces articles.

Je vais d'abord montrer comment cette contradiction existe, puis je dirai ce qu'il faudrait faire si la Chambre adoptait cette suppression.

Du moment où le principe de la délivrance des brevets sans examen préalable est adopté, le Gouvernement n'a qu'une chose à faire : il n'a qu'à enregistrer toutes les demandes qui lui sont présentées sans les examiner et sans les apprécier. Il ne peut refuser aucun brevet. Par suite, la loi n'a point à lui indiquer la catégorie des inventions pour lesquelles il peut délivrer des brevets, et la catégorie de celles pour lesquelles il doit les refuser. Elle doit seulement tracer aux tribunaux les règles et les principes qui doivent les diriger dans les décisions qu'ils ont à rendre sur la validité ou la nullité des brevets.

La loi ne doit pas dire au Gouvernement : Vous accorderez un brevet à telle invention, vous le refuserez à telle autre. Mais elle doit dire aux juges : Vous déclarerez les brevets valables ou nuls suivant tels ou tels cas, suivant qu'ils se rapporteront à telles ou telles inventions.

Que fait le projet ? Le voici :

L'art. 2 dit : « Sont susceptibles d'être brevetés.... » Si je ne me trompe, cette rédaction veut dire : sont susceptibles de recevoir un brevet d'invention, quand la demande en sera faite, les inventions ci-dessous énumérées. L'art. 3 dit au contraire : « Ne sont pas susceptibles d'être brevetés... » Cela veut dire apparemment que, quand on demande un brevet au Gouvernement pour un des objets compris dans cet art. 3, le Gouvernement devra le refuser.

Ainsi le Gouvernement doit rejeter certaines demandes de brevets, il doit admettre les autres.

Pour cela, pour faire ce choix, il lui faut un examen préalable.

Or, Messieurs, lisez l'art. 11, et vous y verrez ceci : « Les brevets dont la demande aura été régulièrement formée, seront délivrés sans examen préalable. »

Si je ne me trompe, il y a contradiction entre cet article 11, qui est le principe fondamental de la loi, et les art. 2 et 3.

Cette contradiction existait déjà quand le Gouvernement a présenté son projet à la Chambre des pairs, mais elle est devenue plus évidente, plus grave, par la discussion qui a eu lieu dans cette Chambre, et par la modification qui a été apportée à l'art. 3.

M. VICTOR GRANDIN. La discussion qui a lieu tient en grande partie à la pauvreté de notre langue.

Il est fâcheux qu'on ait été obligé de se servir de ce mot « brevet d'invention. » Le plus grand nombre de nos concitoyens considèrent le brevet d'invention comme une sorte de privilége accordé par le Gouvernement à raison du mérite de la découverte qui en fait l'objet. Le brevet d'invention devient ainsi pour le charlatanisme un admirable moyen d'exploiter la crédulité publique, et tout cela tient à une confusion d'idées.

Le brevet d'invention est de droit absolu, mais par lui-même il ne confère de droits à celui qui l'a payé que dans certains cas. Or, ce sont ces cas qu'il s'agit de déterminer. Le brevet d'invention n'est qu'un certificat d'enregistrement : c'est la constatation qu'on a, je ne dirai pas *obtenu*, ce mot enlève au brevet son véritable caractère, mais demandé un brevet d'invention ; si cela était bien compris, la discussion à laquelle nous nous livrons en ce moment serait bien simplifiée et il serait facile de s'entendre.

Je dis que le brevet d'invention ne confère point un droit absolu, mais uniquement un droit conditionnel : cela résulte de l'obligation où est le Gouvernement de le délivrer sans examen préalable, et pour ma part, je le dirai en passant, je suis heureux que le principe de non-examen ait triomphé à la Chambre des pairs.

Maintenant, convient-il de renvoyer comme le propose l'honorable préopinant, à l'art. 29 la nomenclature de certains objets exclus des avantages qu'on peut obtenir à l'aide d'un brevet d'invention?

Cela me semblerait logique, et l'on ferait disparaître ainsi la contradiction signalée avec raison par l'honorable préopinant, et qui résulte du rapprochement des art. 2 et 3 d'une part, et de l'art. 11 de l'autre.

Mais enfin, si on persiste à maintenir les art. 2 et 3, je demande qu'au moins on veuille bien ajouter dans leur rédaction un simple adverbe, le mot *valablement*. Ainsi, on dirait : Sont susceptibles d'être *valablement* brevetés, ne sont pas susceptibles d'être brevetés *valablement*. De cette manière, vous constateriez ce qui est vrai, c'est que le brevet étant délivré sans examen préalable, sa valeur n'est nullement garantie ; que ce n'est qu'une constatation, qu'un enregistrement ; que, quant aux droits qui en découlent, ils peuvent exister, comme ils peuvent ne pas exister ; que, conséquemment, il y a de bons et de mauvais brevets ; qu'il y a des brevets qui portent avec eux un germe productif, et d'autres qui n'en comportent aucun ; qu'ainsi, il y a des brevets valables et des brevets qui n'ont aucune valeur ; que, quand il y aura nécessité d'apprécier les uns et les autres, alors les tribunaux prononceront, mais seulement alors.

Si la définition que je viens de donner du brevet d'invention est bien celle qui résulte de l'esprit du projet de loi, je dis que l'addition du mot *valablement* devra suffire pour faire droit à l'observation du préopinant ; mais je répète que, comme lui, je préférerais la suppression des art. 2 et 3, et le renvoi à l'art. 29 des exceptions proposées.

M. LE RAPPORTEUR. Je crois que l'honorable M. Grandin n'a pas saisi la pensée du projet de loi. Il a cru que les objets compris dans l'art. 2 et dans l'art. 3 pouvaient et devaient être brevetés. sauf, comme il l'a dit, à juger ultérieurement si les brevets sont bons ou mauvais, c'est-à-dire régulièrement ou irrégulièrement obtenus. C'est une erreur : la pensée du projet de loi, comme l'a très bien saisie M. Bineau, est d'accorder des brevets sans examen pour tout ce qui rentrait dans la catégorie de l'art. 2, mais d'avoir le droit absolu de refuser des brevets dans le cas de l'art. 3.

Sous l'influence de cette double pensée. M. Bineau vous demande la suppression de l'art. 2 comme inutile. et la suppression de l'art. 3 comme étant contraire au principe de non-examen préalable. Voilà la proposition de M. Bineau nettement expliquée comme il l'a conçue.

Relativement à l'art. 2, il n'est pas exact de dire que cet article soit inutile ; ce n'est pas pour diriger le ministère du commerce dans la délivrance des brevets que l'art. 2 a été introduit dans la loi : c'est pour l'appréciation ultérieure des brevets : c'est pour le jugement de toutes les contestations qui peuvent se présenter devant les tribunaux. Il y a eu un grand nombre de discussions pour savoir quelles étaient les découvertes ou inventions qui pouvaient être valablement brevetées. et c'est pour faire cesser, à cet égard, toute espèce d'incertitude qu'on a expliqué dans l'art. 2 le genre d'inventions qui pouvaient être placées sous la protection d'un brevet.

M. GRANDIN. Valablement !

M. LE RAPPORTEUR. Nous ne nous opposons pas à l'introduction dans l'art. 2 du mot *valablement*.

Ainsi, pour servir de base à un brevet valable, il faut l'invention ou la découverte d'un produit industriel, ou l'invention de nouveaux moyens, ou l'application nouvelle de moyens connus conduisant à l'obtention d'un résultat ou d'un produit industriel. Il était nécessaire de le dire, parce qu'il ne suffirait pas qu'il y eût une idée nouvelle, il faut de plus que l'invention ou la découverte soit applicable, et qu'elle porte sur un produit industriel ou sur le moyen d'obtenir un produit industriel.

Telle est la pensée de l'art. 2.

Ici, l'administration est obligée d'accorder le brevet sans aucune espèce d'examen. Ce sera aux tribunaux à juger si le brevet accordé tombe dans la définition de l'art. 2.

A l'égard de l'art. 3. la pensée du projet et de la Chambre des pairs, qui a introduit les dispositions qui se trouvent dans cet article. a été d'accorder le droit absolu de refuser le brevet ; et c'est ici que se présente l'objection de M. Bineau, que c'est introduire le droit d'examen préalable.

Je dis que c'est une erreur. et qu'il n'y a pas besoin d'examen préalable.

Ainsi, lorsqu'on a fait une découverte et qu'on demande un brevet, on doit dire quelle est la découverte, quel est son objet, son titre, son nom. La loi en fait une obligation précise. Eh bien, si on demande un brevet pour une composition pharmaceutique, pour un remède, sur le titre seulement sans examen. et par cela seul que c'est une composition pharmaceutique. on ne donne pas le brevet.

On n'a pas voulu non plus qu'on délivrât des brevets pour les plans et combinaisons de crédit ou de finances.

La pensée a été à cet égard de rejeter sans examen la demande de brevet, comme, dans le cas de l'art. 2. de l'accorder sans examen.

Ainsi, et en résumé, l'art. 2 n'est pas inutile, comme le pense M. Bineau : il sera utile au contraire. non pas pour la délivrance du brevet, mais pour l'appréciation ultérieure des brevets par les tribunaux.

Quant à l'art. 3, je conçois la pensée de ceux qui croient qu'il ne faut pas refuser de brevet aux compositions pharmaceutiques. Mais, dans l'opinion de ceux qui veulent établir le droit de refus, il n'y a point pour cela nécessité d'un examen préalable. Quand un brevet est demandé en pareille matière, on s'arrête au titre, au nom, et du moment qu'il s'agit de découvertes pharmaceutiques, le brevet doit être refusé.

M. ODILON BARROT. Je crois cependant qu'il faut faire un choix entre deux systèmes, et être conséquent envers le système qu'on choisit.

Je commence par déclarer que je suis hautement partisan du système de non-examen préalable. Je crois qu'il est impossible de choisir une autorité qui puisse parfaitement décider si telle invention est une invention réelle, de décider si un perfectionnement est un perfectionnement réel. Je ne crois pas qu'il soit une autorité qui puisse, sans courir grand risque de s'égarer. décider ainsi par voie préventive; c'est bien déjà assez difficile, lorsque les parties sont en présence devant les tribunaux, de décider dans une espèce si telle ou telle invention, si tel ou tel perfectionnement est ou n'est pas réel.

Mais le décider sans débat contradictoire serait une chose téméraire, le législateur ne peut pas le vouloir. L'examen préalable doit donc être écarté. Ne doit-on pas considérer que le brevet d'invention est pris aux risques et périls de celui qui le prend ?

Sans doute, on peut. administrativement, organiser un conseil qui avertisse, qui préserve celui qui demande un brevet d'invention de l'erreur dans laquelle il peut tomber ; mais cela ne peut jamais être qu'à titre de conseil. S'il persiste à prendre le brevet d'invention, il le prendra à ses risques et périls. Seulement, lorsqu'il veut faire valoir devant les tribunaux, à l'encontre d'un tiers ou d'un autre intérêt, ce brevet qu'il a ainsi pris à ses risques et périls, alors on examine la valeur réelle de ce brevet : alors les tribunaux prononcent sur la question de savoir si ce brevet attribue à celui qui l'invoque le droit qu'il y rattache ; mais ce n'est pas par voie préventive. c'est par application spéciale que les tribunaux prononcent.

Voilà. Messieurs, quel était le système jusqu'à présent suivi ; on n'avait pas organisé dans le ministère de l'intérieur, ni dans le ministère démembré du ministère de l'intérieur. dans le ministère du commerce. on n'avait pas organisé une juridiction, on n'avait pas déterminé les formes suivant lesquelles cette juridiction prononcerait par voie préventive ; on n'avait pas établi selon quelles formes on pourrait se pourvoir contre les arrêts de cette juridiction. Et cependant, si vous attribuez à un ministère quelconque le droit préventif de refuser un brevet d'invention. je dis que c'est là l'acte de juridiction le plus exorbitant ; je dis que, si vous n'organisez pas en même temps, à côté de ce pouvoir, des garanties, des formes qui préviennent les abus ou même les erreurs, vous faites une chose monstrueuse dans votre législation.

Permettez-moi de descendre dans les détails, de vous montrer les applications.

Mon honorable ami M. Arago me disait tout à l'heure : L'une des plus grandes difficultés qui puissent se présenter, c'est de distinguer entre ce qui peut n'être qu'une idée scientifique et ce qui est une invention.

Eh bien, un commis de bureau, un administrateur même, quelque élevé qu'il soit, de son autorité privée, viendra décider que vous ne devez pas avoir de brevet d'invention, et vous le refusera parce qu'il dira au savant : « Ce n'est qu'une idée scientifique, » et dans cette idée il y aura peut-être un monde nouveau industriel.

Quelle sera la garantie que vous aurez ? Aucune. Le Ministre dira : C'est une idée scientifique ; il n'y a pas d'invention, je ne veux pas vous donner de brevet, et quant à ma resposabilité, elle est tout entière renfermée dans ma conscience et dans mes convictions intimes. Vous ne pouvez pas armer le pouvoir d'une pareille autorité préventive ; restez donc dans l'état de votre législation actuelle : elle est sage, elle n'engage pas le Gouvernement, elle ne peut donner lieu à aucun abus, car l'abus est dans la répression ; car l'abus est dans la juridiction qui existe ou que vous organiserez pour déclarer l'inefficacité du brevet : il n'y a aucun inconvénient possible, si ce n'est le danger pour le breveté de dépenser quelques centaines de francs inutilement : mais ce malheur n'est pas comparable à tous les dangers qui seraient attachés à l'autorité préventive dont vous armeriez le Gouvernement.

Messieurs, remarquez-le bien : cet article 2 se sert des mêmes expressions pour indiquer deux choses complétement différentes : « Sont susceptibles d'être brevetés d'invention les nouveaux produits industriels. » Il y a peut-être équivoque dans ces mots : *sont susceptibles d'être brevetés* ; mais l'équivoque peut disparaître devant des explications, et j'admets pleinement celles de l'honorable M. Philippe Dupin.

Cela ne veut pas dire qu'il y ait lieu à examen préalable sur la question de savoir si ce brevet sera ou non accordé. Les mots n'ont pas ce sens : ces mots : *sont susceptibles d'être brevetés*, n'impliquent pas l'idée d'un examen préalable. Il y a obligation. Ce n'est pas une aptitude, c'est un droit absolu à obtenir le brevet, sauf l'examen des tribunaux lorsque l'on invoquera le brevet.

Et puis vient le second paragraphe dans lequel les mêmes expressions changent de sens légal : « Ne sont pas susceptibles d'être brevetées les compositions pharmaceutiques, les principes, méthodes et doctrines purement scientifiques. » Ici, les mots n'ont plus la même acception que dans le premier paragraphe : c'est un examen préalable que ces mots impliquent.

Cela n'est pas possible, vous ne pouvez pas admettre une pareille rédaction. qui change le sens d'une manière si radicale et si absolue entre des expressions placées l'une à côté de l'autre.

Si vous déclarez que ces mots : *sont susceptibles d'un brevet*, n'impliquent pas l'examen préalable. il faut reconnaître que ces mots : *ne sont pas susceptibles d'être brevetés*, n'impliquent pas davantage l'examen préalable.

Et alors, je l'avoue. moi qui étais opposé instinctivement à l'amendement de l'honorable M. Bineau. parce que j'admettais l'explication de la commission, que les mots : *sont susceptibles* ou *ne sont pas susceptibles*, ne sont qu'un avertissement donné à celui qui prend le brevet, que devant les tribunaux les brevets accordés seront efficaces ou inefficaces, selon qu'ils se trouveront dans telles ou telles catégories déterminées par la loi. Mais du moment que vous attachez à ces mots le sens d'un examen préalable, il y a un grand danger.

Je reconnais là une modification profonde au système actuel : je reconnais là l'intervention d'un système mixte et bâtard, et j'avoue que je suis très disposé à me rattacher à l'amendement de M. Bineau et à demander le retranchement des deux articles.

J'y suis d'autant plus disposé que, lorsque j'examine l'art. 29. je vois que l'art. 29 pourvoit complétement à ce qu'on veut faire par l'art. 2. Il suffit d'avertir qu'un brevet qui n'a pas pour objet une véritable invention scientifique sera nul.

Que dit l'art. 29 ?

« Seront nuls et de nul effet les brevets délivrés dans les cas suivants, savoir :

» 1o Si la découverte. invention ou application n'est pas nouvelle :

» 2o Si la découverte, invention ou application, n'est pas, aux termes de l'art. 3, susceptible d'être brevetée. etc. »

Je crois donc que l'art. 29 suffirait. Dans tous les cas. je ne crois pas qu'on puisse admettre l'art. 2 avec le sens que lui donne la commission.

M. LE PRÉSIDENT. Je dois faire connaître à la Chambre une rédaction que l'honorable M. Vivien me remet à l'instant. Cette rédaction nouvelle changerait ainsi les premiers termes de l'art. 2. Au lieu de dire :

« Sont susceptibles d'être brevetées :

» L'invention de nouveaux produits industriels :

» L'invention de nouveaux moyens, etc. »

L'honorable M. Vivien propose de dire « sont considérées comme inventions ou découvertes nouvelles :

» L'invention de nouveaux produits industriels :

» L'invention de nouveaux moyens, etc. »

Il résulterait que cette nouvelle rédaction de l'art. 2 ne serait qu'une définition plus explicite de l'art. 1er. Cela est en rapport avec la déclaration faite par la commission. Si l'on était de cet avis, de délibérer sur l'art. 2. ce serait sur l'art. 2 que le débat se reprendrait.

M. ODILON BARROT. Cette rédaction fait en effet disparaître l'équivoque des mots : « sont susceptibles d'être brevetées, » mais elle laisse subsister la question tout entière.

M. BINEAU. J'adhère à la nouvelle rédaction, et voici pourquoi : j'ai demandé la suppression de l'art. 3 et aussi de l'art. 2, mais en disant que j'étais tout prêt à admettre qu'il fût fait un paragraphe additionnel qui comprendrait la définition qui s'applique aux paragraphes suivants. La rédaction nouvelle est la réalisation en termes excellents de cette pensée que j'avais émise. Par conséquent, je ne veux pas ne pas y adhérer, me réservant de revenir sur la question lors de la discussion de l'art. 11.

M. LE RAPPORTEUR. La rédaction a été faite d'accord avec la commission et avec le Gouvernement.

M. LE PRÉSIDENT. Je ne mets d'abord aux voix que les deux premiers paragraphes amendés.

Seront considérées comme inventions ou découvertes nouvelles :

« L'invention de nouveaux produits industriels. » (Adopté.)

Troisième paragraphe : au lieu de : « L'invention de nouveaux moyens ou l'application nouvelle de moyens connus, » M. Delespaul propose : « L'invention de nouveaux moyens ou l'application nouvelle d'*agents* ou de moyens connus pour l'obtention d'un résultat ou d'un produit industriel. »

M. DELESPAUL. Le but de ma proposition est facile à saisir. Qui dit agent dit principes, éléments, substances ou matières connues.

La plupart des inventions ne sont autre chose que des applications nouvelles de principes, d'agents, d'éléments, de substances naturelles, combinés, élaborés par l'homme de manière à faire obtenir des produits, des effets, des résultats nouveaux. Les mots *moyens connus*, employés seuls, embrasseront-ils tout cela dans leur généralité ? Je crains que non.

Prenons pour exemple l'application de la vapeur pour le blanchiment du linge, de la dentelle ; dira-t-on que la vapeur est un moyen connu ? Non. C'est un principe, un agent connu, qui reçoit une application nouvelle. Même observation pour la paille, le bois, les feuilles d'arbres, que l'on appliquerait, par exemple, à la fabrication de la pâte à papier, par les moyens en usage pour la conversion du chiffon en pâte. La paille, le bois, les feuilles ne sont pas des moyens, ce sont des substances naturelles et connues, qui n'auraient point encore reçu la destination nouvelle de la pâte à papier. J'en dirai autant de l'air chaud et de l'application nouvelle qu'en a faite l'Ecossais Neilson pour activer la combustion dans la fonte du minerai. L'air est un principe, un agent ; ce n'est pas un moyen.

Je demande donc qu'on veuille bien substituer à ces mots : « L'application nouvelle de moyens connus, » la rédaction suivante : « L'application nouvelle d'agents et de moyens connus. » Ce n'est que l'addition d'un mot, qui tend à rendre la disposition plus claire.

M. LE PRÉSIDENT. L'amendement est-il appuyé ? (Non.)

M. DELESPAUL. C'est qu'apparemment on croit que les *moyens connus* suffiront.

M. LE PRÉSIDENT. Je consulte la Chambre sur le deuxième paragraphe.

(Le paragraphe est adopté. L'ensemble de l'art. 2 est également adopté.)

Je lis maintenant l'art. 3, en exposant comment la question se présente.

Art. 3. « Ne sont pas susceptibles d'être brevetés :

» 1o Les compositions pharmaceutiques ou remèdes spécifiques, lesdits objets demeurant soumis aux lois et réglements spéciaux sur la matière, et notamment au décret du 18 août 1810, relatif aux remèdes secrets :

» 2o Les plans et combinaisons de crédit ou de finances :

» 3o Les principes, méthodes, systèmes, et généralement toutes découvertes ou conceptions purement scientifiques ou théoriques. »

Sur cet article il a été proposé par voie d'amendement, par M. Dezeimeris, de restreindre la prohibition relative aux compositions pharmaceutiques, aux remèdes secrets qui ne sont pas susceptibles de brevet.

M. Dezeimeris propose également le rejet de deux autres catégories.

M. Bethmont propose, en ce qui le concerne, non-seulement de remplacer les mots « compositions pharmaceutiques » par ceux de « remèdes secrets, » mais de retrancher toutes les prohibitions du premier paragraphe.

Mais il y a une proposition plus étendue que celle-là, elle tend à supprimer l'article lui-même, c'est-à-dire à retrancher ces mots : « ne sont pas susceptibles d'être brevetés ; » ce qui entraine le rejet de l'article entier.

La pensée de ceux qui font cette proposition consiste à faire décider que dans aucun cas le Gouvernement, même pour les catégories déterminées par l'art. 3, n'a le droit de refuser le brevet, sans préjuger d'ailleurs si les cas énoncés dans l'art. 3 ne devraient pas donner lieu à la délivrance de brevet, conformément à l'art. 29.

Cette opinion, que la commission combat, puisqu'elle admet que, dans les cas prévus par l'art. 3, il y a lieu à refuser le brevet, cette opinion est celle qu'il s'agit d'abord de mettre sous les yeux de la Chambre.

Ceux qui pensent que, dans aucun cas, il n'y a lieu à la possibilité de refus de brevet, voteront contre les mots : « Ne sont pas susceptibles d'être brevetés. » S'ils sont rejetés, l'article tout entier tombe, sauf l'art. 29. Si au contraire ces mots sont admis, alors nous entrerons dans l'examen des diverses catégories de l'art. 3.

M. LE RAPPORTEUR. Après avoir examiné avec soin l'art. 2, la commission, touchée d'une partie des observations présentées par l'honorable M. Odilon Barrot, croit que le paragraphe 3 de l'art. 3 pourrait utilement et même devrait être reporté à l'art. 29. Je dis en deux mots pourquoi.

Il est évident que, pour distinguer si un brevet s'applique uniquement à une idée théorique et scientifique, ce qui peut donner lieu à de graves difficultés, il faudrait un examen préalable, qui serait dangereux et contraire au principe de la délivrance des brevets sans examen préalable. Par ce motif, et par ce motif seulement, la commission propose de retrancher le paragraphe 3 de l'art. 3. mais en se réservant de le reprendre à l'art. 29.

Quant à présent. et pour la discussion de l'art. 3. la commission restreint la prohibition de donner des brevets aux deux premiers numéros de l'article, c'est-à-dire aux compositions pharmaceutiques et aux plans de finances.

M. LE PRÉSIDENT. Ainsi. la discussion se réduit maintenant au point de savoir s'il y a lieu. de la part du Gouvernement. à refuser le brevet sur les deux cas spécifiés dans le n° 1 et le n° 2 de l'art. 3.

M. DESMOUSSEAUX DE GIVRÉ. Je viens défendre. au moins dans ses deux premiers paragraphes. l'art. 3. parce qu'il ne me paraît pas introduire. comme on l'a dit. un système nouveau: qu'il me semble au contraire maintenir la législation existante. Si vous rejetiez l'art. 3. vous abrogeriez la loi du 20 septembre 1792. qui dispose que le pouvoir exécutif ne peut plus concéder de brevets d'invention aux établissements de finances. et qui supprime l'effet de ceux qui avaient été accordés: l'assemblée déclare. dans le préambule. que la loi de 1791 doit être entendue dans ce sens. qu'il n'y a de brevetable que les industries relatives aux arts et métiers.

Ainsi. Messieurs. la loi qui régit les brevets d'invention a toujours maintenu et appliqué le principe de restriction.

Qu'a fait la Chambre des pairs? que fait en ce moment votre Commission? Elle vous propose d'étendre ce principe de restriction à une seconde catégorie: dans ce moment. je ne discute pas. je ne juge pas cette catégorie: un examen séparé pourra s'établir sur les deux paragraphes. sur la question de savoir si on doit maintenir la seconde ou seulement la première catégorie: mais le fait que je veux établir. c'est qu'au lieu de combattre un nouveau système. c'est l'abrogation de la législation existante que l'honorable M. Odilon Barrot demandait tout à l'heure.

Maintenant. ce que je soutiens. c'est qu'entre l'art. 3 et l'art. 11. il n'y a aucune contradiction: l'examen qui peut être la conséquence de l'art. 3 est parfaitement distinct de cet examen *préalable*. dont ni l'honorable orateur ni moi ne voulons.

Cet examen préalable est défini par les termes mêmes de l'art. 11. et je le lirai pour faire voir qu'il n'a aucun rapport quelconque avec l'art. 3. et que la confusion dans laquelle nous sommes depuis le commencement de la séance naît non pas des choses. mais des mots: il y a confusion dans les termes. et je me plaindrais volontiers. avec un des honorables préopinants. de la pauvreté de notre langue qui fait que cet adjectif *préalable* est appliqué tour à tour dans cette discussion à deux examens d'un ordre tout différent. dont l'un a toujours été exigé et dont l'autre a toujours été interdit par la loi. C'est le double usage qu'on fait de cet adjectif qui nous jette dans la confusion où nous sommes.

Voici l'art. 11. premier paragraphe :

« Les brevets dont la demande aura été régulièrement formée, seront délivrés. *sans examen préalable*. aux risques et périls des demandeurs. et sans garantie. soit de la réalité, de la nouveauté ou du mérite de l'invention, soit de la fidélité ou de l'exactitude de la description. »

Eh bien, si j'avais rédigé l'article, je crois que je l'aurais rendu plus clair par la seule transposition d'un terme : « Les brevets dont la demande aura été régulièrement formée sont délivrés aux risques et périls des demandeurs, *sans examen préalable*, et sans garantie, soit de la réalité, soit de la nouveauté ou du mérite de l'invention, soit de la fidélité ou de l'exactitude de la description. »

L'examen préalable qui, de l'avis de tous, doit être interdit, et que l'art. 11 interdit réellement, c'est celui du mérite de l'invention. Ce qui ne doit pas non plus être examiné, c'est, relativement aux tiers, le droit de propriété.

Avec raison, avec justice, la loi réserve la question du mérite de l'invention au public, et la question de la propriété aux tribunaux.

Cet examen préalable de l'art. 11 n'a aucune analogie avec l'application du principe de restriction, non pas établi, mais maintenu par l'art. 3.

Je sais bien qu'on peut toujours appeler *préalable* l'examen sommaire qui a lieu en exécution de la loi de 92, et l'attaquer à ce titre. Remarquez bien qu'il est de la nature d'un examen quelconque d'être toujours préalable à quelque chose. Mais voulez-vous me permettre, après avoir établi une distinction dans les choses, d'en chercher une dans les termes?

J'appellerai, si vous voulez, l'examen résultant de l'art. 3, l'examen *préjudiciel;* car, avant tout, il s'agit de savoir si le brevet demandé a pour objet une invention qui tombe sous les restrictions dont le principe existe, dont le principe est appliqué depuis 1791. C'est l'examen *préjudiciel*, parfaitement distinct de l'examen dit préalable, dont nous parlons depuis le commencement de la séance.

L'examen préalable est celui qui devrait juger le mérite ou la condition légale de propriété de l'invention pour laquelle on demande un brevet. Et je dirai, Messieurs, que si l'art. 11, qui déclare que l'inventeur obtient le brevet à ses risques et périls, est fort sage, l'art. 3, qui a pour but d'empêcher que l'inventeur n'obtienne le brevet aux risques et périls de la société, n'est pas moins sage, assurément.

L'art. 3 donne la garantie d'ordre public, comme l'art. 11 donne la garantie de liberté.

Dès 1792, l'expérience des deux premières assemblées législatives avait suffi pour leur apprendre combien on pouvait abuser de la crédulité publique au moyen de certains plans financiers, de certains projets de banques et de tontines dont les noms, si je les cherchais bien, pourraient me revenir en mémoire. La nouvelle disposition ajoutée par la Chambre des pairs et adoptée par la commission, relative aux compositions pharmaceutiques, a la même origine, la même sanction, l'expérience. Vous savez tous quel abus facile et grossier l'on fait de la crédulité publique en écrivant sur une affiche « *invention brevetée par ordonnance royale.* » La loi de 1792 a voulu protéger la fortune des citoyens contre le charlatanisme; on

vous propose aujourd'hui. par l'art. 3. d'étendre cette protection
jusqu'à leur santé.

Je termine ici mes observations que je résume en deux mots. L'article 3 est le maintien de la législation actuelle; l'art. 3. ce n'est pas
l'examen préalable par l'administration. c'est, si l'on peut le dire.
l'examen préjudiciel par la loi. Lorsque la Chambre arrivera au vote
sur l'art. 11, je lui proposerai une simple transposition de deux
mots. qui fera disparaître toute équivoque.

M. ODILON BARROT. Je voudrais savoir quel effet légal le préopinant
attacherait à ce qu'il appelle l'examen préjudiciel. De cet examen
préjudiciel, appliqué aux préparations pharmaceutiques, résulterait-il que l'invention brevetée ne serait pas considérée comme préparation pharmaceutique? La décision administrative, préventive.
obligerait-elle les tribunaux?

M. DESMOUSSEAUX DE GIVRÉ. Dans tous les temps. il a fallu examiner
si l'invention pour laquelle on sollicitait un brevet était ou n'était
pas un plan de crédit ou de finances. Il a fallu le faire hier, on est
obligé de le faire encore aujourd'hui. Demain, si vous votez la loi
telle qu'elle vous est proposée, on sera obligé, non-seulement de rechercher si c'est un plan ou une combinaison de finances, mais encore si c'est une composition pharmaceutique: ainsi, on ne fait rien
de nouveau, seulement on étend ce qui existe. Reste la question de
savoir si on a tort ou raison. Étendez ou n'étendez pas ce qui existe.
mais vous ne pouvez pas, mais vous ne voudrez pas, en rejetant
l'art. 3, effacer la loi du 20 septembre 1792. qui est en vigueur et qui
s'exécute depuis cette époque.

M. ODILON BARROT. Je voudrais bien préciser la portée de cet examen, non plus préalable, mais préjudiciel, qu'on veut maintenir
dans la loi.

Si l'examen préjudiciel porte sur la nature même de l'invention
pour laquelle le brevet est demandé : si l'administrateur se constitue
juge de la nature de cette invention pour décider qu'elle appartient
à une catégorie qui n'est pas susceptible d'être brevetée: si, par
exemple, une invention étant présentée qui offrirait le caractere
d'une préparation pharmaceutique, mais qui présenterait aussi celui
d'une substance alimentaire, si l'administrateur ayant déclaré, par
exemple, que l'invention portait sur une préparation alimentaire,
décidait que l'invention est susceptible d'être brevetée et donnait le
brevet, je demande si cette décision préjudicielle conférerait un droit
au titulaire tel, que devant les tribunaux il puisse se prévaloir de
cette décision.

Plusieurs voix. Non!

M. ODILON BARROT. Alors vous établissez un conflit entre l'autorite
administrative et les tribunaux.

M. LE RAPPORTEUR. Non. c'est le droit commun!

M. ODILON BARROT. Non, ce n'est pas le droit commun ! Dans le droit
commun. dans la législation existante des brevets. et je suis fâché
qu'on ait employé ce mot de brevet et ....

M. BINEAU. Il est très mauvais !

M. ODILON BARROT. Ce mot de brevet est très malheureusement employé.

M. GRANDIN. Il faudrait le remplacer par le mot *patente*. C'est l'expression anglaise.

M. ODILON BARROT. Une grande partie des inconvénients du système exclusif de tout examen préalable est attribuée à ce mot *brevet*, à l'opinion fausse que le public y attache. Cette opinion fausse est exploitée dans le public ; le mot propre serait celui qui désignerait que l'autorité ne fait que donner acte d'un dépôt. Malheureusement, le mot *brevet*, dans l'acception usuelle du mot, suppose ou permet de supposer un droit attribué.

M. ARAGO. Il faudrait dire : « brevet sans garantie ! »

M. ODILON BARROT. Dans tous les cas, dans l'état actuel des choses, il ne peut y avoir conflit entre l'administration et les tribunaux, car le brevet délivré par l'administration ne confère aucune espèce de droit, ne suppose aucun examen préalable, et par conséquent ne peut jamais constituer l'administration qui le donne en conflit avec les tribunaux qui, au contraire, examinent et apprécient. Mais si vous introduisez dans votre loi un examen préalable sur un des points de la loi ; si vous armez l'administration du droit d'examiner si une invention est une préparation pharmaceutique, ou si elle n'est qu'une substance alimentaire ; si vous lui donnez une appréciation, il est impossible que l'appréciation administrative ne se trouve pas en définitive en conflit avec l'appréciation judiciaire. Il faut que le jugement soit dans les tribunaux ou dans l'administration, qu'il soit répressif ou préventif. Il est impossible d'échapper à ce dilemme.

Que si, au contraire, et mon observation n'avait pas d'autre objet que d'arriver à ce but ; que si, au contraire, vous vous proposez de donner à l'administration le droit de viser en quelque sorte l'étiquette de la demande du brevet, de voir si l'invention est intitulée invention pharmaceutique, je dis que cela n'en vaut pas la peine, que nous ferions une disposition puérile, que nous créerions des dangers sans aucune compensation utile.

M. RIVET. L'honorable rapporteur a fait connaître tout à l'heure que la commission consentait à faire disparaître de l'art. 3 et à retirer de l'art. 29 le paragraphe 3 de l'article en discussion.

Le champ précis sur lequel portent les observations de M. Odilon Barrot est donc réduit purement et simplement aux compositions pharmaceutiques et aux plans financiers.

Je ne veux pas rétrécir le cadre de la discussion ; je ne veux pas échapper par là aux conséquences d'un principe nettement posé ; mais il ne faut pas que la Chambre croie que, par ces mots : *examen préalable*, que j'avais définis tout à l'heure, on veut l'entraîner dans un système plus étendu que celui que je viens de circonscrire.

La commission n'entend nullement faire aller l'examen préalable jusqu'à une investigation ou une appréciation des moyens ou des procédés sur lesquels reposent la découverte ou l'invention nouvelle, pas plus que sur la nature des agents de fabrication qu'ont employés les personnes qui se présentent pour obtenir un brevet. Ainsi, il est bien certain que cet examen préalable ne dépassera jamais ce qu'on a nommé tout à l'heure, par une expression très précise que je me permets de m'approprier, l'étiquette de l'invention. Quand on se présentera devant l'administration pour obtenir un brevet pour ce qu'on appellera une composition pharmaceutique, l'administration répondra en invoquant le paragraphe 1er de l'art. 3, que nous discutons, et fera remarquer que la composition pharmaceutique pour laquelle on demande un brevet n'est pas susceptible d'être brevetéc.

Mais, nous dit-on, de deux choses l'une : où l'on a trompé l'administration en déguisant une préparation pharmaceutique sous un nom supposé, en la présentant par exemple comme une composition alimentaire ; ou, si la qualification donnée à l'invention est sincère, on ne pourra obtenir qu'un brevet de nul effet, et alors l'art. 29 suffît.

La commission répond avec la loi que, dans le premier cas, celui qui déguisera ainsi la substance qu'il veut faire protéger par un brevet n'atteindra pas le but qu'il se propose ; car tout contrefacteur qui voudra s'emparer de la substance frauduleusement ou maladroitement nommée substance alimentaire et dans laquelle il aura reconnu une composition pharmaceutique, pourra la fabriquer impunément ; et d'un autre côté, l'inventeur qui aura voulu s'approprier la protection d'un brevet viendra échouer devant les tribunaux, qui établiront l'application de l'une des causes de nullité énumérées dans l'art. 29.

Ainsi l'examen préalable n'existe que pour vérifier si la composition qu'on demande à faire breveter ne rentre pas dans les compositions pharmaceutiques.

Est-il vrai maintenant qu'il y ait quelque puérilité, ou seulement inutilité à mettre dans la loi une disposition réduite à ces simples termes ?

Je prie la Chambre de remarquer que l'art. 3 et l'art. 2, dans la pensée de la loi, sont corrélatifs ; l'art. 2 fait connaître quelles sont les inventions qui peuvent être protégées par un brevet et dont l'exploitation est assurée à celui dont le génie les a découvertes : l'art. 3, au contraire, avertit tous ceux qui se livreront à des recherches sur les compositions pharmaceutiques qu'ils ne peuvent pas compter sur les avantages exclusifs d'un brevet, et que, par conséquent, tous les efforts qu'ils pourront faire pour arriver à ce résultat seront jugés par les tribunaux.

En un mot, lorsque l'auteur d'une découverte demande à la loi sa protection et ses garanties, il peut avec certitude aller jusqu'aux limites que l'art. 2 lui ouvre ; mais il ne doit pas se diriger vers tel autre but que l'art. 3 lui interdit : alors la condition de ceux qui veulent exploiter des découvertes nouvelles se trouve parfaitement précisée et limitée.

Et remarquez que, dans le système de tous ceux qui ont traité la question on ne vous propose pas de faire disparaître l'art. 3, mais de rejeter le paragraphe de l'article dont nous nous occupons dans l'art. 29.

Eh bien, il me semble qu'il y a avantage à comprendre, dans un système complet, d'une part, ce qu'on peut faire, l'extension et la limite dans laquelle on peut être protégé, et de l'autre, à préciser le but où la sanction de la loi ne peut pas lui permettre d'arriver, où cette sanction ne pourrait plus le suivre avec efficacité.

M. ODILON-BARROT. L'honorable M. Rivet n'est-il pas frappé de l'inconvénient qu'il y aurait à délivrer un certificat après examen préjudiciel, pour telle ou telle substance qui aurait été reconnue n'être pas une composition pharmaceutique ? Ne verrait-il pas quelque inconvénient à créditer ainsi telle ou telle invention qui ne mériterait pas ce nom, qui ne serait souvent qu'un moyen de charlatanisme ? à lui donner le crédit résultant de l'espèce de prévention favorable qui serait la conséquence d'un examen de l'administration ? Dans l'état actuel des choses, l'invention est livrée à elle-même. L'administration ne fait en quelque sorte que la viser. Eh bien, même dans ces termes-là, il y a déjà des inconvénients.

On se plaint des facilités que donne au charlatanisme le seul titre de brevet d'invention, la seule supposition que donne ce titre qu'il y a eu un examen quelconque, une attribution quelconque de la part de l'administration. Mais lorsqu'il n'y aura pas seulement ce titre, qu'il n'y aura pas seulement un préjugé, qu'il y aura encore un examen préalable, vous donnerez une puissance bien plus grande, un moyen d'exploitation bien plus sérieux au charlatanisme. J'aimerais mieux, pour ma part, livrer toutes ces inventions à ce qu'elles valent par elles-mêmes : j'aimerais mieux proclamer que l'administration n'a nullement à les étudier et à les apprécier, et que les découvertes valent ce qu'elles valent ; je voudrais même effacer le titre de brevet d'invention. Je voudrais que ce ne fût qu'un simple acte d'enregistrement, afin que le public ne pût pas être trompé, tandis que vous voulez y ajouter un examen et une appréciation qui ne serviront qu'à favoriser le charlatanisme.

M. BOUILLAUD. Relativement aux remèdes secrets, il y a précisément auprès des Ministres un conseil naturel chargé de les examiner. Ainsi, qu'aujourd'hui on vienne demander la permission de vendre un remède secret, cette demande est adressée au Ministre de l'agriculture et du commerce, lequel la transmet à l'Académie royale de médecine, qui examine s'il y a ou s'il n'y a pas lieu d'appliquer le décret du 8 août 1810. Voilà ce qui se fait : et si c'était le moment de revenir sur la question de l'examen préalable, si l'heure n'était pas si avancée, peut-être pourrait-on présenter, à cet égard, quelques considérations.

Je me borne à dire que, dans l'état actuel des choses, personne n'a le droit de vendre un remède secret, et si le ministère public faisait exécuter rigoureusement les lois qui régissent actuellement l'exercice de la pharmacie et de la médecine, il n'y aurait aucun moyen de tirer parti des remèdes secrets. C'est pour cela que j'insistais tout à l'heure sur la nécessité de faire coïncider avec la présentation de la loi actuelle celle de la loi relative à l'exercice de la pharmacie. Ce sont deux lois qui se tiennent de la manière la plus étroite.

M. LE MINISTRE DE L'AGRICULTURE ET DU COMMERCE. Je répondrai à l'honorable M. Odilon Barrot qu'il se méprend sur la portée réelle de l'examen préjudiciel auquel l'honorable M. Desmousseaux de Givré a fait allusion tout à l'heure. La loi du 20 septembre 1792 interdit toute délivrance de brevets d'invention pour des établissements de finances, et supprime ceux qui avaient été précédemment accordés ; le projet primitif, présenté par le Gouvernement à la Chambre des pairs, s'était borné à reproduire la disposition de la loi du 20 septembre 1792, en y ajoutant l'exclusion des principes, méthodes et conceptions purement scientifiques et théoriques, et je dois dire que personne, depuis l'interdiction prononcée par la loi de 1792, n'a demandé de brevets pour des établissements interdits formellement par cette loi. Cette disposition, qui a atteint son but, n'a ainsi donné lieu à aucune espèce d'examen.

Maintenant, il y a une distinction à faire pour expliquer comment le Gouvernement, qui a combattu avec insistance et qui combattrait encore le principe de l'examen préalable s'il était produit, s'est défendu, à la Chambre des pairs, contre l'amendement proposé pour l'interdiction de la délivrance de tout brevet relatif aux préparations pharmaceutiques. Dans la pensée explicite de la commission de la Chambre des pairs, la disposition impliquait l'examen préalable. Mais, du moment que cette disposition eut été modifiée de manière à écarter la nécessité de l'examen préalable, le Gouvernement n'a pas vu d'inconvénient au système proposé, et il n'a pas mis d'obstacles à ce que la loi disposât d'une manière formelle, comme l'avait fait la loi du 20 septembre 1792, qu'à l'avenir on ne pût plus délivrer de brevets pour remèdes ou préparations pharmaceutiques ; cette interdiction absolue lui a même paru présenter des avantages par suite desquels il s'est rallié la disposition.

On a fait observer tout à l'heure que la disposition n'empêcherait pas la vente des remèdes, parce que, pour obtenir un brevet on ne se présenterait pas comme inventeur d'un remède, mais à tout autre titre.

Messieurs, cela peut être vrai, mais, dans ce cas, l'art. 29 laisse aux tribunaux le droit de déclarer le brevet nul s'il a été obtenu au moyen d'une dénomination frauduleuse ou mensongère, et la loi a ainsi pourvu à ce que l'interdiction ne pût être éludée impunément.

Dans l'état actuel, il ne faut pas le perdre de vue, le Ministre ne peut pas refuser un brevet, quelle que soit la dénomination sous laquelle il est présenté, et des brevets pour préparations pharmaceutiques sont fréquemment délivrés ; mais lorsqu'une demande est produite pour un remède ou pour une découverte qui peut en avoir le caractère, l'administration ne manque jamais de prévenir l'inventeur que le titre qu'il demande ne lui confère aucun droit de débiter sa préparation, contrairement au décret du 18 août 1810, et que son brevet n'est véritablement qu'une lettre morte, dont il ne pourra pas faire usage.

Si, nonobstant cet avis, le demandeur persiste, la loi ne permettant pas de refuser le brevet, le titre est délivré aux risques et périls de l'impétrant.

Quand l'inventeur, au contraire, invoquant le bénéfice du décret de 1810, demande l'examen de son remède pour le faire acheter par l'Etat, nous adressons la recette à l'Académie de médecine, et, sur le rapport de cette Académie, il est statué conformément audit décret, soit pour le publier en indemnisant l'inventeur, soit pour en interdire le débit.

Maintenant, qu'arrivera-t-il? Aucun brevet ne sera délivré pour des découvertes qui se produiront sous la dénomination de remèdes ou préparations pharmaceutiques. Si, à l'aide d'un faux titre, on a trompé l'administration, et que le brevet ait été délivré, la société sera garantie contre les fraudes, et les tribunaux prononceront la nullité du brevet indûment obtenu.

Je ne comprends pas comment on trouve dans une telle disposition un examen préalable. Demande-t-on, en effet, un brevet pour remède, on le refuse sans examen, sur le simple titre ; la demande se présente-t-elle sous une dénomination mensongère, le brevet est délivré sans examen également; mais l'art. 29 garantit la société. Maintenant faut-il reporter au même art. 29 la disposition de l'art. 3 ? c'est un autre système : nous l'appuierons s'il se produit ; mais, dans l'un comme dans l'autre cas, il n'y aura pas d'examen préalable.

Séance du 11 avril 1843.

M. BINEAU. La Chambre sait quels sont les deux systèmes qui sont en présence.

Le Gouvernement et la commission demandent que les découvertes relatives à certaines catégories d'objets industriels ne puissent obtenir de brevets d'invention, et l'art. 3 a pour objet d'établir ces catégories exceptionnelles qui seraient en dehors du droit commun.

Voilà l'un des systèmes.

J'ai l'honneur de proposer l'autre à la Chambre : il consiste à ne refuser aucun brevet, sauf à établir plus loin, dans l'art. 29, qui contient les règles de la validité des brevets, l'indication des découvertes pour lesquelles les brevets délivrés ne pourront être valables. En d'autres termes, l'un des systèmes crée des exceptions pour la délivrance des brevets, l'autre admet que ces brevets ne pourront jamais être refusés, et il établit des règles pour leur validité.

On voit que ces deux systèmes conduisent au même but, mais par des moyens différents.

Je pense que le second est préférable, et que le premier, celui du Gouvernement, présente quelques dangers et n'a pas l'efficacité qu'on lui suppose.

Il est dangereux, car il ouvre la porte à l'erreur, et même aux abus. Vous avez entendu hier un habile défenseur du système de la concession des brevets après examen préalable, vous demander que ce système soit adopté, et vous dire que, s'il accepte cet art. 3. c'est parce qu'il y trouve un commencement de consécration du principe de l'examen préalable. Certes, je ne crains pas que ce principe soit adopté par la Chambre, mais le petit nombre de partisans qu'il peut compter dans cette enceinte se réuniront sans doute pour élargir la brèche que leur ouvrent les exceptions de cet art. 3. et pour demander l'augmentation de ces exceptions. Et par exemple, il se trouvera certainement quelqu'un qui, reprenant la proposition de la commission de la Chambre des pairs. demandera d'introduire dans cet article la prohibition de brevet pour les découvertes relatives à des objets contraires aux lois, aux mœurs, à l'ordre public. Car, en effet, si le principe des exceptions est admis. c'est certainement aux découvertes de cette sorte qu'il doit d'abord être appliqué. Puis viendront ceux, et la proposition a déjà été formulée en amendement par un de nos honorables collègues. qui vous demanderont de faire droit à la demande de la société d'encouragement, et d'ajouter aux préparations pharmaceutiques les substances alimentaires. les cosmétiques, et peut-être quelques autres préparations de cette sorte. Quand vous aurez établi toutes ces catégories exceptionnelles d'objets et de découvertes qui ne pourront obtenir un brevet d'invention. n'est-il pas évident qu'avant de délivrer un brevet, il vous faudra un examen préalable pour savoir si l'objet auquel il se rapporte ne fait pas partie de ces exceptions ? Cet examen préalable n'est-il pas contraire à l'esprit. au principe de la loi ? n'est-il pas dangereux. et ne peut-il donner lieu à des erreurs. à des abus ?

J'ai dit que ce moyen est dangereux ; je dis de plus qu'il est inefficace.

Comment ferez-vous l'examen ? Ici arrive la difficulté : ferez-vous un examen au fond, un examen sérieux. approfondi ? ou bien vous en tiendrez-vous à la surface, à l'apparence, à l'étiquette, comme on disait hier ? Si vous entrez dans l'examen du fond, si vous examinez le fond de la question. il est clair qu'alors vous aurez à juger, à apprécier la nature de l'invention. et alors se reproduisent tous les dangers de l'arbitraire. de l'erreur. que je vous signalais tout à l'heure. Au contraire, vous arrêterez-vous à l'étiquette ? Mais alors ne voyez-vous pas qu'on pourra prendre un titre inexact. mensonger, frauduleux ? On voudra faire breveter un médicament, on lui donnera le nom d'aliment.

A cela vous répondez que vous ferez annuler le brevet pour inexactitude de titre : mais, dans l'autre système, l'annulation sera prononcée aussi sûrement. aussi promptement, non plus pour faux titre, mais parce que le brevet aura été fait pour un objet qui ne comporte pas un brevet valable.

Mais, direz-vous peut-être, ce moyen est dangereux. c'est vrai : mais nous n'en abuserons pas ; ce moyen n'est pas d'une efficacité suffisante : c'est vrai encore, mais au moins il a quelque utilité ; au moins il a l'avantage de retirer au charlatanisme un peu de cette autorité mensongère qu'il emprunte au titre d'inventeur breveté, et qui lui sert à exploiter la bonne foi, l'ignorance et la crédulité publiques. A cela je pourrais me borner à vous répondre ce que je vous disais tout à l'heure, c'est que, comme votre examen ne peut être que superficiel, on vous trompera toujours sur le titre, et qu'à l'aide d'une fausse qualification, on obtiendra toujours le brevet qu'on voudra avoir pour en abuser. A cela je pourrais ajouter que, si vous voulez prévenir le charlatanisme et l'abus qu'il fait des brevets, l'abus surtout qu'il fait de l'ignorance du public sur la véritable signification du mot *brevet d'invention*, sur la véritable valeur de ce titre, ce ne serait pas seulement une ou deux catégories qu'il faudrait faire entrer dans l'exception et la prohibition, ce serait l'ensemble de l'activité industrielle du pays qu'il faudrait atteindre; car il y a bien peu d'industries, si grandes, si honorables qu'elles soient, qui ne soient quelquefois, et exceptionnellement, souillées de quelque mélange de charlatanisme. Mais il y a une réponse meilleure à vous faire, et c'est à celle-là que je me borne : cette réponse, elle est dans la modification, à mon avis excellente, que la commission a introduite dans le projet de loi par l'addition de l'art. 33. Je demande à la Chambre la permission de lui lire la première partie de cet article :

Art. 33. « Lorsque, dans des annonces, prospectus ou affiches, l'inventeur breveté ou ses cessionnaires auront frauduleusement présenté le brevet comme garantissant le mérite de l'invention, et la recommandant à la confiance des acheteurs, ils seront punis d'une amende de 50 fr. à 1.000 fr. »

Voilà, à mon avis, une excellente disposition : et cette pénalité imposée aux gens qui abusent de la crédulité publique, en prétendant que du brevet résulte l'approbation et la sanction du Gouvernement, cette pénalité est la meilleure barrière qu'on puisse élever contre le charlatanisme; elle vaut mieux que le refus de brevet. Pour ces raisons, je demande à la Chambre de renoncer aux exceptions et d'adopter le système qui me paraît plus simple, plus sûr, plus en harmonie avec l'esprit général de la loi, et qui consiste à ne refuser aucun brevet, sauf à dire plus loin quels sont les objets qui ne peuvent donner lieu à un brevet valable.

Je n'ai plus qu'un mot à ajouter. Jusqu'ici, je ne suis pas entré dans l'examen des exceptions particulières qui sont comprises dans l'art. 3. Je suis resté dans la question de principe, la seule qui, pour le moment, soit en discussion. Cependant je prie la Chambre de remarquer quelles sont ces exceptions. Il y en avait trois : les préparations pharmaceutiques, les plans et combinaisons de finances et les théories scientifiques. La commission a consenti à la suppression de cette troisième catégorie: il n'en reste donc plus que deux : la catégorie des combinaisons de finances et celle des préparations pharmaceutiques.

Quant aux combinaisons financières, la commission reconnaîtra sans doute que si on les a proscrites, ce n'est pas parce qu'elles seraient dangereuses; elles pouvaient l'être en 1792, mais maintenant elles ne peuvent plus l'être, car le Gouvernement est, par d'autres moyens, parfaitement armé contre elles. Si on les a proscrites donc, c'est parce qu'elles sont encore de la théorie, c'est parce qu'elles rentrent, ainsi que les systèmes, les méthodes, dans un ordre de choses qui est trop immatériel pour donner lieu à un brevet d'invention industrielle. Il est si vrai qu'elles ont un caractère scientifique et théorique, que le Gouvernement les avait comprises avec les méthodes et les principes dans le même paragraphe, dans la même rédaction, et que c'est la commission qui, par mesure d'ordre seulement et de grammaire, en a fait un paragraphe à part.

Que restera-t-il donc dans l'art. 3, quand cette catégorie en aura été supprimée?

Il ne restera que les préparations pharmaceutiques. Et ne serait-il pas singulier que le Gouvernement vînt demander ici le maintien du principe de l'exception, lorsque cette exception ne devrait plus s'appliquer qu'à une seule catégorie qu'il avait combattue l'année dernière à la Chambre des pairs, et à l'indroduction de laquelle il s'était vivement opposé? L'année dernière, M. le Ministre du commerce s'est positivement, formellement. catégoriquement opposé à ce que cette catégorie, celle des préparations pharmaceutiques, fût mise sous le régime de l'exception, et aujourd'hui ce serait pour celle-là, pour celle-là seulement qu'il réclamerait le maintien de ce régime exceptionnel qui ne s'appliquerait plus à aucune autre!

Il y aurait là une contradiction formelle dans laquelle M. le Ministre du commerce et le Gouvernement ne voudront pas tomber.

M. PHILIPPE DUPIN, *rapporteur*. Messieurs, je ne monte à cette tribune que pour bien fixer le sens de l'art. 3, sur lequel la Chambre va émettre un vote.

Tout le monde, excepté un honorable orateur que la Chambre a entendu dans la séance hier, est d'accord pour repousser l'examen préalable, non pas qu'il ne fut désirable s'il était possible, mais parce qu'il est absolument impraticable. Ce principe posé, le projet de loi considère comme susceptible d'être brevetée toute espèce de découverte nouvelle et d'invention industrielle. Mais il pose une exception à ce principe pour deux objets qu'il déclare non susceptibles d'être brevetés : ce sont les compositions pharmaceutiques ou remèdes spécifiques, et les plans ou combinaisons de finances.

Je dois rappeler de suite le motif de cette double exception.

Ce qui intéresse la santé publique est trop grave pour qu'on puisse le livrer à tous les pièges, à toutes les combinaisons du charlatanisme. Or, tout le monde reconnaît qu'il existe un préjugé fâcheux, invétéré, une croyance populaire qu'on ne peut déraciner. qui attache à l'obtention d'un brevet l'idée d'une garantie pour l'utilité et le mérite d'une invention; qui fait croire que le Gouvernement examine, juge, approuve. et que l'invention brevetée se recommande par là à la confiance des citoyens. Ce préjugé n'a que de faibles inconvénients lorsqu'il s'agit de choses peu importantes qui entrent dans la consommation ou les usages ordinaires de la vie : mais lorsqu'il s'agit de la santé publique, les erreurs sont trop graves pour qu'on puisse livrer la crédulité à la merci du charlatanisme et au parti qu'il pourrait tirer des brevets d'invention.

17

On a établi également une exception pour les plans ou combinaisons de finances. d'abord par les raisons qu'a dites l'honorable M. Bineau. que ce ne sont pas des inventions industrielles proprement dites, mais souvent aussi des combinaisons frauduleuses dont on veut abuser pour tromper le public.

Nous demandons le maintien de ces deux utiles exceptions.

Pour les combattre on dit qu'elles entraînent comme conséquence l'examen préalable. et. par conséquent. la violation d'un principe reconnu, ou bien qu'elles dégénèrent en une mesure complétement insignifiante. Je n'admets ni l'une ni l'autre de ces deux objections. Je dis d'abord qu'on ne viole pas le principe de non-examen préalable. En effet. lorsqu'on voudra faire breveter une composition pharmaceutique, si on le demande franchement. à découvert, avec la dénomination vraie. alors le brevet sera refusé par cela seul qu'il sera demandé pour une chose qui n'est pas susceptible d'être brevetée : il n'y aura pas pour cela d'examen préalable.

Mais, dit-on. la fraude se cachera sous un faux nom : on présentera une composition pharmaceutique sous toute autre dénomination, et l'on échappera ainsi à la prohibition prononcée par la loi. Je répondrai d'abord que le brevet aura perdu une grande partie de sa valeur par cela seul qu'il n'est point accordé à un remède spécifique. et que l'abus en est beaucoup plus difficile. Ensuite, cette simulation de nom est une fraude qui entache le brevet et qui peut faire encourir des peines graves.

Il y a un autre motif pour que la prohibition ne soit pas inutile. et ce motif est dans l'art. 29. qu'on a trouvé contradictoire avec l'art. 3. mais qui se coordonne au contraire avec cet article de manière à former un système complet. Ainsi, de deux choses l'une : ou celui qui veut un brevet pour une composition pharmaceutique le demande ouvertement, et il est repoussé sans autre examen par un refus péremptoire; ou bien il se cache, et surprend le brevet sous un faux nom; mais alors l'art. 29 déclare que le brevet est entaché d'une nullité radicale. et cette nullité est appliquée par les tribunaux. de telle sorte que tous les principes sont respectés et la fraude n'a aucun refuge.

Il y a donc nécessité de maintenir l'art. 3 au lieu de l'absorber dans l'art. 29.

Si. en effet. l'art. 29 existait seul, on pourrait se servir du brevet obtenu jusqu'à l'annulation qui serait prononcée par les tribunaux; tandis que. si on refuse le brevet, on coupe le mal dans sa racine même. J'ajoute une dernière considération : il y a des personnes dont le suffrage doit avoir un grand poids dans ces matières, ce sont les personnes qui, par leur profession, sont le mieux à même d'apprécier l'utilité et la portée des prohibitions qu'on vous demande, je veux parler des médecins et des pharmaciens eux-mêmes qu'on pourrait considérer parties intéressées. Un homme fort compétent dans la matière. l'honorable M. Bouillaud, dont les lumières se sont produites hier à cette tribune, vous demandait le maintien de l'art. 3 : seulement il exprimait le vœu que la loi concernant la pharmacie vînt compléter la législation actuelle. Tous ou presque tous les médecins demandent l'abolition des brevets pour remèdes et compositions pharmaceutiques. Enfin, le corps des pharmaciens nous fait la même demande par l'organe de ses principaux membres. Il semblerait cependant que les pharmaciens auraient un intérêt à demander, pour les compositions pharmaceutiques, le privilège attaché aux brevets d'invention ; mais, loin d'obéir à cette pensée égoïste, la commission générale des pharmaciens, composée des hommes les plus distingués et les plus savants, vous a fait distribuer un imprimé destiné à repousser l'application des brevets aux produits de leur art. Enfin, l'Académie royale de médecine a ajouté à ces autorités le poids de son suffrage. Avant-hier elle a entendu la lecture d'un mémoire remarquable de M. le docteur Adelon, et s'est rangée à l'opinion émise par ce savant médecin, pour prier la Chambre de maintenir les exceptions de l'art. 3, dans l'intérêt de la santé publique qui doit prévaloir sur tout autre intérêt et sur toute autre considération.

A cela, qu'oppose l'honorable M. Bineau ? des raisons de théorie et que je pourrais appeler métaphysiques. L'art. 3, suivant lui, ne rentre pas avec une rigueur assez logique dans un certain ordre d'idées : il n'est pas en harmonie parfaite avec le principe de non-examen. Mais je viens de démontrer que ce principe est désintéressé dans la question, et que des considérations sérieuses, des considérations d'ordre public réclament le maintien des exceptions proposées. M. Bineau ne peut d'ailleurs trouver aucun danger, aucun inconvénient dans les exceptions. La commission demande le maintien de l'article.

M. LE PRÉSIDENT. Je consulte la Chambre seulement sur ces mots « Ne sont pas susceptibles d'être brevetés, » dont M. Bineau demande le rejet.

(La première nomenclature de l'article est mise aux voix et adoptée.

La Chambre n'ayant voté que le principe, elle passe aux énumérations :

« Les compositions pharmaceutiques ou remèdes spécifiques, lesdits objets demeurant soumis aux lois et règlements spéciaux sur la matière, et notamment au décret du 18 août 1810 relatif aux remèdes secrets. »

Ce paragraphe a été l'objet de plusieurs amendements.

D'abord, un de M. Marquis, qui est une addition, qui n'interdit en aucune façon les compositions pharmaceutiques et les remèdes spécifiques, mais qui y ajoute les substances alimentaires.

En second lieu, un amendement de M. Dezeimeris, qui remplace les mots « compositions pharmaceutiques et remèdes spécifiques » par ceux de « remèdes secrets. »

Enfin, M. Bethmont demande que le paragraphe soit rejeté, et qu'il n'y ait lieu à aucune interdiction relativement aux brevets qui pourraient être accordés aux compositions pharmaceutiques et aux remèdes.

M. BETHMONT. L'amendement que j'ai l'honneur de proposer à la Chambre consiste à supprimer purement et simplement le paragraphe numéro 1. c'est-à-dire l'interdiction de breveter les compositions pharmaceutiques et les remèdes spécifiques.

Je demande la suppression de cette interdiction; en d'autres termes, je demande que les inventeurs de compositions pharmaceutiques, de remèdes spécifiques, rentrent dans le droit commun, qu'ils ne soient pas dépouillés des droits qui s'attachent à toute invention.

Je ne me dissimule pas que je rencontre un préjugé, je ne dirai pas général, mais enfin considérable : l'opinion de première vue, celle d'instinct, repousse ma proposition : mais j'ai réfléchi, j'ai étudié cette opinion, et je pense que l'opinion étudiée commande d'adopter ma proposition : en telle sorte que je m'adresse à toute votre attention, ne me dissimulant pas que je rencontre généralement parmi vous une disposition peu favorable; cependant la question n'est pas indigne de votre intérêt.

Le Gouvernement avait dans son projet de loi implicitement admis les brevets d'invention pour les préparations pharmaceutiques et pour les remèdes spécifiques, et je ne puis pas croire que le Gouvernement eût admis ce principe s'il n'y avait pas sérieusement réfléchi, s'il n'avait pas pesé ses avantages et considéré qu'ils dépassaient ses inconvénients.

Une autre considération doit vous être présentée encore : c'est qu'à la Chambre des pairs, cette proposition a reçu les honneurs d'une épreuve douteuse; et lorsqu'une assemblée grave se partage sur le mérite d'une proposition, c'est qu'évidemment elle est digne de l'attention des esprits sérieux et raisonnables.

Messieurs, je dis au nom de ceux qui inventent dans la chimie, dans la pharmacie, et qui adressent leurs études, leur travail à l'art de guérir : je dis au nom de ceux-là qu'il ne faut pas les déshériter, les dépouiller du droit qui résulte de toute invention.

Je n'examine pas métaphysiquement en quoi consiste le droit de l'inventeur, je ne veux pas rechercher si c'est un droit de propriété: je sais bien, avec tout le monde, que quand nous examinons ce que c'est que l'invention, quand nous voyons d'où elle naît, quand nous considérons que c'est un produit de l'intelligence humaine mis en activité, l'idée est si intime à l'homme, lui est si propre, que de ce caractère on passe immédiatement à l'idée de la propriété.

Je crois que c'est là une idée fausse en général; mais, sans entrer dans une discussion à cet égard, je dis que quand dans votre loi vous attribuez une propriété ou du moins des droits de propriété et de jouissance à celui qui invente, je dis que vous faites une chose juste, et je demande que vous fassiez cette chose juste pour ceux qui inventent des compositions pharmaceutiques ou des remèdes spécifiques.

Je vous demande, Messieurs, pourquoi, en vertu de quel principe dépouilleriez-vous l'inventeur d'un remède de la propriété de son remède?

Il y a ici des objections d'ordres très différents. Les uns disent : On n'invente jamais, il n'y a que les charlatans qui prennent des brevets pour leurs prétendues inventions de remèdes spécifiques ; les autres, se préoccupant des intérêts seuls de l'humanité, disent : Il est indigne de celui qui invente un remède qui peut contribuer au bien-être de l'humanité, il est indigne de lui de prendre un brevet, on ne doit pas lui accorder de brevet. Ces deux objections partent, vous le voyez, des deux points de l'horizon. On repousse la prise du brevet par les contraires.

Le corps des médecins, l'honorable rapporteur a parlé de l'opposition qu'il fait à cette mesure: le corps des médecins, des pharmaciens en grand nombre, et avec autorité, je m'empresse de le dire, repoussent la mesure ; mais je déclare à la Chambre que si elle veut examiner avec attention la question, elle verra qu'il y a une confusion continuelle entre les droits de l'invention et la police de la pharmacie, que l'on veut dans une loi de brevets d'invention introduire des mesures de police pour la pharmacie.

Je prétends que c'est faire une confusion étrange de principes différents, d'idées qui appartiennent à des ordres entièrement distincts, que de vouloir mettre des mesures de police dans une loi d'invention. Messieurs, réglons la matière de l'invention, et plus tard ce sera la tâche de M. le Ministre du commerce de faire, par une bonne loi sur la pharmacie, que le charlatanisme devienne impossible, qu'il soit poursuivi comme il doit l'être. Occupons-nous seulement ici des inventions.

Je dis que c'est une spoliation que de déclarer à l'avance que celui qui aura inventé un remède spécifique, une composition pharmaceutique, ne pourra prendre un brevet.

L'inventeur du sulfate de quinine était-il l'inventeur d'un remède utile ? avait-il eu droit, par son travail et sa création, à une propriété ? L'un de ces inventeurs, dans une brochure qu'il vous a adressée, a dit : « Celui de nous (car nous étions deux) qui avait un capital l'a dissipé, et moi, qui n'en avais pas, je n'ai perdu que mon temps. » Pensez-vous que si ceux-là avaient eu un brevet, ils l'auraient pour ainsi dire dérobé à la société tout entière ? pensez-vous qu'il suffise, comme on l'a fait ailleurs, de les appeler des bienfaiteurs de l'humanité, et qu'il ne faille pas leur reconnaître tout au moins le droit qu'on donne à tous les inventeurs ?

Il y a quelques distinctions à faire : on a parlé des compositions pharmaceutiques; on a cité le très grand intérêt qu'il y a pour l'humanité à dépouiller les inventeurs de leur invention au profit de l'humanité. L'honorable M. Bouillaud a dit : « Cette spoliation ne peut être légitime qu'à la condition d'une indemnité. »

Cela est vrai, et cela nous donnera lieu plus tard, dans cette loi, d'examiner s'il ne convient pas de poser un principe d'expropriation pour cause d'utilité publique. Sans doute, si un inventeur dans l'art de guérir, si celui qui aura trouvé un remède important pour l'humanité, a trouvé une chose tellement utile que la société doive lui demander le sacrifice de son droit de propriété particulière, la société le pourra ; les intérêts de la société passent avant tous les intérêts particuliers, mais ils ne passent pas devant ces intérêts de manière à en faire un sacrifice injuste : à celui dont on sacrifie la propriété on donne une indemnité.

Je reconnais donc avec M. Bouillaud que pour ces inventeurs, à raison de la matière sur laquelle ils travaillent, de la carrière dans laquelle s'exerce leur intelligence, pour ceux-là, et puissions-nous avoir l'occasion de les dépouiller fréquemment, pour ceux-là il y aura un droit d'expropriation qui sera nécessaire ; mais il ne faut pas dire que, parce qu'ils rendent à la société des services éminents, plus éminents sont les services, plus est sûre l'industrie qu'ils exercent, et moins est profitable l'art auquel ils se livrent.

M. le rapporteur a dit, quant aux termes, sinon quant au fond : « C'est un crime de lèse-humanité que de dépouiller la société tout entière d'une invention qui aura été faite dans l'art de guérir, qui s'adresse à l'espèce humaine. »

Je le veux bien, mais je demande aussi une explication que M. le rapporteur voudra bien me donner. Quand il proscrit les brevets pour les préparations pharmaceutiques, il songe à l'homme : c'est à lui que nous songeons avant tout ; mais on peut employer des préparations pharmaceutiques pour des êtres moins élevés, les animaux, par exemple, et je ne crois pas, en traitant cette question, traiter une question indigne de l'intérêt de la Chambre. L'agriculture est une grande industrie : les épizooties sont un des maux les plus déplorables qui l'affligent. Mais, sans parler des épizooties, nous savons que les maladies qui désolent les bestiaux doivent être combattues, et qu'il y a un art de guérir qui s'adresse aux bestiaux. Or, je vous le demande, avez-vous entendu proscrire la prise de brevet pour les compositions pharmaceutiques et les remèdes spécifiques qui s'adressent à telle ou telle maladie des bestiaux, à ces maladies dont je ne veux pas faire la nomenclature, parce que je n'en connais pas les désignations techniques, mais dont vous savez comme moi l'existence ? Avez-vous entendu que les compositions pharmaceutiques qui s'adresseraient à cet ordre d'êtres souffrants, que notre intérêt nous commande de guérir, car c'est une de nos spéculations ; avez-vous entendu que les remèdes spécifiques qu'on préparerait pour les animaux seraient aussi proscrits par la loi ? Alors, je vous l'avoue, votre motif, je ne le connais plus ; c'est là un art de guérir aussi.

Et vous n'avez pas même, pour vous sauver contre cette objection, qui est importante, le décret du 18 août 1810, car jusqu'à présent personne ne s'est avisé d'appliquer la législation dite *des remèdes secrets* aux compositions pharmaceutiques, aux remèdes spécifiques ayant pour objet l'art vétérinaire.

Messieurs, quand j'examine quels sont les droits que vous proscrivez, et quand je réfléchis à la décision qui vient d'être prise par la Chambre, je ne puis pas m'empêcher de lui soumettre encore cette difficulté. On vous a dit : Il n'y aura pas d'examen préalable, on ne jugera que sur l'étiquette du brevet.

Mais je suppose que M. Pelletier demande un brevet pour l'extraction du sulfate de quinine, il dira : Je prends un brevet pour l'extraction d'un sulfate. Ce ne sera pas là une préparation pharmaceutique, mais la pharmacie s'en emparera ; l'art de guérir s'emparera du sulfate de quinine comme il s'empare du nitrate d'argent, comme il s'empare de beaucoup d'autres composés chimiques, dont je ne veux pas encore, par ignorance, faire la nomenclature.

Eh bien, direz-vous, parce qu'on aura de semblables brevets pour des extractions, pour des combinaisons chimiques importantes, que l'art de guérir s'appropriera, direz-vous que les brevetés seront dépouillés du droit que leur confère leur titre? Vous le direz avec l'intelligence véritable de la loi, et ainsi vous arriverez à dépouiller toute une classe de citoyens, vous aurez dépouillé ceux-là même qui se livrent à des travaux essentiellement utiles pour l'humanité.

Je crois donc qu'il vaut mieux rester dans le droit commun, qu'il est plus sage de n'en point sortir, et qu'en conséquence vous devez supprimer le paragraphe 1er de l'article.

Mais permettez-moi de dire un mot sur les objections qui vous ont été présentées. Je ne veux pas renouveler cette longue discussion de l'examen préalable.

Je maintiens que, dans le vote de tout à l'heure, et si vous votez encore le paragraphe sur lequel nous discutons, je maintiens que l'examen préalable est entré tête haute dans la loi. L'art. 11, dans sa lettre, le repousse, l'art. 3 l'admet par le fait; mais, enfin, c'est une question vidée.

Dans les Chambres, il faut savoir se résigner quand on a succombé, et nous avons succombé sur la question de l'examen préalable.

Il y a une autre objection qui reste cependant. On nous dit : Votre brevet pour les compositions pharmaceutiques et les remèdes spécifiques va donner un plus grand crédit encore au charlatanisme.

Et vraiment, Messieurs, nous avons bien raison de nous attaquer au charlatanisme; nous serions bien habiles si nous savions le saisir. C'est un protée qui prend toutes les formes, et que vous ne tuerez pas, quoi que vous fassiez, par votre loi sur les brevets d'invention.

Je dis de plus que vous venez de lui donner une prime par l'examen préalable; car, quand on pourra se vanter d'avoir un brevet pour une substance déterminée, on dira que la substance a été brevetée comme extraction chimique, et que l'art de guérir s'en empare. Or, vous ne pourrez pas faire que l'art de guérir ne s'empare pas d'une substance que la chimie lui donne, et si l'art de guérir peut s'en emparer, le charlatanisme peut aussi s'en emparer, en telle sorte que vous aurez plutôt favorisé le charlatanisme que vous ne l'aurez combattu.

Mais je me hâte de sortir de cet ordre de raisonnement.

Que la Chambre me permette de lui dire, avec tout le respect possible pour tous ses membres, j'entre ici dans une question de droit pur, et il ne suffit pas de bonnes intentions et de bon sens pour prononcer. Ici, comme dans toutes les matières, il faut avoir étudié ces lois pour les comprendre.

Je m'adresse ici à tous les jurisconsultes de cette Chambre, et je dis qu'il y a une confusion, et que la plupart des répugnances qu'excite l'article, et surtout qu'excite mon amendement, qui veut qu'on brevète les compositions pharmaceutiques, la plupart de ces répugnances viennent de ce qu'on ne sait pas ce que c'est que la loi sur les remèdes secrets. Je l'analyse d'une manière très rapide. Il n'y a d'ailleurs que trois textes : je ne les lis pas, je dis en quoi ils consistent dans leur substance.

Le premier de ces textes défendait la publication de toute espèce de remèdes et leur emploi, quand ils n'étaient pas inscrits au Codex. Vous savez, Messieurs, ce que c'est que le Codex : le Codex a changé ; il faut bien qu'il change, sans quoi nous aurions encore le Codex des temps d'ignorance, et nous devons espérer d'avoir le Codex des temps de la science ; la science a fait des progrès, le Codex a changé, mais il ne change pas tous les ans : le dernier, si je ne me trompe, est de 1832. Eh bien, tout remède qui n'est pas inscrit au Codex est remède secret : il faut que les gens du monde le sachent bien, encore bien qu'il soit le plus public de tous les remèdes, que tout le monde ait la composition et la préparation de ses éléments dans les mains, il est remède secret par cela seul qu'il n'a pas pris sa place au Codex. Voilà ce que c'est que les remèdes secrets.

Ainsi le sulfate de quinine, quand même sa composition serait connue, qu'elle serait écrite sur toutes vos murailles, serait un remède secret s'il n'était pas inscrit au Codex. Voilà, Messieurs, ce qu'on entend par remède secret, voilà la définition des remèdes secrets.

Qu'est-ce qu'on peut appliquer dans l'art de guérir ? On peut appliquer tous les remèdes inscrits dans le Codex, ou bien encore les remèdes préparés suivant des prescriptions magistrales : ce sont les prescriptions du docteur, de celui qui est habilisé à l'art de guérir, qui a droit d'exercer l'art de guérir : ainsi, en dehors de ces deux espèces de remèdes, remèdes inscrits au Codex et remèdes prescrits par le maître, en dehors de cela tout est remède secret.

C'est ce que la dernière loi avait établi : la loi de 1810 avait établi que lorsqu'un individu inventeur d'un remède voudrait le communiquer à la société, la société alors, par M. le Ministre de l'intérieur, représentant du Gouvernement dans cette affaire, ferait examiner le remède par une commission prise au sein de la Faculté de médecine. et alors l'inventeur du remède, divulguant son remède au Ministre, lui disant quelle est sa composition, le faisant examiner par une commission à ce connaissant, l'inventeur donnait son prix. Le Gouvernement a fait alors un contrat au nom de la société : ou le prix lui convient, et il accepte ; ou le prix ne lui convient pas, et il le refuse ; et alors le remède reste secret, et alors le procureur du roi doit le poursuivre.

Ainsi, la Faculté de médecine aura déclaré qu'un remède est bon, qu'un remède est excellent ; elle aura proposé au Ministre de l'acheter 24.000 fr. Deux exemples se sont présentés de ces déclarations de la Faculté de médecine consignant un remède comme valant 24.000 fr. à son auteur : et M. le Ministre répondant : C'est très bien ! mais je n'ai pas de fonds pour acheter un remède secret. Il cherchait dans son budget, il ne trouvait pas de chapitre pour l'achat des remèdes secrets. Qu'arrive-t-il alors ? c'est que l'inventeur du remède secret a l'estime du Ministre, il a son remède entre les mains : il ne peut pas s'en servir, et s'il s'en sert le procureur du roi le poursuit et le fait condamner.

Je défie tous les jurisconsultes connaissant cette matière de dire que ce ne soit pas là l'exposé exact de la législation.

Eh bien, si c'est là l'exposé exact de la législation, je vous e demande, avez-vous besoin de vous préoccuper de ces dangers que je vous signalais du charlatanisme qui prendra des brevets, qui dira qu'il a des brevets, qui les affichera partout, et qui vendra ses drogues brevetées au grand préjudice de la santé publique? avez-vous besoin de vous en préoccuper? Est-ce que nous manquons de procureurs du roi? (On rit.) Est-ce que nous n'avons pas un ministère public largement et convenablement organisé? est-ce que la loi n'existe pas?

Vous aurez pris un brevet; nous sommes tous convenus, et je crois qu'il en faut bien convenir, parce que la Chambre des pairs pense autrement, que la prise d'un brevet n'était pas autre chose que la déclaration d'un inventeur qui entend se faire attribuer un droit en vertu d'une invention qu'il dit avoir faite. Le Gouvernement reçoit sa déclaration, puis sa déclaration va dans la circulation, elle devient ce qu'elle peut devenir en présence de l'intérêt privé.

Si celui qui est porteur du brevet rencontre un homme qui le lui conteste, entre eux procès, et le tribunal intervient, qui dit si le brevet pouvait ou ne pouvait pas être pris. Voilà comment nous avons tous compris le brevet.

Eh bien, je le demande, le brevet ne confère donc pas un droit, il ne fait donc pas qu'on soit affranchi des lois professionnelles auxquelles on est soumis. Voilà un homme qui a pris un brevet pour une composition pharmaceutique, elle est bonne ou mauvaise: je la suppose mauvaise pour mieux frapper vos esprits. Il veut user de sa composition. Que rencontre-t-il? Le décret de 1810. Or, que veut ce décret? Qu'il ne puisse faire usage de son invention, parce que c'est un remède secret. Il aura eu beau le faire consigner dans les registres des brevets d'invention, il aura eu beau en faire remettre la description entre les mains de M. le Ministre du commerce, le remède est secret par cela même qu'il n'est pas inscrit au Codex. Ainsi, il n'y a aucun danger, chacun reste soumis aux règles de sa profession.

Permettez-moi un exemple : un artificier prend un brevet d'invention pour une pièce d'artifice qu'il a inventée, et qui est d'un effet formidable; est-ce que cet artificier pourra dire, parce qu'il a pris un brevet pour sa pièce d'artifice qui sera formidable dans ses effets : Je m'en vais faire usage de mon brevet, de ma pièce d'artifice partout où je voudrai? Mais non : il restera, comme artificier, soumis aux règles particulières de sa profession. Le brevet ne fait pas que l'artificier ne soit pas dans une position déterminée, soumise à des règlements, aux règlements de sa profession, à des lois spéciales.

De même, en fait de préparations pharmaceutiques, vous prenez un brevet. Serez-vous pour cela affranchi des règles de votre profession et de la législation particulière qui la gouverne? Vous avez pris un brevet pour une préparation bonne ou mauvaise, je ne m'en inquiète pas, vous êtes soumis aux règles de la pharmacie. Et qui établit ces règles ? Le décret de 1810.

Ainsi, tous ceux qui ont pris des brevets sous la législation existante, tous ceux-là sont soumis à une même règle, à la règle de leur profession.

Je résume cette partie de mon opinion, je la recommande à votre attention la plus sérieuse, parce que c'est l'ignorance ou la mauvaise appréciation de cette législation qui élève contre le principe que je défends l'obstacle le plus sérieux. Quand je dis l'ignorance, on comprend bien que je ne veux blesser personne. Nous serions bien heureux si nous savions toutes les lois de manière à ce que, dans des circonstances données, nous n'ayons pas besoin que l'on nous rappelle les principes de la matière.

J'ai encore une considération à faire valoir devant vous.

Après vous avoir fait sentir l'importance qu'il y a à ne pas mettre toute une classe d'industriels, de savants en dehors du droit commun ; après vous avoir invités à réfléchir a ce qui se trouve sous ces mots : *préparations pharmaceutiques ;* après vous avoir indiqué aussi cette classe si nombreuse qui n'est pas des hommes et dont cependant l'art de guérir s'occupe, après avoir invité M. le rapporteur à nous dire très expressément si l'art vétérinaire est un de ceux qui ne pourront pas prendre de brevets pour des compositions pharmaceutiques destinées aux bestiaux, après l'avoir invité aussi à nous dire s'il croit que la législation sur les remèdes secrets soit une législation suffisante, il y a une question qui me paraît d'un intérêt immense. Cette question est celle-ci : Si nous arrivons à l'avance à dépouiller les inventeurs, comme nous ne les connaîtrons pas, nous serons dispensés de les indemniser.

C'est vrai, c'est là une propriété dont nous nous emparerons, la société en fera son bénéfice, on peut croire que cela est juste, pour moi je le trouve parfaitement injuste ; nous n'aurons pas à aviser à l'expropriation. Mais nous disons que, pour un comme pour tous, le droit d'invention existe, alors nous serons conduits à établir le principe de l'expropriation à côté du principe que nous posons, c'est-à-dire le droit de propriété pour l'inventeur.

Je le dis avec l'honorable M. Bouillaud, s'il y a des inventeurs qui, dans l'art de guérir comme dans tout autre art, font une découverte utile dont la société doive s'emparer, alors le principe d'expropriation doit être inscrit dans la loi.

Afin de combattre le charlatanisme d'une manière efficace, je crois que vous devriez fortifier l'art. 33, c'est-à-dire y ajouter qu'aucun breveté ne pourra faire valoir son brevet, l'afficher ou l'inscrire sur son enseigne, sans faire suivre le mot *breveté* de ces mots *sans garantie*. Vous atteindriez ainsi le charlatanisme, et vous placeriez en même temps un avertissement au milieu des populations qui ne peuvent savoir vos lois, qui n'assistent pas à vos discussions, a vos discussions que les journalistes ne rendent pas avec assez de précision ou de développement pour qu'elles les comprennent ; et d'ailleurs, les populations qui travaillent n'ont pas le temps de vous suivre et de vous comprendre. Ce qu'il faut, c'est que partout où

l'on accordera un brevet on mette à côté du titre en mêmes caractères : *sans garantie.*

Voilà, Messieurs, des propositions que je présenterai plus tard, et
je serais très heureux que vous examinassiez avec une attention
sérieuse la question de savoir si vous devez dépouiller les inventeurs des produits pharmaceutiques et des remèdes spécifiques du
droit commun ; c'est ce que je crois injuste.

M. BOUILLAUD. Je considère l'art. 3 du projet de loi qui vous est présenté, comme l'un des plus graves de cette loi, et je regrette beaucoup de ne pouvoir pas me trouver de l'avis de M. Bethmont sur la
question de l'*exception* relative aux compositions pharmaceutiques.
Nous sommes sans doute du même avis sous un autre point de vue,
savoir quand il reconnaît que la législation qui régit actuellement
la pharmacie et les remèdes en général, est assurément imparfaite;
et le ministère reconnaît lui-même cette imperfection, puisque,
d'après la déclaration de M. le Ministre du commerce et de l'agriculture, le conseil d'Etat est en ce moment saisi d'un projet de loi sur
cet important sujet.

Mais j'affirme, pour mon compte, que si l'article qui exclut du
nombre des objets brevetables les préparations pharmaceutiques
n'existait pas, il faudrait l'inventer. C'est véritablement une sorte de
providence, et pour ceux qui exercent honorablement la médecine
et la pharmacie, et surtout pour la société tout entière, plus intéressée peut-être dans cette question que les médecins et les pharmaciens eux-mêmes; et, pour le dire en passant, il ne faut pas s'imaginer que les pharmaciens soient plus directement intéressés dans
cette question que les médecins: car les objets découverts et préparés
par les pharmaciens ne constituent pas encore des médicaments ou
des remèdes ; il faut qu'ils aient d'abord été expérimentés par les
médecins. Prenons pour exemple la grande et fameuse découverte du
sulfate de quinine. Assurément, ceux qui l'ont découvert et extrait
du quinquina, ont rendu un service immense à la médecine et à l'humanité; mais ils n'ont découvert que l'un des principes du quinquina, déjà connu comme l'un des plus précieux remèdes de la médecine. Les médecins ont ensuite constaté, par expérience, que la quinine, découverte par MM. Pelletier et Caventou, recelait en elle la
principale vertu thérapeutique du quinquina en substance.

Ainsi, vous voyez qu'à la rigueur les véritables intéressés dans
cette question-là, ce sont les médecins. Eh bien, je l'affirme, en supposant que vous détruisiez cet article-là, et que vous laissiez aux
médecins, qui s'appliquent à la recherche de nouveaux moyens thé-
rapeutiques, le droit de brevet que vous accordez aux découvertes
purement industrielles, j'ose vous assurer qu'ils n'auront jamais re-
ours à ce genre de faveur.

Et vous le comprendrez aisément, Messieurs. Le véritable médecin
qui aura découvert un moyen, une méthode d'être utile, celui-là
assurément se trouvera assez récompensé par l'honneur de la découverte elle-même, la première de toutes les récompenses; et cette
découverte d'ailleurs n'aura pas besoin du privilège d'un brevet

d'invention pour conquérir au besoin une récompense d'un autre ordre.

Qu'il soit donc bien entendu que les médecins ainsi que les pharmaciens, comme l'honorable rapporteur l'a pour ainsi dire officiellement annoncé à la Chambre, sont les premiers à s'élever contre le système qui consisterait à placer les compositions pharmaceutiques, les remèdes de toute espèce parmi les objets susceptibles d'être brevetés.

Qu'il me soit permis maintenant de passer en revue les principaux arguments présentés par l'honorable M. Bethmont contre l'article que je défends ; j'espère prouver qu'ils ne doivent pas être pris en sérieuse considération.

D'abord, il reproche au Ministère ses contradictions. M. le Ministre du commerce a déjà répondu à cette objection : et d'ailleurs une contradiction ministérielle ne serait pas un argument : ce n'est pas la première fois qu'on aurait vu des Ministres en contradiction avec eux-mêmes.

Du reste, je répondrai que si les Ministres ont défendu devant la Chambre des pairs un système qu'ils repoussent à présent, c'est évidemment parce qu'ils ont reconnu que ce système n'était pas bon. L'argument de l'honorable M. Bethmont n'apporte donc aucun secours efficace à son système.

D'un autre côté, si la Chambre des pairs n'a repoussé le système que soutenaient alors les Ministres qu'après une savante discussion et une épreuve douteuse, toujours est-il qu'en définitive elle a voté l'article soumis à notre délibération.

Ce précédent est donc aussi un argument plus favorable à notre cause qu'à celle de M. Bethmont.

Un autre argument de notre honorable collègue, c'est qu'on prétendrait en vain que la dignité des pharmaciens et des médecins serait blessée par la délivrance d'un brevet d'invention. Je me suis expliqué plus haut de manière à n'avoir pas à m'occuper davantage de ce point délicat.

Quant à l'assertion qu'il n'existerait pas de découvertes, d'inventions nouvelles en médecine et en pharmacie, elle serait par trop facile à réfuter, et personne ne peut penser à contester les progrès dont ces sciences se sont enrichies de nos jours.

Quelles sont les sciences qui depuis une trentaine d'années ont fait plus de solides et de grands progrès que la médecine et la chirurgie ? Mais voulez-vous connaître les grands inventeurs, les grands réformateurs en cette matière ? Ouvrez les registres des brevets d'invention, vous y chercherez en vain les noms de ces vrais bienfaiteurs de l'humanité. Mais, en revanche, vous y trouverez une multitude de brevets pris pour de prétendues inventions, qui n'ont aucune des premières notions de la médecine, et dont la funeste industrie a fait d'innombrables dupes, pour ne pas dire plus.

Je voudrais que l'honorable M. Bethmont compulsât ces registres, il se convaincrait de ce que j'avance. Il s'en convaincrait encore s'il eût pu assister aux séances dans lesquelles l'Académie royale de médecine s'est occupée, sur l'invitation de M. le Ministre du com-

merce, des demandes à lui adressées par ces étranges inventeurs, à
l'effet d'obtenir du Gouvernement l'acquisition de leurs découvertes.
Aussi, j'avoue que le touchant intérêt de M. Bethmont pour des inventeurs de cette espèce me semble un peu mal placé.

Messieurs, on nous oppose encore cet argument; on nous dit : Nous
supposons que M. Pelletier eût demandé un brevet d'invention pour
un sulfate qu'il aurait découvert, sans en indiquer l'usage. Le lui
aurait-on refusé? Je ferai d'abord remarquer qu'il aurait à faire
connaître l'espèce de sulfate. Cela posé, il est évident que s'il se fut
agi d'un sel utile à l'industrie, on ne lui aurait pas refusé de brevet :
mais que s'il eût déclaré que ce sel était un remède, dans le système
que nous soutenons, le brevet n'eût pu lui être accordé. Passons à
l'argument tiré de la législation qui régit les remèdes secrets. Il faut
le dire hautement, c'est un véritable scandale que de voir la loi actuellement en vigueur sur les brevets d'invention, se trouver en formelle et flagrante contradiction avec la loi qui régit l'exercice de la
pharmacie.

Je vais citer textuellement cette loi, car M. Bethmont ne l'a pas
citée avec une suffisante précision.

Voici ce que porte l'art. 1er du décret impérial du 18 août 1810 :

« Les permissions accordées aux inventeurs ou propriétaires de
remèdes ou compositions, dont ils ont seuls la recette pour vendre et
débiter les remèdes, cesseront d'avoir effet, à compter du 1er janvier
prochain (ce délai fut prorogé, par un autre décret, au 1er avril 1811. »
Par les art. 2 et 3 du même décret, il est institué une commission
chargée d'acheter le secret, à un prix convenable. Cette disposition
s'applique aux remèdes dont le débit n'avait pas encore été autorisé.

Voilà, Messieurs, la législation qui régit la matière. Or, les articles
cités se trouvent, je le répète, en formelle contradiction avec la loi
de 1791, qui n'a point exclu du droit d'obtenir des brevets d'invention, les auteurs de découvertes ou d'inventions relatives à la pharmacie : de là, une sorte de conflit législatif des plus embarrassants.

Qu'arrivait-il quand on s'adressait à cet égard au Ministre compétent ?

Ne voulant pas violer la loi de 91, M. le Ministre délivrait effectivement un brevet d'invention, mais en déclarant que, conformément
au décret du 18 août 1810, il serait obligé de faire poursuivre ceux
auxquels il avait délivré des brevets. N'est-ce pas là un état de choses
intolérable ? Grâce à cette législation contradictoire, vous voyez jusqu'à quel point les tribunaux se trouvaient quelquefois embarrassés,
et combien il devait leur en coûter, dans certains cas, pour condamner celui auquel le Gouvernement aurait accordé un brevet, et qui
aurait, en conséquence, fait des dépenses pour l'obtenir et pour l'exploiter. La loi qu'on vous propose, grâce à son art. 3, fera cesser
enfin cette sorte d'immoralité législative, et, comme je l'ai dit, ce véritable scandale.

Je le demande maintenant, existe-t-il un motif sérieux pour ne
pas mettre cette disposition au commencement et pour ainsi dire
sur le frontispice de la loi, et pour la rejeter à l'art. 29 ? En conscience, je n'en trouve aucun. Ce n'est là, d'ailleurs, qu'une ques-

tion de forme et non une question de fond, puisque l'article en lui-même n'est pas repoussé par l'honorable M. Bineau. Deux mots encore sur un autre point : l'honorable M. Bethmont a fait à cette Chambre un appel qui ne peut manquer d'etre entendu par tout le monde; il a recommandé à notre sollicitude, à tout notre intérêt, les populations en général. Eh bien! c'est précisément ce grand intérêt que nous voulons protéger. Nous voulons préserver la société des immenses inconvénients qui résultent de la permission de vendre des remèdes secrets à la faveur des brevets d'invention ; nous ne voulons pas que le charlatanisme y fasse désormais d'innombrables victimes. Ainsi donc, l'argument invoqué par M. Bethmont retombe de tout son poids contre notre honorable collègue. Rien, en effet, rien de plus fatal aux populations crédules, ignorantes, faciles à tromper, que la permission d'accorder des brevets d'invention aux prétendus inventeurs de remèdes secrets ; enlevons au charlatanisme l'une de ses armes les plus meurtrières.

On a parlé aussi de l'art vétérinaire, et on nous demande si l'on a été jusqu'à prescrire les remèdes, les préparations pharmaceutiques pour le traitement des animaux. Sous ce rapport, les animaux ressemblent beaucoup à l'homme, et les hommes et les animaux sont égaux devant la pharmacie. Sous le rapport qui nous occupe, il n'existe point, à proprement parler, deux médecines et deux pharmacies : on traite les animaux avec des remèdes qui proviennent des pharmacies ordinaires. On ne donnera donc pas plus de *brevet* à ceux qui feraient des inventions pour le traitement des animaux qu'à ceux qui en feraient pour le traitement des hommes; ainsi cet argument nouveau n'a pas plus de valeur que les précédents. Relativement à ce qu'a dit l'honorable M. Bethmont, au sujet des dangers que le capital de M. Pelletier avait courus, parce qu'il ne s'était pas assuré, par un brevet d'invention, le monopole de l'exploitation de la découverte qu'il avait faite en commun avec M. Caventou, cela figure mieux, je l'avouerai, dans une oraison funèbre que dans une discussion au sein de cette Chambre.

Je vous dirai sincèrement, Messieurs, que Pelletier n'a point été exposé à la ruine dont on a parlé, et qu'il n'a pas compromis son patrimoine par sa belle découverte, par la concurrence qu'on lui a faite dans la fabrication du sulfate de quinine. Quoi qu'il en soit, c'est un fait que Pelletier n'a pas demandé de brevet d'invention. J'ajouterai que s'il revenait à la vie, s'il faisait encore une fois la découverte du sulfate de quinine, Pelletier aurait des sentiments trop généreux pour demander un brevet pour une semblable découverte. Pour tout dire, une découverte semblable ne rapporte pas seulement des honneurs et de la gloire à son inventeur : sous le rapport professionnel, elle est aussi fructueuse pour celui qui l'a faite. Sous ce dernier point de vue, les médecins savent reconnaître le mérite de cette invention-là, ils se font une sorte de devoir d'adresser plus particulièrement leurs clients au parmacien qui s'est ainsi distingué entre tous ses confrères. N'oublions pas, Messieurs, une autre considération : est-il certain que si Pelletier n'avait pas fait cette précieuse découverte, il aurait eu l'honneur d'être admis à l'Institut? N'est-ce donc rien que d'être admis au rang des membres de cet illustre corps ? n'est-ce pas là quelque chose qui, mieux qu'un brevet d'invention et tout ce qui s'ensuit, récompense un inventeur ? En matière de remèdes et de compositions pharmaceutiques, je me résume en ces termes : sous quelque point de vue que l'on considère la question, je ne vois pas d'objection sérieuse à ce que les compositions pharmaceutiques et remèdes spécifiques soient considérés comme non susceptibles d'être brevetés. Je trouve une foule d'avantages à ce qu'elles ne soient pas mises sur la même ligne que les objets de l'industrie proprement dite. Et puisqu'il en est ainsi, laissons sur le frontispice même de notre loi l'article qui consacre l'expression dont il s'agit.

M. LE PRÉSIDENT. M. Dezeimeris a proposé de remplacer ces mots : « les compositions pharmaceutiques ou remèdes spécifiques, etc., » par cette rédaction :

« Les remèdes secrets ne sont point susceptibles d'être brevetés : ils demeurent soumis aux lois et règlements spéciaux sur la matière, et notamment au décret du 18 août 1810. »

Je demande d'abord à la Chambre si l'amendement est appuyé. (Non! non!)

M. BOUILLAUD. Je demande à faire une observation. Les mots *remèdes spécifiques* ont, en médecine, un sens déterminé qu'ils n'ont pas dans l'article. Je propose de mettre : « Les remèdes de toute espèce. »

Au banc de la commission. La commission adhère.

M. BETHMONT. J'avais invité la commission à vouloir bien dire à la Chambre si, en proscrivant le prise des brevets pour les remèdes spécifiques et les compositions pharmaceutiques, elle entendait proscrire cette prise de brevets pour les compositions pharmaceutiques qui s'appliquent à l'art de guérir les bestiaux.

Au banc de la commission. Oui! oui! c'est la même chose.

M. LE PRÉSIDENT. Je consulte la Chambre.

« 1° Les compositions pharmaceutiques ou remèdes de toute espèce. »
Ceux qui pensent, comme M. Bethmont, qu'il y a lieu à supprimer, voteront contre.

M. BUREAUX DE PUSY. Je demande à adresser une question à la commission.

Il pourra se faire qu'une matière soit à la fois un remède et un objet utile aux arts. Ainsi l'acétate de plomb, par exemple, dont on fait un grand usage pour la teinture, et dont on se sert aussi comme remède.

Eh bien! si on découvrait aujourd'hui l'acétate de plomb en déclarant qu'il peut être utile en teinture et comme remède, ne pourrait-on pas obtenir un brevet par cela seul que le nouveau produit pourrait être employé comme médicament ?

Cela mérite une explication.

M. LE RAPPORTEUR. Que la Chambre me permette de lui rappeler le but et la pensée de l'article qui tend à prévenir la confiance qui peut s'attacher, dans une opinion peu éclairée, à un remède breveté. Or, évidemment, le danger du brevet n'existe que lorsqu'un remède est breveté comme remède. Là seulement est l'abus possible, parce que la personne brevetée peut se présenter aux gens crédules comme auteur d'un remède examiné et approuvé par le Gouvernement.

Mais toutes les fois qu'on n'appliquera pas à la chose brevetée la qualification de remède, le danger disparaît ou, du moins il est considérablement atténué.

M. DESMOUSSEAUX DE GIVRÉ. Je désirerais savoir si la commission adhère au changement de rédaction proposé par l'honorable M. Bouillaud.

M. LE RAPPORTEUR. La commission y adhère.

(La proposition de la commission est adoptée.)

M. LE PRÉSIDENT. M. Marquis propose d'ajouter comme second paragraphe :

« Les substances alimentaires et les cosmétiques. »

L'amendement est-il appuyé? Non! Je n'ai pas à le mettre aux voix.

Deuxième paragraphe de la commission :

« 2° Les plans et combinaisons de crédit ou de finances. » (Adopté.)

Le troisième paragraphe a été renvoyé, d'un commun accord entre la commission et le Gouvernement, à l'art. 29.

L'art. 3 est adopté.

La discussion va s'ouvrir sur l'art. 4. ainsi conçu :

Art. 4. « La durée des brevets sera de cinq, dix ou quinze années.

» Chaque brevet donnera lieu au payement d'une taxe qui est fixée ainsi qu'il suit, savoir :

» 500 fr. pour un brevet de cinq ans;

» 1.000 fr. pour un brevet de dix ans ;

» 1.500 fr. pour un brevet de quinze ans. »

Sur cet article, plusieurs amendements ont été proposés.

L'un, par M. Martin (du Rhône), qui admet le système de la durée de cinq, dix ou quinze ans, mais réduit la taxe.

L'autre, par M. Taillandier, et c'est un paragraphe additionnel, laisse subsister la division de cinq, dix, quinze années pour la durée des brevets, mais ajoute la faculté de payer la taxe par annuité.

Enfin, il y a un autre amendement de M. Bethmont, qui consiste à remplacer l'art. 4 par la rédaction suivante :

« La durée des brevets sera au maximum de quinze années.

» Chaque brevet donnera lieu au payement d'une taxe de 100 fr. par chaque année.

» Cette annuité sera payée d'avance.

» Le breveté qui laissera écouler un terme sans acquitter son annuité, perdra ses droits au brevet. »

La parole est à M. Bethmont pour développer son amendement.

M. BETHMONT. Messieurs, le but que je me suis proposé en présentant mon amendement sur l'art. 4 est facile à saisir.

Je ne considère pas la loi sur les brevets d'invention comme loi fiscale, je crois que ce ne peut être son caractère. En tous cas, je crois que ce ne peut être là son but : si l'on a exigé de l'inventeur qu'il payàt une taxe déterminée, c'est d'abord pour écarter de l'invention, et surtout de l'enregistrement de l'invention tous ces rêveurs qui, s'il n'y avait qu'une simple démarche a faire au ministère du commerce pour prendre un brevet d'invention, viendraient tous les jours assiéger les bureaux pour se faire breveter. On n'a pas voulu qu'ils puissent se faire breveter sans payer pour le droit privatif qu'ils requièrent.

On n'a pas assurément prétendu mettre la taxe en relation avec le mérite de l'invention ni avec ses bénéfices possibles. On n'établit qu'une seule et même taxe pour toutes les inventions. Il faut conserver le principe de la taxe, mais en même temps il faut tàcher de ne pas nuire à ces inventeurs pauvres que nous devons protéger : il faut prendre en considération la position de ces hommes qui, en travaillant et se mettant en possession d'une idée, n'ont pas la somme suffisante pour se l'approprier par la prise d'un brevet d'invention. Je crois que, si la taxe est à conserver, il faut en alléger le poids autant qu'on pourra ; il faut de plus répartir le payement de la taxe sur toutes les années de jouissance, de manière que le breveté soit toujours appelé à juger lui-même si son brevet vaut la taxe qu'il va payer au Gouvernement. Je crois qu'en divisant par annuités le payement de la somme de 1,500 fr., vous atteignez ce but. Qu'arrivera-t-il ? Pour se mettre en possession du privilége qui résulte de sa découverte, l'inventeur aura 100 francs à débourser. Il comparera, la première année, les résultats, la dépense et les profits : si son invention vaut pour lui ce payement, il payera l'annuité et il aura encore une année pour la jouissance. Il en sera ainsi tous les ans : il sera appelé à payer une annuité nouvelle s'il veut rester en possession de son brevet.

Beaucoup d'inventions sont aujourd'hui dédaignées par leurs auteurs et cependant ne tombent pas dans le domaine public, parce que les inventeurs ont payé une fois pour quinze années le prix de l'invention.

Cette invention, qui est ainsi paralysée dans l'industrie, peut se trouver être applicable pour un individu qui a trouvé un perfectionnement.

L'invention est stérile pour celui qui la possède. Il a payé le brevet, il ne veut pas se dessaisir de son droit ; pourquoi ? Parce qu'il a payé. Si, au contraire, celui-là qui a une invention stérile était, la troisième année, appelé à payer son annuité, il y réfléchirait ; il ne payerait pas l'annuité, parce que le brevet est stérile : et alors le brevet tomberait dans le domaine public, et permettrait à tous ceux qui ont des idées accessoires qui se rattachent à l'idée principale de s'en emparer.

Je dis donc qu'il y a pour la société tout entière un avantage à ce que les inventeurs, payant par annuités, puissent aussi annuellement faire à la société l'abandon de leur brevet par le non-payement de l'annuité. Voilà toute l'économie de mon amendement : ce n'est pas une innovation dans le sens absolu de ce mot, c'est l'idée de presque tout le monde, c'est de plus une idée appliquée en Autriche et appliquée, dit-on, avec succès ; elle est éminemment favorable aux inventeurs, spécialement à ceux qui sont pauvres.

Je crois que la Chambre ne peut pas refuser de l'adopter.

M. LE RAPPORTEUR. Comme l'honorable M. Bethmont, la commission a toujours pensé que la loi sur les brevets d'invention n'était pas et ne devait pas être une loi fiscale, en ce sens que son but et son objet principal n'étaient pas d'accroître les revenus du Trésor. Cependant une taxe a été établie pour l'obtention d'un brevet, et l'établissement de cette taxe a eu deux motifs : le premier, M. Bethmont le reconnaît lui-même, a été de payer à la société une rémunération du droit privatif, du privilège, du monopole attaché au brevet.

Il y a un deuxième motif, plus important peut-être : c'est d'empêcher que les brevets ne soient pris pour les choses les plus futiles. S'il n'y avait pas de rétribution attachée à l'obtention d'un brevet, ou s'il n'y avait qu'une rétribution trop faible, il n'y a pas de création, tant minime et si insignifiante fut-elle, qui ne fût placée sous la fastueuse protection d'un brevet, qu'on chercherait à exploiter.

Ainsi, l'on doit établir une taxe, et cette vérité n'est méconnue par personne. Seulement M. Bethmont voudrait que la taxe fût payée par annuités. Il n'a point le mérite de l'invention. Ce changement a été provoqué par un grand nombre de publications, et notamment par un mémoire de la société d'encouragement. Le système serait celui-ci.

On aurait le pouvoir de prendre un brevet pour un laps de temps qui ne pourrait dépasser quinze années. Mais il est évident que ce ne serait jamais pour un temps moindre, car on n'aurait pas intérêt à se limiter dans un cercle plus étroit. On se donnerait la meilleure chance, la plus longue carrière, puisque ce serait sans péril. Alors on ferait essai : si le brevet avait réussi, on continuerait jusqu'à l'époque où il s'éteindrait de lui-même. Si au contraire il ne réussissait pas, on aurait la faculté de l'abandonner au bout d'un an, et l'on en serait quitte pour la somme de 100 fr. qui aurait été payée la première année ; pour la seconde année, ce serait la même chose, et ainsi de suite, sans autre lien que la volonté du breveté.

Tel est le système établi en Autriche, et en Autriche seulement.

Ce système a un avantage que la commission n'a pas méconnu et qui l'a fait hésiter un instant. Cet avantage, c'est de favoriser les inventeurs peu fortunés, qui peuvent obtenir un brevet avec une simple avance de 100 fr., et qui, par conséquent, ne se voient pas obligés d'épuiser leurs ressources, et quelquefois même de recourir à des secours étrangers qu'on leur fait chèrement payer. Voilà tout l'avantage : il n'y en a pas d'autre.

Maintenant il faut peser les inconvénients et voir si la somme de ceux-ci n'est pas plus grande que celle des avantages.

Le premier des inconvénients, ce sera celui qu'on a voulu éviter en établissant la taxe, ce sera de multiplier prodigieusement le nombre des brevets. Ce résultat inévitable est proclamé par tout le monde, et ceux qui ont écrit en faveur du payement par annuités, notamment la Société d'encouragement, ont eu soin de rassurer sur les intérêts du Trésor, et de dire que, loin d'être affectés par ce changement, les revenus publics en seraient plutôt accrus. Quelques-uns ont été jusqu'à prédire que le nombre de brevets serait triplé peut-être par l'adoption du système autrichien. Je crois à la multiplication des brevets, mais c'est là précisément que je vois l'inconvénient. Désormais, pour avoir le titre de breveté sur son enseigne, dans ses prospectus, dans ses annonces, il n'y aura presque pas de fabricants ou de marchands qui ne se fassent pas donner un brevet sous un prétexte quelconque, pour appeler la clientèle et augmenter leurs moyens de commerce contre leurs rivaux : ce serait à la fois un moyen de surprendre la crédulité publique et de se donner une apparence de supériorité sur les concurrents. Or, c'est là un mal véritable.

Dans beaucoup de documents préparatoires qui ont été réunis pour la confection du projet de loi, on voit se produire les plaintes du commerce contre la multiplicité des brevets et l'abus qu'on en fait, abus également funeste à la société et au commerce lui-même.

Eh bien, ce mal s'accroîtra dans une proportion immense si vous accordez la facilité qu'on vous propose par le payement du brevet par annuités et par l'abandon facultatif de ces brevets après les avoir pris.

Vous créeriez de plus de grandes difficultés pour l'administration.

En effet, il y a dans ce moment, j'en ai fait faire le relevé officiel, il y a en cours d'exécution au delà de 8.000 brevets. Supposez que le nombre en soit doublé seulement et non pas triplé, comme on l'annonce, vous aurez 16.000 brevets, c'est-à-dire 16.000 comptes courants, ouverts sur divers points de la France, chez les receveurs généraux. Je ne veux pas dire qu'il fallût reculer devant un embarras de ce genre dans l'intérêt de l'administration; l'administration doit pourvoir à tous les services : il lui faudrait subir cet embarras si c'était utile à la société; mais de cette complication va sortir un autre inconvénient bien plus grave.

Il est important, en matière de brevets, que le commerce, l'industrie, les consommateurs, connaissent avec précision les brevets qui tombent dans le domaine public et ceux qui sont encore en cours d'exécution. C'est ainsi qu'on évite les contrefaçons et aussi qu'on profite des déchéances.

Comment donc voulez-vous qu'avec une aussi grande multiplicité de brevets, avec une comptabilité établie sur tous les points de la France, avec une correspondance plus ou moins exactement tenue par les receveurs généraux, avec des échéances variables et qui se renouvellent tous les ans, comment voulez-vous que l'on connaisse avec certitude et ponctualité les brevets encore existants et les brevets expirés ?

On demande la publication dans le *Moniteur* du nom des inventeurs frappés de déchéance.

Mais, je le demande. le *Moniteur* sera-t-il une publicité pour le petit négociant. l'ouvrier, et la plupart de ceux qui sont intéressés à recevoir la connaissance de ces faits ?

Le payement par annuités ne fera que compliquer les embarras de l'administration et du commerce. Il y a donc plus d'inconvénients que d'avantages dans ce système.

J'ajouterai une considération qui me paraît satisfaire à tout ce qu'on peut raisonnablement désirer.

Le projet de loi a pourvu à ce que peut inspirer d'intérêt la position d'un inventeur peu fortuné. On a introduit, à mon sens, une grande amélioration dans cette partie de notre législation ; on a établi des brevets provisoires, d'essai, en sorte qu'au lieu de payer aujourd'hui, comme sous la loi de 91. l'intégralité de la taxe. dès l'instant où l'on demande le brevet, on pourra pour 200 fr. prendre un brevet provisoire de deux années.

Pendant ce temps, on fera l'expérimentation de l'invention, de la découverte brevetée ; si elle a chance de succès. les deux ans expirés, on prendra le brevet définitif. et c'est alors seulement qu'on complétera le payement de la taxe; si. au contraire. les premiers essais n'apportent aucun résultat avantageux. et ne présagent aucun avenir à l'invention. le brevet en restera à cette épreuve. Ainsi les facilités données pour l'obtention d'un brevet provisoire amènent un résultat qu'on veut conquérir au moyen du payement par annuités. mais sans présenter les inconvénients que j'ai signalés. Tous les intérêts légitimes et dignes de l'intérêt du législateur trouvent dans ce système une protection suffisante.

M. BETHMONT. Je n'étais pas entré dans la discussion des inconvénients. parce que, quand on présente un amendement, il faut en dire les raisons.

Mais puisqu'on présente les inconvénients, permettez-moi de les examiner, et de voir s'ils sont sérieux.

M. le rapporteur de la commission déclare que l'un des inconvénients les plus graves. c'est qu'aujourd'hui, si on prend 8.000 brevets, avec la loi nouvelle on en prendra 16,000 ; il y aura un accroissement du double.

Je me demande quel est ce genre d'inconvénients : cela veut-il dire que quand il y a 8.000 inventeurs qui se présentent, 8.000 restent à la porte, n'ayant pas le moyen de payer ? cela veut-il dire que beaucoup sont trop pauvres pour faire breveter leur invention ? Si c'est là ce qu'on veut dire, je déclare que je veux qu'on baisse la taxe, afin que la pauvreté de quelques-uns ne soit plus la cause pour laquelle ils n'obtiennent pas les avantages de leur invention.

Or. il ne faut pas dire que nous avons tous les mêmes droits, ou il faut dire que nous n'avons les mêmes droits qu'à la condition d'être assez riches pour les exercer.

Je déclare que la raison qu'a fait valoir l'honorable rapporteur. je la prends pour moi tout entière.

M. le rapporteur déclare que tout le monde peut prendre un brevet pour 200 fr.. sauf à compléter le reste plus tard. Si la Chambre veut adopter un système large et rationnel au lieu de celui de la commission, je la supplie d'abaisser le chiffre des brevets.

Je déclare que la question du brevet provisoire n'est pas du tout compromise dans mon amendement, et qu'avec l'amendement ou sans l'amendement, le brevet provisoire peut exister. C'est une correction qui peut se concilier avec le payement par annuité, comme avec le payement en deux ou trois fois.

Ce qui a préoccupé la commission, c'est la multiplicité des écritures. On dit : Comment voulez-vous qu'on organise par toute la France la perception de seize mille annuités? Quoi! notre organisation générale, en matière de finances, ne suffira pas à ce qu'on perçoive sur tout le territoire seize mille annuités de 100 francs par an! Est-ce que vous n'avez pas beaucoup d'autres perceptions plus considérables que celle-là? Quand vous aurez à demander à celui qui aura été breveté la somme de 100 fr., vous enverrez le percepteur des contributions; s'il n'acquitte pas la somme qu'il doit, il sera déchu de son brevet.

C'est ici que s'est présentée une objection de l'honorable rapporteur. Il vous a dit : Il y a des inconvénients graves; on ne saura pas quelle est la durée du brevet, on ne saura pas quand le brevet sera tombé en déchéance par défaut de payement. Mais lorsque vous avez imaginé vos brevets provisoires, vous avez dit dans l'art. 15 du projet :

« Une ordonnance royale, insérée au *Bulletin des Lois*, proclamera, tous les trois mois, les brevets provisoirement accordés, ainsi que ceux dont la durée aura été déterminée par la déclaration indiquée à l'article précédent. Un extrait de cette ordonnance sera délivré à chaque breveté en ce qui le concerne. »

Plus tard, quand vous parlerez de déchéance, car il y a des déchéances dans votre loi, vous indiquerez comment vous ferez connaître, par une publicité officielle, les déchéances.

Je vous demande s'il serait plus difficile, un an après que celui qui vous devait une annuité n'aura pas payé, s'il serait plus difficile alors de déclarer sa déchéance pour défaut de payement ou pour toute autre cause, et de faire connaître la déchéance dans vos insertions officielles ?

Que la déchéance ait lieu pour un motif ou pour un autre, il vous faudra la faire connaître par une publicité officielle, soit par des bulletins, soit par le *Moniteur*. Il y aura, à cet égard, des règlements d'administration publique.

Il n'y a rien de sérieux dans les objections qui m'ont été faites, et je crois que le mérite de la mesure que je propose n'a pas été diminué par les observations de M. le rapporteur.

M. LE PRÉSIDENT. Le premier paragraphe de l'amendement de M. Bethmond porte :

« La durée du brevet sera au maximum de quinze années. »

Je mets d'abord aux voix ce paragraphe.

(Une première épreuve est déclarée douteuse. Une seconde épreuve a lieu, et l'amendement n'est pas adopté.)

Je relis le premier paragraphe de la commission, sur lequel il n'y a aucun amendement :

« La durée des brevets sera de cinq. dix ou quinze années. »

(Ce paragraphe est adopté.)

M. LE PRÉSIDENT. Voici maintenant la taxe :

« Chaque brevet donnera lieu au payement d'une taxe qui est fixée ainsi qu'il suit, savoir :

» 500 fr. pour un brevet de cinq ans:

» 1.000 fr. pour un brevet de dix ans:

» 1.500 fr. pour un brevet de quinze ans. »

M. Martin (du Rhône) propose de modifier ainsi le second paragraphe :

« Chaque brevet donnera lieu au payement d'une taxe qui est fixée ainsi qu'il suit. savoir :

» 300 fr. pour un brevet de cinq ans:

» 600 fr. pour un brevet de dix ans:

» 1.000 fr. pour un brevet de quinze ans. »

(L'amendement. mis aux voix. n'est pas adopté.)

(La Chambre adopte le paragraphe du Gouvernement et de la commission.)

M. LE PRÉSIDENT. Maintenant. MM. Bethmont et Taillandier proposent comme paragraphe additionnel :

« Cette taxe sera payée par annuités de 100 fr.. sous peine de déchéance si le breveté laisse écouler un terme sans l'acquitter. »

(L'amendement de MM. Bethmond et Taillandier est mis aux voix et adopté.)

L'art. 4 est ensuite voté dans son ensemble.

Séance du 12 avril 1843.

M. LE PRÉSIDENT. La délibération de la Chambre s'est arrêtée hier à l'art. 5.

M. le rapporteur me fait remettre une rédaction nouvelle du premier paragraphe.

Je lis cette rédaction :

« Quiconque voudra prendre un brevet d'invention. devra déposer sa demande, sous cachet. au secrétariat de la préfecture, dans le département où il est domicilié ou dans tout autre département, en y élisant domicile. »

(L'art. 5, mis aux voix, est adopté avec les changements de rédaction proposés par la commission.)

M. LE PRÉSIDENT. Art. 6. « La demande sera limitée à un seul objet; elle ne contiendra ni restriction, ni condition. ni réserve.

» Elle indiquera un titre contenant la désignation sommaire et précise de l'objet de l'invention.

» La description, sur papier au timbre de 1 fr. 50 c., devra être écrite en français, sans altération ni surcharges : les mots rayés nuls comptés, les pages et les renvois paraphés. Elle ne devra contenir aucune dénomination de poids ou de mesures autres que celles qui sont portées au tableau annexé à la loi du 4 juillet 1837.

» Les dessins seront tracés à l'encre et à l'échelle métrique.

» Un duplicata de la description et des dessins sera joint à chaque demande.

» Toutes les pièces seront signées par le demandeur ou son représentant, dont le pouvoir restera annexé à la demande. »

M. Bethmont a proposé de remplacer les deux premiers paragraphes par la rédaction suivante :

« La demande indiquera l'objet de l'invention par un titre qui en contiendra la désignation sommaire.

» La description précisera les points sur lesquels porte l'invention : elle devra être assez claire et assez complète pour que l'exécution puisse avoir lieu, sans le concours de l'inventeur par une personne à ce connaissant. »

Cet amendement, tendant à remplacer en entier les deux premiers paragraphes, doit être mis en délibération le premier.

M. BETHMONT. Si je ne me trompe, l'art. 6 contient une définition et une explication de la taxe aux objets prévus dans l'art. 5. Ainsi, ce sont deux articles qu'il faut examiner ensemble pour bien comprendre comment l'art. 6 est le développement des prescriptions imposées par l'art. 5.

L'art. 5 dit que celui qui voudra prendre un brevet présentera sa demande au Ministre de l'agriculture et du commerce, qu'il l'accompagnera d'une description, de dessins ou d'échantillons, et d'un bordereau des pièces déposées.

L'art. 6 a pour objet de définir ce que doit être la demande, ce que doit être la description, ce que doivent être les dessins et les échantillons.

La définition de toutes ces choses n'est pas indifférente : car si la demande n'est pas faite d'une manière régulière, l'art. 12 déclare qu'elle sera nulle, et cette nullité a une haute gravité, comme je e prouverai tout à l'heure.

La description n'est pas indifférente, car si elle était mal faite, si elle manquait de loyauté, elle pourrait constituer le cas de déchéance et entraîner la perte du brevet.

Je dis que, dans l'art. 6, il faut trouver la définition des prescriptions qui sont imposées par l'art. 5.

Maintenant j'examine si cet art. 6 satisfait effectivement aux besoins qu'il a prévus. Je critique l'art. 6 dans le paragraphe 1er et dans paragraphe 2, car j'en demande la suppression, et j'y substitue un seul paragraphe.

Le paragraphe 1er de l'art. 6 porte :

« La demande sera limitée à un seul objet : elle ne contiendra ni restriction, ni condition, ni réserve.

Je crois que les rédacteurs de ce paragraphe n'ont pas réfléchi suffisamment à la distinction qu'il faut faire; ils ont exigé que la demande ne contienne ni restriction ni réserve. Je crois qu'ils appliquent ces deux qualités à la description. Je ne comprends pas une demande qui serait faite sans contenir ni restriction ni réserve. J'ai cherché quelles pouvaient être les restrictions et les réserves qu'on mettrait à une demande, je n'en ai trouvé aucune.

Permettez-moi de dire que cela n'est qu'accessoire : car, qu'il y ait dans un article des mots inutiles, c'est un mal sans doute, mais cela n'est pas dangereux ; ce qui est dangereux, c'est cette rédaction : « La demande sera limitée à un seul objet. »

Est-ce que, lorsqu'un inventeur décrira son invention. il n'y aura qu'un seul objet sur lequel pourra porter cette invention ? est-ce qu'il n'est pas possible, est-ce qu'il n'est pas ordinaire qu'une invention porte à la fois sur plusieurs objets ? est-ce que vous exigerez que . inventeur qui invente une machine, par exemple. dans laquelle se rencontrent plusieurs organes modifiés et nouveaux ; est-ce que vous exigerez que cet inventeur prenne trois brevets s'il y a trois inventions dans sa machine ? L'unité sera-t-elle dans l'objet sur lequel porte l'invention. ou l'unité sera-t-elle dans l'invention elle-même ?

A cet égard. permettez-moi un exemple. Il est question, il est même beaucoup question de chemin de fer atmosphérique ; le chemin de fer atmosphérique est une création complète ; celui qui sera l'inventeur de ce nouveau mode de circulation, celui-là aura embrassé dans son invention une série de faits et d'idées qui, dans l'application, donnera lieu à plusieurs inventions corrélatives s'enchaînant toutes, et qui cependant ne pourront pas faire l'objet d'un seul brevet, d'après le principe de votre projet de loi. Ainsi, l'inventeur du chemin de fer atmosphérique aura inventé le système en lui-même, c'est-à-dire celui qui aura trouvé le moyen d'appliquer la pression de l'air atmosphérique au mouvement du piston; et puis. quand il aura pu inventer un long cylindre horizontal auquel il faudra trouver moyen de donner une position parfaitement horizontale. Eh bien, il est possible qu'il y ait. dans cette partie de l'organisation de l'invention. une difficulté à vaincre, difficulté qui n'a pas été vaincue par le premier inventeur. difficulté qui a été surmontée par M. Hallez, notre compatriote ; il est possible, dis-je, que l'on invente encore une soupape longitudinale qui ferme plus hermétiquement; eh bien, il peut y avoir là matière à plusieurs inventions de détail qui se rattacheront intimement à la première. Que voulez-vous dire ? Faudra-t-il qu'il prenne plusieurs brevets ? Il n'en prendra qu'un.

Voilà la première difficulté qu'il faut expliquer: il faut expliquer que dans une invention et pour une invention principale on ne prendra qu'un brevet, mais qu'on jouira. en vertu de ce brevet, de toutes les inventions de détail qui se trouvent dans l'objet principal.

Ce que j'annonce ici a une toute autre portée. car. dans l'invention de M. Hallez. la fermeture hermétique qu'il aura trouvée, cette soupape peut avoir une application dans d'autres objets, dans d'autres machines que celle à laquelle il l'a appliquée pour la première fois.

Empêcherez-vous l'inventeur de dire : J'applique dans mon che-

min de fer atmosphérique telle soupape, tel mode de fermeture
que je n'ai point à décrire, et cette fermeture a des conditions et des
qualités telles qu'elles peuvent s'appliquer dans d'autres machines
du même ordre ou d'un ordre différent ; en conséquence, je prends
un brevet pour ce système de soupape dans toute son application
aux chemins de fer atmosphérique et dans les diverses applications
industrielles dont elle est susceptible.

Si vous admettez cet esprit d'analyse, vous rencontrerez dans une
même invention une série d'inventions possibles qui n'auront pas
d'application seulement à l'objet principal du brevet, mais qui pourront avoir, dans des industries analogues ou dissemblables, des applications possibles.

Je dis qu'il ne faut point exiger que l'inventeur fasse ainsi une
analyse de tout ce qui constitue son invention, et que, ayant ainsi
analysé les diverses parties qui la constituent, il prenne autant de
brevets qu'il y aura d'inventions différentes composant le système
général qu'il faudrait faire breveter.

Il ne faut donc pas dire, à moins qu'on vienne à l'instant faire
une déclaration qui satisfasse au danger que je prévois, il ne faut
donc pas dire, comme le fait le projet, que la demande sera limitée
à un seul objet. C'est pour cela que je propose une rédaction plus
large. Je dis :

« La demande indiquera l'objet de l'invention par un titre qui en
contiendra la désignation sommaire. »

Je ne veux pas qu'un inventeur puisse, à l'occasion d'un même
titre et sous un même titre, placer des inventions hétérogènes qui
n'auraient entre elles aucun lien : ce n'est pas ce que je demande.
Mais je demande que, quand un inventeur aura décrit une invention
principale, toutes les inventions accessoires qui s'y rattachent puissent être arrêtées par le même brevet. Voilà ce que je demande et
voilà à quoi résiste, selon moi, la rédaction de la commission et du
Gouvernement.

Maintenant, j'ai dit pourquoi je supprimais le premier paragraphe,
et les raisons pour lesquelles je le remplace par la rédaction que je
propose.

J'arrive au second paragraphe :

« Elle indiquera un titre contenant une désignation sommaire et
précise de l'objet de l'invention. »

La discussion du projet de loi impose à l'inventeur une tâche que,
pour ma part, je considère comme difficile à remplir.

L'inventeur peut, comme homme spécial, avoir le génie de l'invention et pas le génie de la rédaction, et vous allez voir que le
projet de loi lui impose des difficultés de rédaction assez considérables. Le projet de loi veut que l'inventeur indique un titre contenant la désignation sommaire et précise de l'objet de l'invention.

Je voudrais bien, pour un moment, que vous vous missiez à la
place de l'inventeur qui, dans une machine donnée, aura inventé
plusieurs perfectionnements relatifs à cette machine, et que vous fus-
siez aussi dans l'obligation de donner un titre sommaire et précis
indiquant l'objet de l'invention.

18

Je déclare que je considère cela comme difficile. Sans doute, il y a utilité à avertir le public de la nomenclature des objets brevetés, afin qu'il connaisse bien tout ce qui fait la matière de l'invention ; mais il ne faut pas forcer l'inventeur à trouver un titre qui ne pourrait pas même donner une idée suffisante, même approximative de l'objet, afin que celui qui, dans une semblable carrière, poursuit la même idée, soit averti qu'il y a une invention déjà faite, et qu'il puisse s'assurer si elle est la même que la sienne. Je reconnais donc que le titre peut être utile ; mais je ne voudrais pas qu'on imposât à celui qui le rédige une description qui contienne la désignation sommaire et précise de l'objet de l'invention. Cela me paraît difficile et même impossible.

S'il n'y avait pas une sanction pénale, je comprendrais très bien cette exigence : mais il y a une sanction pénale ; elle est dans l'art. 12, où vous dites :

« Toute demande dans laquelle n'auraient pas été observées les formalités prescrites par les n°s 2 et 3 de l'art. 5 et par les paragraphes 1, 2 et 6 de l'art. 6, sera considérée comme nulle. »

Ainsi, il arrivera que si je n'ai pas, moi, inventeur, donné un titre avec une indication sommaire et précise de manière à contenter le Ministre, le Ministre pourra refuser le brevet sans examen préalable.

Si je n'ai pas donné à la désignation de mon invention un titre qui lui paraisse suffisant, il pourra considérer ma demande comme nulle.

Et remarquez bien qu'il ne faut pas se contenter de la satisfaction qui se trouve dans l'art. 12, où vous dites que l'inventeur pourra représenter sa demande, et qu'alors, s'il la représente dans les trois mois, on lui tiendra compte de la moitié du versement qu'il a fait.

Mais savez-vous que perdre la date de son invention, c'est souvent perdre l'invention elle-même ? car si sa demande est déclarée nulle, et vous savez que c'est un principe de droit qu'un titre nul ne peut produire aucun effet, pour défaut d'avoir donné une description précise, il perdra son brevet.

Messieurs, il y a un danger sérieux à imposer cette prescription, cette formalité à l'inventeur. Ce danger est d'autant plus grand que sa demande est considérée comme nulle si elle ne remplit pas ces exigences. Ainsi, vous imposez à l'inventeur des difficultés auxquelles l'inventeur ne pourra jamais suffire.

J'arrive au troisième point de la discussion, à la description.

La description ! Le Gouvernement se contente de dire que la description devra être faite sur papier au timbre de 1 fr. 50 c., et devra être écrite en français, sans renvoi ni surcharges.

J'admets tout cela ; ce sont là des formalités que j'appellerai extérieures de la demande. Je veux bien que la description ait tous ces caractères ; mais il faut que la description ait encore un autre caractère.

Dans l'art. 29 vous allez frapper de déchéance le brevet qui ne contiendra pas une description claire et loyale, une description à l'aide de laquelle la société soit mise en possession sérieuse de l'objet inventé : car qu'est-ce que la description ? La description n'est pas autre chose que l'exposé de ce que l'inventeur livre à la société en échange des quinze années de jouissance que la société lui concède : la description est, à proprement parler, la délivrance de la jouissance donnée à l'inventeur par la société : c'est une partie essentielle du contrat.

Je demande que la description ait quelques caractères qui sont essentiels. Voici ces caractères, et voici comme je les définis :

« La description précisera les points sur lesquels porte l'invention : elle devra être assez claire et assez complète pour que l'exécution puisse avoir lieu sans le concours de l'inventeur, par une personne à ce connaissant. »

Remarquez, Messieurs, que ces caractères que je demande à la description, ce sont les caractères que demande la loi elle-même ; mais la loi les demande, non pas en traçant les formalités que l'inventeur doit remplir, mais au moment où la loi, s'armant de ses pénalités, le frappe de déchéance, s'il n'a pas satisfait aux conditions impérieuses de la description ; car dans l'art. 29 nous trouvons ceci : « Si la description jointe au brevet n'est pas suffisante pour l'exécution de l'invention, ou si elle n'indique pas d'une manière complète et loyale les véritables moyens de l'inventeur. »

Je dis que, puisque vous frapperez l'inventeur de déchéance s'il n'a pas donné une description ayant tous les caractères nécessaires, dans l'art. 6, lorsque vous tracez ses devoirs, dites-lui donc ce que doit être cette description, quels sont les caractères de la description : c'est pourquoi je demande que vous traciez dans l'art. 6, qui n'est pas autre chose qu'un article de définition, les formalités à accomplir ; au lieu de définir simplement les formalités extrinsèques de la demande de papier timbré à 1 fr. 50 c., du défaut de ratures et de surcharges, que vous traciez les conditions essentielles, les conditions constitutives de la description. Voilà pourquoi j'ai indiqué, moi, ces conditions, pourquoi je dis : « La description précisera les points sur lesquels porte l'invention. » J'ai emprunté cette disposition à ce qui se pratique en Angleterre, et, je puis le dire, à ce qui se pratique en France, lorsque les brevets sont pris par des hommes éclairés. Le breveté est obligé de décrire une machine : c'est une machine à vapeur pour laquelle il aura perfectionné, par exemple, le jeu des tiroirs : il décrit une partie de la machine ; il y a des descriptions de parties dont il ne revendique pas la propriété comme son invention, mais il est obligé de les décrire pour être conduit à parler de ce qui fait l'objet de son invention.

Il faut que, quand il résume sa demande, il dise : Et je demande un brevet pour telle ou telle partie, afin qu'on ne puisse pas confondre dans sa demande ce qui appartient au domaine public et ce qui va appartenir au domaine privé : il est donc utile que le breveté précise dans sa demande, et en la formulant, quels sont, parmi ces choses découvertes, les points sur lesquels porte son invention. J'ai indiqué cela ; j'ai demandé que la description fût claire, qu'elle fût assez complète pour qu'une personne, à ce connaissant, put exécuter l'invention avec la description même. C'est. en effet, là le caractère essentiel de la description.

Maintenant, j'ai expliqué l'ensemble des modifications que je demande dans la rédaction : je demanderai à la Chambre la permission, quand les paragraphes seront discutés un à un, s'ils reçoivent l'honneur de cette discussion, je demanderai la permission de confirmer, par quelques détails, ce qui pourrait n'avoir pas été dit dans cette explication générale.

M. LE PRÉSIDENT. L'amendement est-il appuyé ? (Oui! oui!)

M. PHILIPPE DUPIN, *rapporteur.* Les observations et l'amendement qui viennent de vous être présentés par M. Bethmont appellent quelques réponses : elles seront brèves.

La première observation porte sur ces mots de l'art. 6 : *La demande sera limitée à un seul objet.* M. Bethmont en demande la suppression : ils lui paraissent sans motif. Messieurs, cette disposition est puisée dans la loi de 1791. Son but est facile à expliquer : le principe du payement d'une taxe pour l'obtention d'un brevet est reconnu et vous l'avez consacré par votre vote.

Or, il est évident que si vous permettez de comprendre dans un seul brevet plusieurs inventions. vous échappez à la loi qui établit la taxe. On fera une liste d'inventions, et l'on demandera un seul brevet pour toutes. On ne payera, par conséquent, qu'une seule taxe. C'est pour obvier à cet inconvénient que la loi de 1791 a voulu qu'il y eût un brevet pour chaque objet constituant une invention ou une découverte ; elle a proscrit les brevets collectifs.

M. Bethmont craint que par là un inventeur ne soit obligé de demander autant de brevets qu'il pourrait y avoir de parties dans une même invention. par exemple autant de brevets qu'il y aurait d'organes dans la composition d'une machine.

Je répondrai que non : une machine forme un ensemble composé d'un certain nombre de pièces ou d'organes. La partie est dans le tout, et quand on parle d'un seul objet, on parle seulement de l'objet principal dans son ensemble. Les lois ne peuvent tout dire ; il est des choses qu'il faut laisser à l'application et à la pratique. La loi pose un principe qui devra recevoir une raisonnable application de la part de l'administration et de la part des tribunaux.

Lors donc qu'on viendra demander un brevet pour un objet composé de plusieurs organes, il n'y aura qu'un seul brevet : mais s'il y a plusieurs objets distincts. quoiqu'ils puissent se rapporter à une même idée, à une même invention. il y aura lieu à autant de brevets qu'il y a d'objets distincts. Par ce motif. nous croyons essentiel de maintenir la première partie de l'art. 6 ; autrement il serait impossible de refuser un brevet collectif demandé pour une série d'inventions plus ou moins nombreuses.

Quant à la deuxième partie de l'art. 6, M. Bethmont ne voit pas non plus l'utilité de cette disposition : il ne la comprend pas. S'il avait voulu demander quelques renseignements. je crois qu'il l'eût comprise facilement. Il lui aurait suffi de connaître ce qui se passe au ministère du commerce.

En effet, il arrive souvent qu'une demande de brevet est accompagnée de restrictions ou de conditions de natures diversées. Celui-ci veut que le brevet ne lui soit délivré que dans six mois ou un an : celui-là met pour condition que sa jouissance pourra être prolongée d'une ou plusieurs années ; un troisième veut que son invention soit garantie. (Oh ! oh !) Enfin, chaque jour voit apparaître des conditions plus ou moins déraisonnables.

Si donc la loi n'arme pas l'administration du droit de refus dans les cas où la demande serait faite sous des conditions ou avec des réserves inadmissibles, l'administration devra donner un brevet, dans tous les cas, et plus tard on pourra prétendre qu'il s'est formé avec elle un contrat dont les conditions sont violées. Cela ne doit pas être. Il était convenable de proscrire toute condition, restriction ou réserve opposée à une demande du brevet.

Je dirai maintenant un mot de la partie de rédaction que propose l'honorable M. Bethmont, c'est-à-dire de l'addition qu'il propose de faire au paragraphe 3. Il voudrait, non-seulement que l'on exigeât une description, mais qu'on ajoutât comme explication :

« La description précisera les points sur lesquels porte l'invention ; elle devra être assez claire et assez complète pour que l'exécution puisse avoir lieu sans le concours de l'inventeur, par une personne à ce connaissant. »

Ce que désire l'honorable M. Bethmont se trouve dans la loi, et, suivant moi, s'y trouve à une place plus convenable. D'abord, on exige par le paragraphe en discussion une description ; le mot « description » a une signification assez claire pour ne pas avoir besoin de commentaire. Qui dit description dit explication d'une invention dans tous ses détails, dans tous les points qui la constituent. Toutefois, comme elle peut être inexacte, incomplète ou fautive, l'art. 29, où l'on traite des déchéances, range au nombre des vices qui opèrent cet anéantissement du brevet la circonstance que la description ne serait pas suffisante pour l'exécution de l'invention, ou qu'elle n'indiquerait pas d'une manière loyale et complète les véritables moyens de l'inventeur.

L'art. 3 pose le principe : l'art. 29 signale les violations de ce principe, c'est-à-dire les vices dont la description peut être entachée et qui doivent entraîner la déchéance. Tout est complet ; tout est à sa place.

L'amendement que M. Bethmont paraît vouloir introduire dans l'art. 6 est donc parfaitement inutile.

M. ARAGO. Je demande à la Chambre la permission de citer un exemple qui montrera le danger de l'interprétation qu'on paraît vouloir donner à l'art. 6 du projet de loi.

L'article est ainsi conçu : « La demande sera limitée à un seul objet : elle ne contiendra ni restriction, ni condition, ni réserve. » La demande sera limitée à un seul objet ! Eh bien, voyons par quelles modifications la machine à vapeur dut passer pour devenir un moteur universel après avoir été une simple machine d'épuisement. Ces modifications furent au nombre de trois à quatre, parfaitement distinctes, et qui auraient pu être évidemment contenues dans un seul et même brevet. Il fallut d'abord transformer un mouvement de va et vient en mouvement de rotation; il fallut que la machine eût de la force non-seulement dans la marche descendante du piston, mais encore pendant la course ascendante; il fallut établir, entre la tige du piston et l'extrémité de la manivelle, une communication rigide à l'aide d'un mécanisme extrêmement remarquable, qui est l'une des plus belles inventions de Watt, et qu'on appelle le *parallélogramme articulé*.

Pour parer, dans cette même machine, à des changements de vitesse trop considérables, il fallut imaginer une soupape à ouverture variable, se fermant en partie au moment des trop grandes vitesses et se dilatant quand le mouvement se ralentissait. Ce résultat s'obtint à l'aide de l'appareil qu'on appelle le *régulateur à force centrifuge*. Ajoutons que Watt introduisit successivement la vapeur en dessus et en dessous du piston, et que ce fut là le point principal de son invention.

Ceci posé, je demande que la commission ait la bonté de s'expliquer sur cette question catégorique : les trois inventions que je viens de citer pourraient-elles être contenues dans un seul et même brevet?

M. LE RAPPORTEUR. Dans l'exemple cité, c'est la même machine qui a reçu successivement les perfectionnements indiqués.

Eh bien, supposez qu'elle les ait reçus d'un premier jet, avant l'obtention du brevet : tout ce qui constitue l'ensemble de la machine pourrait être compris dans un seul et même brevet, comme formant les diverses parties d'un même tout. Si le perfectionnement arrivait après coup, il ne pourrait être que l'objet d'un certificat d'addition. »

M. ARAGO. Vous allez voir la difficulté :

Supposons les trois inventions appartenant à Watt, et contenues dans un seul brevet. Watt, dans son génie, ne manquera pas de prévoir que le parallélogramme articulé dont il vient de faire un des organes de sa machine puissante, aura des applications dans d'autres circonstances; il devinera aisément que le régulateur à force centrifuge servira pour régulariser l'écoulement de l'eau dans les usines hydrauliques, comme il régularise l'écoulement de la vapeur.

Eh bien, votre article aurait empêché Watt, à moins de trois brevets, de donner à la machine à vapeur les propriétés si précieuses que tout le monde connaît, que tout le monde a admirées, et deux de ses inventions auraient pu améliorer une foule d'autres machines sans aucun avantage pour lui.

M. LE RAPPORTEUR. La réponse sera très simple. Si la machine peut recevoir des applications différentes avec les mêmes organes, je dis que dans ce cas la machine pourra être entièrement comprise dans un seul brevet, pour toutes les applications possibles.

Mais si la machine a besoin de subir des modifications dans ses organes pour arriver à ces applications diverses, ces modifications constituent des inventions diverses, et devraient faire la matière de plusieurs brevets.

M. MARIE. Il me semble que l'amendement de M. Bethmont ne répond pas complétement aux nécessités proclamées par M. le rapporteur et M. le Ministre du commerce. Je crois qu'il y a quelque chose à changer dans la rédaction.

Il y a donc, ce me semble, et c'est ce que je demande, nécessité de renvoyer à la commission, pour une formule nouvelle, laquelle pourrait résumer les idées qui ont été exprimées tout à l'heure et sur laquelle on pourrait être d'accord.

(L'article est renvoyé à la commission.)

M. LE PRÉSIDENT. Art. 7. « Aucun dépôt ne sera reçu que sur la production d'un récépissé constatant le versement d'une somme de 200 fr. à valoir sur le montant de la taxe du brevet.

» Un procès-verbal, dressé sans frais par le secrétaire général de la préfecture sur un registre à ce destiné, et signé par le demandeur, constatera chaque dépôt en énonçant le jour et l'heure de la remise des pièces.

» Une expédition dudit procès-verbal sera remise au déposant, moyennant le remboursement des frais de timbre et d'enregistrement. »

M. Taillandier propose de remplacer le chiffre de 200 fr., dans le premier paragraphe, par le chiffre de 100 fr.

(Le premier paragraphe est mis aux voix et adopté avec le chiffre de 100 fr.)

(Le deuxième paragraphe est adopté.)

(Le paragraphe 3 de l'art. 7, mis aux voix, est adopté. — L'ensemble de l'article est également adopté.)

Art. 8. « La durée des brevets courra du jour de leur signature par le Ministre; néanmoins, les droits de priorité des brevetés et la faculté de faire tous actes conservatoires, leur appartiendront à partir de la date du procès-verbal de dépôt ci-dessus mentionné. »

M. BETHMONT. L'art. 8 est en contradiction avec l'article que j'ai proposé en un point fort important.

L'art. 8 constitue deux natures de dates : une date qui sera celle qui procédera du dépôt, et cette date aura son effet entre les individus qui, ayant pris des brevets ou ayant demandé des brevets pour des inventions semblables ou analogues, auraient à vider entre eux une question de priorité.

M. LE RAPPORTEUR. La commission adhère.

M. BETHMONT. Je dis qu'il est illogique d'écrire dans une loi que les brevets auront cinq, dix et quinze ans de durée, et, par un paragraphe dont on n'aperçoit pas immédiatement toute l'importance, de laisser un espace élastique qui s'allongera ou se restreindra selon l'activité des bureaux de préfecture ou de l'administration centrale.

Je dis que, quand un brevet doit avoir cinq, dix, quinze ans de durée, ce ne doit pas être cinq, dix, quinze ans, plus une inconnue, qui dépend de la diligence administrative.

Qu'importe que a délivrance des brevets ait lieu immédiatement?
Est-ce que l'inventeur est moins en possession de sa découverte? Dès
qu'il a fait le dépôt, l'inventeur est à couvert. Remarquez-le bien
qui est-ce qui empêche un inventeur d'exploiter sa découverte avant
le dépôt? C'est que, s'il exploitait avant ce moment sa découverte,
un autre pourrait la lui dérober, un autre pourrait se présenter
comme inventeur, et lui porter ainsi un préjudice véritable; mais
dès que l'inventeur a fait le dépôt, il peut exploiter, il n'a pas besoin
d'avoir son brevet en main.

M. LE MINISTRE DU COMMERCE. C'est une erreur!

M. BETHMONT. Comment! c'est une erreur? Non, je dis que ce n'est
pas une erreur; je dis que, dès que le dépôt est fait, on peut exploiter
en toute sécurité. Seulement, si l'inventeur rencontre un contrefacteur avant d'avoir son brevet en main, s'il veut le faire poursuivre
et juger, il n'est pas armé de tous les titres à l'aide desquels il peut
dénoncer au procureur du roi le délit qui se commet; il ne peut pas
faire marcher l'agent judiciaire, afin qu'on saisisse chez le contrefacteur l'objet de la contrefaçon. Mais, je le demande aux hommes
pratiques, aux hommes qui veulent sérieusement l'application de la
loi, est-ce qu'ils ont vu jamais, le lendemain d'un dépôt, une exploitation active de l'inventeur? est-ce qu'ils ont jamais vu la contrefaçon aussi agile que l'invention, aussi armée de tous ses moyens,
se mettre en mesure d'exploitation le jour même où l'inventeur
exploite à peine lui-même? Si vous dites que vous avez vu pareille
chose, j'avouerai que cela répond à une difficulté sérieuse; mais
j'ose dire que vous ne l'avez jamais vue, parce que cela n'est pas possible; si l'inventeur est un inventeur réel, on n'aura pu inventer ce
qu'il a inventé, et s'il est seul à posséder le secret de son invention,
il sera pendant un, deux, trois, quatre, cinq mois, connaissant seul
la chose dont il prépare l'exploitation.

Que le titre lui soit délivré sans lenteur administrative exagérée,
sans les cinq, six et sept années dont on parlait tout à l'heure, mais
qu'il lui soit délivré dans le temps moral nécessaire à la délivrance
du brevet, alors l'inventeur peut exploiter, et quand le contrefacteur
paraîtra il sera saisi.

D'ailleurs, que dit votre article? Il a bien pour objet de prévoir
l'exploitation par l'inventeur, puisqu'il dit:

« Néanmoins, les droits de propriété des brevetés et la faculté de
faire tous actes conservatoires leur appartiendront à partir de la date
du procès-verbal de dépôt. »

Qu'avez-vous voulu dire, si j'entends bien ces expressions? Vous
avez voulu dire qu'encore que l'inventeur ait fait son dépôt, encore
que le brevet ne lui soit pas délivré, s'il a des actes conservatoires à
faire, des contrefacteurs à saisir, des poursuites à exercer, il pourra
le faire en vertu de ce dépôt; donc il est en état de jouissance, donc
il exploite son invention. Vous avez reconnu que dès que le dépôt
est fait, la jouissance commence non pas en vertu des titres que
vous délivrerez plus tard, mais par le seul fait de l'invention et du
dépôt.

Je me résume et je dis : Il est inutile, et de plus dangereux d'écrire dans une loi de brevets que les brevets dureront quinze ans, plus une inconnue ; il est beaucoup plus naturel de dire qu'ils dureront quinze ans, à partir du jour du dépôt ; du jour où la société aura été saisie, par les mains du Ministre du commerce, de la délivrance de l'invention que le breveté lui remet, c'est alors que commence la jouissance.

Plus tard le titre sera délivré. Mais le titre ne fait pas le droit ; il ne fait que le constater, il ne fait que donner une protection plus efficace. Mais le droit a commencé dès que le dépôt a été fait.

M. ARAGO. Messieurs, il y a dans l'argumentation de l'honorable M. Bethmont quelque chose de purement théorique et qui s'écarte de la pratique des affaires. On a dit, on a répété bien souvent dans cette enceinte, que les brevets n'étaient pas examinés. Messieurs, ils sont examinés, et la loi veut qu'ils le soient à certains égards.

La loi n'admet pas que l'administration ait le droit de refuser un brevet ; mais elle veut, dans des intentions auxquelles tout le monde applaudira, qu'on avertisse officieusement le breveté de l'imperfection de son œuvre, des irrégularités de la description. Cela se fait tous les jours. (Interruption.)

Un brevet est présenté au comité consultatif des arts et manufactures. Il est incomplet, la description n'est pas suffisante, on pourrait en abuser. Le comité avertit l'inventeur avec bienveillance. Vous allez le priver de cet avantage.

Les délais sont quelquefois bien plus grands qu'on ne le suppose, et ils sont la conséquence de la bienveillance de l'administration en faveur de l'inventeur. On lui écrit souvent ; il vient à Paris, se met en rapport avec les membres du comité consultatif des arts et manufactures, et trouve dans ces communications les plus utiles renseignements.

Messieurs, ne privez pas l'inventeur, qui peut avoir été égaré par son imagination, des conseils désintéressés donnés par des hommes éclairés et indépendants.

La proposition de M. Bethmont serait évidemment contraire aux intérêts de l'inventeur.

(L'amendement de M. Bethmont est mis aux voix et adopté.)

SECTION II. — *De la délivrance des brevets.*

Art. 9. « Aussitôt après l'enregistrement des demandes, et dans les cinq jours de la date du dépôt, les préfets transmettront les pièces, sous le cachet de l'inventeur, au Ministre de l'agriculture et du commerce, en y joignant le procès-verbal de dépôt, le récépissé constatant le versement de la taxe, et, s'il y a lieu, le pouvoir mentionné dans l'art. 6. »

La rédaction est consentie par le Gouvernement ; elle n'a donné lieu à aucun amendement.

(L'art. 9 est mis aux voix et adopté.)

M. LE PRÉSIDENT. Art. 10. « A l'arrivée des pièces au ministère de l'agriculture et du commerce, il sera procédé à l'ouverture, à l'enregistrement des demandes et à l'expédition des brevets dans l'ordre de la réception desdites demandes. » (Adopté.)

Art. 11. « Les brevets dont la demande aura été régulièrement formée seront délivrés, sans examen préalable, aux risques et périls des demandeurs, et sans garantie, soit de la réalité, de la nouveauté ou du mérite de l'invention, soit de la fidélité ou de l'exactitude de la description.

» Un arrêté du Ministre, constatant la régularité de la demande, sera délivré au demandeur et constituera le brevet d'invention.

» A cet arrêté sera joint le duplicata certifié de la description et des dessins, mentionné dans l'art. 6, après que la conformité avec l'expédition originale en aura été reconnue et établie au besoin.

» La première expédition des brevets sera délivrée sans frais.

» Toute expédition ultérieure, demandée par le breveté ou ses ayants cause, donnera lieu au payement d'une taxe de 25 fr.

» Les frais de dessin, s'il y a lieu, demeureront à la charge de l'impétrant. »

M. MARIE. Dans l'art. 11 se trouvent plusieurs dispositions sur lesquelles je voudrais une explication.

Ainsi, dans la première partie de cet article, on dit : « Les brevets dont la demande aura été régulièrement formée, etc. » Je vois ensuite dans le deuxième paragraphe : « Un arrêté du Ministre constatera la régularité de la demande. » Puis enfin, comme complément, dans l'art. 12, je vois que « toute demande dans laquelle n'auraient pas été observées les formalités prescrites, etc., sera considérée comme nulle. »

Or, j'adresse cette question : Lorsqu'une demande aura été formulée, qui sera juge de sa régularité? Est-ce que l'administration pourra refuser d'accorder le certificat de demande en s'autorisant de l'irrégularité de la demande, ou n'est-ce pas là une nullité dont le brevet pourra être frappé, mais qui devra être l'objet d'une appréciation judiciaire?

Si l'administration se réserve de refuser le brevet, sous prétexte que la demande n'aurait point été régulièrement formée, il en résultera que l'administration pourra refuser un brevet à un industriel qui le demandera sous prétexte d'irrégularité. Ce sera là une sorte d'examen préalable dans lequel nous tombons toujours.

M. LE RAPPORTEUR. Si la demande n'est pas régulièrement formée; si, par exemple, au lieu de la faire passer par l'intermédiaire de la préfecture, on s'adresse directement au Ministre du commerce; si, au lieu de faire une demande accompagnée de descriptions et de dessins, on fait une demande purement épistolaire, eh bien, dans ce cas, la demande n'étant pas régulièrement formée, ne serait pas suivie de l'obtention du brevet; on ne répondrait pas à la demande irrégulière.

Ainsi, ce ne serait que sur la forme que porterait le rejet, et pas sur le fond, non pas sur l'examen des pièces en elles-mêmes, mais sur leur irrégularité.

C'est une question de forme; il faut cette garantie pour la régularité des demandes.

M. THIL. La forme emporte le fond.

M. BETHMONT. Il faut cependant s'expliquer, et s'expliquer surtout
en vue de l'art. 12, et vous allez voir que les idées exprimées par
l'honorable M. Dupin ne sont pas entièrement conformes aux dispositions de l'art. 12. Il semblerait que l'examen porte simplement sur
ce que l'on appelle les formes extrinsèques de l'acte: ce n'est pas
cela. Si la demande contient, aux termes de l'art. 6 que nous avons
discuté, contient des conditions, des restrictions, des réserves, qui
en sera juge? C'est M. le Ministre du commerce, aux termes de l'article 12, et non-seulement de l'art. 12 du Gouvernement, mais de
l'art. 12 de la commission. Ainsi, la demande est formée, elle est
formée au département où elle doit être formée, elle est sur papier
au timbre que vous fixez; elle a tous les caractères extrinsèques qui
sont nécessaires. Mais la demande contient de plus une condition,
une restriction : c'est le Ministre qui en est juge. Le Ministre jugera-
t-il du mérite de la description? Non, je reconnais que le Ministre ne
réclame pas ce jugement: ce n'est pas d'une manière formelle que je
le reconnais. Mais comme il a dit dans l'art. 19 que les tribunaux
seraient juges des qualités de la description, je crois que, quant aux
qualités de la description, ce seront les tribunaux ordinaires qui les
jugeront. Il n'en est pas moins vrai que vous avez indiqué dans
votre art. 12 les formalités prescrites par les paragraphes 2 et 3 de
l'art. 5, et par les paragraphes 1er, 2 et 6 de l'art. 6, comme devant
être jugées par le Ministre. Vous avez dit, je recommande ceci à l'attention de la Chambre, que la demande dans ce cas sera considérée
comme nulle.

Par qui sera-t-elle considérée comme nulle? par M. le Ministre du
commerce qui dira : Je considère la demande comme nulle. Il me
signifiera sa décision. Je me pourvoirai au conseil d'Etat, et je sou-
tiendrai que ma demande n'est pas nulle, qu'elle doit être valable.
Vous voyez qu'il y a là un examen préalable; c'est sérieux, et, je
dirai plus, très dangereux.

J'ajoute : si votre art. 12 n'avait pas une sanction aussi considérable, je comprendrais cette disposition. Je fais une demande contenant mon invention; elle manque des formalités voulues par la loi,
elle est considérée comme nulle. Huit jours après, un autre fera une
demande semblable pour la même invention dans un autre département, et il obtiendra un brevet, tandis que moi je n'aurai pas été
breveté. Par qui sera décidée cette question de priorité? Toujours
dans les mystères de l'examen préalable, au ministère du commerce
et par M. le Ministre du commerce.

Je vous prie de peser tous les dangers de l'art. 12, qui déclare que
la demande sera considérée comme nulle pour un simple vice de
forme, avec des formalités qu'on dit être assez indifférentes. Il est
impossible d'attacher ainsi la nullité à un simple vice de forme et
de me faire perdre mon brevet.

M. BETHMONT. Je demande, comme amendement, et c'est le résumé
de ce que j'ai exposé à la Chambre, qu'on efface du premier paragraphe de l'art. 11 le mot *régulièrement.* La rédaction alors devient

celle-ci : « Les brevets dont la demande aura été formée seront délivrés, etc. » Il ne s'agit pas de savoir si la demande a été régulièrement formée, ce sera une question qui, plus tard, pourra être discutée devant les tribunaux.

M. LE MINISTRE DU COMMERCE. Quel serait l'embarras du Ministre du
commerce lorsqu'on viendrait lui demander un brevet d'invention,
si cette demande n'était pas accompagnée de la description, et si cette
description n'était pas régulière !

M. BETHMONT. C'est un motif de déchéance.

M. LE MINISTRE DU COMMERCE. Je vous demande pardon.

M. BETHMONT. Moi aussi. Si le breveté n'a pas donné la description,
lorsqu'il viendra, en vertu de son prétendu titre, poursuivre les contrefacteurs, que pourra-t-il leur opposer ? S'il n'a pas ajouté la description à sa demande, devant les tribunaux les contrefacteurs lui
répondront : Vous n'avez pas décrit votre invention, vous n'avez
qu'un brevet nul. J'aime mieux laisser aux tribunaux le droit de déclarer la nullité du titre que de faire déclarer la nullité dans les bureaux du ministère. Je trouve qu'il n'y a pas là de garantie suffisante, et que M. le Ministre du commerce réclame pour lui une
mission souvent très difficile. Ainsi on délivrera toujours le brevet
sans examen préalable ; le brevet sera bon, le brevet sera mauvais,
les tribunaux en décideront.

M. SCHNEIDER (D'AUTUN). Si on supprimait les mots *régulièrement
formée*, il faudrait reporter dans l'art. 29 quelque chose d'analogue,
car la forme est nécessaire. Quant à moi, j'aime autant la voir prescrite ici qu'ailleurs.

M. LE RAPPORTEUR. Il y a une confusion d'idées. L'art. 29 parle de
ce qui entraîne la nullité d'un brevet accordé ou obtenu. Il s'agit
d'une procédure administrative, et je suis à comprendre les difficultés qui se sont produites sur cet article. Il y a une procédure administrative qui a pour objet d'arriver à l'obtention du brevet, qui ne
tient en rien à ce qui concerne le fond de l'invention, le mérite des
descriptions, leur étendue, leur suffisance. Mais il y a des formes administratives à suivre : la demande doit être envoyée à la préfecture,
elle doit être accompagnée de certaines pièces qui doivent concourir
pour faire admettre le brevet : il s'agit uniquement de savoir si ces
formalités ont été accomplies, si la demande a été envoyée, s'il y a
une description bonne ou mauvaise.

Refuser à l'administration cette vérification matérielle, c'est porter
bien loin la défiance, et dire qu'il faut réserver un procès, c'est vouloir ôter à la loi sa simplicité, et à l'administration le jugement de
ce qui appartient à l'administration.

M. LE PRÉSIDENT. Je consulte la Chambre sur l'amendement de
M. Bethmont, qui consiste à effacer de l'art. 11, premier paragraphe,
le mot *régulièrement*.

(L'amendement est rejeté. Le premier paragraphe de l'art. 11 est
mis aux voix et adopté.)

« Un arrêté du Ministre, constatant la régularité de la demande,

sera livré au demandeur et constituera le brevet d'invention.
(Adopté.)

» A cet arrêté sera joint le duplicata certifié de la description et
des dessins, mentionné dans l'art. 6, après que la conformité avec
l'expédition originale en aura été reconnue et établie au besoin. »

Il est évident qu'en votant ce paragraphe nous entendons réserver
les modifications qui pourraient être faites par l'art. 6 qui a été renvoyé à la commission.

(Le paragraphe est adopté sous le bénéfice de cette réserve.)

« La première expédition des brevets sera délivrée sans frais. »
(Adopté.)

M. DELESPAUL. Je demande la parole sur le paragraphe suivant.
La taxe de 25 fr. me paraît excessive.

M. LE PRÉSIDENT. Vous proposez 15 fr.

(Cet amendement, mis aux voix, n'est pas adopté. Le paragraphe
de la commission est ensuite adopté.)

« Les frais de dessin, s'il y a lieu, demeureront à la charge de l'impétrant. » (Adopté.)

(L'ensemble de l'art. 11 est ensuite mis aux voix et adopté.)

(L'art. 12 est réservé.)

Art. 13. « Lorsque, par application de l'art. 3, il n'y aura pas lieu
à délivrer un brevet, la taxe sera restituée. » (Adopté.)

Art. 14. « Après la délivrance du brevet, et dans les deux années
qui suivront sa date, les brevetés déclareront au secrétariat de la
préfecture qui aura reçu le dépôt, la durée qu'ils entendent assigner
à leur brevet, dans les limites fixées par l'art. 4.

» Cette déclaration devra être accompagnée d'un récépissé constatant le payement du complément de la taxe du brevet, et elle sera
constatée par un procès-verbal qui sera dressé et délivré, ainsi qu'il
a été dit pour le procès-verbal du dépôt.

» Les brevets, à l'égard desquels cette formalité n'aura pas été
remplie avant l'expiration du délai ci-dessus, seront de nul effet pour
l'avenir, et l'invention, qui en était l'objet, sera acquise au domaine
public. »

M. MARIE. Messieurs, j'ai demandé, par mon amendement sur les
art. 14, 15 et 19, de supprimer l'art. 14 intégralement, la première
partie de l'art. 15 et l'art. 18 du projet du Gouvernement, devenu
l'art. 19 de la commission.

Je précise à l'instant l'objet et le but de cet amendement. Il tend,
comme vous le voyez, à la suppression des brevets provisoires. Le
brevet provisoire est d'institution nouvelle, comme on l'a dit dans le
rapport de la commission. Selon moi, cette institution nouvelle est
mauvaise, elle me paraît tout à la fois contraire au principe de la
loi constitutive des brevets d'invention, et elle me paraît surtout contraire aux véritables intérêts de l'industrie. C'est sous ce double rapport que je viens attaquer cette institution nouvelle.

M. LE RAPPORTEUR. Je demande la permission de dire quelques mots
qui pourront éviter une discussion peut-être inutile.

La pensée de la commission, d'accord avec le Gouvernement, est

19

de proposer une modification de l'art. 14 et de faire disparaître le brevet provisoire tel qu'il était institué.

D'après cela, il vaudrait mieux ne pas continuer la discussion actuelle.

(Le renvoi à la commission est prononcé.)

Séance du 15 avril 1843.

M. LE PRÉSIDENT. L'ordre du jour appelle la suite de la délibération de la Chambre sur les articles du projet de loi relatif aux brevets d'invention.

Nouvelle rédaction de l'art. 6. proposée par la commission :

« La demande sera limitée à un seul objet principal. avec les objets de détail qui le constituent.

» Elle mentionnera la durée que les demandeurs entendent assigner à leur brevet dans les limites fixées par l'art. 4. et ne contiendra ni restrictions. ni conditions. ni réserves.

» Elle indiquera un titre renfermant la désignation sommaire et précise de l'objet de l'invention.

» La description ne pourra être écrite en langue étrangère. Elle devra être sans altération ni surcharges. Les mots rayés comme nuls seront comptés et constatés. les pages et les renvois paraphés. Elle ne devra contenir aucune dénomination de poids ou de mesures autres que celles qui sont portées au tableau annexé à la loi du 4 juillet 1837.

» Les dessins seront tracés à l'encre et à l'échelle métrique.

» Un duplicata de la description.et des dessins sera joint à la demande.

» Toutes les pièces seront signées par le demandeur ou par un mandataire. dont le pouvoir restera annexé à la demande. »

La Chambre se souvient que l'art. 6 de la première rédaction de la commission lui a été renvoyé à la suite d'un débat sur un amendement présenté par M. Bethmont.

Je demande à M. Bethmont s'il adhère à la rédaction nouvelle.

M. BETHMONT. La rédaction nouvelle que la commission présente ne me donne pas une satisfaction complète sur les applications que peuvent recevoir les détails qui se rattachent à l'ensemble d'une machine. L'honorable M. Arago vient de me communiquer à l'instant une rédaction qui me paraît plus convenable. J'approuve donc cet amendement, et je demande que M. Arago soit entendu.

M. ARAGO. Messieurs. je conserverai le premier paragraphe de la nouvelle rédaction de la commission. Il avait été à peu près convenu, à l'une des dernières séances, que les organes nouveaux qui existeraient dans une machine complète pourraient être considérés comme brevetés quant à toutes les applications nouvelles que l'on ferait de ces mêmes organes dans une machine ayant une autre destination, pourvu que ces applications eussent été indiquées par l'inventeur. C'est pour que cela soit énoncé clairement et généralement que je me suis attaché à faire une autre rédaction, qui est peut-être un peu longue, mais que je crois complète. Voici ce que je propose de mettre pour le second paragraphe :

« La demande sera limitée à un seul objet principal, avec les objets de détails qui le constituent. »

Je laisse subsister ce paragraphe. Le deuxième paragraphe que je propose serait ainsi conçu :

« Elle devra contenir en titre la désignation sommaire de l'objet de l'invention et des nouveaux artifices plus ou moins nombreux à l'aide desquels l'inventeur l'aura réalisée.

» Lesdits artifices, quoiqu'ils aient seulement figuré dans le brevet comme fractions de l'invention principale, se trouveront brevetés de plein droit quant aux applications analogues qu'ils pourront recevoir, et dont l'inventeur aura donné l'énonciation précise. »

Il n'y a de bons, en fait de livres, que ceux dont on peut faire aisément la table ; il n'y a de bons, en fait de brevets d'invention, que ceux qu'on peut caractériser dans un texte.

Il me semble que toute difficulté disparaît avec la rédaction que je propose.

Je suis entré dans les vues de la commission, car elle a reconnu que si des objets ont concouru à la création d'une machine complexe, ces objets pourront avoir des applications analogues dans des machines parfaitement distinctes. Mais, comme il ne faut rien laisser à l'arbitraire, et que les interprétations des magistrats n'auraient aucune certitude, il m'a semblé qu'il était nécessaire de faire ressortir ce point capital, que les choses nouvelles, employées dans une machine complexe, seront brevetées relativement aux applications analogues qu'elles pourront recevoir dans d'autres machines.

Par exemple, le parallélogramme articulé breveté pour la machine à vapeur, le serait pour toutes ses applications. Le parallélogramme articulé quel est son but? C'est d'établir une communication rigide entre un point qui se meut circulairement et une tige qui se meut verticalement. Toutes les fois que, dans une machine quelconque, le parallélogramme servira à établir ce genre de communication, il sera considéré, suivant moi, comme brevetable. Il a figuré d'abord dans la machine à vapeur au nombre des perfectionnements que Watt y a introduits ; mais cela ne doit pas l'empêcher d'être breveté de plein droit pour toutes les applications qu'il pourra recevoir ailleurs.

Je citerai un autre exemple. Il y a dans la machine à vapeur de Watt un organe qui tend à ralentir la marche de la machine quand elle va trop vite. Cet organe peut non-seulement servir pour les machines à vapeur, mais pour les machines mues par l'eau. Comment Watt, pour avoir introduit cet organe de prime abord dans la machine à vapeur, ne sera-t-il pas breveté pour toutes les applications qu'on ferait de ce même organe à d'autres machines, à celles qui sont mues par l'eau ?

Il s'agissait donc seulement de s'expliquer nettement : c'est ce que j'ai cherché à faire dans l'amendement que j'ai présenté : il deviendrait le second paragraphe de l'article, et le troisième paragraphe alors disparaîtrait.

M. PHILIPPE DUPIN, *rapporteur*. La commission a pris en très grande considération les observations de M. Arago, elle a cru qu'elle avait répondu à toutes les exigences en disant que la demande serait limitée à un objet principal avec les objets de détail qui le constituent. Ainsi, toutes les applications dont il est susceptible entrent dans le brevet, par conséquent tout s'y trouve compris.

M. ARAGO. Je demande que vous ayez la bonté de répondre : je vous demande si Watt était venu en France présenter la machine à vapeur avec le régulateur à force centrifuge, s'il aurait été par le seul fait du brevet de la machine à vapeur, breveté pour le régulateur à force centrifuge appliqué au moulin ?

M. LE RAPPORTEUR. Sans doute, c'est compris dans les objets de détails qui constituent la machine. La loi dit positivement : La demande sera limitée à un seul objet principal et à tous les objets de détail qui le constituent. Par conséquent, si le breveté indique une des fonctions de cet objet principal, elle est comprise dans le brevet. Il ne peut pas y avoir la moindre confusion.

M. ARAGO. Pour ne pas amener un débat trop long, je me réfère à la rédaction nouvelle de la commission.

Mon commentaire sera là en cas de besoin ; je n'insiste pas.

(Les paragraphes 1, 2 et 3 sont adoptés).

M. DELESPAUL. Je demande la parole sur le paragraphe 4.

Messieurs, il arrive assez fréquemment que dans la description d'une découverte ou invention, le rédacteur introduit certains mots empruntés soit à la langue anglaise, soit à d'autres langues étrangères, parce que ces mots n'ont pas leur équivalent dans la nôtre. Il est bien entendu, n'est-ce pas, que, pour l'intercalation de ces quelques mots étrangers dans le corps de la description, la demande ne sera pas considérée comme nulle ? La commission n'a pu vouloir proscrire un usage qui, selon moi, n'a rien de blâmable.

M. LE PRÉSIDENT. L'explication a été entendue, je mets aux voix le paragraphe 4.

(Le paragraphe 4 est adopté.)

« Les dessins seront tracés à l'encre et à l'échelle métrique. »

M. ARAGO. Je demande qu'on mette « d'après une échelle métrique. »

M. LE PRÉSIDENT. La commission adhère.

(Le paragraphe, ainsi modifié, est adopté. Les paragraphes suivants et l'ensemble de l'article sont adoptés.)

Les art. 7, 8, 9, 10 et 11, ayant été adoptés, la Chambre revient à l'art. 12, qui avait été réservé.

Art. 12. « Toute demande dans laquelle n'auraient pas été observées les formalités prescrites par les numéros 2 et 3 de l'art. 5 et par l'art. 6, sera rejetée. La moitié de la somme versée restera acquise au Trésor ; mais il sera tenu compte de la totalité de cette somme au demandeur s'il reproduit sa demande dans un délai de trois mois, à compter de la date de la notification du rejet de sa requête. »

(L'art. 12 est adopté.)

M. LE PRÉSIDENT. L'art. 13 a été voté dans la précédente séance.

Quant à l'art. 14, qui contenait le système des brevets provisoires, la commission en propose purement et simplement le retranchement.

Cet article, qui fait partie du projet de loi, est ainsi conçu :

« Après la délivrance du brevet, et dans les deux années qui suivront sa date, les brevetés déclareront au secrétariat de la préfecture qui aura reçu le dépôt, la durée qu'ils entendent assigner à leur brevet, dans les limites fixées par l'art. 4.

» Cette déclaration devra être accompagnée d'un récépissé constatant le payement du complément de la taxe du brevet, et elle sera constatée par un procès-verbal qui sera dressé et délivré ainsi qu'il a été dit pour le procès-verbal de dépôt.

» Les brevets à l'égard desquels cette formalité n'aura pas été remplie avant l'expiration du délai ci-dessus, seront de nul effet pour l'avenir, et l'invention qui en était l'objet sera acquise au domaine public. »

La commission, d'accord avec le Gouvernement, et conformément à l'observation de M. Marie, demande que cet article soit rejeté.

(L'art. 14, mis aux voix, est rejeté.)

Art. 15, devenu art. 14. La commission propose pour cet article la rédaction suivante :

« Une ordonnance royale, insérée au *Bulletin des Lois*, proclamera, tous les trois mois, les brevets délivrés. »

M. LE PRÉSIDENT. Art. 16, devenu art. 15 : « La durée des brevets ne pourra être prolongée que par une loi. » (Adopté.)

Certificats d'addition,

Art. 17, devenu art. 16 : « Le breveté ou les ayants droit au brevet auront, pendant toute la durée du brevet, le droit d'apporter à l'invention des changements, perfectionnements ou additions, en remplissant, pour le dépôt de la demande, les formalités déterminées par les art. 5, 6 et 7,

» Ces changements, perfectionnements ou additions seront constatés par des certificats délivrés dans la même forme que le brevet principal, et qui produiront, à partir des dates respectives de demandes et de leur expédition, les mêmes effets que ledit brevet principal, avec lequel ils prendront fin.

» Chaque demande de certificat d'addition donnera lieu au payement d'une taxe de 20 fr.

» Les certificats d'addition, pris par un des ayants droit, profiteront à tous les autres. » (Adopté.)

Art. 17. « Tout breveté qui, pour un changement, perfectionnement ou addition, voudra prendre un brevet principal de cinq, dix ou quinze années, au lieu d'un certificat d'addition expirant avec le brevet primitif, devra remplir les formalités prescrites par les art. 5, 6 et 7. et acquitter la taxe mentionnée dans l'art. 4. » (Adopté.)

Art. 18. « Nul autre que le breveté ou ses ayants droit, agissant comme il est dit ci-dessus, ne pourra, pendant une année, obtenir valablement un brevet pour un changement, perfectionnement ou addition à l'invention qui fait l'objet du brevet primitif. »

M. MARIE. L'art. 19 du projet primitif de la commission portait :

« Nul autre que le breveté ou ses ayants droit, agissant comme il est dit ci-dessus, ne pourra, *pendant la durée du brevet provisoire*, obtenir valablement un brevet pour un changement, perfectionnement ou addition à l'invention qui fait l'objet du brevet primitif. »

L'art. 18 de la nouvelle rédaction reproduit au fond les mêmes dispositions, seulement on a abrégé le délai.

Quel était le résultat de l'art. 18 ? Il était non-seulement d'accorder au breveté le monopole de la chose inventée, mais, en outre, de lui donner pour ainsi dire un monopole pour les progrès à faire pendant une année.

En effet, pendant toute l'année, lui seul pourra s'occuper des perfectionnements à faire à l'objet inventé, nul autre que lui ne pourra s'occuper de ces perfectionnements, et cela se comprend à merveille. Si, en effet, un autre industriel, marchant dans la même voie que l'inventeur, arrivait à un progrès, à un perfectionnement, qu'en résulterait-il ? De deux choses l'une : ou il viendrait demander un brevet, et en demandant un brevet il s'exposerait à voir tomber son perfectionnement dans le domaine public, et le breveté seul s'en emparerait : ou bien, au contraire, afin d'éviter ce malheur, il travaillerait par devers lui aussi secrètement que possible, mais pas assez pour que, pendant une année, quelqu'un ne pût surprendre son idée et s'en emparer.

Il résulterait donc de là que tous les industriels qui pourraient s'occuper d'un progrès, d'un perfectionnement à apporter à une invention, n'auraient rien de mieux à faire qu'à se croiser les bras pendant une année entière, et que le breveté seul aurait le monopole des progrès, des perfectionnements. Si son talent et son génie ne se sont point épuisés dans sa première élaboration, il pourrait sans doute arriver à un progrès, à un perfectionnement nouveau. Mais si, au contraire, il s'est épuisé, eh bien alors l'industrie restera stationnaire pendant l'année tout entière.

Il me semble que, pour servir les intérêts réels de l'industrie, il faut rentrer dans le droit commun, maintenir les dispositions de l'ancienne loi : cela est juste, cela est d'ailleurs conforme aux principes constitutifs des brevets d'invention.

En effet, lorsque l'inventeur vient prendre un brevet, apparemment il a fait une invention complète. Cette invention complète, il pourra non-seulement l'exploiter et en tirer profit, mais s'il y a à côté de lui des perfectionneurs, ces perfectionneurs seront nécessairement ses tributaires, car l'auteur d'un perfectionnement ne pourra pas en user tant que le brevet principal ne sera pas expiré.

Vous voyez donc qu'il y a à côté du brevet des priviléges essentiels, utiles, et qu'il est impossible de méconnaître.

Eh bien, il faut maintenir la concurrence pour tout le monde. Sans doute il est bon de donner un droit à celui qui apporte une idée nouvelle à l'industrie; mais ce droit, une fois acquis pour lui, et l'utilité, les avantages du droit une fois réalisés à son profit, laissent alors la voie ouverte à tout le monde, pour que chacun puisse perfectionner, sauf toutefois à n'user de ce perfectionnement qu'à l'expiration du brevet principal.

Il y a donc lieu, ce me semble, de rentrer dans le droit commun, et de dire que, du jour où un brevet aura été accordé, il sera permis à tout le monde de perfectionner l'idée du breveté, de demander un brevet de perfectionnement, et que le breveté n'aura pas à lui tout seul le droit de perfectionner et de faire faire des progrès à l'industrie.

C'est dans ces termes que mon amendement me paraît juste, et que la suppression de l'art. 18 doit être prononcée; c'est pourquoi j'insiste sur cette suppression.

M. LE RAPPORTEUR. Sans doute, il faut se préoccuper des intérêts réels de l'industrie. Mais on a cru que c'était servir les intérêts de l'industrie que de protéger les droits de l'inventeur. Or, l'article en discussion renferme une mesure que j'appellerai une mesure d'équité.

Quoi qu'on en puisse dire, il n'est peut-être pas une seule invention qui soit sortie complète de la pensée de l'inventeur et qui ait reçu de suite tous les perfectionnements que l'inventeur lui-même pouvait lui donner.

Il arrive même en général une chose, c'est que l'inventeur travaille dans le secret de son atelier d'après les données de la théorie; et que lorsque son invention est livrée à l'industrie, la pratique lui signale des imperfections, des inconvénients auxquels il est facile de remédier. Eh bien! si vous ôtez à l'inventeur la faculté d'y remédier par lui-même, vous lui ôtez tout le profit de son invention.

Ainsi, il y a des choses que la pratique indique et qui sont très faciles à trouver, pour l'inventeur surtout; permettrez-vous donc à des tiers de se faire breveter pour ces perfectionnements faciles?

Savez-vous quels sont les inconvénients qui se manifestent tous les jours, quand une invention se produit? Il y a des gens incapables de produire une invention par eux-mêmes, mais qui sont habiles à s'emparer des inventions d'autrui, qui travaillent toujours sur les idées des autres. Eh bien! ces perfectionneurs, comme on les a appelés, qui souvent ne font qu'apporter des changements de forme, des changements à peu près insignifiants, se précipitent sur toutes les idées qui se produisent, en prenant des brevets de perfectionnement, puis ils se servent de ces brevets pour forcer les inventeurs à entrer en partage et à former une association avec eux. C'est là une spéculation qui se fait tous les jours de la part de ceux qui sont à la recherche des brevets, afin de créer l'apparence d'un perfectionnement qui les autorise à spéculer au préjudice de l'inventeur.

Voilà le genre de spéculation que nous avons voulu réprimer.

Est-ce que vous croyez que c'est une protection trop étendue que d'accorder un an à l'inventeur, pendant lequel il aura seul le droit de perfectionner son invention? Est-ce que ce n'est pas là, au contraire, une mesure éminemment juste? En donnant cette protection à l'inventeur, vous ne ferez aucun tort à l'industrie, et vous serez justes envers ceux qui la dotent de leurs découvertes.

Ne permettez donc pas à des tiers de se ruer sur toute idée nouvelle qui apparaît, au grand préjudice de son inventeur, et contre toute justice.

M. BINEAU. On appuie cet art. 18 sur des considérations d'humanité en faveur des inventeurs.

On vous a dit qu'il y a à la suite des inventeurs des hommes tout prêts à abuser d'une invention, à la saisir à l'instant où elle se produit pour, sous prétexte de perfectionnement, se l'approprier; c'est vrai.

Mais cela suffit-il pour donner à un homme, pendant un an, le monopole d'une idée; pour lui dire : peu importe que tel perfectionnement passe dans la tête d'autrui?

Autrui n'en profitera pas, la société n'en profitera pas; car ici, ce qu'il faut voir, ce n'est pas l'intérêt de deux hommes, mais l'intérêt de la société mis en opposition avec l'intérêt d'un homme.

Et maintenant, remarquez bien ceci : deux hommes ont au même instant la même idée : l'un est plus consciencieux que l'autre; il ne croit pas son idée suffisamment élaborée et ne veut pas prendre un brevet; l'autre, moins rigide, moins consciencieux, se précipite sur l'idée et demande un brevet; et pour ce seul fait qu'il aura été moins consciencieux, et qu'il se sera plus hâté, vous lui assurerez le monopole de son idée; et quand le premier viendra, au bout de quinze jours, vous demander un brevet pour la même chose, vous le lui refuserez! Il y aura pour lui forclusion, parce qu'un autre, abusant d'une idée commune, sera venu se faire breveter! Il est impossible qu'il en soit ainsi.

Ce système d'interdiction des idées d'un homme, ce système de privation du droit qu'a la société au perfectionnement de toute idée nouvelle, il est impossible de le maintenir dans la loi.

Lorsque la Chambre n'avait pas admis le système des annuités, le brevet provisoire, qui avait alors deux objets, le payement partiel et le monopole de l'idée, était bon à quelque chose; maintenant il est inutile pour la première partie, puisque non-seulement il n'est plus nécessaire de payer pour cinq ans, mais qu'il ne l'est pas même de payer pour deux. Il y aura un encouragement suffisant pour l'inventeur; il est donc inutile de lui en accorder encore un autre.

M. LE RAPPORTEUR. Tout le système de la loi repose sur la concentration du droit exclusif d'exploitation d'une idée entre les mains de l'inventeur. Il faudrait donc rejeter la loi entière si on se laissait entraîner par les considérations qui préoccupent l'honorable M. Bineau.

M. MARIE. Il me semblerait possible de concilier les droits de l'inventeur avec le privilége que vous voulez lui accorder pendant une année avec tous les droits de perfectionnements, perfectionnements qui seraient trouvés par d'autres que les brevetés; et voici comment :

Tout le monde aurait le droit de faire des perfectionnements, tout autre que le breveté pourrait demander un brevet de perfectionnement, dresser cette demande et la déposer à la préfecture, sous cachet; elle resterait sous cachet pendant toute l'année; l'année expirée, on délivrerait le certificat, et si pendant cette année le breveté avait trouvé lui-même le perfectionnement, il aurait la priorité sur l'autre perfectionneur; mais s'il ne l'a pas trouvé, le perfectionneur aura le brevet.

Cette disposition ménage les intérêts du breveté et excite le travail.

M. LE RAPPORTEUR. J'avais déclaré à M. Marie, au nom de la commission, que s'il présentait l'amendement nous l'accepterions.

M. MARIE. J'aurais autant aimé le droit commun.

M. LE PRÉSIDENT. Le meilleur moyen de délibérer d'une manière utile, afin de réserver tous les droits, c'est de consulter d'abord la Chambre sur le principe de l'article 18. Si l'article est rejeté, il n'y a plus lieu à l'amendement : s'il est adopté, le Gouvernement et la commission, consentant au principe posé par M. Marie, et la Chambre ne pouvant pas voter un principe, l'amendement se trouverait renvoyé à la commission qui proposerait une rédaction à la séance prochaine. Je propose d'abord de voter sur l'art. 18.

(L'art. 18 est adopté.)

(L'amendement de M. Marie, d'accord avec le Gouvernement et la commission, est renvoyé à celle-ci.)

Art. 19. « Quiconque aura obtenu un brevet pour une découverte, invention ou application se rattachant à l'objet d'un autre brevet, n'aura aucun droit d'exploiter l'invention déjà brevetée, et réciproquement le titulaire du brevet primitif ne pourra exploiter l'invention objet du nouveau brevet. » (Adopté.)

Art. 20. « Tout breveté pourra céder la totalité ou partie de la propriété de son brevet.

» La cession totale ou partielle d'un brevet, soit à titre gratuit, soit à titre onéreux, ne pourra être faite que par acte notarié, et après le payement de la totalité de la taxe déterminée par l'art. 4.

» Aucune cession ne sera valable, à l'égard des tiers, qu'après avoir été enregistrée au secrétariat de la préfecture du département où chacune des parties a son domicile.

» L'enregistrement des cessions et de tous autres actes emportant mutation, sera fait sur la production et le dépôt d'un extrait authentique de l'acte de cession ou de mutation, et donnera lieu, pour chaque enregistrement, au payement d'une taxe de 20 fr.

» Une expédition de chaque procès-verbal d'enregistrement, accompagnée de l'extrait de l'acte ci-dessus mentionné, sera transmise, par les préfets, au Ministre de l'agriculture et du commerce, dans les cinq jours de la date du procès-verbal. »

M. DELESPAUL. Je demanderai une explication à M. le rapporteur.

19.

sur ces mots du premier paragraphe : « Tout breveté pourra céder la totalité ou partie de la propriété de son brevet. »

La cession d'un brevet peut s'opérer de plusieurs manières. Indépendamment de la cession totale ou partielle d'un brevet, ce qui suppose la formalité sacramentelle d'une ordonnance royale, il y a le cas où le breveté, sans se dessaisir de la nue propriété du brevet, se borne à autoriser un tiers à s'en servir. Pour cela, il n'est pas nécessaire de recourir à la solennité d'une ordonnance. Il n'y a pas cession proprement dite : il n'y a ni cédant, ni cessionnaire, ou du moins le cédant ne met personne en son lieu et place. Nul autre que lui n'a le droit de poursuivre les contrefacteurs ; nul autre que lui ne se charge de répondre aux actions en nullité ou en déchéance qui pourraient être exercées par toutes personnes y ayant intérêt. Le breveté n'a fait qu'une seule chose : il a autorisé un tiers à se servir du brevet ; il a conféré une licence, une faculté, rien de plus.

Je demande si la rédaction qui est proposée ne mettra pas obstacle à ce que cette faculté de transmission, ou plutôt de simple autorisation, donnée par le breveté à des tiers, de se servir du brevet, continue à s'exercer ; je demande si la commission entend maintenir au breveté cette faculté, bien que le paragraphe, tel qu'il est rédigé, semble l'exclure.

M. LE RAPPORTEUR. La question ne me paraît pas en être une. Il est évident que cette faculté est maintenue, car cette faculté, c'est celle d'exploiter le brevet, de céder à quelqu'un le droit d'en jouir. Mais il y a deux choses qu'il ne faut pas confondre : céder le droit de jouir de la découverte qui a été faite, ou bien céder la propriété totale ou partielle du brevet. Ce sont deux actes tellement différents que je ne comprends pas que cela ait besoin d'explications.

(Cette partie du paragraphe est adoptée.)

M. TAILLANDIER. La commission veut faire revenir la Chambre sur un vote qu'elle a donné en connaissance de cause après avoir entendu de fort longues et fort lumineuses observations de MM. Arago et Bethmont d'une part, de M. le Ministre du commerce et M. le rapporteur de l'autre, sur les annuités.

Il est évident qu'en obligeant le breveté qui voudrait céder son brevet à payer la totalité de la taxe, on arrive par là à détruire ce qui a été voté un autre jour.

Il est bien rare que les brevetés exploitent par eux-mêmes ; la plupart du temps les inventeurs sont des ouvriers, des hommes pauvres que le besoin d'abréger leur travail force à chercher des moyens pécuniaires étrangers. Ces hommes n'ont pas les facultés nécessaires pour exploiter leur brevet par eux-mêmes : ils le cèdent à d'autres plus riches qu'eux. Ce qu'on propose est la destruction du principe voté par la Chambre.

Je demande à M. le rapporteur quels motifs ont fait admettre ce nouveau paragraphe.

M. LE RAPPORTEUR. L'honorable M. Taillandier se trompe complètement s'il croit que la pensée de la commission ait été de revenir sur une décision prise par la Chambre. Quelles qu'aient été les convictions de la commission, son devoir est de respecter le vote de la Chambre, lorsque ce vote est régulièrement émis.

Mais c'est une autre pensée qui a présidé à l'amendement présenté sur l'art. 4.

D'après le premier système de la loi, la taxe était payée intégralement lorsque le brevet était délivré ; dès lors, lorsqu'il se faisait une cession totale ou partielle du brevet, les cessionnaires ne couraient aucun risque de déchéance relativement au défaut de payement de la taxe. Mais à présent que la taxe doit se payer par annuité, il en serait tout autrement. Ainsi, supposez qu'un breveté cède totalité ou partie de son brevet, qu'il touche le prix de sa cession, et qu'ensuite il ne paye pas les annuités, il y aura déchéance du brevet qu'il aura transmis à un tiers, et le tiers qui aura payé son prix n'aura rien acquis au moyen de la déchéance dont le breveté aura été frappé. Dès lors, il nous a paru que, pour la sécurité des tiers, des cessionnaires, il y avait nécessité que la taxe fût payée intégralement avant qu'aucune cession pût être faite.

M. DE LAGRANGE. Il peut y avoir un très grand nombre de cessionnaires, il y a telles découvertes qui, pour être exploitées, doivent se céder à 50 ou 60 personnes ; comment voulez-vous que le Gouvernement puisse percevoir le montant de l'annuité ? on n'ira pas chercher sur toute la surface de la France qui devra payer ? Dans quelle proportion chacun d'eux acquittera-t-il l'annuité ? Le recouvrement des annuités deviendra presque impossible. D'ailleurs, celui qui vend son brevet, il est bien certain qu'il ne le vend que parce qu'il en trouve de l'argent, et par cela même qu'il en réalise la valeur, il lui deviendra extrêmement facile d'acquitter l'annuité. La commission s'est préoccupée de la situation des cessionnaires, elle a voulu, d'un côté, leur donner une sécurité pleine et entière en écartant tout recours contre eux, et, d'un autre côté, elle a voulu en même temps assurer le recouvrement de l'annuité au profit du Trésor, recouvrement qui serait entouré de difficultés innombrables, et qui deviendrait presque impossible si la Chambre adoptait l'amendement proposé.

M. TAILLANDIER. La Chambre vient de décider, avec beaucoup de raison, que les actes de cession seraient faits par devant notaire : le notaire éclairera nécessairement le cessionnaire sur les conséquences de sa cession ; il est donc complétement inutile de se préoccuper tant de l'intérêt du cessionnaire, et il est évident que le cessionnaire payera l'annuité pour que le brevet ne puisse être frappé de déchéance.

M. DELESPAUL. C'est surtout dans le cas où la cession ne serait que partielle que la disposition proposée me semble rigoureuse et dure. S'il ne s'est encore écoulé que deux années depuis la date du brevet, si nous supposons ce brevet de dix années, il faudra donc que le breveté ou son cessionnaire partiel complète la totalité de la taxe déterminée par l'art. 4, c'est-à-dire paye 800 fr. sur-le-champ. Il me semble bien dur de faire perdre, dans ce cas, le bénéfice du payement

par annuités au titulaire du brevet ou à son cessionnaire. C'est atténuer le vote de l'autre jour.

(La dernière partie du paragraphe est mise aux voix et adoptée.
L'ensemble du paragraphe est ensuite voté.)

Deuxième paragraphe. « Aucune cession ne sera valable, à l'égard
des tiers, qu'après avoir été enregistrée au secrétariat de la préfecture du département où chacune des parties a son domicile. »

M. BETHMONT. Il y a là une formalité que je voudrais voir supprimer : on est obligé de faire inscrire les cessions au secrétariat des
préfectures des départements divers où les parties ont leur domicile. M. de la Grange disait tout à l'heure qu'on peut céder un brevet à cinquante personnes. C'est exact en telle sorte que, pour une
simple cession de brevet, non-seulement vous exigez un acte notarié, ce que je crois nécessaire, mais aussi le dépôt au secrétariat de
la préfecture du département où chacune des parties intéressées a
son domicile : s'il y avait cinquante cessionnaires, vous exigeriez
cinquante dépôts. Je crois qu'il suffirait de dire, et c'est ce que je
propose, que l'on déposera seulement à la préfecture du département
dans lequel l'acte aura été passé. Cela suffit pour que l'acte soit renvoyé au ministère du commerce où mention de la cession sera
faite. Une exigence plus grande est inutile, elle serait nuisible et
onéreuse pour les parties intéressées. Cela d'ailleurs pourrait compromettre la validité des actes.

Par tous ces motifs, je demande la suppression de cette formalité,
et à la remplacer par l'enregistrement à la préfecture du département où l'acte aura été passé.

M. LE PRÉSIDENT. L'amendement consiste à remplacer la nécessité
de l'enregistrement au secrétariat de la préfecture du département
où chacune des parties a son domicile, par l'enregistrement au
secrétariat de la préfecture du département dans lequel l'acte de cession a été passé.

(L'amendement, mis aux voix, est adopté après une double épreuve.)

M. TAILLANDIER. Je demande la suppression de ces derniers mots du
paragraphe 4 : « Et donnera lieu, pour chaque enregistrement, au
payement d'une taxe de 20 fr. »

M. LE RAPPORTEUR. Il n'y a plus qu'un enregistrement ; il vaut mieux
mettre « pour l'enregistrement. »

M. BINEAU. Je ferai observer à la Chambre qu'elle a rejeté, non plus
pour la cession, mais pour les brevets eux-mêmes, pareille somme
pour frais d'enregistrement, parce qu'elle a compris qu'il ne s'agissait pas d'un droit d'enregistrement à percevoir par la régie des domaines, mais d'un droit d'administration, ce qui est contraire aux
principes de la loi, qui est de ne faire payer qu'un principal et pas
de droits accessoires.

Si la Chambre veut être conséquente avec sa première décision,
elle adoptera l'amendement de M. Taillandier.

(La partie du paragraphe dont M. Taillandier a proposé la suppression n'est pas adoptée.)

(Le dernier paragraphe de l'art. 21 est mis aux voix et adopté. L'ensemble du même article est aussi adopté.)

M. LE PRÉSIDENT. Art. 22. « Il sera tenu, au ministère de l'agriculture et du commerce, un registre sur lequel seront inscrites les mutations intervenues sur chaque brevet, et, tous les trois mois, une ordonnance royale proclamera, dans la forme déterminée par l'art. 15, les mutations enregistrées pendant le trimestre expiré. » (Adopté.)

Art. 23. « Les cessionnaires d'un brevet, et ceux qui auront acquis d'un breveté ou de ses ayants droit une licence pour l'exploitation de la découverte ou de l'invention, profiteront de plein droit des certificats d'addition qui leur seront ultérieurement délivrés. Ils pourront en lever une expédition au ministère de l'agriculture et du commerce, moyennant un droit de 20 fr. »

M. Vivien a proposé sur cet article plusieurs changements.

M. Vivien propose d'abord de remplacer les mots : « une licence pour l'exploitation de la découverte, » par ces mots : « la faculté d'exploiter la découverte. »

Ensuite M. Vivien propose d'ajouter après ces mots : « profiteront des certificats d'addition, » ceux-ci : « réciproquement le breveté ou ses ayants droit profiteront des certificats d'addition qui seront ultérieurement délivrés à ceux qui auront acquis la faculté d'exploiter la découverte. » Le paragraphe additionnel, « ou l'invention » de M. Vivien n'est que la conséquence de sa rédaction.

M. LE MINISTRE DU COMMERCE. Le Gouvernement n'a pas d'objection à faire.

(Le paragraphe est adopté.)

M. Vivien propose, sur le deuxième paragraphe :

« Réciproquement, le breveté ou ses ayants droit profiteront des certificats d'addition qui seront ultérieurement délivrés à ceux qui auront acquis la faculté d'exploiter la découverte ou l'invention. »

M. LE MINISTRE DU COMMERCE. Le Gouvernement adopte la proposition. .

M. LE PRÉSIDENT. La commission et le Gouvernement adhérant à la proposition, je n'aurai plus qu'à la mettre aux voix ; mais il y a un amendement de M. Marie qui consisterait à ajouter que les cessionnaires ne profiteraient des certificats d'addition qu'à la charge par eux de payer une indemnité proportionnelle à l'importance du perfectionnement, laquelle indemnité sera fixée à l'amiable entre les parties, sinon par expertise homologuée par le tribunal de commerce.

M. MARIE. Je regarde ce point assez utile pour devenir une disposition même de la loi. En effet, lorsqu'on se rendra cessionnaire d'un brevet, il semble qu'on a droit à devenir cessionnaire en même temps des perfectionnements qui pourront être faits par la suite.

Je crois qu'on aurait mieux fait de rester dans le droit commun : mais enfin, en conservant la disposition dans la loi, je demande que l'indemnité soit payée.

Ceci me parait de toute justice.

Qu'est-ce, en effet, qu'un perfectionnement? c'est une invention pour laquelle il faut. comme pour l'invention principale, du temps, du travail, de l'intelligence. des dépenses à faire. Si le breveté principal n'espère pas pouvoir recouvrer ses dépenses dans une indemnité que lui donnerait le cessionnaire, vous le réduisez à l'inactivité : il n'aurait plus d'intérêt à chercher un perfectionnement qui ne peut être utile à sa fortune. du moment qu'il a cédé son brevet. Ainsi donc, au point de vue de l'industrie, je crois qu'il est utile d'encourager le cédant et de lui donner un intérêt, afin qu'ayant toujours cet intérêt sous les yeux, il soit conduit. par cela même, à faire des perfectionnements qui, en définitive, lui seraient profitables.

J'ajoute encore ici une observation. Il peut se faire, par exemple, qu'un perfectionnement l'emporte même sur l'invention principale. soit plus utile, entraîne avec lui plus de richesses que l'invention principale elle-même ; s'il y avait eu une cession pour cet accessoire. qui deviendrait principal, il n'y aurait plus rien à exiger du cessionnaire. Cela ne me paraît pas juste. Ainsi, au point de vue de la propriété. le perfectionnement est une propriété, et il ne faut pas que le cessionnaire s'empare de ce perfectionnement sans payer une indemnité. Au point de vue industriel. je dis qu'il faut encourager le cédant à faire des perfectionnements. et vous ne l'encourageriez pas s'il doit céder ce perfectionnement sans indemnité. Le principe de l'indemnité me paraît donc suffisamment appuyé par les considérations que je viens de présenter à la Chambre.

Le principe de l'indemnité étant fixé, il s'agit de régler l'indemnité : elle ne peut être réglée qu'à l'amiable, ou judiciairement si elle ne peut l'être à l'amiable : alors il est fait une expertise, et une expertise qui donne lieu à une discussion.

Cette discussion se présentera naturellement devant le tribunal de commerce, qui est un tribunal spécial exceptionnel, dans la juridiction duquel rentre l'appréciation de ces sortes d'affaires. On ne peut pas admettre un instant que le cessionnaire devienne le propriétaire de tous les perfectionnements qui seront faits. sans payer une indemnité : l'amendement présenté tout à l'heure par M. Vivien ne me paraît pas corriger ce droit : il donnera, il est vrai, l'équivalent, si le cessionnaire s'occupe de perfectionner l'industrie ; mais si le cessionnaire, qui a de l'argent pour acheter. n'a pas le génie inventif. il ne perfectionnera pas. La faculté de perfectionnement restera donc à l'auteur du brevet principal. Eh bien, il faut l'encourager, l'exciter, il faut qu'il ait toujours devant les yeux une propriété qu'il pourra acquérir, qu'il pourra vendre, et qui lui sera payée.

J'ajoute que le cessionnaire n'a rien à craindre ; car en définitive, l'auteur du brevet principal ne pourra pas ne pas vendre : le cessionnaire aura le droit d'acheter, mais en payant, non selon le caprice de l'auteur du perfectionnement, mais d'après des bases qui seront déterminées.

Voilà les principes en vertu desquels je demande que l'article de la commission soit amendé.

M. LE RAPPORTEUR. M. Marie ne me paraît pas avoir compris l'objet de l'article auquel il propose une addition.

Sans contredit, si tous les perfectionnements faits après coup étaient présentés de bonne foi par le breveté pour être vendus aux cessionnaires, j'admettrais le principe posé par M. Marie; mais voici ce qui arrivera le plus souvent, et ce qui a déterminé la proposition faite par le Gouvernement et admise par la commission. Lorsqu'un individu vend un brevet, il peut avoir dans sa pensée le perfectionnement, qui n'est pas compris dans le brevet. Il vend le brevet, et le lendemain il prend un brevet de perfectionnement, qui met son acquéreur dans la nécessité de subir sa loi. Il est obligé de payer un second prix pour le brevet de perfectionnement, ou il n'a pas la jouissance du perfectionnement qui, dans la main du breveté, constitue toute l'utilité du brevet. C'est pour ce motif que nous avons voulu que la cession comprît tous les perfectionnements qui peuvent être en réserve dans la pensée du cédant.

M. MARIE. J'ai parfaitement compris la pensée de la commission et le texte de l'article qu'elle vous propose.

Que nous dit M. le rapporteur? Le perfectionnement peut n'être pas une question de bonne foi. Que résulte-t-il de là? Est-ce que, dans sa pensée, tous les perfectionnements seraient présentés dans un but de mauvaise foi? Ce n'est pas ainsi qu'il faut raisonner.

Dans la cession d'un brevet, les principes généraux des contrats régiront le sort des parties.

Si celui qui a vendu un brevet en a célé frauduleusement une partie, on le forcera à réparer cette fraude. Si, par exemple, un inventeur a vendu son invention, et si, six mois, un an après, en s'attachant davantage à son ouvrage, il découvre un perfectionnement utile, très loyalement, très consciencieusement, vous allez l'exproprier en faveur du cessionnaire, en vertu d'une présomption de fraude!

La fraude ne se suppose pas, et vous voulez l'insérer dans votre loi ; ceci n'est pas admissible. Il faut, au contraire, partir de ce point que la cession sera loyalement faite. Si vous avez à combattre la fraude, vous la combattrez ; mais ne la supposez pas dans votre loi au profit du cessionnaire.

M. LE RAPPORTEUR. Le cédant aura le moyen de tromper le cessionnaire sans qu'il y ait possibilité de l'empêcher.

Lorsqu'un breveté fera une cession et qu'il y aura réticence de sa part sur une chose qui est dans sa pensée et qui n'est écrite nulle part, quel sera le moyen de découvrir la mauvaise foi? C'est une arme terrible qu'on met entre les mains du breveté contre ses cessionnaires, sans que ces derniers aient le moyen d'échapper à ses coups.

M. LE PRÉSIDENT. M. Marie propose d'ajouter : « Les certificats d'addition ne profiteront aux cessionnaires qu'à la charge toutefois par eux de payer une indemnité proportionnelle à l'importance du perfectionnement, laquelle indemnité sera fixée à l'amiable entre les parties, sinon par expertise homologuée par le tribunal de commerce. »

M. BETHMONT. Je demande une explication à la commission.

Entend-elle que l'inventeur, s'il est breveté au principal pour un perfectionnement, sera tenu de céder à l'acquéreur son brevet de perfectionnement au principal, et de le donner aux cessionnaires ?

M. LE RAPPORTEUR. S'il est évident que c'est un brevet de perfectionnement qui est pris par lui, qu'il procède par forme de brevet principal ou autrement, il trompe également ses cessionnaires.

M. BETHMONT. La rédaction ne parle que de l'addition, et moi j'adhérais à la rédaction, parce que je disais : l'accessoire suit le principal, et que je concevais que celui qui avait vendu le principal ne pouvait retenir l'accessoire. Mais je demande si, comme l'a dit M. Dupin, par cela seul qu'on vend le brevet principal, si plus tard, un an ou deux ans après, on découvre un perfectionnement, il se trouvera compris véritablement dans l'invention principale ? Je trouve cela complètement injuste : si je ne me suis pas trompé dans ce que j'ai vu au banc des Ministres, ou plutôt au banc du Ministre, M. le Ministre du commerce ne pense pas comme M. le rapporteur de la commission.

M. LE RAPPORTEUR. Oui, M. le Ministre pense autrement que moi sur la question.

M. BETHMONT. Ainsi, tous les brevets de perfectionnement seraient acquis aux cessionnaires.

M. SÉNAC. *commissaire du roi.* Deux observations ont été faites sur l'art. 23. La première porte sur la question de savoir si le Gouvernement comprend dans l'art. 23 la cession du brevet de perfectionnement, comme la cession du certificat d'addition accordé à l'inventeur primitif.

Sur cette première observation, je répondrai que la simple lecture de l'article ne permet pas le doute : l'article ne parle pas de brevets de perfectionnement, mais seulement de certificats d'addition ; or, dans le système entier de la loi, le brevet de perfectionnement a une valeur toute différente de celle du certificat d'addition : ce sont deux choses distinctes : le brevet de perfectionnement est sujet à une taxe égale à celle du brevet principal, à une taxe de 500, de 1,000 ou de 1,500 fr. ; le certificat d'addition est un certificat qui ne se délivre qu'au breveté ou à ses ayants droit moyennant une simple taxe de 20 fr. Il y a donc distinction bien nette et bien tranchée.

Maintenant, que propose l'article du Gouvernement ? de faire jouir le cessionnaire des certificats d'addition qui auront pu être délivrés à l'inventeur principal : sur ce point, il ne peut y avoir de doute.

On a demandé tout à l'heure s'il n'entendait pas accorder le même droit au cessionnaire relativement au brevet de perfectionnement ; ici le même motif de décider ne se rencontre pas. D'abord, il y a une différence de taxe très considérable.

Le brevet de perfectionnement est un brevet spécial, distinct, qui ne se confond avec aucun autre brevet. Si donc le breveté a traité avec un tiers pour un brevet, il n'a pas traité pour ce second brevet : il y a donc lieu de distinguer d'une manière absolue, dans le système du Gouvernement, entre le certificat d'addition et le brevet de perfectionnement. M. le rapporteur n'est peut-être pas d'accord sur ce point avec le Gouvernement, mais j'ai tenu à rétablir l'intention du projet.

M. MARIE. Si c'est ainsi que l'article doit être entendu, je retirerai mon amendement.

M. LE PRÉSIDENT. L'article dit formellement : « le certificat d'addition. »

M. MARIE. S'il est entendu que le certificat d'addition seul appartiendra au cessionnaire, comme il est certain que jamais un cédant ne sera assez insensé pour prendre un brevet d'addition lorsqu'il pourra prendre un brevet de perfectionnement, qu'il pourra vendre, je n'ai pas besoin de stipuler d'indemnité et je retire mon amendement.

(L'art. 23 est adopté.)

M. LE PRÉSIDENT. Art. 24, devenu le 23 : « Les descriptions, dessins, échantillons et modèles des brevets délivrés, resteront, jusqu'à l'expiration des brevets, déposés au ministère de l'agriculture et du commerce, où ils seront communiqués sans frais à toute réquisition.

» Toute personne pourra obtenir, à ses frais, copie desdits dessins et descriptions, suivant les formes qui seront déterminées dans le règlement rendu en exécution de l'art. 47. » (Adopté.)

Art. 24. « Après le payement de la deuxième annuité, les descriptions et dessins seront publiés, soit textuellement, soit par extrait. »

M. BETHMONT. Je demande qu'on supprime ces mots, *soit par extrait*, et qu'on publie toujours *textuellement*. Le désavantage d'imprimer textuellement est d'imprimer beaucoup ; il y aura des brevets très longs, voilà le désavantage. Vous percevez des primes ; je ne crois pas que la taxe de 1,500 fr. soit jamais employée en frais de publicité. Comme il y a des inconvénients à se charger soi-même de faire des extraits de brevets quand on est administration, et que c'est une tâche délicate lorsqu'un breveté a donné sa description, il tiendra souvent à des détails auxquels vous ne tiendrez pas dans vos extraits ; je crois que prendre sur soi de faire faire des extraits de la description d'une œuvre, c'est prendre sur soi une tache délicate, difficile. C'est là tout mon motif, je n'en ai pas d'autres : c'est dans la crainte que les extraits soient taxés d'inexactitude ou d'infidélité.

Remarquez bien que vous arrivez toujours à une époque où vous imprimez textuellement les brevets ; car lorsque le brevet est imprimé, dans l'état actuel de la législation, ce n'est pas par extrait, c'est textuellement que vous devez imprimer et que vous imprimez les brevets. Je demande donc que ce soit textuellement.

M. LE PRÉSIDENT. L'amendement de M. Bethmont consiste donc à remplacer ces mots : « Soit textuellement, soit par extrait, « par celui-ci : « Textuellement. »

M. LE RAPPORTEUR. Je crois qu'une explication suffira pour donner pleine satisfaction à M. Bethmont.

M. Bethmont semble croire qu'on morcèle les descriptions et qu'on ne publie que par analyse les brevets qui ont quelque importance, c'est une erreur. Il y a des brevets qui sont pris pour des choses complétement déraisonnables, ces brevets printaniers dont nous parlait M. Arago sur le mouvement perpétuel, sur la quadrature du cercle, sur des choses où il est évident que le brevet n'a aucune espèce de valeur ni de raison; ceux-là on ne les imprime que par extrait, c'est-à-dire par simple énonciation. Mais à l'égard de tout autre brevet, on respecte complétement les descriptions et le travail de l'inventeur. On les donne intégralement. Mais si l'on imprimait toutes les rêveries qui sont brevetées journellement, ce serait un accroissement considérable de dépenses sans aucune utilité pour l'industrie. On comprend que l'administration n'a aucun motif pour soustraire à la connaissance des industriels ce que les industriels ont intérêt de savoir. Jusqu'à présent la pratique n'a révélé aucun inconvénient, ni occasionné aucune plainte. Pourquoi donc faire innovation?

(L'article est adopté.)

Art. 26. devenu art. 25 : « Le recueil des descriptions et le catalogue publié en exécution de l'article précédent, seront déposés au ministère de l'agriculture et du commerce, et au secrétariat de la préfecture de chaque département, où ils pourront être consultés sans frais. » (Adopté.)

M. LE PRÉSIDENT. Maintenant, je mets aux voix le nouvel article 26 ainsi conçu :

« A l'expiration des brevets, les originaux des descriptions et dessins seront déposés au Conservatoire royal des arts et métiers. » (Adopté.)

TITRE III. — *Des droits des étrangers.*

Art. 27. « Les étrangers pourront obtenir en France des brevets d'invention. » (Adopté.)

Art. 28. « Les formalités et conditions déterminées par la présente loi seront applicables aux brevets demandés ou délivrés en exécution de l'article précédent. » (Adopté.)

Art. 29. « L'auteur d'une invention ou découverte déjà brevetée à l'étranger pourra obtenir un brevet en France; mais la durée de ce brevet ne pourra excéder celle des brevets antérieurement pris à l'étranger. »

M. MARIE. Vous avez dans votre loi supprimé les brevets d'importation. Sous l'empire de la loi de 1791, il était permis aux Français d'importer un brevet de l'étranger en France, et d'obtenir en France un brevet d'importation. Au moyen de ce brevet d'importation, il avait le monopole de l'industrie comme s'il avait été l'auteur primitif de l'invention.

Vous avez supprimé les brevets d'importation. Selon moi, vous avez bien fait. Dans l'état actuel des rapports avec les différents pays de l'Europe, il est facile aujourd'hui d'avoir les communications des inventions étrangères et de les importer en France ; il n'est pas nécessaire alors de constituer à l'importateur un brevet et un monopole. Mais ce que je ne comprends pas, c'est qu'après avoir supprimé les brevets d'importation à l'égard des Français, vous les conservez pour les étrangers.

En effet, votre art. 29 constitue au profit des étrangers un véritable brevet d'importation. Tels en sont les termes :

« L'auteur d'une invention ou découverte déjà brevetée à l'étranger pourra obtenir un brevet en France. »

Ainsi, voilà un étranger qui, dans son pays, a obtenu un brevet : il l'importe en France, et, au moyen de cette importation, il acquiert un monopole que vous refusez à un Français. Vous empêchez à un Français d'aller surprendre son industrie à l'étranger, vous l'empêchez de l'importer en France : ou du moins, s'il l'y importe, vous ne lui accordez pas de brevet. Dans cette circonstance, pourquoi établir une différence entre l'étranger et le Français ? pourquoi traiter le Français plus mal que l'étranger ? pourquoi confiez-vous un brevet d'importation à l'étranger, quand vous le supprimez pour le Français ? Si vous accordez un brevet à l'étranger, accordez-le aussi au Français ; mais, si vous le supprimez pour le Français, supprimez-le également pour l'étranger.

Je ne comprends pas la différence que l'on fait dans la loi, et j'attends, à cet égard, une explication de M. le rapporteur.

M. LE RAPPORTEUR. Il n'y a dans la loi aucune espèce de défaveur établie au détriment du Français par rapport à l'étranger. Le Français importateur et l'étranger inventeur sont dans deux positions différentes. Le Français auquel on accordait un brevet d'importation n'était pas inventeur ; si on lui accordait un brevet, c'était simplement comme prix de la course, comme rémunération de voyage. Ici ce n'est pas à toute espèce d'étranger que l'on donne un brevet, c'est à l'étranger inventeur. Eh bien, on comprend que l'étranger inventeur soit préféré au Français qui n'a rien inventé. Lors donc que M. Marie trouve qu'on place le Français dans une position moins avantageuse que l'étranger, je dis : il s'y trouve naturellement, parce qu'il n'a rien inventé ; tandis que l'étranger est inventeur. En l'autorisant à prendre un brevet chez nous, quoiqu'il en eût déjà un dans un autre pays, on a bien fait.

J'ajouterai une considération. Nous avons fait disparaître de la loi de 1791 une disposition qui avait été souvent et justement critiquée, celle qui interdisait au Français ayant pris un brevet en France la faculté de prendre un brevet à l'étranger, à peine de déchéance ; il en résultait, que lorsqu'une industrie se trouvait en France dans les liens d'un brevet et sous les inconvénients d'un monopole, elle était libre à l'étranger, où le Français pouvait se faire breveter.

Brisant cette entrave, nous avons voulu que le Français qui aurait pris un brevet en France, pût se faire breveter à l'étranger ; il faut donc que l'étranger breveté chez lui puisse venir se faire breveter en France : autrement, le Français breveté à l'étranger sera exclu.

D'ailleurs, et en principe, le droit au brevet se trouve résulter de l'invention ; il est juste que le brevet soit accordé à l'inventeur sans distinction de nationalité : c'est la rémunération de la découverte dont il dote l'industrie.

L'article est juste, raisonnable, et doit être conservé.

M. HOUZEAU-MUIRON. Je viens appuyer le projet du Gouvernement et de la commission.

Je ne m'effraye pas de la faculté qui permettrait aux étrangers de prendre des brevets d'invention en France. Il est, ce me semble, d'un grand intérêt général d'exciter, d'encourager le génie inventif partout où il peut se produire. Cela ne me paraît pas contraire à l'intérêt bien entendu de la France.

Et qu'on ne croie pas qu'en cela nous ferions une concession exorbitante, dangereuse pour notre pays, car si nous refusions à l'étranger le droit de prendre en France un brevet en son nom, il lui serait toujours facile d'échapper à cette interdiction, en prenant le brevet sous le nom d'un citoyen français.

Quant à la crainte de voir l'étranger conserver stérile dans ses mains l'invention brevetée en France, les dispositions que nous allons bientôt voter pourront donner des garanties suffisantes contre les effets d'un mauvais vouloir qui n'a pas un intérêt réel à se produire.

Mais en même temps qu'il me paraît généreux et juste d'accueillir en France les inventeurs étrangers, de les traiter à l'égal des nationaux, il me semble équitable de revendiquer à l'étranger, au profit des Français, des avantages correspondants.

Il est beau, il est grand sans doute de prendre l'initiative d'une mesure généreuse, mais il ne faut pas que cela nous entraîne à méconnaître les droits et les intérêts de notre nation.

Il me paraît donc utile et convenable d'insérer dans la rédaction de l'article une disposition qui poserait le principe de la réciprocité au profit des Français. Il y a encore quelques nations du continent qui refusent aux étrangers la faculté de prendre des brevets d'invention ; ne nous privons donc pas d'un moyen naturel d'ouvrir aux inventeurs français l'accès de ces contrées ; la réciprocité est une mesure d'équité et de civilisation : il est de la dignité de la France de vouloir qu'on lui accorde ce qu'elle donne libéralement aux autres nations.

Je voterai donc pour l'article du Gouvernement et de la commission, mais à la condition que le principe de la réciprocité y sera formellement reconnu.

M. THIL. Je demanderai une explication à la commission sur la véritable portée de l'article en discussion. Si un étranger breveté pour une découverte à l'étranger vient demander un brevet d'invention en France, et que la découverte à l'étranger ait été rendue publique par une description...

M. LE RAPPORTEUR. La disposition de la loi est la déchéance.

M. THIL. Pour les étrangers ?

M. LE RAPPORTEUR. Pour tout le monde.

M. THIL. On vient au devant de ma question. On me dit que l'article le décide. l'art. 29 ne dit rien à cet égard.

M. LE MINISTRE DU COMMERCE. C'est l'art. 30 qui dit : « Ne sera pas réputée nouvelle toute découverte, invention ou application qui, en France ou à l'étranger, et antérieurement à la date du dépôt de la demande, aura reçu une publicité suffisante pour pouvoir être exécutée. »

M. THIL. C'est bien alors.

M. LE RAPPORTEUR. Il y a quelque chose de plus, c'est que. dans notre rapport, nous avons averti les étrangers et dit : « On ne peut le dissimuler, et la loyauté fait un devoir d'en donner hautement avis, que cette règle paralyse le bienfait de la loi nouvelle à l'égard des industriels qui auraient été brevetés dans les pays où. comme en Russie, les descriptions jointes aux demandes de brevets sont publiées. »

M. BETHMONT. M. Houzeau-Muiron commence à entrer dans une voie dans laquelle je puis marcher avec lui. Il demande la réciprocité, c'est quelque chose ; je ne voulais pas qu'on donnât ce droit pour rien.

Maintenant la réciprocité suffira-t-elle ? Voici une observation que je vous soumets : en France on prend un brevet pour 1.500 fr. quand il est de quinze ans ; en Amérique on prend un brevet pour 160 fr. quand on est Américain ; en Angleterre on le prend pour 8. 10 ou 12.000 fr. C'est énorme !

Eh bien, croyez-vous qu'il y ait égalité parfaite entre le droit que vous allez créer en France au profit d'un étranger, et celui qui est accordé aux Français en pays étranger ? Un Anglais aura en France un brevet pour 1.500 fr. lorsque le Français payera 8 à 10.000 fr. un brevet en Angleterre !

Je sais qu'on me répondra que nous ne pouvons réformer les lois des pays étrangers ; mais il y a une chose qui me paraît évidente, c'est que nous accordons une faveur inutile. que nous devrions ne pas accorder. Cette faveur, nous ne sommes pas sûrs de la recevoir partout, premier point, et nous sommes certains que, dans les pays où nous la recevons. on nous la fait payer très cher.

Eh bien, je dis que c'est là un marché de dupe, et que, puisque. comme législateurs, nous réglons les droits des étrangers dans une matière où les étrangers n'ont pas de droits à nous demander. nous pourrions, au profit de notre industrie. ne point admettre les brevets d'importation.

M. HOUZEAU-MUIRON. Dans ma pensée, l'art. 29 serait formulé ainsi : « L'auteur d'une invention ou d'une découverte déjà brevetée à l'étranger pourra obtenir un brevet en France s'il appartient à un pays où les Français jouissent du même droit. Toutefois, etc. »

Ainsi, c'est le principe de la réciprocité qui est posé. Ce principe me paraît tutélaire, équitable. et, selon moi, il y aurait un grave inconvénient à admettre que la France concède à d'autres des choses qu'elle ne peut pas obtenir d'eux.

M. LE RAPPORTEUR. Nous combattons le système de la réciprocité présenté par l'honorable M. Houzeau-Muiron. Ce système a été débattu devant la Chambre des pairs, et votre commission s'en est préoccupée. Toutefois, nous n'avons pas cru devoir l'admettre, et en voici les motifs.

Le principe de réciprocité qui a été discuté est repoussé par les deux Chambres dans une occasion plus solennelle. Lorsqu'il s'est agi de l'abolition du droit d'aubaine, lorsqu'il s'est agi de savoir si on admettrait les étrangers qui décédaient en France à transmettre leurs biens à leurs parents, on les a admis au bénéfice de la loi française, sans aucune réciprocité : on a proclamé ce grand principe que la nation française est toujours hospitalière et généreuse, et, marchant à la tête de la civilisation, devait donner l'exemple d'une législation véritablement libérale qui finirait tôt ou tard par devenir la loi universelle.

Eh bien, vous savez quel a été le résultat de cette équitable résolution. Les étrangers, sous la tutelle d'un principe si libéral, ont été attirés davantage sur le sol hospitalier de la France. L'abolition du droit d'aubaine sans réciprocité n'a eu que de salutaires et d'heureuses conséquences.

Ne doit-il pas en être de même lorsqu'il s'agit de le proclamer en principe, que l'inventeur d'un pays doit trouver protection pour son œuvre en quelque lieu qu'il la transporte? Le commerce et l'industrie ne sont-ils point d'ailleurs dans le domaine du droit des gens? ne forment-ils point le lien de toutes les nations? Nous avons cru que la législation de la France devait proclamer ces principes, les mettre en lumière, et qu'ils trouvaient une place nécessaire dans la loi sur les brevets d'invention, lors même qu'ils ne seraient pas encore acceptés par toutes les nations étrangères. Donnons l'exemple, et, tôt ou tard, cet exemple sera suivi.

Et veuillez remarquer que dans cette même mesure tout est avantage : car enfin de deux choses l'une : ou une découverte brevetée à l'étranger aura été décrite dans quelque ouvrage et révélée par des publications ou par des descriptions officielles, alors, aux termes de l'art. 30, elle tombe dans le domaine public, et le brevet donné à l'étranger ne peut nuire à ce droit; ou bien, au contraire, la découverte sera restée inconnue, sans publication, alors il faut nous féliciter qu'elle nous soit apportée par l'inventeur. Comment donc voulez-vous l'exclure sous prétexte qu'il est étranger? Ce serait aller contre nos propres intérêts.

C'est ainsi que la question a été envisagée par la commission à un point de vue élevé, de justice générale, de dignité nationale, d'intérêt industriel bien entendu, pas au point de vue d'un égoïsme étroit et jaloux.

M. ODILON BARROT. Quant à moi, je trouve très bien, même sans réciprocité, qu'un étranger puisse venir prendre en France un brevet d'invention. Mais pourquoi cela? c'est parce que je me préoccupe aussi, non pas seulement de l'intérêt de justice et d'équité en faveur de l'inventeur, mais surtout de l'intérêt général. Je suis bien aise de provoquer les étrangers à venir apporter à mon pays les fruits de leurs découvertes; par conséquent, je suis très disposé à leur donner tout avantage à cet égard et à les admettre, même sans réciprocité, à jouir en France, pour leur invention, des mêmes priviléges que les nationaux : c'est là un intérêt d'égoïsme national qui se trouve d'accord avec un intérêt de justice et d'équité.

Je ne me subordonne nullement à ce que feront les étrangers chez eux.

Mais lorqu'une invention est déjà connue, qu'elle existe à l'étranger, lorsque le commerce en est déjà saisi par des importations, lorsque même des établissements peuvent être soumis, permettre à l'inventeur étranger de venir en France, réclamer en vertu de son brevet d'invention pris à l'étranger un brevet identique en France, c'est là une disposition exorbitante qui n'est plus justifiée par l'intérêt public, car le public français est saisi, saisi quelle que soit la conduite de l'étranger, par le fait de l'invention, de sa publicité et de l'exécution qu'elle reçoit.

Je ne fais que soumettre des doutes à la Chambre et à la commission, je n'ai pas d'autre objet que de faire ressortir l'importance de cette disposition et de demander qu'elle soit discutée demain, résolue demain par la Chambre plus nombreuse.

M. LE MINISTRE DU COMMERCE. La réponse aux justes observations que vient de présenter l'honorable M. Odilon-Barrot, se trouve dans l'art. 30. Si on voulait prendre un brevet en France pour une chose déjà connue, exploitée, ce brevet est frappé de déchéance; par conséquent, la critique que vient de faire l'honorable M. Odilon-Barrot, critique très juste, se trouve ici sans application, parce que la loi y a pourvu.

M. ODILON-BARROT. Prenez garde : ou bien le brevet d'invention est pris en même temps à l'étranger et en France, et vous vous trouvez alors dans la catégorie de tout étranger qui prend en France un brevet d'invention, on ne peut pas lui opposer que son invention a déjà été pratiquée en quelque sorte à l'étranger; ou au contraire, après avoir pris un brevet d'invention à l'étranger, après avoir exécuté son invention et lui avoir donné un commencement d'exécution, il vient en France et prend un brevet d'invention, et vous êtes obligé, pour vous soustraire à son privilége, de prouver que son invention a eu une publicité suffisante; je trouve que vous faites incomber à nos nationaux une preuve de publicité qui jette un très grand doute sur le droit du public français, dès le moment où l'invention a été publiée à l'étranger...

M. LE RAPPORTEUR. Elle n'est pas publiée!

M. BETHMONT. Elle est publiée par le brevet.

M. LE RAPPORTEUR. Pardon, il y a des nations chez lesquelles les spécifications sont publiées, il y en a chez lesquelles elles restent secrètes. Pour les nations chez lesquelles elles sont publiées, il est évident que les brevetés étrangers ne peuvent venir demander chez nous un brevet utile.

A l'égard des nations chez lesquelles les descriptions restent secrètes. l'invention peut demeurer secrète, et par conséquent il peut être obtenu un brevet en France.

(La discussion est renvoyée au lendemain.)

Séance du 16 avril 1843.

M. HOUZEAU-MUIRON. Je n'ai que très peu de mots à dire pour défendre mon amendement. Le principe de réciprocité a déjà été admis par le Gouvernement lui-même, non pas seulement dans la loi sur les brevets d'invention, telle qu'il l'avait présentée d'abord, mais dans plusieurs conventions qui depuis peu de temps ont réglé des intérêts internationaux. Tout récemment, dans la loi des patentes, le principe de la réciprocité a été admis à l'égard des commis-voyageurs étrangers.

Dans le traité que le Gouvernement vient de conclure avec la république de Venezuela, il a eu le soin de poser le principe de la réciprocité, non-seulement pour la propriété littéraire, mais encore pour la propriété commerciale.

Dans le traité avec la Sardaigne, le même principe est posé par le Gouvernement. Là encore il a voulu protéger la propriété littéraire et la propriété commerciale. Ce n'est donc pas un système nouveau que je veux établir : c'est un système que le Gouvernement lui-même a tout récemment appliqué. Je m'étonne que M. le Ministre du commerce combatte aujourd'hui une disposition que lui-même avait reconnue bonne et dont il avait pris l'initiative.

Je ne demande pas que l'étranger ne puisse être breveté en France. Ce que je demande n'est pas une innovation, c'est une disposition conforme aux principes d'équité et tutélaires des intérêts français.

M. LE MINISTRE DE L'AGRICULTURE ET DU COMMERCE. La réponse sera facile. Dans le projet primitif, le Gouvernement avait introduit le principe de la réciprocité. Cette disposition a été combattue à la Chambre des pairs : on y a présenté des observations semblables à celles qui sont contenues dans le rapport de votre commission. Le Gouvernement n'a pas insisté, bien qu'il eût voulu dans le principe satisfaire à l'ordre d'idées qui a porté M. Houzeau-Muiron à présenter son amendement. Mais, en réalité, la condition de réciprocité à introduire dans la loi ne peut pas avoir une grande importance. En effet, la réciprocité est admise en Autriche, en Russie, dans le Wurtemberg et en Belgique ; une seule puissance ne l'admet pas. On ne peut chez elle obtenir un brevet que si l'on est domicilié et citoyen : c'est la Prusse. Est-ce là une raison suffisante pour écrire dans la loi une exception ?

Je le répète, pour moi cela n'a pas d'importance que la Chambre rétablisse ou rejette la réciprocité ; elle existe en fait : la réciprocité existe avec les puissances qui ont fait le plus de progrès dans l'industrie, dans lesquelles on prend le plus de brevets d'invention. Je le répète, pour moi c'est sans importance.

M. BINEAU. Je demande à M. le Ministre du commerce la permission de lui faire une question.

Il vient de dire tout à l'heure que peu importait le rejet ou l'adoption de l'amendement de M. Houzeau-Muiron. Etablissez, a-t-il dit, ou n'établissez pas la nécessité de la réciprocité, la question sera toujours la même, attendu que, en fait, la réciprocité existe déjà. C'est sur cette question de l'existence de la réciprocité que je prie M. le Ministre du commerce de vouloir bien m'éclairer.

Ce que vient de dire M. le Ministre du commerce indique que, dans les pays étrangers qu'il a cités, il n'est pas nécessaire d'être national pour prendre un brevet d'invention, et que par suite un brevet peut être pris par un Français.

Tout à l'heure, en votant l'art. 27, vous avez admis les étrangers à prendre des brevets d'invention en France, et cela sans conditions, sans exiger la réciprocité.

Ce que vient de vous dire M. le Ministre du commerce indique que cette réciprocité existe de fait.

Mais ce n'est pas de cela qu'il s'agit en ce moment.

L'art. 29, que nous discutons, donne aux étrangers brevetés dans leur pays la faculté de prendre en France un brevet pour la même invention.

La réciprocité existe-t-elle de fait à l'étranger pour cet objet, c'est-à-dire le Français breveté en France peut-il, en général, prendre à l'étranger un brevet pour la même invention ?

Telle est la question que j'adresse à M. le Ministre du commerce.

M. LE MINISTRE DU COMMERCE. Je ne puis que répondre d'une manière affirmative à la question que vous me faites.

M. LE RAPPORTEUR. Il est tellement possible au Français de prendre un brevet à l'étranger, que la loi actuelle a une disposition de déchéance pour le cas où le Français qui avait pris un brevet en France allait se faire breveter à l'étranger.

(L'amendement n'est pas adopté.)

M. LE PRÉSIDENT. M. Desmousseaux de Givré propose d'ajouter dans l'article, après ces mots : « l'auteur d'une invention, » ceux-ci : « Français ou étranger. »

M. LE RAPPORTEUR. C'est inutile.

M. BETHMONT. Mais non, cela n'est pas inutile : c'est la conséquence de ce que vous avez voulu faire. L'étranger qui a pris un brevet dans son pays peut se faire breveter en France : il est juste que le Français breveté en pays étranger puisse jouir parmi nous du même droit. Je fais observer que tous ces articles sont compris sous le titre relatif aux droits des étrangers et non des Français. Si vous croyez que l'explication suffit en ce qui concerne les Français, l'amendement peut être superflu ; mais l'explication pourra-t-elle prévaloir contre un texte?

M. LE RAPPORTEUR. M. Bethmont renouvelle une objection que j'ai déjà réfutée : il paraît croire que le droit de prendre un brevet en France n'existerait pas en faveur du Français déjà breveté ailleurs. C'est une erreur ; le principe général posé au commencement de la loi veut que tout Français puisse être breveté pour toutes inventions ou découvertes nouvelles dont il est l'auteur, en quoi qu'elles consistent. Le Français est sous la tutelle de ce principe général, qu'il soit breveté ou non en pays étranger. Pour qu'il en fût autrement, il faudrait une prohibition qui n'existe pas. Il était donc inutile de le comprendre dans l'art. 29. Cet article a été fait pour l'étranger seulement, il est donc bien placé sous le titre qui traitait des droits des étrangers.

M. LE PRÉSIDENT. L'explication a été entendue. M. Desmousseaux de Givré insiste-t-il sur son amendement ?

M. MARIE. Je demanderai à M. le rapporteur s'il admet que tout Français qui aura pris à l'étranger un brevet d'invention pourra ensuite prendre un brevet en France, ou, en d'autres termes, si un Français pourra prendre un brevet d'invention à l'étranger et un brevet d'importation en France ?

M. LE RAPPORTEUR. Je trouve fort indifférent qu'un étranger prenne aujourd'hui un brevet en Belgique, et demain un brevet en France, ou qu'on commence par prendre un brevet en France, puis un en Belgique.

Il n'y avait pas de prohibition dans la loi ancienne, il n'y en a pas dans la nouvelle.

(L'article est adopté.)

M. LE RAPPORTEUR. Veuillez reprendre l'amendement de M. Marie.

M. le président donne lecture de l'art. 18, voté hier par la Chambre, et de l'amendement de M. Marie, dans les termes où il a été rédigé par la commission, d'accord avec le Gouvernement et M. Marie.

Cet amendement est ainsi conçu : « Néanmoins, toute personne qui voudra prendre un brevet pour changement, addition ou perfectionnement à une découverte déjà brevetée, pourra, dans le cours de ladite année, former une demande qui sera transmise, et restera déposée sous cachet au ministère de l'agriculture et du commerce. L'année expirée, le cachet sera brisé, et le brevet délivré : toutefois, le breveté principal aura la préférence pour les changements, perfectionnements et additions pour lesquels il aurait lui-même, pendant l'année, demandé un certificat d'addition à son brevet.

(L'amendement est ensuite mis aux voix et adopté comme additionnel à l'art. 18. L'art. 18 est, après cela, voté dans son ensemble.)

TITRE IV. — *Des nullités et déchéances et des actions y relatives.*

SECTION PREMIÈRE. — *Des nullités et déchéances.*

Art. 29. « Seront nuls et de nul effet les brevets délivrés dans les cas suivants, savoir :

» 1o Si la découverte, invention ou application n'est pas nouvelle :

» 2o Si la découverte, invention ou application n'est pas, aux termes de l'art. 3, susceptible d'être brevetée ;

» 3o Si les brevets portent sur des principes, méthodes, systèmes ou des découvertes et conceptions théoriques ou purement scientifiques ;

» 4o Si la découverte, invention ou application, est reconnue contraire à l'ordre ou à la sûreté publique, aux bonnes mœurs ou aux lois du royaume, sans préjudice, dans ce cas et dans celui du paragraphe précédent, des peines qui pourraient être encourues pour la fabrication ou le débit d'objets prohibés ;

» 5o Si le titre sous lequel le brevet a été demandé est faux, ou indique frauduleusement un objet autre que le véritable objet de l'invention ;

» 6o Si la description jointe au brevet n'est pas suffisante pour l'exécution de l'invention, ou si elle n'indique pas, d'une manière complète et loyale, les véritables moyens de l'inventeur ;

» 7o Si le brevet a été obtenu contrairement aux dispositions de l'art. 18.

» Seront également nuls et de nul effet les certificats comprenant des changements, perfectionnements ou additions qui ne se rattacheraient pas au brevet principal. »

Sur cet article, M. Ressigeac a proposé un paragraphe additionnel qui serait ainsi conçu :

« Sont exceptés des dispositions du précédent paragraphe les modèles de machines dont le Ministre de l'agriculture et du commerce pourra autoriser l'introduction dans le cas prévu par l'art. 29. »

M. Houzeau-Muiron a proposé la rédaction du paragraphe 3 dans ces termes :

« Si les principes, méthodes, systèmes, et généralement toutes découvertes ou conceptions scientifiques ne sont pas accompagnées, conformément aux dispositions de l'art. 5, d'un mémoire descriptif, indiquant les moyens d'application. »

(La Chambre adopte successivement le préambule de l'article et les no 1 et 2.)

M. ARAGO. Il me paraît que le paragraphe 3 est rédigé d'une manière un peu vague ; je crois qu'il pourrait donner lieu à des décisions que tout le monde déplorerait. Je vais, suivant un usage que la Chambre a bien voulu, en quelque sorte, autoriser, essayer de montrer, par des exemples, les inconvénients de la rédaction proposée.

Dans le public, on est généralement disposé à croire que tout procédé qui n'a pas exigé des combinaisons multiples, des organes mécaniques, complexes, est une simple idée.

Quel fut le premier perfectionnement apporté par Watt à la machine à vapeur? La condensation de la vapeur dans un vase séparé du cylindre où le piston se meut: ce ne fut pas autre chose. En conséquence, on ne vit là qu'une idée: et ce n'étaient pas des rivaux des concurrents, des gens sans capacité qui cherchaient à amoindrir ainsi l'invention de l'illustre ingénieur; c'étaient aussi certains hommes rangés parmi les plus éminents de l'Angleterre, c'était, par exemple, le célèbre orateur Burke.

Voyons ce qu'il advint à cette idée.

Après bien des efforts, Watt parvint à faire adopter et à régler la redevance qu'on lui payerait pour en faire usage. Cette redevance était égale au tiers de la quantité de charbon dont l'invention procurerait l'économie.

Eh bien, Messieurs, dans une seule mine du Cornouailles, dans la mine qui porte encore actuellement le nom de mine de Chace-Water, où il y avait trois pompes d'épuisement, les propriétaires crurent faire un marché avantageux en rachetant la redevance pour une somme de 60,000 fr. par an. Ainsi, l'économie de charbon était devenue tellement considérable que, dans une seule mine, elle dépassait 160.000 fr. par an.

Les autres inventions de Watt furent aussi appelées de simples idées. Ces aberrations se reproduiront dans notre pays si vous ne rédigez pas l'article avec plus de netteté.

Passons à des cas où l'on a pris, où l'on a pu prendre un brevet pour une véritable idée sans invention quelconque d'organes mécaniques.

Tout le monde connaît la vis d'Archimède, tout le monde sait qu'elle sert aux épuisements. Les ingénieurs des ponts et chaussées l'emploient continuellement dans ce but; alors, je suppose, elle tourne sur elle-même de gauche à droite.

Au bout de deux mille ans, un de nos compatriotes s'est avisé que la même machine qui sert à élever l'eau peut être employée pour faire descendre des gaz. Il suffit, sans y rien changer, de la faire tourner en sens contraire, ou de droite à gauche.

Cette application est importante. Il arrive très souvent en effet, qu'on a besoin de purifier de grands volumes de gaz, de les débarrasser d'une foule de substances étrangères. La vis d'Archimède sert alors à les porter au fond d'une profonde couche d'eau. Le gaz se purifie en remontant.

Je maintiens qu'il y a eu la invention, que la personne qui a vu le moyen de faire de la vis d'Archimède une machine soufflante avait droit à un brevet.

J'arrive à quelque chose de plus catégorique encore, de plus net.

Il existe, de toute éternité, dans les pays pauvres, de petites lanternes dans lesquelles la flamme est entourée d'une toile métallique; ces lanternes n'étaient employées, en général, que dans les écuries ou dans les chaumières des indigents. Elles sont devenues aujourd'hui la lampe de sûreté des mineurs, grâce à une idée de l'illustre Davy.

Vous savez tous, Messieurs, que certains mélanges gazeux sont explosifs. Si vous introduisez dans ces mélanges une flamme ayant une température suffisamment élevée. il se produit à l'instant une détonation épouvantable, qui se propage avec la rapidité de l'éclair; ces explosions donnent lieu à des malheurs déplorables et nombreux.

Qu'a fait Davy? Il a reconnu. à la suite d'un travail plein de génie, que la flamme engendrée à l'intérieur de la toile métallique se refroidit en passant à travers les mailles. de manière à ne plus pouvoir engendrer d'explosion à l'extérieur. L'ancienne lampe n'a pas été modifiée; on a seulement démontré qu'elle possède des propriétés dont personne ne s'était douté jusqu'alors. Depuis ce moment elle s'est répandue. elle a préservé la vie des mineurs. elle a rendu le travail possible dans des localités qu'il avait fallu abandonner.

Dira-t-on qu'il n'y avait là qu'une idée? Je répondrai que tout le monde, en Angleterre, reconnut qu'elle pouvait être brevetée. Davy. dans sa haute position sociale. dans sa situation de fortune. ne crut pas convenable de se faire accorder un privilége: mais on reconnaissait si bien qu'il avait le droit de prendre un brevet que lorsqu'il eut mis sa lampe dans le domaine public. il y eut dans le Yorkshire et dans le Straffordshire des fêtes magnifiques, des banquets. et qu'en dernière analyse les propriétaires des mines de charbon de terre firent à Davy un magnifique cadeau.

Je viens de citer l'étranger. Je vais montrer que dans notre pays on a breveté. justement breveté une idée se rattachant à un produit industriel ancien.

Vous avez entendu parler du zincage. Le zincage moderne a été dédaigné pendant quelque temps. parce que dans l'opération on rendait. disait-on. le fer cassant. Les difficultés ont été vaincues. On peut maintenant revêtir le fer de zinc sans altérer les propriétés primordiales du fer.

Eh bien! l'idée de revêtir le fer de zinc. pour le soustraire à la rouille. Malouin l'a publiée il y a une centaine d'années: mais les industriels disaient à Malouin : « Il y aura toujours quelques portions de fer dénudées. et la rouille les attaquera. Il y a plus: vous avez revêtu l'extérieur des tuyaux destinés à la conduite des eaux. mais l'intérieur se rouillera comme précédemment: le zincage était abandonné.

Cent ans s'écoulent. Un ingénieur français. M. Sorel, se présente et dit : Vous vous trompez quand vous croyez que le zinc ne garantit les tuyaux que dans la partie qu'il recouvre. J'affirme. moi. éclairé par la grande découverte de Volta, que le zinc place le fer dans des conditions électriques tout à fait différentes des conditions ordinaires ; j'affirme que le zinc. permettez-moi de me servir de l'expression technique. rendra le fer négatif, que le fer ne s'oxydera pas même dans l'intérieur du tuyau. même là où pas une molécule de zinc n'existe. »

M. Sorel a donc trouvé un produit non employé, dont personne ne faisait usage. auquel nul industriel ne songeait, des propriétés qui l'ont rendu extrêmement précieux. Qu'y a-t-il là, je vous le demande, si ce n'est une idée pure et simple ?

Je demande que l'idée de Davy. qui a répandu la lampe de sûreté. puisse être brevetée.

29.

Je demande la même faveur pour l'idée de M. Sorel; vous arriverez à ce résultat en ajoutant quelques mots seulement à votre article.

Je ne sollicite pas la suppression de l'article. Je conviens qu'une idée dont on n'aura pas indiqué d'application industrielle ne doit pas être brevetée. Si quelqu'un venait à découvrir aujourd'hui le carré de l'hypothénuse, je ne désirerais pas qu'il fût breveté, qu'il eût le droit de demander un salaire aux astronomes qui se serviraient de cette proposition pour mesurer la hauteur des montagnes de la lune. Je demande qu'il y ait des applications industrielles indiquées par le créateur de l'idée.

Voici comment vous arriveriez au résultat que j'indique, au résultat que je désire atteindre.

L'art. 29 porte : « Seront nuls et de nul effet les brevets délivrés dans les cas suivants.....

» 3o Si les brevets portent sur des principes, méthodes, systèmes, ou des découvertes et inventions théoriques ou purement scientifiques. »

Je demande qu'après ces derniers mots on ajoute: « dont on n'aura pas indiqué d'application industrielle. »

Il me semble que Davy, lorsqu'il trouvait qu'une toile métallique refroidit tellement la flamme qui la traverse, qu'elle ne peut plus engendrer d'explosion dans les mélanges extérieurs, rendait un service immense à l'humanité. Je crois qu'une telle idée pouvait être brevetée, l'application était indiquée; la même remarque s'applique à la découverte de M. Sorel.

Je viens de rappeler l'art. 29 ; il suffit de modifier ainsi le troisième paragraphe :

« 3o Si les brevets portent sur des principes, méthodes, systèmes, découvertes et conceptions théoriques ou purement scientifiques dont on n'aura pas indiqué l'application industrielle. »

Certainement on pourra dire, et on dira devant les tribunaux que l'idée de Davy est une idée scientifique; on ne manquera pas de dire que l'invention de M. Sorel est une idée scientifique.

Je ne veux pas que tant qu'une idée n'est que scientifique elle soit brevetée; mais lorsque MM. Davy et Sorel indiqueront une application industrielle de leur idée, je ne vois pas pourquoi ils ne seraient pas brevetés.

Ma proposition a pour but de donner à l'article une lucidité complète.

M. LE RAPPORTEUR. Ce que demande l'honorable M. Arago est dans la loi en termes exprès et formels.

M. ARAGO. Je n'ai pas pu l'y trouver.

M. LE RAPPORTEUR. J'espère vous l'y montrer clairement.

Cela se trouve d'abord implicitement dans l'art. 29 ; mais cela se trouve aussi et bien explicitement dans l'art. 2. Voici ce que porte cet article :

« Sont susceptibles d'être brevetées:

» L'invention de nouveaux produits industriels. »

M. ARAGO. Il n'y a pas de produits.

M. LE RAPPORTEUR. Attendez, je n'ai pas lu tout l'article.

« L'invention de nouveaux moyens ou l'application nouvelle de moyens connus, pour l'obtention d'un résultat ou d'un produit industriel. »

Eh bien, il est évident que tous les faits scientifiques que nous a cités notre savant collègue se trouvent rentrer dans l'art. 2.

Ainsi, pour prendre son premier exemple, la vis d'Archimède a été employée pour une application nouvelle, pour obtenir un résultat nouveau. Si donc on veut prétendre qu'avec l'art. 29 cette invention ne pourrait pas être brevetée, nous répondrons. avec l'art. 2, qu'elle peut et doit l'être évidemment.

J'en dirai autant pour la lampe de Davy ; ici c'est l'application d'un moyen connu pour obtenir un nouveau résultat.

Tous les exemples cités par M. Arago reçoivent la même explication.

M. ARAGO. Veuillez me dire comment vous faites l'application de cet article à l'invention de M. Sorel.

M. LE RAPPORTEUR. Vous voulez parler du zincage du fer. Eh bien, n'est-ce point encore là un résultat industriel produit par un moyen déjà connu ? Il est brevetable aux termes de l'art. 2.

Je défie M. Arago de trouver dans le vaste arsenal de ses connaissances scientifiques un seul exemple qui ne rentre pas dans la définition nette, précise de l'art. 2. On a prévu tous les cas : « Un nouveau produit industriel, l'invention de nouveaux moyens pour obtenir un produit déjà connu, ou l'emploi d'un moyen ancien pour arriver à un résultat ou à un produit nouveau. » Tout est là ; tout se trouve compris dans cette énumération.

Dans l'art. 29, on reprend la question sous un autre aspect. Il s'agit de régler les cas de déchéance et de nullité. Là, on explique que les idées spéculatives, sans produit et sans résultat. ne pourront servir de base à un brevet valable, et l'on exclut les principes, méthodes, systèmes et conceptions théoriques ou purement scientifiques, c'est-à-dire les choses qui sont abstraites, les choses qui n'ont pas de réalisation possible, ou du moins certaine et indiquée.

On ne peut raisonnablement désirer rien de plus.

M ARAGO. Je ne crois pas que M. le rapporteur ait répondu surtout au troisième exemple que j'ai cité.

Le zincage était connu. Il produisait des effets qui ne dépendaient pas évidemment de la remarque que M. Sorel a faite sur l'état électrique dans lequel se trouve le fer. Le zincage de Malouin aurait produit exactement les mêmes résultats que le zincage de M. Sorel ; mais Malouin ignorait le phénomène électrique résultant de l'application du zinc sur le fer. Les propriétés si remarquables de l'électricité, découvertes par Volta, ne sont connues que depuis une trentaine d'années. La galvanisation du fer de M. Sorel, c'est ce que la loi autrichienne appelle une *résurrection*, car cette loi permet de revenir sur les choses anciennes dans le cas où, comme ici, il y a résurrec-

tion d'un procédé dont on ne connaissait pas toutes les propriétés.
M. Sorel, il faut bien que je me répète, a dit au public : « Vous avez
sous la main, dans les Mémoires de l'Académie des sciences, une
découverte dont personne ne pouvait apprécier l'importance, dont
personne ne pouvait connaître la valeur. Je vous indique le prix de
cette découverte, je vous fais voir qu'elle peut donner lieu à des applications utiles, immenses. Il y avait là matière à brevet. On l'a
accordé ; je le crois très bon.

M. LE RAPPORTEUR. S'il n'y a pas de nouveauté, il n'y a pas de
brevet d'invention.

M. ARAGO. J'en demande pardon à M. le rapporteur : avoir remarqué dans les tubes zingués des propriétés que personne ne connaissait, que personne n'avait devinées, c'était ressusciter un objet sans
emploi, c'était se rendre digne d'un brevet. Tout brevet semblable
sera valable si vous acceptez les quelques mots d'addition que j'ai
présentés. Je ne vois pas, en vérité, pourquoi vous voudriez laisser
l'article dans un vague qui donnerait naissance à mille contestations.

M. LE PRÉSIDENT. L'amendement de M. Arago consiste dans l'addition des mots *dont on n'a pas indiqué l'application industrielle.*

M. BERRYER. Les mots *application nouvelle* sont dans l'art. 2.

M. ARAGO. Il n'y a pas d'application nouvelle. Il y a découverte
d'une propriété nouvelle dans une chose ancienne. Comment vou-
driez-vous priver d'un brevet une découverte semblable à celle de
M. Sorel ? Il y a eu cent fois plus de subtilité, d'esprit d'invention
dans les observations de cet ingénieur que vous n'en trouverez dans
la découverte de tel ou tel organe de machine. Il existait, je ne dirai
pas un alliage, mais un métal revêtu, dont on ne tirait pas parti,
dont on ne croyait pas pouvoir tirer parti : un produit qui était dédaigné par tout le monde. M. Sorel arrive et dit : Ce produit a des
propriétés tout autres que celles que vous lui supposez. Il a une propriété intrinsèque, une propriété électrique qui fait que les tuyaux ne
s'oxyderont plus, même à l'intérieur.

M. RIVET. C'est l'application nouvelle d'un moyen connu.

M. ARAGO. Non ! non ! ce n'est pas l'application nouvelle d'un
moyen connu, c'est la découverte d'une propriété nouvelle que possédait un moyen connu.

M. LE PRÉSIDENT. Je demanderai à M. Houzeau-Muiron s'il se réunit à l'amendement de M. Arago ?

M. HOUZEAU-MUIRON. Je m'y réunis, car il produit le même résultat ;
mais je demanderai une explication à la commission.
On a dit tout à l'heure qu'avec la rédaction de la commission,
l'art. 2 du projet de loi et le troisième paragraphe de l'art. 29 at-
teignaient le but que se proposait l'amendement de l'honorable
M. Arago.
Cela ne me semble pas assez évident : je crois que, dans une ma-

tière aussi grave, il ne doit rester aucune incertitude. Il s'agit ici de protéger les inventions les plus importantes contre la mauvaise foi des contrefacteurs.

Je demanderai à la commission, par exemple, si, avec sa rédaction, le système ou le principe de l'air chaud aurait pu être breveté ? Dans le système de l'air chaud il y a évidemment un principe fort simple ; mais ce principe est tout le brevet, les appareils d'application ne sont que des accessoires : car on comprend que si le principe n'avait pu être breveté, le brevet n'aurait aucune valeur, car les appareils qui servent à l'application de ce système peuvent être modifiés de mille manières.

Il est donc ainsi très facile à tout le monde, avec un simple changement dans la description des appareils, d'éluder le brevet lui-même, et cependant la découverte du principe de l'application de l'air chaud est une chose fort importante. (Il a été breveté.)

Oui, par l'ancienne loi ; mais avec la rédaction actuelle il me paraît difficile de démontrer que le principe de l'application de l'air chaud aurait pu être breveté.

Un membre. Mais il a été breveté.

M. HOUZEAU-MUIRON. Je le sais bien ; mais, je le répète, avec la rédaction que propose la commission, on n'aurait breveté que les appareils d'application ; le principe, le système ne l'eussent point été. Eh bien, dans ce cas, le brevet n'aurait encore eu rien de sérieux, car chacun aurait pu inventer un appareil, et quant à l'invention véritable, au principe, il n'aurait pas été défendu contre l'action intentée par des contrefacteurs. Avec ce système, les brevets les plus importants seraient déchus.

Un membre. Souvent !

M. HOUZEAU-MUIRON. C'est là précisément ce qu'il faut empêcher. L'intention de la commission n'est pas de favoriser les contrefaçons ; mais il est nécessaire, pour éviter les procès et les déchéances, d'adopter la rédaction proposée par M. Arago. Les nombreux et remarquables exemples qui viennent d'être cités par le savant professeur ont démontré jusqu'à l'évidence que les inventions les plus belles, les plus utiles, étaient des principes, des systèmes ou des découvertes scientifiques. Il ne faut donc pas annihiler pour les inventeurs, paralyser dans leurs mains le produit d'une découverte qui doit, en définitive, tourner au profit de la société tout entière.

Supposez, par exemple, qu'on arrive à employer l'acide carbonique comme force motrice (il en a déjà été question), croyez-vous qu'il suffirait de breveter les appareils et qu'il ne faudrait pas étendre le brevet jusqu'au principe même de l'application de l'acide carbonique à la création d'un effet dynamique ? Évidemment, oui. En soutenant ce système, nous ne demandons pas de brevet pour des abstractions, pour de vagues théories.

Ce que demande M. Arago, ce que je demandais moi-même par mon amendement, c'est que, quand il y aura une découverte scientifique dont on aura donné les moyens d'application, il devra y avoir lieu à l'obtention d'un brevet non-seulement pour l'application, mais encore pour le système lui-même.

M. LE RAPPORTEUR. Je ne voudrais d'autre exemple que celui qu'a cité l'honorable M. Houzeau-Muiron pour justifier les observations que j'ai présentées à la Chambre.

On vous a parlé de l'application de l'air chaud pour activer la combustion dans les forges. Eh bien. l'air chaud a été breveté, il devait être breveté, et il le serait également en vertu de la loi que nous discutons, bien que cette invention ne consiste qu'à substituer dans l'insufflation l'air chaud à l'air froid. Pourquoi l'a-t-on fait. et pourquoi le ferait-on? parce que c'était l'invention d'un moyen nouveau pour obtenir un résultat industriel. Ainsi, bien que le brevet ne portât pas sur les moyens de produire l'insufflation, c'est-à-dire sur la machine soufflante. bien que l'invention portât uniquement sur l'idée de substituer l'air chaud à l'air froid, comme ce n'était pas une idée purement théorique, purement scientifique, mais une idée qui révélait l'emploi d'un moyen nouveau pour obtenir un résultat industriel, on a breveté cette idée. Le brevet a été maintenu, et si plus tard il a été annulé, c'est par d'autres raisons, c'est parce que l'on a reconnu que cette idée avait été décrite dans des ouvrages imprimés.

Quant à l'exemple sur lequel insiste l'honorable M. Arago, vous avez tous entendu que l'honorable M. Arago lui-même a dit que ce serait un brevet de résurrection. Eh bien, Messieurs, découvrir que telle propriété est inhérente à telle chose, ressusciter le passé, l'accréditer, le propager. ce n'est pas inventer. c'est rendre au passé sa valeur. c'est le mettre en lumière. Or. ce n'est pas là ce qui peut motiver un brevet. On ne doit être breveté que lorsqu'on crée. lorsqu'on invente, et l'on n'invente que lorsque l'on ajoute un moyen ou un produit nouveau aux moyens et aux produits déjà connus ; et c'est ce qui ne se trouve pas dans l'exemple que l'on a cité.

M. ARAGO. Comment! il serait dit à la Chambre des députés que l'admirable lampe de Davy ne fut pas une invention; cela n'est pas possible, Messieurs!

M. LE RAPPORTEUR. Nous ne le contestons pas.

M. ARAGO. Davy n'a fait qu'une chose: il a reconnu une propriété merveilleuse dans une lampe commune et jusqu'à lui sans valeur; la constatation de cette propriété ignorée est une découverte immense.

Je dis la même chose pour le zincage, toutefois dans la proportion de ce qui est utile à l'industrie, à ce qui est utile à l'humanité. Le zincage n'était pas employé; on croyait que les tuyaux zinqués, qui remontent à Malouin, étaient sans utilité. On a reconnu depuis que le zincage avait des propriétés électriques toutes particulières : que la partie recouverte et celle qui n'est pas recouverte de zinc sont également garanties de la rouille; on a montré que des produits dont on ne tirait aucun parti étaient précieux. C'était là une découverte industrielle susceptible d'être brevetée.

(L'amendement est adopté.)

(Le paragraphe 3 est adopté dans son ensemble.)

« 4° Si la découverte, invention ou application, est reconnue contraire à l'ordre ou à la sûreté publique, aux bonnes mœurs ou aux lois du royaume, sans préjudice, dans ce cas et dans celui du paragraphe précédent, des peines qui pourraient être encourues pour la fabrication ou le débit d'objets prohibés. » (Adopté.)

« 5° Si le titre sous lequel le brevet a été demandé est faux, ou indique frauduleusement un objet autre que le véritable objet de l'invention. »

M. BETHMONT. Je demande que, dans le paragraphe numéroté 5, on supprime ces mots : « Si le titre sous lequel le brevet a été demandé est faux, » et qu'on les remplace par ceux-ci : « Si le brevet indique frauduleusement un objet autre que le véritable objet de l'invention. »

Je fais observer à la Chambre que c'est une disposition excessivement rigoureuse que celle qui consiste à déclarer nul un brevet, par cela seul que le titre sur lequel il a été demandé serait faux. Bien qualifier une invention, lui donner un titre exact, peut être l'œuvre d'un esprit droit et d'un homme exercé au langage. Mais il est fort possible que le titre soit faux et qu'il n'ait pas été donné dans une intention mauvaise. Je demande si ce ne serait pas excessif de déclarer nul un brevet par cela seul que le titre aurait été faux.

Je m'inquiète d'ailleurs des procès que cette disposition peut faire naître, et je déclare que mon amendement tend à tarir la source des mauvais procès, et ce sont les mauvais procès qu'il faut tuer par-dessus toutes choses. Je demande que l'on prononce la nullité du brevet, non si le titre est faux, mais si l'on a indiqué frauduleusement un objet autre que l'objet véritable de l'invention. Par ce mot *frauduleusement*, vous indiquez que vous voulez atteindre l'intention mauvaise et malicieuse, et vous avez raison ; mais, autrement, vous faites plus que vous ne devez faire.

M. LE RAPPORTEUR. On pourrait mettre : « Si le titre sous lequel le brevet a été demandé indique frauduleusement, etc. »

M. BETHMONT. D'accord.

(Le paragraphe est adopté dans les termes nouvellement proposés par M. Bethmont et le rapporteur.)

(Le paragraphe 6 est adopté.)

(Les paragraphes 7 et 8, et l'ensemble de l'art. 29, devenu art. 30, sont également adoptés.)

M. LE PRÉSIDENT. Nous passons à l'art. 30, devenu art. 31.

Art. 30. « Ne sera pas réputée nouvelle toute découverte, invention ou application, qui, en France ou à l'étranger, et antérieurement à la date du dépôt de la demande, aura reçu une publicité suffisante pour pouvoir être exécutée. »

M. Marie propose de remplacer les mots *publicité suffisante* par la rédaction suivante :

« Ne sera pas réputée nouvelle toute invention, application ou perfectionnement. qui en France ou à l'étranger. et antérieurement à la date du dépôt. aura été industriellement pratiquée ou décrite d'une manière technique dans un ouvrage imprimé et publié. »

Ainsi. au seul fait général d'avoir reçu une publicité suffisante pour être exécutée. l'honorable M. Marie substitue le fait précis d'avoir été industriellement pratiquée ou décrite d'une manière technique dans un ouvrage imprimé et publié.

M. MARIE. Messieurs, le principe sur lequel je base mon amendement est déjà énoncé par la commission et le Gouvernement dans l'art. 30. Ainsi ne sera pas réputée nouvelle toute découverte, invention ou application qui. en France ou à l'étranger, et antérieurement à la date du brevet. aura reçu une publicité suffisante pour pouvoir être exécutée.

Lors donc qu'il y aura publicité suffisante. il n'y aura pas découverte. il n'y aura pas invention: j'ai voulu préciser cette expression *publicité suffisante*. qui me paraît trop vague et devoir donner naissance à des procès. Il me semble qu'en interrogeant l'expérience on peut arriver a consigner dans cet article les deux faits principaux qui d'ordinaire constituent la publicité. à savoir la pratique de l'invention et la description de l'invention. Ainsi, dans tous les procès qui ont lieu sur les brevets d'invention. quels sont les faits de publicité qu'on invoque ordinairement? Ce sont ceux qui consistent précisément dans la pratique de la chose inventée antérieurement au brevet: on invoque aussi la description de la chose inventée dans des ouvrages imprimés et publiés. Voilà les deux faits principaux constitutifs de la publicité. On éviterait un grand nombre de procès, si. au lieu d'employer cette expression de publicité suffisante, expression très vague. on déterminait dès à présent les faits qui constituent la publicité. et j'ai dit dans mon amendement « qui aura été industriellement pratiquée. »

Voici pourquoi. c'est pour être favorable autant qu'il est nécessaire de l'etre aux brevetés. Il ne faut pas admettre une pratique telle quelle. par exemple. si antérieurement au brevet il y a eu quelques essais faits. s'il y a une pratique, mais une pratique peu importante qui n'a produit aucune espèce de résultat sérieux au point de vue du commerce et de l'industrie: il me paraît bien rigoureux dans ce cas d'aller frapper le brevet de déchéance. en disant que la découverte n'est pas nouvelle.

Si au contraire l'invention est industriellement pratiquée. si elle a les caractères que je veux donner à la publicité, il est juste de dire que la découverte n'est pas nouvelle: pourquoi? Parce que l'industrie connaissait déjà la chose inventée. parce que l'industrie était déjà riche de la chose inventée, parce que. dès lors, le breveté n'a pas acquis à l'industrie une richesse nouvelle.

J'ai donc voulu qu'il y eût non-seulement une pratique antérieure, mais une pratique ayant un caractère déterminé, et ce caractère que je demande, c'est un caractère industriel et commercial; alors seulement je reconnais que l'industrie est en possession de la chose brevetée: alors seulement je reconnais que l'industrie. n'ayant plus rien à acquérir. le breveté ne lui a rien donné et elle ne lui doit rien en échange.

J'ai indiqué un autre fait de publicité. la description dans un ouvrage imprimé. On a discuté très longuement, très diversement ce qu'il fallait entendre par description. Une description faite et pouvant être fortifiée par une expertise. par exemple (cela est arrivé dans quelques procès), suffit-elle pour que la découverte ne soit pas considérée comme nouvelle? J'ai voulu faire disparaître de l'article toutes ces bases de discussion. Il me semble les avoir fait disparaître en disant ce ne sera pas une description telle quelle. mais une description technique, qui. par conséquent, présente au lecteur une idée assez nette, assez précise pour qu'il puisse s'en emparer et réaliser la chose, et motiver la délivrance du brevet.

Il me semble donc parfaitement juste de faire disparaître de la loi ces mots: *publicité suffisante*, et les remplacer par les faits qui constituent véritablement la publicité. Ces faits, c'est d'abord une pratique. non pas une pratique telle quelle. mais une pratique industrielle ou commerciale; et. d'autre part, une description. non pas une description telle quelle, mais une description technique.

M. LE RAPPORTEUR. La rédaction du projet de loi comprend tous les moyens de publicité: c'était une conséquence du principe qui présidait à la confection de la loi sur les brevets d'invention. On n'accorde le privilège d'un brevet et les droits de monopole qui y sont attachés qu'à une condition: c'est que celui qui prend le brevet dote la société d'une invention inconnue. d'une découverte qui n'était pas dans la circulation; car si elle est connue. il est évident qu'on ne donne rien à la société; en prenant un brevet. on obtient un monopole sans compensation.

Dans cette pensée, le projet avait déclaré qu'on ne considérait pas comme invention ou découverte nouvelle toute invention ou découverte qui avait reçu une publicité suffisante pour être mise à exécution. Ces termes étaient généraux, comme doit l'être un principe posé dans une loi; ils embrassaient tous les cas possibles, dont l'application spéciale était abandonnée à la sagesse des tribunaux.

Au lieu de cela. M. Marie propose de restreindre à deux cas la publicité qui sera de nature à faire considérer une invention ou une découverte, comme n'étant pas nouvelle; c'est d'une part la circonstance que l'invention ou la découverte a été industriellement pratiquée. de l'autre la circonstance que l'invention a été décrite d'une manière technique dans un ouvrage imprimé et publié.

Mais, outre que ces expressions peuvent être le germe de bien des commentaires et la source de bien des procès. il y a un grand nombre d'autres moyens de publicité. Par exemple. une machine a pu figurer à l'exposition des produits de l'industrie: elle a pu être déposée dans un conservatoire d'arts et métiers. bien qu'elle n'ait pas été industriellement pratiquée. bien qu'elle n'ait pas été décrite d'une manière technique. Viendrez-vous dire que c'est une découverte nouvelle, et prendrez-vous un brevet pour une machine qui a été livrée à une aussi complète publicité? Breveterez-vous encore une machine décrite dans un cours, enseignée à tous les industriels?

Je dis que les deux espèces signalées dans la rédaction de M. Marie forment une rédaction trop étroite, qui n'embrasse pas tous les cas, et je demande qu'il demeure exprimé que toutes les fois qu'une invention aura reçu, non pas une publicité telle quelle, mais une publicité suffisante pour qu'on puisse l'exécuter, elle tombe par cela même dans le domaine public, et ne soit plus susceptible d'être brevetée.

(L'amendement n'est pas adopté. L'article est mis aux voix et adopté.)

Art. 31. « Sera déchu de tous ses droits :

» 1° Le breveté qui n'aura pas acquitté son annuité avant le commencement de chacune des années de la durée de son brevet;

» 2° Le breveté qui n'aura pas mis en exploitation sa découverte ou invention en France, dans le délai de deux ans, à dater du jour de la signature du brevet, ou qui aura cessé de l'exploiter pendant plus d'une année, à moins que, dans l'un ou l'autre cas, il ne justifie d'empêchement de force majeure;

» 3° Le breveté qui aura introduit en France des objets fabriqués en pays étranger et semblables à ceux qui sont garantis par son brevet. »

(Le paragraphe 1er est adopté.)

M. ARAGO. Messieurs, je vois dans l'article en délibération que « le breveté qui n'aura pas mis en exploitation sa découverte ou invention en France, dans le délai de deux ans, à dater du jour de la signature du brevet, ou qui aura cessé de l'exploiter pendant deux années consécutives, sera déchu de son brevet. »

Cette disposition existe dans la législation d'un très grand nombre de pays, mais on ne la retrouve pas dans celle des deux peuples chez lesquels l'industrie s'est développée avec le plus de splendeur et de rapidité : cette disposition n'existe pas, je crois, en Amérique; je suis certain qu'il n'y en a pas de trace en Angleterre.

On s'imagine qu'on ne fait pas un grand tort aux inventeurs par cette prescription impérieuse. On se trompe beaucoup : les inventeurs ont ordinairement peu de fortune. Ils se présentent toujours devant des capitalistes pour obtenir les moyens de réaliser ce qui, jusque-là, n'était qu'une idée. Eh bien, les capitalistes reculent devant la menace d'une déchéance prochaine : ils savent par expérience que les grandes découvertes n'ont pu être appliquées complètement, utilement appliquées, après le court intervalle de deux ans.

J'ai déjà eu occasion, le premier jour de cette discussion, de montrer à la Chambre combien, dans notre pays surtout, on est peu disposé à adopter de nouvelles inventions. J'ai cité la découverte des turbines de M. Fourneyron, j'ai montré qu'après cinq ans l'habile mécanicien n'avait pas réussi à en établir une seule. J'ai cité la perrotine, j'ai montré qu'elle n'avait réussi à s'introduire qu'après onze années. J'ai cité l'ingénieur chimiste qui a découvert le moyen d'extraire la soude du sel marin; cette personne est morte dans une situation déplorable, que je ne veux pas rappeler.

La filature du lin est une industrie immense. Je n'en veux pas d'autres preuves que les difficultés auxquelles elle donne lieu actuellement entre la France et l'Angleterre. L'inventeur, M. de Girard, est Français ; cherchez où il est ! Il a été obligé d'aller à l'étranger. Il n'a pas trouvé le moyen d'établir en France son admirable invention.

J'ai à citer deux exemples plus récents.

M. Perrot, le même qui a imaginé une machine pour imprimer les toiles peintes, a combiné une machine également ingénieuse pour imprimer le papier, elle ne le cède en rien à celle dont l'industrie des toiles peintes a tiré un si grand parti : la date de l'invention est de 1825 ; nous sommes en 1844, M. Perrot n'est pas cependant parvenu à en établir une seule. Cependant, je n'hésite pas à le répéter, quand elle sera en exercice, on verra qu'elle n'est pas indigne de son aînée.

M. Poncelet, un des oracles de la mécanique, a imaginé une nouvelle machine hydraulique ; il n'a pas pris de brevet. Il a offert aux industriels le plan de sa conception et tous les détails ; il s'est mis à la disposition de tous ceux qui pourraient vouloir en faire usage. Il a demandé pour toute faveur d'être consulté, de crainte qu'une exécution imparfaite ne fît douter des principes.

Il y a quinze mois que M. Poncelet a adressé cet avertissement à l'industrie. Je crois qu'il n'a pas reçu encore une seule réponse.

Assurément, en fait de mécanique pratique, M. Poncelet est un des hommes qui sont à la tête non-seulement de ceux qui, en France, s'occupent de cette science, mais encore à la tête de tous les ingénieurs de l'Europe. Malgré la libéralité de ses offres, personne ne s'est présenté.

Messieurs, en présence de ces faits, je n'oserais pas vraiment fixer un si court intervalle pour les cas de déchéance.

J'ai cité souvent Watt ; je le citerai encore. Watt a été huit années entières avant de faire accueillir sa principale découverte. Pendant huit années l'homme de génie fut obligé de faire des plans de canaux, de chemins, des projets de ponceaux. C'étaient des occupations bien mesquines pour un tel homme.

Quelque bonne qu'ait été une grande idée, vous trouverez rarement qu'elle se soit installée dans aucun pays dans le court intervalle de deux années.

Telles sont les considérations qui me feraient désirer la suppression de l'article. Ses dispositions rigoureuses empêcheraient les inventeurs de trouver des capitalistes.

Supposez maintenant une industrie établie. Si on ne travaille pas pendant le court intervalle d'une année seulement, on est déchu du brevet.

Mais, Messieurs, il y a des produits qui sont à la mode aujourd'hui, et qui ne sont plus à la mode demain.

Telles sont, par exemple, les étoffes moirées. Pendant quelque temps elles ont du succès ; ensuite un caprice les fait abandonner. Voulez-vous que l'on fabrique ce qui ne se vendrait pas ?

Je ne puis pas espérer que l'article sera retiré ; mais je demande du moins que M. le Ministre prononce la déchéance avec une extrême réserve.

M. LE MINISTRE DU COMMERCE. Ce n'est pas le Ministre qui prononce là-dessus.

M. ARAGO. Je me trompais, ce seront les tribunaux. Je n'en émets pas moins le vœu que les dispositions sur la déchéance soient appliquées sans rigueur.

Une voix. On aura égard aux cas de force majeure.

M. ARAGO. Mais l'article tel qu'il est ne permettra pas de classer les caprices de la mode parmi les cas de force majeure.

Le fait de n'avoir pas trouvé d'argent, de n'avoir pas trouvé de capitaliste, est-ce un cas de force majeure ?

M. BETHMONT. Il vaudrait mieux supprimer l'article.

M. ARAGO. L'article place les inventeurs dans une situation déplorable. Je sais qu'il y a là des difficultés ; on peut avoir affaire à des personnes mal intentionnées, dépourvues de sentiments patriotiques, et qui, pour ces motifs futiles, ne voudront pas exploiter. La difficulté disparaîtrait si la Chambre consentait à adopter un amendement que présentera M. Bethmont, et en vertu duquel les brevets d'invention seraient soumis à l'expropriation pour cause d'utilité publique, comme les immeubles.

J'ai désiré présenter ces observations pour montrer à la Chambre que la disposition en délibération est très grave, et qu'elle empêchera les brevets de produire en France les beaux résultats qu'ils ont donnés en Angleterre.

M. LE PRÉSIDENT. L'honorable M. Delespaul propose d'étendre à deux ans le délai d'un an, puis il remplace les mots « en cas de force majeure » par ceux-ci : « à moins qu'il ne justifie des causes de son inaction. »

M. DELESPAUL. Mon amendement fait subir à l'article deux modifications. La première prolonge d'un an le délai pour la déchéance lorsque, sans motif légitime, un breveté interrompt la mise à exécution de son invention. Je propose de mettre deux ans au lieu d'un an, ainsi que cela existe dans la législation du Wurtemberg.

La seconde modification a pour objet de substituer à ces mots : « empêchement de force majeure, » qui me semblent trop restrictifs, ceux-ci : « à moins que le breveté ne justifie des causes de son inaction. » Par exemple, une maladie, une absence, le défaut de ressources pécuniaires, les caprices de la mode, etc.

M. LE PRÉSIDENT. La première modification proposée par M. Delespaul consiste a substituer le délai de deux ans à celui d'un an. L'amendement est-il appuyé ?

M. LE RAPPORTEUR. La commission adhère.

M. LE MINISTRE DU COMMERCE. Je ne vois pas d'inconvénient ; les observations qui ont été faites par l'honorable M. Arago ont leur importance ; seulement, je voudrais faire observer à M. Arago qu'en faisant la critique de la trop courte durée accordée par la loi pour l'exploitation des découvertes, notre législation est cependant plus large encore que celle des autres puissances.

M. ARAGO. En Angleterre, il n'y a pas de limite, vous pouvez faire de votre brevet tout ce que vous voulez pendant quatorze ans, et vous trouvez des capitalistes parce qu'ils ne sont pas effrayés par la déchéance. Quel est le capitaliste qui voudrait s'associer à un inventeur avec la chance d'être déchu dans deux ans ?

M. ARAGO. Aussi, on ne trouve pas de capitaliste. La plupart des inventeurs sont morts dans la misère. La filature du lin s'est établie en Angleterre et pas chez nous.

N. LE MINISTRE DU COMMERCE. L'honorable M. Arago a reconnu lui-même les inconvénients qu'il y aurait à ne pas adopter le brevet de deux ans.

M. ARAGO. J'y adhère.

N. LE MINISTRE DU COMMERCE. Vous avez reconnu qu'il pourrait se faire qu'un inventeur de mauvaise volonté ajournât l'exportation du brevet qu'il aurait obtenu, et que lorsque la société fait un sacrifice en faveur de cet inventeur, elle se verrait privée de l'objet de l'invention.

C'est justement pour que celui qui obtient un brevet d'invention en fasse profiter la société qu'il a fallu assigner un terme au delà duquel il sera déchu faute d'exploitation.

N. FERDINAND BARROT. Il y a des difficultés.

M. ARAGO. J'ai indiqué l'expropriation.

M. ODILON BARROT. Il faudrait réfléchir à ce remède d'expropriation avant de l'adopter ; cela tient d'ailleurs à un autre ordre d'idées ; le droit d'expropriation des inventions tient à la question générale de savoir si l'expropriation peut s'appliquer aux choses purement mobilières ; c'est une question de très haute portée. Il me semble que nous avons à satisfaire à deux intérêts : l'intérêt de la société, qui ne veut pas qu'il y ait un privilège accordé sans que la société en retire quelque avantage par l'exploitation ; on ne donne pas un privilège pour qu'on supprime une invention ou pour qu'on la mette en dehors de toute application utile.

D'un autre côté, cependant, il faut donner à l'inventeur le moyen d'appliquer, d'exécuter son invention ; toutes les inventions ne se ressemblent pas, il y en a qui peuvent s'exécuter instantanément ; il y en a d'autres qui, pour leur exécution, exigent un long temps ; il y en a d'autres qui, faute de capitaux, ne peuvent pas s'appliquer ou s'exécuter avant un temps déterminé. Pourquoi rendre l'inventeur responsable des difficultés qui ne sont de sa part ni un calcul ni un caprice?

M. LE MINISTRE DU COMMERCE. Nous admettons l'amendement de M. Delespaul.

N. ODILON BARROT. C'est sur ce mot : *force majeure.*

M. LE RAPPORTEUR. Nous sommes d'accord, au fond, et je crois qu'il est facile de s'entendre, que ce que demande M. Arago sera suffisamment protégé par la loi, si on admet la seconde partie de l'amendement de M. Delespaul, d'après laquelle on fait exception à la disposition pénale dans le cas où le breveté justifie des causes de non exploitation : les tribunaux auront à apprécier les circonstances, pour savoir si la cessation d'exploitation vient d'un mauvais vouloir ou de suggestions antifrançaises, ou si elle est le résultat d'impuissance personnelle, de défaut de fonds, de circonstances particulières, qui mérite intérêt et faveur. Par là se trouvent conciliés les intérêts de l'industrie nationale et les ménagements que peut commander la position des brevetés.

M. ARAGO. Les considérations que vient de présenter M. Odilon Barrot sont d'autant plus fondées, qu'il y a des pays, la Sardaigne, par exemple, où les limites fatales de déchéance ne sont pas les mêmes pour tous les brevets. Il y a des brevets qui ne peuvent être mis à exécution qu'après quatre ou cinq ans ; il y en a d'autres qui peuvent être exécutés dans la semaine.

La loi prévoit ces cas ; il est vrai qu'il y a examen préalable. Or, comme nous n'avons pas admis l'examen préalable, je ne suis pas entré dans cette voie ; mais on a fait intervenir l'Académie de Turin dans l'appréciation de ces cas.

M. LHERBETTE. Il est un point sur lequel il serait bon que le Gouvernement et la commission s'expliquassent : c'est celui de l'expropriation. On peut exproprier de toute espèce de biens pour cause d'utilité publique ; mais les lois n'ont pas encore déterminé quel mode serait suivi pour les expropriations mobilières.

M. ARAGO. Je n'ai pas fait de proposition à cet égard.

M. LHERBETTE. Non : mon observation n'est qu'accidentelle. Ainsi, à défaut de l'organisation du mode d'expropriation mobilière, la Chambre, l'année dernière, s'est trouvée dans un grand embarras à l'occasion de l'expropriation des actions de jouissance des canaux. Que veulent, au sujet des brevets d'invention, le Gouvernement et la commission ? Veulent-ils rester dans le droit commun, c'est-à-dire maintenir le principe, sans organiser le mode d'exécution, ou bien proscrire le principe ?

M. LE RAPPORTEUR. La commission a eu à délibérer sur cette question, elle a pensé que l'expropriation des brevets ne présenterait aucune espèce d'avantage et pourrait être la source des plus graves abus. En conséquence, elle n'a pas voulu introduire le principe d'expropriation dans la loi.

M. LHERBETTE. Il faudrait alors dire cela dans la loi.

Le droit d'expropriation existe pour toute espèce de propriétés, seulement les formes n'en sont encore déterminées que pour les propriétés mobilières. Maintiendrez-vous cet état de choses ? le silence de la loi suffit. Mais si vous voulez abolir le droit d'expropriation en matière de brevets d'invention, il faut le dire dans la loi : si vous

voulez renouveler le principe général, il faut une disposition formelle ; sinon, vous restez dans le droit commun.

M. VIVIEN. Le droit d'expropriation subsiste, mais il n'est pas organisé.

M. LE RAPPORTEUR. Le breveté reste dans le droit commun.

M. LHERBETTE. Donc vous n'affranchissez pas les brevets du principe d'expropriation ?

M. LE PRÉSIDENT. Il est évident que les brevets restent dans le droit
commun.

Maintenant je mets aux voix le remplacement de ces mots : « A
moins que, dans l'un ou l'autre cas, il ne justifie d'empêchement de
force majeure, » par ceux-ci : « A moins qu'il ne justifie des causes
de son inaction. »

(Cette rédaction est adoptée. Le paragraphe 3 est également mis
aux voix et adopté.)

Paragraphe additionnel proposé par M. de Ressigeac :

« Sont exceptés des dispositions du précédent paragraphe les modèles des machines dont le Ministre de l'agriculture et du commerce
pourra autoriser l'introduction dans le cas prévu par l'art. 29. »

(Le paragraphe additionnel de M. de Ressigeac, auquel adhèrent le
Gouvernement et la commission, est mis aux voix et adopté. —
L'ensemble de l'article est également adopté.)

Nous passons maintenant à l'art. 33, il était ainsi rédigé par la
commission :

« Lorsque, dans des annonces, prospectus ou affiches, l'inventeur
breveté ou ses cessionnaires auront frauduleusement présenté le
brevet comme garantissant le mérite de l'invention et la recommandant à la confiance des acheteurs, ils seront punis d'une amende de
50 fr. à 1,000 fr.

» En cas de récidive, ils pourront être déclarés déchus de leur
brevet. »

M. Bethmont avait proposé un amendement sur cet article, mais
M. Vivien en a proposé un plus étendu, auquel M. Bethmont se
rallie. Voici cet amendement :

« Quiconque, dans des enseignes, annonces, prospectus, affiches,
marqués ou estampilles, prendra la qualité de *breveté* sans posséder un brevet délivré conformément aux lois, ou après l'expiration
d'un brevet antérieur ; ou qui, étant breveté, mentionnera sa qualité
de breveté ou son brevet, sans y ajouter ces mots : « sans garantie
du Gouvernement, » sera puni d'une amende de 50 fr. à 1,000 fr.

» En cas de récidive, l'amende pourra être portée au double. »

(L'article de M. Vivien est mis aux voix et adopté avec l'adhésion
du Gouvernement et de la commission.)

SECTION II. — *Des actions en nullité et en déchéance.*

Art. 34. « L'action en nullité et l'action en déchéance pourront être
exercées par toute personne y ayant intérêt

» Ces actions, ainsi que toutes contestations relatives à la propriété des brevets, seront portées devant les tribunaux civils de première instance. »

M. DONATIEN MARQUIS. Je demande la suppression des mots *y ayant intérêt,* parce qu'il me semble que tout le monde a intérêt à ce que les brevets rentrent dans le droit commun. Ces mots *y ayant intérêt* sont extrêmement élastiques. Comment prouvera-t-on qu'on y a intérêt? Est-ce un intérêt direct, est-ce un intérêt quelconque? Partout, il me semble que tout le monde a le droit de poursuivre une déchéance.

M. VIVIEN. La rédaction présente une difficulté réelle. Il semble que, pour être recevable à exercer l'action en déchéance, il faille avoir déja contrefait l'objet breveté; en effet, c'est seulement quand on sera exposé à une plainte en contrefaçon, qu'on aura un intérêt actuel et personnel à la déchéance, à moins toutefois qu'on ne fasse résulter l'intérêt de la seule intention de fabriquer l'objet breveté. Mais, s'il en était ainsi, il faudrait admettre l'action de la part de tout demandeur, car il n'en est aucun qui ne puisse dire que son projet est de se livrer à une telle fabrication, et que c'est dans cette pensée qu'il intente une action en déchéance.

Je voudrais donc qu'on précisat la valeur de ces mots : *y ayant intérêt,* et qu'on leur donnat un sens qui ne forçat point le demandeur en déchéance à courir les risques d'une contrefaçon préalable pour être recevable à demander la nullité ou la déchéance, et à s'exposer ainsi à la peine encourue pour contrefaçon, dans le cas où les tribunaux ne voudraient prononcer ni la nullité, ni la déchéance.

M. LE RAPPORTEUR. La pensée qui a présidé à la rédaction du projet est celle-ci : En France on ne connait pas d'action publique exercée par de simples citoyens; ce serait le seul exemple où un particulier serait admis, dans un intérêt social et non personnel, à intenter une action devant les tribunaux ; ce serait une chose exorbitante d'introduire une disposition aussi anormale dans nos lois. On a donc réduit le droit de demander la déchéance au cas où le demandeur avait un intérêt personnel. Mais l'intérêt peut être dans l'avenir comme dans le passé ou dans le présent. Ainsi, un fabricant voudra faire usage d'une machine brevetée; par exemple, un marchand de drap voudra se servir de ce qu'on appelle une tondeuse, il aura droit d'attaquer celui qui sans droit aurait pris un brevet pour cette machine. Mais il faut qu'il y ait un intérêt réel, sérieux, justifié : les tribunaux l'apprécieront. La loi ne peut le déterminer à l'avance. Autrement on verrait des spéculateurs d'une nouvelle espèce faire métier de plaider contre les personnes brevetées. Ce serait une nouvelle guerre d'industrie que la Chambre, sans doute, ne voudra pas encourager.

M. MARQUIS. Je retire mon amendement.

(L'article est adopté.)

Art. 35. « Si la demande est dirigée en même temps contre le titulaire du brevet et contre un ou plusieurs concessionnaires partiels.

elle sera portée devant le tribunal du domicile du titulaire du brevet. » (Adopté.)

Art. 36. « L'affaire sera instruite et jugée dans la forme prescrite pour les matières sommaires par les art. 405 et suivants du Code de procédure civile. Elle sera communiquée au procureur du Roi. » (Adopté.)

Art. 37. « Dans toute instance tendant à faire prononcer la nullité ou la déchéance d'un brevet, le ministère public pourra se rendre partie intervenante et prendre des réquisitions pour faire prononcer la nullité ou la déchéance absolue du brevet.

» Il pourra même se pourvoir directement par action principale pour faire prononcer la nullité, dans les cas prévus aux n⁰ˢ 2, 3 et 4 de l'art. 29. » (Adopté.)

Art. 38. « Dans les cas prévus par l'art. 37, tous les ayants droit au brevet dont les titres auront été enregistrés au ministère de l'agriculture et du commerce, conformément à l'art. 22, devront être mis en cause. » (Adopté.)

Art. 39. « Lorsque la nullité ou la déchéance absolue d'un brevet aura été prononcée par jugement ou arrêt ayant acquis force de chose jugée, il en sera donné avis au Ministre de l'agriculture et du commerce, et la nullité ou la déchéance sera publiée dans la forme déterminée par l'art. 15 pour la proclamation des brevets. » (Adopté.)

TITRE V. — *De la contrefaçon, des poursuites et des peines.*

Art. 40. « Toute atteinte portée aux droits du breveté, soit par la fabrication de produits, soit par l'emploi de moyens faisant l'objet de son brevet, constitue le délit de contrefaçon.

» Ce délit sera puni d'une amende de 100 fr. à 2,000 fr. » (Adopté.

Art. 41. « Ceux qui auront sciemment recelé, vendu ou exposé en vente, ou introduit sur le territoire français un ou plusieurs objets, seront punis des mêmes peines que les contrefacteurs. » (Adopté.)

M. Isambert a proposé ici un article additionnel qui prendrait place à la suite du n⁰ 41, et ainsi conçu :

« Les peines établies par la présente loi ne pourront être cumulées.

» La peine la plus forte sera seule prononcée pour tous les faits antérieurs au premier acte de poursuite. » (Adopté.)

Art. 42. « Dans le cas de récidive, il sera prononcé, outre l'amende portée aux deux articles précédents, un emprisonnement d'un mois à six mois.

» Il y a récidive lorsqu'il a été rendu contre le prévenu, dans les cinq années antérieures, une première condamnation pour un des délits prévus par la présente loi.

» Un emprisonnement d'un mois à six mois pourra aussi être prononcé, si le contrefacteur est un ouvrier ayant travaillé dans les ateliers du breveté, ou si le contrefacteur, s'étant associé avec un ouvrier du breveté, a eu connaissance, par ce dernier, des procédés décrits au brevet.

21.

» Dans ce dernier cas, l'ouvrier pourra être poursuivi comme complice. »

(Le paragraphe est adopté.)

M. BETHMONT. Je demande à la commission une explication. Le paragraphe est ainsi rédigé :

« Il y a récidive lorsqu'il a été rendu contre le prévenu, dans les cinq années antérieures, une première condamnation pour un des délits prévus par la présente loi. »

J'entends bien qu'un mécanicien qui aurait été reconnu contrefacteur d'un appareil premier, d'une machine à vapeur, par exemple, s'il contrefait la même mécanique avant l'expiration de cinq années, soit déclaré coupable de contrefaçon. Mais si, dans cet intervalle de cinq années, on lui fait faire une machine à filer ou tout autre métier breveté, sera-t-il coupable de récidive ? Il n'est point inventeur, il a reçu des modèles, il peut être déclaré contrefacteur, car en matière de contrefaçon l'excuse de la bonne foi n'est point admise.

M. LE RAPPORTEUR. Mais il n'est point l'auteur.

M. BETHMONT. Je suis mécanicien, je suis industriel, je fais des machines : on m'a commandé une machine à vapeur qui a été reconnue contrefaçon ; on me commande ensuite un métier à filer dans l'intervalle de cinq années ; je puis être déclaré deux fois contrefacteur. Je n'ai pas contrefait deux fois la même machine, c'est-à-dire que je n'ai pas fait deux fois préjudice au même propriétaire ; dois-je être atteint d'une peine aussi rigoureuse que celle de la récidive ? Je conçois la gravité de la récidive, lorsqu'elle s'applique à une seconde contrefaçon du même objet ; car j'ai été averti par le premier jugement, et j'ai cependant, par une persévérance coupable, porté atteinte à un droit que je devais respecter ; je conçois dans ce cas la peine de la récidive. Vous entendez frapper un malhonnête homme qui persévère dans une action mauvaise ; mais un homme repris par la loi qui n'a pas pensé faire une mauvaise action ?

Je demande si l'on entend que la récidive sera la deuxième atteinte aux droits d'un même breveté ? Entend-on, au contraire, que la récidive sera la contrefaçon de tout autre brevet ? Dans le premier cas, je voterais le paragraphe ; dans l'autre, je ne le pourrais pas.

M. LE RAPPORTEUR. L'honorable M. Bethmont pourra voter contre la disposition, comme il l'annonce ; car nous ne pouvons l'entendre dans le même sens que lui.

Si un voleur relaps venait dire devant un tribunal correctionnel : « Je ne suis pas en récidive, car la première fois j'ai volé telle personne, et la seconde fois j'en ai volé une autre, » M. Bethmont trouverait-il cette défense bien légale et bien convenable ? Voterait-il la loi qui l'élèverait à la hauteur d'un principe ? Et, cependant, c'est là précisément ce qu'il nous propose d'écrire dans la loi. Je sais bien que la contrefaçon n'est pas aussi odieuse que le vol proprement dit ; mais ce n'est pas moins une action coupable : c'est l'invasion illégale sur le droit d'autrui. Quelle que soit donc l'invention contrefaite, dès qu'il y a eu deux contrefaçons, il y a récidive.

M. BETHMONT. Je ne me servirai jamais d'arguments de ce genre, je ne dirai pas que celui qui vole une seconde fois ne soit pas un voleur. L'honorable rapporteur me prête un mode d'argumenter dont je ne puis le remercier.

S'il s'agissait d'un délit ordinaire, où la loi morale est tellement claire et le préjudice tellement positif qu'il y ait une égale infraction à la loi morale et au droit de propriété, je n'élèverais pas la question ; mais il s'agit d'un délit particulier, d'une atteinte portée à une propriété difficile à définir, et nous en avons eu une expérience dans la définition de cette loi. Ne peut-il pas arriver qu'un homme qui s'occupe de machines, qu'un mécanicien ait deux fois l'occasion, dans cinq années, d'exécuter des machines sans s'être rendu un compte parfait de la nature des droits du breveté ? Ainsi il tombera, pour ainsi dire par hasard, dans un délit qui emportera contre lui l'emprisonnement avec la récidive.

Je dis que cela est immoral ; je dis qu'au lieu d'être prévenu comme je le suis par la loi ordinaire, par le Code pénal et par la conscience, je ne puis être prévenu par rien sur les droits d'un breveté. Je puis avoir fait une infraction, mais il n'est pas possible que pour ce manquement, manquement dont je n'ai pu connaitre la gravité, je sois frappé d'emprisonnement.

J'insiste d'autant plus que je rappelle à l'honorable rapporteur, qui a la connaissance des lois, ce fait qu'en matière de contrefaçon on n'examine pas s'il y a eu intention. Tous les jours, nous voyons condamner des contrefacteurs par cela seul qu'ils ont porté atteinte à la propriété du breveté.

M. DALLOZ. C'est un délit.

M. BETHMONT. Vous dites que c'est un délit. Maintenant, Messieurs, expliquons-nous.

Mais à quoi reconnaît-on un délit ?

Ainsi, par exemple, on condamne à un mois de prison celui qui fait paraitre un journal sans cautionnement ; on ne considère pas ce fait comme un délit, mais comme une contravention, et on n'admet pas l'excuse de bonne foi. Il y a donc certaines contraventions qui entraînent l'emprisonnement, et dans lesquelles on n'admet pas l'excuse de bonne foi.

M. DALLOZ. L'art. 38 parle de la bonne foi.

M. BETHMONT. Ce n'est pas cela.

Je reconnais que dans la loi actuelle nous venons de déclarer, dans un des articles, que l'atteinte au brevet constituait un délit ; mais c'est parce que cela constitue un délit que je tiens essentiellement à ce que la récidive ne soit jamais que la seconde faute contre le droit du même breveté ; c'est-à-dire que l'on ne peut pas savoir, quand c'est un breveté dont on n'a pas examiné les droits, si l'on a contrevenu vis-à-vis de lui, tandis qu'on est toujours instruit quand on a eu un procès et qu'on a perdu ce procès, et qu'au mépris de l'avertissement que donnent la perte de ce procès et la condamnation qu'on a subie, on contrevient une seconde fois aux droits particuliers du breveté. Je demande donc que la récidive n'ait lieu que quand la seconde contrefaçon faite aura été commise au détriment du même breveté.

M. LE PRÉSIDENT. A ce paragraphe vous ajouteriez : *Commis à l'égard du même breveté* ou *du même brevet*.

M. BETHMONT. Permettez. Je demanderai une autre explication qui pourrait dispenser d'une rédaction.

Puisque vous définissez l'atteinte portée au brevet un délit, il va de droit qu'il faudra qu'il y ait intention frauduleuse.

J'accepterai la déclaration si M. le rapporteur veut bien la confirmer. Voyons, monsieur le rapporteur, voulez-vous bien me donner une explication. (On rit.)

C'est bien le moins que des jurisconsultes se disent ce qu'ils pensent sur une règle qui appartient à la science des lois.

Je demande s'il n'est pas évident. d'après les explications qui viennent d'être échangées, que. par cela même que l'atteinte portée au brevet est aujourd'hui déclarée délit, il faudra qu'il y ait intention frauduleuse dans cette atteinte.

M. LE RAPPORTEUR. Je pourrais me refuser à donner dans cette enceinte la consultation que veut bien. me demander l'honorable M. Bethmont; car c'est une consultation qu'il me demande. (On rit.)

Quoique ce ne soit pas le lieu de répondre à de semblables questions. cependant je veux bien le faire.

La règle générale suivie jusqu'à ce jour est celle-ci : c'est qu'en matière de contrefaçon la contrefaçon existe par cela seul qu'on reproduit une invention protégée par un brevet.

Toutefois, la loi qui a porté les questions de contrefaçon devant les tribunaux correctionnels, et, par conséquent. les a érigées en délit. a opéré un remarquable changement. Jusqu'alors il n'y avait qu'un procès écrit, maintenant le procès se complique; il est à la fois civil et correctionnel : en telle sorte qu'il y a deux ordres de débats portés devant le tribunal correctionnel. Il y a d'abord l'intérêt civil qui ne peut être en souffrance.

Ainsi. par cela seul qu'on a fabriqué. par cela seul qu'on a vendu une chose protégée par un brevet, on doit être condamné, vis-à-vis de la partie civile, à toutes les réparations qui lui sont dues. A côté il y a encore l'action pénale, la punition du délit : et c'est ici qu'un accusé, qu'un prévenu pourra, pour l'application de la peine, appeler à son secours tous les moyens de défense qui protégent ceux qui sont accusés : c'est alors qu'il pourra invoquer la bonne foi. le défaut d'intention coupable, et toutes les circonstances qui seront de nature à atténuer sa faute et à prouver. s'il est possible. qu'elle ne renferme pas les éléments constitutifs du délit. Cela conduira. sinon à un acquittement complet, du moins à l'atténuation de la peine : car la loi veut qu'on puisse faire application de l'art. 463 du Code pénal qui permet d'atténuer la peine, de la ramener à une simple condamnation pécuniaire et d'affranchir de l'emprisonnement. C'est là tout ce qu'on peut demander et tout ce qu'a voulu la loi.

Je n'admets pas non plus le système de M. Bethmont sous un autre

point de vue : c'est qu'il ne tendrait à rien moins qu'à la réhabili-
tation du délit de contrefaçon , car il faudra·t le faire considérer
comme un délit à part, où la bonne foi, non-seulement est admise,
mais se présume. C'est un délit, vous dit-il, qui peut être commis
sans volonté de le commettre.

Admettons que cela soit possible, au moins faut-il reconnaître que
ce sera l'exception: mais on fait les lois pour les cas généraux et
non pour les cas exceptionnels. Alors surtout qu'il y a récidive, on
ne peut pas admettre la supposition de bonne foi. Il doit y avoir
aggravation de peine contre celui qui multiplie les contrefaçons.

C'est le système du Code pénal et des lois répressives en général :
ce doit être celui de la loi que nous votons.

M. BETHMONT. Je suis réellement fâché de mon insistance. mais je
suis commandé par le sentiment de la vérité, sauf aveuglement de
ma part.

L'honorable M. Dupin dit que, lorsqu'on se présentera devant un
tribunal correctionnel à l'occasion d'une atteinte portée à un brevet
d'invention, il faudra toujours qu'il y ait condamnation, parce que
c'est une atteinte portée à la propriété particulière. parce que, qu'il
y ait eu bonne foi ou mauvaise foi, il y a eu atteinte et qu'il devra
y avoir condamnation.

Cela me paraît une hérésie de droit si profonde, qu'il ne me reste
plus qu'un étonnement, c'est de l'avoir entendu exprimer par la
bouche de l'honorable rapporteur de la commission.

Je demande si on peut prétendre que, quand on va devant un tribunal de police correctionnelle. même parce que l'on est partie civile, porter son intérêt civil, on a droit à une condamnation par
cela seul que l'intérêt civil a été blessé ?

Il faut, quand on saisit un tribunal correctionnel, quand une partie
civile, qui peut le faire. saisit un tribunal correctionnel. il faut toujours que le tribunal correctionnel soit compétent à raison de l'intention frauduleuse de celui qu'on présente comme délinquant; or,
quand on se trompe sur l'intention frauduleuse. on doit perdre son
procès au tribunal de police correctionnelle. sauf à le recommencer
devant les tribunaux civils. Il me semble que c'est là l'évidence : je
dis plus. il me semble que ce sont là des principes élémentaires du
droit.

La question reste tout entière. Vous avez déclaré que toute atteinte
portée au brevet était une contrefaçon, et vous avez établi la nécessité d'une intention criminelle de la part du contrefacteur; je ne
crois pas que vous ayez fait une chose utile, mais enfin c'est voté;
eh bien, dès que vous avez établi la nécessité de l'intention frauduleuse, je déclare que mon amendement, ou les amendements que
j'aurais apportés à l'article 46. deviennent inutiles; car, comme je
vous le disais, on ne peut pas tomber sous une pénalité aussi
sévère sans une intention frauduleuse. Je retire donc mon amendement.

M. VIVIEN. Il me paraît nécessaire de revenir sur le sens exact des art. 38 et 39. Bien qu'ils soient déjà votés, parce que je les crois mal compris par notre honorable collègue.

L'art. 38 est absolu. La contrefaçon résulte des circonstances qu'il énumère : le fait matériel suffit. La loi n'admet point que des questions d'intention puissent être soulevées pour effacer le délit. Les circonstances spéciales à chaque poursuite pourront seulement influer sur la gravité de la peine, qui pourra, grace à l'art. 463 dont l'application est admise, être réduite à l'amende la plus faible.

L'interprétation que je donne à l'art. 38 est prouvée par les termes de l'article suivant qui, pour l'introducteur et le débitant, n'admet de culpabilité que quand ils ont agi *sciemment*. La même expression eût été employée par l'art. 38 si l'on eut entendu que le délit de contrefaçon ne put se trouver que dans des actes faits *sciemment* contre les droits du breveté.

C'est dans l'intérêt des brevetés que je parle : leurs droits seraient gravement compromis si les contrefacteurs étaient reçus à invoquer des excuses de bonne foi, à alléguer, par exemple, qu'ils ignoraient l'existence du brevet : à l'aide de ces moyens, tous pourraient échapper à une juste répression, et les privilèges des inventeurs tomberaient devant les attaques et les subtilités de la contrefaçon.

M. AYLIES. Je ne puis adopter l'explication qui vient d'être donnée de l'art. 38 de la loi que nous votons en ce moment.

En matière de contrefaçon, il y a deux éléments pour les tribunaux : le fait matériel en lui-même et l'intention.

Voix diverses. Jamais ! jamais !

M. AYLIES. Il y a le fait matériel d'une part et l'intention d'autre part. (Nouvelles dénégations.)

Dans l'espèce, et en particulier dans les deux articles, je retrouve les mêmes éléments, lorsqu'on dit dans l'art. 39 : « Ceux qui auront sciemment recélé ou vendu. » Ces mots se réfèrent à la complicité ; il a fallu employer le mot *sciemment* dans cette circonstance. Mais lorsqu'on dit dans l'art. 38 : « Toute atteinte portée aux droits du breveté, » cette atteinte constitue un délit. Ce délit ainsi précisé se rapporte au fait matériel en lui-même et à l'intention. Cela est tellement vrai, que devant les tribunaux, en matière de contrefaçon et particulierement en matiere de brevet d'invention, on relève cette anomalie; on peut, en prouvant que l'intention n'a pas été criminelle, écarter la contrefaçon.

Je crois que la loi actuelle, telle qu'elle est combinée, sera exécutée de cette façon que, lorsqu'un délit de contrefaçon sera porté devant les tribunaux, il y aura deux choses à apprécier.

Dans la jurisprudence, il s'est présenté une foule de circonstances où celui qu'on prétendait contrefacteur se plaçait sur le terrain de la bonne foi, et avec une telle évidence, en matière littéraire, que les tribunaux écartaient le délit.

Si dans la pratique tout le monde a pu en être convaincu, dans l'espèce il en sera de même.

Comment supposer qu'il pût en être autrement ?

Qu'est-ce qu'une contrefaçon ? ce n'est pas une soustraction frauduleuse, mais, comme le disait M. le rapporteur, c'est une atteinte portée à la propriété d'autrui. Vous aurez beau la voiler par des expressions moins caractéristiques, que le fait de l'atteinte à la propriété n'en existera pas moins : mais une atteinte à la propriété, en tant qu'elle est caractérisée délit, implique toujours deux éléments. le fait matériel en lui-même, et l'intention de porter atteinte à la propriété. Si, par un concours de circonstances qui se produisent souvent, il y a atteinte à la propriété, et que cependant l'intention ne puisse pas être attaquée, l'un des éléments du délit manquera, d'autant plus qu'il peut se faire, comme le disait M. Bethmont, que dans une foule de circonstances on pourra ignorer qu'on porte atteinte à la propriété d'un brevet ; cela peut arriver souvent. Le brevet aura été pris à un long intervalle, il n'aura pas été connu de celui qui a porté atteinte à la propriété du breveté. Il pourra arriver cependant qu'il y ait atteinte portée aux droits de celui qui a pris le brevet.

Il y a ici deux éléments de délit, il y a délit véritable de la part de l'auteur de la contrefaçon, il y a délit de la part du complice qui a agi sciemment.

Voilà pourquoi une des dispositions qui précèdent a employé le mot *sciemment*.

Vous voyez donc parfaitement que dans un cas il suffit du fait, que dans l'autre il faut avoir agi sciemment. Dans toute l'économie de nos lois, lorsqu'il s'agit du recel et de la complicité. le mot sciemment est toujours mis parce qu'il implique d'une manière directe l'intention, tandis que l'auteur même du délit a nécessairement agi en connaissance de cause. Les atteintes contre la propriété peuvent être diversifiées, mais le mot *sciemment* s'applique à la complicité dans les formes diverses qu'elle peut affecter.

Dans tous les cas, les tribunaux appelés à statuer auront à prononcer sur ce double fait. C'est pour cette raison que je n'hésite pas à écarter l'amendement de l'honorable M. Bethmont.

M. LE PRÉSIDENT L'amendement a été retiré.

M. ODILON BARROT. Il me semble que la confusion dans laquelle nous tombons procède peut-être de la mauvaise qualification du fait de contrefaçon.

Dans la jurisprudence actuelle. je dis même dans l'équité et dans la justice, la contrefaçon par elle-même est un délit, c'est-à-dire un fait qui tombe sous le coup des lois répressives. La contrefaçon est réputée un fait dommageable, une atteinte à la propriété, parce que tout individu qui produit une invention a toujours la facilité de s'éclairer, de savoir si l'invention existe ou n'existe pas ; c'est la jurisprudence universelle. Il y a même plus, c'est qu'on ne peut saisir que le tribunal correctionnel, et que l'action civile sera portée devant le tribunal correctionnel, et ne sera pas subordonnée à une condamnation pénale.

Si l'on admet que le tribunal correctionnel peut examiner la question d'intention et déclarer qu'il y a matériellement contrefaçon et qu'il n'y a pas de pénalité à prononcer, qu'en résulterai il ? c'est que l'inventeur serait sans protection et ses intérêts civils sans réparation ! À moins qu'on ne veuille admettre la double action, et qu'on veuille s'adresser aux tribunaux civils: mais prenez-y garde, devant le tribunal civil vous n'avez plus l'appui du ministère public. Le mode de constatation n'est plus le même, l'enquête ne se fait plus en présence du juge, le débat n'est plus contradictoire : l'enquête se fait en l'absence du juge, sur simple rapport de commissaire ; les formes sont toutes différentes.

Je suis ramené en ce point à mon idée, qui peut-être paraîtra téméraire à une partie de la Chambre, mais qui, selon moi, nous conduirait à la solution des plus grandes difficultés qui sont dans la loi : ce serait de faire disparaître la double action, et à la place de toutes ces complications, de substituer un juge spécial.

Si le jury n'était pas créé, s'il n'existait pas dans nos institutions, il faudrait le créer spécialement pour la matière en question, car il y a un grand nombre de difficultés, soit dans la définition de ce qui constitue l'invention ou le perfectionnement, soit dans la disposition même que vous avez ajoutée et qui affranchit de la déchéance pour les cas où on pourra justifier des causes de non exécution. Il y a une appréciation tellement étendue, tellement arbitraire, qu'en vérité je ne sais comment vous pouvez ramener cela à des formes de juridiction ordinaire ; cela tombe nécessairement devant l'institution d'un jury, et c'est ce qui arrive par la force même des choses.

Un tribunal civil est saisi d'une action en contrefaçon, il renvoie à des experts spéciaux, constituant un jury qui n'est pas responsable; la responsabilité flotte incertaine entre les experts ainsi constitués et le tribunal qui prononce en définitive. Il vaudrait mieux que la responsabilité morale fût concentrée dans un jury, dans un jury spécial, composé de telle manière qu'il offrirait des garanties tout à la fois à la société et à l'inventeur, jury unique qui maintiendrait l'unité de jurisprudence dans ces matières, qui éclairerait la loi par ses décisions successives, qui maintiendrait ainsi la loi dans son véritable esprit, et qui ne permettrait pas cette déplorable variation qui fait qu'un brevet, déclaré brevet à Paris, ne l'est pas à Marseille ou à Toulon, qui fait que le droit de l'invention, de la propriété de l'inventeur n'est pas le même dans toutes les parties de la France.

Je voudrais un jury unique, tout à la fois scientifique et industriel, et que le droit de récusation fût plus large pour offrir plus de garanties et à la société et aux parties

Ce sont là des idées qui pourront paraître téméraires à une partie de la Chambre ; cependant nous avons introduit le jury en matière d'expropriation forcée, c'est-à-dire dans une matière qui était peut-être la plus contraire à l'introduction de cette institution, puisqu'en matière d'expropriation forcée il s'agit d'arriver à une évaluation, et que dans douze jurés il est impossible d'arriver à l'unité d'évaluation, et que toute évaluation prononcée par un jury est ramenée nécessairement à une moyenne, ce qui est un grave inconvénient dans l'introduction du jury en matière d'expropriation; et ce n'est pas que je réprouve cette appréciation, mais je dis que dans l'application de votre loi et dans toutes les appréciations qu'elle comporte, l'institution du jury serait éminemment utile ; je dis même qu'elle est nécessaire, qu'elle est le couronnement de votre loi ; je voudrais du moins qu'elle fût résumée dans les dispositions qui terminent cette loi.

M. LE PRÉSIDENT. Je n'ai pas dû interrompre l'honorable M. Barrot dans les observations qu'il a présentées et qui ont été écoutées avec intérêt par la Chambre ; mais je dois faire remarquer que déjà la Chambre a voté les articles qui organisent la compétence des tribunaux et la procédure ordinaire.

M. ODILON-BARROT. Oui, mais je crois qu'il serait bon de réserver le droit pour les dispositions finales.

M. LE PRÉSIDENT. Je suis obligé de rappeler quels sont les articles votés sur ce point :

Art. 32. « L'action en nullité et l'action en déchéance pourront être exercées par toute personne y ayant intérêt.

» Ces actions, ainsi que toutes contestations relatives à la propriété des brevets, seront portées devant les tribunaux civils de première instance. »

Art. 34. « L'affaire sera instruite et jugée dans la forme prescrite pour les matières sommaires par les art. 405 et suivants du Code de procédure civile. Elle sera communiquée au procureur du roi. »

Je n'entends pas lire ces articles pour exposer une fin de non-recevoir aux amendements, mais pour lui rappeler quelles sont les dispositions déjà votées.

M. ODILON-BARROT. M. le président pense bien qu'aucun de nous n'aurait l'imprudence d'improviser ici une organisation entière. Le jury devrait être organisé par une loi spéciale, et avec beaucoup de précaution ; mais tant que cette organisation n'aura pas lieu, il est évident que la juridiction commune doit être saisie, et que toutes les dispositions que M. le président vient de lui rappeler doivent recevoir leur application.

M. LE PRÉSIDENT. M. Bethmont a déclaré ne pas insister sur son amendement.

M. CRÉMIEUX. Permettez !

La discussion a été longue, mais il me semble que rien n'a encore été résolu. Je proposerai une solution.

De quoi s'agit-il ? du délit de contrefaçon.

Comment, jusqu'à ce moment, ce délit a-t-il été jugé ? Il ne faut pas se le dissimuler, et à cet égard je ne puis être de l'avis de M. le rapporteur.

Il y a dans la loi deux espèces de délits de contrefaçon : l'un dans lequel, comme l'a dit M. le rapporteur, on examine à la fois la question de fait et celle d'intention, c'est la contrefaçon plus spécialement prévue par le Code pénal, c'est la contrefaçon littéraire. Celle-là.

toutes les fois qu'elle est portée devant les tribunaux, amène la question d'intention autant que celle de fait.

Mais quant à la contrefaçon du brevet, il n'est pas exact de prétendre que cette contrefaçon est jugée par le fait d'abord et par l'intention ensuite. Elle n'est jamais jugée que par le fait, si bien que vous-même, par une conséquence inévitable, vous avez reconnu qu'il y avait cette différence essentielle entre l'art. 38 et l'art. 39. Par l'art. 38, la seule atteinte constitue le délit, tandis que dans l'art. 39, vous avez introduit le mot *sciemment*.

Nous avons voté l'art. 38 et l'art. 39, et nous en sommes à l'art. 40 : mais si, en discutant l'art. 40, nous reconnaissions qu'il y a impossibilité de faire cadrer cet art. 40, quel qu'il soit en matière, avec l'article 38 tel qu'il a été voté, il est évident que nous avons le droit, et cela s'est toujours fait ainsi, de proposer sur l'art. 38 une addition qui nous permettra de faire l'art. 40.

Eh bien, quel est le débat? Nous voulons qu'en matière de délit de contrefaçon, comme en toute autre espèce de délit, on juge tout à la fois et le fait et l'intention. Eh bien, ce n'est pas le mot *délit*, ce ne sont pas les explications que vous donnerez devant la Chambre qui détermineront les magistrats à examiner l'intention.

Le mot *délit*, quand vous le mettez à côté des mots *toute atteinte*, est défini par l'article même : le magistrat n'aura pas à le définir autrement; et, quant aux explications que nous donnons à la Chambre, je le lui dis pour qu'elle le sache bien, qu'elle ne croie pas qu'elles aient de l'importance. Les discussions que nous avons ici ne produisent d'impression qu'au *Moniteur* et devant le public, et non devant les tribunaux.

Comment voulez-vous qu'il en soit autrement, lorsque quatre cent cinquante personnes peuvent avoir leur opinion et la donner chacune de son côté ? Il est évident que les tribunaux ne peuvent pas s'en préoccuper; aussi je vous assure qu'ils ne s'y arrêtent pas. Il faut donc écrire dans la loi ce que vous voulez y mettre, et ne pas renvoyer devant les tribunaux vos déclarations.

Je demanderais donc, pour qu'il n'y eût pas de doute possible, que l'art. 38 fût ainsi conçu :

« Toute atteinte frauduleuse... »

M. LE PRÉSIDENT. C'est voté !

M. CRÉMIEUX. Je me rappelle pourtant que sur les articles déjà votés....

M. LE PRÉSIDENT. Jamais!

M. CRÉMIEUX. Je serais désolé d'avancer une chose qui ne serait pas exacte : mais il me semble que dans la loi sur la chasse, à laquelle j'ai pris quelque part comme membre de la commission, on avait déjà adopté deux articles, et lorsque même le lendemain on proposa un mot qui pouvait être reporté à un article précédent, la Chambre ne fit pas de difficulté de l'adopter.

Du reste, voici ce que je veux dire : Vous voulez établir un cas de récidive dans l'art. 40, eh bien, je dis que vous ne le pourrez pas, à moins que le délit ne soit parfaitement défini par l'art. 38. Eh bien, que faisons-nous ici ? Nous faisons une loi de bonne foi. Quand, arrivés à l'art. 40, nous nous apercevons que l'art. 38 n'est pas tel qu'il devrait être, quel inconvénient y a-t-il à déclarer que le mot *frauduleuse* sera ajouté au mot *atteinte?*

M. LE PRÉSIDENT. Il est impossible de traiter avec cette facilité la confection des lois et des formes réglementaires qui la protégent.

Lorsque des articles ont été successivement adoptés et votés. il est impossible à la Chambre elle-même, avec sa toute-puissance, d'y rien changer. Un seul cas a été prévu par le règlement. c'est celui où, après le vote d'une loi tout entière, la Chambre s'aperçoit qu'il pourrait y avoir des erreurs de pure rédaction; alors elle renvoie le travail tout entier à sa commission, sa commission fait un nouveau rapport, et, lors du nouveau rapport, il est défendu de discuter sur autre chose que sur la rédaction ; toute discussion est interdite sur le fond. On comprend que c'est à ce prix seul que le pouvoir de la Chambre reste debout, c'est-à-dire à la condition pour elle de donner l'exemple du respect pour ses propres décisions qui doivent ultérieurement faire loi pour tout le monde.

Maintenant, si l'honorable M. Crémieux veut proposer un amendement sur l'art. 40.....

M. CRÉMIEUX. C'est ce que je vais faire.

M. LE PRÉSIDENT. Il en est le maître. Il peut dire que la peine de la récidive ne pourra être appliquée qu'autant qu'il y aura eu infraction frauduleuse; mais il ne changera pas par là la qualification de délit portée d'une manière générale dans l'art. 38.

M. BETHMONT. Sans aucun doute, la Chambre doit être fidèle aux prescriptions du règlement qu'elle a voté ; mais il y a aussi une autre fidélité à laquelle la Chambre doit tenir, c'est la fidélité aux lois du bon sens, et quand nous reconnaissons que nous avons laissé passer une disposition qui est interprétée, en ce moment, dans un sens par les uns, et dans un autre sens par les autres; alors qu'à l'instant où nous devrions nous entendre sur l'interprétation de cette disposition, aucun doute ne s'est élevé. je dis qu'il est pénible que l'on soit enchaîné dans des liens aussi rigoureux, et qu'il ne soit pas possible de demander et de recevoir une explication qui serait utile plus tard dans l'interprétation de la loi.

Je me soumets aux paroles de M. le président; mais je déclare que, pour les tribunaux comme pour nous, la question de savoir ce que c'est que le délit déterminé par l'art. 38 est une question sans solution possible, c'est-à-dire qu'au moment où nous sommes tous législateurs, occupés à faire une loi, nous en sommes réduits à nous dire : Le sens de cet article, c'est la jurisprudence qui le fixera.

Je répète que c'est là un système qui est fâcheux. Je ne dis pas que ce système n'est pas né de la lettre du règlement: mais le règlement, qui a une lettre et un esprit, doit avoir dans son esprit la volonté de nous laisser nous éclairer au moment où nous faisons la loi.

Voici ce qui résulte de nos explications dans la pensée, dans l'opinion d'un grand nombre de membres de la Chambre. L'art. 38, par cela seul que vous avez dit que l'atteinte était un délit, a emporté l'intention avec le fait, la nécessité de juger l'intention comme la nécessité de juger le fait. C'est un principe nouveau : c'est un principe que je n'avais pas compris ainsi. J'avais considéré qu'il y avait dans la loi une aggravation contre le contrefacteur, par cela seul qu'il ne suffisait plus du fait, mais qu'il fallait aussi l'intention, l'intention frauduleuse. Dès lors le jugement, qui autrefois n'était pas flétrissant, deviendra flétrissant par cela seul que l'intention frauduleuse y sera comprise.

Voilà comment je l'avais compris, le rapporteur l'a compris autrement, les tribunaux diront comment la Chambre l'entendait, et je serais assez curieux de savoir comment les tribunaux diront qu'elle l'entendait lorsque nous, qui la consultons aujourd'hui, nous ne pouvons l'apprendre d'elle.

J'arrive à l'art. 40, puisque je suis obligé d'être muet sur l'art. 38 : quant à l'art. 40, je dis que je n'accepte l'emprisonnement pour personne sans intention frauduleuse, en sorte que je demande d'une manière expresse que, puisque vous instituez une récidive, puisque vous frappez celui qui est condamné en état de récidive d'un emprisonnement d'un mois à six mois, je demande qu'il y ait nécessité de déclarer l'intention frauduleuse lorsqu'il y aura condamnation pour récidive.

M. CRÉMIEUX. Je propose un amendement ainsi conçu :

« La récidive ne peut être déclarée que si le deuxième jugement reconnaît qu'il y a eu fraude dans le fait dont le contrefacteur est reconnu ou déclaré coupable. »

M. LE RAPPORTEUR. Ce serait deux règles : une règle pour le premier jugement, une règle pour le deuxième. Les tribunaux feraient d'une manière dans un cas, d'une manière dans un autre. Est-il possible d'introduire de pareilles disparates dans la loi ?

M. CRÉMIEUX. Je conviens que c'est une chose très déplorable, lorsqu'on fait une loi aussi importante que celle dont il s'agit, de voir qu'un art. 38 statuera d'une manière et un art. 40 de l'autre. Mais quand l'art. 38 a été admis, aucune difficulté ne s'est élevée, parce qu'aucune difficulté ne pouvait s'élever que relativement à la question de récidive ; là il y avait à voir comment on comprendrait la récidive, et par conséquent le délit.

M. le rapporteur nous déclare que le fait matériel de l'atteinte portée à la propriété constitue le délit ; eh bien, un deuxième fait matériel constituera une récidive qui entraînera l'emprisonnement. Il n'y a pas d'exemple au monde d'un emprisonnement prononcé sans qu'il y ait une intention criminelle ; nous ne pouvons donc pas le laisser mettre dans la loi ; et si le malheur veut que l'art. 38, à cause du règlement, ne puisse être modifié ici, comme la loi ira ailleurs, j'espère qu'il y aura possibilité d'y introduire une modification qui fera cadrer l'art. 40 avec l'art. 38.

Nous devons, quant à nous, protester contre la pensée de laisser aller en prison un homme qui n'aura pas eu d'intention frauduleuse.

M. BETHMONT. Si la commission voulait qu'on lui renvoyât l'article, on pourrait devant elle s'expliquer d'une manière qui concilierait les textes; nous n'avons peut-être pas encore fait un renvoi à la commission dans une circonstance qui le rende plus nécessaire.

M. ISAMBERT. Je ne crois pas qu'il y ait un grand inconvénient à interpréter l'article comme l'ont fait M. le rapporteur et M. Vivien.

Les tribunaux sont toujours juges de la question de savoir si la contrefaçon existe ou n'existe pas.

Je dois avertir les auteurs des amendements qu'ils se trompent grandement s'ils croient que, quand on mettra dans la loi le mot délit, il s'ensuivra qu'il y ait intention dans le délit alors que les tribunaux ne déclareraient pas que cette intention existe en même temps que le fait matériel. En ce cas, le jugement serait vicieux, il y aurait lieu de le casser. Dans toutes les matières spéciales, au contraire, il y a une latitude plus grande accordée aux tribunaux en raison même de la spécialité.

Par exemple, en matière de recrutement, lorsqu'un cultivateur avait reçu chez lui un jeune homme qui s'était soustrait au service militaire, par cela seul qu'il n'établissait pas sa bonne foi, il était bien et dûment condamné. Il y a eu des arrêts dans ce sens rendus à mon rapport.

Il est de jurisprudence que, quand il s'agit de lois spéciales, les tribunaux restent les maîtres de déclarer si la contravention existe ou n'existe pas, et que l'invocation des lois pénales ordinaires n'est pas applicable.

Quant à moi, je ne crois pas qu'il y ait un inconvénient grave dans le cas qui nous occupe, et j'estime qu'il faut s'en rapporter à l'appréciation discrétionnaire des tribunaux.

(L'amendement n'est pas adopté.)

M. le président met aux voix le deuxième paragraphe et proclame son adoption.

Sur le troisième paragraphe, M. Molin propose un amendement qui a pour but d'assimiler l'employé à l'ouvrier, et de dire que l'employé qui aura travaillé dans les bureaux du breveté sera puni comme l'ouvrier qui aura travaillé dans ses ateliers. (Adopté.)

(Le dernier paragraphe est adopté.)

(L'art. 40 est mis aux voix et adopté dans son ensemble.)

Art. 41. « L'art. 463 du Code pénal pourra être appliqué aux délits prévus par les dispositions qui précèdent. » (Adopté.)

Art. 42. « L'action correctionnelle pour l'application des peines ci-dessus ne pourra être exercée par le ministère public que sur la plainte de la partie lésée. » (Adopté.)

M. LE PRÉSIDENT. Art. 43. « Le tribunal correctionnel, saisi d'une action pour délit de contrefaçon, statuera sur les exceptions qui seraient tirées par le prévenu, soit de la nullité ou de la déchéance du brevet, soit des questions relatives à la propriété dudit brevet. »

Un amendement a été déposé; il est ainsi conçu :

« Si le prévenu fait valoir, pour sa défense, des moyens de nullité ou de déchéance, ou soulève des questions relatives à la propriété du brevet, le tribunal surseoira à statuer et le renverra à se pourvoir, sans préliminaire de conciliation, devant le tribunal civil compétent, dans un délai qui sera déterminé par le jugement. »

L'amendement n'étant pas appuyé, je n'ai pas à le mettre aux voix.

(L'article est adopté.)

M. Delespaul propose un paragraphe additionnel ainsi conçu :

« Le tribunal statuera de même sur les demandes en nullité ou en déchéance qui auraient été portées par le prévenu devant la juridiction civile, depuis l'introduction de l'instance en contrefaçon. »

M. DELESPAUL. Messieurs, le mode actuel de procédure, en matière de poursuites pour délit de contrefaçon, ouvre la porte à des inconvénients de plus d'une espèce. En voici un que je demande la permission de signaler, parce que je le trouve très grave, et parce que la disposition qui vient d'être votée n'aurait malheureusement pas pour effet de le prévenir.

L'article que nous venons d'adopter statue pour le cas où l'individu assigné comme contrefacteur oppose au breveté une exception tirée soit de la nullité ou de la déchéance du brevet, soit de questions relatives à la propriété dudit brevet. Le tribunal correctionnel, saisi de l'action, statuera également sur l'exception. Mais voici ce qui peut arriver, voici ce qui est arrivé plus d'une fois :

Le prévenu comparaît au jour fixé devant le tribunal correctionnel. Il laisse le breveté développer sa demande; il y répond en disant qu'il n'est point contrefacteur, et qu'on l'accuse à tort. Le tribunal nomme des experts; c'est un avant faire droit auquel il y a nécessité de recourir dans presque tous les procès en matière de contrefaçon. Les experts se livrent à leur opération; ce n'est pas l'affaire d'un jour. Plus tard, on revient à l'audience : il s'agit d'examiner le rapport des experts, puis de statuer sur le fond. Mais le contrefacteur, qui était aux aguets, a su que le rapport lui était contraire. Oh! si les résultats de l'expertise lui eussent été favorables, il serait revenu la tête haute devant le tribunal correctionnel, dont il se serait bien gardé de décliner la compétence; mais le résultat de l'expertise donne gain de cause au breveté; le contrefacteur le sait. Que fait-il? Il forme contre le breveté, devant la juridiction civile, une demande principale en nullité ou déchéance. Puis il vient dire au tribunal correctionnel : Arrêtez-vous. Et le tribunal s'arrête; il le faut bien.

On va plaider au civil; on obtient jugement. Appel du jugement, soit de la part du contrefacteur, soit de celle du breveté, suivant que ce jugement favorise ou contrarie les prétentions de l'un ou de l'autre. Plaidoiries devant la cour royale; arrêt. Pourvoi en cassation. Retour devant le tribunal correctionnel. Nouvelle demande de sursis jusqu'à la décision du pourvoi. Le sursis est accordé ou refusé. Appel dans l'un ou l'autre cas. Nouveau pourvoi en cassation. Voilà l'involution de procédures qui a lieu.

Que de jours, que de mois. que d'années se sont écoulés dans l'intervalle! Et, pendant tout ce temps. le contrefacteur poursuit son œuvre, il continue à s'enrichir aux dépens du breveté, tandis que celui-ci s'agite, s'épuise, marche à sa ruine.

J'ai signalé le mal; voici quel serait, selon moi, le remède. Je voudrais que tout tribunal correctionnel saisi d'une action pour délit de contrefaçon fût autorisé à statuer, même sur les demandes en nullité ou en déchéance qui auraient été portées par le prévenu devant la juridiction civile, depuis l'introduction de l'instance en contrefaçon. Il y aurait ainsi une sorte d'évocation d'une juridiction à l'autre.

M. LE PRÉSIDENT. L'amendement n'étant pas appuyé, je n'ai pas à le mettre aux voix.

Art. 44. « Les propriétaires de brevet pourront. en vertu d'une ordonnance du président du tribunal de première instance, faire procéder par tous huissiers à la désignation et description détaillées, avec ou sans saisie, des objets prétendus contrefaits.

» L'ordonnance sera rendue sur simple requête. et sur la représentation du brevet ; elle contiendra, s'il y a lieu, la nomination d'un expert, pour aider l'huissier dans sa description

» Lorsqu'il y aura lieu à la saisie, ladite ordonnance pourra imposer au requérant un cautionnement qu'il sera tenu de consigner avant d'y faire procéder.

» Il sera laissé copie au détenteur des objets décrits ou saisis, tant de l'ordonnance que de l'acte constatant le dépôt du cautionnement, le cas échéant: le tout, à peine de nullité et de dommages-intérêts contre l'huissier. »

M. Boudet a proposé, à titre d'amendement, de placer, à la suite du troisième paragraphe, une disposition ainsi conçue :

« Le cautionnement sera toujours imposé à l'étranger breveté qui requerra la saisie. »

Je mets aux voix l'art. 44, sous cette réserve.

(L'art. 44 est adopté.)

M. BOUDET. Je n'ai que peu de mots à dire pour justifier mon amendement.

La loi accorde aux étrangers le bénéfice de pouvoir prendre des brevets d'invention comme s'ils étaient français; elle leur accorde, par suite, le droit de pouvoir requérir la saisie des objets contrefaits, et vous savez que ce droit est exorbitant, car. pour les Français eux-mêmes, il n'existe qu'en vertu d'une ordonnance du président du tribunal de première instance. Le président, dans son ordonnance qui autorise la saisie, peut ordonner le dépôt préalable d'un cautionnement, afin de garantir au saisi le payement des dommages-intérêts dus par un breveté qui aurait légèrement requis une saisie, et arrêté par là une industrie, sans qu'il y ait réellement contrefaçon.

Le Code de procédure impose à l'étranger qui fait un procès à un Français la caution forcée pour garantir les frais du procès ; à plus forte raison lorsqu'il s'agit d'une saisie, et non d'un procès ordinaire ; car, remarquez-le. d'après le système de la loi. la saisie peut s'appliquer à la fois à un grand nombre de contrefacteurs, et arrêter simultanément toutes leurs industries. Si, dans ce cas, l'étranger n'était pas obligé de fournir un cautionnement, il pourrait arriver qu'après avoir attaqué des Français comme contrefacteurs, et, quand il s'agirait de payer des dommages-intérêts considérables, on ne le trouverait plus.

C'est, en un mot, le droit commun que je demande, en faveur des Français contre les étrangers, en matière de brevets d'invention, comme on l'a établi dans le droit civil lorsqu'il s'agit d'un procès ordinaire.

M. LE MINISTRE DU COMMERCE. C'est la loi.

M. LE RAPPORTEUR. Je ferai observer deux choses : la première, c'est que cette caution dont parle M. Boudet n'est jamais ordonnée en matière commerciale, et la question qui nous occupe est, en effet, une matière commerciale, industrielle.

J'ajouterai une chose, c'est que les étrangers qui sont brevetés en France ont presque toujours des établissements industriels qui sont une garantie de solvabilité.

Enfin, il y a une considération qui doit rassurer tout le monde : le président qui accorde la faculté de saisir examinera la position de l'étranger : s'il n'offre aucune garantie de solvabilité, il ordonnera la caution : mais s'il présente des garanties, il faut laisser au magistrat la possibilité d'ordonner la saisie sans exiger de caution.

M. BOUDET. En laissant au magistrat la faculté d'ordonner la saisie avec ou sans caution, cette faculté peut être difficile à exercer : car, si la loi n'exige pas nécessairement que l'étranger donne caution, la lui imposer sera une espèce d'exception. Le magistrat pourra hésiter à prendre ce parti : il pourra manquer, au début du procès, des renseignements propres à l'y décider : il aura l'air, dans tous les cas, de traiter l'étranger moins bien que le Français, tandis que personne, et l'étranger lui-même, ne pourra trouver mauvais que les industriels français soient mis à l'abri, par une disposition protectrice de la loi, des prétentions téméraires des étrangers qui, après avoir usé du bienfait de la loi qui les admet à prendre un brevet, en abuseraient pour exercer des poursuites inconsidérées, ou pour spéculer sur ces poursuites, comme on ne l'a vu que trop souvent.

(Une première épreuve est déclarée douteuse. L'amendement est adopté à une seconde épreuve.)

Art. 45. « A défaut, par le requérant, de s'être pourvu soit par la voie civile, soit par la voie correctionnelle, dans le délai de huitaine, outre un jour par 3 myriamètres de distance entre le lieu où se trouvent les objets saisis ou décrits et le domicile du contrefacteur, recéleur, introducteur ou débitant, la saisie ou description sera nulle de plein droit, sans préjudice des dommages-intérêts qui pourront être réclamés, s'il y a lieu, dans la forme prescrite par l'art. 34. » (Adopté.)

Art. 46. « La confiscation des objets reconnus contrefaits, et, le cas échéant, celle des instruments ou ustensiles destinés spécialement à leur fabrication, seront prononcées contre le contrefacteur, le recéleur, l'introducteur ou le débitant.

» Les objets confisqués seront remis au propriétaire du brevet, sans préjudice de plus amples dommages-intérêts et de l'affiche du jugement, s'il y a lieu. »

M. LE RAPPORTEUR. Je demande ici à reproduire un amendement qui a été présenté par l'honorable M. Vivien, et auquel la commission donne son adhésion.

Le paragraphe 1er de l'art. 46 est ainsi conçu : « La confiscation des objets reconnus contrefaits et, le cas échéant, celle des instruments ou ustensiles destinés spécialement à leur fabrication, seront prononcées..... » On rédigerait ainsi d'après l'amendement : *Seront même prononcées, en cas d'acquittement.* Le reste, comme au projet.

Le motif de cet amendement est celui-ci : c'est que, ne pas prononcer la saisie, même en cas d'acquittement, c'est autoriser la vente d'objets contrefaits ; en d'autres termes, c'est autoriser la contrefaçon. (Adopté.)

TITRE VI. — *Dispositions particulières et transitoires.*

Art. 47. « Des ordonnances royales portant règlement d'administration publique arrêteront les dispositions nécessaires pour l'exécution de la présente loi, qui n'aura effet que trois mois après sa promulgation. » (Adopté.)

Art. 48. « Des ordonnances, rendues dans la même forme, pourront régler l'application de la présente loi dans les colonies, avec les modifications qui seront jugées nécessaires. » (Adopté.)

Art. 49. « Seront abrogées, à compter du jour où la présente loi sera devenue exécutoire, les lois des 7 janvier et 25 mai 1791, celle du 20 septembre 1792, l'arrêté du 17 vendémiaire an VII, l'arrêté du 5 vendémiaire an IX, les décrets des 25 novembre 1806 et 25 janvier 1807, et toutes dispositions antérieures à la présente loi relatives aux brevets d'invention, d'importation et de perfectionnement. » (Adopté.)

Art. 50. « Les brevets d'invention, d'importation et de perfectionnement actuellement en exercice, délivrés conformément aux lois antérieures à la présente, ou prorogés par ordonnance royale, conserveront leurs effets pendant tout le temps qui aura été assigné à leur durée. » (Adopté.)

Art. 51 et dernier. « Les procédures commencées avant la promulgation de la présente loi seront mises à fin, conformément aux lois antérieures.

» Toute action, soit en contrefaçon, soit en nullité ou déchéance de brevet, non encore intentée, sera suivie conformément aux dispositions de la présente loi, alors même qu'il s'agirait de brevets délivrés antérieurement. » (Adopté.)

M. LE PRÉSIDENT. Il va être procédé au scrutin sur l'ensemble du projet de loi.

22

Le dépouillement du scrutin donne pour résultat :

- Nombre des votants. 234
  Majorité absolue. 119
  Boules blanches . . . . ´ 219
  Boules noires. 15

(La Chambre a adopté.)

LOI

SUR

LES BREVETS D'INVENTION.

(5 JUILLET 1844)

TITRE PREMIER.

DISPOSITIONS GÉNÉRALES.

ART. 1er. Toute nouvelle découverte ou invention dans tous les genres d'industrie confère à son auteur, sous les conditions et pour le temps ci-après déterminés, le droit exclusif d'exploiter à son profit ladite découverte ou invention.

Ce droit est constaté par des titres délivrés par le Gouvernement, sous le nom de *brevets d'invention*.

ART. 2. Seront considérées comme inventions ou découvertes nouvelles :

L'invention de nouveaux produits industriels ;

L'invention de nouveaux moyens ou l'application nouvelle de moyens connus pour l'obtention d'un résultat ou d'un produit industriel.

ART. 3. Ne sont pas susceptibles d'être brevetés :

1° Les compositions pharmaceutiques ou remèdes de toute espèce, lesdits objets demeurant soumis aux lois et règlements spéciaux sur la matière, et notamment au décret du 18 août 1810, relatifs aux remèdes secrets ;

2° Les plans et combinaisons de crédit ou de finances.

Art. 4. La durée des brevets sera de cinq, dix ou quinze années.

Chaque brevet donnera lieu au payement d'une taxe, qui est fixée ainsi qu'il suit, savoir :

Cinq cents francs pour un brevet de cinq ans ;

Mille francs pour un brevet de dix ans ;

Quinze cents francs pour un brevet de quinze ans.

Cette taxe sera payée par annuités de cent francs, sous peine de déchéance si le breveté laisse écouler un terme sans l'acquitter.

TITRE II.

DES FORMALITÉS RELATIVES A LA DÉLIVRANCE DES BREVETS.

SECTION PREMIÈRE. — DES DEMANDES DE BREVETS.

Art. 5. Quiconque voudra prendre un brevet d'invention devra déposer, sous cachet, au secrétariat de la préfecture, dans le département où il est domicilié, ou dans tout autre département, en y élisant domicile :

1° Sa demande au Ministre de l'agriculture et du commerce ;

2° Une description de la découverte, invention ou application faisant l'objet du brevet demandé ;

3° Les dessins ou échantillons qui seraient nécessaires pour l'intelligence de la description ;

Et 4° un bordereau des pièces déposées.

Art. 6. La demande sera limitée à un seul objet principal, avec les objets de détail qui le constituent, et les applications qui auront été indiquées.

Elle mentionnera la durée que les demandeurs entendent assigner à leur brevet dans les limites fixées par l'art. 4, et ne contiendra ni restrictions, ni conditions, ni réserves.

Elle indiquera un titre renfermant la désignation sommaire et précise de l'objet de l'invention.

La description ne pourra être écrite en langue étrangère. Elle devra être sans altération ni surcharges. Les mots rayés comme nuls seront comptés et constatés, les pages et les renvois paraphés. Elle ne devra contenir aucune dénomination de poids ou de mesures autre que

celles qui sont portées au tableau annexé à la loi du
4 juillet 1837.

Les dessins seront tracés à l'encre et d'après une
échelle métrique.

Un duplicata de la description et des dessins sera joint
à la demande.

Toutes les pièces seront signées par le demandeur ou
par un mandataire, dont le pouvoir restera annexé à la
demande.

Art. 7. Aucun dépôt ne sera reçu que sur la production
d'un récépissé constatant le versement d'une somme de
cent francs à valoir sur le montant de la taxe du brevet.

Un procès-verbal, dressé sans frais par le secrétaire
général de la préfecture, sur un registre à ce destiné, et
signé par le demandeur, constatera chaque dépôt, en
énonçant le jour et l'heure de la remise des pièces.

Une expédition dudit procès-verbal sera remise au déposant, moyennant le remboursement des frais de
timbre.

Art. 8. La durée du brevet courra du jour du dépôt
prescrit par l'art. 5.

SECTION II. — DE LA DÉLIVRANCE DES BREVETS.

Art. 9. Aussitôt après l'enregistrement des demandes
et dans les cinq jours de la date du dépôt, les préfets
transmettront les pièces, sous le cachet de l'inventeur,
au Ministre de l'agriculture et du commerce, en y joignant une copie certifiée du procès-verbal du dépôt, le
récépissé constatant le versement de la taxe, et, s'il y a
lieu, le pouvoir mentionné dans l'art. 6.

Art. 10. A l'arrivée des pièces au ministère de l'agriculture et du commerce, il sera procédé à l'ouverture, à
l'enregistrement des demandes et à l'expédition des brevets, dans l'ordre de la réception desdites demandes.

Art. 11. Les brevets dont la demande aura été régulièrement formée seront délivrés, sans examen préalable,
aux risques et périls des demandeurs, et sans garantie,
soit de la réalité, de la nouveauté ou du mérite de l'invention, soit de la fidélité ou de l'exactitude de la description.

Un arrêté du Ministre, constatant la régularité de

22.

demande, sera délivré au demandeur, et constituera le brevet d'invention.

A cet arrêté sera joint le duplicata certifié de la description et des dessins, mentionné dans l'art. 6, après que la conformité avec l'expédition originale en aura été reconnue et établie au besoin.

La première expédition des brevets sera délivrée sans frais.

Toute expédition ultérieure, demandée par le breveté ou ses ayants cause, donnera lieu au payement d'une taxe de vingt-cinq francs.

Les frais de dessin, s'il y a lieu, demeureront à la charge de l'impétrant.

ART. 12. Toute demande dans laquelle n'auraient pas été observées les formalités prescrites par les nos 2 et 3 de l'art. 5, et par l'art. 6, sera rejetée. La moitié de la somme versée restera acquise au Trésor, mais il sera tenu compte de la totalité de cette somme au demandeur s'il reproduit sa demande dans un délai de trois mois, à compter de la date de la notification du rejet de sa requête.

ART. 13. Lorsque, par application de l'art. 3, il n'y aura pas lieu à délivrer un brevet, la taxe sera restituée.

ART. 14. Une ordonnance royale, insérée au Bulletin des lois, proclamera, tous les trois mois, les brevets délivrés.

ART. 15. La durée des brevets ne pourra être prolongée que par une loi.

SECTION III. — DES CERTIFICATS D'ADDITION.

ART. 16. Le breveté ou les ayants droit au brevet auront, pendant toute la durée du brevet, le droit d'apporter à l'invention des changements, perfectionnements ou additions, en remplissant, pour le dépôt de la demande, les formalités déterminées par les articles 5, 6 et 7.

Ces changements, perfectionnements ou additions, seront constatés par des certificats délivrés dans la même forme que le brevet principal, et qui produiront, à partir des dates respectives des demandes de leur expédition, les mêmes effets que ledit brevet principal, avec lequel ils prendront fin.

Chaque demande de certificat d'addition donnera lieu au payement d'une taxe de vingt francs.

Les certificats d'addition, pris par un des ayants droit, profiteront à tous les autres.

ART. 17. Tout breveté qui, pour un changement, perfectionnement ou addition, voudra prendre un brevet principal de cinq, dix ou quinze années, au lieu d'un certificat d'addition expirant avec le brevet primitif, devra remplir les formalités prescrites par les art. 5, 6 et 7, et acquitter la taxe mentionnée dans l'art. 4.

ART. 18. Nul autre que le breveté ou ses ayants droit, agissant comme il est dit ci-dessus, ne pourra, pendant une année, prendre valablement un brevet pour un changement, perfectionnement ou addition à l'invention qui fait l'objet du brevet primitif.

Néanmoins, toute personne qui voudra prendre un brevet pour changement, addition ou perfectionnement à une découverte déjà brevetée, pourra, dans le cours de ladite année, former une demande qui sera transmise et restera déposée sous cachet au ministère de l'agriculture et du commerce.

L'année expirée, le cachet sera brisé et le brevet délivré.

Toutefois, le breveté principal aura la préférence pour les changements, perfectionnements et additions pour lesquels il aurait lui-même, pendant l'année, demandé un certificat d'addition ou un brevet.

ART. 19. Quiconque aura pris un brevet pour une découverte, invention ou application se rattachant à l'objet d'un autre brevet, n'aura aucun droit d'exploiter l'invention déjà brevetée, et réciproquement le titulaire du brevet primitif ne pourra exploiter l'invention, objet du nouveau brevet.

SECTION IV. — DE LA TRANSMISSION ET DE LA CESSION

DES BREVETS.

ART. 20. Tout breveté pourra céder la totalité ou partie de la propriété de son brevet.

La cession totale ou partielle d'un brevet, soit à titre gratuit, soit à titre onéreux, ne pourra être faite que par acte notarié et après le payement de la totalité de la taxe déterminée par l'art. 4.

Aucune cession ne sera valable, à l'égard des tiers, qu'après avoir été enregistrée au secrétariat de la préfecture du département dans lequel l'acte aura été passé.

L'enregistrement des cessions et de tous autres actes emportant mutation sera fait sur la production et le dépôt d'un extrait authentique de l'acte de cession ou de mutation.

Une expédition de chaque procès-verbal d'enregistrement, accompagné de l'extrait de l'acte ci-dessus mentionné, sera transmise, par les préfets, au ministre de l'agriculture et du commerce, dans les cinq jours de la date du procès-verbal.

ART 21. Il sera tenu, au ministère de l'agriculture et du commerce, un registre sur lequel seront inscrites les mutations intervenues sur chaque brevet, et tous les trois mois une ordonnance royale proclamera, dans la forme déterminée par l'art. 14, les mutations enregistrées pendant le trimestre expiré.

ART. 22. Les cessionnaires d'un brevet et ceux qui auront acquis d'un breveté ou de ses ayants droit la faculté d'exploiter la découverte ou l'invention, profiteront, de plein droit, des certificats d'addition qui seront ultérieurement délivrés au breveté ou à ses ayants droit. Réciproquement, le breveté ou ses ayants droit profiteront des certificats d'addition qui seront ultérieurement délivrés aux concessionnaires.

Tous ceux qui auront droit de profiter des certificats d'addition pourront en lever une expédition au ministère de l'agriculture et du commerce, moyennant un droit de vingt francs.

SECTION V. — DE LA COMMUNICATION ET DE LA PUBLICATION DES DESCRIPTIONS ET DESSINS DE BREVETS.

ART. 23. Les descriptions, dessins, échantillons et modèles des brevets délivrés resteront, jusqu'à l'expiration des brevets, déposés au ministère de l'agriculture et du commerce, où ils seront communiqués sans frais à toute réquisition.

Toute personne pourra obtenir, à ses frais, copie desdites descriptions et dessins, suivant les formes qui seront déterminées dans le règlement rendu en exécution de l'art. 50.

ART. 24. Après le payement de la deuxième annuité, les descriptions et dessins seront publiés, soit textuellement, soit par extrait.

Il sera, en outre, publié, au commencement de chaque année, un catalogue contenant les titres des brevets délivrés dans le courant de l'année précédente.

ART. 25. Le recueil des descriptions et dessins, et le catalogue publiés en exécution de l'article précédent, seront déposés au ministère de l'agriculture et du commerce et au secrétariat de la préfecture de chaque département, où ils pourront être consultés sans frais.

ART. 26. A l'expiration des brevets, les originaux des descriptions et dessins seront déposés au Conservatoire royal des arts et métiers.

TITRE III.

DES DROITS DES ÉTRANGERS.

ART. 27. Les étrangers pourront obtenir en France des brevets d'invention.

ART. 28. Les formalités et conditions déterminées par la présente loi seront applicables aux brevets demandés ou délivrés en exécution de l'article précédent.

ART. 29. L'auteur d'une invention ou découverte déjà brevetée à l'étranger pourra obtenir un brevet en France ; mais la durée de ce brevet ne pourra excéder celle des brevets antérieurement pris à l'étranger.

TITRE IV.

DES NULLITÉS ET DÉCHÉANCES, DES ACTIONS Y RELATIVES.

SECTION Ire. — DES NULLITÉS ET DÉCHÉANCES.

ART. 30. Seront nuls et de nul effet les brevets délivrés dans les cas suivants, savoir :

1º Si la découverte, invention ou application n'est pas nouvelle ;

2º Si la découverte, invention ou application n'est pas, aux termes de l'art. 3, susceptible d'être brevetée ;

3º Si les brevets portent sur des principes, méthodes, systèmes, découvertes et conceptions théoriques ou purement scientifiques dont on n'a pas indiqué les applications industrielles ;

4° Si la découverte, invention ou application est reconnue contraire à l'ordre ou à la sûreté publique, aux bonnes mœurs ou aux lois du royaume, sans préjudice, dans ce cas et dans celui du paragraphe précédent, des peines qui pourraient être encourues pour la fabrication ou le débit d'objets prohibés ;

5° Si le titre sous lequel le brevet a été demandé indique frauduleusement un objet autre que le véritable objet de l'invention ;

6° Si la description jointe au brevet n'est pas suffisante pour l'exécution de l'invention, ou si elle n'indique pas, d'une manière complète et loyale, les véritables moyens de l'inventeur ;

7° Si le brevet a été obtenu contrairement aux dispositions de l'article 18.

Seront également nuls, et de nul effet, les certificats comprenant des changements, perfectionnements ou additions qui ne se rattacheraient pas au brevet principal.

Art. 31. Ne sera pas réputée nouvelle toute découverte, invention ou application qui, en France ou à l'étranger, et antérieurement à la date du dépôt de la demande, aura reçu une publicité suffisante pour pouvoir être exécutée.

Art. 32. Sera déchu de tous ses droits :

1° Le breveté qui n'aura pas acquitté son annuité avant le commencement de chacune des années de la durée de son brevet ;

2° Le breveté qui n'aura pas mis en exploitation sa découverte ou invention en France, dans le délai de deux ans, à dater du jour de la signature du brevet, ou qui aura cessé de l'exploiter pendant deux années consécutives, à moins que, dans l'un ou l'autre cas, il ne justifie des causes de son inaction ;

3° Le breveté qui aura introduit en France des objets fabriqués en pays étranger et semblables a ceux qui sont garantis par son brevet.

Sont exceptés des dispositions du précédent paragraphe les modeles de machines dont le Ministre de l'agriculture et du commerce pourra autoriser l'introduction dans le cas prévu par l'art. 29.

Art. 33. Quiconque, dans des enseignes, annonces,

prospectus, affiches, marques ou estampilles, prendra la qualité de breveté sans posséder un brevet délivré conformément aux lois, ou après l'expiration d'un brevet antérieur, ou qui, étant breveté, mentionnera sa qualité de breveté ou son brevet sans y ajouter ces mots, *sans garantie du Gouvernement*, sera puni d'une amende de cinquante francs à mille francs.

En cas de récidive, l'amende pourra être portée au double.

SECTION II. — DES ACTIONS EN NULLITÉ ET EN DÉCHÉANCE.

ART. 34. L'action en nullité et l'action en déchéance pourront être exercées par toute personne y ayant intérêt.

Ces actions, ainsi que toutes contestations relatives à la propriété des brevets, seront portées devant les tribunaux civils de première instance.

ART. 35. Si la demande est dirigée en même temps contre le titulaire du brevet et contre un ou plusieurs cessionnaires partiels, elle sera portée devant le tribunal du domicile du titulaire du brevet.

ART. 36. L'affaire sera instruite et jugée dans la forme prescrite pour les matières sommaires, par les articles 405 et suivants du Code de procédure civile. Elle sera communiquée au procureur du roi.

ART. 37. De toute instance tendant à faire prononcer la nullité ou la déchéance d'un brevet, le ministère public pourra se rendre partie intervenante et prendre des réquisitions pour faire prononcer la nullité ou la déchéance absolue du brevet.

Il pourra même se pourvoir directement par action principale pour faire prononcer la nullité, dans les cas prévus aux n°s 2, 4 et 5 de l'art. 30.

ART. 38. Dans les cas prévus par l'art. 37, tous les ayants droit au brevet dont les titres auront été enregistrés au ministère de l'agriculture et du commerce, conformément à l'art. 21, devront être mis en cause.

ART. 39. Lorsque la nullité ou la déchéance absolue d'un brevet aura été prononcée par jugement ou arrêt ayant acquis force de chose jugée, il en sera donné avis au Ministre de l'agriculture et du commerce, et la nullité ou la déchéance sera publiée dans la forme déterminée par l'art. 14 pour la proclamation des brevets.

TITRE V.

DE LA CONTREFAÇON, DES POURSUITES ET DES PEINES.

Art. 40. Toute atteinte portée aux droits du breveté, soit par la fabrication des produits, soit par l'emploi des moyens faisant l'objet de son brevet, constitue le délit de contrefaçon.

Ce délit sera puni d'une amende de cent à deux mille francs.

Art. 41. Ceux qui auront sciemment recélé, vendu ou exposé en vente, ou introduit sur le territoire français, un ou plusieurs objets contrefaits, seront punis des mêmes peines que les contrefacteurs.

Art. 42. Les peines établies par la présente loi ne pourront être cumulées.

La peine la plus forte sera seule prononcée pour tous les faits antérieurs au premier acte de poursuite.

Art. 43. Dans le cas de récidive, il sera prononcé, outre l'amende portée aux art. 40 et 41, un emprisonnement d'un mois à six mois.

Il y a récidive lorsqu'il a été rendu contre le prévenu, dans les cinq années antérieures, une première condamnation pour un des délits prévus par la présente loi.

Un emprisonnement d'un mois à six mois pourra aussi être prononcé, si le contrefacteur est un ouvrier ou un employé ayant travaillé dans les ateliers ou dans l'établissement du breveté, ou si le contrefacteur, s'étant associé avec un ouvrier ou un employé du breveté, a eu connaissance, par ce dernier, des procédés décrits au brevet.

Dans ce dernier cas, l'ouvrier ou employé pourra être poursuivi comme complice.

Art. 44. L'art. 463 du Code pénal pourra être appliqué aux délits prévus par les dispositions qui précèdent.

Art. 45. L'action correctionnelle, pour l'application des peines ci-dessus, ne pourra être exercée par le ministère public que sur la plainte de la partie lésée.

ART. 46. Le tribunal correctionnel, saisi d'une action pour délit de contrefaçon, statuera sur les exceptions qui seraient tirées par le prévenu, soit de la nullité ou de la déchéance du brevet, soit des questions relatives à la propriété dudit brevet.

ART. 47. Les propriétaires de brevet pourront, en vertu d'une ordonnance du président du Tribunal de première instance, faire procéder, par tous huissiers, à la désignation et description détaillées, avec ou sans saisie, des objets prétendus contrefaits.

L'ordonnance sera rendue sur simple requête et sur la représentation du brevet; elle contiendra, s'il y a lieu, la nomination d'un expert pour aider l'huisser dans sa description.

Lorsqu'il y aura lieu à la saisie, ladite ordonnance pourra imposer au requérant un cautionnement qu'il sera tenu de consigner avant d'y faire procéder.

Le cautionnement sera toujours imposé à l'étranger breveté qui requerra la saisie.

Il sera laissé copie au détenteur des objets décrits ou saisis, tant de l'ordonnance que de l'acte constatant le dépôt du cautionnement, le cas échéant; le tout, à peine de nullité et de dommages-intérêts contre l'huissier.

ART. 48. A défaut par le requérant de s'être pourvu, soit par la voie civile, soit par la voie correctionnelle, dans le délai de huitaine, outre un jour par trois myriamètres de distance, entre le lieu où se trouvent les objets saisis ou décrits, et le domicile du contrefacteur, recéleur, introducteur ou débitant, la saisie ou description sera nulle de plein droit, sans préjudice des dommages-intérêts qui pourront être réclamés, s'il y a lieu, dans la forme prescrite par l'art. 36.

ART. 49. La confiscation des objets reconnus contrefaits, et, le cas échéant, celle des instruments ou ustensiles destinés spécialement à leur fabrication, seront, même en cas d'acquittement, prononcées contre le contrefacteur, le recéleur, l'introducteur ou le débitant.

Les objets confisqués seront remis au propriétaire du brevet, sans préjudice de plus amples dommages-intérêts et de l'affiche du jugement, s'il y a lieu.

TITRE VI.

DISPOSITIONS PARTICULIÈRES ET TRANSITOIRES.

ART. 50. Des ordonnances royales, portant règlement d'administration publique, arrêteront les dispositions nécessaires pour l'exécutiou de la présente loi, qui n'aura effet que trois mois après sa promulgation.

ART. 51. Des ordonnances rendues dans la même forme pourront régler l'application de la présente loi dans les colonies, avec les modifications qui seront jugées nécessaires.

ART. 52. Seront abrogées, à compter du jour où la présente loi sera devenue exécutoire, les lois des 7 janvier et 25 mai 1791, celle du 20 septembre 1792, l'arrêté du 17 vendémiaire an VII, l'arrêté du 5 vendémiaire an IX, les décrets des 25 novembre 1806 et 25 janvier 1807, et toutes dispositions antérieures à la présente loi, relatives aux brevets d'invention, d'importation et de perfectionnement.

ART. 53. Les brevets d'invention, d'importation et de perfectionnement actuellement en exercice, délivrés conformément aux lois antérieures à la présente, ou prorogés par ordonnance royale, conserveront leur effet pendant tout le temps qui aura été assigné à leur durée.

ART. 54. Les procédures commencées avant la promulgation de la présente loi seront mises à fin, conformément aux lois antérieures.

Toute action, soit en contrefaçon, soit en nullité ou déchéance de brevet, non encore intentée, sera suivie conformément aux dispositions de la présente loi, alors même qu'il s'agirait de brevets délivrés antérieurement.

DEUXIEME PARTIE

JURISPRUDENCE

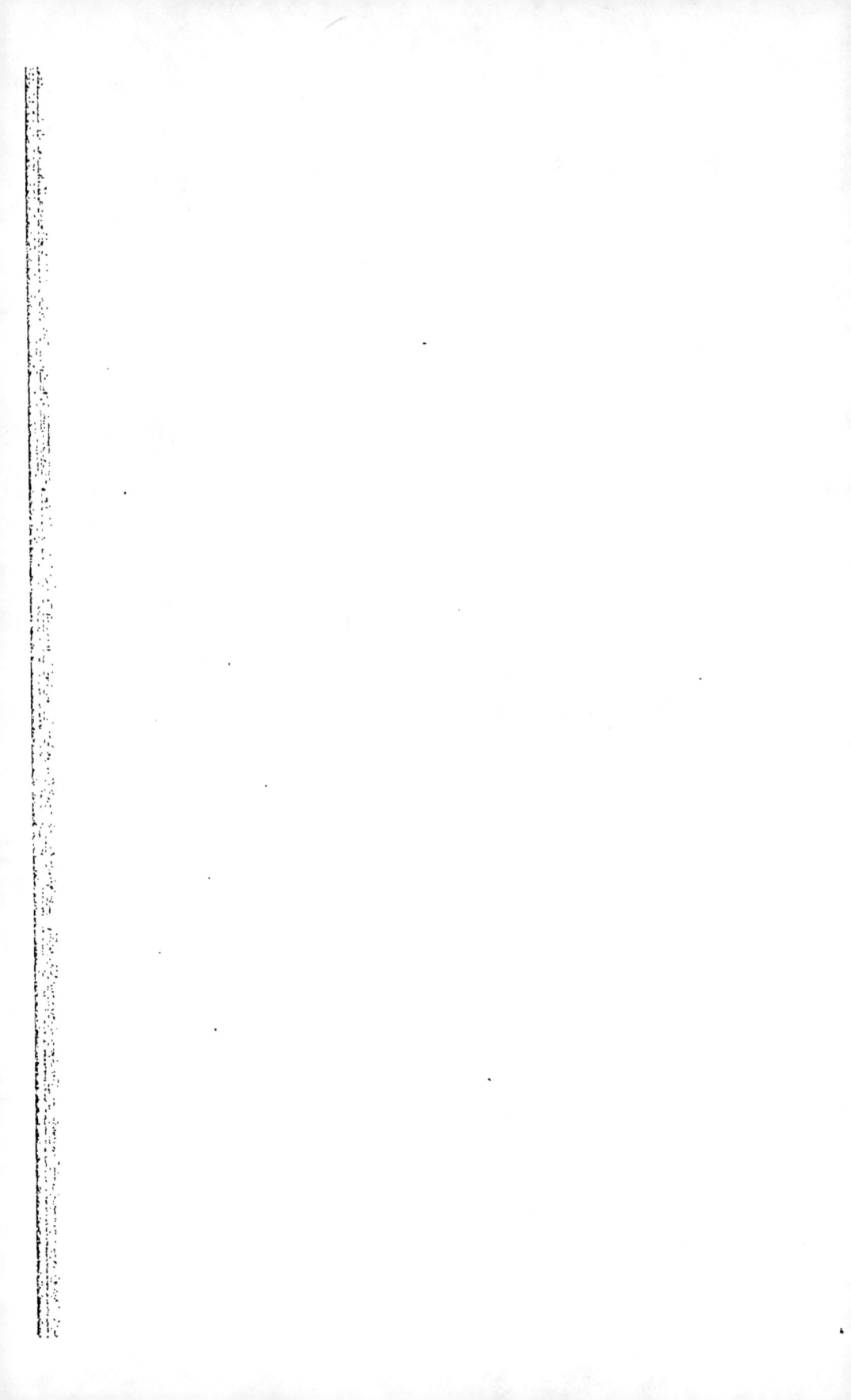

JURISPRUDENCE

ARTICLE PREMIER

Toute nouvelle découverte ou invention, dans tous les genres d'industrie, confère à son auteur, sous les conditions et pour le temps ci-après déterminés, le droit exclusif d'exploiter à son profit ladite découverte ou invention.

Ce droit est constaté par des titres délivrés par le Gouvernement, sous le nom de brevet d'invention.

SOMMAIRE

1. Les mots : *tous les genres d'industrie* ont un sens absolu et on ne peut, sans violer la loi, refuser la protection du brevet à une invention, parce qu'elle s'appliquerait à des choses qui ne sont pas dans le commerce.

Jugé dans ce sens qu'un système d'embaumement est susceptible d'être breveté.

— 14 mars 1844, C. R. de Paris ; aff. Gannal c. Marchal. (*Gaz. des Trib.*, 15 mars.)

2. Lorsqu'un *ouvrier* n'a fait qu'exécuter les ordres qui lui étaient donnés par un tiers avec les indications et dans l'intérêt de ce tiers, il ne peut être réputé le créateur, l'inventeur ; il n'a réellement été qu'un agent qui a marché avec plus ou moins d'intelligence dans la voie qui lui était tracée ;

Ainsi le résultat de son travail ne peut avoir le caractère d'une invention dont il puisse revendiquer la propriété par un brevet.

— 11 août 1841, C. R. de Paris ; aff. Longchamps c. les Hospices. (*Gaz. des Trib.*, 12 août.)

3. Quand un maître d'usine, tout en dirigeant le tra= vail de ses ouvriers, fait personnellement avec eux des essais pour améliorer sa fabrication, les procédés obtenus dans ces conditions, même par le concours et l'habileté de ses *ouvriers* ou contre-maîtres, deviennent des *secrets de fabrique* dont ceux-ci ne sauraient disposer à aucun titre sans commettre le délit prévu et puni par l'art. 418 du C. P.

— 8 mai 1862, Trib. corr. de la Seine ; aff. Collomb et Carrajat c. Felotte et Buer. (*La Propr. industr.*, nº 232.)

4. Quelle est, chez un manufacturier de draps dits draps-nouveauté, la situation d'un dessinateur-monteur qui y est employé ?

Lorsque ce dessinateur-monteur, au cours de son travail, vient à découvrir une disposition nouvelle de dessin ou de tissage, quels sont, quant à ce nouveau résultat, les droits du manufacturier qui l'emploie ?

Le résultat des recherches du dessinateur-monteur appartient à son patron, à la charge duquel restent les dépenses occasionnées par des essais infructueux.

— 22 août 1859, Trib. corr. de Rouen ; aff. Barbier c. Richard. (*La Propr. industr.*, nº 94.)

5. Un brevet d'invention est la propriété exclusive de l'inventeur, alors même que ce dernier est *associé* dans une entreprise à laquelle il doit tout son temps et tout son travail, si ce brevet a un objet autre que celui de cette entreprise.

— 18 juin 1856, C. Imp. de Lyon ; aff. Verdier c. Neyrand. (*Gaz. des Trib.*, 2 nov.)

6. Un *militaire* a le droit de se faire breveter pour les inventions dont il est personnellement l'auteur, mais il ne peut l'être pour celles qui sont le fruit d'un travail

en commun, par exemple pour une invention due à une commission dont il faisait partie.

— 12 juillet 1855, C. Imp. de Paris ; aff. Manceaux c. Marès. (*Gaz. des Trib.*, 13 juillet.)

7. Un *fonctionnaire public* ne peut prendre un brevet d'invention pour des objets qui ressortent directement de ses fonctions.

Spécialement un employé de l'école de tir ne peut prendre, au préjudice de l'Etat, un brevet d'invention relativement à des armes de guerre.

Le prévenu de contrefaçon peut exciper de la propriété de l'Etat, dont l'intervention est recevable en cause d'appel.

— 25 avril 1856, C. Imp. d'Amiens ; aff. Manceaux c. Marès. (*Le Droit*, 30 avril.)

8. Rien ne peut suppléer à la prise d'un brevet.

C'est en vain que l'inventeur dépose les modèles de son invention et leur description au greffe du Tribunal de commerce ou au Conseil des prud'hommes.

Ce *dépôt* ne peut protéger les inventions susceptibles d'être brevetées ; il n'est utile que pour réserver la propriété des dessins de fabrique.

— 1ᵉʳ mars 1845, C. R. de Paris, aff. Fétizon c. Delachaussée.— 4 fév. 1847. Trib. civ. de la Seine ; aff. Mullot c. Schirodan. (*Le Droit*, 1847, nᵒ 228.) — 15 fév. 1854, C. Imp. de Paris ; aff. Thirion c. Bonneau-Desroches.

9. Le dépôt d'une machine au greffe du Tribunal de commerce est insuffisant pour réserver la propriété à l'inventeur.

— 21 décembre 1859, C. Imp. d'Amiens ; aff Fleury et Lefort c. Bordier. (*La Propr. industr.*, nᵒ 113.)

10. Chacun des *copropriétaires* d'un brevet peut user comme il l'entend du droit d'exploiter l'invention commune.

— 4 déc. 1845, C. R. de Paris ; aff. Pellerin c. Brown. (*Gaz. des Trib.*, 7 déc.)

11. La loi de 1844, en conférant par son art. 1ᵉʳ et sous les conditions qu'elle établit, à l'auteur de toute nouvelle découverte ou invention, le droit exclusif de l'exploiter à son profit, n'a point entendu porter atteinte aux droits acquis à des tiers par une *possession antérieure*.

Le brevet est donc valable contre tous, excepté contre

celui qui, ayant le premier possédé le procédé, doit être maintenu dans sa possession.

— 30 mars 1849, C. de cass. ; aff. Witz-Meunier c. Godefroy-Muller.

12. *Contrà.* Le brevet peut être invoqué contre celui-là même qui possédait l'invention avant qu'elle fût brevetée, s'il ne l'a pas *divulguée* avant le brevet et si le breveté est le premier qui l'ait introduite dans le commerce.

— 21 mai 1847, C. R. de Paris ; aff. Lejeune c. Parvilley. (*Le Droit*, 1847, 548.)— 19 août 1853, C. de cass.; aff. Thomas Laurens c. Riant.

13. Le brevet étant une *valeur mobilière*, si l'*époux* à qui appartient l'invention n'a rien stipulé de contraire dans ses *conventions matrimoniales*, le brevet fera partie de l'actif de la communauté, soit qu'il l'ait pris avant le mariage, soit qu'il.l'ait pris seulement depuis.

— 1ᵉʳ mars 1853, Trib. civ. de la Seine : aff. Baudry c. Baudry.

14. L'exploitation ou les instruments mis en œuvre peuvent être, seuls, l'objet d'un *usufruit*, mais non le brevet, qui ne produit pas de fruits et ne donne que le privilége d'en produire à l'exclusion des tiers.

Il n'est qu'un capital industriel qui doit trouver sa représentation dans les produits de l'exploitation.

— 29 janv. 1851, Trib. de Grenoble ; mineure Jouvin c. vᵉ Jouvin.

15. La société brevetée est essentiellement *commerciale* lorsqu'elle a été formée non-seulement pour l'obtention d'un brevet, mais encore pour son exploitation.

— 8 janv. 1845, C. R. de Paris, 2ᵐᵉ ch.; aff. Giudicelly c. Dubouchage. (*Le Droit*, 9 janv.)

(V. sous l'art. 2, quelles sont les *inventions brevetables*, et sous l'art. 34, tout ce qui concerne les *revendications de brevets*.)

ARTICLE 2

Seront considérées comme inventions ou découvertes nouvelles :

L'invention de nouveaux produits industriels;

L'invention de nouveaux moyens ou l'application nouvelle de moyens connus pour l'obtention d'un résultat ou d'un produit industriel.

SOMMAIRE

1° *Invention de nouveaux produits industriels.*

1. La *nouveauté* du *produit* suffit pour valider un brevet, bien que le *procédé* décrit fût *connu*.

— 16 décembre 1857, Trib. civ. de la Seine ; aff. Cottin-Laurier c. Allaire. (*La Propr. industr.*, n° 2.)

2. Un tissu imitant la broderie au crochet faite à la main, quoique produit par l'adjonction du métier à la Jacquard et du métier à mailles fixes, adjonction tombée dans le domaine public, est brevetable s'il constitue un *produit* industriel *nouveau*.

— 29 décembre 1859, C. imp. de Paris; aff. Grégoire et Réal c. Joyeux et Giron. (*La Propr. industr.*, n° 109.)

3. Est brevetable, comme *produit nouveau*, un tissu composé d'*éléments connus* dans la fabrication des tissus,

mais qui n'avaient jamais été combinés ensemble pour produire le même effet.

— 18 novembre 1857, C. de Paris; aff. Millet-Durand c. Laurens. (*La Propr. industr.*, n° 1.)

Idem. Est nouveau, et par conséquent brevetable, un tissu fabriqué par les moyens connus, mais présentant des caractères particuliers qui ne se rencontraient pas dans les tissus antérieurement connus.

— 6 décembre 1859; aff. Duranton c. Venet et Falize. (*La Propr. industr.*, n° 138.)

4. Les tapis brosse, mousse et autres du même genre, fabriqués en coco, aloès ou autres matières filamenteuses, constituent un *produit nouveau.*

Il importe peu que ce produit ne soit obtenu que par les *procédés usités* pour la fabrication du velours, l'emploi de ces procédés constituant, dans l'espèce, l'application nouvelle de moyens connus.

— 14 décembre 1858, Trib. corr. de la Seine; aff. Chosson c. Messager-Abit. (*La Propr. industr.*, n° 60.)

5. Les produits de *sculpture ornementale* et *industrielle* n'ont pas besoin d'être protégés par un brevet d'invention ni par le dépôt au conseil des prud'hommes. Les dispositions de la loi du 19 juillet 1793 leur sont applicables.

— 13 octobre 1858, Trib. de comm. de la Seine; aff. Bion c. Wendel. (*La Propr. industr.*, n° 51.)

6. Toutefois, le dépôt au Conseil des prud'hommes d'un *modèle nouveau de lanterne* ne saurait protéger, entre les mains de son inventeur, la propriété privative de son invention, lorsque les différentes parties dont se compose l'appareil sont combinées, non pour produire un effet artistique dépendant soit du relief, soit de la forme linéaire, mais ont pour but un résultat industriel tel que la projection plus étendue de la lumière et la durée ou la stabilité des feux. La propriété privative d'un appareil ainsi constitué ne peut être protégée que par l'obtention d'un brevet d'invention en vertu de la loi de 1844; et la loi du 18 mars 1806, qui ne concerne que les dessins de fabrique, ne peut être applicable à ce cas.

— 10 mars 1858, Cass.; aff. Chrétien c. Schoob. (*La Propr. industr.*, n° 14.)

7. Des boutons de porte, faits en cristal ou porcelaine,

et montés d'une façon nouvelle, constituent des produits nouveaux et non des *dessins* ou *modèles de fabrique.*

En conséquence, on ne peut s'en réserver la propriété que par l'obtention d'un brevet et non par un dépôt effectué au secrétariat du Conseil des prud'hommes.

— 19 novembre 1858, Trib. de comm. de Paris ; aff. Bourreif c. divers. (*La Propr. industr.*, no 54.)

8. Mais on peut valablement déposer au Conseil des prud'hommes, comme *dessin de fabrique*, un tissu formé de tresses de paille dans lequel on entremêle du ruban et de la chenille de soie pouvant produire un dessin à dispositions variables.

Il n'est pas nécessaire de prendre un brevet pour se réserver la propriété d'un tel *produit.*

— 15 décembre 1858, C. de Paris ; aff. Duret c. Lafont. (*La Propr. industr.*, no 56.)

2° *Invention de nouveaux moyens.*

9. Il n'y a pas *dessin de fabrique*, mais procédé mécanique et produit industriel essentiellement brevetables, dans les plissures et tuyautures obtenues, dans la fabrication d'un tissu, par la combinaison de fils tirés dont le jeu permet de produire instantanément ces plissures.

— 27 février 1852, C. de Lyon ; aff. Fontaine c. Monin et Fornion. — *Idem*, 20 avril 1853, C. de cass.; même affaire.

10. Si l'application du gaufrage au plissé tuyauté entre parties plates est une invention nouvelle, cette invention, consistant uniquement en un procédé particulier de fabrication, ne peut être considérée comme un *dessin.*

La propriété ne peut par conséquent en être conservée par l'inventeur qu'au moyen d'un brevet d'invention.

— 31 janvier 1861, C. de Lyon ; aff. Belingard c. Dairat. (*La Propr. industr.*, no 191.)

11. L'aspect produit dans un tissu par la combinaison de l'armure constitue un *dessin de fabrique* et non un procédé.

En conséquence, il n'est pas susceptible d'être breveté.

Il suffit, pour s'en réserver la propriété, de le déposer au Conseil des prud'hommes.

— 7 janvier 1862, C. imp. de Lyon ; aff. Chanas et Desvignes c. Deroquat-Neyret. (*La Propr. industr.*, no 219.)

12. Un procédé inventé pour la fabrication d'un velours épinglé en long ne saurait être assimilé à l'invention

d'un *dessin de fabrique*, dont la jouissance exclusive puisse être conservée au moyen d'un dépôt au greffe du Conseil des prud'hommes.

La propriété ne peut en être conservée que par un brevet d'invention.

— 15 juin 1859, C. de Lyon; aff. Narbonnet c. Schulz. (*La Propr. industr.*, n° 91.)

3° *Application nouvelle de moyens connus.*

13. Il suffit, pour qu'un *procédé* soit brevetable, qu'il n'ait pas encore été mis en usage et qu'il conduise à un *résultat industriel* : peu importe la nature des moyens employés s'il y a *nouveauté dans l'application*.

— 28 janvier 1860, C. de Paris; aff. de Bergues c. les Compagnies d'Orléans, de Lyon et de l'Ouest. (*La Propr. industr.*, n° 115.)

14. S'il est vrai que le mode de faire des boîtes par un seul rouleau de carton ne soit pas une découverte nouvelle, il n'en est pas moins constant que ce mode n'avait point encore été appliqué aux boîtes destinées aux allumettes chimiques.

Dès lors, sous ce rapport, l'*application* étant *nouvelle*, il y a lieu à l'obtention d'un brevet d'invention.

— 21 août 1846, C. r. d'Aix; aff. Roche c. Gomel.

15. L'application des matières élastiques aux poches de porte-monnaie est dans le domaine public.

Néanmoins, cette *application* n'ayant été faite que sur la partie supérieure du pourtour de la poche, un brevet peut être pris valablement pour l'idée de placer la matière élastique sur le pourtour tout entier de la poche.

— 17 février 1859, C. de Paris : aff. Allain-Moulard c. Alleaume. (*La Propr. industr.*, n° 64.)

16. La découverte des propriétés jusqu'alors ignorées d'un objet connu constitue une invention si ces propriétés sont appliquées à un usage industriel.

Décidé dans ce sens que le lustrage de la fonte au moyen d'un mélange de plombagine et d'huile de lin, bien que connu et usité, peut néanmoins être breveté pour son *application* à la fonte de chasse.

— 11 février 1854, Trib. de Valence; aff. David c. Lafont.

17. L'*application nouvelle* d'un point de couture depuis longtemps employé est brevetable.

Ainsi, est valablement breveté celui qui a substitué la

couture à l'emploi des cercles de cuivre servant à la fabrication des tuyaux à incendie en toile.

— 8 juillet 1846, C. r. Paris; aff. Guérin c. Fland et Bonnafin.

Il en est de même de celui qui s'est fait breveter pour l'application d'un nœud à chaque point de la couture des gants.

— 16 juin 1846, C. r. Paris; aff. Guillaume c. Laporte.

18. Lorsqu'un objet, un métal par exemple, est tombé dans le domaine public, les *applications nouvelles* de cet objet n'en sont pas moins brevetables.

— 21 février 1855; aff. Vaucher de Strubing c. le chemin de fer du Nord.

19. L'*application* pratique d'une théorie déjà connue constitue une invention susceptible d'être brevetée, si elle produit des *résultats industriels nouveaux*.

— 9 février 1853, C. de cass.; aff. Sax c. Raoux et autres. (*Le Droit*, 1853, n° 60.)

4° *Réunion, combinaison, agencements, etc.*

20. Dans le mot *application*, on comprend toute *réunion* ou *combinaison* nouvelles d'éléments connus, mais qui n'avaient été employés qu'isolément.

— 31 mars 1846, C. r. de Douai; aff. Depouilly c. Descat-Crouzet; — 20 janv. 1847, C. r. de Paris; aff. Jourdan c. Colombe-Lalan; — 17 janv. 1852, C. de cass.; aff. Crespel de Lisle c. Rohlfs-Sayrig; — 12 fév. 1854, C. de cass.; aff. Villard c. Crepeau; — 10 mars 1854, C. de Paris; D^{lle} Hurée c. Guillard; — etc., etc.

21. Est brevetable la *réunion* nouvelle de moyens connus.

— 14 fév. 1856, C. de Paris; aff. Fontaine c. Berger Walter; — 1er mars 1860, C. de Rouen; aff. Popelin-Ducarre c. Barre et Coudert. (*La Propr. industr.*, n° 116.)

22. Celui qui emprunte au domaine public les idées premières et les organes principaux de ses appareils, et qui réunit et met en œuvre ces éléments épars, au moyen de *combinaisons* et d'*agencements* qui lui sont propres, réalise une *application nouvelle* et par conséquent brevetable de moyens connus.

— 11 janv. 1859, C. de Paris; aff. C^e du Nord c. de Coster. (*La Propr. industr.*, n°s 36 et 58.)

23. Est susceptible d'être brevetée une combinaison de

moyens qui peuvent, chacun séparément, n'être pas nouveaux, mais dont l'*ensemble* et l'*agencement* constituent un perfectionnement.

— 15 juin 1861, C. d'app. de Bruxelles; aff. Godefroy c. Devisser. (*La Propr. industr.*, n° 217.)

24. Est brevetable le mécanisme composé d'organes connus, mais dont l'*ensemble* constitue, par l'*agencement* et la disposition particulière de ces organes, une combinaison mécanique nouvelle produisant un résultat industriel.

— 18 juillet 1856, C. de Paris; aff. Perrin c. Souverain (*L'Invention*); — 31 déc. 1856, C. de Lyon; aff. Gache c. Gérin; — 2 juillet 1859, C. d'Amiéns; aff. Périnaud c. Terrasse. (*La Propr. industr.*, n° 82.)

25. Une invention est brevetable, bien que chacun des procédés qui la constituent, pris isolément, puisse être considéré comme tombé dans le domaine public, si l'inventeur a le premier découvert et combiné l'*ensemble* de ces procédés, la série des opérations qui constituent le mode de fabrication et l'ordre dans lequel ces opérations se succèdent.

— 2 déc. 1859, C. de cass.; aff. Popelin-Ducarre c. Bard et Coudert. (*La Propr. industr.*, n° 106.)

26. Des procédés industriels qui, isolément, manquent de nouveauté, peuvent, par l'*ordre* dans lequel ils sont employés et par l'*importance* des résultats obtenus, constituer l'*application nouvelle* de moyens connus.

— 21 avril 1858, Trib. corr. de la Seine; aff. Royer et Roux c. Buer. (*La Propr. industr.*, n° 43.)

27. Est valable le brevet pris pour un appareil dont le principe était antérieuremeut dans le domaine public, s'il est établi que, tel qu'il est décrit au brevet, cet appareil présente des *dispositions* spéciales constituant un perfectionnement.

— 29 juillet 1853, Rej.; aff. Levieux c. Sellingue. (*La Propr. industr.*, n° 120.)

28. Un principe tombé dans le domaine public, et par conséquent non brevetable, peut, par son *application* à un agent qui le fait fonctionner et le rend utile, constituer un autre principe brevetable, s'il présente une *combinaison nouvelle*.

— 7 fév. 1862, C. imp. de Paris; aff. Dumery c. Vuitton. (*La Propr. industr.*, n° 236.)

29. Celui qui, à l'aide d'une combinaison géométrique appliquée à la composition des dessins de fabrique, parvient à produire différents effets avec la même gravure, pourra se faire valablement breveter pour cette *combinaison* géométrique, parce qu'elle constitue un moyen.

— 21 avril 1854, C. de cass.; aff. Mathieu c. Revel.

30. Est valablement breveté un appareil de distillation qui, par la réunion d'organes connus, se liant à un arrangement méthodique de la matière à traiter, appliquée comme agent de rectification, permet d'obtenir directement et d'une manière continue de l'eau-de-vie sans phlegmes.

L'emploi de la matière à traiter, comme agent permanent de rectification, constitue à lui seul, dans l'espèce ci-dessus, une invention brevetable, indépendamment des appareils destinés à en faire l'application.

— 19 juin 1858, C. de Paris; aff. Villard c. Dess. (*La Propr. industr.*, n° 55.)

31. Le procédé qui consiste à obtenir par une seule et même opération le premier produit fort du jus de betterave, peut faire l'objet d'un brevet d'invention ; et le juge correctionnel qui constate que ce produit fort était autrefois inconnu à titre commercial, et qu'il ne s'obtenait que par deux opérations distinctes, fait une appréciation souveraine qui échappe à la censure de la Cour de cassation.

— 12 fév. 1858, Rej.; aff. Daniel c. Villard. (*La Propr. industr.*, n°s 8 et 27.)

32. Alors même que les *moyens* seraient *connus* et usités depuis longtemps, ils peuvent, par leur *combinaison nouvelle*, faire l'objet d'un brevet.

Ainsi, dans l'industrie du sucre, pour la fabrication duquel la chaux, le calorique et l'acide carbonique sont employés depuis longtemps, l'industriel qui, avec une quantité de chaux et un degré de calorique autres que ceux jusqu'alors employés, obtient, en moins de temps et à moins de frais, un sucre plus blanc, de meilleure qualité et dans des conditions préférables, a fait une invention nouvelle dans le sens légal.

— 19 fév. 1853, C. de cass.; aff. Bouzel et Denisse c. Rousseau ; — *Idem*, 31 mars 1846, C. r. de Douai; aff. Jourdan c. Descat-Crouzet.

33. La réunion et le fonctionnement collectif d'organes

connus peut constituer une application nouvelle, quand
même leur tâche serait analogue à celle qu'ils accom-
plissaient isolément dans des machines antérieures.

— 16 juillet 1858, Rej.; aff. Perrin c. Delaporte. (La Propr.
industr., n° 50.)

34. La *réunion* et l'ordre systématique et solidaire, suivis pour la mise en œuvre d'agents chimiques antérieurement employés, constituent une *application nouvelle*
. de moyens connus, brevetable aux termes de la loi du
5 juillet 1844.

— 5 déc. 1861, C. imp. de Paris, app. corr.; aff. Ringaud
c. Desmottes. (La Propr. industr., n° 216.)

35. L'usage du métier à la barre, pour la fabrication
des galons à coquille et à colonne, à l'aide d'une combinaison de procédés consistant dans l'emploi d'un battant
à quatre navettes, dont deux à double canette et à poin-
tiselles rétrogrades, constitue une invention brevetable.

Vainement on soutiendrait que chacun des procédés,
pris isolément, était antérieurement connu, leur *combinaison nouvelle* a le caractère d'une invention.

— 25 juillet 1862, C. imp. de Lyon; aff. Roche c. Escoffier. (La Propr. industr., n° 264.)

5° *Résultat industriel.*

36. Est brevetable l'invention qui se compose d'éléments déjà connus, mais qui n'avaient pas encore été
combinés ni réunis, et qui, par cette réunion, arrive à un
résultat industriel.

— 26 mai 1855, C. de Paris; aff. Ozouf c. Poinsot; — 1er déc.
1855, rejet, même aff. (Le Droit, 2 déc. 1855.)

37. La réunion nouvelle d'organes connus n'est brevetable qu'autant qu'elle produit un *résultat industriel.*

— 15 mai 1860, Trib. corr. de la Seine; aff. Leduc c.
Mayer. (La Propr. industr., n° 126.)

38. Il faut, en outre, que ce résultat soit nouveau. Ainsi,
il a été jugé que l'idée d'adapter d'une manière fixe à un
appareil un organe qui, auparavant, en était séparé, n'est
pas susceptible d'être brevetée, alors que le résultat obtenu est le même.

— 15 août 1861, Paris; aff. Gariel et Galante c. Berguerand
et autres. (La Propr. industr., n° 205.)

39. Jugé toutefois que la seule réunion, pour obtenir
un résultat industriel, d'organes tombés dans le domaine

public, et qui, pris isolément, produisaient déjà un *ré-*
sultat industriel analogue, peut constituer une invention
brevetable.

— 28 janv. 1860, C. de Paris; aff. de Bergue c. les Compagnies d'Orléans, de Lyon et de l'Ouest. (*La Propr. industr.*,
n° 115.)

40. Est brevetable l'emploi d'une substance déjà connue, mais utilisée dans un but nouveau : par exemple le
ciment chimique est brevetable, en tant qu'employé au
plombage des dents, bien qu'il ait été déjà employé
comme remède pour guérir la carie des dents.

— 6 mai 1857, C. de Paris; aff. Sorel c. Billard et Gion.
(*L'Invention*.)

41. Est brevetable l'emploi de moyens connus, tant dans
leurs détails que dans leur ensemble, mais qui n'avaient
pas encore été employés en vue du même *résultat indus-*
triel.

— 20 décembre 1856, C. de Paris ; aff. Maccaud c. Nicolle.
(*Le Droit*.)

L'application de moyens connus à une substance également connue, dans la vue d'un emploi déjà pratiqué,
est susceptible d'être brevetée, si, par une préparation spéciale, on arrive à un *résultat industriel nou-*
veau.

— 8 fév. 1856, C. de Paris; aff. Gélis c. Duval (*le Droit*);
— 23 déc. 1858, C. de Rouen; *idem*. (*La Propr. industr.*,
n° 61.)

42. L'application par un procédé nouveau au trempage
des fleurs artificielles d'une couleur déjà connue dans le
commerce, mais inusitée pour la fabrication des fleurs
artificielles, est susceptible d'être brevetée lorsqu'elle
produit des *résultats industriels nouveaux*.

— 21 fév. 1856. C. de Paris; aff. Florimond c. Daumont et
autres. (*Le Droit*.)

43. L'application du rotin à la vannerie, donnant pour
résultat un produit industriel nouveau, constitue une
invention brevetable.

— 23 juillet 1857, C. de Paris ; aff. Camaret c. Mutel.

44. Est brevetable la réunion intelligente d'agents
connus, lorsque cette réunion a pour résultat un progrès
apporté dans l'industrie.

— 9 juillet 1855, C. de Paris; aff. Mallet c. Cavaillon. (*Le
Droit*.)

45. Un mode de réunion de divers systèmes de serrures peut être breveté, lorsqu il appert de cette nouvelle serrure qu'elle offre plus de garantie de sécurité qu'aucun des systèmes pris isolément, et qu'elle constitue ainsi un *produit industriel* distinct et *nouveau*.

— 26 janv. 1859, Trib. civ. de Bruxelles; Mathys-Declercq c. Van Orshoven. (*La Propr. industr.*, n° 68.)

46. La réunion de deux appareils jusqu'alors connus, mais employés séparément, et leur application à une substance nouvelle, constitue une invention brevetable, surtout alors que le résultat de cette invention a été une *réduction* notable *des frais* de fabrication et un *abaissement dans le prix* du produit.

— 22 fév. 1855, C. de Lyon; aff. Mallet c. Gastoud. (*Gazette des Tribunaux.*)

47. Est brevetable un perfectionnement apporté dans une industrie, au double point de vue de la *rapidité* de la production et de l'*économie* de la main-d'œuvre.

En effet, c'est alors un résultat industriel nouveau produit par la combinaison et l'application nouvelle de moyens connus.

— 14 déc. 1860, C. de Paris; aff. Lejeune c. Vallas. (*La Propr. industr.*, n° 162.)

48. Celui qui est arrivé à diminuer la dépense sans affaiblir le résultat, rend à l'industrie un service réel dont le brevet est la légitime conséquence.

— 5 juillet 1859, C. de Paris; aff. Pouillet c. le chemin de fer des Ardennes. (*La Propr. industr.*, n° 95.)

49. Il y a incontestablement une idée utile et brevetable dans un procédé qui aurait pour résultat de tisser ou d'imprimer un châle à moins de frais, au moyen d'une répétition de dessin habilement calculée.

— 19 janvier 1859, Trib. civ. de la Seine; aff. Leroy c. Dachez-Duverger. (*La Propr. industr.*, n° 59.)

50. Est brevetable un procédé qui procure une plus grande *économie* et une plus grande rapidité dans la fabrication.

— 20 mai 1859, Trib. civ. de Boulogne; aff. Pearson et Topham c. Mullier. (*La Propr. industr.*, n° 76.)

51. La fabrication d'instruments de musique produisant des sons non encore obtenus par les instruments antérieurement fabriqués, constitue la production industrielle d'un *résultat nouveau*.

— 9 fév. 1853, C. de cass.; aff. Sax c. Raoux et autres. (*Le Droit*, 1853, no 60.)

52. Bien qu'on ne puisse, en général, faire breveter un phénomène se produisant spontanément et nécessairement, suivant les lois de la nature, il n'en est pas ainsi de l'application nouvelle d'une loi de la nature à l'industrie.

— 20 janv. 1855, C. de Paris; aff. Laming c. Cavaillon.

53. L'emploi d'un *phénomène* se produisant spontanément et nécessairement suivant les lois de la nature, est brevetable comme application nouvelle d'un moyen connu, lorsque l'emploi se combine avec des procédés non antérieurement connus et ayant pour effet d'accélérer le résultat du phénomène et d'en rendre l'obtention plus facile et plus économique.

— 4 mai 1855. C. de cass.; même affaire.

6° *Application à des objets semblables.*

54. Bien que l'application nouvelle de moyens déjà connus à un produit industriel constitue une invention brevetable, il faut, pour que l'application de moyens connus soit considérée comme nouvelle, qu'elle porte sur des *objets essentiellement différents* de ceux pour lesquels les mêmes procédés avaient été jusqu'alors employés, et non sur des objets de même nature semblables ou analogues.

— 11 avril 1855, Trib. corr. de la Seine; aff. Gourdin c. Moos.

55. L'application nouvelle de moyens connus constitue une invention brevetable, mais il n'y a, dans le sens légal du mot, une application nouvelle qu'autant qu'elle est faite pour un objet qui diffère essentiellement de ceux auxquels le procédé avait été antérieurement appliqué, et non lorsqu'il s'agit d'objets semblables et analogues.

— 22 mai 1857, Trib. de la Seine; Dme Margra c. Geoffroy.

56. L'élastique en caoutchouc, étant appliqué depuis longtemps à divers objets de toilette ou autres, ne peut donner lieu à un brevet valable pour son application comme attache en fronce de couvre-shakos.

— 23 nov. 1858, Trib. corr. de la Seine; aff. Pignon c. Cornu. (*La Propr. industr.*, no 57.)

57. L'application de moyens connus n'est brevetable

qu'autant que le résultat atteint diffère de celui obtenu par l'emploi primitif des mêmes moyens.

— 9 juillet 1859, Trib. civ. de Lyon; aff. Lobry c. Vignet et Barbier. (*La Propr. industr.*, n° 88.)

58. Lorsqu'il est établi que l'idée de faire avancer la tablette à écrire d'un bureau, au moyen d'une ferrure dite télégraphe, était dans le domaine public, celui qui a eu le premier l'idée de placer cette ferrure en dessous de la tablette à écrire, tandis qu'auparavant les autres ébénistes l'appliquaient aux parois extérieures du tiroir, n'est pas brevetable, bien que ses garnitures soient munies de deux charnières qu'on ne rencontre pas dans les meubles des autres fabricants.

En effet, en admettant que cette disposition différente des ressorts qui font mouvoir la tablette à écrire soit préférable, il y aurait là seulement, de la part du breveté, une application améliorée d'un moyen déjà connu, la ferrure dite télégraphe, sans que le résultat de cette application soit autre que par le passé, à savoir le développement d'une tablette à écrire concordant avec l'ouverture d'un tiroir de bureau.

Dès lors, ce procédé ne présente le caractère ni d'une invention, ni d'une application nouvelle.

— 31 janv. 1862, C. imp. de Paris, app. corr.; aff. Salomon c. Huby. (*La Propr. industr.*, n° 219.)

59. Lorsqu'il est prouvé qu'antérieurement au brevet divers moyens étaient employés, suivant la nature des objets à soumettre au microscope, pour les faire adhérer à l'une de ses extrémités d'une manière plus ou moins fixe et prolongée, une liaison plus immuable de l'instrument et de l'épreuve photographique sur laquelle le microscope doit agir, ne saurait faire de deux organes connus, acquis au domaine public, et dont les fonctions ne sont pas changées, une chose nouvelle, différente, susceptible d'être brevetée.

— 28 janv. 1862, Trib. corr. de la Seine; aff. Dagron c. Hermann-Regad et autres. (*La Propr. industr.*, n° 221.)

60. La loi de 1844 protège les applications nouvelles, mais non les emplois nouveaux;

Ainsi, l'emploi de la vis pour les pieds de pianos, ne peut pas être valablement breveté, lorsque cet emploi pour le pied des tabourets de pianos et pour les pieds de billards appartient au domaine public.

— 7 déc. 1858, Trib. corr. de la Seine; aff. Ostermann. c. Westermann. (*La Propr. industr.*, n° 58.)

61. Il n'y a pas invention dans l'application des roulettes à un fourneau.

— 20 nov. 1850, C. de Paris ; aff. Routin c. Guéry.

62. En principe, un perfectionnement n'est brevetable qu'à la condition de supposer une idée nouvelle.

— 22 mars 1862, C. imp. de Paris, app. corr.; aff. Hayem c. Frossart. (*La Propr. industr.*, n° 225.)

63. L'idée de décorer et d'illustrer des toiles-cuirs n'est pas susceptible d'être brevetée.

— 10 mai 1861, Trib. civ. de la Seine; aff. Pellet c. Cautel. (*La Propr. industr.*, n° 202.)

64. L'idée de faire des cartes-adresses ou annonces, portant les noms, demeure et indication d'un industriel ou d'un commerçant, étant connue, il ne peut y avoir une invention sérieuse dans l'idée de faire de ces cartes-adresses ou annonces des marques de jeu.

— 8 mai 1860, Trib. corr. de la Seine ; aff. Piault c. Luez. (*La Propr. industr.*, n° 125.)

65. L'idée de faire subir aux cercles des jupons une dépression qui les aplatit dans leur partie correspondante au devant de la taille, est une idée qui tient essentiellement à l'emploi des cercles, et qui, par conséquent, ne peut pas plus que ces derniers, qui sont depuis longtemps connus, faire l'objet d'un brevet.

— 12 mai 1858, Trib. corr. de la Seine; aff. Matignon c. divers. (*La Propr. industr.*, n° 23.)

66. On ne saurait considérer comme invention ou découverte nouvelle le fait d'avoir employé des barres rivées au lieu de les serrer avec des écrous.

— 28 mai 1862, Trib. civ. de Lyon; aff. Pinay c. Buisson. (*La Propr. industr.*, n° 235.)

67. Ne constitue pas un produit nouveau brevetable, un tissu fabriqué sur le métier à mailles fixes, réuni au métier à la Jacquart, par une combinaison tombée dans le domaine public.

La différence existant entre ce produit et les autres produits obtenus par la même alliance de métiers n'est qu'un des nombreux résultats qui, contenus dans la combinaison des deux métiers, ont été, pour ainsi dire, inventés en même temps que cette combinaison même, et n'en peuvent être séparés pour constituer une invention distincte.

— 13 janvier 1858, Trib. civ. de la Seine; aff. Joyeux c. Grégoire. (*La Propr. industr.*, n° 11.)

68. L'idée de fabriquer de petits meubles composés d'un certain nombre de petits cadres, et servant de jardinières et de porte-cartes de visites, n'est pas brevetable, dès qu'il est constant qu'antérieurement des jardinières en bois sculpté, à pans ornés de portraits, de figures, de miniatures et images diverses, étaient dans le commerce; que, de même, des petits cadres, également en bois sculpté, isolés ou mis en série, destinés à recevoir des cartes de visite étaient d'un usage fort répandu.

Le fait d'avoir adapté auxdites jardinières ces petits cadres constitue une *variété dans l'ornementation*, mais non un résultat ou un produit industriel qui puisse, quelque minime qu'il soit, être susceptible d'un brevet valable.

— 8 mars 1861, C. de Paris; aff. Buchard c. Delahaye. (*La Propr. industr.*, n° 174.)

69. Le fabricant qui se borne à approprier une étoffe ancienne au goût du jour, en renouvelant cette étoffe par le dessin, la couleur ou la richesse du tissu, peut bien créer une *nouveauté* dans le sens vulgaire du mot, mais il ne crée pas un *produit nouveau* susceptible d'être breveté.

— 13 juin 1860, Trib. civ. de Lyon; aff. Chavant c. Fontaine. (*La Propr. industr.*, n° 148)

7° *Changements de forme, de dimensions.*

70. De simples *changements* de *formes* et de *proportions* adoptés pour la réalisation d'un principe qui appartient au domaine public, ne peuvent constituer une invention brevetable s'ils ne sont pas de nature à produire des effets nouveaux.

— 27 août 1861, Trib. corr. de la Seine; aff. Baudit c. Magnier. (*La Propr. industr.*, n° 200.)

71. Des *changements* de *formes* et de *fonctions* qui ne produisent pas, en réalité, de résultat nouveau, ne sont pas de nature à être brevetés.

— 22 nov. 1859, C. de Paris; aff. Bienbar et Simon c. Brisse. (*La Propr. industr.*, n° 104.)

72. Les proportions dans les matières employées, dans leur grosseur variée et leur disposition, ne suffisent pas

pour donner à un tissu déjà connu, un caractère de nouveauté brevetable.

— 7 mars 1860, Trib. civ. de la Seine; aff. Millet-Durand c. Seydoux, Siéber et Cᶜ. (*La Propr. industr.*, nᵒ 118.)

73. L'emploi d'une *trame* ou d'une *chaîne* plus forte dans une étoffe connue, ne saurait constituer une invention.

— 13 juin 1860, Trib. civ. de Lyon; aff. Chavant c. Fontaine. (*La Propr. industr.*, nᵒ 148.)

74. Une simple modification dans la *forme* des bandages herniaires n'est pas susceptible d'être brevetée.

— 29 mars 1859, Trib. corr. de la Seine; aff. Simonneau c. Drapier. (*La Propr. industr.*, nᵒ 72.)

— Le changement de forme d'un instrument de chirurgie, alors même qu'il en peut résulter un avantage, une commodité pour l'opérateur, n'est pas brevetable.

— 15 août 1861, C. imp. de Paris; aff. Gariel et Galante c. Bergueraud et autres. (*La Propr. industr.*, nᵒ 205.)

75. Le simple *changement de dimension* ne peut constituer une invention ;
Spécialement, lorsqu'il est établi que les bracelets à charnière sont dans le domaine public, on ne peut se faire breveter valablement pour la fabrication de bagues identiques aux bracelets connus.

— 10 déc. 1857, C. de Paris; aff. Cavy c. Murat. (*La Propr. industr.*, nᵒ 8.)

76. Un objet non susceptible par lui-même d'être breveté ne saurait le devenir, par cela seul qu'il aurait été exécuté dans des *proportions moindres ou plus grandes* que par le passé, tel, par exemple, qu'une montre ou un microscope qu'on ferait assez petit pour entrer dans le fermoir d'un bracelet ou le chaton d'une bague.

— 28 janv. 1862, Trib. corr. de la Seine; aff. Dagron c. Hermann-Regad et autres. (*La Propr. industr.*, nᵒ 221.)

77. La teinture par compartiments, appliquée aux petites flottes de soie, étant tombée dans le domaine public, on ne saurait admettre que le même procédé, appliqué à des flottes de soie un peu plus grandes, puisse être considéré comme une invention nouvelle.

— 22 juillet 1859, C. de Lyon; aff. Charmetton c. Couturier et Gaillard. (*La Propr. industr.*, nᵒ 96.)

78. L'application d'un procédé déjà employé pour des

objets de petite dimension à des objets de dimensions
considérables, ne constitue pas une invention brevetable,
lorsque les moyens de fabrication sont les mêmes dans
les deux cas.

Spécialement, on ne peut breveter l'emploi du dia-
mant appliqué déjà au tournage des pierres dures de petite dimension pour son application au tournage des pierres
de grande dimension.

— 5 fév. 1858, Trib. civ. de la Seine ; aff. Barrère c. Bigot-
Dumaine. (*La Propr. industr.*, n° 13.)

79. Etant donné que les poêles à chauffer les fers à re-
passer sont dans le domaine public, et que le principe
de cette invention consiste à placer les fers sur des plans
inclinés autour du foyer, à des distances variables au-
dessus de la grille du foyer, n'est pas valable le brevet
pris pour un appareil, dans lequel les fers sont abaissés
contre les parois du foyer, plus qu'il n'était d'usage de
le faire jusqu'à ce jour.

Cette légère *modification de forme*, lors même qu'elle
procurerait un avantage, ne serait pas de nature à constituer une invention brevetable.

— 24 déc. 1861, Trib. corr. de la Seine; aff. Chéron c.
Vinet et autres. (*La Propr. industr.*, n° 212.)

80. *Contrà*. La production d'un résultat industriel nouveau est une invention brevetable, alors même qu'elle ne
serait due qu'à une combinaison nouvelle dans les *formes*
et les *proportions* d'objets déjà connus.

— 9 fév. 1853, C. de cass.; aff. Sax c. Raoux et autres. (*Le
Droit*, 1853, n° 60.)

81. La *substitution d'une forme à une autre*, dans la
confection d'un appareil, constitue une invention brevetable, lorsqu'elle produit un résultat industriel nouveau ;

Peu importe que le même principe ait été renfermé en
germe dans un appareil tombé dans le domaine public,
si l'appareil dont la forme est changée comporte dans
ses proportions des différences notables, réalisant un
avantage.

Spécialement, il y a invention dans la substitution de
la forme sphérique à la forme cylindrique dans les appareils destinés à la torréfaction du café et du cacao.

— 9 avril 1861, C. de Paris; aff. Voisin c. Bouthemy et
Rollet. (*La Propr. industr.*, n°s 127 et 186.)

82. Sont brevetables les *changements de forme* qui

procurent ou une facilitation de travail ou une extension d'utilité.

— 28 juin 1854, C. imp. de Rouen ; aff. Sax c. Raoux et autres.

83. La brevetabilité d'une machine ou d'un de ses organes ne dépend pas de son plus ou moins d'*importance* ou d'*utilité*, mais uniquement du point de savoir si cette machine et cet organe sont nouveaux et donnent un résultat industriel.

Spécialement est brevetable le *simple changement de forme* d'un organe de charrue, lorsque ce changement de forme, tel que la courbure donnée à l'étançon, a pour résultat d'éviter ou de diminuer l'engorgement des terres et racines qui se produit avec l'étançon droit, et de procurer ainsi une économie de force et de temps.

— 15 juin 1861, C. de Paris ; aff. Sagette c. Vallée et Busigny. (*La Propr. industr.*, n° 186.)

84. Un produit déjà connu, un paillasson, par exemple, peut être l'objet d'un brevet, lorsque sa forme, ses dimensions et sa longueur sont nouvelles.

— 26 juillet 1861, C. de Paris ; aff. Guyot c. Calais. (*La Propr. industr.*, n°s 171 et 196.)

8° *Substitution d'une matière a une autre.*

85. La substitution d'une matière à une autre ne saurait constituer une invention.

— 11 mars 1859, Trib. civ. de la Seine ; aff. Jolly c. Oudry. (*La Propr. industr.*, n° 69.)

86. Ne peut constituer une invention la *simple substitution d'une matière à une autre* dans la fabrication d'un objet.

— 23 juin 1860, C. de Lyon ; aff. Vignet c. Gantillon. (*La Propr. industr.*, n° 159.)

87. La simple *substitution d'une matière* à une autre, alors qu'il n'y a rien de nouveau soit dans la forme, soit dans le mode de fabrication, ne saurait constituer une invention.

— 16 août 1860, Trib. civ. de Lyon ; aff. Buisson c. Guillot. (*La Propr. industr.*, n° 150.)

88. Les *simples changements* et modifications de forme, appliqués à un mécanisme connu, ne sont pas susceptibles d'être brevetés.

Egalement, n'est pas brevetable la simple substitution d'une matière à une autre.

— 8 mai 1861, Trib. civ. de la Seine; aff. Prudhomme c. Bréguet. (*La Propr. industr.*, n⁰ 199.)

89. On ne peut se prévaloir d'un brevet pris pour la fabrication en caoutchouc vulcanisé d'objets qui, antérieurement, n'étaient fabriqués qu'en caoutchouc ordinaire.

— 27 nov. 1852, C. imp. de Paris: aff. Kœpplin-Solier c. Garnier. — *Contrà*. 6 avril 1854, C. imp. de Paris; aff. Thier c. Grossmann et Wagner.

90. Du moment où on a eu inventé la vulcanisation du caoutchouc, c'est-à-dire le moyen de le rendre plus résistant au froid et à la chaleur, il a été loisible à chacun de substituer le nouveau caoutchouc à l'ancien dans toutes les industries qui employaient précédemment le caoutchouc ordinaire, seul connu jusque-là.

En effet, l'idée de cette substitution ne constitue pas une invention et ne saurait donner un droit exclusif à celui qui, le premier, l'a mise en pratique.

13 fév. 1862, C. imp. de Paris, app. corr.; aff. Rouget de Lisle c. Nicolle et autres. (*La Propr. industr.*, n⁰ 218.)

91. La *substitution d'un corps à un autre*, ayant les mêmes qualités et produisant les mêmes résultats, sans aucun avantage nouveau, réel et appréciable, ne saurait constituer une découverte et une invention susceptible d'être brevetée;

Ainsi, étant connu que le frottement des allumettes chimiques sur un corps solide, sec et plus ou moins rugueux, détermine leur inflammation, on ne peut obtenir un brevet valable pour la confection et l'emploi de plaques en pâte de porcelaine rugueuse et cannelée, destinées à déterminer cette inflammation.

— 10 juillet 1860, Trib. corr. de la Seine; aff. Mauchon c. Girardin et Gombault. (*La Propr. industr.*, n⁰ 152.)

92. N'est pas brevetable le simple changement de matière.

Ainsi, on ne peut se faire breveter pour l'application aux étoffes de soie d'un procédé appliqué aux étoffes de laine.

— 22 juillet 1856, Trib. de Doullens: aff. Possard c. Jannesson.

93. La *substitution d'une matière textile* à une autre pour la confection d'un tissu, ne constitue une invention que lorsque le tissu obtenu est nouveau.

— 7 mars 1860, Trib. civ. de la Seine; aff. Millet-Durand c. Seydoux, Siéber et Cᵉ. (*La Propr. industr.*, nº 118.)

94. Le changement de matière n'est pas susceptible d'être breveté.

Ainsi n'est pas brevetable l'idée de substituer le fer au bois dans la construction des bâches et châssis de couche.

— 20 mars 1847, C. r. de Paris; aff. Paquet-Lefèvre c. Tronchon. (S. V. 47, 2, 219.)

Cependant cette doctrine n'est pas admise d'une manière absolue. La substitution d'une matière à une autre est considérée comme brevetable quand elle donne lieu à un produit nouveau, ou quand elle constitue une application nouvelle ou un procédé nouveau.

C'est dans ce sens que l'on a admis la validité d'un brevet pris pour la substitution de l'oléine à l'huile, employée jusqu'alors dans le graissage des laines destinées à être filées.

— 14 août 1850. C. d'app. de Metz; aff. Alcan et Péligot c. Bacot, Cunin-Gridaine et autres.

95. Un procédé peut être nouveau, soit par la *nature des matières employées*, soit par les moyens mis en usage pour cet emploi.

— 11 mars 1861, Bordeaux; aff. Barbou c. Mautrand et Cahu. (*La Propr. industr.*, nº 181.)

96. Il y a invention à avoir substitué aux bourrelets matelassés et dangereux pour les enfants, dont ils excitaient continuellement la transpiration, des bourrelets légers et à jour qui, en facilitant la circulation de l'air autour de la tête, préservent aussi les enfants du danger des chûtes et des chocs.

— 10 avril 1829, Trib. de la Seine; aff. Fournier c. Piet.

9º *Industries semblables, analogues, différentes.*

97. L'application nouvelle de moyens connus, alors même qu'elle réalise un résultat industriel nouveau, n'est brevetable qu'autant qu'elle est faite sur un objet qui

diffère essentiellement de ceux auxquels le procédé avait
été antérieurement appliqué.

N'est pas brevetable la combinaison nouvelle de deux
éléments connus, lorsqu'elle est réalisée dans la même
industrie où ces deux éléments étaient déjà isolément
employés.

— 18 nov. 1858, C. de Paris; aff. Margra c. Geoffroy. (*La
Propr. industr.*, n° 60.)

98. Est brevetable l'application nouvelle de moyens
connus, dans l'industrie des métaux, à un métal qui
n'avait pas encore été soumis à ces moyens.

— 26 juillet 1855, Rej.; aff. Letrange-David c. d'Arlincourt.
(*Gaz. des Trib.*, 29 juillet.)

99. La simple réunion de deux appareils déjà connus
et employés, mais isolément, *dans la même industrie*,
peut être valablement brevetée.

Cette réunion constitue, en réalité, un appareil nouveau.

Ainsi, tirer de l'alcali volatil des eaux ammoniacales,
sans les réduire d'abord en sels ammoniacaux, et obtenir
ce produit direct par la combinaison nouvelle des appareils de distillation de Laugier et de Wolf, c'est là, dans
l'état de la science, une invention brevetable.

— 22 fév. 1855, C. imp. de Lyon; aff. Mallet c. Gastoud.

100. Si un moyen est transporté d'une industrie dans
une *industrie analogue*, il peut encore être breveté, s'il
donne des résultats nouveaux.

Ainsi, l'estampage ayant été déjà mis en usage pour
certains métaux, celui qui en fait le premier l'application
à l'industrie du zinc fait une application nouvelle de
moyens connus, et rentre par conséquent dans les termes
de l'article 2 de la loi de 1844.

— 31 mars 1855, C. imp. de Paris; aff. d'Arlincourt c.
Létrange, David et Cᵉ.

101. Est brevetable l'application à une industrie nouvelle de moyens connus, à l'effet d'obtenir un résultat
industriel.

— 23 mars 1860, C. de Paris; aff. Mangin et Prevost c.
Macé. (*La Propr. industr.*, n° 119.)

102. Il y a application brevetable d'un moyen connu,
lorsqu'il est transporté dans une *industrie différente*.

— 5 fév. 1852, C. imp. de Paris; aff. Berindorf c. Raymond. — *Contrà.* 1 juillet 1846, C. de cass.; aff. Dupuis c.

Cottard. Jugé qu'il n'y a pas lieu à brevet dans l'application de la presse à raisin au tannage des cuirs.

103. Est brevetable l'invention qui consiste à transporter à une industrie un procédé employé dans une autre, lorsque le résultat obtenu à l'aide de ce procédé est nouveau.

— 13 janv. 1855, C. de Paris; aff. Dupont c. Sentis.

104. Les *moyens connus* et employés dans une industrie ne sont susceptibles d'être brevetés dans leur *application* nouvelle *à une autre industrie* qu'autant que le résultat produit diffère de celui obtenu dans l'industrie primitive.

Spécialement, l'application aux étoffes de soie des moyens employés jusqu'alors pour le calandrage et le moirage des seules étoffes de coton, ne peut être brevetée, puisqu'elle n'a pour résultat que de transporter dans une nouvelle industrie l'opération identiquement réalisée dans l'industrie précédente.

— 23 juin 1860, C. de Lyon; aff. Vignet c. Gantillon. (*La Propr. industr.*, n° 159.)

105. Celui qui s'est fait breveter pour un procédé de fabrication auquel concourt un instrument transporté par lui d'autres industries dans son industrie, n'est fondé à réclamer de droit privatif à cet égard que quant à l'application spéciale de cet instrument, mais il ne peut s'opposer à ce que cet instrument, qui n'est point son œuvre, soit employé soit dans un autre genre d'industrie, soit dans la même industrie, avec un système de fabrication autre que le sien;

A plus forte raison en est-il ainsi, alors que l'emploi de l'instrument en question ne réalisant aucun avantage sous le rapport de la dépense, de l'économie de temps et de l'amélioration ou de l'augmentation des produits, doit être considéré comme le simple remplacement d'un agent par un autre agent déjà en usage pour des opérations similaires.

— 31 juillet 1860, Trib. corr. de la Seine; aff. **Bolta** c. **Dresch**. (*La Propr. industr.*, n° 147.)

106. L'application du métier à tisser à la fabrication des paillassons constitue l'*application nouvelle* de moyens connus pour l'obtention d'un résultat industriel, et est par conséquent brevetable.

— 26 juillet 1861, C. de Paris; aff. Guyot c. Calais. (*La Propr. industr.*, n° 171 et 196.)

107. L'application à une autre industrie d'une machine déjà connue et décrite, et surtout avec des modifications qui l'approprient spécialement à ce nouvel usage, constitue une invention susceptible de brevet.

— 13 mars 1858, Liége; aff. Lieutenant c. Denis. (*La Propr. industr.*, n° 99.)

108. L'application des métiers à velours à la fabrication des tapis-mousse en laine ou en fil ne constitue pas une application nouvelle d'un moyen connu pour l'obtention d'un résultat industriel, puisqu'elle n'a nécessité aucune modification dans la disposition de ces métiers à velours.

— 19 mai 1859, C. de Paris; aff. Payoud c. Douruot. (*La Propr. industr.*, n° 74.)

109. La substitution du métier à la barre au métier ordinaire, dans la fabrication des galons à colonne, ne saurait constituer une invention.

L'invention, dans ce cas, ne peut consister que dans la réalisation des moyens à l'aide desquels on a opéré la *substitution d'un métier à un autre*

Spécialement, la substitution dont il s'agit n'ayant été réalisée que par l'invention d'une navette spéciale, cette navette peut seule être l'objet d'un brevet.

— 19 janv. 1861, Trib. civ. de Lyon; aff. Roche c. Escoffier. (*La Propr. industr.*, n° 176.)

110. Il y a application nouvelle d'un moyen connu, dans l'emploi, comme organe ramassant le plâtre broyé de la roue à tympan, depuis longtemps usitée pour monter l'eau ou pour draguer.

— 7 mars 1857, Paris; aff. Fauconnier c. Jannot. (*La Propr. industr.*, n° 16.)

10° *Supériorité de fabrication.*

111. N'est pas brevetable une application *améliorée* d'un moyen déjà connu, lorsque le résultat de cette application n'est pas autre que par le passé.

— 26 nov. 1861, Trib. corr. de la Seine; aff. Salomon c. Huby. (*La Propr. industr.*, n° 207.)

112. De *simples perfectionnements* apportés à un produit tombé dans le domaine public ne peuvent faire l'objet d'un brevet d'invention.

— 24 avril 1858, Trib. civ. de la Seine; aff. Fabins c. Leduc. (*La Propr. industr.*, n° 31.)

113. Des modifications apportées à une invention tombée dans le domaine public peuvent justifier des récompenses honorifiques, sans pour cela constituer des perfectionnements susceptibles d'être brevetés au profit de celui qui a contribué auxdites modifications.

— 25 mars 1859, Paris; aff. Duboscq c. Ferrier. (*La Propr. industr.*, n° 79.)

114. Il n'y a pas application nouvelle de moyens connus, lorsque le breveté se borne, dans la *même industrie*, à employer, *avec plus d'intelligence*, les procédés déjà usités.

— 20 mars 1854, C. de cass.; aff. Falguières c. Auzet. (*Le Droit*, 1854, n° 68.)

115. Un procédé qui consiste seulement dans l'emploi plus habilement fait de moyens connus n'est pas susceptible d'être breveté.

— 21 janv. 1860, C. de Paris; aff. Rhodé c. Royer et Roux. (*La Propr. industr.*, n° 110.)

116. N'est pas brevetable la supériorité obtenue dans la qualité d'un produit connu, lorsque cette supériorité n'est pas due à l'emploi de moyens nouveaux.

— 25 nov. 1858, Trib. civ. de la Seine; aff. Dhostel c. Royer. (*La Propr. industr.*, n° 52.)

117. Ne constitue pas une invention brevetable le fait de fabriquer un tissu avec une supériorité de solidité.

— 4 mai 1860, C. de Paris; aff. Bernard c. Collet-Dubois. (*La Propr. industr.*, n° 125.)

118. La préférence donnée aux marnes d'un bassin pour la fabrication du ciment hydraulique, non plus que l'indication donnée avant tous autres de la *supériorité* de telle marne, ne saurait faire l'objet d'un brevet d'invention.

De même, les *soins* apportés au triage de la marne, à sa cuisson, à sa pulvérisation, à son blutage, et à l'aide desquels on obtient des produits de très *bonne qualité*, ne constituent pas une invention brevetable.

— 21 fév. 1861, C. de Paris, aff. Lingée c. Montéage. (*La Propr. industr.*, n°s 157 et 172.)

119. La coupe plus ou moins économique d'un pantalon

dans une pièce de drap peut dénoter plus ou moins d'intelligence et d'habileté dans le tailleur qui y procède ;

Mais cette opération, n'étant que le résultat de calculs qui ne peuvent être interdits à aucun tailleur pour faire le meilleur emploi possible d'une pièce d'étoffe, ne peut être considérée ni comme un procédé, ni comme une invention susceptible d'être brevetée.

En conséquence, est nul le brevet pris pour un système de coupe économique pour la confection des pantalons.

— 21 avril 1840, Rej.; aff. Heintz c. Thadomme.

Contrà. Un système de coupe de gants est brevetable lorsqu'il n'est pas isolé de tout moyen d'application et de tout procédé industriel.

— 22 juin 1843, Trib. de Grenoble, aff. Jouvin c. Ducruy.

120. N'est pas inventeur celui qui fabrique le premier, sur une grande échelle un produit déjà connu et par des moyens indiqués antérieurement, soit dans des publications savantes, soit dans des brevets rendus publics. Il y a lieu de prononcer la nullité d'un brevet obtenu dans ces circonstances.

— 12 fév. 1857, Trib. de Lyon; aff. Julian-Amic c. Buisson.

121. Bien que l'emploi des paillassons dans la grande culture soit connu, celui qui, par son invention, a *généralisé* et popularisé l'*usage* de ces paillassons, est valablement breveté.

— 29 janv. 1861, Trib. corr. de la Seine ; aff. Guyot c. Calais. (*La Propr. industr.*, n° 171.)

11. *Importance, utilité, mérite.*

122. Dans l'esprit de la loi de 1844 et dans un but tout à la fois d'encouragement et d'utilité générale, la part la plus large a été faite à l'invention ; toute personne a été autorisée à mettre à profit et à s'approprier les procédés mêmes les plus vulgaires, pourvu que de leur combinaison résultât un perfectionnement ou une découverte.

— 26 novembre 1857, C. d'Amiens; aff. Planque c. Cauchin. (*La Propr. industr.*, n° 21.)

123. La validité des brevets délivrés aux inventeurs, à leurs risques et périls, ne peut légalement dépendre ni de l'importance, ni de l'utilité de l'invention, et il y a contradiction à prétendre, d'une part, qu'on est gêné dans l'exercice de sa libre industrie par le privilège résultant du brevet qu'on attaque, et, d'autre part, que l'industrie, objet du brevet, n'a ni efficacité ni valeur ;

D'ailleurs, les nullités et déchéances sont de droit étroit, et aucun article de loi n'érige en cause de nullité d'un brevet, son peu d'importance ou d'utilité ; ce serait donc créer une nullité, qui n'est pas prononcée par la loi, que de déclarer un brevet nul à raison de son peu d'importance ou d'utilité.

— 30 décembre 1845, Cass.; aff. Coubaux c. Gosdemberg; — 8 juillet 1846, C. r., Paris; aff. Guérin c. Fland et Bonnefin. (*Le Droit*, 1846, 653) ; — 11 juin 1850, Paris ; aff. Neveu c. Châtelain.

124. Les tribunaux ne peuvent pas se constituer juges souverains de l'importance de l'application d'un procédé à l'industrie ; s'il en était ainsi, ils pourraient détruire la propriété des brevets.

— 17 janvier 1852, Cass.; aff. Crespel de Lisse c. Rohlfs-Seyrig. (*Le Droit*, 1852, 15 et 31.)

125. L'application de moyens connus est susceptible d'être brevetée lorsqu'elle procure un résultat industriel nouveau, quelle que soit d'ailleurs l'*importance* de ce résultat.

En conséquence, l'arrêt qui, après avoir déclaré en fait qu'un inventeur a obtenu complétement des effets qui n'avaient été atteints qu'en partie avant lui, parce qu'il a réussi le premier à isoler complétement les voûtes plates formant plafonds des planchers supérieurs, et qu'il a ainsi perfectionné le système de ces voûtes, ne peut ensuite, sans violer l'art. 2 de la loi du 5 juillet 1844, refuser effet au brevet, sous prétexte qu'il ne constituerait pas une application nouvelle de moyens connus dans le sens de la loi.

— 24 avril 1856, C. de cass.; aff. Berger c. Aubeux. (*Le Droit.*)

126. *Contrà*. Depuis longtemps, l'idée de former un nœud à l'avance, de cacher sous ce nœud l'attache de la cravate et de lui donner plus ou moins de jeu, est tombée dans le domaine public et a été réalisée par divers moyens ;

Parmi les formes d'exécution se trouve l'usage fréquent du caoutchouc, avec une pince métallique ou coulant à ressort ;

Celui qui améliore cet appareil, mais en employant les mêmes organes, remplissant les mêmes fonctions et atteignant le même but, ne produit pas un résultat industriel assez important pour avoir droit à un brevet.

— 22 mars 1862, C. imp. de Paris, app. corr.; aff. Hayem
c. Frossart. (*La Propr. industr.*, n° 225.)

127. L'utilité plus ou moins grande d'un appareil breveté est sans la moindre influence sur la validité du
brevet.

— 30 mai 1857, C. de Paris; demoiselle Milliet c. dame
Vernier.

128. Si les juges reconnaissent que les appareils brevetés n'ont aucune utilité, cette déclaration qu'ils ont le
droit de faire pour apprécier la somme des dommages-intérêts, ne peut effacer le délit de contrefaçon ;

Ce délit ne peut, en effet, dépendre ni de l'importance,
ni de l'utilité de l'invention, puisque la criminalité des
atteintes à la propriété n'est, dans aucun cas, subordonnée par la loi à la quotité du préjudice qu'elles ont pu
causer.

— 2 mai 1851, Cass.; aff. Thomas Laurens c. Robert Dubu.
(*Le Droit*, 1851, 421.)

129. *Contrà*. Les magistrats sont juges de l'importance
du procédé breveté, et peuvent déclarer que, faute de mérite suffisant de l'invention, le brevet est nul.

— 22 juillet 1859, C. de Lyon; aff. Charmetton c. Couturier et Gaillard. (*La Propr. industr.*, n° 96.)

130. C'est par le mérite et les résultats d'un procédé
que les juges du fait doivent se décider pour reconnaître
à ce procédé le caractère d'invention brevetable.

— 11 avril 1859, C. de Douai ; aff. Gaillard c. Beaugrand.
(*La Propr. industr.*, n° 83.)

131. Quelque faciles qu'aient été les modifications à
introduire dans un métier pour en obtenir un résultat industriel nouveau, une fois l'idée trouvée, elle n'en appartient pas moins à l'inventeur; il en est, dans ce cas, de
son invention, comme d'une foule d'autres dans les arts ou
l'industrie, en présence de l'apparente simplicité desquelles on s'étonne parfois de n'en avoir pas été l'auteur.

— 16 août 1859, C. de Douai; aff. Pearson et Topham c.
Mullicr. (*La Propr. industr.*, n°s 76 et 103.)

132. Il suffit qu'un produit soit nouveau pour être valablement breveté, alors même que les moyens employés
pour l'obtenir sont d'une extrême simplicité et qu'ils sont,
d'ailleurs, connus.

— 26 janvier 1860, C. de Paris; aff. Boudier c. Trippet.
(*La Propr. industr.*, n° 110.)

‾133. N'est pas brevetable l'idée d'imprimer lithographiquement un calendrier sur les portefeuilles ou les sous-mains en toile ou cuir verni, cette idée ne présentant aucune difficulté d'exécution.

— 19 janvier 1859, Trib. corr. de la Seine ; aff. Perretier c. Caudrilier. (*La Propr. industr.*, n° 64.)

134. N'est point une invention brevetable l'application nouvelle d'un procédé connu, si cette application n'est qu'une conséquence toute naturelle du procédé connu, et si elle n'a dû coûter ni travail d'intelligence ni sacrifice pécuniaire.

Spécialement l'application de l'émail à la tôle, comme moyen de préserver le métal de l'oxydation, étant connue et tombée dans le domaine public, il n'y a point invention brevetable dans le fait de l'application de cet émail à un objet particulier, spécialement à des formes à sucre en tôle, quel que soit, d'ailleurs, l'avantage que cette application puisse procurer à l'industrie.

— 20 mars 1855, C. de Paris; aff. Rauch c. Schœnberg et Cᶜ.

135. L'idée de fabriquer un gant en deux parties et de dissimuler la couture par un volant ou tout autre ornement, découle si naturellement des *exigences de la fabrication* qu'elle ne peut être l'objet d'un brevet.

— 12 avril 1860, Trib. corr. de la Seine ; aff. Boudier c. Bertin. (*La Propr. industr.*, n° 167.)

136. Etendre à certains métiers circulaires à tricoter une application que d'autres métiers circulaires ont antérieurement reçue, n'est pas une idée brevetable ;

En effet, une opération aussi simple, qui tient plus de l'imitation que de l'invention, ne saurait donner lieu à un privilége, et le brevet pris pour cet objet doit être déclaré nul.

— 9 mars 1859, Trib. civ. de Troyes; aff. Gillet c. Berthelot. (*La Propr. industr.*, n° 75.)

12. *Règles pour l'appréciation des inventions.*

137. L'erreur commise par le juge du fait sur l'appréciation et l'interprétation d'un brevet, relève du contrôle de la Cour de cassation.

— 23 janvier 1858, Cass. ; aff. Dubrunfaut c. Lanfrey. (*La Propr. industr.*, n° 10.)

138. La question de la nouveauté d'un produit industriel est souverainement appréciée par les juges du fait, ainsi que la portée de l'idée mère qui constitue une invention brevetable.

— 7 juillet 1855, Rej.; aff. Frezoy c. Messonnier. (*Le Droit.*)

139. C'est aux juges du fait qu'il appartient de décider souverainement si un brevet pris pour un certain ordre de matières (dans l'espèce les marcs de raisin et autres matières épaisses et solides) s'applique à une matière particulière (dans l'espèce, la betterave).

— 20 mars 1857, Rej.; aff. Lauay-Leplay c. Villard. (*Le Droit.*)

140. La loi du 5 juillet 1844, qui fixe les conditions auxquelles est attaché le caractère d'invention ou de découverte nouvelle, distingue entre le produit, qui est la chose livrée à la consommation, et le résultat, qui est la somme des avantages que peut donner un certain mode de fabrication.

L'art. 2 de cette loi, qui considère comme invention ou découverte nouvelle la création de nouveaux produits industriels, n'attribue aux résultats industriels le caractère de l'invention qu'à raison seulement de la nouveauté des moyens employés ou de l'application nouvelle des moyens connus pour obtenir ces résultats ;

Donc, pour prononcer sur le droit du breveté, relativement aux résultats, les Tribunaux doivent examiner ces résultats simultanément avec les moyens employés.

— 18 mai 1848, C. de cass.; aff. Parizot c. Pauwels.

141. L'arrêt qui apprécie séparément les différents éléments dont la combinaison constitue l'invention brevetée et qui les scinde pour en calculer l'importance et la nouveauté, viole l'art. 2 de la loi de 1844.

— 2 mai 1851, C. de cass.; aff. Thomas Laurens c. Robert Dubu. (*Le Droit*, 1851, 421.)

142. Il est interdit au juge de diviser l'invention pour en déclarer les différentes parties non brevetables.

— 22 décembre 1855, Cass.; aff. Marchal c. la Compagnie du chemin d'Orléans. (*L'Invention.*)

143. Lorsqu'il s'agit de décider si on a fait ou non une application nouvelle de moyens déjà connus, il faut prendre la machine dans son ensemble et ne pas la désarticuler.

— 17 juillet 1858, C. d'Amiens ; aff. Duvoir c. Marchandin, (*La Propr. industr.*, n° 63.)

144. Lorsque des éléments, qui se trouvent combinés dans un appareil breveté, n'existaient que séparément avant l'obtention du brevet, le fait de les avoir réunis et de les avoir fabriqués avec une matière autre que celle qui avait déjà été employée dans les appareils précédents constitue l'application nouvelle de moyens connus pour l'obtention d'un résultat, et cette invention est valablement brevetée ;

Ce n'est donc pas en analysant une invention et en examinant chaque élément pris isolément qu'on peut se prononcer sur la validité d'un brevet ; c'est l'*ensemble* qu'il faut considérer.

— 20 mars 1860, Trib. corr. de la Seine ; aff. Evras c. Caume. (*La Propr. industr.*, n° 154).

145. Lorsqu'une invention brevetée porte, non pas sur un simple organe, mais sur une combinaison nouvelle de moyens connus, l'arrêt qui, pour déclarer le brevet nul, se fonde sur la vulgarité de l'organe qu'il considère comme principal, en laissant de côté d'autres éléments essentiels de la combinaison dont il n'apprécie pas non plus l'ensemble, viole tout à la fois l'art. 2 de la loi du 5 juillet 1844 sur les brevets, et l'art. 7 de celle du 20 avril 1810 sur le défaut de motifs.

En pareil cas, la nullité du brevet n'est pas justifiée par un premier motif qui déclare que l'objet breveté était connu et pratiqué avant la date du brevet, s'il résulte des motifs suivants que, dans la pensée de la Cour, l'objet breveté était un organe particulier, tandis qu'en réalité il portait sur un ensemble de procédés et sur une combinaison de moyens connus.

— 24 avril 1857, Cass.; Pollet-Gaullier c. Delaunay. (*Le Droit.*)

146. Lorsqu'un breveté revendique comme constitutif de son invention un procédé nouveau résultant d'une combinaison nouvelle d'organes et de moyens connus, il ne suffit pas aux juges du fait, pour repousser sa plainte, d'examiner isolément soit les organes, soit l'appareil dans son ensemble, soit la disposition de la matière à traiter, soit enfin les produits de l'opération ; c'est le procédé, la méthode, l'*idée-mère* qu'il doit apprécier.

— 20 mars 1857, Cass.; Villard c. Danel. (*Le Droit.*)

147. Doit être cassé pour défaut de motifs l'arrêt qui

25

prononce la nullité d'un brevet parce que le produit n'était pas nouveau, sans examiner en quoi consiste l'invention, si cette invention était brevetable de sa nature, et sans comparer l'objet du brevet avec l'antériorité opposée.

— 6 août 1858, Cass.; aff. Gavoty c. Martin. (*La Propr. industr.*, n° 44.)

148. Est suffisamment motivé l'arrêt qui, pour décider qu'un appareil comporte une application nouvelle d'organes connus, se fonde sur la combinaison de ces organes, sans expliquer en quoi elle consiste.

— 16 juillet 1858, rej.; aff. Perrin c. Delaporte. (*La Propr. industr.*, n° 50.)

Voir art. 30, § 1, et art. 31, pour tout ce qui concerne la nouveauté. *Voir* aussi art. 30, § 3, en ce qui touche les brevets de principe et les idées abstraites.

ARTICLE 3.

Ne sont pas susceptibles d'être brevetées :

1° Les compositions pharmaceutiques ou remèdes de toute espèce, lesdits objets demeurant soumis aux lois et règlements spéciaux sur la matière, et notamment au décret du 18 août 1810, relatif aux remèdes secrets;

2° Les plans et combinaisons de crédit ou de finances.

1. Est valable le brevet pris pour des *capsules gélatineuses* servant à envelopper les médicaments.

Ces capsules ne constituent pas une préparation pharmaceutique, bien que l'enveloppe et le médicament soient liés d'une manière indivisible.

— 12 nov. 1839, C. de cass.; aff. Duval c. Mothes. (S. V. 1839, I, 932.)

2. N'est point un remède secret le *papier épispastique* d'Albespeyre.

— 22 janv. 1842, C. de cass. (D. P. 1842, 1, 177.)

... Ni la *pâte pectorale* de Regnauld.

— Même arrêt.

... Ni les *pastilles* d'Hauterive, de Vichy.

— Même arrêt.

3. L'*eau de mélisse* des carmes est un remède.
— 7 mai 1839, Trib. corr. du Havre.

4. Un *appareil orthopédique* peut être valablement breveté.
— 30 mars 1853, C. de cass.; aff. Guérin et Charrière c. Hochard. (S. V. 1853, 1, 264.)
V. art. 30, paragraphe 2.

ARTICLE 4.

La durée des brevets sera de cinq, dix ou quinze années.

Chaque brevet donnera lieu au payement d'une taxe qui est fixée ainsi qu'il suit, savoir :

500 fr. pour un brevet de cinq ans;

1,000 fr. pour un brevet de dix ans;

1,500 fr. pour un brevet de quinze ans.

Cette taxe sera payée par annuités de 100 fr., sous peine de déchéance si le breveté laisse écouler un terme sans l'acquitter.

V. art. 6, v° Durée, et art. 32, v° Déchéance pour défaut de payement ou retard dans le payement de la taxe.

ARTICLE 5.

Quiconque voudra prendre un brevet d'invention devra déposer, sous cachet, au secrétariat de la préfecture, dans le département où il est domicilié, ou dans tout autre département, en y élisant domicile :

1° Sa demande au ministre de l'agriculture et du commerce;

2° Une description de la découverte, invention ou application faisant l'objet du brevet demandé;

3° Les dessins ou échantillons qui seraient nécessaires pour l'intelligence de la description;

4° Un bordereau des pièces déposées.

1. On ne doit pas considérer comme attributive de ju-

ridiction l'*élection de domicile* faite dans la demande du brevet.

Cette élection n'est exigée que pour faciliter les rapports de l'administration avec le breveté, et n'a pas d'autre but.

— 6 mars 1849, Trib. civ. de la Seine, aff. Lefèvre c. Hermann-Villard. (*Le Droit*, 1849, 361.)

2. L'inventeur peut joindre à la description des *dessins*, s'il croit qu'ils sont nécessaires pour éclairer sa description.

— 29 janv. 1859, C. de Douai; aff. Delattre c. Delaunay. (*La Propr. industr.*, nº 66.)

3. L'inventeur peut aussi déposer un *échantillon*, mais c'est surtout dans la description et les dessins que doit se trouver l'exposé complet de l'invention, puisque ces seules pièces sont signées de lui et remises en duplicata, dont l'un des doubles lui est ensuite transmis pour la conservation de ses droits.

Il n'en est pas de même de l'échantillon dont le dépôt n'est pas fait en double, et qui, pouvant n'être pas susceptible de recevoir les signatures et cachets soit de l'inventeur, soit de l'autorité, n'est point intimement lié au titre de l'inventeur et ne fait pas foi de l'invention et des moyens de l'exécuter.

— Même arrêt.

V. art. 30, vº Description, et art. 6, vº Mandat.

ARTICLE 6.

La demande sera limitée à un seul objet principal, avec les objets de détail qui le constituent et les applications qui auront été indiquées.

Elle mentionnera la durée que les demandeurs entendent assigner à leur brevet dans les limites fixées par l'art. 4, et ne contiendra ni restrictions, ni conditions, ni réserves.

Elle indiquera un titre renfermant la désignation sommaire et précise de l'objet de l'invention.

La description ne pourra être écrite en langue étrangère. Elle devra être sans altérations ni surchar-

ges. Les mots rayés comme nuls seront comptés et
constatés, les pages et les renvois paraphés. Elle ne
devra contenir aucune dénomination de poids ou de
mesures autres que celles qui sont portées au tableau
annexé à la loi du 4 juillet 1837.

Les dessins seront tracés à l'encre et d'après une
échelle métrique.

Un duplicata de la description et des dessins sera
joint à la demande.

Toutes les pièces seront signées par le demandeur
ou par un mandataire dont le pouvoir restera annexé
à la demande.

1. Bien que l'article 6 porte que le brevet sera limité à
un seul objet principal et aux applications qui *auront été
indiquées*, ces derniers mots ne doivent pas s'entendre
en ce sens que le breveté devra énumérer, dans sa description, même les applications naturelles, nécessaires
ou analogues de l'invention.

Ainsi, le brevet pris pour l'idée de filer le caoutchouc
réserve en même temps à l'inventeur le droit de faire des
tissus avec ces fils.

Cette application, bien que non indiquée dans le brevet, découle naturellement de l'invention spécialement
brevetée.

— 27 décembre 1837, C. de cass.; aff. Rattier et Guibal c.
Janvier.

2. L'art. 6 permettant de breveter, avec un seul objet
principal, les objets de détail qui le constituent et les applications qui seront indiquées, un breveté peut, sans
violer cet article, signaler dans un brevet pris pour l'é-
puration du gaz, l'obtention de produits accessoires (la
soude et l'alun) qui dérivent des matières et procédés
employés par lui pour l'épuration du gaz.

— 20 janvier 1855, C. imp. de Paris; aff. Laming c. Ga-
vaillon. — 4 mai 1855, C. de cass.; même affaire. (*Gaz. des
Trib.*, 5 mai.)

V. art. 5 et 30.

3. Le ministre a le droit de rejeter une demande de
brevet qu'il juge complexe.

Mais une fois le brevet délivré, le vice de complexité
est couvert et ne peut être invoqué par le prévenu de

contrefaçon comme constituant une cause de nullité du brevet.

— 4 mai 1855, C. de cass.; aff. Laming c. Cavaillon. (*Gaz. des Trib.*, 5 mai.)

V. art. 12.

4. Lorsque le brevet a été délivré pour une *durée* de quinze années, alors que l'inventeur ne l'avait demandé que pour cinq ans, c'est la durée fixée au brevet qui doit prévaloir.

— 12 mai 1860, Trib. civ. de la Seine; aff. Guérineau-Aubry c. Dupuis. (*La Propr. industr.*, no 145.)

5. Mais il a été jugé sur l'appel que, lorsqu'un inventeur a demandé un brevet pour cinq ans, et que le Ministre le lui accorde pour quinze ans, *l'autorité adminis- trative* est seule compétente pour décider quelle est la véritable durée du brevet.

— 17 mars 1862, C. imp. de Paris; aff. Guérineau-Aubry c. Peyronnet et autres. (*La Propr. industr.*, no 223.)

Il en est ainsi alors même que le breveté a implicite- ment accepté la durée de quinze ans en demandant un certificat d'addition et en continuant d'acquitter les an- nuités échues après l'expiration des cinq premières an- nées.

Les tribunaux ordinaires doivent renvoyer les parties à se pourvoir devant l'autorité administrative.

— Même arrêt.

6. Une lettre du Ministre, déclarant qu'à son avis le brevet demandé pour cinq ans et accordé pour quinze ans a été valablement délivré parce que l'inventeur avait déclaré, dans le procès-verbal de dépôt, qu'il entendait rectifier sa demande et vouloir un brevet de quinze ans, ne saurait équivaloir à une décision définitive de la ques- tion, quelle que soit la valeur de cette lettre au point de vue consultatif.

— 5 juin 1862, C. imp. de Paris; aff. Guérineau-Aubry c. Tailbouis. (*La Propr. industr.*, no 238.)

7. Le *mandat* donné à un agent qui se charge spéciale- ment de la prise des brevets à l'étranger, comporte une surveillance particulière qui le rend responsable des er- reurs commises dans le nom de l'inventeur.

— 2 août 1859, Trib. civ. de la Seine; aff. Jardin c. Fon- taine-Moreau. (*La Propr. industr.*, no 99.)

V. art. 32, vo Mandataire.

ARTICLE 7.

Aucun dépôt ne sera reçu que sur la production d'un récépissé constatant le versement d'une somme de 100 fr. à valoir sur le montant de la taxe du brevet.

Un procès-verbal dressé sans frais par le secrétaire général de la préfecture, sur un registre à ce destiné, et signé par le demandeur, constatera chaque dépôt, en énonçant le jour et l'heure de la remise des pièces.

Une expédition dudit procès-verbal sera remise au déposant, moyennant le remboursement des frais de timbre.

ARTICLE 8.

La durée du brevet courra du jour du dépôt prescrit par l'art. 5.

1. Les années de jouissance des brevets d'invention, de perfectionnement et autres, pris sous l'empire de la loi du 31 décembre 1790 et du décret du 25 janvier 1807, commencent à courir à compter de la date du certificat de demande délivré par le Ministre.

À l'égard des brevets obtenus sous l'empire de la loi de 1844, la durée de la jouissance court du jour du dépôt de la demande et des pièces énoncées dans l'art. 5 de ladite loi.

— 11 août 1856, C. de Paris; aff. Cavaillon c. Mallet. (*Gaz. des Trib.*, 4 octobre.)

2. L'arrêt qui parle en termes généraux et absolus d'une antériorité de procédés, sans déterminer l'époque où commence l'exercice du droit privatif, ne peut être cassé comme ayant admis l'existence d'une antériorité par rapport au jour de la délivrance et non au jour de la demande du brevet.

— 12 juin 1858, rejet; aff. Claudin c. Moutier-Lepage. (*La Propr. industr.*, n° 29.)

ARTICLE 9.

Aussitôt après l'enregistrement des demandes et dans les cinq jours de la date du dépôt, les préfets transmettront les pièces, sous le cachet de l'inventeur, au Ministre de l'agriculture et du commerce, en y joignant une copie certifiée du procès-verbal de dépôt, le récépissé constatant le versement de la taxe, et, s'il y a lieu, le pouvoir mentionné dans l'art. 6.

ARTICLE 10.

A l'arrivée des pièces au ministère de l'agriculture et du commerce, il sera procédé à l'ouverture, à l'enregistrement des demandes et à l'expédition des brevets, dans l'ordre de la réception desdites demandes.

ARTICLE 11.

Les brevets dont la demande aura été régulièrement formée seront délivrés, sans examen préalable, aux risques et périls des demandeurs, et sans garantie soit de la réalité, de la nouveauté ou du mérite de l'invention, soit de la fidélité ou de l'exactitude de la description.

Un arrêté du Ministre, constatant la régularité de la demande, sera délivré au demandeur et constituera le brevet d'invention.

· A cet arrêté sera joint le duplicata certifié de la description et des dessins, mentionné dans l'art. 6, après que la conformité avec l'expédition originale en aura été reconnue et établie au besoin.

La première expédition des brevets sera délivrée sans frais.

Toute expédition ultérieure, demandée par le breveté ou ses ayants cause, donnera lieu au payement d'une taxe de 25 fr.

Les frais de dessins, s'il y a lieu, demeureront à la charge de l'impétrant.

1. La loi qui admet la demande de brevet, sans autre examen, a laissé aux tribunaux le soin d'apprécier si le premier déposant n'a pas surpris frauduleusement le secret de celui qui n'a effectué son dépôt que postérieurement.

Dans ce cas, la préférence de la loi, qui n'est fondée que sur la présomption d'une possession légitime, doit céder à la preuve contraire.

Si cette preuve est faite, les juges statuent sans tenir compte de la date des dépôts, et restituent l'invention à son véritable propriétaire.

— 27 déc 1851, Trib. civ. de Paris; aff. Pothier et Lebrun c. Ledamoiseau et Pullin.

V. art. 34, les Instances en revendication de brevet.

2. Lorsqu'un breveté, même convaincu de la nullité de son brevet, menace ses rivaux d'industrie ou les dessert auprès des acheteurs sans oser affronter les regards de la justice, il commet un fait dommageable qui, aux termes de l'art. 1382 du Code civil, peut être déféré aux tribunaux.

— 10 juin 1853, Trib. de comm. de Paris; aff. Pritchard et Manneroy c. Gigneau.

ARTICLE 12.

Toute demande dans laquelle n'auraient pas été observées les formalités prescrites par les n°s 2 et 3 de l'art. 5 et par l'art. 6, sera rejetée. La moitié de la somme versée restera acquise au Trésor, mais il sera tenu compte de la totalité de cette somme au demandeur s'il reproduit sa demande dans un délai de trois mois, à compter de la date de la notification du rejet de sa requête.

Aux termes de l'art. 12, le Ministre du commerce peut et doit rejeter comme irrégulière une demande de brevet qui, contrairement à l'art. 6, se trouve comprendre plusieurs objets principaux. Mais si le Ministre ne rejette pas la demande et délivre le brevet, l'arrêté de délivrance a pour effet, aux termes de l'art. 11, de constater la régularité de la demande.

Cette constatation ne fait point obstacle au droit de la juridiction civile de reconnaître, sur l'action intentée par un tiers, que l'un des objets brevetés est nouveau, que l'autre ne l'est pas, et de prononcer la nullité du brevet en ce qui touche ce dernier objet. Cette annulation partielle du brevet étant fondée non sur la *complexité* du brevet, mais sur le défaut de nouveauté de l'un des objets brevetés, ne viole pas l'autorité de la constatation faite par le Ministre de la régularité de la demande.

— 4 mars 1856, rej.; aff. Mallet c. Cavaillon. (*Gaz. des Trib.*, 6 mars.)

V. art. 6, v° Complexité.

ARTICLE 13.

Lorsque, par application de l'article 3, il n'y aura pas lieu à délivrer un brevet, la taxe sera restituée.

ARTICLE 14.

Une ordonnance royale, insérée au *Bulletin des Lois*, proclamera, tous les trois mois, les brevets délivrés.

ARTICLE 15.

La durée des brevets ne pourra être prolongée que par une loi.

1. Est légale la *prolongation d'un brevet* qui n'a été promulguée qu'après l'expiration dudit brevet, si d'ailleurs elle a été votée après son expiration.

— 28 janv. 1858, rej.; aff. Boucherie c. Peyronnet. (*La Propr. industr.*, n° 9.)

2. Si, avant la *prolongation du brevet*, il a été pris par un tiers un brevet de perfectionnement pour la même industrie, le porteur de ce dernier brevet a le droit d'exploiter son perfectionnement à partir de l'expiration de la durée primitive du brevet d'invention.

— 10 oct. 1832, C. r. de Paris ; aff. Saint-Étienne c. Bolen.

3. La *prolongation d'un brevet* ne peut pas être obtenue autrement que dans les formes réglées par la loi de 1844, même quand le brevet serait pris sous l'empire de lois antérieures.

— 28 juin 1855, conseil d'État, aff. Duchesne c. le Ministre du commerce.

ARTICLE 16.

Le breveté ou les ayants droit au brevet auront, pendant toute la durée du brevet, le droit d'apporter à l'invention des changements, perfectionnements ou additions, en remplissant, pour le dépôt de la demande, les formalités déterminées par les art. 5, 6 et 7.

Ces changements, perfectionnements ou additions seront constatés par des certificats délivrés dans la même forme que le brevet principal, et qui produiront, à partir des dates respectives des demandes et de leur expédition, les mêmes effets que ledit brevet principal, avec lequel ils prendront fin.

Chaque demande de certificat d'addition donnera lieu au payement d'une taxe de 20 francs.

Les certificats d'addition, pris par un des ayants droit, profiteront à tous les autres.

1. La loi, en rappelant avec soin les mots *additions, changements, perfectionnements*, a fait voir clairement qu'elle entendait permettre à l'inventeur de prendre un *certificat d'addition* pour tout ce qui se rattacherait de près ou de loin au brevet principal.

— 31 mars 1846, C. r. de Douai ; aff. Depouilly c. Descat-Crouzet.

V. art. 30, § 7.

2. Les *certificats d'addition* prennent fin avec le brevet principal.

L'art. 16 ne fait aucune distinction entre le cas où le brevet principal finit, par l'expiration du temps pour lequel il avait été pris, ou par la déchéance qui peut être encourue aux termes de l'art. 32, et le cas où il ne peut produire d'effet, faute de porter sur une découverte ou une application industrielle nouvelle, conformément à l'art. 30.

Donc, lorsque le brevet principal est nul, le certificat d'addition qui s'y rattache ne peut produire d'effet.

— 5 fév. 1852, C. de cass.; aff. Brossard et Vidal c. Lerebours. (*Le Droit*, 1852, 31.)

3. Lorsqu'un brevet est nul, l'*addition* même contenant une invention nouvelle est nulle.

— 7 juillet 1854, Trib. civ. de la Seine; aff. Lefranc c. Blanchon.

4. Lorsqu'un inventeur a pris un premier brevet et que, plus tard, il prend pour un *perfectionnement* un second brevet, celui-ci conserve, à raison de la date du premier, au moins la valeur d'un brevet d'addition.

— 23 déc. 1858, C. de Rouen; aff. Gélis c. Duval. (*La Propr. industr.*, n° 61.)

ARTICLE 17.

Tout breveté qui, pour un changement, perfectionnement ou addition, voudra prendre un brevet principal de cinq, dix ou quinze années, au lieu d'un certificat d'addition expirant avec le brevet primitif, devra remplir les formalités prescrites par les art. 5, 6 et 7, et acquitter la taxe mentionnée dans l'art. 4.

V. art. 16.

ARTICLE 18.

Nul autre que le breveté ou ses ayants droit, agissant comme il est dit ci-dessus, ne pourra, pendant une année, prendre valablement un brevet pour un changement, perfectionnement ou addition à l'invention qui fait l'objet du brevet primitif.

Néanmoins, toute personne qui voudra prendre un brevet pour changement, perfectionnement ou addition à une découverte déjà brevetée, pourra, dans le cours de ladite année, former une demande qui sera transmise, et restera déposée sous cachet, au ministère de l'agriculture et du commerce.

L'année expirée, le cachet sera brisé et le brevet délivré.

Toutefois, le breveté principal aura la préférence pour les changements, perfectionnements et additions pour lesquels il aurait lui-même, pendant l'année, demandé un certificat d'addition ou un brevet.

1. L'*année* dont parle l'art. 18 est la première à dater du jour de la signature ou délivrance du brevet.

— 4 octobre 1860, Trib. corr. d'Épernay; aff. Clément c. Charbonnier. (*La Propr. industr.*, n° 150.)

2. Il ne suffit pas, pour jouir du bénéfice de l'art. 18, que l'inventeur prenne un certificat pour un objet se rapportant au brevet principal ; il faut encore que l'*addition* contienne un *perfectionnement à l'invention qui fait l'objet* du brevet principal.

— 4 mai 1855, C. imp. de Paris; aff. Damiens c. Langry.

3. Il est dans le domaine souverain des juges du fait d'apprécier si une invention, pour laquelle un brevet principal a été pris, constitue simplement un perfectionnement ou une addition apportée à une invention déjà brevetée au profit d'un tiers ; et si, par suite, ce dernier a pu valablement, dans l'année de son brevet, prendre lui-même, aux termes de l'art. 18, un certificat d'addition pour ce même perfectionnement.

— 7 juillet 1855, rej.; aff. Frezon c. Meissonnier. (*Gaz. des Trib.*, 8 juillet.)

4. Il importe peu que le perfectionnement qui fait l'objet d'un certificat d'addition pris dans l'année du brevet principal, ait été *divulgué* avant la prise du certificat d'addition, pourvu que ce soit postérieurement à la date du brevet principal.

En conséquence, est valable le certificat d'addition obtenu pour un objet que l'inventeur a exploité publiquement avant la demande de son certificat d'addition.

— 7 déc. 1859, Trib. civ. de la Seine; aff. Letestu c. Bader et autres. (*La Propr. industr.*, n° 107.)

5. Lorsqu'un brevet est nul parce qu'il ne contient aucune invention nouvelle, le *certificat d'addition* pris dans l'année pour une invention véritablement nouvelle ne donne pas au breveté principal un droit de préférence à tous autres, et celui qui l'a pris ne saurait invoquer l'art. 18 pour primer le brevet pris par un autre postérieurement à son brevet principal et antérieurement à son certificat d'addition.

— 4 mai 1855, C. de Paris; aff. Langry c. Damiens.

6. Si dans les délais accordés à l'inventeur par l'art. 18 de la loi de 1844, un concurrent apporte des perfectionnements à l'invention principale, sans les déposer sous cachet, les droits privatifs résultant de ces perfectionnements doivent être adjugés à l'inventeur lésé.

11 déc. 1857, C. de Paris; aff. Goin c. Gariel. (*La Propr. industr.*, n° 5.)

ARTICLE 19.

Quiconque aura pris un brevet pour une découverte, invention ou application se rattachant à l'objet d'un autre brevet, n'aura aucun droit d'exploiter l'invention déjà brevetée, et réciproquement, le titulaire du brevet primitif ne pourra exploiter l'invention objet du nouveau brevet.

1. L'art. 19 a pour but d'interdire l'usage des *perfectionnements* qui dépendent de l'invention principale et qui ne peuvent être réalisés sans elle, en un mot ceux qui passent par l'invention principale pour aller à leur but.

— 28 nov. 1843, C. de Paris; aff. Perilhat c. Périssin.

2. Un contrefacteur ne peut échapper aux conséquences

de la contrefaçon, en alléguant qu'il a perfectionné l'invention brevetée. Il ne pourrait exploiter son *perfectionnement* d'une manière licite qu'autant que le brevet principal n'existerait plus.

— 14 février 1856, C. de Paris; aff. Fontaine c. Berger.

3. Des *perfectionnements*, quelle qu'en soit l'*importance*, ne sauraient porter atteinte aux droits privatifs d'un premier inventeur.

— 7 août 1860, Trib. corr. de la Seine; aff. Visseau c. Oget. (*La Propr. industr.*, n° 146.)

V. art. 32, v° Excuse légale.

ARTICLE 20.

Tout breveté pourra céder la totalité ou partie de son brevet.

La cession totale ou partielle d'un brevet, soit à titre gratuit, soit à titre onéreux, ne pourra être faite que par acte notarié, et après le payement de la totalité de la taxe déterminée par l'art. 4.

Aucune cession ne sera valable, à l'égard des tiers, qu'après avoir été enregistrée au secrétariat de la préfecture du département dans lequel l'acte aura été passé.

L'enregistrement des cessions et de tous autres actes emportant mutation, sera fait sur la production et le dépôt d'un extrait authentique de l'acte de cession ou de mutation.

Une expédition de chaque procès-verbal d'enregistrement, accompagnée de l'extrait de l'acte ci-dessus mentionné, sera transmise par les préfets au Ministre de l'agriculture et du commerce, dans les cinq jours de la date du procès-verbal.

SOMMAIRE

1° Droits du cédant et du cessionnaire, n° 1 à 7.
2° Obligations du cédant et du cessionnaire, 7 à 23.
3° Du Tribunal compétent, 23 à 28.
4° De la saisie et de la vente sur licitation, 28 à 32.
5° Des cas où l'accomplissement des formalités est obligatoire, 32 à 38.
6° Du délai pour remplir les formalités, 38 à 43.
7° Par qui peut être opposé l'inaccomplissement des formalités, 43 à 53.
8° Effets de l'inaccomplissement des formalités, 53 à 55.
9° Conséquences de l'inaccomplissement des formalités, 55 à 57.
10° Du droit de tierce opposition, 57.
11° Du refus par le préfet d'enregistrer la cession, 58.

1° *Droits du cédant et du cessionnaire.*

1. L'*acheteur* d'un brevet a, par suite de la cession, le *droit le plus absolu* sur le brevet.

Il peut l'anéantir, modifier, dénaturer même l'invention, sans que l'inventeur ait le droit de se plaindre.

La chose vendue ayant cessé d'être sienne, il n'a plus d'intérêt à critiquer l'usage qu'on en pourrait faire.

— 26 août 1845, C. r. d'Orléans; aff. Lachaire c. Gâche-Lareck.

2. On ne doit pas réputer potestative, dans le sens de l'art. 1174 du Code civil, la condition par laquelle l'*inventeur*, faisant une *cession partielle* de son brevet, s'est réservé le *droit* d'être seul juge de l'opportunité du moment à choisir et des moyens à adopter pour l'exploitation.

— 21 août 1850, C. de cass.; aff. Delagarde c. Garnier. (*Le Droit*, 1850, 313.)

3. La convention par laquelle un breveté cède à un tiers le droit exclusif de le représenter pour exploiter l'invention en France et à l'étranger, pendant la durée du brevet, n'est point un *mandat* ordinaire, révocable au gré du mandant.

— 25 avril 1861, Trib. civ. de la Seine; aff. Rizet c. Ménard. (*La Propr. industr.*, n° 200)

4. Si le cédant qui s'est réservé le droit exclusif de fabriquer et de vendre les produits de son invention dans une *localité* déterminée, expédie ses produits sur la *localité réservée* au cessionnaire, ce dernier a une action en dommages-intérêts contre lui, mais il ne peut ni actionner les tiers détenteurs de l'objet expédié, parce qu'ils ne sont pas liés envers lui, ni saisir lesdits objets parce qu'ils ne sont pas le produit de la contrefaçon.

— 27 nov. 1845, C. r. de Lyon ; aff. Fleury c. Grenet.

5. La vente d'un produit breveté, alors même qu'il est vendu pour une *destination* spéciale, et que le breveté s'oblige à ne pas le vendre à d'autres pour la même destination, ne comporte, au profit de l'acheteur, aucune cession, même particlle du brevet.

En conséquence, si des tiers à qui le breveté a vendu son produit, sans leur interdire la destination réservée au premier acheteur, viennent à faire concurrence à ce dernier, il n'a pas d'action directe contre eux, et ne peut agir que contre le breveté à raison de l'inexécution des obligations par lui contractées.

— 21 fév. 1861, Paris ; aff. Gâche c. Jouvellier. (*La Propr. industr.*, n° 171.)

6. Lorsqu'un inventeur s'est interdit de vendre l'objet breveté dans un *département* à tout autre qu'à une personne déterminée, il ne répond que des *ventes* qu'il fait directement, mais non des reventes successives à la suite desquelles ledit objet breveté peut être introduit dans ce département ;

À moins qu'il ne soit établi que la vente directement faite par le breveté n'était pas sérieuse et n'avait d'autre but que de dissimuler la violation de la convention.

— 6 avril 1861, Paris; aff. Mayer c. Lenormand et Bresson. (*La Propr. industr.*, n° 175.)

2° *Obligations du cédant et du cessionnaire.*

7. Le trouble causé au cessionnaire d'un brevet d'invention par un contrefacteur ne saurait, à moins d'une convention expresse, constituer un des cas d'éviction qui obligent le cédant à une réparation.

— 22 avril 1862, Trib. corr. de la Seine; aff. Voisin c. Drouin. (*La Propr. industr.*, n° 232.)

8. Quand un procédé vendu ne remplit qu'imparfaitement les effets énoncés dans ce brevet, la *cession* de ce

brevet peut être annulée comme ayant été faite *sans cause*.

A plus forte raison doit-il en être ainsi lorsque le *procédé* est sans vertu et *sans effet* réel.

— 2 fév. 1860, Paris; aff. Daniel c. Landois. (*La Propr. industr.*, n° 164.)

9. Bien que la cession d'un brevet d'invention emporte toujours avec elle un élément aléatoire, cependant le contrat n'en reste pas moins une vente pure et simple ;

En conséquence, doit être annulée, comme étant *sans cause* et sans objet, la *cession* d'un brevet lorsque l'invention n'est pas susceptible d'une application industrielle.

— 22 août 1861, C. de cass.; aff. Landois c. Daniel. (*La Propr. industr.*, n° 201.)

10. Il n'y a pas lieu de distinguer entre les *nullités* qui procèdent de l'invention et celles qui procèdent de l'irrégularité du titre qui la consacre ; dans les deux cas, la nullité tombe sur l'essence même du contrat.

— 22 août 1861, C. de cass.; aff. Landois c. Daniel. (*La Propr. industr.*, n° 201.)

11. Celui qui a cédé la propriété d'un brevet pris pour un produit et pour le procédé propre à l'obtenir, doit garantir l'obtention du produit et l'emploi du procédé tels qu'ils sont décrits au brevet.

En conséquence, si, en suivant fidèlement les prescriptions du brevet, on ne peut obtenir le produit annoncé, il y a lieu de prononcer la *résiliation de la cession*.

— 3 déc. 1860, C. de Paris; aff. Rey c. Dupouy-Lougat. (*La Propr. industr.*, n° 159.)

12. On ne peut opposer au cessionnaire d'un brevet qu'il a reconnu l'efficacité du procédé, même depuis la cession, et qu'en conséquence il est non recevable à soutenir que le procédé est inefficace.

— Même arrêt.

13. Celui qui *vend* la propriété d'un brevet est *garant* envers l'acheteur de la *validité* du brevet, même en ce qui touche la *brevetabilité* de l'invention.

Bien que la brevetabilité de l'invention soit une question de droit, on ne peut opposer à l'acheteur qu'il est non recevable, ni même que par l'achat il a reconnu la brevetabilité.

En conséquence, si le brevet est annulé pour défaut de brevetabilité, il y a lieu de prononcer la résiliation de la cession.

— 19 déc. 1860, Trib. civ. de la Seine ; aff. Lefèvre et Piault c. Bélicart. (*La Propr. industr.*, n° 162.)

14. Mais le vendeur n'est pas garant du prix des *sous-cessions*, le prix n'ayant pas été encaissé par lui.

D'ailleurs, les sous-cessions ne lui sont pas opposables, alors qu'elles sont faites sous seing privé.

— Même décision.

15. Une convention dont l'exécution s'étend à des époques successives, se résout, quoique légalement formée, si, étant tombée *in eum casum à quo incipere non poterat* (L. 140, ff., *de verb. obl.*), elle ne peut plus avoir lieu pour l'avenir ;

Mais aucune des parties ne peut réclamer de l'autre la restitution des sommes qu'elle a payées pendant l'époque où la convention subsistait et était réciproquement exécutée de bonne foi ;

Lors surtout que la partie réclamante a retiré de cette exécution les avantages qu'elle s'en était promis, puisque, autrement, contre tous les principes de justice et d'équité qui régissent les contrats, l'un des contractants obtiendrait tout sans rien donner, tandis que l'autre donnerait tout sans rien obtenir.

En conséquence, lorsqu'un brevet est frappé de déchéance, le traité intervenu entre le breveté et ceux qu'il a autorisés à se servir de son invention, se résout, mais pour l'avenir seulement.

Celui qui avait obtenu du breveté l'autorisation de se servir de l'invention, ne peut réclamer du breveté la restitution des sommes payées pendant le temps où, en les payant, il a retiré de la concession les avantages qu'il en attendait.

— 27 mai 1839, C. de cass.; aff. de Wendel c. Taylor.

16. Lorsqu'un brevet, cédé à des tiers, est annulé par justice, le cédant doit non-seulement la *estitution* intégrale du prix qui lui a été payé, mais encore une indemnité pour le préjudice causé tant au cessionnaire qu'au demandeur en nullité.

— 12 août 1859, Trib. civ. de la Seine ; aff. Rey c. Dupouy-Lougat. (*La Propr. industr.*, n° 97.)

17. Le breveté qui a cédé son titre sans garantie est obligé, néanmoins, de donner au cessionnaire tous les renseignements nécessaires pour l'emploi du procédé ;

Alors même que, dans l'acte, l'acquéreur aurait déclaré bien connaître la découverte, et qu'il serait établi que le cédant a opéré devant lui.

— 22 fév. 1845, C. r. de Paris ; aff. Marchand c. Lhuillier.

18. Dans le cas où une licence a été accordée pour l'exploitation d'une invention brevetée, la prime stipulée doit être payée tant que la validité du brevet n'est pas contestée.

— 20 mars 1862, C. imp. de Paris ; aff. Brunfaut frères c. Chagot et Cᵉ. (*La Propr. industr.*, n° 226.)

19. En l'absence de conclusions relatives à la nullité du brevet, le tribunal ne peut affranchir celui qui a obtenu une *licence* du payement de la *prime*, en se fondant sur des antériorités qui enlèveraient à l'invention son caractère de nouveauté.

— 20 mars 1862, C. imp. de Paris ; aff. Brunfaut frères c. Chagot et Cᵉ. (*La Propr. industr.*, n° 226.)

20. Si le breveté est resté titulaire du brevet et n'a cédé à l'acquéreur que le droit de se servir du procédé, l'usage cédé doit être, sauf stipulation contraire, limité à la *personne* à laquelle l'autorisation a été vendue, et cette personne ne peut elle-même le céder à d'autres.

— 23 nov. 1854, Trib. de Lyon ; aff. Lesobre c. Bonnet-Loisel.

21. Lorsqu'un brevet a été cédé par le breveté, à la condition d'une part dans les bénéfices, les tribunaux peuvent, en cas d'inexécution des conventions (si, par exemple, le bailleur de fonds ne fait que des essais insuffisants d'exploitation), déclarer résolu l'acte de société, ainsi que les licences consenties par le cessionnaire ; dire que le breveté rentrera dans la pleine propriété et jouissance de son brevet ; que les parties seront remises dans le même état où elles étaient auparavant ; que le cessionnaire sera tenu de remettre au breveté l'ampliation du brevet et tous documents et notes valant brevet pour lui ; enfin, les titres de tous brevets d'addition et de perfectionnement cédés par la société, tant en France qu'à l'étranger, sous une sanction pénale : condamner, en outre, le cessionnaire à des dommages-intérêts.

— 10 juin 1859, Trib. civ. de la Seine; aff. Mabrien c. Villain. (*La Propr. industr.*, n° 92.)

22. Le cessionnaire d'un brevet ne peut, pour retarder sa libération, se prévaloir des oppositions formées entre ses mains ;

Il doit consigner son prix à la charge des oppositions.

— 14 janv. 1840, Trib. civ. de la Seine; aff. Devilaine c. Denis Hennecart.

3° *Du tribunal compétent.*

23. La cession d'un brevet, même lorsqu'elle contient cette stipulation, que l'inventeur partagera avec son cessionnaire les bénéfices résultant de l'exploitation de son brevet, ne constitue pas la mise en société de ce brevet. Une contestation sur ce partage de bénéfices n'est pas un débat social, et le tribunal est compétent pour en connaître.

— 12 mars 1856, Trib. de comm. de Paris; aff. Broquette c. Pommier. (*L'Invention*, p. 179.)

24. La cession d'un brevet, moyennant une prime fixe ou une redevance proportionnelle aux bénéfices que réalisera le cessionnaire, est une convention purement civile.

En conséquence, le *tribunal civil* est seul *compétent* pour connaître des contestations relatives à cette cession.

— 31 janv. 1860, C. de Douai ; aff. Dehollain c. Dubrunfaut. (*La Propr. industr.*, n° 128.)

Lors même que la portion du prix de location proportionnelle aux bénéfices ou déterminée par le nombre d'hectolitres fabriqués pourrait faire considérer l'inventeur comme un associé et constituerait un acte de commerce, la rétribution fixe serait toujours une stipulation purement civile, qui rendrait le tribunal compétent pour statuer sur l'ensemble, à raison de la plénitude de sa juridiction et de l'indivisibilité de la convention.

— Même arrêt.

25. La cession d'un brevet, lorsqu'elle est faite par un non commerçant, ne constitue pas un *acte de commerce*, alors même que l'invention serait destinée, par l'acheteur, à une exploitation commerciale et qu'il aurait été stipulé, dans le contrat, que le vendeur aiderait l'acheteur dans l'emploi du brevet

— 16 nov. 1852, C. imp. de Paris; aff. Fastier c. Ch. Martin. (*Le Droit*, 1852, 277.)

Contrà. 5 fév. 1853, C. imp. de Bourges; aff. Gendarme c. Martin.

Mais il en est autrement si le vendeur est, par une clause formelle, associé aux bénéfices devant résulter de l'exploitation de son invention par l'acheteur.

— 31 juillet 1848, C. d'app. de Colmar; aff. Broquette c. Dolfus. (*Le Droit*, 1848, 747.)

26. Le *tribunal* de commerce est *compétent* pour juger de l'exploitation commerciale d'un brevet d'invention.

— 2 fév. 1860, Paris; aff. Daniel c. Landois. (*La Propr. industr.*, no 164.)

27. Les tribunaux de commerce sont compétents pour connaître des contestations auxquelles donne lieu la cession d'un brevet, surtout lorsque pareille cession ne constitue pas une simple acquisition de droits privilégiés, mais bien une opération faite dans un but commercial.

— 14 fév. 1859, Trib. de comm. de Bruxelles ; aff. Dandoy-Maillard c. Gossiaux et Cᵉ. (*La Propr. industr.*, no 69.)

4º *De la saisie et de la vente sur licitation.*

28. Un brevet est un objet mobilier qui, d'après le droit commun et les art. 578 et 579 du Code de procédure, peut être frappé d'une *saisie-arrêt* comme les sommes d'argent.

— 28 avril 1859, Trib. civ. de la Seine ; aff. Pinguet c. Larmanjat. (*La Propr. industr.*, no 81.)

29. La loi, n'ayant établi aucune exception en faveur des brevets d'invention, les droits qui en résultent restent soumis à la règle générale, d'après laquelle tous les biens d'un débiteur répondent de ses engagements. (Art. 2092 du Code Napoléon.)

La *saisie* des brevets d'invention a moins le caractère d'une saisie-exécution que celui d'une saisie-arrêt ; aussi, dans le silence de la loi à l'égard de la procédure à suivre dans cette matière, y a-t-il lieu d'appliquer, non les dispositions du titre X, liv. V du Code de procédure civile, relatives à la saisie des rentes constituées sur particuliers, mais celles qui ont trait aux saisies-arrêts faites dans les mains des dépositaires publics. (Art. 561, 569, 637, 638 du Code de procédure civile.)

Ainsi, notamment, le Ministre de l'agriculture et du

commerce, n'étant ni un particulier ni un débiteur auquel on puisse appliquer la pénalité établie par l'art. 638 du Code de procédure civile, le saisissant n'est pas tenu de l'assigner en déclaration.

— 20 juin 1857, Trib. de Lyon ; aff. Delille c. Villard. (*Gaz. des Trib.*)

30. Nul n'est tenu de rester dans l'indivision ; en conséquence, en cas de dissolution d'une société, les tribunaux peuvent ordonner, sur la demande d'un des associés, la vente d'un brevet qui faisait l'objet de la société, aussi bien que de toute autre chose tombée dans le commerce ; les tribunaux désignent alors le notaire, par l'intermédiaire duquel la licitation aura lieu avec concours d'étrangers ; ils fixent la mise à prix sur laquelle se fera la vente, précédée de la publicité usitée pour les ventes mobilières, et indiquent dans quel délai une seconde enchère aura lieu, dans le cas où la mise à prix ne serait pas offerte. Enfin, ils autorisent l'acquéreur à faire inscrire à son nom les divers brevets vendus.

— 5 mars 1858, C. de Paris; aff. Brocard c. Pain. (*La Propr. industr.*, n° 16.)

31. Lorsque deux associés offrent d'exploiter séparément le brevet qui faisait l'objet d'une société dissoute aujourd'hui, l'indivision cesse et il n'y a pas lieu d'ordonner la vente par licitation du brevet.

— 3 juillet 1855, C. de Lyon; aff. Vicat c. Bouvarel.

5° Des cas où l'accomplissement des formalités est obligatoire.

32. Lorsqu'un breveté accorde à un tiers une *tolérance*, il n'y a pas transmission de brevet, malgré l'autorisation d'exploiter que le breveté a cédée, et, par conséquent, il n'est pas nécessaire d'observer, pour la régularité du contrat, les formes indiquées par l'art. 20.

— 8 mars 1852, C. de cass.; aff. Lebrun-Bohmé c. Pecquiriaux. (*Le Droit*, 1852, 58.)

33. En matière de cession de brevets d'invention, la loi du 5 juillet 1844 n'exige un acte authentique qu'autant qu'il s'agit de transférer à une *tierce personne* la propriété du brevet ; en conséquence, lorsque deux propriétaires se sont réunis pour prendre un brevet, ils peuvent ensuite, par acte sous seings privés, partager entre eux l'exploitation de ce brevet.

— 27 mai 1856, C. de Paris; aff. Langlois c. Lavergue.

34. Lorsqu'un breveté, en entrant dans une société, s'est réservé la propriété de son brevet et n'en a cédé que la jouissance à la société, le brevet doit rester la propriété du titulaire, quelle que soit la cause de la dissolution de la société.

La jouissance du droit ne peut, dans ce cas, être considérée comme une valeur sociale, et ne saurait être assimilée aux apports matériellement employés aux opérations commerciales et qui sont confondues avec ceux des autres associés.

— 29 janv. 1842, C. r. de Paris; aff. Carville c. Moreau.

35. La mise en société d'un brevet n'est pas une cession proprement dite;

Elle laisse la propriété, au moins par indivis, sur la tête du breveté, et la dépossession ne devient définitive que lorsque, après la dissolution et par le résultat de la liquidation, le brevet est échu à un autre titulaire.

Celui qui devient alors propriétaire tient en réalité son droit du breveté, et l'acte qui opère ce changement est en réalité le premier acte de cession;

Cet acte seul doit être soumis à la nécessité d'un acte authentique et d'un enregistrement, dans les termes de l'art. 20 de la loi de 1844, mais l'acte de société n'y est pas soumis.

— 26 mai 1855, C. imp. de Paris; aff. Blondel et Cᵉ c. Antrailles et autres.

36. Une *société* déjà propriétaire d'un brevet n'est pas tenue, lorsqu'elle se modifie ou se transforme, en gardant la même raison sociale, de remplir la formalité d'enregistrement;

Elle peut, dès lors, nonobstant l'inaccomplissement de cette formalité, poursuivre les contrefacteurs.

— 6 nov. 1854, C. de cass.; aff. Chollet et Cᵉ c. Chapuis et Loiseau.

37. L'apport d'un brevet dans une société commerciale entraîne une mutation de la propriété du brevet; c'est une cession soumise, comme toute autre, à l'enregistrement prescrit par l'art. 20 de la loi de 1844. En conséquence et à défaut d'enregistrement, la société ne peut agir contre les tiers, en vertu du brevet qui lui a été apporté, et elle n'a plus qualité pour continuer et reprendre en son nom l'instance commencée par le précé-

dent propriétaire du brevet, que pour intenter elle-même une action nouvelle.

Il n'y aurait exception à ce principe que si la nouvelle société agissait en qualité de liquidateur de la société dissoute, qu'elle eût pris cette qualité dans les actes de la procédure et n'eût fait que continuer au même nom et dans le même intérêt l'instance même primitivement introduite.

— 7 mai 1857, C. de cass.; aff. Jakson c. Fontaine. (*Gaz. des Trib.*)

6° *Du délai pour remplir les formalités.*

38. La loi n'a pas prononcé de *délai fatal* pour l'enregistrement des cessions de brevet. En conséquence, il suffit que cette formalité ait été accomplie avant la poursuite en contrefaçon pour servir de base à l'action correctionnelle.

— 29 mars 1860, Trib. de la Seine; aff. Lejeune c. Vallas. (*La Propr. industr.*, n° 137.)

39. L'art. 20 ne fixe pas de *délai* pour l'enregistrement des actes de cession; il dispose seulement qu'aucune cession n'est valable, à l'égard des tiers, qu'après avoir été enregistrée, et qu'ainsi, dès que l'enregistrement a eu lieu, le cessionnaire a le plein exercice, à l'égard des tiers, de tous les droits résultant du brevet.

— 26 mai 1855, C. imp. de Paris; aff. Blondel et Cᵉ c. Antrailles et autres.

40. Quand un brevet a été l'objet de cessions successives, il importe peu que plusieurs de ces cessions aient eu lieu sans l'accomplissement des formalités légales, si la dernière, en vertu de laquelle les poursuites sont dirigées, a été précédée du payement de la totalité de la taxe et enregistrée au secrétariat, et si ces formalités ont été accomplies avant les poursuites.

— Même arrêt.

41. Celui qui a traité de la propriété d'un brevet avec un premier acquéreur, dont la cession n'avait pas été enregistrée, peut régulariser les deux cessions en les faisant enregistrer en même temps.

— Même arrêt.

42. Les *cessions* de brevet, quoique *non authentiques*, ni précédées du payement total de la taxe, ni enregistrées

au secrétariat de la préfecture, sont valables entre les contractants.

Les *tiers* à qui elles ne sont pas opposables ne peuvent les arguer de nullité.

En conséquence, il suffit, pour avoir le droit de poursuite en contrefaçon, d'avoir au moment de l'action un acte authentique précédé du payement de la taxe et enregistré à la préfecture.

Le *défaut de payement total de la taxe* avant la cession n'est pas une déchéance.

— 17 déc. 1855, Rej.; même affaire.

7° *Par qui peut être opposé l'inaccomplissement des formalités.*

43. Les formalités exigées par la loi, en cas de cession, ne concernent que l'intérêt des *tiers* ;

La nullité qui résulte de leur inaccomplissement ne peut donc être invoquée utilement ni par le cédant, ni par le cessionnaire, ni par leurs représentants.

— 20 nov. 1822, C. de cass.; aff. héritiers Bérard c. Cabanis.

44. Le *cessionnaire* d'un brevet d'invention ne peut opposer à son *cédant* l'inobservation des formalités exigées par la loi pour la validité de la cession.

L'observation des formalités prescrites par la loi pour la cession des brevets, étant exigée dans l'intérêt des *tiers,* incombe au cessionnaire plus encore qu'au cédant.

— 19 mars 1861, Trib. civ. de la Seine; aff. Gire c. Dalifol. (*La Propr. industr.,* n° 192.)

45. Les tiers dont parle l'art. 20 sont ceux qui ont des titres ou des droits à faire valoir contre la cession.

Le *contrefacteur* n'ayant ni titre ni droit de cette nature, ne peut invoquer la nullité qui résulte du défaut d'enregistrement de la cession.

— 4 janv. 1848, C. r. de Paris; aff. Hazard c. Cartaux.

46. Si l'art. 20 de la loi de 1844 exige, pour la validité des cessions de brevets à l'égard des tiers, qu'elle soit enregistrée au secrétariat de la préfecture, il résulte de l'ensemble des dispositions de cette même loi qu'on doit considérer comme tiers ceux-là seulement qui ont des titres et des droits à faire valoir contre la cession, et auxquels cette cession peut porter préjudice, et non les *contrefacteurs* qui, placés à un autre point de vue, ne sau-

raient invoquer des formalités établies seulement dans
l'intérêt des premiers.

— 2 mars 1849, C. d'app. de Paris ; aff. Mothes c. Lavalle.
(*Le Droit*, 1849, 815.)

47. N'est *pas recevable* l'action en contrefaçon exercée
par le cessionnaire d'un brevet, lorsque la *cession* n'a *pas*
été *enregistrée* au secrétariat de la préfecture.

— 23 déc. 1859, C. de Paris ; aff. Masbon c. Caumont. (*La
Propr. industr.*, nº 106.)

48. Lorsqu'une cession de brevet n'a pas eu lieu par
acte notarié et n'a pas été enregistrée à la préfecture du
département dans lequel l'acte a été passé, le cessionnaire
ne peut opposer aux tiers sa cession, et sa poursuite en
contrefaçon n'est pas recevable ;

Il ne saurait prétendre, dans ce cas, qu'il a agi comme
fondé de pouvoir du breveté, 1º parce que nul ne plaide
par procureur ; 2º parce que l'assignation, ne contenant
que son nom et non celui du breveté, serait nulle aux
termes de l'art. 61 du Code de proc. civ.

— 1er mars 1855, C. de Paris ; aff. Blétry c. Lamirelle.

49. Les prévenus de contrefaçon ont qualité pour se
prévaloir contre le cessionnaire d'un brevet d'invention,
de la nullité résultant du défaut d'enregistrement de la
cession au secrétariat de la préfecture.

La nullité d'une poursuite en contrefaçon, exercée par
le cessionnaire du brevet d'invention avant l'enregistrement de la cession, n'est pas couverte par un enregistrement postérieur intervenu dans le cours de l'instance.

— 6 avril 1850, Rej., ch. crim.; aff. Mothes c. Raynal.
(Sirey, 1851, I, p. 76.)

50. Lorsque le cédant du brevet figure à la poursuite
en même temps que le cessionnaire, sa présence couvre
toutes les fins de non-recevoir tirées par le prévenu, à
tort ou à raison, de la nullité de la cession.

— 23 juillet 1846, Trib. de la Seine ; aff. Porret et Blanchard c. Nicole et Fimbert.

51. L'exception de *nullité* d'une *cession de brevet*,
tirée d'un nouveau moyen et proposée pour la première
fois en appel, ne constitue qu'un moyen de défense et
non une demande nouvelle.

— 2 fév. 1860, Paris ; aff. Daniel c. Landois. (*La Propr.
industr.*, nº 164.)

52. Le prévenu de contrefaçon qui n'a pas contesté devant le tribunal d'appel la cession qui a été faite par le breveté de son brevet d'invention, n'est pas recevable à se faire un moyen utile de cassation, tiré de ce que la cession était irrégulière faute d'avoir été enregistrée au secrétariat de la préfecture.

Il n'est pas plus fondé à attaquer l'arrêt de la Cour impériale pour violation de l'art. 7 de la loi du 20 avril 1810, pour défaut de motifs, si, devant cette juridiction, il n'a pas renouvelé ses conclusions à cette fin, conclusions qu'il n'a prises que devant les juges du premier degré.

— 31 déc. 1857, Rej.; aff. Massé c. Lejeune. (*Gaz. des Trib.*)

8° *Des effets attachés à l'accomplissement des formalités.*

53. L'accomplissement des formalités de dépôt et d'enregistrement par les cessionnaires de brevets, constitue, au profit de ceux-ci, une présomption de propriété contre les tiers en général, c'est-à-dire contre les cessionnaires postérieurs ou contre les contrefacteurs qui n'excipent d'aucun droit provenant du cédant ; mais cette présomption n'a aucune force contre ceux qui revendiquent vis-à-vis du cédant lui-même la propriété ou la copropriété de l'invention primitive dont ils prétendent avoir été dépouillés par lui ; s'il en était autrement, l'usurpateur d'une invention pourrait facilement se mettre à l'abri de toute poursuite en cédant son brevet immédiatement après la faute qu'il aurait commise pour se l'approprier.

— 4 juillet 1856, C. de Paris; aff. Macé c. Darte. (*L'Invention.*)

54. Lorsqu'un breveté a vendu, suivant acte notarié, son brevet à un tiers, l'acte fait foi jusqu'à *inscription de faux* ; ainsi, le breveté n'est pas recevable à faire la preuve, par témoins ou par lettres, que cet acte de cession était simulé et frauduleux.

— 10 janv. 1860, Trib. civ. de la Seine; aff. Fèvre c. Rouget de Lisle. (*La Propr. industr.*, n° 112.)

9° *Des conséquences de l'inaccomplissement des formalités.*

55. Le contrefacteur n'est pas tenu de garantir le breveté des dommages-intérêts réclamés ou obtenus contre ce dernier, à raison de la contrefaçon, par un cession-

naire du brevet dont le titre n'est ni notarié, ni enregistré, et n'a pas été déposé au secrétariat de la préfecture.

— 22 avril 1862, Trib. corr. de la Seine; aff. Voisin c.
Drouin. (*La Propr. industr.*, n° 232.)

56. Le cessionnaire du seul droit d'exploiter une invention n'est pas recevable à intervenir dans le procès suivi
par son cédant contre un contrefacteur, lorsque la cession
n'a pas été faite dans les formes prescrites par les articles 20 et 21 de la loi du 5 juillet 1844.

— 25 fév. 1860, C. de cass.; aff. Voisin c. Drouin. (*La
Propr. industr.*, n° 139.)

10° Du droit de tierce opposition.

57. Dans une instance en contrefaçon, le cessionnaire
du brevet qui a intenté l'action est le représentant légal
et l'ayant droit du breveté.

Il en est ainsi surtout lorsque l'acte de cession confère au cessionnaire le droit de propriété absolu du
brevet et la faculté de poursuivre les contrefacteurs à ses
frais, risques et périls.

En conséquence, le breveté cédant est non recevable à
former tierce opposition à un jugement qui a renvoyé un
prétendu contrefacteur des poursuites dirigées par son
cessionnaire.

Cette fin de non-recevoir est fondée, alors même que
le jugement qui a statué sur la poursuite en contrefaçon
a prononcé la nullité du brevet.

— 22 mai 1858, C. de Lyon; aff. Fournel c. Julian. (*La
Propr. industr.*, n° 23.)

11° Du refus par le préfet d'enregistrer la cession.

58. Si le préfet refuse d'enregistrer la cession, le breveté est obligé d'engager une action contre le préfet, et
il doit attendre qu'on ait statué sur cette action pour
commencer sa poursuite en contrefaçon.

— 12 mai 1849, C. de cass.; aff. Mothes-Lamouroux c.
Laval et Raynal. (*Le Droit*, 1849, 815.)

26.

ARTICLE 21.

Il sera tenu au ministère de l'agriculture et du commerce un registre sur lequel seront inscrites les mutations intervenues sur chaque brevet, et tous les trois mois une ordonnance royale proclamera, dans la forme déterminée par l'art. 14, les mutations enregistrées pendant le trimestre expiré.

— V. art. 34, les *instances en revendication de brevet.*

ARTICLE 22.

Les cessionnaires d'un brevet et ceux qui auront acquis du breveté ou de ses ayants droit la faculté d'exploiter la découverte ou l'invention, profiteront de plein droit des certificats d'addition qui seront ultérieurement délivrés au breveté ou à ses ayants droit. Réciproquement, le breveté ou ses ayants droit profiteront des certificats d'addition qui seront ultérieurement délivrés aux cessionnaires.

Tous ceux qui auront droit de profiter des certificats d'addition pourront en lever une expédition au ministère de l'agriculture et du commerce, moyennant un droit de 20 fr.

1. Lorsqu'un breveté a cédé son brevet, il doit faire profiter son cessionnaire de tout brevet qu'il prend ensuite, si l'objet de ce nouveau brevet n'est qu'un *perfectionnement* de la première invention.

— 5 mai 1862, C. imp. de Paris ; aff. Buxtorf c. Boudin. (La *Propr. industr.*, n° 231.)

Il ne peut céder le nouveau brevet à un tiers.

— Même arrêt.

S'il a commencé par refuser au cessionnaire du premier brevet de le laisser jouir du second, et s'il ne lui en fait offre qu'au cours de l'instance introduite par ledit cessionnaire, il doit être condamné à des dommages-intérêts pour réparation du préjudice causé par la tardivité de la livraison.

— Même arrêt.

2. Le cessionaire, profitant de plein droit des *certificats d'addition* ultérieurement délivrés au breveté, il en résulte que ledit cessionnaire a toujours le droit de poursuivre les contrefacteurs du *perfectionnement* comme ceux de l'invention.

— 4 déc. 1846, trib. civ. de la Seine, 4e ch.; aff. Petit-Huguenin c. Durost-Lagrange.

ARTICLE 23.

Les descriptions, dessins, échantillons et modèles des brevets délivrés resteront, jusqu'à l'expiration des brevets, déposés au ministère de l'agriculture et du commerce, où ils seront communiqués sans frais à toute réquisition.

Toute personne pourra obtenir, à ses frais, copie desdites descriptions et dessins, suivant les formes qui seront déterminées dans le règlement rendu en exécution de l'art. 50.

— V. art. 30, *échantillons perdus.*

ARTICLE 24.

Après le payement de la deuxième annuité, les descriptions et dessins seront publiés, soit textuellement, soit par extrait.

Il en sera en outre publié, au commencement de chaque année, un catalogue contenant les titres des brevets délivrés dans le courant de l'année précédente.

ARTICLE 25.

Les recueils des descriptions et dessins et le catalogue, publiés en exécution de l'article précédent, seront déposés au ministère de l'agriculture et du commerce et au secrétariat de la préfecture de chaque
département, où ils pourront être consultés sans frais.

ARTICLE 26.

A l'expiration des brevets, les originaux des descriptions et dessins seront déposés au Conservatoire royal
des arts et métiers.

ARTICLE 27.

Les étrangers pourront obtenir en France des brevets d'invention.

ARTICLE 28.

Les formalités et conditions déterminées par la présente loi seront applicables aux brevets demandés ou
délivrés en exécution de l'article précédent.

ARTICLE 29.

L'auteur d'une découverte ou invention déjà brevetée à l'étranger pourra obtenir un brevet en France ;
mais la durée de ce brevet ne pourra excéder celle des
brevets antérieurement pris à l'étranger.

1. Bien que l'art. 29 n'accorde qu'à celui qui s'est fait breveter à l'étranger la faculté d'obtenir en France un brevet d'invention d'une durée qui ne peut excéder celle du brevet étranger, ce droit peut être exercé par les *héritiers* ou ayants cause de l'inventeur.

— 24 mars 1860, rej.; aff. Brunfaut c. la société de Denain et d'Anxin. (*La Propr. industr.*, n° 123.)

2. Un brevet pris ainsi par un héritier ou un ayant cause est valable, bien que le titulaire n'ait ni rappelé dans sa demande le brevet étranger, ni indiqué en quelle qualité il agissait. (*Sol. impl.*)

— Même arrêt.

ARTICLE 30.

Seront nuls et de nul effet les brevets délivrés dans les cas suivants, savoir :

1° Si la découverte, invention ou application n'est pas nouvelle ;

2° Si la découverte, invention ou application n'est pas, aux termes de l'art. 3, susceptible d'être brevetée :

3° Si les brevets portent sur des principes, méthodes, systèmes, découvertes et conceptions théoriques dont on n'a pas indiqué les applications industrielles ;

4° Si la découverte, invention ou application est reconnue contraire à l'ordre et à la sûreté publique, aux bonnes mœurs ou aux lois du royaume, sans préjudice, dans ce cas et dans celui du paragraphe précédent, des peines qui pourraient être encourues pour la fabrication ou le débit d'objets prohibés ;

5° Si le titre sous lequel le brevet a été demandé indique frauduleusement un objet autre que le véritable objet de l'invention ;

6° Si la description jointe au brevet n'est pas suffisante pour l'exécution de l'invention ou si elle n'indique pas, d'une manière complète et loyale, les véritables moyens de l'inventeur ;

7° Si le brevet a été obtenu contrairement aux dispositions de l'art. 18.

Seront également nuls et de nul effet les certificats comprenant des changements, perfectionnements ou additions qui ne se rattacheraient pas au brevet principal.

SOMMAIRE

1° *Défaut de nouveauté.*

1. Lorsqu'une invention se compose de la réunion d'éléments divers, il suffit, pour qu'elle soit brevetable, que quelques-uns de ces éléments soient nouveaux.

— 21 mars 1860, trib. civ. de la Seine ; aff. Légé et Pironnet c. Legendre. (*La Propr. industr.*, n° 126.)

2. Si l'objet décrit dans le brevet n'est pas nouveau, le brevet ne peut être validé par la nouveauté des détails consignés dans le certificat d'addition.

— 7 juillet 1854, trib. de Paris ; aff. Lefranc c. Blanchon.

3. Lorsque le brevet ne contient rien de nouveau, il ne peut être validé par la nouveauté des moyens indiqués dans le certificat d'addition.

— 21 avril 1860, c. de Paris ; aff. Parent c. Divay et Boutry. (*La Propr. industr.*, n° 126.)

4. On ne peut refuser de prononcer la nullité d'un brevet en s'appuyant sur ce motif que celui qui la demande s'est fait lui-même breveter postérieurement pour une invention identiquement semblable.

Ce serait créer une exception qui n'est pas dans la loi.

— 4 juin 1839, C. de cass.; aff. Lambert c. Pocquet.

5. Lorsqu'un brevet contient des parties non breveta-

bles et d'autres qui le sont, les tribunaux saisis de la
nullité du brevet peuvent en prononcer la nullité partielle.

— 9 juillet 1855, C. de Paris; aff. Mallet c. Cavaillon. (*Le
Droit*, 1855, 172.)

6. Un brevet n'est pas un titre indivisible et peut être
déclaré nul *parte in quâ*, notamment en ce qui touche
tel objet qui n'est pas nouveau.

— 4 mars 1856, rej.; aff. Mallet c. Cavaillon. (*Le Droit*.)

7. En présence d'un brevet délivré pour des procédés et
un appareil propres à extraire directement l'alcali volatil
des eaux ammoniacales, l'arrêt qui déclare que l'extraction
directe de l'alcali volatil par la distillerie des eaux ammoniacales était chose connue dans l'industrie dès avant
le brevet, et qui, par suite, annule ledit brevet en tant
qu'il comprend cette extraction directe, doit être entendu
dans un sens s'appliquant limitativement à l'idée de l'extraction directe, et laissant au brevet toute sa force en
ce qui touche les procédés et appareils propres à opérer
l'extraction.

En conséquence, il n'y a pas violation de la chose
jugée par cet arrêt dans la disposition d'un arrêt ultérieur,
considérant comme contrefaçon l'usage fait par la partie
qui a obtenu le premier arrêt des procédés d'extraction.

— 21 juin 1856, rej.; aff. Cavaillon c. Mallet. (*Le Droit*.)

8. Les tribunaux ne sont pas tenus, pour motiver leurs
décisions, conformément à l'art. 7 de la loi du 20 avril
1810, de discuter chacun des documents invoqués à l'appui
d'un moyen, et cette règle est applicable notamment lorsque divers documents sont produits par le prévenu de contrefaçon, à l'effet d'établir la vulgarité de l'invention
brevetée au profit du plaignant.

— 14 janv. 1859, rej.; aff. Boucher c. Villard. (*La Propr.
industr.*, n° 68.)

9. Ne viole aucune loi l'arrêt qui annule un brevet
d'invention, en se fondant sur ce que le breveté n'a été
l'inventeur d'aucune des modifications y mentionnées.

On ne peut objecter que l'arrêt a écarté, pour défaut
d'utilité, l'un des organes de l'instrument breveté ; une
déclaration aussi générale s'applique virtuellement tant
aux divers organes spécifiés qu'à leur combinaison.

On ne peut se faire un moyen de cassation de ce que
l'arrêt n'aurait pas donné de motifs spéciaux sur des chefs

de conclusions subsidiaires, tendant à la validité partielle
du brevet, alors surtout qu'il est établi que le demandeur concluait à la nullité absolue.

— 23 déc. 1859, rej.; aff. Ferrier c. Dubosc. (*La Propr.
industr.*, n° 117.)

10. Quand un brevet d'invention contient plusieurs objets distincts les uns des autres, le brevet ne peut être
déclaré nul pour vice de complexité, mais il appartient
aux Tribunaux de distinguer, quant à la validité du brevet, entre les objets qu'il renferme et tout en le maintenant pour ceux qui seraient reconnus nouveaux et brevetables, de l'annuler en ce qui concerne de prétendues
inventions tombées dans le domaine public.

En conséquence, lorsqu'une demande en nullité est
formée tant contre un brevet principal que contre les certificats d'addition qui s'y rattachent, pour défaut de nouveauté des procédés décrits, l'arrêt qui reconnaît le défaut de nouveauté pour la plupart de ces procédés, et
n'accorde au brevet que l'invention de quelques autres,
ne peut, sans violer l'art. 30 de la loi de 1844, rejeter
pour le tout la demande en nullité des brevets; il doit,
au contraire, prononcer cette nullité en ce qui est relatif
aux objets déclarés non brevetables.

— 20 août 1856, ch. des req.; aff. Gelis c. Duval. (*L'Invention.*)

11. Lorsque, sur une demande en nullité de brevets
d'invention, un arrêt reconnaît, en fait, que plusieurs des
procédés brevetés ne constituaient aucune invention ni
application nouvelles, mais que plusieurs autres procédés
étaient brevetables, il ne peut, sans se mettre en contradiction avec lui-même et sans violer l'art. 30 de la loi
de 1844, rejeter purement et simplement la demande, et
par là maintenir la validité des brevets dans leur intégralité. Dans ce cas, le juge du fait ayant seul droit de
préciser les objets brevetables et ceux qui ne le sont pas,
distinction signalée dans les motifs, mais omises dans le
dispositif, l'arrêt doit être cassé, non pas seulement en
partie, mais en totalité.

— 6 mai 1857, cass.; aff. Gélis c. Duval. (*Le Droit.*)

12. En présence d'un brevet contenant plusieurs objets,
il y a devoir pour les tribunaux de distinguer, quant à la
validité du brevet, entre les objets qu'il renferme et tout
en le maintenant pour ces objets qui seraient reconnus

nouveaux, de l'annuler en ce qui concerne les objets tombés dans le domaine public.

Mais il n'y a pas lieu d'opérer par voie de division à l'égard d'un brevet qui énonce l'emploi du sulfate de chaux comme matière épurante (objet depuis longtemps connu), et des procédés nouveaux de nature à rendre cet emploi plus utile que par le passé.

Un pareil brevet ne contient réellement qu'un seul objet, à savoir : l'emploi du sulfate par les procédés nouveaux décrits au brevet, et doit être validé intégralement.

— 25 nov. 1856, rej.; aff. Laming c. Cavaillou. (*Le Droit*, 1856, 135.)

13. Un brevet peut être annulé partiellement lorsque, au milieu d'éléments nouveaux, il comprend des moyens du domaine public.

Dans ce cas, le breveté qui succombe dans sa poursuite sur certains points doit supporter une partie des dépens, bien qu'en définitive il gagne son procès sur la contrefaçon.

— 11 mars 1858, Trib. civ. de Lille ; aff. Gaillard c. Baugrand. (*La Propr. industr.*, n° 28.)

— V. art. 2, *les inventions brevetables;* et art. 31, le sens du mot *nouveauté.*

2° *Médicaments.*

14. Dès que l'on convertit en un médicament un aliment breveté, il n'y a plus contrefaçon, parce qu'il n'y a plus brevet.

— 14 déc. 1855, rej.; aff. Larbaud c. Durand. (*Le Droit*, 1855, 315.)

V. art. 3.

3° *Principes, méthodes, systèmes, etc.*

15. L'*idée abstraite* n'est point brevetable en elle-même ; elle ne le devient que par sa réalisation.

— 23 juin 1860, C. de Lyon ; aff. Vignet c. Gantillon. (*La Propr. industr.*, n°s 88 et 159.)

16. Toute invention qui ne donne pas un résultat matériel et vénal ne peut servir de base à un brevet.

Ainsi est nul le brevet pris pour la méthode dite Lafforienne, ayant pour objet l'*enseignement de la lecture.*

— 12 juin 1830, C. roy. de Paris ; aff. Augier c. Cheynet.

17. Jugé de même pour la *calligraphie*.
— 15 juin 1842, C. de cass.

18. .... Pour une *méthode de lecture*.
— 22 août 1844, C. de cass.

19. L'obtention d'un résultat industriel ne peut être breveté, indépendamment des moyens employés pour l'obtenir.
— 4 fév. 1848, C. de cass., aff. Roche c. Angelin.

20. La concentration et la pulvérisation d'un corps sans appareil ni procédé nouveau, destiné à opérer ces concentration et pulvérisation, ne peuvent être susceptibles d'être brevetés.
— 7 mars 1862, C. imp. de Paris ; aff. Paulet c. Moll. (*La Propr. industr.*, n° 234.)

21. L'idée théorique de la déviation verticale des gaz des hauts-fourneaux n'est pas susceptible d'être brevetée, indépendamment de tout système d'application.
— 2 mai 1851, C. de cass.; aff. Thomas Laurens c. Robert Dubu. (*Le Droit*, 1851, 421.)

22. L'article 30 suppose la validité des brevets de principe, puisqu'il n'en prononce la nullité qu'autant qu'ils ne contiennent pas l'indication d'une application industrielle.
— 30 mars 1846, C. roy. de Douai; aff. Jourdan c. Descat-Crouzet.
— 15 juillet 1847, C. de Paris; aff. Poret-Blanchard c. Nicolle et Fimbert.
— 19 août 1853, C. de cass.; aff. Maréchal c. Tussand-Marquette. (*Le Droit*, 1853, 196.)

23. Les avantages résultant de l'emploi d'un système spécial de fabrication, en les supposant même nouveaux, ne peuvent pas être l'objet d'un brevet.

En conséquence, il n'y a pas contrefaçon à obtenir les mêmes résultats s'il y a emploi d'un système différent.
— 8 mars 1859, C. de Lyon ; aff. Russery-Lacombe c. Petin-Gaudet. (*La Propr. industr.*, n° 65.)

4° *Inventions contraires aux lois et aux bonnes mœurs.*

24. Il n'y a pas *tromperie* à vendre une substance colorante additionnée de substances étrangères, lorsque les-

dites substances additionnées, leurs proportions et leurs qualités sont clairement indiquées dans un brevet.

— 26 juillet 1860, C. de Rouen ; aff. Babœuf c. Raffard. (*La Propr. industr.*, n° 151.)

25. Un brevet est valable bien que celui qui l'a obtenu n'ait pas les qualités requises pour l'exploiter.

Ainsi, un brevet pris pour un procédé de fabrication des capsules gélatineuses ne saurait être considéré comme nul, parce que l'inventeur qui s'est fait délivrer ce brevet n'est pas pharmacien.

— 14 nov. 1838, C. roy. de Paris ; aff. Mothes et Lasalle c. le minist. publ.

5° *Titre frauduleusement inexact.*

26. L'inexactitude du titre d'un brevet ne suffit pas pour annuler ledit brevet. Il faut, pour entraîner cette nullité, que le titre ait été frauduleusement rédigé, d'une manière inexacte.

— 11 janv. 1860, Trib. civ. de Lyon ; aff. Martin c. Guinon. (*La Propr. industr.*, n° 411.)

6° *Insuffisance de la description.*

27. Un brevet, pour être valable, doit énoncer avec clarté et précision l'objet de l'invention.

— 21 janv. 1860, C. de Paris ; aff. Rhodé c. Royer et Roux. (*La Propr. industr.*, n° 180.)

28. Tout brevet est nul, si la description qui y est jointe n'indique pas d'une manière complète et loyale les véritables moyens de l'inventeur, il est juste, en effet, qu'en échange du privilége qu'elle accorde, la société, a la cessation du brevet, soit mise en possession de tout ce qui constitue l'invention brevetée.

— 29 janv. 1859, C. de Douai ; aff. Delattre c. Delaunay. (*La Propr. industr.*, n° 66.)

29. Le législateur n'a pas voulu contraindre l'inventeur à entrer dans des détails secondaires, presque toujours susceptibles de modifications dans la pratique ; il a seulement voulu que la désignation fût assez précise pour que l'exécution de l'invention fût possible au simple ouvrier s'il s'agissait de choses de sa compétence, à l'homme de l'art, s'il s'agissait d'opérations d'un certain ordre.

— 26 nov. 1857, C. d'Amiens ; aff. Planque c. Cauchin.

30. La description d'un brevet est suffisante, bien qu'elle ne soit intelligible que pour les gens du métier.

— 16 déc. 1857, Trib. civ. de la Seine ; aff. Cottin-Laurier c. Allaire. (*La Propr. industr.*, n° 2.)

31. Est suffisante la description qui peut être comprise par un ouvrier spécial, habitué à la manœuvre du métier que l'inventeur a perfectionné.

— 17 juin 1856, C. de Douai ; aff. Delacourt c. Rolland.

32. Celui qui prétend avoir inventé, non un procédé nouveau, mais un produit nouveau, est moins que personne obligé à une description minutieuse de la machine dont il se sert.

— Même arrêt.

33. La description est suffisamment claire lorsqu'elle peut être comprise et appliquée par les individus ayant les connaissances spéciales, c'est-à-dire par les mécaniciens s'il s'agit de mécanique, par les chimistes s'il s'agit de chimie, etc.

— 11 juill. 1845, C. roy. de Paris ; aff. Bissonnet c. Cabouret.

34. Les tribunaux doivent déclarer une description suffisante, alors même que le mémoire descriptif aurait pu incontestablement être mieux libellé, si d'ailleurs on y rencontre tous les éléments constitutifs de l'invention revendiquée, et s'il est constaté qu'il était très facile, pour toute personne versée dans l'industrie dont il s'agit, d'apprécier, sans indication particulière, le nouveau mode de montage et d'emploi du métier.

— 16 août 1859, C. de Douai ; aff. Pearson et Topham c. Mullier. (*La Propr. industr.*, n°s 76 et 103.)

Dès lors, les brevetés ne sont pas tenus d'en effectuer une description particulière, description inutile pour les fabricants et impossible à l'égard des personnes étrangères à la fabrication, en raison de la complication des métiers employés.

— Même arrêt.

35. Un brevet est valable, si la description, bien qu'incomplète, est suffisante pour l application du procédé breveté.

— 1er juillet 1859, C. d'Amiens ; aff. Bourdon c. Lefebvre-Rouillard. (*La Propr. industr.*, n° 81.)

36. Pour apprécier si une description est insuffisante, il ne faut pas s'en rapporter à la valeur grammaticale ou scientifique des termes, il faut voir si, en faisant avec exactitude les opérations indiquées, on arrive au résultat proposé.

— 31 mars 1855, C. de Paris; aff. Frezon c. Pommier. (*Le Droit*, 1855, 160.)

37. Des erreurs de rédaction, quand elles sont manifestes, ne peuvent entraîner la nullité du brevet, pour insuffisance de description.

— 16 août 1859, C. de Douai; aff. Pearson et Topham c. Mullier. (*La Propr. industr.*, nᵒˢ 76 et 103.)

38. Ce n'est pas le titre seul, mais le titre, les dessins et la description qu'il faut combiner pour fixer la limite de l'invention.

— 28 juin 1854, C. imp. de Rouen; aff. Sax c. Raoux. (*Le Droit*, 1854, 98.)

39. Jugé qu'un dessin ne peut suffire pour réserver à l'inventeur la propriété d'un des éléments de son invention, lorsque la description est muette sur le but et les effets de cet organe.

— 30 juin 1852, C. imp. de Paris; aff. Guebhard c. Schneider.

Mais la doctrine contraire est plus généralement admise.

— 10 mars 1843, Paris; aff. Bissonet c. Cabouret et Leroy.
— 30 déc. 1852, C. de cass.; aff. Chaudun c. Gévelot-Lemaire.
— 9 fév. 1853, C. de cass.; aff. Sax c. Raoux. (*Le Droit*, 1854, 98.)

40. Un brevet doit être validé quand les dessins qui y sont annexés expliquent et complètent la description, et lorsque, d'ailleurs, cette description permet à un ouvrier du métier de fabriquer le produit.

— 11 déc. 1857, C. de Paris; aff. Goin c. Gariel. (*La Propr. industr.*, nᵒ 5.)

41. Bien que la description jointe au brevet soit muette sur la forme revendiquée par l'inventeur, cette forme doit lui être réservée si elle ressort clairement des dessins joints à la demande du brevet, et si elle est d'ailleurs brevetable aux termes de l'art. 2 de la loi de 1844.

— 24 juin 1858, C. de Paris; aff. Mutelle c. Lasson. (*La Propr. industr.*, nᵒ 34.)

42. Lorsqu'une description ne peut être comprise qu'à

l'aide d'échantillons déposés avec la demande du brevet, et que ces échantillons ont été perdus au ministère, le brevet doit être déclaré nul pour insuffisance de description.

En d'autres termes, la perte des échantillons déposés préjudicie au breveté seul.

— 29 janv. 1859, C. de Douai ; aff. Delattre c. Delaunay. (*La Propr. industr.*, nos 46 et 66.)

43. Un arrêt qui prononce la nullité d'un brevet, tout à la fois pour insuffisance de description et pour défaut de nouveauté, peut écarter une partie des éléments de la description, en ne tenant aucun compte d'échantillons originairement joints au brevet et égarés depuis dans les bureaux du ministère ;

L'arrêt, en statuant ainsi sur la non-nouveauté, n'en garde pas moins, dans l'état du litige, son caractere de souveraineté.

— 30 nov. 1859, rej.; aff. Delattre c. Delaunay. (*La Propr. industr.*, no 125.)

44. Un brevet qui, envisagé isolément, serait nul pour insuffisance de description, ne peut pas être validé par la description complémentaire contenue dans le certificat d'addition.

— 1er juillet 1859, C. d'Amiens ; aff. Bourdon c. Lefebvre-Rouillard. (*La Propr. industr.*, no 81.)

45. L'*insuffisance de la description* d'un brevet d'invention ne peut être réparée par la prise d'un certificat d'addition se rattachant à ce brevet.

Dans ce cas, le brevet reste nul et entraîne l'annulation du certificat.

— 2 fév. 1860, C. de Paris; aff. Daniel c. Landois. (*La Propr. industr.*, no 164.)

46. Un certificat d'addition ne saurait suppléer à l'insuffisance de la description du brevet principal, ni racheter sa nullité,

Alors surtout qu'il n'a été pris que seize mois après le brevet.

— 9 déc. 1858, C. de Paris; aff. Cominal c. Maheu. (*La Propr. industr.*, no 58.)

47. L'*inexactitude de la description* entraîne la nullité du brevet, aussi bien que l'insuffisance de la description.

— 8 fév. 1861. C. de Douai ; aff. Bouchart-Florin c. Harinkouk. (*La Propr. industr.*, no 168.)

48. Il y a lieu de déclarer un brevet nul par cela seul que la description est insuffisante, et sans même qu'il soit nécessaire d'établir que le breveté a volontairement dissimulé ses moyens d'exécution.

— 29 nov. 1859, cass.; aff. Probst et Cᵉ c. Fraud. (La Propr. industr., nº 117.)

49. La *multiplicité* et la confusion *des objets* de nature différente compris dans un brevet ne peuvent, en droit, dans le silence de la loi à cet égard, être une cause de nullité du brevet.

— 27 déc. 1860, Trib. corr. de la Seine ; aff. Quinet c. Mayer et Pierson. (La Propr. industr., nº 170.)

50. Lorsque le brevet est pris pour un produit, la description doit être déclarée suffisante, alors même qu'elle n'indiquerait pas tous les procédés à l'aide desquels ledit produit peut être obtenu.

—31 août 1860, Trib. civ. de la Seine ; aff. Renard c. Monnet et Dury. (La Propr. industr., nº 143.)

51. Les moyens qui ne font pas l'objet d'un brevet et dont le breveté ne réclame pas la propriété privative, peuvent ne pas être décrits, quand même ils seraient nécessaires à l'opération, sans qu'il y ait pour cela insuffisance de description.

— 12 fév. 1858, rej.; aff. Villard c. Danel. (La Propr. industr., nº 27.)

52. Bien qu'un brevet n'exprime pas spécialement dans son titre ou dans sa conclusion que tel élément est particulièrement revendiqué comme constitutif de l'invention, cet élément n'en est pas moins valablement breveté, s'il est visé dans le cours de la description de manière à être suffisamment compris.

— 22 janv. 1855, Trib. de Saint-Etienne ; aff. Debrye c. Ballefin.

53. Le breveté a un droit de propriété exclusive sur les résultats, même non prévus par lui, qui sont un effet nécessaire du procédé breveté.

— 24 juin 1858, C. de Paris ; aff. Mutelle c. Lasson. (La Propr. industr., nº 34.)

54. La loi protége les *applications naturelles, nécessaires* ou *analogues* de l'invention, même lorsqu'elles n'ont pas été indiquées.

Ainsi, celui qui a trouvé le moyen de filer le caoutchouc

a, par cela même, le droit exclusif de faire des tissus avec ces fils, bien qu'il ne l'ait pas revendiqué dans son brevet.

— 27 déc. 1837, cass.; aff. Rattier et Guibal c. Janvier.

55. Tout ce qui est la conséquence nécessaire d'un procédé breveté appartient à l'inventeur, alors même qu'il ne l'a pas revendiqué.

Spécialement, le brevet pris pour un procédé d'inoxydation, qui produit en même temps l'isolement des matieres conductrices de l'électricité, permet à l'inventeur de revendiquer, non-seulement l'inoxydation, mais encore l'isolement.

— 8 mars 1861, Trib. civ. de la Seine ; aff. Paris c. Girard. (*La Propr. industr.*, n° 193.)

56. Dans la description d'une machine brevetable, si l'un des organes décrits doit remplir une fonction autre que celle qui est révélée par sa structure et son agencement, cette fonction doit être decrite dans le mémoire exigé par la loi; sans quoi, la fonction dont s'agit n'est pas protégée par le brevet.

— 16 d'c. 1856, C. de Nancy ; aff. Baudot c. Lizer. (*Gaz. des Trib.*, 1857, 8 mai.)

57. Lorsqu'une substance est tombée dans le domaine public et qu'un breveté revendique son mode d'emploi et les quantités dont il se sert, il ne peut être valablement breveté qu'à la condition d'indiquer un dosage fixe, certain, et non une latitude vague entre un minimum et un maximum ; dans ce dernier cas, le brevet est nul pour description insuffisante.

— 31 mars 1857, C. de Douai ; aff. Dubrunfaut c. Lefèvre.

58. Est suffisamment justifié, au point de vue de l'article 30, § 6 de la loi du 5 juillet 1844, l'arrêt qui annule un brevet, par le motif que la description est vague et ne répond pas au vœu de la loi; il n'est pas nécessaire qu'il mentionne, en termes exprès, que cette description est insuffisante pour l'exécution de l'invention.

— 22 août 1861, C. de cass.; aff. Landois c. Daniel. (*La Propr. industr.*, n° 201.)

59. La suffisance ou l'insuffisance de la description de l'objet breveté est une question de fait qui échappe à la censure de la Cour de cassation.

— 10 nov. 1855, rej.; aff. Veilleux c. Thier. (*Le Droit*, 1855, 266.)

60. *Contrà.* La décision des juges du fond, reconnaissant l'insuffisance de la description de ce brevet, est une décision touchant au droit, et qui, comme telle, n'est pas souveraine ; il est, dès lors, dans la compétence de la Cour de cassation de l'apprécier.

Au surplus, on doit considérer une pareille décision comme suffisamment justifiée, lorsque le brevet ne s'explique qu'en termes vagues sur l'invention et sur la manière de l'exécuter.

— 25 mars 1859, rej.; aff. Cominal c. Malheu. (*La Propr. industr.*, nº 66.)

V. art. 5 et 6.

7º *Certificats d'addition qui ne se rattachent pas au brevet.*

61. Est nul, comme ne se rattachant pas au brevet principal, le certificat d'addition pris pour un produit, lorsque le brevet principal est pris seulement pour la confection d'un instrument de fabrication de ce produit.

— 7 déc. 1859, Trib. corr. de la Seine ; aff. Sticter c. Nessler et Juhel. (*La Propr. industr.*, nº 105.)

62. Celui qui s'est fait breveter pour un système de fermoir, peut, par un simple certificat d'addition, faire breveter légalement un organe nouveau, pourvu qu'il s'applique audit fermoir.

— 5 janv. 1858, rej.; aff. Vandamme c. Wanner. (*La Propr. industr.*, nº 10)

63. Les juges du fait décident souverainement si l'organe ajouté s'applique à l'invention principale, ou s'il constitue une invention distincte.

— Même arrêt.

64. Le certificat d'addition peut être pris pour un objet ajouté au brevet, pourvu que cet objet ait pour but d'arriver au même résultat industriel que l'invention consignée dans le brevet principal.

— 15 mars 1855, C. imp. de Paris ; aff. Charageat c. Abadie.

65. Un certificat d'addition qui a pour objet de supprimer l'emploi des bretelles et de les remplacer par une ceinture élastique venant se contourner sur celle du pantalon, ne se rattache nullement au brevet principal, qui

27.

s'appliquait uniquement à un système de bretelles garnies de trois pattes, dites ceintures, parce que chacune d'elles s'attachait circulairement par deux boutons au lieu d'un seul au pantalon.

Ce certificat est nul, par conséquent.

— 11 fév. 1862, Trib. corr. de la Seine; aff. Belorgé c. Dollier. (*La Propr. industr.*, n° 245.)

66. La loi, en rappelant avec soin les mots *addition, changements. perfectionnements*, a fait voir clairement qu'elle entendait permettre à l'inventeur de prendre un certificat d'addition pour tout ce qui se rattacherait de près ou de loin au brevet principal ;

En disant qu'il y aurait nullité et déchéance au cas où les perfectionnements ne se rattacheraient pas au brevet principal, elle n'a voulu annuler que les additions n'ayant aucun rapport à l'idée première brevetée.

Il est donc impossible d'en faire application à celui qui, dans son certificat d'addition, a fait connaître des moyens d'exécution ayant le même but, conduisant au même effet industriel, et produisant absolument les mêmes résultats que ceux déjà indiqués dans le brevet principal.

— 31 mars 1846, C. roy. de Douai; aff. Depouilly c. Descat-Crouzet.

67. La nullité d'un certificat d'addition, prononcée par la juridiction correctionnelle, ne saurait être motivée sur l'inutilité du certificat, en ce que l'application nouvelle qu'il signale serait déjà suffisamment indiquée dans le brevet principal auquel il se rattache.

— 20 mars 1857, cass.; Villard c. Danel. (*Le Droit*, 1857, 68.)

68. Lorsque, sur une demande en nullité d'un brevet d'addition fondée sur ce que l'addition ne se rattache pas au brevet principal, et sur ce que cette addition n'est pas nouvelle, le Tribunal de première instance a déclaré l'addition nulle pour défaut de nouveauté, le demandeur en nullité, intimé sur l'appel du jugement qui conclut à la confirmation par le motif du premier juge, est réputé abandonner le moyen de nullité tiré de ce que l'addition ne se rattache pas au brevet principal. En conséquence, s'il succombe en appel et se pourvoit en cassation, il est non recevable à se prévaloir devant cette Cour de ce moyen de nullité.

— 25 nov. 1856, rej.; Lamins c. Cavaillon. (*Le Droit*, 1856, 435.)

69. Bien qu'un breveté ait annoncé dans un second brevet qu'il renonce entièrement à un organe décrit par lui dans le premier brevet, parce qu'il a reconnu des inconvénients à ce procédé, cette renonciation ne peut avoir pour effet de faire tomber dans le domaine public cet organe.

En effet, un brevet ne peut tomber dans le domaine public que par l'effet d'une disposition législative :

Or, aucun texte de loi ne met au nombre de ces dispositions la déclaration d'un inventeur qui, trouvant de meilleurs procédés que ceux déjà brevetés à son profit, annonce dans son brevet nouveau qu'il donnera dans sa fabrication la préférence aux procédés perfectionnés.

— 2 mars 1849, C. d'appel de Paris ; aff. Mothes c. Laval.

ARTICLE 31.

Ne sera pas réputée nouvelle toute découverte, invention ou application qui, en France ou à l'étranger, et antérieurement à la date du dépôt de la demande, aura reçu une publicité suffisante pour pouvoir être exécutée.

SOMMAIRE

1° *Preuve du défaut de nouveauté.*

1. En matière de contrefaçon, lorsque le prévenu prétend que le procédé breveté avait antérieurement reçu une publicité suffisante, et qu'ainsi le brevet doit être déclaré nul par application de l'art. 31 de la loi de 1844, c'est à lui qu'il incombe de justifier son allégation.

— 23 mai 1857, rej.; aff. Gache c. Gérin et Masson. (*Le Droit*, 1857, 123.)

2. Le breveté, plaignant en contrefaçon, n'a point à faire la justification de la nouveauté de son invention; c'est au prévenu à prouver contre le brevet, lequel constitue un titre au profit du plaignant.

— 28 janv. 1860, C. de Paris; aff. de Bergue c. les Compagnies d'Orléans, de Lyon et de l'Ouest. (*La Propr. industr.*, n° 115.)

3. L'antériorité doit être prouvée d'une manière certaine pour que la déchéance soit prononcée ; de simples probabilités ne suffiraient pas pour entraîner cette solution.

— 24 mars 1860, Trib. civ. de la Seine; aff. Gillet c. Quinet. (*La Propr. industr.*, n° 123.)

4. En présence d'une expertise et de l'avis d'hommes compétents et désintéressés, unanimes pour affirmer la nouveauté d'un procédé industriel, on ne saurait s'arrêter à quelques certificats auxquels, en semblable matière, s'attache un discrédit particulier tiré de la possibilité de supposer certaines rivalités.

— 7 janv. 1862, C. imp. de Lyon; aff. Chanas et Desvignes c. Deroquat-Neyret. (*La Propr. industr.*, n° 219.)

5. Il est difficile de concevoir qu'un procédé éminemment utile, reconnu tel par les hommes compétents, accueilli avec empressement par les fabricants, ait été déjà connu, mais soit resté sans application dans des centres d'industrie, et à défaut de justification affirmative à cet égard, il y a lieu de croire que ce procédé est nouveau.

— 22 fév. 1860, C. de Lyon; aff. Gèvre c. Auclair. (*La Propr. industr.*, n° 123.)

6. La vogue qu'obtient un produit à son apparition peut être considérée comme une preuve de sa nouveauté.

— 20 mai 1859, Trib. civ. de Boulogne; aff. Pearson et Topham c. Mullier. (*La Propr. industr.*, n° 76.)

7. La nouveauté d'une invention peut être prouvée par les attestations d'un nombre considérable de fabricants et par les nombreuses commandes de l'appareil breveté faites au titulaire du brevet pour les ateliers du gouvernement français et des gouvernements étrangers.

— 18 juillet 1856, C. de Paris; aff. Perrin c. Souverain. (*L'Invention.*)

8. La preuve de la nouveauté d'une invention peut s'induire d'un traité passé avec une maison de commerce qui, s'occupant exclusivement du commerce dont s'agit, est plus que personne au courant de l'état industriel.

— 24 mars 1860, Trib. civ. de la Seine; aff. Gillet c. Quinet. (*La Propr. industr.*, n° 123.)

9. On peut considérer comme une preuve de la nouveauté d'une invention ce fait que les ingénieurs de l'Etat et plusieurs compagnies de chemin de fer ont adopté le système breveté à titre d'essai ou d'application.

— 5 juillet 1859, C. de Paris; aff. Pouillet c. le chemin de fer des Ardennes. (*La Propr. industr.*, n° 95.)

10. Le prévenu de contrefaçon peut prouver un fait d'antériorité aussi bien par des dépositions de témoins que par la production de pièces imprimées.

— 31 janv. 1862, C. imp. de Paris, app. corr.; aff. Salomon c. Huby. (*La Propr. industr.*, n° 219.)

2° *De l'usage personnel antérieurement au brevet.*

11. Celui qui soutient le défaut de nouveauté précise suffisamment les faits d'antériorité quand il offre de prouver que tels individus se sont servis, et que lui-même a employé le procédé avant la demande du brevet.

— 30 mars 1849, C. de cass.; aff. Witz-Meunier c. Godefroid-Muller. (S. V. 50. 1. 70.)

12. L'emploi fait par un individu isolé, pour son usage personnel et exclusif, d'un procédé breveté ultérieurement, ne contient pas en lui-même des conditions de publicité suffisantes pour entraîner la nullité de ce brevet.

— 12 nov. 1856, C. de Dijon; aff. Domingo c. Martin.

13. Pour échapper aux pensées de la contrefaçon, il n'est pas indispensable que le prévenu justifie que l'invention brevetée a reçu, avant la demande du brevet, la publicité dont parle l'art. 31; il lui suffit de prouver

qu'il a exercé le procédé breveté avant le dépôt de cette demande.

— 16 déc. 1856, C. de Nancy ; aff. Baudot c. Lizer. (*Gaz. des Trib.*, 1857, 8 mai.)

14. Doit être déclaré contrefacteur celui-là même qui possédait l'invention avant qu'elle fût brevetée, s'il ne l'a pas divulguée avant le brevet, et si le breveté est le premier qui l'ait introduite dans le commerce.

— 21 mai 1847, C. r. de Paris ; aff. Lejeune c. Parvilley. (*Le Droit*, 5 juin 1847.) — 19 août 1853, C. de cass.; aff. Thomas Laurens c. Riant. (*Gaz. des Trib.*, 1853, 20 août.)

Contrà. Le brevet, dans le cas ci-dessus, est valable contre tous, excepté contre celui qui, ayant le premier possédé le procédé, doit être maintenu dans sa possession.

— 30 mars 1849, C. de cass.; aff. Witz-Meunier c. Godefroy-Muller. (S. V. 50. 1. 70.)

3° *Essais antérieurs.*

15. Un produit n'est plus brevetable quand il a déjà été fait ; peu importe qu'il n'ait pas présenté d'abord le degré de perfection que la pratique devait nécessairement amener.

— 9 mars 1859, Trib. civ. de Troyes; aff. Gillet c. Berthelot. (*La Propr. industr.*, n° 75.)

16. Mais il ne suffit pas de retrouver dans une machine un membre ou un appareil dont on connaîtrait depuis longtemps l'emploi et l'utilité, pour qu'il soit permis de considérer comme nul un moyen nouveau plus simple et plus avantageux d'en faire usage ; une pareille doctrine, si elle était aveuglément admise, serait contraire et nuisible à tout progrès industriel.

— 22 fév. 1860, C. de Lyon : aff. Gèvre c. Auclair. (*La Propr. industr.*, n° 124.)

17. De ce qu'une invention a pu donner l'idée d'une autre, on ne saurait conclure que cette dernière ne soit pas brevetable ; un essai infructueux peut faire naître la pensée d'une invention heureuse, et il n'est pas une invention qui ne soit en germe dans un procédé antérieur.

— 8 mars 1862, C. imp. de Lyon; aff. Monnet c. Martinier. (*La Propr. industr.*, n° 244.)

18. De simples essais demeurés sans résultat ne cons-

tituent pas une antériorité pouvant enlever à une invention son caractère de nouveauté.

— 13 nov. 1861, C. imp. de Lyon; aff. Renard c. Depouilly et autres. (*La Propr. industr.*, n° 208.)

19. Un essai rudimentaire et grossier d'un appareil qui n'a jamais été exécuté en grand ni appliqué industriellement, ne constitue pas une antériorité qui s'oppose à la validité du brevet pris plus tard pour ce même appareil. Tout au plus, le public pourrait-il fabriquer l'appareil, tel qu'il avait été trouvé, dans sa forme défectueuse et incomplète, mais non avec les organes nouveaux et les modifications à l'aide desquels le breveté l'a rendu industriellement praticable.

— 30 mai 1857, C. de Paris; aff. Gougy c. Vœgtlin.

20. L'application d'une idée industrielle demeurée à l'état de simple essai ne suffit pas pour mettre obstacle à l'obtention d'un brevet; mais il en est autrement lorsqu'il est constaté que des commandes ont été faites au fabricant contre lequel est exercée une action en contrefaçon, et qu'il résulte de l'ensemble des faits que ces commandes ont été suivies d'exécution.

— 23 fév. 1856, rej.; aff. veuve Delaville c. Pelletier fils. (*Le Droit*, 1856, 47.)

21. Des expériences demeurées sans résultats et restées à l'état d'essai, ne constituent pas une antériorité, alors surtout que des modifications ont été apportées par le breveté dans la préparation des substances employées avant lui dans lesdites expériences.

— 15 avril 1856, C. de Paris; aff. Laming c. Cavaillon. (*Gaz. des Trib.*, 1856, 19 avril.)

4° Données scientifiques.

22. Est nouveau et par conséquent brevetable l'emploi d'une substance qui était déjà connue, mais seulement à l'état de fait scientifique, fondé sur une expérience de laboratoire, et non comme ayant les caractères et la valeur d'un procédé industriel.

— 21 mai 1858, C. de Paris; aff. Dubrunfaut c. Laufrey. (*La Propr. industr.*, n° 52.)

23. La simple indication de certaines préparations comme matières colorantes ne constitue qu'une donnée

scientifique dont l'application industrielle peut être, plus tard, valablement brevetée.

— 8 mars 1859, Trib. corr. de la Seine ; aff. Depouilly c. Barbet. (*La Propr. industr.*, n° 66.)

24. Celui qui, le premier, isole et fabrique une substance en vue des propriétés industrielles qu'il a été aussi le premier à lui reconnaître, est, dans le sens légal, le véritable inventeur, alors même qu'elle aurait été entrevue par d'autres dans des manipulations purement scientifiques.

— 13 nov. 1861, C. imp. de Lyon ; aff. Renard c. Depouilly et autres. (*La Propr. industr.*, n° 208.)

25. L'usage industriel d'une invention peut seul lui enlever son caractère de nouveauté.

L'invention conserve ce caractère tant qu'elle n'a été divulguée que théoriquement par des travaux scientifiques.

— 9 mars 1848, C. d'app. de Paris ; aff. Christofle c. Roseleur. (*Gaz. des Trib.*, 26 mars.)

26. *Contrà.* L'application pratique d'un procédé déjà connu en théorie n'est brevetable qu'autant qu'elle produit des effets ou des résultats nouveaux.

— 9 fév. 1853, C. de cass.; aff. Sax c. Raoux et autres. (*Gaz. des Trib.*, 10 fév.)

27. Est brevetable celui qui, le premier, a livré au commerce une substance et qui en a le premier indiqué l'emploi industriel, alors même que cette substance avait été aperçue par des chimistes qui, dans des expériences de laboratoire, l'avaient rencontrée sans l'isoler, sans en avoir constaté les propriétés industrielles et sans s'être attachés à la façon de la produire d'une manière certaine et utile.

— 9 août 1862, Trib. civ. de la Seine ; aff. Renard c. Gerber, Keller et autres. (*La Propr. industr.*, n° 242.)

En vain on prétendrait qu'une pareille interprétation tendrait à dépouiller la science au profit de l'industrie ; cette distinction est dans la loi et dans la nature des choses ; la science tend à développer les connaissances utiles, à faire progresser les arts et l'industrie ; en chimie surtout elle fait souvent des observations et des constatations, sans s'occuper des résultats industriels qu'elle pourrait produire, ne s'y arrêtant pas, ne les formulant pas, ne les complétant pas, ouvrant la porte à tous et trouvant sa gloire dans les avantages que les autres en retirent ; l'industrie, au contraire, se borne à produire, profitant des voies qui lui sont ouvertes par la science et offrant à la société les résultats que la loi sur les brevets a pour objet de protéger uniquement.

— Même décision.

28. Lorsqu'un brevet a été pris pour un produit tinctorial et pour son application à la teinture, on ne peut opposer au breveté, comme antériorité, les expériences de laboratoire dans lesquelles des savants auraient obtenu le même produit, mais sans indiquer ni même entrevoir les applications industrielles dont ce produit était susceptible.

Dans ce cas, le produit a conservé son caractère de nouveauté au point de vue de sa fabrication et de son application industrielles.

— 13 août 1862, C. de cass., ch. des req., rej.; aff. Renard c. Léo Jametel et autres. (La Propr. industr., n° 244.)

29. Il ne suffit pas que les propriétés d'une substance décrites dans un brevet aient été connues des hommes de science pour entraîner la nullité d'un brevet ; le brevet peut être valable si l'application n'en avait pas encore été faite dans l'industrie.

Cela est vrai surtout lorsque, s'agissant de petites industries (ballons pour les enfants), c'est moins la nature scientifique du procédé que l'utilité pratique de son application qui constitue la découverte et apporte le bénéfice qui en est le but.

— 24 mars 1860, Trib. civ. de la Seine ; aff. Gillet c. Quinet. (La Propr. industr., n° 123.)

30. Est nouveau et par conséquent brevetable le procédé qui n'a jamais été employé industriellement, et le fait par un savant de l'avoir employé pour des expériences scientifiques et de laboratoire ne constitue pas une antériorité.

On ne peut opposer non plus comme antériorité la vente qui aurait été faite d'un produit, lorsque cette vente n'a pas été faite industriellement, mais en petite quantité et pour servir d'échantillon pour collection, ou pour des expériences scientifiques.

— 31 mars 1855, C. de Paris ; aff. Frezon c. Pommier. (Le Droit, 1855, 160.)

5° Du degré de similitude nécessaire entre l'antériorité opposée et l'invention brevetée.

31. Est opposable, comme antériorité, un tissu à peu près identique à celui breveté, et qui n'en diffère que par la dimension des fils.

— 4 mai 1860, C. de Paris ; aff. Bernard c. Collet-Dubois. (*La Propr. industr.*, n° 125.)

Mais en général, l'antériorité doit être identique.

32. Les rapprochements des divers fragments d'inventions recueillis dans la publication des brevets expirés ne peuvent constituer des antériorités.

— 11 fév. 1859, Trib. corr. de la Seine ; aff. de Coster c. la Compagnie du Nord. (*La Propr. industr.*, n° 153.)

33. Il n'est pas de brevet qui pourrait résister à un tel mode d'examen.

On trouverait toujours dans les choses précédemment imaginées des analogies et des approximations qui se rapprocheraient plus ou moins des mécanismes brevetés.

Admettre un tel système d'appréciation serait prononcer l'annulation générale de tous les brevets.

— 13 juillet 1861, C. imp. de Paris (app. corr.) ; aff. de Coster c. Hermann. (*La Propr. industr.*, n° 212.)

34. Il ne suffit pas, pour établir qu'une invention n'est pas nouvelle, de prouver que, antérieurement au brevet, on connaissait quelques-uns des moyens employés par l'inventeur, ou même que tous ses moyens, pris isolément, étaient connus :

Il faut que cette connaissance antérieure de l'objet du brevet soit prouvée pour l'ensemble de la découverte, telle qu'elle est détaillée dans la description.

— 24 déc. 1829, C. de cass.; aff. Windsor c. Wilson. — 20 janv. 1847, C. roy. de Paris ; aff. Jourdan c. Colomb-Lalan. — 2 mai 1851, C. de cass.; aff. Thomas Laurens c. Dubu. (S. V. 52. 1. 65.) — 17 janv. 1852, C. de cass ; aff. Rohlf-Seyrig c. Crespel Delisle. (S. V. 52. 1. 66.) — 5 fév. 1853, C. de cass.; aff. Briet c. Dangles. (*Gaz. des Trib.*, 1853, 6 fév.)

Contrà. 26 nov. 1845, C. roy. de Paris : aff. Hadrot c. Levavasseur.

35. Pour prouver qu'une invention n'est pas nouvelle, il ne suffit pas d'opposer des antériorités ayant des points isolés de ressemblance avec l'objet du brevet, il faut que ces antériorités offrent la réunion et l'ensemble des

moyens qui donnent au mécanisme breveté les caractères d'un résultat industriel nouveau.

— 31 janv. 1857, Trib. de la Seine; aff. Garnier c. Leblanc. (*L'Invention.*)

36. On ne peut opposer à un breveté l'existence antérieure des divers éléments dont se compose son invention, si ces éléments n'ont existé qu'à l'état isolé et s'il est le premier qui les ait combinés et réunis dans un même mécanisme.

A plus forte raison ne peut-on opposer cette antériorité au breveté lorsqu'il a combiné ces éléments avec un ensemble de dispositions nouvelles.

— 22 déc. 1858, Trib. civ. de la Seine ; aff. Bourgeat c. Lasobre et Ménard. (*La Propr. industr.*, nº 57.)

37. Bien que, dans la multiplicité des ouvrages qui ont trait à la construction des voies ferrées, on puisse trouver en quelque sorte toutes les dimensions données aux pièces de bois, ces dimensions présentées sans motifs et pour les nécessités de l'exécution ne constituent aucune invention et n'empêchent pas que celui qui, plus tard, imagine un système nouveau, dans lequel les mêmes mesures se trouvent en tout ou en partie, ne fasse une invention réelle.

— 5 juillet 1859, C. de Paris; aff. Pouillet c. le chemin de fer des Ardennes. (*La Propr. industr.*, nº 95.)

38. Il ne suffit pas, pour détruire le caractère de nouveauté d'un produit, de prouver qu'en suivant telle formule publiée avant le brevet, il était possible de le fabriquer, il faut encore qu'il soit établi que l'auteur de ladite formule avait eu, à l'époque où il l'a trouvée, la pensée de s'en servir pour obtenir le produit en question.

— 2 déc. 1859, cass.; aff. Popelin-Ducarre c. Bard et Coudert. (*La Propr. industr.*, nº 106.) — 1er mars 1860, C. de Rouen ; aff. Popelin-Ducarre c. Bard et Coudert. (*La Propr. industr.*, nº 116.)

39. Bien qu'un procédé ne soit pas l'objet exclusif d'un brevet, ce brevet n'en constitue pas moins une antériorité qui s'oppose à ce que ce procédé soit protégé de nouveau par un brevet, si réellement l'idée principale se retrouve d'une manière incontestable dans le brevet antérieur.

— 22 nov. 1859, C. de Paris ; aff. Bienbar et Simon c. Brisse. (*La Propr. industr.*, nº 104.)

40. La Cour de cassation ne peut connaître que de la procédure et de la qualification ou appréciation légale des faits dont la constatation appartient souverainement aux tribunaux.

— 9 août 1844, C. de cass.; aff. Delisle c. Dulaurier. (*Gaz. des Trib.*, 10 août.) — 18 janv. 1845, *idem*; aff. Benoît c. Lacroix et Vallery. (*Gaz. des Trib.*, 19 janv.)

Toutefois, bien que la Cour de cassation ne puisse critiquer les faits constatés par les premiers juges, il a été décidé que son droit de censure n'est pas limité à ce point qu'il ne lui soit pas permis d'examiner si l'arrêt attaqué n'a pas, par des compensations et des équivalents, restreint ou étendu la portée d'une description opposée au breveté.

— 13 fév. 1839, C. de cass.; aff. Taylor c. Wendel. (D. P. 39. 1. 87.)

6° *Des brevets pris antérieurement soit en France, soit à l'étranger.*

41. Décidé qu'un brevet antérieur, pris en France, ne détruit pas d'une manière absolue la nouveauté de la même invention qui a été brevetée plus tard au profit d'un autre inventeur;

Ce premier brevet, pendant toute sa durée, ne peut être opposé au dernier breveté que par celui qui en est titulaire.

Les contrefacteurs ne peuvent l'invoquer qu'autant qu'ils sont autorisés par le premier breveté.

— 3 avril 1851, C. imp. de Paris ; aff. Neveu c. Chatelain.
— 8 juillet 1848, C. de cass.; aff. Touche c. Chabrié. (*Pal.* 1848. 2. 376.)

42. Jugé de même que l'existence seule d'un brevet, pris par un tiers en pays étranger, n'entraîne pas la preuve de la publicité indiquée par l'art. 31, et ne nuit pas à la validité du brevet pris plus tard en France par un second inventeur, si, d'ailleurs, l'invention n'a pas reçu une autre divulgation.

— 9 fév. 1850, C. d'appel de Paris; aff. Boucherie c. Renard-Perrin.

43. Mais cette doctrine n'est pas généralement admise, et on décide en sens contraire qu'une invention a cessé d'être nouvelle par le seul fait d'un brevet antérieur,

Alors même que ledit brevet n'a point été publié et n'a existé qu'à l'état de demande, laquelle aurait été retirée avant la délivrance.

— 14 juillet 1848, C. de cass.; aff. Jordery c. Hayem. (*Pal.* 1849. 2. 289.)

44. Cependant, dans ce dernier cas, la Cour de Paris a déclaré qu'une demande en concession de brevet, antérieure à celle du brevet en litige, n'ôtait point à ce dernier sa validité, dès qu'il est constant que cette demande a été retirée et qu'il n'y a pas été donné suite.

— 29 juillet 1848, C. d'app. de Paris; aff. Teissier c. Briet-Germain.

45. Il ne suffit pas, pour invalider un brevet pris en France, que l'invention ait *pu être* connue, mais il faut qu'elle *ait été* connue.

— 25 fév. 1853, C. imp. de Paris; aff. Rohlf-Seyrig c. Crespel-Delisle. (*Gaz. des Trib.*, 1853, 29 juillet.)

46. Aux termes de l'art. 31 de la loi de 1844, pour qu'une invention ait perdu son caractère de nouveauté, il ne suffit pas qu'elle ait pu recevoir une publicité suffisante, mais il faut qu'elle ait effectivement reçu cette publicité.

En conséquence, l'inventeur peut se faire valablement breveter en France, après avoir pris un brevet en Angleterre, et pour faire annuler son brevet français il faut prouver, non-seulement qu'à partir du dépôt de sa description au *Patent-Office* tout le monde a pu prendre connaissance de son invention, mais qu'en réalité il en a été pris connaissance avant la demande du brevet en France.

— 22 juin 1861, C. imp. d'Amiens; aff. Normand c. Houelle. (*La Propr. industr.*, n° 203.)

47. Des *brevets* français ou étrangers, même *non tombés dans le domaine public*, constituent des *antériorités* suffisantes pour entraîner la nullité de brevets français postérieurs.

— 22 nov. 1859, Paris; aff. Bienbar c. Brisse. (*Annales de la Propr. industr.*, 6e vol., p. 158.)

48. Ainsi jugé à propos d'un brevet pris en Angleterre, six mois avant un brevet pris en France pour le même objet; le brevet anglais a été considéré comme une antériorité suffisante.

— 14 mai 1859, C. de Paris; aff. Choureaux c. Oppeneau. (*Annales de la Propr. industr.*, 6e vol., p. 174.)

49. L'existence d'un brevet antérieur ne constitue pas nécessairement une antériorité pouvant entraîner la nullité du brevet obtenu postérieurement.

Il faut pour cela que ce brevet ait été ou publié ou exploité publiquement avant la demande du brevet auquel on l'oppose.

— 1er déc. 1858, C. de Lyon ; aff. Deflache c. Balmont-Ferrière. (*La Propr. industr.*, no 62.)

50. On ne peut opposer, comme d'antériorité, un brevet qui n'a pas été visé dans le jugement qui a ordonné une expertise.

— Même arrêt.

51. Est nul le brevet pris en France pour l'idée de substituer dans le calandrage et le moirage des étoffes de soie, la pression mécanique à la pression résultant du poids, cette idée ayant été antérieurement connue et réalisée en Prusse.

— 23 juin 1860, C. de Lyon ; aff. Vignet c. Gantillon. (*La Propr. industr.*, no 159.)

52. Aux termes de l'art. 31 de la loi de 1844, la perte de la nouveauté d'une invention résulte de tout fait par lequel cette invention est mise à la disposition du public, sans qu'il soit d'ailleurs nécessaire de prouver que le public a effectivement connu l'invention.

En conséquence, lorsqu'un inventeur s'est fait breveter en Angleterre et ensuite en France, il suffira, pour faire annuler son brevet français, de prouver qu'à partir de la description déposée au *Patent-Office*, tout le monde a pu prendre connaissance de l'invention.

— 15 juillet 1861, Trib. civ. de Lille ; aff. Normand c. Platel. (*La Propr. industr.*, no 210.)

53. Le *brevet* qui a été demandé à *l'étranger* antérieurement à la demande faite en France d'un brevet identique, n'entraîne cependant pas celui-ci dans sa *déchéance*, lorsqu'il n'a été délivré que postérieurement à cette demande et qu'il est constant que, suivant la législation du pays où il a été délivré, le brevet n'a d'existence que du jour de sa délivrance.

Il en est surtout ainsi lorsque dans l'intervalle qui s'est écoulé entre la demande et la délivrance, le brevet est demeuré *secret* dans les bureaux de l'administration.

— 13 déc. 1860, Trib. civ. de la Seine ; aff. Firnstahl c. Bourcart et Bossi. (*La Propr. industr.*, no 165.)

54. Lorsqu'un brevet étranger, antérieur au brevet français pris pour le même objet, n'a reçu aucune publi-

cité avant la date de ce dernier, il ne peut constituer une
antériorité opposable au brevet français pris avant les
premiers actes de publicité à l'étranger.

— 28 janv. 1858, rej.; Boucherie c. Peyronnet. (*La Propr.
industr.*, n° 9.)

55. Le propriétaire du brevet étranger serait lui-même
mal fondé à demander, en vertu dudit brevet, la nullité
du brevet français, bien que pris postérieurement au
sien.

— 5 janv. 1860, Trib. civ. de la Seine ; aff. Paris c. Engler.
(*La Propr. industr.*, n° 112.)

56. Sous l'empire de la loi de 1791, le dépôt de la spécification fait à un gouvernement étranger ne suffit pas
pour opérer la divulgation exigée par la loi pour entraîner
la déchéance du brevet, alors que c'est cinq jours après
le dépôt que la demande de brevet a été formée, et alors
que la difficulté et la lenteur des communications entre
la France et ce pays ne permettent pas de supposer que
la divulgation s'est produite en France ; il faudrait que
cette divulgation fût le résultat d'ouvrages imprimés et
publiés et dont le public ait pu avoir connaissance ; sans
quoi il n'aurait jamais été possible d'obtenir en France
des brevets d'importation, le dépôt de la spécification
à l'étranger ayant toujours précédé la demande du brevet.

— 28 août 1856, Trib. civ. de la Seine; aff. Christofle c.
Chaudron.

57. Une invention n'est plus brevetable en France
lorsqu'elle a été l'objet à l'étranger (en Angleterre) d'un
brevet dont la description imprimée en entier est, aux
termes de la loi du pays, annoncée dans un journal officiel et mise à la disposition du public dans une bibliothèque destinée à la publicité de toutes les inventions.

— 22 nov. 1859, C. de Paris; aff. Bienbar et Simon c.
Brisse. (*La Propr. industr.*, n° 104.)

58. La publication à l'étranger de procédés brevetés
fait tomber en France l'invention dans le domaine public,
si le breveté n'a eu le soin de se faire breveter en France
avant cette publication.

L'inventeur ne peut invoquer à sa décharge que cette
publication était une nécessité imposée par les lois du
pays.

— 19 janv. 1859, Trib. corr. de Lille ; aff. Durier c. Lister
et Holden. (*La Propr. industr.*, n° 68.) — 6 avril 1859, Trib.

corr. de 'la Seine ; veuve Bienbar et Simon c. Brisse. (*La Propr. industr.*, nº 71.)

59. Il n'y a point à distinguer, dans ce cas, entre la publicité légale et la publicité effective.

Au regard de la loi française, il n'importe si la livraison au public a été forcée par le statut étranger ;

Il suffit qu'elle ait existé avant la prise du brevet en France pour l'invalider.

— Mêmes jugements.

7º *Dépôt antérieur aux prud'hommes. Musées.*

60. Le dépôt au conseil des prud'hommes d'un objet nouveau étant cacheté, ne constitue pas une publication suffisante pour établir une antériorité qui puisse faire invalider un brevet pris pour le même objet postérieurement audit dépôt.

— 13 mai 1862, Trib. civ. de la Seine ; aff. Vigne c. Souvant et Merlue. (*La Propr. industr.*, nº 236.)

61. Pour qu'une étoffe ancienne soit victorieusement opposée au breveté, il suffit que des échantillons de cette étoffe aient été mis à la disposition du public d'une manière quelconque, par exemple qu'ils aient été déposés aux archives du conseil des prud'hommes.

— 13 juin 1860, Trib. civ. de Lyon ; aff. Chavant c. Fontaine. (*La Propr. industr.*, nº 148.)

Il n'est pas nécessaire d'établir que cet ancien produit a été fabriqué et livré avec plus ou moins de succès à la consommation.

— Même jugement.

62. Les modèles anciens, déposés dans les musées d'antiquités, peuvent être opposés comme des antériorités.

— 4 mai 1858, Trib. corr. de la Seine ; aff. Rouzé c. Murat. (*La Propr. industr.*, nº 38.)

8º *De la publicité et de la divulgation.*

63. La loi n'a pas défini les *caractères distinctifs* de la *publicité* ;

Elle n'y met qu'une condition, c'est que cette publicité aura été telle que, par ce fait, l'invention aura pu être *exécutée.*

— 14 août 1850, C. d'app. de Metz ; aff. Alcan et Peligot

c. Bacot et autres. — 20 août 1851, rej.; même affaire. (*Gaz. des Trib.*, 22 août.)

64. Pour qu'il y ait *divulgation* de procédés brevetés, il suffit que, sur la vue du produit, on ait pu s'en rendre compte avant la prise du brevet.

— 8 fév. 1861, C. de Douai ; aff. Bouchard-Florin c. Harin-Kouck. (*La Propr. industr.*, n° 168.)

65. Ainsi, est nul pour défaut de nouveauté et ne peut, par suite, donner lieu à la contrefaçon, le brevet qui consiste, pour le bouclage des tissus, dans l'emploi de divers moyens déjà connus et qui n'amènent pas, au tissage, des résultats qui n'aient pu s'obtenir par l'inspection de produits existant dans le commerce.

— 23 mars 1861, C. imp. de Douai ; aff. Deplasse c. Casse et fils. (*La Propr. industr.*, n° 204.)

66. La publicité, entraînant la divulgation, peut résulter même d'une correspondance privée.

— 8 avril 1854, C. de cass.; aff. Higton c. Brett. (D. P. 54. 1. 81.)

67. Un fait de vente isolé, avant la prise du brevet, n'entraîne pas nécessairement la divulgation ;

Les tribunaux ont, à cet égard, un droit d'appréciation souverain.

— 3 juillet 1845, C. r. de Paris ; aff. Croizat c. Capelain-Lemercier. (*Gaz. des Trib.*, 1845, 6 juillet.)

68. Les rigueurs du principe posé dans l'art. 31 doivent être réservées à celui qui, livrant au public le secret de son invention, avant de la placer sous la protection d'un brevet, a fait croire qu'il renonçait au bénéfice du droit exclusif.

Cette supposition ne peut évidemment atteindre celui qui demande des conseils ou des encouragements.

— 6 oct. 1827, C. d'app. de Paris; aff. Lhomond c. Millet. (*Gaz. des Trib.*, 9 oct. 1827.) — 6 juin 1844, Trib. corr. de la Seine ; aff. Hue c. Sarraud. — 19 août 1853, C. de cass.; aff. Mareschal c. Tussand. (*Gaz. des Trib.*, 1853, 20 août.)

.69. L'inventeur qui ne prend un brevet qu'après un certain temps d'*essai* et même de pratique de sa découverte, ne se place, par ce fait, dans aucun des cas soit de nullité, soit de déchéance admise par la loi.

— 5 déc. 1861, C. imp. de Paris, app. corr.; aff. Ringaud c. Desmottes. (*La Propr. industr.*, n° 216.)

70. Il n'y a pas divulgation, dans le sens légal, lorsque

c'est seulement à titre gracieux et par un simple sentiment d'amour-propre, que l'inventeur montre son invention à divers individus avant de la faire breveter,
alors même que les visiteurs sont des ouvriers de la profession de l'inventeur.

— 27 mai 1859, Trib. civ. de Melun ; aff. Joanne c. Heudebert. (*La Propr. industr.*, n° 90.)

71. Il n'y a pas même eu divulgation, dans le sens de
l'art. 31 de la loi de 1844, lorsque, plusieurs mois avant
la prise du brevet, les plans de la machine ont été librement pris par des tiers, dessinés et remis par ces derniers à des mécaniciens ;

Lorsque c'est un dimanche, jour de chômage pour les
ouvriers, que la machine a été vue et dessinée, sans obstacle, sur le lieu où elle fonctionne ordinairement ;

L'abandon de la machine, un jour de repos, à la libre
curiosité des visiteurs, est une circonstance forcée.

— Même jugement.

72. Ne peut être considéré comme faisant tomber dans
le domaine public une invention, l'article d'une revue
scientifique qui, alors même qu'il contiendrait une indication complète de ladite invention, aurait été fait sur la
demande de l'inventeur pour servir de prospectus à son
instrument, mais aurait été publié par anticipation, avant
la prise du brevet, contrairement à la volonté du breveté ; ce dernier ne saurait être passible des conséquences d'un fait en contradiction avec son désir.

— 10 avril 1858, C. de Paris; aff. Duboscq c. Gaudin. (*La
Propr. industr.*, n°s 5 et 17.)

73. L'annonce dans un journal étranger qu'une patente
venait d'être prise pour un appareil dont le principe seul
est indiqué, ne fait point tomber l'invention dans le domaine public; en effet, loin d'être une divulgation, elle
entraîne avec elle l'idée que le breveté a entendu s'assurer par une patente la jouissance exclusive de son invention, alors surtout qu'il n'est pas établi qu'aux termes
de la législation du pays où le journal a paru, la description et les figures jointes à la patente aient pu être livrés à la publicité.

— 30 mai 1857, C. de Paris ; aff. Gougy c. Vœgtlin. —
9 fév. 1858, Trib. corr. de la Seine ; aff. Gougy c. Marie.
(*La Propr. industr.*, n° 8.)

74. Ne peut être considéré comme ayant divulgué son

invention l'inventeur qui a fait insérer une annonce dans
un bulletin d'encouragement, avant la prise de son brevet, alors que cette annonce, tout en indiquant le problème, n'indique nullement la solution et ne fournit tout
au moins aucune donnée précise pour l'éxécution de
l'idée émise.

— 31 déc. 1856, C. de Lyon ; aff. Gache c. Gérin.

75. N'est pas tombée dans le domaine public la machine
dont un croquis a été pris par un tiers, alors surtout que
ce tiers ne peut affirmer l'identité des plans de cette machine avec son dessin.

— 31 déc. 1856, C. de Lyon ; aff. Gache c. Gérin.

76. Le fait, par l'inventeur, d'avoir produit dans un
concours ordonné par l'administration supérieure, des
instruments qu'il a fait breveter peu de mois après, est
un fait exceptionnel provoqué en quelque sorte par l'administration elle-même, et ne peut être considéré comme
constituant la publicité suffisante dont parle la loi.

— 12 juin 1856, Trib. de la Seine ; aff. Sax c. Gautrot. (Le
Droit, 1856, 150.)

77. La démonstration d'un procédé, faite devant un
jury d'exposition, est réputée confidentielle, et, par conséquent, elle n'a pas enlevé à l'invention son caractère de
nouveauté.

— 8 mars 1859, Trib. corr. de la Seine ; aff. Depouilly c.
Barbet. (La.Propr. industr., n° 66.)

78. Jugé que l'inventeur n'a pas divulgué son invention lorsqu'il a cédé à des tiers, avant de se faire breveter, le droit d'exploiter son invention.

— 12 avril 1854, C. de cass.; aff. Panay c. Broquette.
(Gaz. des Trib., 1854, 18 avril.)

79. La vente faite par l'inventeur, avant la prise de son
brevet, de quelques-uns de ses produits, fabriqués à titre
d'essais, ne constitue pas une divulgation, alors que cette
vente n'a pu mettre le public à même de connaître les
procédés à l'aide desquels l'inventeur les obtient.

— 30 mai 1857, C. de Paris ; aff. Florimond c. Daumont.

80. Si l'objet du brevet est un produit industriel ou un
procédé dont la vue ou l'analyse ait pu faire comprendre
la combinaison à l'acheteur, l'exploitation du produit où
l'emploi public du procédé, avant la demande du brevet,
entraînent nécessairement la divulgation.

— 1ᵉʳ avril 1852, C. imp. de Paris ; aff. Echement c. Popelin-Ducarre.

81. L'inventeur peut vendre le produit de son invention avant de la faire breveter, si ces ventes n'ont pour but que d'essayer la bonté de son produit, et si, d'ailleurs, la vue de l'objet ne révèle pas le procédé employé pour le fabriquer ; il n'y a pas, dans ce cas, divulgation de l'invention.

— 4 fév. 1859, Trib. corr. de la Seine ; aff. Petit c. Salin et Morel. (*La Propr. industr.*, n° 64.)

82. Lorsque la publicité donnée à un produit n'est pas de nature à révéler le procédé employé pour le fabriquer, ledit procédé peut encore être valablement breveté.

— 8 mars 1859, Trib. corr. de la Seine ; aff. Depouilly c. Barbet. (*La Propr. industr.*, n° 66.)

83. L'inventeur qui, avant de prendre son brevet, a lui-même livré au commerce des produits de sa fabrication, n'est pas déchu de ses droits, s'il était impossible, même à l'analyse chimique, de révéler le mode spécial et nouveau d'application de la couleur employée.

— 21 fév. 1856, C. de Paris ; aff. Florimond c. Daumont et autres. (*Le Droit*, 1856, 50.)

84. Un procédé n'a pas perdu son caractère de nouveauté par cela seul qu'il a été employé industriellement avant d'être breveté, si cet emploi a été tenu secret, et si d'ailleurs la vue du produit ne révèle pas le mode de fabrication.

— 25 fév. 1862, Trib. corr. de la Seine ; aff. Muller c. Ménans. (*La Propr. industr.*, n° 220.)

La connaissance d'un procédé par les ouvriers de l'inventeur ne peut, à elle seule, constituer la divulgation de l'invention.

— Même décision.

85. Malgré la divulgation frauduleuse faite par un ouvrier avant le brevet, l'invention doit être encore considérée comme nouvelle.

— 11 juillet 1845, C. roy. de Paris ; aff. Bissonnet c. Cabouret et Leroy. — 8 juillet 1848, C. de cass.; aff. Chabrié c. Touche. (*Pal.* 1848. 2. 376.) — 1ᵉʳ déc. 1853, C. imp. de Paris ; aff. Dastis c. Caujolle.

86. *Quid*, si l'inventeur a poursuivi l'ouvrier en vertu

de l'art. 418 du Code de procédure et l'a fait condamner comme coupable de divulgation ?

Le brevet, même dans ce cas, peut être déclaré valable.

— 10 mai 1856, C. de Paris ; aff. Chevallier c. Salle.

87. Les ventes faites antérieurement à la prise du brevet par des employés du breveté, n'opèrent pas une divulgation de nature à faire tomber l'invention dans le domaine public, parce que la fabrication qu'ils en ont faite est entachée de l'abus des secrets du maître.

— 30 mai 1857, C. de Paris ; aff. Florimond c. Daumont.

ARTICLE 32.

Sera déchu de tous ses droits :

1° Le breveté qui n'aura pas acquitté son annuité avant le commencement de chacune des années de la durée de son brevet ;

2° Le breveté qui n'aura pas mis en exploitation sa découverte ou invention en France dans le délai de deux ans, à dater du jour de la signature du brevet, ou qui aura cessé de l'exploiter pendant deux années consécutives, à moins que, dans l'un ou l'autre cas, il ne justifie des causes de son inaction ;

3° Le breveté qui aura introduit en France des objets fabriqués en pays étranger et semblables à ceux qui sont garantis par son brevet.

Sont exceptés des dispositions du précédent paragraphe les modèles de machines dont le ministre de l'agriculture et du commerce pourra autoriser l'introduction dans le cas prévu par l'article 29.

1° *Défaut de payement de la taxe.*

1. Le délai pour le payement de la taxe se compte de jour à jour et non d'heure à heure.

En conséquence, le brevet pris le 29 décembre 1852, à onze heures quarante-cinq minutes, est frappé de déchéance si le payement de l'annuité n'est fait que le 29 décembre suivant.

28.

— 6 fév. 1862, C. imp. de Metz ; aff. Sykes et Colcini c. Vimont. (*La Propr. industr.*, n° 227.)

2. *Contrà.* Le jour du dépôt à la préfecture de la demande d'un brevet, jour duquel court la durée de ce brevet, n'est pas compris dans le calcul de la durée de chacune des années du brevet.

En conséquence, le breveté qui a fait sa demande le 29 décembre, à onze heures quarante-cinq minutes, a, pour payer la taxe annuelle, la journée entière du 29 décembre des années suivantes, et le payement de l'annuité est utilement fait en ce jour, même après onze heures quarante-cinq minutes.

Ici s'applique la règle générale : *Dies a quo præfigitur terminus, non computatur in termino.*

— 10 janv. 1863, C. de cass.; aff. Vimont c. Sykes et Collier. (*Le Droit*, 21 janv.)

3. Le délai pour le payement de l'annuité se compte par heure et non pas par jour.

Ainsi, lorsqu'un brevet a été pris le 4 décembre 1845, à onze heures vingt minutes, on doit considérer comme valable le payement de la cinquième annuité, si elle a été acquittée le 4 décembre 1849, avant onze heures vingt minutes.

— 26 mai 1855, C. imp. de Paris; aff. Blondel et Cᵉ c. Antrailles et autres. — 1ᵉʳ sept. 1855, C. de cass.; même affaire. (S. V. 56, 1, 280.)

4. Le payement doit être réputé fait avant l'heure fatale lorsqu'il est fait au jour indiqué, bien que le reçu de payement ne porte pas l'indication de l'heure.

— Même arrêt.
V. art. 4, 7 et 8.

5. Le breveté peut s'acquitter du terme arriéré tant que la déchéance de son brevet n'a pas été demandée, et même, dans ce cas, toutes les fois qu'il justifiera d'un empêchement de force majeure.

— 1ᵉʳ juillet 1854, Trib. de Saint-Claude ; aff. Michaud c. Girod. (Et. Blanc, *De la contrefaçon*, p. 555.)

Mais la jurisprudence paraît fixée en sens contraire, et l'on décide que la déchéance résultant du défaut de payement ou du retard dans le payement d'une annuité, est encourue de plein droit.

6. La déchéance d'un brevet résultant du défaut de payement de l'annuité dans le délai légal, a lieu de plein

droit et résulte du seul fait du retard. Le juge se borne à la constater, et le payement ultérieur ne peut en relever le breveté.

— 10 juillet 1861, Trib. civ. de la Seine; aff. Boutigny c. Moiniez. (*La Propr. industr.*, n° 203.) — 21 nov. 1845, C. de cass.; aff. Thollinet-Chevret c. Dupont. (S. V. 1846, 1, 151.) — 13 juin 1850, C. de Paris; aff. Brossard-Vidal c. Conaty et autres. (S. V. 1851, 2, 538.) — 28 déc. 1850, C. d'Amiens; aff. Jérosme c. Gomel (S. V. 51, 2, 107.) — 7 juin 1851, C. de cass.; même affaire. (S. V. 52, 1, 68.) — 5 août 1851, C. de Douai; même affaire. (S. V. 52, 2, 516.) — 2 août 1854, C. de Paris; aff. Debergue c. Aubert-Girard. — 10 nov. 1857, C. de Lyon; aff. David c. Bollotte. (*La Propr. industr.*, n° 8.)

7. La déchéance pour défaut de payement de la taxe est encourue même quand le retard a eu pour cause l'état de folie constatée du breveté.

— 24 mai 1859, Trib. civ. de la Seine; aff. Wild c. Jones et Cail. (*La Propr. industr.*, n° 86.)

8. La maladie du breveté n'est pas un cas de force majeure dans le sens légal.

— Même jugement.

9. La déchéance prononcée par l'article 32 de la loi de 1844 est encourue de plein droit et par le seul fait du retard apporté dans le payement de l'annuité.

Une maladie, telle que la folie, par exemple, le décès même du breveté, ne peuvent faire excuser ce retard.

— déc. 1861, C. imp. de Paris; aff. Wild c. Cail et autres. (*La Propr. industr.*, n° 211.)

10. Il importe peu que les héritiers du breveté aient continué à payer exactement toutes les annuités suivantes.

— Même arrêt.

11. Aucun acte administratif ne saurait avoir pour effet de relever le breveté de cette déchéance.

— 13 juin 1850, C. de cass.; aff. Brossard-Vidal c. Conaty-Lerebours. (S. V. 51, 2, 538.)

12. Le défaut de payement des annuités est un obstacle à toute poursuite de la part du breveté, alors même que la déchéance n'a pas encore été prononcée. En conséquence, le breveté qui, dans cette position, fait procéder à une saisie chez un prétendu contrefacteur, doit être condamné à des dommages-intérêts à raison de cette saisie nulle.

— 3 mars 1858, Trib. civ. de Lyon ; aff. Giroud-Dargout
c. Duplomb. (*La Propr. industr.*, n° 14.)

13. Toutefois, la contrefaçon commise avant la surve-
nance du fait qui a motivé la déchéance peut être poursuivie par le breveté.

— 7 juin 1851, C. de cass.; aff. Jérosme c. Gomel. (S. V.
1852, 1, 68.) — 5 août 1851, C. de Douai ; même aff. (S. V.
1852, 2, 518.)

Contrà. 28 déc. 1850, C. d'Amiens ; aff. Jérosme c. Gomel.
(1851, 2, 107.)

14. Lorsque le fait du non-payement est prouvé, il
constitue un motif suffisant pour prononcer la dissolution
de la société formée pour l'exploitation du brevet.

Il n'est pas nécessaire d'attendre que la déchéance soit
prononcée par les tribunaux.

— 19 juin 1847, C. roy. de Douai ; aff. Fabvier c. Gouchon.

15. Celui qui est chargé par le breveté de payer les
annuités du brevet, et qui, manquant à cette obligation,
laisse écouler le délai sans acquitter la taxe, peut être
condamné à des dommages-intérêts envers le breveté ou
ses cessionnaires, en raison de la déchéance encourue par
le breveté.

— 17 mai 1859, Trib. civ. de la Seine ; Dayère c. Tilloy.
(*La Propr. industr.*, n° 85.)

Il en est ainsi, alors même qu'aucune action n'est encore intentée pour faire prononcer la déchéance.

— Même jugement.

V. art. 5, v° *Mandat.*

16. Lorsqu'il s'agit du payement de la totalité de la
taxe exigée en cas de cession par l'art. 20, le retard
apporté à ce payement n'entraîne pas la déchéance.

— 1er sept. 1855, C. de cass.; aff. Dominge c. Blondel.
(S. V. 56, 1, 280.)

2° *Défaut d'exploitation.*

17. Tant que deux années ne sont pas encore entièrement écoulées depuis l'obtention du brevet, aucune déchéance n'est opposable pour défaut d'exploitation.

— 25 janv. 1860, Trib. civ. de la Seine ; aff. Kugler c. Dau-
phin. (*La Propr. industr.*, n° 116.)

18. On ne peut considérer comme une cessation d'exploitation du brevet l'interruption momentanée de l'em-

ploi de quelques-unes des substances qui ont été désignées dans le brevet comme pouvant être employées soit alternativement, soit cumulativement.

— 26 mai 1855, C. imp. de Paris ; aff. Blondel et Cᵉ c. Antrailles et autres. (S. V. 56, 1, 280.)

19. L'inventeur dont le brevet s'applique à plusieurs procédés donnant le même résultat n'encourt pas de déchéance pour n'avoir employé dans les deux ans que l'un de ces procédés.

— 7 fév. 1862, C. imp. de Paris ; aff. Dumery c. Vuitton. (*La Propr. industr.*, nᵒ 236.)

20. Il suffit que le brevet ait été exploité en partie pour que la déchéance ne soit pas encourue, et, par suite, la Cour qui reconnaît en fait une exploitation partielle peut, à bon droit, rejeter l'exception de déchéance.

— 11 déc. 1857, rej.; aff. Villard c. Delisle. (*La Propr. industr.*, nᵒ 21.) — 12 fév. 1858, rej.; aff. Villard c. Dauel. (*La Propr. industr.*, nᵒ 27.)

21. L'inventeur ne perd pas le bénéfice de son invention, par cela même qu'il existe une légère différence entre l'appareil qu'il a décrit et celui qu'il a construit ; il conserve son droit, s'il est constaté que cette différence laisse subsister l'invention elle-même.

— 23 mai 1857, rej.; aff. Gache c. Gérin et Masson.

22. Le défaut d'exploitation, dans les deux ans qui suivent la prise d'un brevet, ne constitue une déchéance du brevet qu'autant qu'elle suppose l'abandon du brevet par le breveté. Dès lors, un contrefacteur ne peut invoquer cette déchéance lorsque l'inaction de l'inventeur vient de pourparlers avec le contrefacteur pour une exploitation en commun, ou de circonstances exceptionnelles, comme la révolution de 1848.

— 31 mars 1855, C. de Paris ; aff. Frezon c. Pommier. (*Le Droit*, 1855, 160.)

23. La déchéance pour non exploitation dans le délai de deux années n'est pas encourue si l'inventeur justifie des *causes de son inaction.*

L'appréciation de ces causes est laissée aux tribunaux, qui peuvent prendre en considération le seul *défaut de ressources pécuniaires*, ainsi que cela résulte de la discussion de la loi.

Les *événements de* 1848 peuvent être considérés comme une cause suffisante d'inaction ;

Alors surtout qu'il s'agit d'une invention qui ne peut être mise en usage par le public, mais seulement par un *nombre très restreint d'industries :* il est évident que la résistance de ces industries à l'emploi de l'invention pendant deux années ne peut pas avoir pour résultat d'amener à leur profit l'annulation du brevet.

— 11 fév. 1859, Trib. corr. de la Seine ; aff. Decoster c. la Cᵉ du Nord. (*La Propr. industr.*, nº 153.)

24. Les événements de 1848 suffisent pour justifier l'inaction du breveté.

— 10 juin 1858, Trib. civ. de la Seine ; Cᵉ du Nord c. de Coster. (*La Propr. industr.*, nº 36.)

25. Les événements politiques et la cherté des matières premières sont des raisons suffisantes pour justifier le défaut d'exploitation.

— 11 mai 1859, Trib. corr. de la Seine ; aff. Masse et Innocent c. divers. (*La Propr. industr.*, nº 83.)

26. Le défaut d'exploitation dans les deux ans n'entraîne pas la déchéance du brevet lorsqu'il s'agit d'un procédé qui ne peut être appliqué que dans certaines industries, alors que ces industries ont refusé pendant ces deux années l'emploi du procédé breveté.

— 11 janv. 1859, C. de Paris ; Cᵉ du Nord c. Decoster. (*La Propr. industr.*, nº 58.)

...Ou que les ressources pécuniaires de l'inventeur ne lui ont pas permis de l'exploiter.

— Même arrêt.

27. La déchéance, faute d'exploitation, est fondée sur la présomption de renonciation à l'invention ;

En conséquence, un breveté a suffisamment obéi à la loi et n'a pas encouru la déchéance lorsqu'il s'est livré à des tentatives sérieuses d'exploitation ;

Peu importe que ces tentatives aient ou n'aient pas réussi.

— 18 juill. 1859, C. de Paris ; aff. Thomas et Laurens c. le Min. de la guerre. (*La Propr. industr.*, nº 96.)

28. Jugé que l'inventeur a suffisamment satisfait à l'obligation d'exploiter, lorsqu'il a fait admettre son invention à une exposition industrielle et a fait une vente à un tiers.

— 11 mai 1836, C. de Paris, et 13 juin 1837, C. de cass.; aff. Griolet c. Collier. (D. P. 37, 1, 440.)

29. Vainement un breveté invoque, pour justifier son défaut d'exploitation pendant deux ans, que son brevet n'était que le perfectionnement d'une invention encore brevetée, s'il est vrai qu'en combinant son brevet avec un brevet pris par lui postérieurement il pouvait éluder le brevet du tiers et ne pas s'exposer à des poursuites;

Ou s'il n'a fait aucune démarche pour obtenir une licence ;

Ou encore lorsqu'il aurait pu acheter les machines du tiers et y adapter son perfectionnement, ce qu'il n'a pas fait.

L'ensemble de ces faits révèle une inaction volontaire et doit entraîner la déchéance.

— 19 janv. 1859, Trib. corr. de Lille; aff. Duriez c. Lister et Holden. (*La Propr. industr.*, nº 68.)

30. *Contrà.* Le breveté, dont l'invention n'est que le perfectionnement d'une découverte brevetée au profit d'un tiers, ne peut être déchu pour défaut d'exploitation, car l'art. 18, en lui interdisant de fabriquer l'objet perfectionné avant l'expiration du brevet qui le prime, constitue à son profit une excuse légale.

— 5 fév. 1859, C. de Rouen; aff. Grassal c. Ozouf. (*La Propr industr.*, nº 65.)

31. Pour que l'excuse légale, invoquée contre une exception de déchéance tirée d'un défaut d'exploitation et fondée sur l'empêchement résultant de l'existence d'un précédent brevet, soit valablement produite, il faut qu'il soit constaté que l'objet du second brevet était indépendant de celui du premier et pouvait être mis industriellement en pratique sans lui emprunter les conditions essentielles de son fonctionnement.

En conséquence, n'est pas suffisamment motivé l'arrêt qui se borne à déclarer que chacun des deux brevets avait un objet principal, spécial et distinct.

— 6 mars 1858, C. de cass.; aff. Grassal c. Ozouf. (*La Propr. industr.*, nº 15.)

32. La question de savoir si la mise en exploitation dans les deux ans a été sérieuse ou fictive est une question de fait qui échappe à la censure de la Cour de cassation.

— 13 nov. 1856, C. de cass.; aff. Goodyear c. Soleiliac. (*L'Invention.*) — 12 déc. 1856, C. de cass.; aff. Popelin-Ducarre c. Raspail. — 13 juin 1837, C. de cass.; aff. Griollet c. Collier. (S. V. 38, 1, 53.)

33. La déchéance d'un brevet d'invention pour défaut d'exploitation par le breveté de son brevet, dans les deux ans, peut être couverte par l'exploitation faite par un tiers, cette exploitation n'eût-elle lieu même qu'en vertu du consentement verbal du breveté ; il n'est pas nécessaire que ce consentement ait été donné par une cession régulière ou qu'il ait une date certaine. Les juges du fait ont, à cet égard, un droit d'appréciation souveraine qui échappe à la censure de la Cour de cassation.

— 31 déc. 1857, rej.; aff. Masse c. Lejeune.

34. C'est à celui qui invoque la déchéance à prouver que l'invention n'a pas été exploitée dans les deux années.

— 22 juin 1843, Trib. de Grenoble; aff. Jouvin c. Ducruy. — 1er juillet 1852, C. de cass.; aff. Raymond c. Bérindorff. (*Bull. des Arrêts crim.*, t. LVII, p. 394.)

35. Est non recevable devant la Cour de cassation le moyen produit pour la première fois devant elle et tiré de ce que le breveté serait déchu de ses droits pour défaut d'application, dans les deux ans, des procédés décrits dans son brevet.

— 12 fév. 1858, rej.; aff. Daniel c. Villard. (*La Propr. industr.*, nos 8 et 27.)

3° *Introduction d'objets fabriqués à l'étranger.*

36. La loi des brevets n'est pas une loi de faveur, mais une loi qui règle les conditions d'un contrat commutatif dans lequel la mise principale est faite par le breveté.

Donc la loi ne doit pas être entendue et appliquée avec la rigueur inflexible des lois exorbitantes.

— 11 juillet 1846, C. roy. de Douai ; aff. Warlech c. Pecquet de Beaurepaire. (D. P. 46, 2 194.)

Surtout lorsqu'il s'agit de déchéance, matière de droit strict.

— Même arrêt.

Lorsqu'un objet n'a été introduit qu'à titre d'échantillon, et généralement toutes les fois qu'il n'est pas établi que l'objet introduit était destiné à être vendu ou à être exploité commercialement, il n'y a pas lieu à appliquer la déchéance.

— Même arrêt.

Idem. — 8 juin 1855, C. imp. de Paris ; aff. Sauterre et Say c. Journaux-Leblond. (S. V. 55, 2, 580.)

37. Lorsqu'un inventeur est breveté pour la fabrication d'un combustible articiel et non pour la construction de la machine destinée à opérer cette fabrication, rien ne l'empêche de faire venir de l'étranger les matériaux et objets, même fabriqués, dont il peut avoir besoin pour la construction de ses machines.

L'introduction desdits matériaux et objets, dont l'importation en France est licite pour tous, et qui, pour la plupart, se fabriquent ou se vendent en France, ne peut emporter la déchéance du brevet.

— 11 juillet 1846, C. roy. de Douai; aff. Warlech c. Pecquet de Beaurepaire. (D. P., 46, 2, 194.)

38. L'introduction opérée par des tiers ne peut engager la responsabilité du breveté.

— 24 avril 1855, Trib. de la Seine; aff. Goodyear c. Aubert et Girard.

39. L'art. 32, § 3, aux termes duquel le breveté ne peut, sous peine de déchéance, introduire en France des produits semblables à ceux faisant l'objet de son brevet, est applicable même aux brevets pris antérieurement à l'application de cette loi, sans qu'il y ait lieu d'ailleurs de distinguer entre les brevets d'invention et ceux d'importation.

— 2 juillet 1856, C. de Paris; aff. Goodyear c. Soleiliac.

40. La déclaration de déchéance d'un brevet ne peut être prononcée avec effet rétroactif.

Si donc la contrefaçon imputée au prévenu est antérieure à la déchéance encourue par le breveté, elle doit être réprimée, et on ne saurait dénier au breveté la faculté d'en poursuivre l'auteur.

— 7 juin 1851, C. de cass.; aff. Jérosme c. Gomel. (S. V. 52, 1, 68.)

ARTICLE 33.

Quiconque, dans ses enseignes, annonces, prospectus, affiches, marques ou estampilles, prendra la qualité de breveté sans posséder un brevet délivré conformément aux lois, ou après l'expiration d'un brevet antérieur, ou qui, étant breveté, mentionnera sa qualité de breveté ou son brevet sans y ajouter ces mots : *sans garantie du gouvernement*, sera puni d'une amende de 50 fr. à 1,000 fr.

En cas de récidive, l'amende pourra être portée au double.

1. Celui qui, au lieu des mots : *sans garantie du gouvernement*, ne met que les initiales *s. g. d. g.*, ne satisfait pas au vœu de la loi.

— Trib. corr. de Nancy, le minist. public c. Traverse-Jausin. (*Gaz. des Trib.* du 9 oct. 1851.)

2. Le droit de poursuivre, en vertu de l'art. 33, n'appartient pas exclusivement au ministère public ;

Il peut être exercé par un particulier dans son intérêt personnel.

— 1er avril 1851, Trib. corr. de la Seine; aff. Dupetitmont c. Neuville.

3. Un inventeur qui n'a pas pris de brevet ne peut s'opposer à ce qu'un autre inventeur, qui s'est fait breveter pour un procédé de fabrication différent du même produit, mentionne sa qualité de breveté.

Il ne peut même exiger que le breveté ajoute une énonciation de nature à faire connaître que c'est le procédé et non le produit qui est breveté.

— 5 mars 1839, C. de Paris; aff. Thiboumery et Dubosc c. Pelletier. (S. V. 39, 2, 289.)

4. Celui qui a acheté le droit de se servir d'un procédé breveté, ne peut s'en dire l'inventeur.

L'usurpation du titre d'inventeur, même après que le procédé est tombé dans le domaine public, constitue un fait de concurrence déloyale, qui donne lieu à des dommages-intérêts au profit de l'inventeur véritable.

— 3 juillet 1858, Trib. civ. de la Seine; aff. Debain c. Alexandre. (*La Propr. industr.*, n° 29.)

5. Un fabricant se rend coupable de concurrence déloyale lorsque, ayant reçu des médailles à l'exposition pour des machines à graver, il fait figurer lesdites médailles sur ses annonces, où il n'est question que de machines à coudre.

En conséquence, celui qui a été médaillé pour les machines à coudre a le droit de l'actionner en dommages-intérêts.

— 11 novembre 1859, C. de Paris; aff. Callebaut c. Barrère. (*La Propr. industr.*, n° 100.)

6. Si l'inventeur s'est servi dans son brevet d'une désignation banale, en y ajoutant son propre nom, comme *lampes carcel*, à l'expiration du brevet, le nom, qui est une propriété imprescriptible, ne pourra être employé par les tiers qu'à la condition de modifier la désignation ainsi qu'il suit : lampes *dites* de Carcel ou *façon* de Carcel ;

Autrement, la désignation employée par le tiers induirait le public en erreur en laissant supposer que les objets ainsi désignés sortent de la fabrique de l'inventeur.

— 27 avril 1843, Trib. de comm. de Paris; aff. Hochsteller c. Deville.—*Idem*, 20 janv. 1844, C. roy. de Paris; aff. Hochsteller c. Chatel.

ARTICLE 34.

L'action en nullité et l'action en déchéance pourront être exercées par toute personne y ayant intérêt.

Ces actions, ainsi que toutes contestations relatives à la propriété des brevets, seront portées devant les Tribunaux civils de première instance.

SOMMAIRE

1° Par qui la demande en nullité ou déchéance peut-elle être intentée? n°s 1 à 5.
2° Des exceptions à la demande en nullité ou déchéance, 6 à 19.
3° De l'expertise, 1, 20 à 24.
4° Des instances en revendication de brevets, 25 à 45.

1° *Par qui la demande en nullité ou déchéance peut-elle être intentée?*

1. Celui qui exerce une *industrie similaire*, alors même qu'il n'est pas personnellement breveté, justifie suffisamment de l'*intérêt* né et actuel exigé par l'art. 34 de la loi, pour former une *demande en nullité* de brevet.

— 13 déc. 1860, Trib. civ. de la Seine; aff. Firnstahl c. Bourcart et Bossi. (*La Propr. industr.*, n° 165.)

2. Le cessionnaire pour partie de brevets litigieux a intérêt et qualité pour intervenir et défendre la propriété qui lui a été transférée.

— 15 avril 1856, C. de Paris; aff. Laming c. Cavaillon. (*Pataille et Huguet*, 1856, p. 184.) — 12 avril 1859, Trib. corr. de la Seine; aff. Voisin et Favre c. Drouin. (*La Propr. industr.*, n° 77.)

3. Un arrêt annulant un brevet en ce qui touche tel objet considéré comme non nouveau, ne fait aucun grief au breveté qui a résisté à la demande en annulation, en prétendant que cet objet n'était pas compris dans son brevet. Le breveté est donc sans intérêt, et, par suite, non recevable à demander la cassation de cet arrêt.

— 4 mars 1856, C. de cass.; aff. Mallet c. Cavaillon.

4. Le droit de demander la déchéance et la nullité d'un brevet appartenant à tous et même au ministère public, ne saurait être entravé, restreint et limité par une transaction obtenue par le breveté; en conséquence, l'associé de celui avec lequel le breveté a transigé, est recevable, nonobstant la transaction, à réclamer la nullité d'un brevet qui nuirait à la liberté de l'industrie.

— 13 février 1856, Trib. de la Seine; aff. Cavaillon c. Laming.

5. Toutefois, est passible de dommages-intérêts :

Celui qui forme contre un breveté une demande en nullité mal fondée, alors que la longue possession de l'inventeur, le grand nombre de décisions judiciaires par lesquelles le brevet a été consacré, la publicité étendue qu'ont reçue ces décisions, sont des faits tellement notoires, qu'il est impossible de supposer qu'ils aient été ignorés des demandeurs en nullité.

— 31 décembre 1857, Trib. civ. de la Seine; aff. Blondel et Cᵉ c. Alabarbe. (*La Propr. industr.*, n° 8.)

2° *Des exceptions à la demande en nullité ou en déchéance.*

6. Les parties condamnées correctionnellement, en vertu d'un brevet, peuvent néanmoins s'adresser à la juridiction civile pour faire prononcer la nullité de ce même brevet.

On ne peut lui opposer ni la *chose jugée*, ni l'identité des griefs invoqués.

— 10 juillet 1860, Trib. civ. de la Seine ; aff. Daubié-Cantier c. Guyot. (*La Propr. industr.*, n° 154.)

V. art. 46. v° *Chose jugée.*

7. Lorsque le prévenu s'est défendu au correctionnel, sans invoquer la déchéance du brevet, il peut, ultérieurement et en tout état de cause, saisir le tribunal civil de cette action en déchéance ou en nullité.

— 20 déc. 1848, C. d'appel de Paris ; aff. Ducret c. Robert-Augier.

8. Celui qui est poursuivi pour contrefaçon peut, avant le jugement correctionnel, saisir le juge de la nullité du brevet sur lequel s'appuie la poursuite, pourvu toutefois que la cause soit entière devant le tribunal de répression :

Mais si le tribunal correctionnel est déjà lié par sa propre décision sur la validité des brevets, l'instance suivie au civil est sans intérêt au point de vue de l'instance correctionnelle ;

En conséquence, elle doit être repoussée si le demandeur en nullité ne justifie d'aucun autre intérêt, et spécialement si les brevets sont alors tombés dans le domaine public.

— 11 mai 1861, C. de Paris ; aff. Ozouf c. veuve Grassal et Richard. (*La Propr. industr.*, n° 202.)

9. Il y a chose jugée sur l'exception de déchéance résultant du défaut de payement d'une annuité, lorsque le prévenu, condamné comme contrefacteur malgré ce moyen de défense, n'a point interjeté appel du jugement.

Si donc la justice est de nouveau saisie de la poursuite par l'appel du plaignant, au point de vue des dommages-intérêts, elle ne peut admettre cette exception.

— 7 juin 1851, C. de cass.; aff. Jérosme c. Gomel. (S. V. 52, 1, 68.)

10. L'action en contrefaçon intentée en police correctionnelle est distincte de la demande en nullité de brevet portée au tribunal civil.

L'objet des deux demandes n'est pas le même.

En conséquence, le plaignant assigné au civil en nullité de brevet ne peut opposer la *litispendance* résultant d'une instance correctionnelle en contrefaçon.

— 2 août 1861, Trib. civ. de la Seine ; aff. Bertrand c. Masse et Innocent. (*La Propr. industr.*, n° 196.)

11. Suivant les art. 34 et 46 combinés de la loi du 5 juillet 1844, les tribunaux civils sont la juridiction

principale pour les actions en nullité et déchéance de
brevets d'invention, et les tribunaux correctionnels n'ont
compétence pour statuer sur les exceptions de nullité
qu'autant qu'elles n'ont pas déjà été jugées au civil. En
conséquence, l'arrêt civil qui a repoussé une action en
nullité et déchéance de brevets, a autorité de chose jugée
au correctionnel entre les mêmes parties, encore bien
que le prévenu baserait son exception de nullité ou de
déchéance sur des moyens nouveaux.

Il en est de même de la décision rendue au civil sur
ce qui constitue l'objet du brevet ; cette décision fait
chose jugée et ne permet plus au prévenu de prétendre
au correctionnel que ce qui a été jugé au civil être l'objet
du brevet, ne l'était pas réellement.

— 8 août 1857, Cass.; aff. Sax c. Gautrot.

12. Le jugement rendu par un *tribunal étranger* sur
la question de nouveauté d'un brevet pris à l'étranger, ne
peut être invoqué comme constituant l'autorité de la
chose jugée, alors que la question s'agite devant un tribunal français entre les mêmes parties, et relativement
à un brevet pris en France, pour la même invention.

— 13 déc. 1860, Trib. civ. de la Seine ; aff. Firnstahl c.
Bourcart et Bossi. (*La Propr. industr.,* n° 165.)

13. Lorsque l'action en contrefaçon est portée devant
un tribunal civil, si 'd'autres juges civils sont saisis de
l'action principale en déchéance et en nullité, ils peuvent
renvoyer cette demande devant le tribunal chargé de
statuer sur la contrefaçon.

En effet, ce tribunal, puisqu'il juge au civil, a plénitude de juridiction, et peut statuer sur le fond même de
l'action en déchéance.

— 3 déc. 1849, C. de cass.; aff. Lefèvre-Muller c. Chabert.

14. La déchéance d'un brevet d'invention peut être
utilement invoquée pour la première fois en appel.

— 6 fév. 1862, C. imp. de Metz; aff. Sykes et Colcini c.
Vimont. (*La Propr. industr.,* n° 227.)

15. Lorsqu'une demande en nullité d'un brevet a été
introduite et jugée en première instance, le demandeur
ne peut, pour la première fois en appel, opposer la déchéance du brevet attaqué.

— 23 déc. 1858, C. de Rouen; aff. Gélis c. Duval. (*La Propr.
industr.,* n° 61.)

16. Celui qui a demandé la nullité d'un brevet peut, dans le cours de l'instance et sans que cela constitue une action nouvelle, restreindre sa demande à la nullité de certaines parties du brevet.

En conséquence, cette restriction de la demande peut être soutenue contre les héritiers du défendeur originaire, sans qu'il soit nécessaire de reprendre l'instance, si elle est d'ailleurs en état.

— 20 juin 1858, Trib. civ. de la Seine ; héritiers Vaucher de Strubing c. le ch. de fer de l'Est. (*La Propr. industr.*, no 30.)

17. Lorsqu'un tribunal, sur une plainte en contrefaçon, *déclare le brevet nul*, cette nullité ne peut s'entendre que des éléments ayant fait l'objet du litige.

Le jugement ne doit pas être considéré comme ayant prononcé la nullité absolue du brevet.

— 19 juin 1862, C. imp. de Paris ; aff. Lamblin c. Fritz. (*La Propr. industr.*, no 238.)

18. On ne peut demander la nullité d'un brevet, en tant seulement que le breveté entendrait faire tel ou tel usage de son droit de poursuite.

La décision qui interviendrait sur cette demande, statuerait sur des contestations à naître.

— 20 juin 1858, Trib. civ. de la Seine ; héritiers Vaucher de Strubing c. le ch. de fer de l'Est. (*La Propr. industr.*, no 30.)

19. La demande en déchéance d'un brevet, fondée sur le *défaut de payement de la taxe* est sans objet, et dès lors il n'y a pas lieu de la prononcer, lorsque le breveté a abandonné son brevet et qu'il a déclaré dans ses conclusions ne vouloir pas en faire usage.

Il suffit de donner acte au demandeur des déclarations du breveté.

— 7 déc. 1860, C. de Paris ; aff. Heudebert c. Joanne-Ronceray. (*La Propr. industr.*, no 159.)

3° De l'expertise.

20. Les experts appelés à émettre leur avis sur la question de savoir « si le mécanisme ou la disposition employée pour amener la combinaison de divers systèmes » est brevetable, » doivent s'expliquer sur l'importance et le caractère de la combinaison, qui seule fait l'objet du brevet.

— 26 janv. 1859, Trib. civ. de Bruxelles ; aff. Mathys-Declercq c. Van Orshoven. (*La Propr. industr.*, no 68.)

21. S'il est vrai que lorsqu'une des parties a requis formellement la nomination de *trois experts*, le tribunal saisi ne peut se contenter d'en commettre un seul, cette irrégularité est néanmoins couverte par la comparution volontaire devant l'expert et la présence à toutes les opérations de l'expertise.

— 3 déc. 1860, C. de Paris; aff. Rey c. Dupouy-Lougat. (*La Propr. industr.*, n° 159.)

22. Ne peut être expert, dans une affaire de contrefaçon, l'homme de l'art qui a précédemment statué, comme arbitre-juge, dans une contestation entre le breveté et une autre partie, mais relative au même brevet d'invention.

Dans ce cas, l'homme de l'art doit être considéré comme ayant donné un certificat sur l'affaire.

— 4 janv. 1860, Trib. civ. de la Seine; aff. Courtois c. Drouelle. (*La Propr. industr.*, n° 121.)

23. Lorsqu'il a été décidé qu'un jugement ordonnant une expertise ne serait pas commun avec un appelé en garantie, par le motif que celui-ci ne figurait pas alors à l'instance, cette décision n'entraîne pas, quant à cet appelé en garantie, la nullité de l'expertise.

En conséquence, le tribunal peut toujours baser une condamnation contre ce dernier, en se fondant sur les éléments d'appréciation puisés dans l'expertise considérée comme simple document.

— 31 août 1860, Trib. civ. de la Seine; aff. Renard c. Mounet et Dury. (*La Propr. industr.*, n° 143.)

24. Une *expertise* n'est pas nulle parce qu'elle a été ordonnée avant la présence au procès d'un appelé en garantie.

Dans tous les cas, le tribunal peut baser une condamnation contre l'appelé en garantie, en se fondant sur les éléments d'appréciation puisés dans l'expertise considéré comme *simple document*.

Le tribunal ne peut condamner directement l'appelé en garantie aux *frais* de l'expertise qui a été ordonnée et faite en dehors de lui, mais il peut le condamner à garantir la partie condamnée pour le payement des frais mis à la charge de l'appelant en garantie, et dans lesquels se trouve compris le coût de l'expertise.

— 1er février 1861, C. de Paris; aff. Renard c. Beauvisage, Monnet et Dury. (*La Propr. industr.*, n° 164.)

V. art. 46, v⁰ *Expertise.*

4° *Des instances en revendication de brevets.*

25. Le brevet obtenu par la fraude doit toujours être annulé au profit de l'inventeur véritable.

— 11 déc. 1857, C. de Paris ; aff. Goin c. Gariel. (*La Propr. industr.*, n⁰ 5.)

26. L'action en revendication et l'action en nullité ou déchéance sont indépendantes l'une de l'autre.

L'action en revendication une fois admise, l'action en nullité peut être soulevée par l'usurpateur lui-même, mais dans une instance distincte.

— 23 janv. 1841, C. de Bourges ; aff. Treuille de Beaulieu c. Gomelle. (D. P. 42, 2, 25.)

27. Le contrefacteur ne saurait être admis à soutenir que le réclamant n'est pas lui-même le véritable auteur de l'invention.

— 28 janv. 1847, C. imp. de Rouen ; aff. Roduwich c. Lefrançois. (S. V. 48, 2, 582.)

28. Lorsqu'un brevet a été pris frauduleusement par un autre que le véritable inventeur, celui-ci peut, s'il le juge convenable, faire porter à son nom le brevet ainsi indûment pris, et les tribunaux peuvent, en tout cas, faire défense au titulaire du brevet de s'en servir à l'avenir.

— 23 mai 1855, Trib. civ. de la Seine ; aff. Jacquelin c. Sautelet.

29. Lorsqu'un brevet a été pris par un autre que l'inventeur et dans le but de le spolier, l'inventeur a le droit de demander la substitution de son nom à la place de celui du breveté ; il devient ainsi le titulaire du brevet.

— 11 juillet 1856, Trib. de la Seine; aff. Alcan c. Maillard. — 2 déc. 1858, C. d'Amiens ; aff. Dumont c. Dhéruel. (*La Propr. industr.*, n⁰ 66.) — 5 fév. 1861, Trib. civ. de la Seine; aff. Rosel c. Nachtigall. (*La Propr. industr.*, n⁰ 170.)

30. En matière de contestation sur la paternité d'une invention, le premier breveté ne peut se retrancher derrière la date de son brevet et l'opposer comme fin de non-recevoir au second breveté qui se dit dépouillé par le premier ; cette fin de non-recevoir est inadmissible en cas de fraude ; en effet, les brevets ont été institués pour garantir la propriété industrielle des inventeurs, et non pour fournir à des tiers de mauvaise foi un moyen légal de les spolier impunément.

—.2 déc. 1858, C. d'Amiens ; aff. Dumont c. Dhéruel. (*La Propr. industr.*, n° 66.)

31. La date d'un brevet est insignifiante pour établir le droit de propriété du breveté, et la présomption qui en résulte doit céder à la preuve contraire.

— 11 juillet 1856, Trib. civ. de la Seine ; aff. Alcan c. Maillard. — 27 déc. 1857, *id.*; aff. Pothier-Lebrun c. Le Damoiseau-Pullin. — 24 déc. 1858, *id.*; aff. Roux c. Briets.

32. Lorsque la paternité d'une invention est l'objet d'une contestation entre deux brevetés, la priorité de brevet établit en faveur du premier breveté une présomption de propriété de l'invention ; pour détruire cette présomption, c'est au second breveté qu'il incombe d'établir que le premier breveté l'aurait frauduleusement spolié de sa découverte.

— 6 avril 1859, Trib. civ. de Lyon ; aff. Champagnac c. Galvin. (*La Propr. industr.*, n° 75.)

33. L'action en revendication de brevet est une de celles dans lesquelles tous les genres de preuves sont admis.

— 28 janv. 1847, C. de Rouen ; aff. Roduwich c. Lefrançois. (S. V. 48, 2, 582.)

34. Lorsque la paternité d'une invention est contestée, celui-là doit être considéré comme l'inventeur qui prouve que les perfectionnements dont s'agit ont été le but constant de ses préoccupations, tandis que son adversaire ne fait aucune preuve des études préparatoires auxquelles il aurait dû nécessairement se livrer pour résoudre des problèmes de mécanique dans une industrie à laquelle il était complétement étranger.

— 5 mars 1858, C. de Paris ; aff. Brocard c. Pain. (*La Propr. industr.*, n° 16.)

35. Le plagiat industriel se révèle, entre autres circonstances, par l'omission dans la description jointe au brevet du plagiaire de certains détails importants.

— 2 décembre 1858, C. d'Amiens ; aff. Dumont c. Dhéruel. (*La Propr. industr.*, n° 66.)

36 ......ou par un dépôt fait au secrétariat des prud'hommes par le véritable inventeur, qui croyait alors ce moyen suffisant pour lui garantir la propriété exclusive de sa découverte.

— 29 janv. 1859, C. de Paris ; aff. Amuller c. Liénard-Ledentu (*La Propr. industr.*, n° 67.)

37. Si celui qui se prétend le véritable auteur de l'invention justifie sa prétention, les tribunaux doivent ordonner que son nom sera substitué sur le brevet à celui du titulaire.

— 27 déc. 1851, Trib. civ. de la Seine ; aff. Pothier-Lebrun c. Le Damoiseau.

38. Si celui qui se prétend l'inventeur s'est fait breveter, il peut, au lieu de la subrogation, demander la nullité du brevet pris frauduleusement avant le sien.

— 7 juin 1845, C. roy. de Paris ; aff. Thollin c. Duport.

39. Lorsqu'un tiers conteste à un breveté la paternité d'une invention, les tribunaux peuvent en accorder à chacun la propriété par moitié, s'ils sont conduits, par les documents du procès, à reconnaître que l'appareil breveté est le produit indivisible de deux inventions successives, l'une où le mécanisme manquait à l'idée, l'autre où l'idée était réalisée et vivifiée par le mécanisme ; chaque inventeur a droit, dans ce cas, à une part égale dans la propriété du brevet ;

A la condition, par chacun, de concourir par moitié aux charges résultant de la construction de l'appareil et de la prise du brevet.

— 6 fév. 1858, C. de Paris ; Marqfoy c. Garnier. (*La Propr. industr.*, n° 51.)

40. Faute par les parties de s'entendre, les tribunaux peuvent, sur la demande qui leur en est faite, ordonner la licitation desdits brevets par devant notaire et la vente du matériel, avec la garantie du droit commun en matière de vente de droits mobiliers incorporels, et à la condition que tous les appareils fabriqués porteront le nom des deux inventeurs, comme brevetés, sous peine d'une indemnité fixée d'avance.

— Même décision.

41. Lorsque, sur une contestation relative à la propriété d'un brevet, les tribunaux reconnaissent que le breveté n'était pas le véritable inventeur, ils doivent, après cette constatation :

Ordonner que le vendeur sera entièrement subrogé au breveté dans son brevet ;

Autoriser le véritable inventeur à faire substituer, par l'autorité compétente, ses nom, prénoms, profession et demeure à ceux du breveté, tant sur l'original dudit brevet d'invention et de toutes les pièces qui y sont jointes, que sur toutes expéditions ou extraits déjà délivrés ou qui pourront l'être ultérieurement dudit brevet et des pièces jointes ;

L'autoriser également à faire mentionner par qui de droit, sur lesdit originaux, copie ou extrait du jugement ;

Dire que dans un délai fixé et sous une sanction pénale le breveté devra, sans signification ni mise en demeure, remettre à l'inventeur l'expédition qui lui a été délivrée du brevet, le duplicata certifié de la description et des dessins déposés pour l'obtention dudit brevet, et les quittances des annuités jusques et y compris l'année courante.

— 2 déc. 1858, Amiens ; aff. Dumont c. Dhéruel. (*La Propr. industr.*, n° 66.)

42. Ils peuvent accorder à l'inventeur des dommages-intérêts et ordonner l'affiche et l'insertion du jugement, pour réparation du préjudice causé.

— Même arrêt.

43. Ils peuvent ordonner aussi qu'à titre de dommages-intérêts le breveté supportera, sans recours contre le véritable inventeur, tous les frais d'obtention dudit brevet, ainsi que les annuités qu'il a payées jusqu'au jour du jugement, et même celles qui ont pu échoir au cours du procès.

— Même arrêt.

44. Lorsque, sur une instance en revendication de brevets, les tribunaux reconnaissent que l'inventeur avait été dépouillé, mais constatent en même temps que celui qui s'est fait frauduleusement breveter a apporté quelque amélioration dans l'invention première, ces améliorations doivent être prises en considération dans les dommages-intérêts, et le profit qu'en retirera le véritable inventeur en devenant titulaire du brevet peut être considéré, suivant les circonstances, comme une indemnité suffisante du préjudice causé.

— 29 janv. 1859, C. de Paris ; aff. Amuller c. Liénard-Ledentu. (*La Propr. industr.*, n° 67.)

45. Dans une instance en revendication de brevet, un tiers breveté antérieurement et qui prétend que son brevet antérieur contenait l'invention dont la paternité est disputée, est recevable à intervenir et à demander que le brevet qui fait l'objet du procès soit inscrit en son nom.

— Même arrêt.

ARTICLE 35.

Si la demande est dirigée en même temps contre le titulaire et contre un ou plusieurs cessionnaires partiels, elle sera portée devant le tribunal du domicile du titulaire du brevet.

1. Lorsque deux brevets ont été pris pour le même objet par deux individus distincts ayant des domiciles différents, la demande en nullité de ces brevets ne peut être formée par une seule action portée devant le tribunal du domicile de l'un des brevetés. L'article 171 du Code de procédure civile, qui permet, pour cause de connexité, de porter deux actions devant un même tribunal, n'est point applicable à l'espèce. En conséquence, chacun des titulaires des brevets attaqués doit être assigné devant le tribunal de son domicile, aux termes de la loi de 1844.

— 6 janv. 1858, Trib. civ. de la Seine ; aff. Rivière c. Grosrenaud. (*La Propr. industr.*, n° 4.)

2. Lorsque, sur une action civile en contrefaçon, le défendeur excipe qu'il n'a mis en vente que les produits d'un autre breveté, le demandeur ne peut pas appeler en cause l'inventeur et conclure contre lui à la nullité de son brevet. Une pareille demande ne peut être intentée que par action principale devant le tribunal du domicile du défendeur.

— 16 janv. 1856, C. de cass.; Tailfer c. Vivien et autres.
V. art. 34.

ARTICLE 36.

L'affaire sera instruite et jugée dans la forme prescrite, pour les matières sommaires, par les art. 405 et suivants du Code de procédure civile. Elle sera communiquée au procureur du roi.

Qu'il intervienne ou non, le ministère public doit être entendu, à peine de nullité du jugement, dans toute ins-

tance civile ayant pour objet une action en déchéance ou
en nullité.

— 21 juillet 1845, C. roy. de Paris ; aff. Pinxold et Rolf c.
Caron. (*Pal.* 1845, 2, 694.)

V. art. 34.

ARTICLE 37.

Dans toute instance tendant à faire prononcer la
nullité ou la déchéance d'un brevet, le ministère public pourra se rendre partie intervenante et prendre
des réquisitions pour faire prononcer la nullité ou la
déchéance absolue du brevet.

Il pourra même se pourvoir directement par action
principale pour faire prononcer la nullité, dans les cas
prévus aux nos 2e, 4e et 5e de l'art. 30.

1. Le droit d'intervention du ministère public est absolu à ce point qu'il peut l'exercer même quand l'action
principale n'a pour but que de faire prononcer la mainlevée d'une saisie pratiquée en vertu du brevet.

Il suffit, dans ce cas, que [le demandeur excipe de la
nullité ou de la déchéance du brevet.

— 7 fév. 1850, C. d'app. de Paris; aff. Bretmacher c. Clerk-
Dreifus. (*Le Droit*, 1850, 15 fév.)

2. L'intervention du ministère public dans les actions
en nullité ou en déchéance ne peut être exercée devant
les tribunaux correctionnels, où les moyens de nullité et
de déchéance ne sont opposés qu'exceptionnellement à la
poursuite.

— 8 déc. 1850, C. d'app. d'Amiens ; aff. Jérosme c. Gomel.
(S. V. 51, 2, 107.)

3. Le ministère public peut, même en appel, intervenir
pour demander la nullité absolue d'un brevet.

— 21 janv. 1860, C. de Paris ; aff. Rhodé c. Royer et Roux.
(*La Propr. industr.*, no 110.) — *Contrà* : 7 fév. 1860, C. de Paris; aff. Bretmacher c. Clerk-Dreyfus. (*Le Droit*, 1850, 15 fév.)

V. art. 34.

ARTICLE 38.

Dans les cas prévus par l'art. 37, tous les ayants droit au brevet, dont les titres auront été enregistrés au ministère de l'agriculture et du commerce, conformément à l'art. 21, devront être mis en cause.

L'appel en cause de tous les ayants droit au brevet n'est prescrit par l'art. 38 que pour les cas prévus par l'art. 37 de ladite loi, c'est-à-dire ceux de l'intervention ou de l'action principale du ministère public, dans le but de faire prononcer la nullité absolue du brevet.

En conséquence, n'est pas tenue d'appeler en cause tous les intéressés au brevet, la partie qui n'attaque ledit brevet que dans son intérêt privé.

— 15 nov. 1859, C. de Paris ; aff. Bros c. Claës et Cᵉ. (*La Propr. industr.*, nº 104.)

ARTICLE ˙39.

Lorsque la nullité ou la déchéance absolue d'un brevet aura été prononcée par jugement ou arrêt ayant acquis force de chose jugée, il en sera donné avis au Ministre de l'agriculture et du commerce, et la nullité ou la déchéance sera publiée dans la forme déterminée par l'art. 14 pour la proclamation des brevets.

ARTICLE 40.

Toute atteinte portée aux droits du breveté, soit par la fabrication de produits, soit par l'emploi de moyens faisant l'objet de son brevet, constitue le délit de contrefaçon.

Ce délit sera puni d'une amende de 100 à 2,000 fr.

SOMMAIRE

1° Des différences entre l'invention brevetée et l'objet argué de contrefaçon.

1. Il y a contrefaçon d'un produit nouveau, alors même que le produit similaire a été obtenu à l'aide de procédés différents de ceux indiqués au brevet.

— 2 août 1856, C de Paris; aff. Demar c. Montagnac.

2. Des produits peuvent être réputés contrefaits, alors même que, tout en étant conformes à des produits du domaine public, ils ne diffèrent de ceux-ci que par le mode de fabrication.

— 9 mai 1859, rej.; Villard c. Dess. (La Propr. industr., n° 85.)

3. Lorsqu'avec un appareil nouveau destiné à produire un tissu nouveau, mais pouvant produire aussi un tissu connu, un fabricant a obtenu seulement ce dernier tissu, il doit être condamné comme contrefacteur, pour l'obtention d'un produit ancien à l'aide d'un procédé nouveau.

— 22 fév. 1860, C. de Lyon; aff. Gèvre c. Auclair. (La Propr. industr., n° 123.)

4. Le juge ne peut décider qu'il n'y a pas contrefaçon, en s'appuyant sur ce motif que la reproduction n'est pas absolument identique.

— 22 déc. 1855, C. de cass.; aff. Marchall c. le chemin de fer d'Orléans. (Pataille et Huguet, 1856, p. 10.)

5. Lorsqu'un brevet a été obtenu pour un produit nou-

veau, il y a contrefaçon, de la part de celui qui fabrique un semblable produit, même en employant une autre matière que celle adoptée par le breveté.

Dans ce cas, la matière importe peu, car c'est le produit seul qui est breveté.

Il y a donc nécessité, alors, d'examiner si le caractère essentiel du produit a été usurpé.

— 10 avril 1829, Trib. de la Seine; aff. Fournier c. Piet.

6. En matière de procédés chimiques, il n'est pas nécessaire, pour qu'il y ait contrefaçon, qu'on ait employé identiquement les substances indiquées par le breveté ;

Il suffit que les substances employées soient analogues à celles désignées au brevet.

— 30 nov. 1859, C. de Paris; aff. Dutertre frères c. divers. (*La Propr. industr.*, n° 107.)

7. La substitution d'un agent chimique à un autre, comme moyen d'extraction d'un produit nouveau, n'empêche pas qu'il y ait contrefaçon,

Lors même que les agents employés ne seraient pas des analogues aux agents chimiques précédemment brevetés.

Cette substitution ne pourrait valoir, dans ce cas, que comme perfectionnement de l'invention brevetée.

— 9 août 1862, Trib. civ. de la Seine; aff. Renard c. Gerber-Keller et autres. (*La Propr. industr.*, n° 242.)

8. Quand un brevet a été valablement pris pour le rouge extrait de l'aniline, et qui n'est autre que le résultat de la faculté qu'a l'aniline de se colorer en rouge au contact de certains réactifs, nul autre que le breveté ne peut fabriquer du rouge d'aniline par aucun procédé, alors même que la constitution chimique du produit serait différente.

— 13 nov. 1861, C. imp. de Lyon; aff. Renard c. Depouilly. (*La Propr. industr.*, n° 208.)

9. Lorsqu'un breveté s'est réservé dans son brevet l'emploi de certaines substances pour obtenir un produit connu, il ne peut poursuivre comme contrefacteurs ceux qui ont découvert que l'emploi d'un corps entrant comme élément dans quelques-unes des substances désignées au brevet, était plus avantageux, et qui fabriquent à l'aide de ce corps particulier.

Ce sont, en effet, ces substances mêmes qu'il a spécialement brevetées, et non pas les éléments divers qu'elles peuvent fournir à l'aide de combinaisons chimiques.

Si on pouvait s'assurer des droits privatifs par des

énonciations aussi vagues et aussi générales, les brevetés
ne manqueraient jamais de s'octroyer ainsi le monopole
de choses et d'agents auxquels ils n'auraient pas même
songé, et d'arrêter, pour leur plus grand bien, les progrès de l'industrie, en la frappant d'interdit.

— 8 mars 1860, C. de Paris; aff. Brossette c. Depron de la
Maisonfort. (*La Propr. industr.*, n° 144.)

10. Pour qu'il y ait contrefaçon, la loi n'exige pas que
l'objet argué de contrefaçon soit en tout identique à
l'objet breveté, mais seulement que par l'emploi du même
système, du même procédé, on soit parvenu à se procurer
le même effet utile.

— 31 déc. 1856, C. de Lyon; aff. Gâche c. Gérin.

11. Pour qu'il y ait contrefaçon, il n'est pas nécessaire
que l'appareil argué de contrefaçon soit complétement
identique à l'appareil breveté; il suffit qu'il soit constaté
que la différence est sans importance, et que, nonobstant
cette différence, le contrefacteur a réellement reproduit
le système qui fait l'objet du brevet.

— 23 mai 1857, rej.; aff. Gâche c. Gérin et Masson.

12. Est contrefacteur celui qui a fabriqué l'objet breveté, même en apportant à cet objet des modifications, si
ces modifications, sans importance, ne changent pas le
mécanisme lui-même, et conservent les divers éléments
qui le constituent.

— 4 décemb. 1856, Trib. de Versailles; aff. Fauconnier c.
Jannot.

13. Lorsque deux appareils agissent l'un et l'autre en
vertu de la même loi, et qu'ils réalisent ainsi tous deux
l'idée fondamentale pour laquelle il a été pris un brevet,
cette circonstance suffit pour constituer une contrefaçon,
quelles que soient d'ailleurs les différences de forme existant entre les deux appareils.

— 25 mai 1859, C. de Lyon; aff. Daubet et Dumarest c.
Montagnat. (*La Propr. industr.*, n° 89.)

14. Les différences qui peuvent exister entre les appareils et les produits de l'invention brevetée, et ceux du
fabricant poursuivi comme contrefacteur, ne peuvent
faire obstacle à l'application des peines de la contrefaçon,
lorsque l'invention revendiquée consiste dans un procédé
indépendant de la forme de l'appareil.

— 20 mars 1857, rej.; Lanay-Leplay c. Villard.

15. Il y a contrefaçon du peigne à épeutir de David-Labez, alors même que le système de denture a été remplacé par une rangée d'aiguilles juxtaposées, si d'ailleurs tous les autres détails sont semblables.

— 23 avril 1858, Trib. civ. de Clermont; aff. Brille-Wallet c. Léger. (*La Propr. industr.*, n° 39.)

16. On peut se rendre coupable de contrefaçon, en employant des moyens différents de ceux du brevet, si d'ailleurs on a reproduit le principe de l'invention.

— 23 juillet 1846, Trib. corr. de la Seine; aff. Porret-Blanchard c. Nicole Fimbert et autres. — 30 mars 1846, C. r. de Douai; aff. Jourdan c. Descat Crouzet. (S. V. 47, 2, 211.)

17. Les procédés et applications brevetés doivent être considérés comme ayant été employés, si les conditions essentielles de l'invention ont été reproduites, même avec certaines différences essentielles.

— 20 mars 1862, C. imp. de Paris; aff. Brunfaut frères c. Chagot et Cᵉ. (*La Propr. industr.*, n° 226.)

18. Lorsqu'un produit breveté se compose de la combinaison de divers éléments qui sont tous tombés dans le domaine public, un produit similaire peut être déclaré contrefait, quoique contenant certaines dissemblances, si la combinaison a été imitée dans ce qu'elle a d'essentiel et de principal au point de vue du but recherché par l'inventeur.

— 13 mars 1862, C. imp. de Paris; aff. Redier c. Reclus. (*La Propr. industr.*, n° 225.)

19. Lorsqu'un brevet a été pris pour des procédés et appareils destinés à l'obtention d'un produit connu, mais dans des conditions meilleures, les différences qui peuvent exister entre les produits et les résultats obtenus par l'invention brevetée et ceux du fabricant poursuivi comme contrefacteur, ne sauraient mettre obstacle à la déclaration de contrefaçon, s'il y a eu emploi des mêmes procédés ou d'appareils reposant sur le même principe et pouvant donner des résultats identiques.

— 19 juin 1858, C. de Paris; aff. Villard c. Dess. (*La Propr. industr.*, n° 55.)

20. Il n'est pas nécessaire, pour que la contrefaçon existe, que l'on ait copié l'ensemble de la chose brevetée; il suffit que l'on ait reproduit un ou quelques-uns des détails de cette même chose.

— 30 déc. 1857, Trib. civ. du Havre; aff. Godet c. Lecoq.

21. Bien que le contrefacteur ne fasse pas usage des moyens employés par le breveté pour éviter certains inconvénients (l'explosion dans l'espèce), et qu'il reste ainsi exposé à certains accidents, il n'en a pas moins porté atteinte aux droits du breveté, en s'appropriant, au préjudice de celui-ci, le moyen faisant l'objet principal du brevet.

— 30 janv. 1860, C. de Douai; aff. Lesage c. Bailly. (*La Propr. industr.*, n° 127.)

22. Lorsqu'un brevet est valable pour une combinaison nouvelle d'éléments connus, on ne saurait considérer comme contrefacteur celui qui n'a fait que se servir de ces éléments soit isolément, soit en les combinant d'une autre manière que le breveté.

— 22 août 1861, Trib. corr. de la Seine; aff. Rouget de Lisle c. Nicole et autres. (*La Propr. industr.*, n° 207.)

23. La fabrication des organes séparés d'une machine brevetée constitue la contrefaçon partielle, si ces organes, pris isolément, sont une invention, ou si, étant du domaine public, il est constaté que ces organes devaient servir à la construction de la machine dont l'ensemble seul est breveté.

— 24 avril 1855, C. imp. d'Orléans; aff. Motte c. Laurence et Cotel. (S. V. 55, 2, 601.) — 10 août 1855, C. de cass.; même affaire. (*Pataille et Huguet*, 1855, p. 69.)

24. Il y a contrefaçon d'une invention brevetée dans le fait par un industriel de fabriquer, même séparément, tous les organes d'une machine brevetée, bien que ces organes soient séparément dans le domaine public, et que la disposition et l'agencement de l'ensemble constituent seuls l'invention, si, d'une part, la réunion ou assemblage de ces organes suffit pour constituer la machine, et si, d'autre part, la fabrication séparée a eu lieu en vue de cette réunion ou de cet assemblage couvert par le brevet d'invention.

En conséquence, l'arrêt qui, tout en constatant la fabrication par le prévenu des organes séparés de la machine brevetée, et la possibilité de la reproduction de cette machine par leur réunion ou assemblage, déclare néanmoins que la contrefaçon n'existe pas en se fondant uniquement sur ce que le fait de la réunion n'est pas imputable au prévenu, viole à la fois les art. 1, 2 et 40 de la loi de 1844 sur les brevets d'invention, et l'art. 7 de la loi du 20 avril 1810, qui oblige les tribunaux à motiver leurs jugements.

— 26 juillet 1861, C. de cass., Ch. crim.; aff. Lutz c. Dabé. (*Le Droit* du 28 juillet 1861.)

25. Peu importe qu'une machine arguée de contrefaçon ne soit pas achevée; celui qui la fabrique doit être condamné comme contrefacteur si, dans l'état où elle se trouve, elle réunit les caractères de la contrefaçon.

— 4 mai 1859, Trib. corr. de la Seine; aff. Perrin c. Delaporte. (*La Propr. industr.*, n° 81.)

26. De ce que le prévenu de contrefaçon n'aurait pas emprunté au brevet l'invention tout entière, et que dans la partie empruntée par lui il prétendrait avoir apporté des modifications constitutives de perfectionnement, la contrefaçon partielle n'en entraînerait pas moins l'application de la loi pénale.

— 20 mars 1857, Cass.; aff. Lanay-Leplay c. Villard.

27. Si l'on ne peut, sous peine de contrefaçon, s'approprier les moyens et inventions destinés à obtenir un résultat industriel connu, il ne saurait être interdit de chercher à atteindre ce même résultat par un ensemble de procédés autres, ou par la réunion nouvelle d'organes mécaniques différents; en effet, d'une part, le résultat étant connu ne saurait plus être protégé; d'autre part, les procédés nouveaux ou les organes connus, mais différemment combinés, ne faisant pas l'objet du brevet, peuvent être légalement employés et mis en œuvre par tous.

— 10 fév. 1858, C. de Paris ; aff. Claudin c. Moutier-Lepage. (*La Propr. industr.*, n° 10.)

28. Quand un inventeur s'est fait breveter pour une combinaison nouvelle produisant un résultat industriel déjà connu, il ne peut être interdit à un autre inventeur d'atteindre le même résultat par un ensemble de procédés autres ou par la réunion nouvelle d'organes différents.

L'arrêt qui juge en fait qu'il en est ainsi peut dès lors déclarer qu'il n'y a pas de contrefaçon.

— 12 juin 1858, rej.; aff. Claudin c. Moutier-Lepage. (*La Propr. industr.*, n° 29.)

29. Ne constitue pas le délit de contrefaçon le fait d'obtenir un résultat industriel breveté par un tiers, a

l'aide de moyens autres que ceux inventés par le breveté.

— 6 mars 1860, C. de Paris ; aff. Dupuis et Dumery c. Lemercier. (*La Propr. industr*, n° 121.)

30. Le brevet pris pour l'idée de fabriquer, à l'aide d'un tissu nouveau, des chenilles en soie de la forme sphérique, comme dans la passementerie de laine ou de coton, ne donne pas au breveté le droit de s'opposer à la fabrication des chenilles en soie de même forme, mais qui ont été fabriquées à l'aide d'un tissu connu.

— 1er juillet 1858, C. de Paris ; aff. Vagancy c. Carton. (*La Propr. industr.*, n° 36.)

2° *Simples essais ou tentative de contrefaçon.*

31. Aux termes de l'art. 3 du Code pénal, la tentative ne pouvant être considérée comme délit que dans les cas déterminés par une disposition spéciale de la loi, il faut décider que la tentative de contrefaçon ne constitue pas un délit, puisque la loi de 1844 est muette à cet égard.

— 4 déc. 1839, Trib. corr. de la Seine ; aff. Dubus et Bonnel c. Péronnet (Dalloz, v° *Brevet d'invention*, n° 297, en note.)

32. Pour qu'il y ait contrefaçon, il ne suffit pas que l'objet incriminé puisse, à l'aide de simples changements de dimension, remplacer l'objet breveté.

Ce ne serait là qu'une possibilité, une éventualité de contrefaçon ;

Il faut apprécier l'objet argué de contrefaçon tel qu'il est dans son état actuel.

— 5 fév. 1841, C. r. de Paris ; aff. Puget c. Obert. (Dalloz, v° *Brevet d'invention*, n° 300.)

33. Il y a contrefaçon alors même que l'objet saisi n'a été confectionné que pour modèle ou comme essai, et bien qu'il soit constant qu'il n'a jamais été mis en vente.

Il peut, dans ce cas, ne pas y avoir lieu à dommages-intérêts, mais le juge ne peut se dispenser d'ordonner la destruction ou la confiscation de l'objet saisi.

— 20 juillet 1834, Trib. de la Seine ; aff. Bataille c. Hudelin. (Dalloz, v° *Brevet d'invention*, n° 296.)

Toutefois, il faut, pour qu'il y ait contrefaçon, que ces modèles soient industriellement applicables, et il en serait autrement s'il s'agissait de ces essais informes ou de ces petits modèles qui n'ont aucune application possible.

— 4 déc. 1839, Trib. corr. de la Seine ; aff. Dubus et Bonnel c. Péronnet. (Dalloz, v° *Brevet d'invention*, n° 297.)

34. De simples essais restés sans application régulière ne peuvent être considérés comme constituant la contrefaçon prévue et punie par la loi.

— 18 juillet 1859, C. de Paris ; aff. Thomas c. le min. de la guerre. (*La Propr. industr.*, n° 96.)

35. L'emploi d'un élément breveté ne constitue pas la contrefaçon s'il n'a lieu qu'accidentellement et s'il n'existe pas dans la fabrication régulière des objets argués de contrefaçon.

— 11 avril 1859, C. de Douai ; aff. Gaillard c. Beaugrand. (*La Propr. industr.*, n° 83.)

36. La contrefaçon existe quoique le reproducteur n'ait tiré aucun profit pécuniaire de sa publication qu'il distribuait gratuitement dans un but politique et national.

Mais cette dernière circonstance, bien que n'enlevant pas à la reproduction son caractère illicite, doit être prise en considération pour la fixation des dommages-intérêts.

— 4 déc. 1857, C. de Paris ; aff. Sanis c. Bolliac.

37. L'usurpation du titre seul de la découverte, alors d'ailleurs que la découverte elle-même n'a pas été usurpée, ne constitue pas le délit de contrefaçon.

Si donc le prévenu, malgré la présomption qui résulte de l'usurpation du titre, prouve qu'en réalité il n'a pas usurpé l'objet du brevet, il doit être renvoyé de la poursuite, mais il doit être condamné aux dépens, car il a seul occasionné le procès par sa concurrence déloyale.

— 6 juillet 1854, C. imp. de Paris ; aff. Madeline c. Maurin. — 26 déc. 1841, C. r. de Paris ; aff. Robertson c. Langlois.

38. Celui qui stipule dans un marché qu'il se sert d'un procédé qui est breveté au profit d'un tiers, ne se rend pas, par cela seul, coupable de contrefaçon, si d'ailleurs il n'a pas réellement employé ledit procédé.

— 21 mars 1860, Trib. civ. de la Seine ; aff. Légé et Pironnet c. Legendre. (*La Propr. industr.*, n° 126.)

3° *Des réparations qui constituent le délit de contrefaçon.*

39. L'acheteur d'un objet breveté qui, par des répara-

tions importantes, perpétue l'usage de la chose vendue,
est coupable de contrefaçon.

— 19 août 1854, C. imp. de Paris ; aff. Bergerat c. Jullien.
— 24 avril 1855, C. imp. d'Orléans ; aff. Motte c. Laurence.
S. V. 55, 2, 601.)

40. C'est là surtout une question de fait.

Aussi doit-on en chercher la solution non-seulement
dans la nature des réparations, mais encore et surtout
dans les circonstances et les termes de l'acte d'achat.

— 26 août 1845, C. r. de Paris ; aff Gâche-Lareck c. la
Compagnie des bateaux à vapeur. (S. V. 45, 2, 662.)

41. Le fait de recevoir des objets qu'on sait être contrefaits pour les réparer constitue le délit de recel prévu
et puni par l'art. 41 de la loi du 5 juillet 1844.

Mais il y a contrefaçon de la part de celui qui, en ré-
parant ces objets contrefaits, prolonge leur durée, les
transforme et leur donne par cette transformation une
existence légale.

— 11 juillet 1861, C. de Paris ; aff. Sax c. femme Besson.
(La Propr. industr., n° 188.)

42. S'il est défendu de refaire à neuf, sous prétexte de
réparations, l'un des organes qui sont dans une machine
l'œuvre et la création du breveté, sans s'adresser à ce
dernier, il ne peut être interdit de réparer l'un de ces
organes, quand ces réparations sont nécessitées par le
mauvais état dans lequel la machine a été vendue par le
breveté.

— 14 mai 1860, Trib. corr. de Lyon ; aff. Jarry c. Der-
vieux. (La Propr. industr., n° 149.)

43. Celui qui, par une *réparation*, quelle qu'elle soit,
prolonge la durée d'un objet contrefait, ajoute au tort
produit par la contrefaçon, et doit, en conséquence, être
condamné comme contrefacteur.

Il en est surtout ainsi lorsque la réparation a opéré
une véritable transformation et donné une existence nouvelle à l'objet contrefait.

— 18 avril 1861, Trib. corr. de la Seine ; aff. Sax c. Besson. (La Propr. industr., n° 179.)

44. Est coupable du délit de contrefaçon l'acquéreur
d'une machine brevetée qui, au lieu de se borner à réparer certains organes endommagés de cette machine, les
a remplacés par des organes neufs, fabriqués par lui, alors
surtout que les organes remplacés sont les plus considé-

rables de la machine, qu'ils constituent principalement l'œuvre spéciale de l'inventeur, et que celui-ci les vend séparés de l'ensemble de la machine.

— 10 août 1855. C. de cass.; aff. Motte c. Laurence. (*Pataille et Huguet*, 1855, p. 69.)

4° De la contrefaçon qui résulte de la violation des conventions passées avec le breveté.

45. Le délit de contrefaçon résulte de l'emploi de la chose brevetée, sans le consentement de l'inventeur ou de l'emploi d'un appareil qui est l'imitation de celui breveté.

— 19 mai 1855, Trib. de Cambrai ; aff. David-Labbez c. Lenique.

En conséquence, est coupable de contrefaçon celui qui transporte un outil breveté dans un autre endroit que l'endroit convenu avec le breveté,

Et l'emploie dans son intérêt personnel, quand il s'était engagé à ne l'employer que dans l'intérêt de la société que le breveté et lui avaient contractée.

— Même décision.

46. La vente pure et simple d'un appareil emporte le droit de s'en servir partout.

— 8 juin 1855, C. de Lyon ; aff. Lesobre c. Bonnet.

47. Se rend coupable de contrefaçon celui qui, ayant acheté l'objet breveté du propriétaire du brevet, emploie cet objet à une époque ou dans une localité autre que celle qui lui était assignée par l'inventeur.

— 19 mai 1855, Trib. de Cambrai ; aff. David-Labbez c. Lenique. — 23 nov. 1854, Trib. civ. de Lyon ; aff. Lesobre c. Bonnet-Loisel.

48. Cependant, il peut se présenter des circonstances où l'emploi de la chose brevetée s'est accompli en dehors du temps et du lieu convenus avec le breveté, et où ce n'est là qu'un fait dommageable justiciable seulement des tribunaux civils.

— 15 mars 1845, C. roy. de Paris ; aff. Giraudeau c. Blavanus. — 13 juin 1846, *idem* ; aff. Degrand c. Derosne et Cail.

49. Lorque le droit de fabriquer un objet breveté n'a été concédé qu'à une condition, laquelle n'a pas été exécutée, toute fabrication constitue, non pas une simple inexécution justiciable des tribunaux civils, mais bien le

délit de contrefaçon pour lequel le tribunal correctionnel est compétent.

— 14 avril 1859, C. de Paris ; aff. Dubosc c. Renou. (*La Propr. industr.*, nos 61 et 75.)

50 Est coupable de contrefaçon celui qui, ayant été autorisé par le breveté à employer son procédé à la condition qu'il achèterait chez lui la matière première, se sert du procédé, mais achète chez d'autres la matière première.

— 20 août 1851, C. de cass.; aff. Alcan et Peligot c. Bacot et Cunin-Gridaine. (S. V. 51, 1, 648.)

51. Lorsque le droit de se servir d'un appareil breveté a été concédé dans de certaines limites, le concessionnaire ne commet pas le délit de contrefaçon s'il excède les limites de ladite concession ;

En conséquence, l'action à intenter contre lui ne peut avoir pour but que la réparation du préjudice causé, et ne peut être, dès lors, portée que devant les tribunaux civils.

— 10 mai 1861, Trib. corr. de Saint-Etienne ; aff. Grosrenaud c. la Ce de Montieux. (*La Propr. industr.*, no 199.)

52. Ne doit pas être réputé contrefacteur celui-là qui, ayant acheté du breveté le droit de se servir de l'invention, use de ce droit sans avoir payé le prix convenu.

— 13 juin 1837, C. de cass.; aff. Griollet c. Collier. (S. V. 38, 1, 53.) — 30 juin 1853, Trib. corr. de la Seine ; aff. Thomas Laurens c. Dubroca.

53. Celui qui a été autorisé par l'inventeur à fabriquer un objet breveté et qui a payé le prix de cette autorisation, n'est recevable à exciper ni de sa bonne foi, ni du droit qu'il a acheté, s'il est poursuivi, même correctionnellement, par un cessionnaire régulier du brevet.

— 4 mai 1858, Trib. corr. de la Seine ; aff. Rouzé c. Murat. (*La Propr. industr.*, no 26.)

5° De l'usage personnel.

54. La loi prohibe en général toute atteinte portée aux droits du breveté par la fabrication ou l'emploi.

Elle s'applique à celui qui fabrique les produits ou emploie les moyens brevetés, uniquement pour son usage personnel, aussi bien qu'à celui qui fabrique pour vendre.

— 25 fév. 1851, Rhodez ; aff. Vachon c. Pouget.

55. *Contrà.* Celui qui achète un produit contrefait pour

son usage personnel ne peut être condamné comme complice de la contrefaçon, mais il en est autrement si c'est pour un usage industriel.

— 6 mai 1857, C. de Paris; aff. Sorel c. Billiard et Gion. (*L'Invention.*) — 20 juillet 1830, C. de cass.; aff. Germain c. Sévène. (*Pal.*, 23, 697.) — 3 déc. 1841, C. de cass.; aff. Ganilh c. Viel. (D. P. 42, 1, 127.) — 28 juin 1844, C. de cass.; aff. Mansson-Michelson c. Huyard-Cantrel et Lamy. (S. V. 44, 1, 794.) — 12 juillet 1851, C. de cass.; aff. Vachon c. Chauveau. (S. V. 52, 1, 145.) — 5 août 1851, C. de Douai ; aff. Jérosme c. Gomel. (S. V. 52, 2, 516.)

56. Ne peut être considéré comme ayant acheté pour son usage personnel le propriétaire d'un café qui a fait fabriquer un appareil pour l'exploitation de son café ; à l'aide de cet appareil, il a fait un usage commercial et porté atteinte aux droits du breveté. Eût-il agi dans l'ignorance des droits du breveté, il devrait s'imputer d'avoir négligé les moyens qui lui étaient offerts par la loi pour les connaître.

— 27 nov. 1857, C. de Paris ; aff. Gougy c. Vallée.

57. Doit être condamné comme contrefacteur un industriel qui a commandé un appareil contrefait et en a fait usage pour son commerce.

— 27 fév. 1858, rej.; aff. Vallée c. Gougy. (*La Propr. industr.*, n° 13.)

58. L'achat de boules inflammables par un maître d'hôtel, pour allumer les feux des voyageurs, constitue l'achat pour revendre.

En conséquence, le prévenu ne peut, dans le cas ci-dessus, soutenir qu'il n'a fait qu'un usage personnel des boules achetées, et il doit être condamné comme complice de la contrefaçon commise par les fabricants.

— 18 nov. 1859, C. de Paris ; aff. Blondel c. Judas. (*La Propr. industr.*, n°s 74 et 102.)

6° *De ceux qui ont commandé la contrefaçon.*

59. C'est l'art. 40 et non l'art. 41 de la loi de 1844 qui est applicable à celui qui a fait fabriquer les objets contrefaits ; en un mot, celui qui a commandé les objets contrefaits se rend non pas complice, mais coauteur du fait de contrefaçon.

— 6 déc. 1859, C. de Paris; aff. Duranton c. Venet et Falize. (*La Propr. industr.*, n° 138.)

60. Celui qui impose à ses fournisseurs ou à ses ou-

\vriers l'obligation de fabriquer les objets brevetés ou de s'en servir est réellement le coauteur du délit commis par ses ordres.

— 25 fév. 1851. C. de Rhodez; aff. Vachon c. Pouget.

61. Celui qui exécute sur la commande et sous les ordres d'autrui une œuvre arguée de contrefaçon, ne peut être condamné comme contrefacteur ; c'est l'instigateur seul qui peut être déclaré coupable.

— 12 juillet 1856, C. de Paris ; aff. Fourneaux c. Bruni.

62. L'administration d'un chemin de fer qui commande des travaux à des entrepreneurs de son choix est responsable de la contrefaçon commise dans l'exécution desdits travaux.

Le cas ci-dessus est prévu, non par l'art. 41 de la loi de 1844, relatif aux complices, mais par l'art. 40 relatif aux auteurs ou coauteurs de la contrefaçon.

— 10 fév. 1859, C. de Paris; aff. Pouillet c. le chemin de fer de Graissessac. (*La Propr. industr.*, n° 63.)

63. Le directeur d'une société anonyme, quoique n'ayant agi que comme mandataire de la société et dans la limite de ses pouvoirs, peut être poursuivi, même correctionnellement, comme coupable de contrefaçon.

— 30 juin 1853, C. de Paris; aff. Thomas-Laurens c. Dubroca.

64. Les administrateurs d'une compagnie anonyme qui par une délibération prise en conseil, ont autorisé la contrefaçon, sont personnellement responsables du délit; ils ne peuvent invoquer la disposition de l'art. 32 du Code de commerce, ni celle des statuts de leur société; ils ne peuvent se retrancher derrière leur qualité de mandataires. En matière de délit, celui qui l'a commis en est toujours personnellement responsable; il importe peu que, mandataire, il l'ait commis dans l'intérêt de son mandant.

— 26 juillet, C. de Rouen; aff. Bessas-Lamegie c. les administrateurs du chemin d'Orléans.

65. Il appartient aux juges du fait d'apprécier souverainement la participation qui peut avoir été prise par les membres du conseil d'administration d'une compagnie de chemin de fer, à l'emploi fait par cette compagnie d'un procédé breveté au profit d'un tiers. Lorsque les membres du conseil d'administration sont déclarés coupables

de contrefaçon, à raison seulement de délibérations prises par ce conseil, la présomption est que le juge du fait a reconnu que la délibération avait été prise à l'unanimité, et qu'il y avait, en conséquence, participation individuelle de chacun des membres du conseil aux mesures constitutives de la contrefaçon.

— 21 nov. 1856, rej.; même affaire.

66. Lorsque le délit de contrefaçon a été commis par une société anonyme, la poursuite doit être dirigée contre les administrateurs.

— 8 juin 1855, C. imp. de Paris ; aff. Bessas-Lamegie c. les administrateurs du chemin de fer d'Orléans.

67. Les associés commanditaires ne peuvent être compris dans la poursuite que s'ils se sont immiscés dans l'administration de la société.

— 30 juin 1853, Trib. de la Seine ; aff. Thomas-Laurens c. Dubroca.

68. Si la société qui s'est rendue coupable de contrefaçon est en liquidation au moment où l'action est intentée, on peut comprendre les liquidateurs dans la poursuite, mais en leur qualité de liquidateurs seulement.

— 19 août 1853, C. de cass.; aff. Thomas-Laurens c. Riant et autres. (D. P. 53, 5, 57.)

69. Le créancier d'un breveté a le droit de faire saisir et vendre les objets brevetés ; la vente faite de ces objets par autorité de justice n'est pas une contrefaçon.

Ce délit n'existerait que de la part de l'acheteur qui emploierait l'objet contrairement aux droits du breveté.

— 19 mars 1861, Trib. corr. de la Seine : aff. Botta c. Chevreux. (*La Propr. industr.*, nº 177.)

7º *De la bonne foi et de quelques circonstances où elle peut être invoquée.*

70. La *fraude* est constitutive du délit de contrefaçon.

Un prévenu qui dit avoir été de bonne foi parce qu'il fabriquait en vertu d'une *licence*, doit être condamné, s'il est prouvé qu'il a cessé depuis longtemps de payer les primes dues, et que les objets argués de contrefaçon ne portent pas le nom de l'inventeur, condition imposée dans la licence ; cette dérogation aux conventions, après la cessation de tout payement de permis et au cours d'une fabrication poursuivie à l'insu du breveté, dé-

montre de la part du prévenu l'intention de se livrer à
la contrefaçon.

— 11 fév. 1859, Trib. corr. de la Seine ; aff. de Coster c. la
Compagnie du Nord. (*La Propr. industr.*, n° 153.)

71. Celui qui n'a fabriqué que sur commande et qui
a ignoré la prise du brevet, doit être réputé n'avoir pas
agi sciemment, et dès lors doit être renvoyé des poursuites en contrefaçon.

— 16 mai 1862. Trib. civ. de la Seine ; aff. Henry c. Leu-
nelle. (*La Propr. industr.*, n° 234.)

72. *Contrà*. Un fabricant poursuivi pour contrefaçon ne
peut se retrancher derrière sa bonne foi et invoquer cette
circonstance qu'il n'a fabriqué que sur commande.

— 13 avril 1859, Trib. civ. de la Seine ; aff. Burnichon c.
Pasqualini. (*La Propr. industr.*, n° 79.)

73. Le breveté qui, dans le but d'entraîner un fabricant dans un piége et d'attirer sur lui une condamnation
pour contrefaçon, lui fait commander par un tiers l'exécution du produit breveté, accomplit un fait qui doit être
considéré soit comme une manœuvre frauduleuse, soit
comme un quasi-délit, soit, dans tous les cas, comme
un mandat commercial. En conséquence, et nonobstant
la disposition de l'art. 1341 du Code Napoléon, qui interdit la preuve testimoniale pour les matières excédant
150 fr., le juge peut tenir un pareil fait pour constant,
sur la foi de la déposition faite à son audience par celui
qui a fait faire la commande au fabricant, et renvoyer
celui-ci de la poursuite.

— 3 avril 1858, rej.; aff. Popard c. Jesson. (*La Propr. industr.*, n° 21.)

74. On ne peut dire qu'un plaignant en contrefaçon a
encouragé lui-même la contrefaçon parce qu'il a acheté
chez divers débitants des produits contrefaits ; on ne
peut davantage voir dans ce fait une renonciation à l'industrie dont il s'était réservé le privilége par son brevet.

— 28 mai 1857, Trib. civ. de la Seine ; aff. Dubosc c. Gaudin. (*La Propr. industr.*, n° 5.)

75. On ne peut voir dans le silence gardé par le breveté à l'égard de la contrefaçon un motif pour repousser
sa plainte.

En effet, la loi énumère les cas dans lesquels celui qui
a obtenu un privilége peut en être déclaré déchu ;

Nulle part elle n'a placé parmi les cas de déchéance celui auquel l'inventeur privilégié aurait souffert, pendant plusieurs années, que d'autres personnes se servissent de son procédé;

D'où il suit que ce serait créer un cas de déchéance qui n'est pas dans la loi que de voir dans cette tolérance une circonstance exclusive de la contrefaçon.

— 28 nivôse an II, cass.; aff. Lange c. Noël. (*Pal.*, 4, 113.)

76. L'erreur sur le droit peut constituer la bonne foi et motiver le renvoi de la plainte au profit du fabricant dont cependant les produits ont été déclarés contrefaits.

— 11 déc. 1857, C. de Paris ; aff. Goin c. Gariel. (*La Propr. industr.*, n° 5.)

77. L'ouvrier qui, ayant été chargé de fabriquer des objets brevetés, se voit refuser une partie desdits objets par le breveté, à la suite de contestations survenues entre eux sur le règlement de leurs comptes, n'est pas coupable de contrefaçon, s'il met en vente, sans le consentement du breveté, les objets refusés;

Ce fait ne pourrait donner lieu qu'à un débat civil.

— 4 nov. 1853. C. imp. de Paris : aff. Gariel c. Fritz Sollier. — 10 fév. 1854, C. de cass., rej.; même affaire. (*Gaz. des Trib.*, 1854, 11 fév.)

78. Le dépôt d'une machine au greffe du tribunal de commerce est insuffisant pour réserver la propriété à l'inventeur, mais, de la part d'un tiers, ce dépôt le met à l'abri de toute poursuite en vertu d'un brevet postérieur.

Surtout si, antérieurement au dépôt, il s'est publiquement servi de l'objet déposé.

— 21 déc. 1859, C. d'Amiens ; aff. Fleury et Lefort c. Bordier. (*La Propr. industr.*, n° 113.)

79. La possession antérieure à la délivrance d'un brevet d'invention du procédé ou du produit formant l'objet de ce brevet, constitue, en faveur du possesseur, même s'il a tenu cette possession secrète, une exception légale contre toute poursuite de contrefaçon à son égard.

— 11 janv. 1860, Trib. civ. de Lyon ; aff. Martin c. Guinon. (*La Propr. industr.*, n° 111.)

80. Si, en principe, un prévenu de contrefaçon a le droit d'opposer, à titre d'exception, aux poursuites dont il est l'objet, qu'il a personnellement fait usage du procédé breveté antérieurement à la délivrance du brevet au plaignant, il ne pouvait se faire un moyen de défense de

ce qu'il se serait simplement occupé de ce procédé et qu'il en aurait même parlé à différentes personnes.

— 11 juillet 1857, C. de cass.; aff. Fauconnier c. Yannot. (*L'Invention.*)

81. L'art. 41 de la loi de 1844, ne mentionnant que ceux qui ont recélé, vendu, exposé en vente ou introduit des objets contrefaits, l'excuse de bonne foi ne peut être invoquée par celui qui a fabriqué lesdits objets.

— 17 juillet 1861, Trib. corr. de la Scine ; aff. Depoix c. Claudon. (*La Propr. industr.*, n° 196.) — 20 août 1851, C. de cass.; aff. Cunin-Gridaine c. Alcan et Peligot. (S. V. 51, 1, 648.)

82. L'arrêt qui condamne comme contrefacteurs les fabricants marchands qui ont mis en vente les produits par eux contrefaits, et leur fait, en cette qualité, application de l'art. 40 de la loi de 1844, n'est pas tenu de constater que ces fabricants marchands avaient connaissance de la contrefaçon de ces produits, ainsi que l'exige l'art. 41. La constatation de cette connaissance n'est nécessaire que lorsque le prévenu, uniquement marchand, a vendu les objets contrefaits.

— 31 déc. 1857, rej.; aff. Massé c. Lejeune.

8° *De la prescription.*

83. L'action en contrefaçon est régie par les art. 637 et 638 du Code d'Instr. crim., et se prescrit par trois ans.

— 24 août 1859, C. de Paris. (*La Propr. industr.*, n° 94.)

84. Les faits même continus de fabrication et de vente d'objets contrefaits constituent non un délit successif dont la prescription ne court qu'après la cessation du dernier fait, mais une série de délits distincts dont chacun est susceptible de poursuite, et pour lequel la prescription de trois ans court du jour où il a été commis.

— 8 août 1857, Cass.; aff. Sax c. Gautrot.

85. La contrefaçon est un délit successif. En conséquence, la prescription est impuissante à couvrir aucun des faits accomplis successivement, quelle que soit leur ancienneté, et cela tant qu'il ne se sera pas écoulé trois ans, depuis le dernier fait constaté.

— 1er juin 1853, C. imp. de Besançon; aff. Thomas Laurens c. Bouchot. — *Idem*, 21 février 1845, C. de cass.; le ministère public c. Fremont.

86. La prescription (art. 637 et 638 Inst. cr.) s'applique à la contrefaçon aussi bien qu'à tout autre délit.

— 12 juin 1856, Trib. civ. de la Seine; Sax c. Gautrot. (*Le Droit*, 1856, 25 juin.)

87. Mais la contrefaçon peut constituer un délit successif ou un délit ordinaire.

— Même jugement.

Lorsqu'un fabricant d'instruments de musique, qui en fait, en même temps, le commerce, a contrefait et vendu des instruments brevetés, il commet un délit successif, car ce délit est un fait complexe, composé d'une série d'actes qui se reproduisent en s'enchaînant l'un à l'autre: on ne peut donc opposer la prescription pour les faits délictueux qui remontent à plus de trois ans.

— Même jugement.

Il en est tout autrement de la contrefaçon d'une œuvre littéraire, qui est un acte unique et complet à partir du jour de sa publication.

— Même jugement.

88. La prescription de trois ans couvre, il est vrai, le délit de fabrication d'objets contrefaits, et met son auteur à l'abri des poursuites pour le fait même de contrefaçon, mais elle ne va pas jusqu'à consacrer définitivement et absolument la légitimité des objets fabriqués en contrefaçon; outre le délit de fabrication, l'art. 41 établit le délit de recel, de vente et d'exposition en vente d'objets contrefaits, délit qui a son existence propre et qui peut être poursuivi et réprimé, même après que l'acte de fabrication serait lui-même protégé par la prescription;

En conséquence, le fabricant, qui est à la fois marchand, chez lequel des instruments contrefaits ont été saisis, alors qu'ils étaient exposés en vente, doit être condamné, bien qu'il soit établi que ces instruments avaient été fabriqués à une époque antérieure à trois ans.

— 21 août 1858, rej.; aff. Sax c. Gautrot. (*La Propr. industr.*, n° 51.)

89. La prescription peut être opposée, aussi bien dans le cas où l'action civile s'exerce seule et devant les tribunaux civils, que dans le cas où l'action civile se produit simultanément avec l'action publique et devant la même juridiction.

C'est ce qui résulte de la combinaison des art. 2, 3, 637 et 638 du C. d'Instr. crim.

— 24 fév. 1855, Trib. civ. de a Seine; aff. Vatel c. Ragani. (*Pal.*, 1855, 2, 326.)

9° *De l'application de la peine.*

90. Lorsque des marchandises contrefaites sont saisies dans les magasins d'une maison de commerce exploitée par deux associés, il doit être prononcé une amende distincte contre chacun des associés.

— 4 août 1859, C. de Rouen; aff. Milliet c. Leroy et Saintard. (*La Propr. industr.*, n° 94.)

10° *Règles générales pour l'appréciation des demandes en contrefaçon.*

91. Toute invention qui réalise des produits supérieurs à ceux qui existaient avant elle ou des produits semblables, à moindre prix, a généralement pour effet de nuire aux producteurs qui sont obligés d'opérer sans le secours de cette invention ;

Mais, à côté de cet intérêt restreint, se trouve celui plus général de la société qui profite de la découverte, et qui, à ce titre, et aussi comme encouragement à l'esprit d'invention, devait garantir le droit de l'inventeur comme elle l'a fait;

Ce droit est donc fondé sur l'intérêt de la société elle-même, et doit être respecté, quel que soit d'ailleurs le préjudice qu'il puisse causer à une classe plus ou moins nombreuse d'industriels, ou les bénéfices qu'il donne à l'inventeur.

Quand il s'agit d'apprécier si le droit existe, on doit uniquement s'attacher au seul fait qui soit de décision, celui de savoir s'il y a ou n'y a pas d'invention, sans préoccupation des intérêts matériels qui peuvent se trouver engagés dans la question, et en suivant uniquement les règles posées par la loi spéciale de 1844.

— 22 juin 1859, Trib. civ. de Rouen ; aff. Montagnac c. Barbier. (*La Propr. industr.*, n° 93.)

92. Les juges saisis d'une poursuite en contrefaçon doivent, pour l'appréciation qu'ils font du sens du brevet, prendre l'invention telle que le breveté l'a décrite. Ils ne peuvent la modifier sans violer la loi.

— 17 janv. 1852, C. de cass.; aff. Rohlfs-Seyrig c. Crespel-Delisle. (S. V. 52, 1, 66.)

93. La violation du texte clair et précis d'un brevet constitue un moyen de cassation. En conséquence, la déclaration du juge du fait portant qu'il existe, sous plusieurs rapports, entre les deux procédés des différences essentielles, cesse d'être justifiée, si du texte du brevet il résulte que quelques-unes de ces différences ne sont pas réelles.

— 20 mars 1857, Cass.; aff. Villard c. Danel.

94. Lorsqu'un produit ou procédé industriel se compose de plusieurs éléments, dont les uns sont déclarés appartenir au domaine public et les autres ne pas être les mêmes dans le produit ou le procédé argué de contrefaçon que dans celui du poursuivant, les déclarations du juge du fond qui constatent ces faits échappent à la censure de la Cour de cassation, si d'ailleurs il ne résulte ni des conclusions écrites, ni des motifs de la décision attaquée, que la poursuite ait eu lieu à raison de la combinaison des éléments divers.

— 30 janv. 1855, rej.; aff. Rouyer c. Denis.

95. Jugé que la Cour de cassation ne peut censurer une décision qui, appréciant l'invention brevetée, avait distingué les procédés qui lui sont essentiels et qui la constituent, de ceux qui lui sont indifférents et qu'on peut changer ou usurper à volonté.

— 30 déc. 1843, C. de cass.; aff. Pinchaut c. Huaut-Benoît. (Pal., 1843, 30 déc.)

96. Il y a défaut de motifs, et par suite violation de l'art. 7 de la loi de 1810, lorsqu'un arrêt ayant à statuer sur une plainte en contrefaçon fondée sur deux brevets, a limité son examen à l'un des brevets, sans s'expliquer sur le mérite de l'autre brevet et des certificats qui s'y rattachent.

— 27 juillet 1861, C. de cass., Ch. crim.; aff. Rouget de Lisle c. Godard-Desmarest. (Le Droit du 28 juillet 1861.)

97. Le demandeur en contrefaçon n'est pas admis à se servir, pour la première fois en appel, d'un brevet d'invention qu'il n'a pas opposé devant les premiers juges.

— 8 fév. 1827, C. de cass.; aff. Adam c. Pastré. (S. V. 27, 1, 107.)

98. La partie qui, en cause d'appel, a expressément limité le débat à un seul point, a suffisamment renoncé par là même aux autres chefs relevés en première ins-

tance, sans qu'il soit besoin d'une renonciation formelle à ces chefs.

— 21 févr. 1862, C. de cass., rej.; aff. Fox c. Roux. (*La Propr. industr.*, n° 252.)

99. Le juge saisi d'une action en contrefaçon, fondée tant sur la fabrication de certaines boîtes à emballage que sur leur application à la conservation des légumes desséchés, doit, à peine de nullité, statuer par des motifs spéciaux sur chacun des deux chefs de demande.

En conséquence, doit être cassé, pour défaut de motifs et violation de l'art 7 de la loi du 20 avril 1810, l'arrêt qui rejette en totalité l'action du breveté, en s'appliquant uniquement sur le premier chef, et en omettant de le faire à l'égard du second.

— 6 juin 1856, C. de cass.; aff. Rouget de Lisle c. Lizeray et Thomas. (*Le Droit*, 7 juin 1856.)

100. Lorsqu'un inventeur poursuit en vertu de deux brevets principaux se rattachant au même procédé, la comparaison des appareils saisis doit se faire, non pas avec chacun des brevets pris isolément, mais avec l'ensemble de l'invention.

— 20 mars 1857, C. de cass.; aff. Villard c. Danel.

101. Il ne suffit pas, pour repousser une demande en contrefaçon, de déclarer que, si le même but est atteint, les procédés diffèrent; il peut encore y avoir contrefaçon, si le produit breveté est nouveau, et si le prévenu a fabriqué le même produit, bien que par d'autres moyens.

— 15 mars 1856, C. de cass.; aff. Delacourt c. Hugues Cauvin. (*Pataille et Huguet*, 1856, p. 97.)

102. Si les tribunaux ne peuvent, en principe, se constituer juges souverains de l'importance des inventions brevetées, il leur appartient toutefois de déterminer si les différences existant entre les objets réputés contrefaits et ceux brevetés, ont une importance suffisante pour constituer soit une invention, soit un procédé nouveau.

— 21 fév. 1862, C. de cass., rej.; aff. Fox c. Roux. (*La Propr. industr.*, n° 252.)

103. La question de savoir s'il y a identité entre les produits saisis et l'objet breveté, et, en cas de différences, si ces différences sont importantes, appartient aux juges du fait, et ne peut donner lieu à cassation.

— 25 mai 1855, C. de cass.; aff. Gastoud c. Mallet.

104. Un arrêt échappe a la censure de la Cour de cassation lorsqu'il relaxe un prévenu de contrefaçon, en se fondant sur ce que l'appareil saisi n'atteint pas la perfection de celui breveté, et n'est qu'une imitation de ceux qui étaient dans le domaine public.

— 29 juillet 1859, rej.; aff. Levieux c. Sellingue. (*La Propr. industr.*, n° 120.)

105. La question de similitude entre l'objet breveté et l'objet argué de contrefaçon est une question de fait dont la solution appartient souverainement aux juges du fond, et ne peut, quel qu'en soit le sens, fournir matière à cassation.

— 12 déc. 1856, rej.; aff. Popelin Ducarre c. Raspail.

106. Pour savoir s'il y a contrefaçon, les juges du fait ne sont point obligés d'examiner les objets saisis et de les comparer avec le brevet du demandeur; il leur suffit, dans le cas où le défendeur a lui-même un brevet, de comparer ce brevet avec celui du demandeur.

En conséquence, ils peuvent décider qu'il n'y a pas contrefaçon si les deux brevets sont dissemblables.

— 11 avril 1859, C. de Douai ; aff. Gaillard c. Beaugrand. (*La Propr. industr.*, n° 83.)

107. *Contrà*. On ne doit pas, pour constater la contrefaçon, comparer la description du brevet du demandeur avec la description d'un brevet que le prévenu a pris pour la même invention;

Ce qu'il faut comparer, c'est la description du brevet du demandeur avec les objets argués de contrefaçon.

— 30 déc. 1843, C. de cass.; aff. Pinchaut c. Huaut et Benoît. (*Pal.*, 1843, 30 déc.)

108. La poursuite en contrefaçon doit être écartée lorsque le poursuivant agit en vertu d'un brevet qui reproduit exactement les termes et les procédés d'un brevet pris antérieurement par un tiers aux droits duquel n'est pas le poursuivant, ou qui est tombé dans le domaine public, alors d'ailleurs que le juge du fait a pris sa décision sur le vu des objets fabriqués, et en a apprécié la concordance ou les dissemblances.

— 21 fév. 1852, C. de cass., rej.; aff. Fox c. Roux. (*La Propr. industr.*, n° 252.)

109. Quand un brevet est fondé sur la réunion d'organes connus, l'arrêt qui condamne pour contrefaçon doit constater la reproduction, non-seulement des or-

ganes considérés isolément, mais surtout de leur réunion ou ensemble.

— 16 juillet 1858, rej.; aff. Perrin c. Delaporte. (*La Propr. industr.*, n° 50.)

110. Lorsqu'à un ensemble d'organes connus et produisant un résultat connu, on adjoint un organe nouveau pour produire le même résultat, le brevet ne protége d'une manière privative que l'organe nouveau, et, dans ce cas, il ne suffit pas de déclarer d'une manière générale que le système, les idées principales et les parties essentielles et constitutives d'une machine ont été imitées; pour établir le délit de contrefaçon, il faut aussi, et surtout, examiner cette machine dans son ensemble et ses détails, et distinguer les parties brevetées de celles non brevetées.

— 16 déc. 1856, C. de Nancy; aff. Baudot c. Lizer.

111. Une condamnation est suffisamment motivée lorsque l'arrêt qui la prononce constate que le prévenu a fait usage, dans ses ateliers, d'ustensiles contrefaits.

On ne peut donc se faire un moyen de cassation de ce que les juges du fait ne se seraient pas expliqués sur le délit spécial de fabrication d'objets contrefaits, ni de ce qu'ils n'auraient pas dit expressément que le prévenu en avait fait usage pour son compte.

— 27 nov. 1858, rej.; aff. Levieux c. Fréret. (*La Propr. industr.*, n° 119.)

112. Lorsque les conclusions prises par les demandeurs tendent à faire déclarer la contrefaçon, sans indiquer en quoi elle consiste, il y est suffisamment répondu par l'arrêt qui déclare que l'invention n'est pas nouvelle.

Peu importe, dans ce cas, que les combinaisons déjà connues aient produit un résultat nouveau, ou qu'un des moyens indiqués dans le brevet fût nouveau et constituât une invention brevetable.

— 29 avril 1858, rej.; aff. Burnet c. Direz. (*La Propr. industr.*, n° 25.)

113. L'*aveu* prétendu fait par un prévenu, devant les premiers juges, même quand il est nié par ce dernier, peut être admis par la cour comme preuve unique de la similitude du procédé argué de contrefaçon avec le procédé breveté.

— 26 juillet 1860, C. de Rouen; aff. Bobœuf c. Raffard (*La Propr. industr.*, n° 151.)

114. Lorsqu'un brevet est nul parce qu'il ne contient rien de nouveau, on ne peut objecter au prévenu de contrefaçon qu'il avait, dans l'origine, traité avec le breveté, alors que, sans rechercher si l'invention brevetée était nouvelle, confiant dans les assurances du breveté, et désireux surtout de continuer son commerce, en évitant les désagréments et les frais d'un procès criminel, par un léger sacrifice d'argent, il a reconnu que le breveté était un inventeur sérieux.

La reconnaissance d'un droit qui n'a jamais existé ne peut, surtout dans ces circonstances, conférer au breveté le titre et la qualité d'inventeur, quand il est certain qu'il n'a rien inventé.

— 21 déc. 1861, C. imp. d'Amiens; aff. Rouget de Lisle c. Sauvageot et autres. (*La Propr. industr.*, n° 212.)

115. Si le prévenu de contrefaçon, après avoir opposé la nullité du brevet en vertu duquel il est poursuivi, soutient qu'en tout cas il n'est pas l'auteur de la contrefaçon, ce n'est pas là une fin de non-recevoir, mais bien un moyen du fond qui peut dès lors être produit en tout état de cause, même en appel.

— 27 nov. 1858, rej.; aff. Levieux c. Fréret. (*La Propr. industr.*, n° 119.)

116. Les faits qui, eu égard aux expressions limitatives des art. 40 et 41, ne peuvent être considérés ni comme délit, ni comme complicité de contrefaçon, peuvent néanmoins exposer leurs auteurs à une action fondée sur l'art. 1382 du C. civil.

— 29 mars 1853, C. de cass.; aff. Hossard c. Guérin et Charrière. (S. V. 53, 1, 264.)

ARTICLE 41.

Ceux qui auront sciemment recélé, vendu ou exposé en vente, ou introduit sur le territoire français, un ou plusieurs objets contrefaits, seront punis des mêmes peines que les contrefacteurs.

SOMMAIRE

1. Celui qui achète sciemment un objet contrefait pour l'appliquer à son usage personnel doit être condamné comme complice.

— 12 mars 1851, C. de Dijon ; aff. Vachon c. Baroche. — *Contrà*. 30 avril 1847, C. de Paris ; aff. Christofle c. Crignon (*Pal.*, 1847, 2, 98.) — 25 mars 1848, C. de cass. ; même aff. (S. V. 1848, 1, 579 ; *Pal.*, 1849, 1, 436.)

2. Les objets contrefaits en pays étranger, et qui ne se trouvent en France qu'en transit, ne sont pas réellement introduits en France dans le sens de l'art. 41 de la loi de 1844. En conséquence, le breveté ne peut les faire saisir dans les entrepôts où ils sont déposés.

— 23 juin 1860, Trib. civ. de la Seine ; aff. Lépée c. Bolviller. (*La Propr. industr.*, n° 133.)

3. *Contrà*. Des marchandises contrefaites, fabriquées en pays étranger et expédiées de ce pays (de Suisse, par exemple), peuvent être saisies en douane, et à l'entrepôt, dans les magasins loués par les débitants poursuivis.

— 30 mai 1861, Trib. corr. de la Seine ; aff. Debain c. les fabricants de boîtes à musique. (*La Propr. industr.*, n° 184.)

4. Celui qui introduit sciemment ou fait introduire sur le territoire français des objets contrefaits, est réputé contrefacteur, alors même que les objets n'auraient pas été introduits pour être vendus en France, mais pour l'usage personnel de l'introducteur, ou en transit, pour être livrés dans un pays étranger.

— 14 juillet 1854, C. imp. de Paris ; aff. Gaupillat et Cᵉ c. Morin. — 20 nov. 1850, Trib. corr. de la Seine ; aff. Jouvin c. Letimbre.

5. L'introducteur d'objets contrefaits ne peut argumenter, pour se soustraire aux poursuites du breveté, de ce qu'il a obéi aux lois de douane.

— 20 juillet 1830, C. de cass. ; aff. Germain c. Sevene. (*Pal.*, 23, 697.)

6. Le fait de l'introduction en France, de marchandises contrefaites, est accompli par cela seul que ces marchandises sont trouvées en France ; en conséquence, lesdites marchandises peuvent être saisies, même en douane, à la requête du breveté poursuivant.

— 11 mars 1856, Trib. de la Seine (référé); aff. Hutchinson c. Soléliac.

V. art. 47, v° *Transit*.

7. Lorsqu'une invention consiste dans une application nouvelle d'un produit connu, celui-là seul peut être déclaré contrefacteur qui a fait cette application nouvelle.

Mais le débitant qui vend ce produit connu et qui n'en fait pas l'application ne tombe ni sous le coup de l'art. 40, ni sous celui de l'art. 41 de la loi de 1844 ;

Alors même qu'il a su que le produit qu'il vendait était destiné à cette application brevetée.

— 31 déc. 1862, Trib. corr. de la Seine; aff. Capelli c. Dubreuil. (*La Propr. industr.*, no 264.)

8. La poursuite en contrefaçon ne doit atteindre que ceux qui avec intention et sciemment ont commis le délit de contrefaçon, et se sont livrés au débit d'objets contrefaits.

Ainsi, doit être acquitté le marchand d'objets d'occasion qui n'a été trouvé détenteur que d'un seul objet contrefait, qu'il justifie avoir acheté d'un marchand brocanteur qui le tenait lui-même d'un tiers dont le nom est indiqué, et alors qu'il n'est nullement prouvé que le prévenu ait su que l'objet dont il s'agit était le produit d'une contrefaçon.

— 27 avril 1859, Trib. corr. de la Seine ; aff. Goupil c. Bloch. (*La Propr. industr.*, no 78.)

9. Le prévenu de contrefaçon, acquitté par la juridiction correctionnelle, attendu que sa mauvaise foi n'était pas prouvée, n'en est pas moins responsable civilement du préjudice qu'il a causé par sa faute, son imprudence ou sa négligence.

— 14 mars 1862, Trib. civ. de la Seine ; aff. de Gonnet c. Lévy frères et Méry. (*La Propr. industr.*, no 247)

10. Bien que le simple débitant ne puisse être condamné aux peines prononcées par la loi qu'autant qu'il est prouvé qu'il a agi sciemment, néanmoins, lorsqu'il est actionné devant un Tribunal civil, il peut être déclaré responsable du préjudice qu'il a causé par sa faute.

Dans ce cas, la faute consiste à avoir agi imprudemment en faisant ce qui était interdit par le brevet qui est un acte du gouvernement légalement publié.

— 12 mai 1860, Trib. civ. de la Seine; aff. Guérineau-Aubry c. Dupuis. (*La Propr. industr.*, n° 145.)

11. Les prévenus, simples débitants, ne peuvent, pour échapper aux poursuites du breveté, prétendre qu'ils ignoraient que l'invention fût brevetée ;

En effet, la publicité que le brevet a reçu, et les communications de tous les jours qui existent entre les fabricants et les marchands dans chaque branche d'industrie, ne permettent pas d'admettre cette allégation.

— 29 avril 1845, Trib. corr. de la Seine; aff. Deschamps c. Gouaille, Aveline et autres. (*Dalloz*, v° *Brevet d'invention*, n° 318.)

12. La bonne foi d'un débitant prévenu de contrefaçon ne peut se présumer en présence de la publicité qu'ont reçue les brevets du plaignant, par suite des procès auxquels ils ont donné lieu et les avis répandus dans le public.

— 7 août 1860, Trib. corr. de la Seine; aff. Blondel c. Germain. (*La Propr. industr.*, n° 162.)

13. Les débitants ne peuvent être réputés de bonne foi, lorsque, indépendamment de la publicité légale qu'a reçue le brevet, des publications nombreuses ont eu lieu à l'aide de prospectus distribués dans le commerce ;

Alors surtout qu'il résulte des réponses faites par eux, au moment des saisies et des constatations faites dans les procès-verbaux, qu'ils ont su que les objets qu'ils vendaient étaient contrefaits.

— 26 mai 1855, C. imp. de Paris; aff. Blondel et C° c. Antrailles et autres. (S. V. 56, 1, 280.)

14. Un débitant ne saurait prétendre, pour éluder l'application de la loi, que l'acquisition et la vente des objets contrefaits a été le fait de son commis et non le sien, et qu'au milieu des opérations nombreuses de sa maison, ces aquisitions et ventes sont demeurées pour lui inaperçues.

Une telle excuse ne saurait être admise.

— 5 juin 1860, Trib. corr. de la Seine; aff. Szymanski c. Tournier. (*La Propr. industr.*, n° 132.)

15. L'arrêt qui écarte la bonne foi à l'égard des artistes, des commissionnaires et des fabricants, sans dé-

cider que les marchands qui ont vendu ont agi sciemment, peut néanmoins condamner ces marchands si la généralité des motifs invoqués est telle qu'il en résulte que le fait de la contrefaçon ne pouvait être ignoré d'aucuns des prévenus déclarés coupables.

— 19 mars 1858, rej.; aff. Goupil c. divers. (*La Propr. industr.*, n° 18.)

16. Les cas de complicité déterminés par les art. 41 et 43 de la loi de 1844 sont limitatifs, et ne peuvent être étendus par application des dispositions générales des art. 59 et 60 du C. pénal.

On ne peut par conséquent atteindre ceux qui, même sciemment, ont servi d'intermédiaire entre le contrefacteur et l'acheteur des objets contrefaits.

— 24 mars 1848, C. de cass.; aff. Cristofle c. Crignon. (S. V. 48, 1, 579.)—26 juillet 1850, *idem;* aff. Gibus c. Duchesne. (S. V. 51. 1, 77.) — 21 nov. 1851, *idem;* aff. Duchesne c. Galibert.

17. Le recel, la vente ou l'exposition en vente d'objets contrefaits, ne constituent pas un délit distinct du délit de contrefaçon; ils en forment, au contraire, une partie intégrante et sont dès lors une véritable complicité de ce délit.

En conséquence, l'art. 55 du C. pénal est applicable, et la condamnation à l'amende, aux dommages-intérêts et aux frais, doit être prononcée solidairement contre le coupable de recel, vente, ou exposition en vente d'objets contrefaits, et le contrefacteur.

— 4 août 1859, C. de Rouen; aff. Milliet c. Leroy et Saintard. (*La Propr. industr.*, n° 94.)

18. L'exposition en vente d'objets contrefaits constitue non un délit distinct, mais un fait de complicité qui est déterminé par les art. 41 et 43 de la loi du 5 juillet 1844, et qui reste, quant à la solidarité, soumis à la règle générale établie par l'art. 55 du C. pénal.

— 26 mars 1861, Paris; aff. Dutertre c. Tixier et autres. (*La Propr. industr.*, n° 191.)

19. *Contrà.* Le débitant d'une partie des objets contrefaits ne peut etre considéré comme le complice de tous les délits de contrefaçon commis par le fabricant, et il est complétement étranger aux faits de vente desdits objets par d'autres débitants, sans aucun concert entre eux;

Aussi la loi du 8 juillet 1844 n'a pas prononcé la solidarité entre les contrefacteurs et les débitants, non plus qu'entre les débitants isolés des objets contrefaits, parce qu'une telle disposition, toujours ruineuse pour les débitants, les obligerait à réparer le préjudice causé par des délits qu'ils n'ont pas commis, et que cette considération suffit pour empêcher l'application de l'art. 55 du C. pénal.

— 14 déc. 1861, C. imp. d'Amiens; aff. Dutertre c. Fourreau. (*La Propr. industr.*, no 214.)

20. Le délit de contrefaçon par vente ou distribution est un délit successif contre lequel la prescription ne peut courir qu'après le dernier acte régulièrement constaté.

— 18 nov. 1858, Trib. corr. de Lyon; aff. Vieillot c. Ofray. (*La Propr. industr.*, no 54.)

21. Se rend coupable de concurrence déloyale celui qui vend, sous son propre nom, un produit breveté, même après l'avoir acheté chez le véritable inventeur.

— 7 juillet 1859, C. de Paris; aff. Gourbeyre c. Bodevin. (*La Propr. industr.*, no 93.)

22. Celui qui achète, sans condition, à un breveté, un certain nombre de ses produits, a le droit de les vendre aussi bien dans la ville qu'habite le breveté que partout ailleurs,

— 21 fév. 1857, Trib. de Lyon; aff. Dupasquier c. Piffady. (*L'Invention.*)
V. art. 40.

ARTICLE 42.

Les peines établies par la présente loi ne pourront être cumulées.

La peine la plus forte sera seule prononcée pour tous les faits antérieurs au premier acte de poursuite.

V. art. 49, vo *Dommages-intérêts.*

ARTICLE 43.

Dans le cas de récidive, il sera prononcé, outre l'amende portée aux articles 40 et 41, un emprisonnement d'un mois à six mois.

Il y a récidive lorsqu'il a été rendu contre le prévenu, dans les cinq années antérieures, une première condamnation pour un des délits prévus par la présente loi.

Un emprisonnement d'un mois à six mois pourra aussi être prononcé si le contrefacteur est un ouvrier ou un employé ayant travaillé dans les ateliers ou dans l'établissement du breveté, ou si le contrefacteur, s'étant associé avec un ouvrier ou un employé du breveté, a eu connaissance, par ce dernier, des procédés décrits au brevet.

Dans ce dernier cas, l'ouvrier ou l'employé pourra être poursuivi comme complice.

1. Est en état de récidive et doit être puni conformément à l'art. 43 celui qui a déjà été condamné pour contrefaçon depuis moins de cinq ans.

— 27 mars 1860, Trib. corr. de la Seine ; aff. Pannelier c. Goubert et Magnier. (*La Propr. industr.*, nᵒ 121.)

2. L'ouvrier qui, après une première condamnation pour avoir fabriqué une machine brevetée, contrefait une seconde fois cette machine, mais pour le compte d'une autre personne, doit être considéré comme récidiviste.

— 24 avril 1855, C. d'Orléans; aff. Cotel c. Motte. (S. V. 55, 2, 601.)

3. Lorsqu'un prévenu de contrefaçon, cité devant la juridiction correctionnelle, a été précédemment déclaré contrefacteur par la juridiction civile, il ne saurait être considéré comme se trouvant en état de récidive, puisqu'aucune peine n'a été prononcée par les tribunaux civils.

— 13 fév. 1862, C. imp. de Paris, app. corr.; Rouget de Lisle c. Nicolle et autres. (*La Propr. industr.*, nᵒ 218.)

31.

4. Lorsqu'un fait reproché à un prévenu de contrefaçon a déjà donné lieu à la condamnation du prévenu au profit d'un breveté, et lorsque plus tard une saisie nouvelle est pratiquée sur les mêmes objets à la requête d'un autre breveté, il ne saurait y avoir récidive dans les termes de la loi, qui veut qu'il y ait eu condamnation pour un premier fait avant la perpétration du second.

— Même arrêt.

5. Bien que dans ses motifs un arrêt semble mettre à la charge du prévenu de contrefaçon l'obligation de prouver que cette contrefaçon est postérieure à un précédent arrêt, ce qui constitue l'un des éléments du délit, si, dans son dispositif, cet arrêt se borne à ordonner un apport de registres offert par le prévenu lui-même pour y rechercher les dates des fabrications et livraisons, cet arrêt ne prononçant rien dans son dispositif sur l'existence des délits et ne liant aucunement le juge relativement à la décision au fond, échappe à la cassation.

— 17 avril 1857, rej.; Aubert et Gérard c. de Bergue. (*Gaz. des Trib.*)

6. Les termes de l'art. 43 sont généraux et s'appliquent à tous ceux qui ont travaillé pour le breveté, soit chez lui, soit chez eux.

— 30 mars 1854, C. imp. de Paris; aff. Fontaine c. Hubert et Lieux.

7. L'art. 43 est applicable même au cas où la contrefaçon, résultant de la coopération de l'ouvrier, a précédé la demande de brevet.

En effet, dans le sens de cet article, le mot breveté doit s'entendre, non-seulement de l'inventeur déjà pourvu du brevet au moment de la contrefaçon, mais encore de celui qui ne l'a obtenu que postérieurement à la contrefaçon, s'il est démontré, d'ailleurs, que c'est par le fait de cette contrefaçon que l'inventeur, qui voulait garder le secret de sa fabrication, a cru devoir se faire breveter.

— 28 mai 1853, C. de cass.; aff. Dastis c. Caujolle.

8. Bien que les éléments d'un mélange breveté soient tombés dans le domaine public, et que leur réunion ne constitue pas un produit nouveau susceptible d'être breveté, la communication par un apprenti, au préjudice de son patron, du mode de fabrication employé par ce dernier, à un individu son complice, qui en a profité pour faire une concurrence déloyale, tombe sous l'application

de l'art. 1382 du Code Napoléon, et donne lieu à des dommages-intérêts.

— 27 juin 1856, C. de Rouen ; aff. Lecomte c. Frébourg. (*L'Invention.*)

ARTICLE 44.

L'art. 463 du Code pénal pourra être appliqué aux délits prévus par les dispositions qui précèdent.

1. Lorsque le prévenu de contrefaçon a demandé conseil à des gens experts, et qu'il a pu en résulter pour lui la conviction que les procédés de fabrication par lui employés ne le constituaient pas en contrefaçon, sa bonne foi n'empêche pas le délit d'exister, mais elle entraîne des circonstances atténuantes à son profit.

— 17 juin 1856, C. de Douai ; aff. Delacourt c. Rolland.

V. art. 40, vº *Bonne foi.*

2. Des circonstances atténuantes doivent être accordées au contrefacteur qui, dans l'ignorance des droits du breveté, avait traité avec un tiers condamné lui-même comme contrefacteur de l'invention brevetée.

— 27 juin 1856, Trib. de Bernay ; aff. Gaillard c. Beaugrand.

ARTICLE 45.

L'action correctionnelle pour l'application des peines ci-dessus ne pourra être exercée par le ministère public que sur la plainte de la partie lésée.

SOMMAIRE.

Action publique, nos 5 et s.
Cessionnaire, 12, 14 et 16.
Déclinatoire, 7.
Délit, 3.
Désistement, 5 et s.
Faillite, 10 et s.
Garantie, nº 21.
Incompétence, 8.
Intervention, 2, 13, 16 et 20.
Jonction, 19.
Juridiction, 3 et s.
Ministère public, 6 et s.

1. L'inventeur ne peut actionner les contrefacteurs, même devant les tribunaux civils, qu'autant qu'il s'est fait breveter.

— 1er mars 1845, C. roy. de Paris; aff. Fetizou c. Dela-chaussé. (*Le Droit*, 4 mars 1845.)

2. N'est pas recevable dans une instance correctionnelle en contrefaçon l'intervention d'un tiers se disant inventeur et vendeur de l'appareil argué de contrefaçon, lorsqu'il n'excipe pas d'un droit de propriété sur le brevet même invoqué par le plaignant.

— 20 mars 1857, rej.; aff. Lanet et Leplay c. Villard.

3. La contrefaçon, étant un délit, donne ouverture à deux actions, l'une publique, l'autre civile.

L'action civile peut, en cette matière comme en toute autre, être poursuivie séparément, surtout lorsqu'il a été procédé à la désignation et description détaillée, avec ou sans saisie, des objet prétendus contrefaits, ainsi que l'exprime l'article 47 de la loi de 1844.

— 9 mai 1859, rej.; aff. Villard c. Dess. (*La Propr. industr.*, no 85.)

4. Le choix entre la juridiction civile et la juridiction correctionnelle appartient exclusivement au breveté.

Alors même que le défendeur à la contrefaçon aurait porté sa demande en mainlevée de la saisie devant la juridiction civile, le breveté n'en conserve pas moins le droit d'engager l'action en contrefaçon devant le tribunal correctionnel.

Sinon, il dépendrait du contrefacteur de se soustraire à la peine de son délit.

— 24 mars 1852, Trib. corr. de la Seine; aff. Cristoffle c. Lecomte.

5. Le breveté ne peut arrêter la poursuite commencée.

— 20 janv. 1852, C. imp. de Paris; aff. Christoffle.

6. Bien qu'un breveté se soit désisté du bénéfice du jugement qui a condamné un contrefacteur, et de l'action civile qu'il avait dirigée contre ce contrefacteur, ce désistement n'élève pas une fin de non-recevoir contre l'action publique, l'article 45 exigeant seulement une plainte préalable en matière de contrefaçon industrielle, et l'art. 4 du Code d'instruction criminelle disposant d'une manière générale et absolue, dans l'intérêt de l'ordre public, que la renonciation à l'action civile ne peut arrêter et suspendre l'action publique.

— 20 janv. 1855, C. imp. de Paris; aff. Laming c. Cavaillon. (*Pataille et Huguet*, 1855, p. 13.)

7. En matière de contrefaçon, le déclinatoire peut être proposé par le ministère public, même dans le cas où il y a eu désistement de la part du plaignant.

— 21 fév. 1856, C. d'Amiens ; aff. Bessas Lamégie c. chem. de fer d'Orléans.

8. En matière de contrefaçon, dès que l'action publique a été mise en mouvement par la plainte de la partie civile, il n'appartient plus à personne de l'arrêter ou de la suspendre ; seulement, au cas d'acquittement soit par le tribunal de première instance, soit par le tribunal d'appel, l'action publique se trouve éteinte si le ministère public n'a ni interjeté appel ni formé de pourvoi en cassation ; alors l'appel et le pourvoi de la partie civile seule, ne peuvent avoir d'effet qu'au regard des intérêts civils, et, par suite, la Cour de renvoi, saisie par la Cour de cassation, est incompétente pour statuer sur tout déclinatoire proposé par le procureur général et ayant pour but l'exercice de l'action publique.

Spécialement, la Cour impériale, saisie par renvoi de la Cour de cassation, intervenu à la suite d'un pourvoi formé par la partie civile seule, de l'appel d'un jugement qui acquitte les prévenus de contrefaçon, appel également interjeté uniquement par la partie civile, ne peut statuer sur le déclinatoire du procureur général fondé sur ce que l'un des prévenus étant membre de la Cour des comptes, la juridiction ordinaire de répression est incompétente. En effet, en l'absence de tout recours de la part du ministère public, le jugement de première instance et l'arrêt confirmatif qui ont prononcé l'acquittement des prévenus ont acquis l'autorité de la chose jugée, quant à l'action publique, laquelle étant dès lors éteinte, interdit à la Cour de renvoi toute appréciation de la manière dont elle pourrait être utilement exercée.

— 9 mai 1856, C. de cass.; aff. Bessas Lamégie c. chem. de fer d'Orléans. (*Gaz. des Trib.*, 10 mai 1856.)

9. Le désistement donné à l'audience, à la fin des débats, est tardif et ne peut être accepté.

— 19 janv. 1859, Trib. corr. de la Seine ; aff. Labat c. divers. (*La Propr. industr.*, n° 61.)

10. Lorsque le propriétaire d'un brevet est en état de faillite, il peut poursuivre encore les contrefacteurs en son nom et sans le concours de ses syndics.

— 5 sept. 1817, Trib. de la Seine ; aff. Erard c. Plane.

11. Le syndic ayant le droit de représenter le failli dans les contestations qu'il a engagées au point de vue civil, est recevable à intervenir dans le procès en contrefaçon intenté par le failli avant d'être mis en faillite.

— 26 fév. 1862, Trib. corr. de la Seine; aff. Guérin et Henrionnet c. Simon. (*La Propr. industr.*, n° 248.)

12. Il y a lieu de refuser au ministère public l'action qui n'aurait été provoquée que par la plainte d'un cessionnaire porteur d'un titre non régularisé.

— 11 août 1853, C. imp. de Paris ; aff. Nesmes-Dubort c. Tragit et autres.

13. Dans le cas où un fonctionnaire public, indûment breveté pour une invention faite au cours de ses fonctions, poursuit des contrefacteurs, l'Etat peut intervenir, même en appel ; en effet, les prévenus ne pourraient faire valoir utilement les exceptions de l'art. 46 si celui du droit duquel ils se prévalent ne pouvait intervenir au débat spontanément, ou y être admis sur son appel en cause. L'intervention de l'Etat se fonde également sur l'art. 466 du Code de procédure civile, et sur le préjudice que lui cause le jugement.

— 25 avril 1856, C. d'Amiens ; aff. Manceaux c. Marès. (*Le Droit*, du 30 avril.)

14. Le porteur d'une simple licence sous-seing privé, par laquelle le breveté lui confère le droit exclusif d'exploiter dans une localité, peut, dans l'étendue de cette localité, exercer en son nom personnel des poursuites en contrefaçon.

— 26 avril 1854, Trib. de la Seine ; aff. Blétry c. Lamirelle.

Mais la Cour a infirmé le jugement et décidé qu'on ne peut poursuivre en vertu d'une simple licence sous seing privé : d'une part, parce qu'un acte de cette nature ne confère pas un droit de propriété ; d'autre part, parce que cet acte n'est pas notarié ni enregistré, ce qui ne permet pas qu'il soit opposé aux tiers ; que, le porteur de la licence ne peut alléguer qu'il agit comme fondé de pouvoirs du breveté, car c'est une maxime du droit français que nul, en France, excepté le souverain, ne plaide par procureur.

— 1er mars 1855, C. imp. de Paris ; même affaire.

15. L'inventeur, dont le brevet est expiré, peut néanmoins poursuivre les contrefacteurs, pourvu que le fait

constituant le délit soit antérieur à l'expiration du brevet
et ne soit point prescrit au moment où la poursuite est
intentée.

— 20 août 1851, C. de cass.; aff. Alcan et Péligot c. Bacot
et Cunin-Gridaine. (S. V. 51, 1, 648.)

16. Dans la poursuite en contrefaçon, l'inventeur n'est
pas recevable à intervenir en cette qualité devant la Cour,
s'il n'est pas intervenu devant les premiers juges.

Au contraire, l'intervention du cessionnaire des droits
du prévenu est recevable, alors surtout que le prévenu
comparant devant les premiers juges, est décédé depuis
le jugement frappé d'appel; il ne fait pas obstacle à l'appréciation des intérêts civils devant la juridiction correctionnelle.

—6 mars 1860, C. de Paris; aff. Silvain Dupuis c. Sellier.
(La Propr. industr., n° 130.)

17. Le principe des deux degrés de juridiction ne permet pas d'admettre pour la première fois en appel, dans
l'instance en contrefaçon intentée par le cessionnaire
d'un brevet, l'intervention de l'auteur de l'invention brevetée.

— 6 mars 1860, C. de Paris; aff. Dupuis et Dumery c. Lemercier. (La Propr. industr., n° 121.)

18. Lorsqu'un tribunal correctionnel, saisi d'une prévention dirigée contre plusieurs individus, ne statue qu'à
l'égard de l'un et omet de statuer à l'égard des autres,
les plaignants sont fondés à ressaisir ce tribunal de leur
demande contre les prévenus omis, et ce n'est pas par
voie d'appel qu'ils peuvent obtenir la réparatipn de cette
omission.

Spécialement, lorsqu'une citation correctionnelle a été
donnée aux directeurs et administrateurs d'une compagnie anonyme, comme personnellement auteurs d'un délit, et encore à la compagnie anonyme comme civilement
responsable', le jugement qui condamne la compagnie,
comme auteur du délit à l'amende et aux réparations civiles, sans rien juger à l'égard des directeurs et administrateurs, n'épuise pas la juridiction du tribunal, lequel conserve toute compétence pour purger la prevention
à l'égard de ces derniers.

— 12 janv. 1855, C. de Paris; aff. Marchal c. le chemin
de fer d'Orléans.

19. Lorsqu'un tribunal correctionnel est saisi d'une

plainte en contrefaçon, et que, de son côté, le prévenu a, postérieurement à la plainte, saisi le tribunal civil d'une demande en nullité du brevet pris par le plaignant, le tribunal correctionnel ne peut ordonner la jonction de la demande en nullité à la plainte en contrefaçon et statuer sur le tout.

— 5 jan. 1855, Trib. corr. de la Seine ; aff. Rabiot. Journet.

20. Lorsqu'une saisie a été pratiquée chez des tiers, comme détenteurs d'objets contrefaits, ils ont intérêt et droit à intervenir dans l'instance en contrefaçon, et leur intervention est recevable.

— Même jugement.

21. Le droit de poursuite ne saurait appartenir au contrefacteur qui, déjà condamné, prétendrait attaquer à son tour ceux auxquels il a commandé l'œuvre déclarée contrefaite. En un mot, il n'y a pas d'action en garantie en matière de contrefaçon.

— 21 août 1860, Trib. corr. de la Seine ; aff. Pilastre et Chanson c. Testard et Wattier. (La Propr. industr., nº 143.)

Voir l'art. 46, vº Garantie.

ARTICLE 46.

Le tribunal correctionnel, saisi d'une action pour délit de contrefaçon, statuera sur les exceptions qui seraient tirées par le prévenu, soit de la nullité ou de la déchéance du brevet, soit des questions relatives à la propriété dudit brevet.

SOMMAIRE.

1º Les tribunaux correctionnels ne peuvent prononcer la nullité ou la déchéance des brevets, nºs 1 à 7.
2º De la chose jugée, 8 à 21 ;
3º Sursis, pourvoi, litispendance, 22 à 30 ;
4º Du tribunal compétent pour réprimer le délit de contrefaçon, 31 à 34 ;
5º Du décès du prévenu, 35 et 36 ;
6º De l'appel en garantie, 37 à 40 ;
7º De l'expertise, 41 à 47 ;
8º De la comparution en personne, 48 ;
9º Des dommages-intérêts, 49 à 52 ;
10º Partage, opposition, appel, cassation, 53 à 57.

1° *Les tribunaux correctionnels ne peuvent prononcer la nullité ou la déchéance des brevets.*

1. L'art. 46 de la loi de 1844 ne permet pas au plaignant de demander, devant les tribunaux correctionnels, la déchéance d'un brevet appartenant au prévenu.

Il doit s'adresser aux tribunaux civils.

L'art. 46 n'autorise pas les juges correctionnels à prononcer la déchéance. Ils peuvent seulement s'appuyer sur les moyens de déchéance pour renvoyer le prévenu.

— 23 nov. 1855, C. de cass.; aff. David-Labbez c. Lefèvre-Lacroix. (*Bull. des Arr. crim.*, t. 60, p. 587.)

2. La nullité d'un brevet d'invention ne peut être régulièrement prononcée par la juridiction correctionnelle.

— 21 juillet 1859, C. de Paris; aff. Farjou c. Dumas et Lecerf. (*La Propr. industr.*, n° 93.)

3. Aux termes de l'art. 46 de la loi du 5 juillet 1844, les tribunaux correctionnels ne connaissent de la nullité des brevets que par voie d'exception, et ils ne peuvent prononcer dans leurs jugements la nullité d'un brevet.

— 31 mars 1855, C. de Paris; aff. d'Arlincourt c. Létrange-David. (*Pataille et Huguet*, t. de 1855, p. 156.)

4. Aux termes des dispositions de la section 2 du titre 4 de la loi du 5 juillet 1844, l'action en nullité des brevets d'invention doit être portée devant les tribunaux civils; l'art. 46 n'attribue aux tribunaux correctionnels le droit de connaître des questions de nullité et de déchéance des brevets qu'en ce qu'elles sont opposées comme exceptions pour repousser l'action en contrefaçon, et ne leur attribue en aucun cas juridiction pour prononcer la nullité des brevets.

— 31 mars 1855, C. de Paris; aff. Frezou c. Pommier. (*Pataille et Huguet*, t. de 1855, p. 110.)

5. Il n'appartient pas aux tribunaux correctionnels saisis d'une poursuite en contrefaçon de prononcer dans le dispositif de leur jugement, la nullité ou la déchéance du brevet, en vertu duquel la poursuite est dirigée, ils doivent se borner à consigner dans leurs considérants les griefs de nullité ou de déchéance qu'ils croient devoir admettre pour prononcer le renvoi du prévenu.

— 12 nov. 1856, C. de Dijon; aff. Domingo c. Martin.

6. Les tribunaux correctionnels sont incompétents pour prononcer la nullité d'un brevet. Ils ne peuvent

connaître de cette nullité que comme exception aux
poursuites.

— 4 juillet 1855, C. imp. de Paris; aff. Rouget de Lisle c.
Lizeray et Thomas. (*Gaz. des Trib.* du 15 juillet 1855.)

7. L'art. 46 ne donne aux juges correctionnels le droit
de connaître des questions de nullité qu'en ce qu'elles
sont opposées comme exceptions pour repousser l'action
en contrefaçon, mais ne leur donne en aucun cas juridiction pour prononcer la nullité des brevets.

— 6 juillet 1854, C. imp. de Paris; aff. Madeline c.
Maurin.

2° *De la chose jugée.*

8. En matière de contrefaçon, les jugements et arrêts
correctionnels qui ont statué sur des questions de propriété, ne s'étendent pas au delà des faits incriminés.

En conséquence, en cas de nouvelles poursuites pour
des faits postérieurs, ces jugements et arrêts ne sauraient être invoqués comme ayant l'autorité de la chose
jugée.

— 17 juin 1862, C. imp. de Montpellier ; aff. Bardou c.
Blanchard et autres. (*Le Droit* du 17 oct.)

9. Il n'y a chose jugée, par la juridiction correctionnelle, sur la validité du brevet, que relativement au fait
particulier, à l'objet matériel qui avait motivé la poursuite.

La décision émanée de cette juridiction ne saurait donc
former obstacle à ce que le plaignant, qui a succombé,
engageât une nouvelle action, à ses risques et périls,
contre le même adversaire, à l'occasion d'une nouvelle
saisie d'objets semblables à ceux qui formaient le corps
du délit dans la première poursuite.

Mais, lorsqu'un cas de nullité ou de déchéance du brevet a été jugé par la juridiction civile, la même cause de
nullité ou de déchéance ne peut faire de nouveau, entre
les mêmes parties, l'objet d'un débat devant la juridiction
correctionnelle.

Il y a chose jugée à cet égard, alors même que de nouveaux moyens seraient apportés à l'appui de l'exception.

— 18 juin 1852, C. de cass.; aff. Guillaume et Vinger c.
Piel. (*Bull. des Arr. crim.*, t. LVII, p. 374.) — 11 juillet 1853,
C. d'app. de Rouen; aff. Bouillaud c. Collin-Royer.

10. Lorsque par une demande principale en déchéance,
portée devant la juridiction civile, le brevet a été déclaré

valable, le breveté qui, postérieurement, poursuit en contrefaçon devant la juridiction correctionnelle, le demandeur en déchéance peut opposer la chose jugée à l'exception de déchéance invoquée par le prévenu.

— 28 fév. 1857, Paris; Sax c. Gautrot (*Gaz. des Trib.*) — 3 déc. 1857, C. de Paris; aff. Wanner c. Vandamme. (*La Propr. industr.*, n° 11.)

11. Les décisions rendues au criminel sont souveraines; elles ont envers et contre tous l'autorité de la chose jugée, et il ne saurait être permis de remettre en question devant la juridiction civile les faits qu'elles affirment ou qu'elles nient.

En conséquence, le plaignant en contrefaçon, qui a été débouté de sa demande devant le tribunal correctionnel, ne saurait être admis lorsqu'il est assigné devant la juridiction civile en dommages-intérêts, à raison de sa poursuite indue à soutenir de nouveau que sa plainte était fondée, et que son adversaire était vraiment un contrefacteur.

— 16 janv. 1861, C. imp. de Besançon; aff. Vernier-Roux et autres c. Boilley frères. (*La Propr. industr.*, n° 222.) — 2 déc. 1861, rej.; même affaire, *loc. cit.*

12. La solution définitive des questions relatives à la validité et à la propriété des brevets d'invention appartient exclusivement à la juridiction civile; la juridiction correctionnelle ne statue sur ces mêmes questions qu'à titre d'exceptions à la poursuite en contrefaçon.

En conséquence, la décision rendue par le juge correctionnel, qui a rejeté le moyen de nullité, ne s'étend pas au delà du fait incriminé; en telle sorte qu'un nouveau fait de contrefaçon venant à être poursuivi, sans qu'une sentence au civil ait statué souverainement entre les parties sur ce moyen de nullité, le prévenu est encore recevable à reproduire ce moyen sans qu'on puisse lui opposer l'autorité de la chose jugée.

— 1ᵉʳ fév. 1858, Trib. corr. de Lille; aff. Delaunay c. Sollet. (*La Propr. industr.*, n° 14.)

13. Les parties condamnées correctionnellement, en vertu d'un brevet, peuvent néanmoins s'adresser à la juridiction civile pour faire prononcer la nullité de ce même brevet.

On ne peut leur opposer ni la *chose jugée*, ni l'identité des griefs invoqués.

— 10 juillet 1860, Trib. civ. de la Seine; aff. Daubier-Cautier et Lallemand c. Guyot. (*La Propr. industr.*, n° 154.)

14. Le jugement correctionnel qui a repoussé une action en contrefaçon, en accueillant l'exception tirée par le prévenu de la déchéance et de la nullité du brevet, ne peut être opposé, comme ayant l'autorité de la chose jugée, à l'action civile ultérieurement engagée contre la même personne par le breveté, à raison de faits de fabrication postérieure à ceux qui ont fait l'objet des poursuites correctionnelles. En cette matière comme en toute autre, le tribunal correctionnel n'est juge de l'exception que dans la mesure et les limites de l'action, c'est-à-dire au seul point de vue de la prévention.

— 29 avril 1857, Cass., ch. civ.; aff. Rolf et Seyrig c. Crespel de Lisse. (D. P. 1857, 1, 137.) — 4 janv. 1858, C. de Paris, même aff. (*La Propr. industr.*, n° 4.) — 13 nov. 1858, idem ; aff. Rouseray c. Heudebert (*La Propr. industr.*, n° 53.)

15. Mais s'ils annulent le brevet, les juges civils ne peuvent condamner le breveté à des dommages-intérêts pour le préjudice résultant de l'exécution du jugement correctionnel.

— 21 fév. 1859, Cass.; aff. de Villamil c. Journaux-Leblond. (*La Propr. industr.*, n° 76.)

16. En matière de contrefaçon, l'examen des exceptions soulevées par le prévenu, comme moyen de défense à l'action dirigée contre lui, peut donner lieu à une décision susceptible d'acquérir sur ces exceptions, dans une poursuite ultérieure, l'autorité de la chose jugée entre les parties en cause ; en effet, l'art. 46 de la loi de 1846 donne en cette matière spéciale un pouvoir particulier aux juges de l'action, celui de statuer par voie accessoire sur l'exception considérée comme question extrinsèque et en dehors du but déterminé de l'action.

Dans ce cas, la chose jugée résulte non-seulement des motifs du dispositif, mais même dès que la condamnation a été prononcée, cette condamnation ne pouvant s'expliquer que par le rejet virtuel, mais nécessaire des exceptions soulevées.

— Douai, 6 mars 1856, D. P., 1857, 1, 139; aff. Rohlfs-Seyrig. — Rej., 17 avril 1857, ch. crim., D. P., 1857, 1, 142 ; aff. Aubert et Gérard c. Bergue.

17. Bien qu'un arrêt correctionnel, en déclarant des prévenus coupables de contrefaçon, ait implicitement re-

jeté les conclusions desdits prévenus tendant à invalider le brevet en vertu duquel ils étaient poursuivis, néanmoins, la validité dudit brevet n'ayant pas fait l'objet direct des dispositions de l'arrêt, peut être encore attaquée devant la juridiction civile, sans que le breveté puisse opposer la chose jugée.

— 7 mars 1861, Trib. civ. de la Seine ; aff. Juhel c. Stichter. (*La Propr. industr.*, n° 176.)

18. Il n'y a pas chose jugée contre la veuve, et on ne peut lui opposer le jugement obtenu contre son mari, si ce jugement ne se rapporte pas à un fait pour lequel elle ait pu être réputée avoir été représentée dans l'instance contre son mari.

— 10 juillet 1846, C. de cass.; aff. Duvelleroy c. Aubert et veuve Petit. (S. V. 46, 1, 587.)

19. Lorsque sur une demande du ministère public en déchéance du brevet, le tribunal a repoussé cette demande, le ministère public, indivisible, ne peut pas reproduire une demande de même nature, dans un autre procès, vis-à-vis du même breveté, à l'occasion du même brevet; mais il ne s'ensuit pas que les tiers soient privés du droit d'opposer aux poursuites en contrefaçon dirigées contre eux, ce même moyen de déchéance.

— 30 mai 1857, C. de Paris ; aff. Florimond c. Daumont et autres.

20. Les faits successifs de contrefaçon ne peuvent jamais être considérés comme préjugés par les décisions précédemment intervenues sur des faits analogues.

En conséquence, sur des poursuites en contrefaçon portées devant le tribunal correctionnel, le plaignant ne peut opposer au prévenu que ce dernier aurait reconnu la validité du brevet par une transaction intervenue sur un procès antérieurement engagé entre les mêmes parties devant le tribunal correctionnel.

— 13 fév. 1862, C. imp. de Paris, app. corr.; aff. Rouget de Lisle c. Nicolle et autres. (*La Propr. industr.*, n° 218.)

21. Le prévenu de contrefaçon, acquitté par le tribunal correctionnel, peut être valablement actionné devant le tribunal de commerce pour concurrence déloyale, sans qu'il y ait violation de l'art. 1351.

— 23 juin 1859, C. de Paris; aff. Wittersheim c. Rousset-Boucher. (*La Propr. industr.*, n° 93.)

3° *Sursis, pourvoi, litispendance.*

22. L'action principale en nullité ou en déchéance portée devant le tribunal civil, a pour effet nécessaire de
faire surseoir à l'action en contrefaçon portée, soit avant
soit depuis la demande, devant un tribunal correctionnel.

— 22 fév. 1845, C. de Paris : aff. Christoffle c. Leridais.
(Dalloz, v° *Brevet d'invention*, n° 356.) — 18 déc. 1850, C. de
Paris ; aff. Huet c. Piel.

23. Jugé, au contraire, que le juge correctionnel reste
libre d'ordonner ou de refuser le sursis, suivant les circonstances.

— 27 nov. 1849, Trib. corr. de Paris ; aff. Tailbout et Ma-
gnard c. Blanchet-Gauthier. — 14 fév. 1855, C. de cass.; aff.
Rohlfs-Seyrig c. Droulers. (*Bull. des Arr. crim.*, t. LXI, 15
fév. 1855.)

Dans le cas où le sursis paraîtra pouvoir être ordonné,
il ne devra pas être prononcé si le prévenu a déjà opposé
la nullité ou la déchéance devant le juge saisi de l'action
en contrefaçon.

— 5 mai 1848, C. de cass.; aff. Dida c. Duchesne. (*Pal.*,
1849, t. I, 175.)

24. Le juge qui ordonne le sursis peut fixer un délai
pour faire statuer sur la déchéance, et il a toujours le
droit d'apprécier la nature des diligences faites par le
prévenu pour décider si elles sont suffisantes ou bien
s'il a procédé avec lenteur, afin d'entraver le cours de la
justice.

— 11 mars 1848, C. d'app. de Paris ; aff. Duchesne c.
Brard.

25. Les tribunaux correctionnels étant compétents
pour statuer sur les exceptions tirées des questions relatives à la propriété des brevets, il n'y a pas lieu de
surseoir jusqu'à ce que les prévenus aient fait statuer sur
une question de cette nature par les tribunaux de droit
commun.

— 30 mai 1857, C. de Paris ; demoiselle Milliet c. dame
Vernier.

26. Le tribunal correctionnel, saisi d'une poursuite en
contrefaçon, n'est pas obligé de surseoir à statuer, bien
qu'une action civile en nullité de brevet ait été introduite avant la poursuite correctionnelle, et que cette action soit engagée entre les mêmes parties.

— 17 fév. 1858, Trib. corr. de la Seine ; aff. Choureau c. Simonel. (*La Propr. industr.*, n° 10.)

27. La Cour saisie de l'appel d'un jugement qui a condamné un contrefacteur, n'est pas tenue de surseoir jusqu'à ce qu'il ait été statué sur la demande en nullité du brevet, formée au civil par le contrefacteur. Il en est ainsi surtout lorsque ladite demande en nullité est postérieure au jugement qui a reconnu la contrefaçon.

— 6 mars 1858, C. de Grenoble ; aff. Lesobre c. Bourgeat. (*La Propr. industr.*, n° 26.)

28. La nullité de la saisie n'entraînant pas la nullité de la poursuite, celle-ci ne peut recevoir aucune atteinte des décisions à intervenir devant une autre juridiction sur la validité de la saisie ;

En conséquence, il n'y a pas lieu de surseoir jusqu'à ce que la juridiction supérieure ait statué sur la nullité de la saisie fondée sur ce qu'un cautionnement ordonné par le président n'avait pas été versé dans les delais.

— 15 janv. 1862, Trib. corr. de la Seine ; aff. Masse c. Rattier et Crapelet. (*La Propr. industr.*, n° 217.)

29. Le pourvoi formé contre un arrêt rendu sur la validité d'un brevet ne peut suspendre l'action correctionnelle en contrefaçon intentée en vertu du même brevet.

— 3 déc. 1857, C. de Paris ; aff. Vanner c. Vendamme. (*La Propr. industr.*, n° 11.)

30. L'exception de *litispendance* est opposable au prévenu de contrefaçon qui, sans attendre la décision du tribunal correctionnel, demande devant le tribunal civil la nullité de la saisie.

— 26 déc. 1860, Trib. civ. de la Seine ; aff. Lory c. Thévenot. (*La Propr. industr.*, n° 160.)

4° *Du tribunal compétent pour réprimer le délit de contrefaçon.*

31. En matière de contrefaçon, la compétence se détermine par l'art. 63 du Code d'instruction criminelle ;

En conséquence, on ne peut citer le prévenu devant un tribunal autre que celui de son domicile, sous prétexte que le tribunal saisi de la plainte serait celui du lieu où l'objet contrefait aurait été livré par le contrefacteur et découvert.

Il en est du moins ainsi quand le plaignant n'a pas

564 LOI DU 5 JUILLET 1844.

mis en cause le tiers chez lequel la saisie aurait été pratiquée.

— 29 mars 1855, C. de Paris ; aff. Fondeur c. Dubois.

32. La poursuite correctionnelle en contrefaçon peut être portée devant le tribunal soit du domicile du contrefacteur, soit au tribunal du lieu où le délit a été commis ;

Le plaignant peut citer le fabricant devant le tribunal du domicile de celui qui a recélé ou débité les objets contrefaits, car le délit de l'un est connexe au délit de l'autre, s'agissant des mêmes objets débités et recélés par l'un et fabriqués par l'autre.

— 8 janv. 1852, C. d'app. de Paris; aff. Dupré c. Fau-Pujos. — 29 août 1851, C. de cass.; aff. Martin-Renou c. Cailly.

33. On ne peut assigner le contrefacteur devant le tribunal d'un lieu où les objets contrefaits ont été saisis, s'il ne se joint à la présence desdits objets dans ce lieu l'un des faits constitutifs du délit de contrefaçon ;

Ainsi, on ne peut assigner le fabricant devant le tribunal du domicile d'un entrepreneur de roulage chez qui l'objet argué de contrefaçon a été saisi, mais qui, en réalité, s'était borné à le recevoir d'un pays pour le diriger sur un autre.

— 22 mai 1835, C. de cass.; aff. Chapsal c. Barbou. (S. V. 35, 1, 750.)

34. Si un militaire, pendant qu'il est sous les drapeaux, se rend coupable de contrefaçon, il doit être poursuivi devant les tribunaux militaires, qui seuls pourront lui appliquer les peines portées par la loi contre les contrefacteurs.

— 9 fév. 1827, C. de cass.; aff. Muller c. Durfort. (S. V. 27, 1, 335.)

5° Du décès du prévenu.

35. Bien que le décès du prévenu soit survenu postérieurement au jugement frappé d'appel, il ne fait pas obstacle à l'appréciation des intérêts civils devant la juridiction correctionnelle.

— 6 mars 1860, C. de Paris ; aff. Sylvain Dupuis c. Sellier. (La Propr. industr., n° 130.)

36. Le décès du prévenu, survenu après un jugement correctionnel qui a statué sur l'action civile et pendant

l'instance d'appel, n'empêche pas la juridiction correctionnelle supérieure d'être seule compétente pour prononcer, en appel, sur les dispositions de ce jugement, qui règlent les intérêts civils.

— 6 mars 1860, C. de Paris ; aff. Dupuis et Dumery c. Lemercier. (*La Propr. industr.*, n° 121.)

6° *De l'appel en garantie.*

37. Est mal fondée la demande en garantie formée par un complice contre l'auteur principal du délit.

— 22 fév. 1855, C. de Lyon ; aff. Mallet c. Gastoud.

38. L'appel en garantie exercé par le défendeur n'est pas recevable en matière correctionnelle.

— 21 juillet 1859, C. de Paris ; aff. Farjon c. Dumas et Lecerf. (*La Propr. industr.*, n°s 76 et 93.)

39. En matière pénale, la loi n'autorise pas le recours en garantie exercé par un prévenu contre son coprévenu.

— 4 mars 1862, Trib. corr. de la Seine ; aff. Massard c. Liétard et Legouix. (*La Propr. industr.*, n° 227.)

40. En matière d'inventions brevetées, la contrefaçon constituant une fraude, il serait contraire aux lois et aux bonnes mœurs d'accorder à celui qui l'a commise un recours contre celui qui y a participé.

— 25 mai 1859, C. de Lyon ; aff. Daubet et Dumarest c. Montagnat. (*La Propr. industr.*, n° 89.)
V. art. 45, v° *Garantie.*

7° *De l'expertise.*

41. Les articles 215 et suivants du Code de procédure civile ne sont applicables qu'en matière civile ;

En matière criminelle, les expertises ne sont soumises à aucunes formes précises dont l'inobservation entraîne la nullité du rapport ;

Alors même que les experts se seraient livrés hors de propos à l'appréciation de certaines questions de droit, leur opinion ne lie en rien le juge, qui peut adopter, rejeter ou modifier leurs conclusions, suivant les raisons de décider que lui fournissent sa conscience et ses propres lumières;

Mais la loi ne prononce pas, dans ce cas, la nullité de l'expertise.

32

— 13 fév. 1862, C. imp. de Paris, app. corr.; aff. Rouget de Lisle c. Nicolle et autres. (*La Propr. industr.*, n° 218.)

42. En matière criminelle, les parties ne sont pas tenues d'assister aux expertises, et si elles n'ont pas été appelées, l'omission de cette formalité n'entraîne pas la nullité de l'expertise, comme en matière civile.

— 30 mars 1860, rej.; aff. Bulot c. Lotz. (*La Propr. industr.*, n° 141.)

43. Quand, au cours d'une expertise, l'un des experts vient à décéder, le rapport, parachevé par les deux autres experts, postérieurement à ce décès, est entaché d'un vice radical et doit être annulé.

— 28 mars 1862, C. imp. de Paris, app. corr.; aff. Masse c. Rattier et Crapelet. (*La Propr. industr.*, n° 232.)

44. L'expert chargé de comparer une machine brevetée à une autre machine antérieurement brevetée, doit, pour accomplir sa mission, comparer plutôt les machines fabriquées que les descriptions et les dessins des brevets.

— 1er déc. 1858, C. de Lyon; aff. Deflache c. Balmont-Ferrière. (*La Propr. industr.*, n° 62.)

45. Aucun texte de loi ne s'opposant à ce que le juge correctionnel forme sa conviction sur tous les éléments de la cause qu'il a à sa disposition, il peut recourir à une expertise faite au sujet d'une instance étrangère à celle pendante, lorsque les parties, au lieu de s'y opposer par une exception formellement proposée, l'ont produite elle-même aux débats et l'ont débattue contradictoirement.

— 12 fév. 1858, rej.; aff. Daniel c. Villard. (*La Propr. industr.*, n°s 8 et 27.)

46. Est suffisamment motivé l'arrêt qui, avisant un rapport d'experts, déclare que les combinaisons brevetées sont essentiellement différentes des combinaisons saisies, bien qu'il ne fasse point connaître par lui-même en quoi ces combinaisons sont essentiellement différentes les unes des autres, si cela résulte suffisamment du rapport des experts.

— 26 juillet 1862, rej.; aff. Rouget de Lisle c. Ozouf. (*La Propr. industr.*, n° 266.)

47. Doit être cassé, comme non motivé, l'arrêt qui a omis de statuer sur les conclusions tendantes subsidiairement à une expertise.

— 16 fév. 1860, C. de cass.; aff. Bobœuf c. Raffart. (*La Propr. industr.*, n° 133.)

V. art. 34, v° *Expertise*.

8° De la comparution en personne.

48. La fin de non-recevoir tirée de ce qu'un prévenu doit comparaître en personne et ne peut être valablement représenté par un avoué, parce qu'il est en état de récidive, doit être produite au moment de la comparution devant les premiers juges; sinon le jugement est valablement rendu avec l'avoué, mandataire du prévenu.

— 13 fév. 1862, C. imp. de Paris, app. corr.; aff. Rouget de Lisle c. Nicolle et autres. (*La Propr. industr.*, n° 218.)

Dans les cas où il n'y a pas récidive, le jugement rendu contradictoirement avec l'avoué mandataire du prévenu est valablement rendu.

— Même arrêt.

V. art. 43, v° *Récidive*.

9° Des dommages-intérêts.

49. Les dispositions des articles 358 et 359 du Code d'instruction criminelle sont spéciales aux Cours d'assises ;

Les articles 191 et 212 du même Code, de même que l'article 46 de la loi du 5·juillet 1844, n'imposent pas à la partie citée comme prévenue d'un délit en police correctionnelle l'obligation d'y conclure, s'il y a lieu, à des dommages-intérêts contre le plaignant, sous peine d'être privée de l'exercice de cette action devant le tribunal civil, si elle juge convenable d'en saisir cette juridiction après son acquittement ;

Ces articles doivent être considérés comme renfermant seulement une faculté, les déchéances étant de droit étroit et ne pouvant être suppléées ou étendues par voie d'analogie.

— 16 janv. 1861, C. imp. de Besançon ; aff. Vernier-Roux et autres c. Boilley frères. (*La Propr. industr.*, n° 222.) — 2 déc. 1861, rej.; même affaire, *loc. cit.*

50. Les prévenus acquittés peuvent former une demande en dommages-intérêts supplémentaires devant la Cour pour le préjudice causé par la poursuite de l'action en contrefaçon.

— 6 mars 1860, C. de Paris ; aff. Sylvain Dupuis c. Sellier. (*La Propr. industr.*, n° 130.)

51. Les héritiers d'un prévenu de contrefaçon qui, renvoyé par un jugement des fins de la plainte, a obtenu des dommages-intérêts contre le plaignant, peuvent, pendant l'instance d'appel, céder à un tiers les droits de leur auteur ; et, dans ce cas, le cessionnaire peut intervenir devant la Cour, sans que cette intervention puisse être considérée comme entraînant l'introduction d'une demande nouvelle.

— 16 juin 1860. rej., ch. crim.; aff. Sylvain Dupuis c. Lemercier. (*La Propr. industr.*, n° 148.)

52. Lorsqu'il existe entre le système breveté et les objets argués de contrefaçon des similitudes apparentes qui ont pu tromper le breveté sur l'étendue de ses droits, il est permis d'admettre que, dans sa plainte, ce dernier a agi de bonne foi et sous l'empire d'une erreur excusable : les tribunaux, tout en repoussant la demande, peuvent ne pas condamner le plaignant à des dommages-intérêts, alors surtout qu'il n'est pas justifié que la saisie ait causé au prévenu un préjudice appréciable en argent.

— 11 fév. 1859, Trib. corr. de la Seine ;, aff. de Coster c. la Compagnie d'Orléans. (*La Propr. industr.*, n° 153.)

10° *Partage, opposition, appel, cassation.*

53. Devant les juges correctionnels, s'il y a *partage* sur l'une des questions soulevées par le prévenu, fût-ce même sur une question de nullité ou de déchéance, il y a lieu d'acquitter le prévenu, bien que le partage n'eût pas eu le même résultat si la question avait été portée devant la juridiction civile.

— 22 déc. 1849, C. de cass.; aff. Bochorst c. Remy. (S. V. 50, 1, 68.)

54. La partie plaignante qui a saisi le tribunal correctionnel par une citation directe a le droit de former opposition au jugement rendu contradictoirement avec le ministère public et par défaut vis-à-vis d'elle.

— 19 mars 1855, C. de Paris; aff. Lippert c. Maurice.

55. Lorsqu'un prévenu de contrefaçon a formé opposition à raison d'un jugement par défaut qui le condamnait personnellement pour deux faits distincts, dont l'un lui était imputable à lui seul, et dont l'autre était imputable à la société dont il faisait partie, l'opposition formée au nom de la société vaut pour les deux faits, et on ne saurait opposer au prévenu que le jugement qui l'a

condamné par défaut est devenu définitif, en ce qui touche le fait qui lui était personnellement imputable, faute d'avoir formé opposition en son nom personnel.

— 13 fév. 1862, C. imp. de Paris, app. corr.; aff. Rouget de Lisle c. Nicolle et autres. (*La Propr. industr.*, n° 218.)

56. Le créancier du prévenu condamné en première instance comme contrefacteur n'étant point compris dans les termes de l'article 202 du Code d'instruction criminelle, ne peut interjeter appel du jugement correctionnel qui a frappé son débiteur.

— 26 mars 1861, C. de Paris ; aff. Dutertre c. Tixier et autres. (*La Propr. industr.*, n° 191.)

57. Lorsqu'un arrêt, en matière de contrefaçon, ordonne une expertise et statue soit sur une exception de chose jugée, soit sur l'exception de déchéance du brevet, soit même sur la limitation de ce brevet, il n'y a pas simple arrêt préparatoire et d'instruction, pouvant n'être attaqué devant la Cour de cassation qu'avec l'arrêt définitif, mais un arrêt définitif devant être attaqué dans les trois jours de sa prononciation.

— 9 janv. 1858, rej.; aff. Florimond c. divers. (*La Propr. industr.*, n° 4 et 13.)

ARTICLE 47.

Les propriétaires de brevet pourront, en vertu d'une ordonnance du président du tribunal de première instance, faire procéder, par tous huissiers, à la désignation et description détaillées, avec ou sans saisie, des objets prétendus contrefaits.

L'ordonnance sera rendue sur simple requête et sur la représentation du brevet; elle contiendra, s'il y a lieu, la nomination d'un expert pour aider l'huissier dans sa description.

Lorsqu'il y aura lieu à la saisie, ladite ordonnance pourra imposer au requérant un cautionnement, qu'il sera tenu de consigner avant d'y faire procéder.

Le cautionnement sera toujours imposé à l'étranger breveté qui requerra la saisie.

Il sera laissé copie au détenteur des objets décrits ou saisis, tant de l'ordonnance que de l'acte constatant le dépôt du cautionnement, le cas échéant ; le tout à peine de nullité et de dommages-intérêts contre l'huissier.

1, Ni la saisie, ni la description des objets argués de contrefaçon, ne sont une condition substantielle de la validité de la poursuite.

— 13 août 1853, C. imp. de Paris; aff. Duchesne c. Hérot.

2. Un procès-verbal de constat n'est pas la base indispensable d'un procès en contrefaçon; il est toujours loisible aux parties d'y suppléer par d'autres documents certains.

— 2 fév. 1856, C. de Paris; aff. Vaucher de Strubing c. Ch. du Nord.

3. Le breveté peut suppléer à la saisie par la preuve testimoniale,

— 28 déc. 1850, C. d'app. d'Amiens; aff. Jérosme c. Gomel. (S. V. 51, 2, 107.)

4. Lorsque le breveté n'a pas fait procéder à une saisie chez celui qu'il assigne comme contrefacteur, ce dernier, s'il nie être l'auteur de l'objet argué de contrefaçon, doit être renvoyé de la poursuite, alors même que son nom serait apposé sur ledit objet, si d'ailleurs il n'existe aucune autre preuve qu'il l'ait fabriqué.

— 18 mai 1844, C. r. de Paris; aff. Gibus c. Lejeune.

5. Le breveté peut assister l'huissier dans sa saisie et diriger l'opération.

— 27 avril 1847, référé, ordonnance du président du Trib. de la Seine; aff. Platard c. Séguin. (Ét. Blanc, *Traité de la Contrefaçon*, p. 655.)

6. Le saisi ne peut s'opposer à la saisie de la totalité des objets contrefaits, sous prétexte que quelques-uns suffiront pour établir le délit.

Cette prétention est entièrement en opposition avec le but de la loi, qui veut que non-seulement on puisse obtenir des pièces de conviction, mais aussi qu'il soit ménagé au breveté une indemnité par la confiscation, à son profit, des marchandises contrefaites;

D'ailleurs, si la saisie ne fait découvrir aucun objet fabriqué en fraude, la loi a prévu les pertes que le saisi

pourrait éprouver en ordonnant que le poursuivant devra
en supporter les peines.

— 22 sept. 1827, Trib. civ. de la Seine ; aff. Houllet c.
Blondel.

7. On peut saisir tous les objets sur lesquels peut
porter la confiscation :

Par exemple, une cheminée à laquelle avait été adaptée
un larmier breveté.

— 2 mai 1832, C. de cass.; aff. Fougerol c. Chadebois.

8. ..... de l'étoffe, dite *nankin*, sur laquelle avait été
appliqué un apprêt breveté.

— 31 déc. 1822, C. de cass. ; aff. Delarue c. Vermont. (S. V.
23, 1, 225.)

9. ..... de l'étoffe teinte à l'aide d'une machine contrefaite.

— 20 janv. 1847, C. r. de Paris; aff. Jourdan c. Colomb et
Lalan.

10. ..... des laines dégraissées, mais qui avaient été
précédemment graissées par le procédé breveté.

— 20 août 1851, C. de cass.; aff. Alcan et Peligot c. Baccot
et Cunin-Gridaine. (S. V. 51, 1, 648.)

11. ..... des mérinos épeutis à l'aide d'un outil breveté.

— 13 mai 1853, C. de cass.; aff. David-Labbez c. Hennegrave.

12. Quand une ordonnance du président du Tribunal
autorise la saisie d'objets argués de contrefaçon, et qu'il
autorise en même temps à procéder à l'examen des livres
du prétendu contrefacteur, on doit entendre par là, non-
seulement les livres de comptabilité, mais encore toute
correspondance ayant un caractère commercial, et se
rapportant à l'objet de la saisie.

— 28 août 1856, Trib. de la Seine ; Christoffle c. Chaudron.

13. Lorsqu'un commissaire de police a constaté l'identité d'un appareil argué de contrefaçon avec un appareil
breveté, et que le prévenu, interpellé, a reconnu qu'en
effet les appareils étaient identiques, vainement, plus
tard, le contrefacteur revient sur cette reconnaissance et
voudrait profiter de ce qu'ayant démonté son métier, la
justice est impuissante à se faire une idée précise de la
contrefaçon; il n'en doit pas moins être condamné, parce
que ce défaut de précision provient de son fait, et que sa

conduite n'a pu être inspirée que par l'intérêt qu'il avait
à empêcher la découverte de la vérité.

— 22 fév. 1860, Lyon; aff. Gèvre c. Auclair. (*La Propr.
industr.*, n° 123.)

14. Peut-on saisir en France des objets contrefaits en
days étranger, et qui ne se trouvent en France qu'en
transit?

— Voir art. 41 v° *transit*.

15. La faculté accordée par l'art. 47 aux propriétaires
de brevets, de faire procéder à la désignation et description des objets prétendus contrefaits, en vertu d'une
ordonnance délivrée par le président du tribunal, sur
requête, ne se peut entendre que d'une ordonnance spéciale à la contrefaçon dénoncée dans la requête;

Autrement, la mesure prévue par cet article, et destinée à protéger les intérêts des brevetés, pourrait devenir dans leurs mains un moyen de persécution contre
ceux de leurs concurrents qu'il leur conviendrait de gêner
dans l'exercice de leur industrie.

Donc, quelques larges que soient les termes de l'ordonnance accordée au breveté, ils ne peuvent s'entendre
que de saisie ou description à faire à une époque con
temporaine de sa date;

Toute saisie pratiquée à une époque plus éloignée et
sur un individu non compris nommément dans l'ordonnance, est nulle comme faite sans autorisation.

— 13 août 1853, C. imp. de Paris; aff. Duchesne c. Hérot.

16. On peut, en vertu d'une seule et même ordonnance, faire pratiquer successivement plusieurs saisies
chez le même individu.

— 4 nov. 1859, Trib. de comm. de Saint-Étienne; aff.
Barbe et Trouilleux c. Revel. (*La Propr. industr.*, n° 113.)

17. Une nouvelle saisie peut être ordonnée par le président, alors même qu'il en a déjà autorisé une première,
à la suite de laquelle, sur la plainte en contrefaçon, a été
rendu un jugement frappé d'appel qui a reconnu les
droits du breveté.

— 11 mars 1856, Trib. de la Seine, référé; aff. Hutchinson
c. Soléliac.

18. Lorsque, sur une poursuite dirigée par le liquidateur d'une société, il a été décidé que les objets saisis
n'étaient pas contrefaits, l'un des associés ne peut saisir

de nouveau les mêmes objets comme entachés de contrefaçon ;

Il y a lieu, dans ce cas, de rapporter l'ordonnance qui a
autorisé la nouvelle saisie et d'annuler ladite saisie.

— 6 déc. 1859, Trib. civ. de la Seine; aff. Chéri c. De-
molay. (*La Propr. industr.*, nº 108.)

19. Les Tribunaux ne peuvent statuer sur le droit de
saisir et sur le mérite d'une saisie qu'autant qu'elle a été
pratiquée.

Ainsi, celui qui est menacé d'une saisie ne peut assigner le breveté afin de faire prononcer contre lui des
défenses,

Alors même qu'il y aurait eu déjà une tentative d'exécution.

— 18 avril 1844, Trib. civ. de la Seine ; aff. Pellerin c.
Debain.

20. La *caution judicatum solvi* n'a pas besoin d'être
requise avant la saisie, mais seulement devant le tribunal et avant toute défense au fond.

— 4 mars 1847, Trib. corr.; aff. Pinzold et Rolf c. Risler.

21. La caution *judicatum solvi* ne peut être exigée de
l'étranger admis, par le gouvernement, à résider en France.

— 11 déc. 1852, C. imp. de Paris; aff. Daud c. Barral.

22. Lorsque le président a refusé ou omis d'imposer le
cautionnement à l'étranger, la saisie pratiquée en vertu
de cette ordonnance est nulle.

— 3 mai 1855, Trib. corr. de la Seine; aff. Sax c. Raoux
et autres. (*Pataille et Huguet*, t. de 1856, p. 56.)

23. Le cautionnement imposé à l'étranger en vertu de
l'art. 47 est entièrement distinct de la caution *judicatum
solvi*, que le défendeur a toujours le droit de réclamer
conformément à l'art. 166 du Code de procédure civile.

— 14 nov. 1860, Trib. civ. de la Seine; aff. Firnsthal c.
Ohnimberger. (*La Propr. industr.*, nº 155.)

24. Les pouvoirs conférés par l'art. 47 au président du
tribunal civil, comme ceux à lui conférés par l'art. 558
du Code de procédure civile, constituent une juridiction
non contentieuse; les décisions prises alors par ce magistrat ne portent que sur des mesures urgentes et provisoires, et ne sont sujettes à aucun recours;

L'appel est par conséquent non recevable.

— 2 août 1845, C. r. de Paris; aff. Jourdan c. Colomb-
Lalan. (*Gaz. des Trib.*, 3 sept. 1845.) — 11 fév. 1846, C. r. de
Paris; aff. Caron c. Pinzoldt. (D. P. 46, 5, 46.)—27 juin 1853,
C. imp. de Paris; aff. Martineau c. Marchal. — 30 août 1854,
C. imp. de Paris; aff. Darlincourt c. Létrange. (*Gaz. des
Trib.*, 1er sept. 1854.)

25. *Contra.* 8 mars 1845, C. r. de Paris; aff. Parizot c.
Pauwels.

26. Quand, sur une plainte en contrefaçon, le juge a
autorisé les mesures de saisie et de scellé indiquées dans
l'art. 47, et que, sur un référé introduit devant lui, il a
maintenu cette saisie, la partie intéressée peut interjeter
appel contre cette seconde ordonnance.

— 9 juillet 1855, Paris; aff. Mallet c. Cavaillon. (*Pataille
et Huguet*, t. de 1856, p. 178.)

27. L'ordonnance du président du tribunal qui ordonne
la désignation et description avec ou sans saisie des objets prétendus contrefaits, en y ajoutant d'autres mesures
que la loi n'autorise pas, ne peut pas être attaquée, sous
prétexte d'excès de pouvoir, par un pourvoi en cassation.
Ce recours extraordinaire n'est autorisé que lorsqu'il n'en
existe pas d'autre pour faire réformer l'acte par lequel le
juge a excédé ses pouvoirs.

— 16 mai 1860, rej.; aff. Torillon c. Nicod et Cᵉ.

28. Le plaignant en contrefaçon qui a fait saisir l'ouvrage qu'il prétend contrefait et qui a succombé dans sa
plainte, ne peut, sous prétexte d'un pourvoi, maintenir
la saisie jusqu'après la décision de la Cour de cassation,
si ce n'est à ses risques et périls, et en s'exposant à des
dommages-intérêts envers la partie saisie.

— 16 avril 1856, Trib. de la Seine; aff. Thoisnier, Despla-
ces c. Duckett. (*Le Droit*, du 27 avril.)

29. La saisie d'objets, même reconnus contrefaits, ne
peut être autorisée par ordonnance du président, si l'arrêt
qui les déclare contrefaits est frappé d'un pourvoi.

— 5 fév. 1856, C. de Paris; aff. Mallet c. Cavaillon. (*Pataille et Huguet*, t. de 1856, p. 78.)

30. Dans le cas où la saisie a été ordonnée par un juge
d'instruction, la mainlevée ne peut en être ordonnée que
par la chambre du conseil, ou, plus tard, par le tribunal
correctionnel, chargé de statuer sur le fond du procès.
Ce serait donc vainement que le poursuivi, croyant avoir
à se plaindre des lenteurs de l'instruction, s'adresserait

aux tribunaux civils pour obtenir la mainlevée de la saisie.

La saisie est, dans ce cas, une mesure d'instruction sur laquelle les juges civils n'ont aucun droit de censure.

— 7 janv. 1845, Trib. civ. de la Seine; aff. Elkington c. Simon. (Dalloz, v° *Brevet d'invention*, n° 355.)

31. Il n'y a point violation de domicile dans le fait d'un individu qui, en vertu d'une ordonnance judiciaire, se présente chez un fabricant, et, malgré l'opposition de ce dernier, pénètre dans l'intérieur de la fabrique dans le but de constater une prétendue contrefaçon. Mais ce fait donne ouverture à une action en dommages-intérêts lorsque la contrefaçon n'est point établie, quand même il serait reconnu que cet individu a agi sans intention coupable.

— 12 déc. 1856, C. de Paris; aff. Laming c. Tissier.

32. En cas d'acquittement du prévenu, les *saisies* indûment faites donnent lieu à des dommages-intérêts, alors surtout qu'elles ont été faites avec une confusion regrettable et *sans nécessité* pour un certain nombre d'objets.

— 27 déc. 1860, Trib. corr. de la Seine; aff. Quinet c. Mayer et Pierson. (*La Propr. industr.*, n° 170.)

ARTICLE 48.

A défaut, par le requérant, de s'être pourvu, soit par la voie civile, soit par la voie correctionnelle, dans le délai de huitaine, outre un jour par trois myriamètres de distance, entre le lieu où se trouvent les objets saisis ou décrits et le domicile du contrefacteur, receleur, introducteur ou débitant, la saisie ou description sera nulle de plein droit, sans préjudice des dommages-intérêts qui pourront être réclamés, s'il y a lieu, dans la forme prescrite par l'article 36.

1. L'art. 48, qui veut que l'assignation soit donnée dans la huitaine de la saisie, n'est pas applicable au cas où il s'agit de contrefaçon de produits de l'esprit ou du génie appartenant aux beaux-arts.

— 1er avril 1857, C. d'Orléans; aff. Fontana c. Norest.

2. Lorsqu'après une première saisie, suivie d'une assignation dans les délais, une seconde saisie est faite alors que l'instance était pendante, le plaignant en contrefaçon ne peut voir son action repoussée en tant que fondée sur la seconde saisie, par le motif qu'il n'a pas assigné une seconde fois;

En effet, la seconde saisie n'était qu'un incident dans la même instance, devant apporter aux juges saisis de nouveaux et plus amples éléments d'appréciation; une nouvelle assignation, dans cet état, n'eût eu pour objet que d'occasionner des frais frustratoires.

— 8 mars 1860, C. de Paris; aff. Brossette c. Depron de la Maisonfort. (*La Propr. industr.*, n° 144.)

3. Si l'art. 48 prononce la nullité des descriptions ou saisies de l'objet contrefait, à défaut de citation dans la huitaine, cette nullité entraîne d'autant moins la prescription de l'action, que, d'après l'art. 47, cette formalité de la saisie est seulement facultative de la part du demandeur.

— 28 déc. 1850, C. d'app. d'Amiens; aff. Jérosme c. Gomel. (S. V. 51, 2, 107.) — 5 août 1851, C. de Douai; mêmes parties. (S. V. 52, 2, 516.)— 27 mars 1835, C. de cass.; aff. Hacquart c. Pistole et Ridolet. (*Pal.* 26, 1, 564.)

4. Le breveté peut même faire procéder à une nouvelle constatation en vertu de la même ordonnance, car ce n'est pas l'ordonnance qui est anéantie, ni le droit de poursuite, mais seulement l'acte dressé par l'huissier.

— 28 déc. 1850, C. d'Amiens; aff. Jérosme c. Gomel. (S. V. 51, 2, 107.)

5. Lorsqu'une assignation est donnée après l'expiration des huit jours qui suivent la saisie, la saisie est nulle de plein droit aux termes de l'art. 48 de la loi de 1844, mais la seule conséquence de cette nullité est de rendre immédiatement libres les objets qui avaient été saisis;

Elle ne fait nullement obstacle à ce que le plaignant en contrefaçon suive sur sa plainte, sauf à faire la preuve en dehors du procès-verbal de saisie.

— 3 juillet 1861, Trib. corr. de la Seine; aff. Delaporte c. Fleury. (*La Propr. industr.*, n° 188.)

6. La nullité de la saisie pratiquée en vertu d'une ordonnance du président du tribunal de première instance, n'a pas pour effet de mettre obstacle à ce qu'il soit procédé à la poursuite du délit de contrefaçon;

Elle empêche seulement de prononcer la confiscation des objets saisis et leur attribution au propriétaire du brevet.

— 15 janv. 1862, Trib. corr. de la Seine ; aff. Masse c. Rattier et Crapelet (*La Propr. industr.*, n° 217.)

7. Lorsque la saisie ou la description n'ont pas été suivies d'une poursuite en contrefaçon dans le délai fixé par la loi, le saisi ne peut s'adresser qu'aux tribunaux civils pour obtenir la mainlevée de la saisie et la réparation du préjudice qu'elle lui a causé.

— 23 août 1842, Trib. corr. de la Seine ; aff. Guilloteaux c. Delisle. (Dalloz, v° *Brevet d'invention*, n° 355.)

ARTICLE 49.

La confiscation des objets reconnus contrefaits et, le cas échéant, celle des instruments ou ustensiles destinés spécialement à leur fabrication, seront, même en cas d'acquittement, prononcées contre le contrefacteur, le receleur, l'introducteur ou le débitant.

Les objets confisqués seront remis au propriétaire du brevet, sans préjudice de plus amples dommages-intérêts et de l'affiche du jugement s'il y a lieu.

SOMMAIRE

1° De la confiscation, n°s 1 à 29.
2° Des dommages-intérêts, 30 à 53.
3° De l'affiche, de l'insertion et des dépens, 54 à 63.

1° *De la confiscation.*

1. Les tribunaux civils peuvent, aussi bien que les tribunaux correctionnels, sans commettre un excès de pouvoir, prononcer la confiscation des objets contrefaits, attendu que cette confiscation, différente en cela de celle dont parle l'art. 11 du Code pénal, n'est pas une peine, mais une réparation du préjudice causé.

— 9 mai 1859, rej.; aff. Villard c. Dess. (*La Propr. industr.*, n° 85.) — 17 mars 1843, C. de Rouen; aff. Fouquet c. Barbet. (S. V. 43, 2, 405.) — 24 janv. 1845, C. de Paris; aff. Demy-Doineau c. Roussel. (*Le Droit*, 7 fév. 1845.)

Contrà. 30 juin 1828, C. de Colmar; aff. Mœglin c. Zuber. (S. V. 29, 2, 333.) — 4 mars 1841, C. de Rouen; aff. Péthion c. Rowcliffe. (D. P. 41, 2, 102.)

2. La confiscation n'est pas facultative pour le juge qui est obligé de la prononcer dans tous les cas, quelle que soit la valeur des objets confisqués, et même lorsque le poursuivi est acquitté à cause de sa bonne foi.

— 9 déc. 1848, C. de cass.; aff. Duchesne c. Gibus. (*Pal.* 1850, 1, 376.)

3. L'art. 49, se référant aux dispositions de l'art. 41, ordonne, il est vrai, même en cas d'acquittement, la confiscation des objets reconnus contrefaits et celle des instruments et ustensiles spécialement destinés à leur fabrication, mais seulement contre le contrefacteur, le receleur, l'introducteur ou le débitant;

Or, s'il est établi que le prévenu a acheté de bonne foi et pour son usage personnel la chose brevetée, aucune des qualifications spécifiées dans l'art. 49 ne peut lui appartenir; la confiscation ne doit donc pas être prononcée dans ce cas.

— 12 juillet 1851, C. de cass.; aff. Vachon c. Chauveau et Simon. (S. V. 52, 1, 145.)

4. L'art. 49 est applicable lorsque le juge, tout en renvoyant le prévenu, à raison, par exemple, de la bonne foi, reconnaît que la fabrication, objet de la poursuite, a porté atteinte au droit du breveté.

Toutefois, ce texte est inapplicable lorsque c'est le breveté lui-même qui a fait commander la fabrication au prévenu, dans le but d'attirer sur lui une condamnation. La fabrication, dans ce cas, ne pouvant être considérée comme portant atteinte au droit du breveté, d'après le principe : *volenti non fit injuria*, n'est pas une contrefaçon, et par conséquent les objets fabriqués ne sont pas des objets contrefaits, dont le juge doive ordonner la confiscation.

— 3 avril 1858, rej.; aff. Popard c. Jesson. (*La Propr. industr.*, n° 21.)

V. art. 40 et 41, v° *Commande*.

5. Le prévenu de contrefaçon, acquitté en première instance peut, sur l'appel de la partie civile seule, être condamné à la *confiscation* s'il est déclaré contrefacteur,

la confiscation étant moins une peine qu'un mode de réparation civile du préjudice causé.

Mais il ne peut être condamné à l'*amende*.

L'arrêt qui prononce cette peine doit donc être cassé; toutefois, la cassation ne doit être prononcée que par simple voie de retranchement et sans renvoi, l'appel de la partie civile ayant été régulièrement vidé par l'arrêt qui a prononcé la confiscation au profit du plaignant.

— 22 juin 1860, C. de cass.; aff. Juhel c. Stichter. (*La Propr. industr.*, n° 156.)

6. Un jugement qui ordonne la confiscation des objets saisis comme contrefaits, mais sans exprimer formellement la reconnaissance de la contrefaçon, ne viole pas l'art. 49 de la loi de 1844, ni aucun texte de la loi.

— 25 mai 1855, rej.; aff. Gastoud c. Mallet.

7. Les art. 59 et 62 du Code pénal, portant que les co-auteurs ou complices du même délit doivent être punis de la même peine, ne sont pas applicables aux peines qui offrent le caractère de réparations civiles, telles que la confiscation d'objets contrefaits; en conséquence, les juges peuvent valablement prononcer la confiscation contre un seul des auteurs de la contrefaçon, alors surtout que c'est chez celui-ci et à sa charge qu'a été saisi l'appareil contrefait.

— 17 sept. 1857, rej.; aff. Perrin c. Souverain.

8. Le jugement qui prononce la confiscation des objets *saisis* ne doit s'entendre que des objets qui ont été réellement mis sous la main de la justice et non de ceux qui ont été simplement *décrits* au procès-verbal.

— 19 fév. 1853, C. imp. de Paris; aff. Chaudun c. Lemaire et Gévelot.

9. *Contrà.* 20 août 1851, C. de cass.; aff. Cunin-Gridaine c. Alcan et Peligot. (S. V. 51, 1, 648.)

10. La confiscation des objets créés par le procédé argué de contrefaçon doit être prononcée toutes les fois que ces objets ont reçu dans leur forme ou dans leur valeur l'empreinte ou le bénéfice du procédé breveté.

— 20 mars 1857, cass.; Lanet et Leplay c. Villard. (*Le Droit.*)
— 19 juin 1858, C. de Paris; aff. Villard c. Dess. (*La Propr. industr.*, n° 55.)

11. On ne peut prononcer la confiscation des marchandises ou objets de fabrication auxquels l'instrument ou

le procédé breveté ont été appliqués, qu'autant qu'il est reconnu expressément que les objets confisqués ont, par suite de cette application illicite, subi dans leur nature, dans leur forme ou dans leur valeur, des modifications telles qu'ils doivent être considérés comme contrefaits.

— 13 mai 1853, C. de Cass.; aff. David Labbez c. Hennegrave. (S. V. 53, 1, 793.)—28 mai 1853, C. de cass.; aff. Dastis c. Caujolle. (S. V. 53. 1, 792.)

12. Mais il appartient souverainement au juge du fait d'apprécier, suivant les circonstances, si les matières premières, marchandises ou objets de fabrication auxquels le procédé breveté a été appliqué, ont subi, par suite de cette application, dans leur nature, leur forme ou leur valeur, des modifications suffisantes pour pouvoir être considérés comme objets contrefaits.

— 28 mai 1853, C. de cass.; aff. Dastis c. Caujolle. (S. V. 53, 1, 792.)

13. Doivent être réputés *objets contrefaits*, dans le sens de l'art. 49 de la loi de 1844, les produits obtenus à l'aide de procédés et appareils semblables à ceux qui ont été brevetés, pourvu que ces produits diffèrent de ceux du domaine public par la forme, la nature, l'apparence ou la valeur, ou même seulement par le prix de revient.

Spécialement, celui qui est breveté pour un appareil de distillation à l'aide duquel on obtient des alcools d'une manière plus prompte et plus économique qu'avec les procédés antérieurement connus, peut saisir et doit obtenir la confiscation à son profit non-seulement des appareils qui sont reconnus être la contrefaçon du sien, mais encore des alcools fabriqués à l'aide de ces appareils.

— 19 juin 1858, C. de Paris; aff. Dess c. Villard. (*La Propr. industr.*, n° 30.)

14. Des produits peuvent être confisqués, bien que tombés dans le domaine public, s'ils ont été obtenus à l'aide de procédés nouveaux.

— 9 mai 1859, rej.; aff. Villard c. Dess. (*La Propr. industr.*, n° 85.)

15. En matière de brevet d'invention, la confiscation ne doit porter que sur l'objet contrefait; tout autre objet ne peut être confisqué en même temps, qu'autant qu'il est inséparable du premier.

Spécialement, lorsqu'un arrêt a ordonné la confiscation d'un bateau déclaré contrefait, à raison de sa forme, et qu'ultérieurement s'élève la question de savoir si la confiscation doit porter également sur la machine à vapeur : il appartient au juge du fait de déclarer que le premier arrêt n'a entendu faire porter la confiscation que sur la coque et les roues, et il ne viole en cela ni la chose jugée, ni l'art. 49 de la loi du 5 juillet 1844.

— 12 nov. 1858, rej. ; aff. Gache c. Masson. (*La Propr. industr.*, n° 70.)

16. Lorsqu'un procédé de dorure est reconnu contrefait, la confiscation doit porter sur les vases en porcelaine saisis, puisque la dorure contrefaite est devenue partie intrinsèque de ces porcelaines et ne peut plus en être séparée.

— 14 déc. 1861, C. imp. d'Amiens ; aff. Dutertre c. Fourreau. (*La Propr. industr.*, n° 214.)

17. Quand il y a indivisibilité entre les dessins contrefaits et les objets sur lesquels ils sont appliqués, l'offre d'effacer ces dessins ne peut soustraire les objets à la confiscation.

— 19 mars 1858, rej.; aff. Goupil c. les décorateurs de porcelaine. (*La Propr. industr.*, n° 18.)

18. La confiscation doit porter sur les tissus qui ont reçu l'épentissage constituant l'invention brevetée, car il est impossible de séparer cet épentissage des tissus qui l'ont reçu.

L'union inséparable qui s'est opérée entre l'étoffe et l'épentissage n'est pas le seul motif de confiscation ; il en existe un autre qui résulte de la modification que l'étoffe a subie ; l'épentissage l'a changée et transformée, et, en augmentant ses qualités et sa valeur, il lui a imprimé le caractère de produit contrefait et l'a ainsi soumise à la confiscation.

— 19 mai 1855, Trib. de Cambrai ; aff. David-Labbez c. Lenique.

19. Il y a lieu de confisquer au profit du breveté ou de ses représentants non-seulement les outils contrefaits, mais encore les étoffes qui ont été épenties avec lesdits outils.

— 23 avril 1858, Trib. civ. de Clermont ; aff. Brille-Wallet c. Léger. (*La Propr. industr.*, n° 39.)

20. Bien que certains organes d'une machine soient dans le domaine public, la *confiscation* doit en être prononcée par le juge qui déclare la machine contrefaite, pourvu qu'il soit établi que ces organes ont une utilité d'action dans l'obtention du résultat industriel faisant principalement l'objet de l'invention brevetée, qu'ils font corps avec la machine elle-même, et n'en peuvent être séparés.

— 14 déc. 1860, C. de Paris; aff. Lejeune c. Vallas. (*La Propr. industr.*, n° 162.)

21. Lorsqu'un brevet est composé de parties connues et non brevetables et d'autres parties nouvelles, la contrefaçon déclarée pour les organes propres à l'inventeur doit entraîner la confiscation non-seulement desdits organes contrefaits, mais aussi celle de tout l'appareil dont ces organes sont inséparables au point de vue du système d'ensemble décrit au brevet.

— 13 juin 1857, C. de Paris; aff. Périn c. Souverain. — 17 sept. 1857, rej.; même affaire.

22. Si la contrefaçon n'a pas porté sur le procédé, mais seulement sur le produit, il ne peut y avoir lieu à la confiscation des outils et métiers ayant servi à la fabrication, ces outils et métiers pouvant servir à des fabrications permises.

— 17 juin 1856, C. de Douai; aff. Delacour c. Rolland. (*Pataille et Huguet*, t. de 1856, p. 97.)

23. Lorsqu'un procès-verbal de saisie a décrit, comme constituant une contrefaçon, une machine complexe dont certains organes seulement sont brevetés, et que les juges ont prononcé la confiscation de la machine entière, le prévenu ne saurait se faire de ce fait un moyen de cassation, s'il ne justifie pas avoir mis les juges en demeure de s'expliquer sur la divisibilité de la machine et sur la possibilité de ne faire porter la confiscation que sur l'organe contrefait.

— 11 juillet 1857, rej.; aff. Fauconnier c. Jannot. (*L'Invention.*)

24. Bien que le prévenu n'ait pas contesté le caractère contrefaisant des objets saisis, le juge ne peut prononcer la confiscation de ces objets sans déclarer qu'ils sont entachés de contrefaçon, surtout lorsqu'il s'agit des matières premières ou des ustensiles ayant servi à la con-

trefaçon ou destinés à y servir, et dont la confiscation est facultative.

— 2 déc. 1859, Cass.; aff. Popelin-Ducarre c. Bard et Coudert. (*La Propr. industr.*, n° 106.)

25. L'arrêt qui ordonne la confiscation des objets compris dans le procès-verbal de saisie a pu garder le silence sur des conclusions par lesquelles le prévenu demandait la distraction d'un des objets saisis, si d'ailleurs ces conclusions ne présentent pas à la Cour de cassation un caractère de précision et de clarté suffisant.

— 27 fév. 1858, rej.; aff. Vallée c. Gougy. (*La Propr. industr.*, n° 13.)

26. Lorsqu'un contrefacteur est condamné pour une succession de faits de contrefaçon consommés et renouvelés pendant des années entières, et que la saisie opérée dans ses magasins a porté sur des objets terminés et sur d'autres en cours d'exécution, mais fabriqués en vue de la contrefaçon, ils peuvent à ce titre être soumis à la confiscation, sans qu'on puisse alléguer que ce serait punir la simple tentative de contrefaçon ; l'arrêt qui juge ainsi ne viole pas l'art. 49 de la loi de 1844.

— 21 août 1858, rej.; aff. Sax c. Gautrot. (*La Propr. industr.*, n° 51.)
V. art. 40, v° *Tentative.*

27. L'arrêt qui ordonne la confiscation de produits compris dans une saisie faite au domicile du prévenu, et qui énonce la date de cette saisie d'une manière inexacte et contradictoire, de telle sorte que la confiscation semble ne devoir porter sur rien, est un arrêt inintelligible et vicié d'erreur matérielle, et qui, envisagé à ce double point de vue, est susceptible d'être interprété et rectifié par un deuxième arrêt.

— 21 juin 1856, rej.; aff. Cavaillon c. Mallet. (*Le Droit,* 22 juin 1856.)

28. Le droit du propriétaire sur les objets qui garnissent les lieux loués ne fait pas obstacle à la confiscation, au profit du breveté, des objets contrefaits;

En effet, cette peine place les objets, au regard de l'inventeur, hors du commerce, puisqu'ils ne peuvent être vendus que par lui; qu'ils doivent lui être remis et qu'il aurait même le droit de les détruire; d'où il suit qu'ils ne peuvent être un gage des loyers du propriétaire.

— 18 juin 1850, référé, ordonnance de M. le président du Trib. de la Seine; aff. Prélard c. Boucherie.

29. La confiscation qui frappe les objets déclarés contrefaits a pour effet de placer lesdits objets hors du commerce; l'inventeur a seul le droit de s'en servir ou de les détruire.

En conséquence, ils ne peuvent servir de gage au propriétaire dans la maison duquel ils se trouvent, et doivent être remis par lui à l'inventeur.

— 3 avril 1861, Trib. civ. de la Seine; aff. Visseau c. Rapin et Mathieu. (*La Propr. industr.*, n° 200.)

2° *Des dommages-intérêts.*

30. En principe général, les contrefacteurs doivent restituer aux brevetés dont ils ont usurpé la propriété tous les bénéfices illégitimes qu'ils ont réalisés à l'aide de leurs pratiques frauduleuses; ils doivent aussi leur tenir compte du gain dont ils les ont frustrés; ils doivent pareillement réparer le tort qu'ils leur ont causé par la baisse du prix des marchandises fabriquées et la hausse du prix des matières premières, conséquence habituelle et presque nécessaire d'une concurrence déloyale; ils doivent enfin les indemniser largement de tout ce qu'ils ont souffert dans leur crédit, des sacrifices de toute nature qu'ils ont été forcés de subir et de tous les frais qu'ils ont été obligés d'avancer pour soutenir leurs droits et les faire consacrer;

A ces conditions seulement, les grandes industries dont s'honore le pays, et qui ont trop souvent à lutter contre les manœuvres coupables de la contrefaçon, peuvent se maintenir et se défendre.

— 8 août 1851, Trib. corr. de la Seine; aff. Masse-Tribouillet c. Moinier, Jaillon et Poisat.

31. Le chiffre des dommages-intérêts dus par un contrefacteur à un breveté doit se calculer sur la quantité d'objets contrefaits et le bénéfice que le breveté eût réalisé si la contrefaçon n'avait pas eu lieu.

— 22 janv. 1858, Trib. corr. de la Seine; aff. Jouvin c. Delauzanne. (*La Propr. industr.*, n° 6.)

32. La vulgarisation des procédés de l'inventeur par l'effet de la contrefaçon a pu, sans qu'il y eût violation de la loi, être prise en considération par les juges dans l'appréciation des dommages-intérêts alloués au breveté.

— 27 nov. 1858, rej.; aff. Levieux c. Fréret. (*La Propr. industr.*, n° 119.)

33. Des juges civils qui annulent un brevet antérieurement déclaré valable par des juges correctionnels lors d'une instance pendante entre les mêmes parties, ne peuvent condamner le breveté à des dommages-intérêts pour le préjudice résultant de l'exécution du jugement correctionnel.

— 21 fév. 1859, C. de cass.; aff. de Villamil c. Journaux-Leblond. (*La Propr. industr.*, n° 76.)

34. Les tribunaux ne peuvent pas prononcer, contre un contrefacteur, des dommages-intérêts pour les faits de contrefaçon dont il se rendra coupable dans l'avenir.

— 14 déc. 1844, C. r. de Paris ; aff. Larenaudière c. Béranger Guyot. (*Pal.*, 14 déc. 1844.)

35. En présence d'un jugement de première instance faisant mainlevée d'une saisie d'appareils prétendus contrefaits et condamnant l'auteur de la saisie à des dommages-intérêts, l'arrêt qui confirme au chef faisant mainlevée de la saisie, et infirme au chef condamnant à des dommages-intérêts, motive suffisamment son infirmation en déclarant, dans ses considérants, que les dommages-intérêts ne sont pas justifiés.

— 4 mars 1856, rej.; aff. Mallet c. Cavaillon. (*Le Droit*, 22 juin 1856.)

36. Le tribunal correctionnel peut comprendre, dans la fixation des dommages-intérêts, les actes de contrefaçon postérieurs à l'introduction de l'instance, lorsque le plaignant, dans ses conclusions devant lui, a signalé ces faits postérieurs et a compris dans le montant des dommages-intérêts qu'il réclamait le préjudice à lui causé par ces nouveaux actes.

— 8 août 1857, C. de cass.; aff. Sax c. Gautrot.

37. Chaque fait de contrefaçon pouvant donner lieu à des poursuites séparées, le juge d'appel ne peut, sans violer la règle des deux degrés de juridiction, ordonner que les dommages-intérêts qu'il prononcera, après le rapport des experts, auront pour base tant les faits de contrefaçon commis avant le jugement de première instance que ceux commis depuis ce jugement jusqu'au jour de son arrêt.

— 21 août 1858, C. de cass.; aff. Sax c. Gautrot. (*La Propr. industr.*, n° 51.)

38. Ne sont pas recevables devant la Cour, comme constituant une demande nouvelle, les conclusions par lesquelles la partie envers laquelle le contrefacteur a été condamné par les juges correctionnels à des dommages-intérêts pour cause de contrefaçon, demande l'augmentation des dommages-intérêts pour le préjudice causé par la contrefaçon depuis le jugement.

— 14 déc. 1860, C. de Paris; aff. Lejeune c. Vallas. (*La Propr. industr.*, n° 162.)

39. L'intimé, en matière correctionnelle, ne peut conclure à des dommages-intérêts plus élevés que ceux qui ont été alloués en première instance, dans le cas où il a lui-même interjeté appel du jugement.

— 2 fév. 1858, C. de Nancy; aff. Aubry-Febvrel c. Chardot. (*La Propr. industr.*, n° 14.)

40. La partie civile qui, devant le juge correctionnel, s'est bornée à demander acte des réserves qu'elle faisait de ses droits à des réparations civiles, acte que ce juge lui a concédé, a, au procès, la position qu'elle s'est faite elle-même; il lui appartiendra de poursuivre ultérieurement, comme elle le jugera convenable, les réserves qu'elle a faites; mais ce mode de procéder, auquel il ne pouvait être suppléé d'aucune façon par le juge, ne fait pas grief au prévenu, qui ne saurait y fonder un moyen utile devant la Cour de cassation.

— 12 fév. 1858, rej.; aff. Daniel c. Villard. (*La Propr. industr.*, n°s 8 et 27.)

41. Le jugement ou l'arrêt qui, sur une plainte en contrefaçon, décide que les faits imputés au prévenu ne constituent pas le délit de contrefaçon, ne peut statuer sur l'action civile poursuivie accessoirement à cette plainte. En conséquence, alors même que les motifs de ces jugement et arrêt contiendraient l'énonciation qu'il n'existe aucun préjudice pour le plaignant, ils ne peuvent être considérés comme l'expression de la chose jugée à l'égard de l'action civile, et le plaignant a toujours le droit de former une demande pour les mêmes faits devant la juridiction civile.

— 30 juillet 1857, C. de Paris; aff. Thoisnier-Desplaces c. Duckett.

V. art. 46, v° *Chose jugée*.

42. Lorsque la juridiction correctionnelle a renvoyé de la plainte le prévenu de contrefaçon, en se fondant

sur sa bonne foi, et s'est abstenu, par suite, de statuer
sur les dommages-intérêts réclamés par le plaignant,
celui-ci peut, sans violer l'autorité de la chose jugée, intenter devant la juridiction civile une demande en réparation du préjudice causé.

Mais si les juges correctionnels ont constaté dans leur
décision qu'il n'y avait pas eu de préjudice pour le plaignant, les juges civils ne pourraient lui accorder des
dommages-intérêts sans se mettre en contradiction avec
cette décision.

— 16 avril 1856, Trib. de la Seine; aff. Thoisnier-Desplaces c. Duckett. (Le Droit, 27 avril.)

43. La chose jugée en police correctionnelle, sur une
plainte en contrefaçon, ne fait pas obstacle à l'action en
dommages-intérêts devant la juridiction commerciale
pour cause de concurrence déloyale.

— 4 août 1857, Trib. de comm. de Paris; aff. Boucher-
Lemaître c. Wittersheim.

44. La juridiction correctionnelle peut, aussi bien que
la juridiction civile, ordonner que les dommages-intérêts
qu'elle déclare dus dans le jugement même qui statue sur
la plainte, seront fournis par état.

— 7 juillet 1855, C. de cass.; aff. Frezon c. Meissonnier.
(Pataille et Huguet, t. de 1855, p. 203.)

45. Le juge correctionnel qui renvoie le prévenu de la
plainte en contrefaçon est compétent pour statuer sur
les dommages-intérêts réclamés par lui contre le plaignant qui s'est porté partie civile.

— 3 avril 1858, rej.; aff. Popard c. Jesson. (La Propr. industr., n° 21.)

46. Le tribunal correctionnel qui a condamné un prévenu de contrefaçon à des dommages-intérêts à fixer par
état, est compétent pour statuer sur l'allocation de ces
dommages.

— 8 août 1851, Trib. corr. de la Seine; aff. Masse-Tribouillet c. Monnier, Jaillon et Poisat.

47. Lorsqu'un arrêt, déclarant un prévenu coupable de
contrefaçon, l'a condamné à réparer les conséquences de
ce délit, et l'a condamné à payer au plaignant breveté
des dommages-intérêts à donner par état, l'arrêt ultérieur
qui, sur l'état fourni et débattu par les parties, fixe le
chiffre de ces dommages-intérêts, doit être cassé pour
violation de la chose jugée par le premier arrêt, s'il

prend pour base de cette fixation le dommage résultant d'un fait autre que celui que le premier arrêt a déclaré constitutif du délit de contrefaçon.

Mais il ne saurait en être ainsi par cela seulement que, dans l'un de ses motifs, le deuxième arrêt aurait énoncé le fait dommageable d'une manière incomplète, lorsqu'il résulte de l'ensemble de tous les motifs de l'arrêt que la fixation du chiffre des dommages a été faite en vue du fait reconnu illicite par le premier arrêt.

— 6 juin 1856, rej.; aff. Cavaillon c. Laming. (*Le Droit*, 7 juin 1856.)

48. Lorsque, dans une transaction intervenue entre le breveté et le contrefacteur, ce dernier, en vue d'arrêter la poursuite, s'est engagé à payer à l'avenir et pour chaque contrefaçon, une somme déterminée, sans préjudice des dommages-intérêts qui seraient alloués au plaignant par la justice, la clause pénale ne se confond pas avec les dommages-intérêts réclamés.

Dès lors, le breveté peut porter devant le tribunal civil son action en payement de la somme stipulée comme clause pénale, et s'adresser ensuite au tribunal correctionnel pour faire statuer sur les dommages-intérêts résultant du délit.

— 7 mai 1852, C. de cass.; aff. André Aubin c. Roussoulière. (*Pal.*, 1852, 2, 387.)

49. L'article 1153 du Code Napoléon n'est applicable qu'aux demandes relatives à des sommes dues en vertu de contrats et obligations conventionnelles, et non à celles qui ont pour objet la réparation du préjudice causé par un délit ou quasi-délit, et spécialement pour des faits de contrefaçon. En conséquence, les juges peuvent allouer les intérêts des dommages-intérêts à partir de la demande, alors même que la partie n'y aurait pas conclu dans cette demande. Il ne fait en cela qu'exercer le pouvoir discrétionnaire qui lui appartient en matière de dommages-intérêts, l'intérêt des dommages-intérêts n'ayant alors d'autre caractère que celui d'un complément de l'indemnité totale due pour réparation de la contrefaçon.

— 1er mai 1857, rej.; aff. Thomas et Laurent c. Drumeau-Gendarme.

50. En matière correctionnelle, spécialement en matière de contrefaçon, l'appel est suspensif tant pour l'exécution des condamnations civiles que pour celle de la

condamnation pénale. En conséquence, il ne peut être prononcé par le tribunal correctionnel aucune condamnation civile à titre de provision exécutoire, nonobstant l'appel. L'article 188 du Code d'instruction criminelle, qui autorise la provision dans un cas spécial, est limitatif. Il ne peut être étendu au cas de jugement contradictoire.

— 13 août 1856, C. de Paris; aff. Sax c. Gautrot.

51. La saisie conservatoire est une mesure spéciale au droit commercial, et qui ne peut être exercée lorsqu'il s'agit du recouvrement d'une créance civile ;

Spécialement est nulle la saisie conservatoire pratiquée en vertu d'un arrêt accordant, pour fait de contrefaçon, des dommages-intérêts à donner par état.

— 11 mai 1859, Trib. civ. de la Seine; aff. Gautrot c. Sax. (*La Propr. industr.*, no 73.)

52. Lorsqu'une saisie a eu lieu dans deux ateliers, encore bien qu'il n'y ait qu'un même procès-verbal, le breveté peut, après avoir fait condamner le contrefacteur pour les faits constatés dans un atelier, obtenir une nouvelle condamnation pour ceux constatés dans l'autre.

— 2 sept. 1853, C. de cass., rej.; aff. Girardin.

53. Le vendeur d'un brevet qui, en garantissant de tous troubles, ne s'est engagé, dans le cas où l'acquéreur serait condamné pour contrefaçon, qu'à lui rembourser le prix de la cession et les frais judiciaires, doit néanmoins être garant des dommages-intérêts auxquels ledit acquéreur est condamné comme contrefacteur.

— 23 avril 1858, Trib. civ. de Clermont; aff. Brille-Wallet c. Léger. (*La Propr. industr.*, no 39.)

3o De l'affiche, de l'insertion et des dépens.

54. Lorsque le tribunal a ordonné l'affiche ou l'insertion du jugement dans les journaux, cela doit s'entendre non-seulement du dispositif, mais du jugement dans son entier, ainsi qu'il est défini par l'article 141 du Code de procédure, et tel qu'il est contenu dans l'expédition que délivre le greffier.

— 9 avril 1844, Trib. civ. de la Seine ; aff. Canquoin c. Beauvoisin. — 21 janv. 1841, C. r. de Paris; aff. Ganilh c. Appert. (Dalloz, vo *Brevet d'invention*, no 381, en note.)

55. L'arrêt qui, tout en confirmant un jugement au chef par lequel il prescrivait son insertion dans les jour-

naux et son affiche, n'adopte cependant qu'une partie
des motifs et du dispositif de ce jugement, doit être entendu en ce sens que c'est du jugement, tel qu'il est
modifié par l'arrêt, que l'insertion et l'affiche sont ordonnées.

— 7 juillet 1855, rej.; Frezou c. Messonnier. (*Pataille et
Huguet*, t. de 1855, p. 110.)

56. L'insertion dans les journaux du jugement renvoyant le prévenu de la poursuite, n'est pas une peine
infligée au plaignant, c'est une réparation civile accordée
au prévenu et autorisée par l'article 1036 du Code de
procédure; si donc, sur l'appel d'un jugemen condamnant le plaignant débouté à 500 fr. de dommages-intérêts,
et ordonnant l'insertion dans les journaux, il intervient
un arrêt qui porte réduction des dommages-intérêts aux
dépens, cette réduction a le sens d'une infirmation du
jugement au chef des 500 fr. et au chef de l'insertion
dans les journaux.

— 12 déc. 1856, rej.; Raspail c. Popelin-Ducarre.

57. Il y a excès de pouvoir de la part du juge correctionnel qui, en dehors de toute demande, ordonne l'insertion de son jugement dans les journaux ;

Mais cet excès de pouvoir, s'il n'a pas été relevé en
cause d'appel, et si, par suite, il n'a pas été redressé, se
trouve couvert et ne peut devenir l'élément d'une ouverture à cassation.

— 14 janv. 1859, rej.; aff. Boucher c. Villard. (*La Propr.
industr.*, n° 68.)

58. La partie qui a obtenu un jugement prononçant
l'insertion dans certains journaux aux frais du condamné,
conserve le droit de le faire insérer, à ses propres frais,
dans d'autres journaux. Cette insertion ne peut donner
lieu à des dommages-intérêts que dans le cas où elle aurait été faite avec intention de nuire.

— 6 fév. 1857, C. d'Aix; aff. Vermare c. Barlatier.

59. Le plaignant qui fait apposer ou qui distribue un
nombre d'affiches supérieur à celui qui a été fixé par le
jugement, ou qui fait insérer ce jugement dans un plus
grand nombre de journaux que ceux indiqués, peut être
poursuivi en réparation du préjudice causé par cette
publicité.

Toutefois, cet excès de publicité ne peut être considéré
comme une diffamation.

— 6 juin 1844, Trib. corr. de la Seine; aff. Demarson c. Bourbonne. (Dalloz, v° *Brevet d'invention*, n° 383.)

60. Jugé également que celui-là abuse du droit d'afficher, qui convertit l'une des affiches ordonnées en tableau permanent.

— 21 janv. 1841, C. roy. de Paris; aff. Ganilh c. Appert. (Dalloz, v° *Brevet d'invention*, n° 281, en note.)

Contrà. 25 oct. 1837, Trib. de la Seine; aff. Mottard-Demilly c. Souchet et Doudeuil. (*Le Droit*, 26 oct. 1837.)

61. Lorsque le tribunal a ordonné l'insertion de son jugement dans les journaux aux frais du condamné, le prix de ces insertions peut être réduit s'il est démontré que le plaignant a augmenté les frais en employant, pour l'insertion, des caractères trop forts, ou qu'il a multiplié les alinéas.

— 19 sept. 1844, Trib. civ. de la Seine; aff. Desertine c. Dolivier. (Dalloz, v° *Brevet d'invention*, n° 384.)

62. Le contrefacteur, bien que renvoyé de la poursuite, peut être condamné aux dépens;

Par exemple, lorsqu'il a été poursuivi comme coupable de contrefaçon, sur les énonciations mensongères de ses étiquettes ou annonces.

— 26 déc. 1841, C. roy. de Paris; aff. Robertson c. Langlois. (Dalloz, v° *Brevet d'invention*, n° 342, en note.)

63. ..... Ou lorsque le tribunal correctionnel le renvoie de la poursuite, eu égard à sa bonne foi, et néanmoins ordonne la confiscation de l'objet contrefait.

— 28 janv. 1845, Trib. corr. de la Seine; aff. Deschamps c. Vadot et Bon.

ARTICLE 50.

Des ordonnances royales, portant règlement d'administration publique, arrêteront les dispositions nécessaires pour l'exécution de la présente loi, qui n'aura d'effet que trois mois après sa promulgation.

ARTICLE 51.

Des ordonnances rendues dans la même forme pourront régler l'application de la présente loi dans les colonies, avec les modifications qui seront jugées nécessaires.

ARTICLE 52.

Seront abrogées, à compter du jour où la présente loi sera devenue exécutoire, les lois des 7 janvier et 25 mai 1791, celle du 20 septembre 1792, l'arrêté du 17 vendémiaire an VII, l'arrêté du 5 vendémiaire an IX, les décrets des 25 novembre 1806 et 25 janvier 1807, et toutes dispositions antérieures à la présente loi, relatives aux brevets d'invention, d'importation et de perfectionnement.

ARTICLE 53.

Les brevets d'invention, d'importation et de perfectionnement actuellement en exercice, délivrés conformément aux lois antérieures à la présente, ou prorogés par ordonnance royale, conserveront leur effet pendant tout le temps qui aura été assigné à leur durée.

ARTICLE 54.

Les procédures commencées avant la promulgation de la présente loi seront mises à fin, conformément aux lois antérieures.

Toute action, soit en contrefaçon, soit en nullité ou déchéance du brevet, non encore intentée, sera suivie conformément aux dispositions de la présente loi, alors même qu'il s'agirait de brevets délivrés antérieurement.

TABLE ALPHABÉTIQUE

DE

LA JURISPRUDENCE

A

B

33.

DÉPOT aux prud'hommes. V. art. 1, nos 8 et s., art. 31. no 60. — Frauduleux. V. *Revendication de brevet.* — Sous cachet. V. art. 18. — A la préfecture. V. art. 32, no 2.

DESCRIPTION des objets argués de contrefaçon. V. *Saisie.* — Description du brevet, son insuffisance. V. art. 30, nos 27 à 60.

DÉSISTEMENT. V. art. 45, nos 5 et s.

DESSIN DE FABRIQUE. V. art. 2. nos 7 et s.

DESSINS joints au brevet. V. art. 5 et 30.

DIMENSIONS. V. art. 2, nos 70 et s.

DIFFAMATION. V. *Affiche* et *Insertion.*

DIFFÉRENCES entre l'invention brevetée et l'antériorité. V. art. 31. — Entre l'invention et l'objet argué de contrefaçon. V. art. 40, nos 1 à 30.

DISPOSITION NOUVELLE. V. art. 2, no 27.

DIVULGATION. V. art. 1. no 12. — Du perfectionnement trouvé dans l'année de la prise du brevet. V. art. 18. no 4. — De l'invention brevetée, art. 31, nos 63 et s.

DOMICILE (élection de). V. art. 5, no 1.

DOMMAGES-INTÉRÊTS contre le contrefacteur. V. art, 46, et art. 49. nos 30 à 53. — Contre le breveté. V. art. 11. no 2.

DOUANE. V. art. 41. nos 2 et s.

DURÉE du brevet. V. art. 6. nos 4 et s. — Son point de départ. V. art. 8, no 1. — Prolongation. V. art. 15. — Durée du brevet d'importation. V. art. 29.

E

ÉCHANTILLON. V. art. 5, 30 et 31.
ÉCONOMIE. V. art 2, nos 46 et s.
ÉLECTION de domicile. V. art. 5. no 1.

EMPLOYÉ (divulgation par un. V. art. 31, nos 84 et s. — Employé contrefacteur. V. art. 43.

EMPRISONNEMENT. V. art. 43.

ENREGISTREMENT des cessions. V. art. 20.

ENSEMBLE brevetable. V. art. 2, nos 23 et s.

ÉPOUX. V. art. 1. no 13.

ESSAIS opposés comme antériorité. V. art. 31, nos 17 et s., 69 et s. — De contrefaçon. V. art. 40. nos 31 à 38.

ÉTAT. V. art. 1. no 7.

ÉTRANGER. V. art. 29 et art. 31. nos 51 et s.—Introduction d'objets fabriqués a l'étranger. V. art. 32. nos 36 à 40.

EXCEPTIONS à la demande en nullité ou déchéance. V. art. 31. nos 6 à 19.—A la demande en contrefaçon. V. art. 46.

EXCUSE LÉGALE. V. art. 32.

EXPÉRIENCES invoquées comme antériorités. V. art. 31. nos 21 et s.

EXPERTISE en matière civile. Art. 34. nos 20 a 24. — En matière correctionnelle. Art. 46.

EXPLOITATION (défaut d'). V. art. 32. nos 17 à 35.

EXPOSITION en vente. V. art. 41. nos 17 et s.

F

FABRICANT. V. art. 40.
FABRICATION supérieure. V. art. 2, nos 111 et s.
FAILLITE du breveté. V. art 45. nos 10 et s.
FONCTIONNAIRE PUBLIC. V. art. 1, nos 6 et 7.
FORMALITÉS pour la vente d'un brevet. V. art. 20.
FORME (changement de). V. art. 2, nos 70 et s.
FRAUDE dans la prise du brevet. V. *Revendication de brevets.* — Titre frauduleux du brevet. V. art. 30, no 26.

T

TAXE. V. art. 32, nos 1 à 17.
TÉMOIN. V. art. 31, no 10.
TENTATIVE. V. art. 31, nos 17 et
s., 69 et s.; art. 40, nos 31 à 38,
et art. 49, no 26.
THÉORIE brevetable. V. art. 2,
no 19.
TIERCE-OPPOSITION. V. art. 20,
no 57.
TITRE du brevet. V. art. 30,
no 26.
TRAITÉ. V. art. 31, no 8.
TRANSIT. V. art. 41, nos 2 et s.

U

USAGE personnel. V. art. 40,
nos 54 à 58; art. 41, nos 1 et 4,
et art. 49, no 3.

USUFRUIT. V. art. 1, no 14.
UTILITÉ de l'invention. V. art. 2,
nos 122 et s.

V

VALEUR MOBILIÈRE. V. art 1,
no 13.
VENTE de brevet. V. *Cession*. —
Vente par l'inventeur avant la
prise du brevet. V. art. 31,
nos 67, 78 et s. — Vente par le
contrefacteur. V. art. 40 et 41.
VOGUE. V. art. 31, nos 5 et 6.
VUE. V. art. 31, nos 64 et s.

TABLE DES MATIÈRES

FIN DE LA TABLE.

PARIS. — IMPRIMERIE DE DUBUISSON ET Cⁱ, 5, RUE COQ-HÉRON.

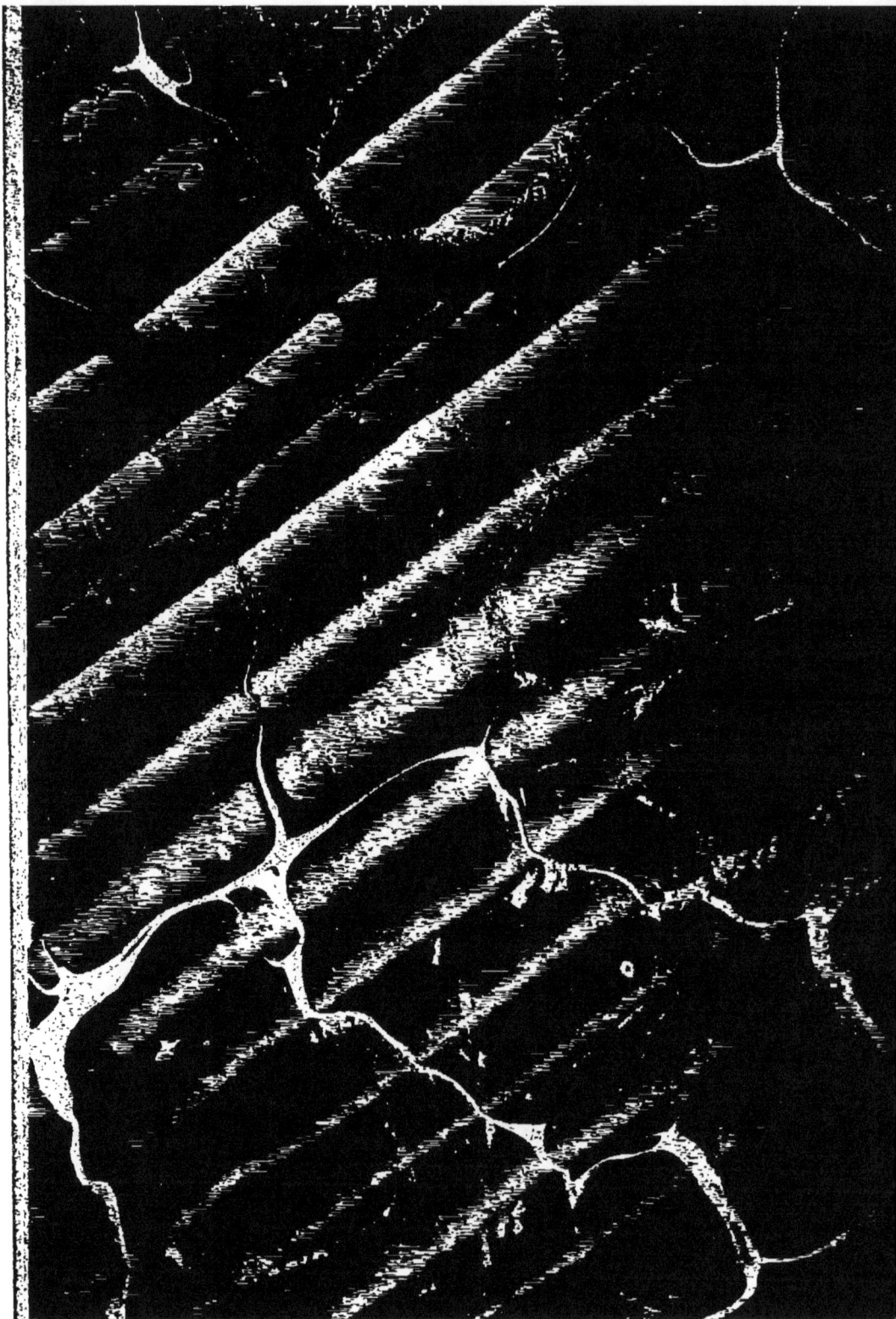